《中国文化》三十年精要选编 // 09 // 刘梦溪主编

现代文化现象

SD 北京时代华文书局

图书在版编目（CIP）数据

现代文化现象 / 刘梦溪主编 . -- 北京：北京时代华文书局，2024.3
ISBN 978-7-5699-3309-3

Ⅰ . ①现⋯ Ⅱ . ①刘⋯ Ⅲ . ①现代文化－中国－文集 Ⅳ . ① G12-53

中国版本图书馆 CIP 数据核字 (2019) 第 277121 号

XIANDAI WENHUA XIANXIANG

出 版 人：陈　涛
选题策划：余　玲
项目统筹：余　玲
责任编辑：余　玲
执行编辑：王　灏
文字校订：孟繁之
责任校对：初海龙
装帧设计：程　慧
责任印制：訾　敬

出版发行：北京时代华文书局 http://www.bjsdsj.com.cn
　　　　　北京市东城区安定门外大街 138 号皇城国际大厦 A 座 8 层
　　　　　邮编： 100011　　电话： 010-64263661　64261528
印　　刷：北京盛通印刷股份有限公司
开　　本：787 mm×1092 mm　1/16　　　　成品尺寸：175 mm×260 mm
印　　张：42.5　　　　　　　　　　　　字　　数：778 千字
版　　次：2024 年 3 月第 1 版　　　　　印　　次：2024 年 3 月第 1 次印刷
定　　价：328.00 元

目　录

前　记

　　《中国文化》是国内唯一的一家在北京、香港、台湾同时以繁体字印行的高端学术刊物,是为了回应二十世纪八十年代的"文化热",于 1988 年筹办,1989年创刊。"深研中华文化,阐扬传统专学,探究学术真知,重视人文关怀",是办刊的宗旨,以刊载名家名篇著称,是刊物的特色。三十年来,海内外华文世界的第一流的学术人物,鲜有不在《中国文化》刊载高文佳构者。了解此刊的行内专家将"它厚重,它学术,它名士,它低调,它性情",视作《中国文化》的品格。

　　《中国文化》是经文化部会同国家新闻出版署核准的有正式期刊号的学术期刊,国内统一刊号为 CN11-2603/G2,国际标准刊号为 ISSN1003-0190,系定期出刊的连续出版物,每年推出春季号、秋季号两期。创刊以来已出版 54期,总字数逾 2000 万,为国内外学界人士一致所认可。本刊选篇衡文,着眼学术质素,以创获卓识、真才实学为依凭,既有老辈学者的不刊之说,也有学界新秀的出彩之论。杜绝门户成见,不专主一家,古典品格与现代意识兼具、修绠汲古和开源引流并行。提倡从现代看传统,从世界看中国,刻刻不忘本民族的历史地位。

　　《中国文化》怀有深切的文化关怀,1988 年 12 月撰写的《创刊词》写道:"《中国文化》没有在我国近年兴起的文化热的高潮中与读者见面,而是当文化热开始冷却,一般读者对开口闭口大谈文化已感觉倦怠的情势下创刊,也许反而是恰逢其时。因为深入的学术研究不需要热,甚至需要冷,学者的创造力量和人格力量,不仅需要独立,而且常常以孤独为伴侣。"《创刊词》又说:"与学界一片走向世界的滔滔声不同,我们想,为了走向世界,首先还须回到中国。明白从哪里来,才知道向哪里去。文化危机的克服和文化重建是迫在眉睫的当务之急。如果世界同时也能够走向中国,则是我们的私心所愿,创办本刊的目的即在于此。"这些话,在当时的背景下,多少带有逆势惊世的味道。所以创刊座谈会上,李泽厚说:"金观涛要走向未来,刘梦溪要走向过去,我都支持。"

《中国文化》对中国经学、诸子学等四部之学的深入研究给予特别重视;对甲骨学、敦煌学、简帛学、考古学等世界性专学和显学给予特别重视;对宗教信仰与文化传播的整理与研究给予特别重视;对中国文化发生学和各种不同文化圈的参证比较给予特别重视。学术方法上提倡宏观与微观结合、思辨与实证结合、新学与朴学结合。

《中国文化》创刊以来开辟诸多学术专栏,主要有"文史新篇""专学研究""古典新义""旧学商量""文化与传统""经学与史学""文物与考古""学术史论衡""宗教信仰与文化传播""古代科技与文明""明清文化思潮""现代文化现象""文学的文化学阐释""中国艺术与中国文化""国学与汉学""域外学踪""学人寄语""学林人物志""文献辑存""旧京风物""人文风景""序跋与书评"等。丰富多样的栏目设置,可以涵纳众多领域的优秀成果,一期在手,即能见出刊物的整体面貌和当时国内外学界的最新景况。

《中国文化》由中国艺术研究院主办,文化部主管,《中国文化》杂志社编辑出版。中国文化研究所创所所长、文史学者刘梦溪担任主编,礼聘老辈硕学和海内外人文名家姜亮夫、缪钺、张舜徽、潘重规、季羡林、金克木、周一良、周策纵、饶宗颐、柳存仁、周有光、王元化、冯其庸、汤一介、庞朴、张光直、李亦园、李泽厚、李学勤、裘锡圭、傅璇琮、林毓生、金耀基、汪荣祖、杜维明、杨振宁、王蒙、范曾、龚育之等为学术顾问,形成阵容强大的学术支持力量。

现在,当《中国文化》创刊三十周年之际,为总结经验、汇聚成果、交流学术、留住历史,特编选"《中国文化》三十年精要选编",共分十二个专题,厘定为十二卷,分别是:

一　中国文化对人类未来可有的贡献

二　三教论衡

三　经学和史学

四　甲骨学、简帛学、敦煌学、考古学

五　学术史的视域

六　旧学商量

七　思想与人物

八　明清文化思潮

九　现代文化现象

十　信仰与民俗

十一　古代科技与文化传播

十二　艺文与审美

第一卷《中国文化对人类未来可有的贡献》，直接用的是国学大师钱穆先生最后一篇文章的原标题，该文首发于台湾《联合报》，经钱夫人胡美琦先生授权，大陆交由《中国文化》刊载。此文于1991年秋季号刊出后，引起学界热烈反响，季羡林、蔡尚思、杜维明等硕学纷纷著文予以回应，杜维明称钱穆先生的文章为"证道书"。第一卷即围绕此一题义展开，主要探讨中国文化的特质、价值取向和对人类的普世意义，包括总论、分论、与其他文化系统比较研究及对未来的展望。

第二卷《三教论衡》，是对中国文化的主干——儒、释、道三家思想的深入研究。

第三卷《经学和史学》，是对传统学术的经史之学的专题研究。

第四卷《甲骨学、简帛学、敦煌学、考古学》，是对学术史的专学和显学部分所做的研究，此一领域非专业学者很难置喙。

第五卷《学术史的视域》，是中国学术史研究的优选专集。

第六卷《旧学商量》，是就中国学术各题点的商榷讨论。

第七卷《思想与人物》，是对中国文化最活跃的部分思想和人物的专论。

第八卷《明清文化思潮》和第九卷《现代文化现象》，是研究中国历史两个关键转变期的文化的时代特征和思想走向。

第十卷《信仰与民俗》，集中研究中国文化的精神礼俗，很多文章堪称"绝活"。

第十一卷《古代科技与文化传播》，是《中国文化》杂志特别关注的学术领域，三十年来刊载的这方面的好文章，很多都精选在这里了。

第十二卷《艺文与审美》，是对古今艺术、文学，包括书法、绘画、艺文理论等审美现象的研究。

每一卷都是中国文化的一个重大研究专题。由于作者大都是大师级人物，或者声望显赫的国内外一流学者以及成就突出的中青年才俊，使得每个专题的研究都有相当的学术深度，学者们一个一个的个案研究，往往具有领先性和突破性。虽然，"《中国文化》三十年精要选编"是《中国文化》杂志三十年来优秀成果的选编，也可以视作近三十年我国学术界中国文化研究成果的一次汇总。

"《中国文化》三十年精要选编"是中国艺术研究院的资助课题，由主编刘梦溪和副研究员周瑾协同编选，经过无数次拟题、选目、筛选、调整，再拟题、再选目、再筛选、再调整，前后二十余稿，花去不知多少时间，直至2021年9月，终于形成十二卷的最后选目定篇。

最后，需要感谢北京时代华文书局和陈涛社长、宋启发总编辑对此书的看重，特别是余玲副总编的眼光和魄力，如果不是她的全力筹划，勇于任责，此书的出版不会如此顺利。美编程慧，编辑丁克霞、李唯靓也是要由衷感谢的，她们尽心得让人心疼，而十二卷大书的精心设计，使我这样一个不算外行的学界中人除了赞许已别无他语。真好。

刘梦溪

2022年4月28日时在壬寅三月二十八识于京城之东塾

试论新文化运动与欧洲文艺复兴

陈方正

中国从传统跨入现代有两个标志：在政治上是辛亥革命，在思想与文化上是新文化运动。辛亥革命的性质很明确，先例也很多，例如法国大革命、"青年土耳其"（Young Turk）革命和"十月革命"。"新文化运动"就复杂多了，因此它的性质有种种不同说法。最普遍的一种看法是，它相当于欧洲"文艺复兴"。胡适很可能就是这么看或者期待的：例如，他所指导、推动的学生杂志《新潮》就有Renaissance 这么一个英文名称；格理德（Jerome B. Grieder）将其胡适思想研究专著冠以《胡适与中国文艺复兴》的书名①。此外，舒衡哲（Vera Schwarcz）论述"五四运动"的著作名为《中国的启蒙运动》②，但余英时却认为，不应该将它"比附"于文艺复兴或者启蒙运动，因为后两者在思想来源上属于自发性质，不同于前者是受外力刺激所产生。③

笔者曾经论证，就思想层面而言，"五四运动"与"启蒙运动"有极其相似之处，因为前者对儒家思想以及传统家庭的攻击，与后者对基督教的攻击，可以说

---

① Jerome B. Grieder, *Hu Shih and the Chinese Renaissance.* Cambridge: Harvard University Press 1970.

② Vera Schwarcz, *The Chinese Enlightenment: Intellectuals and the Legacy of the May Fourth Movement of* 1919. Berkeley: University of California Press 1986.

③ 余英时：《文艺复兴乎？启蒙运动乎？——一个史学家对五四运动的反思》，载余英时等著《五四新论——既非文艺复兴，亦非启蒙运动》（台北：联经出版事业有限公司，1999 年），第1—31 页。

如出一辙。④ 但这个论证并没有涉及思想来源的问题,而且它所侧重是"新文化运动"破坏性一面,对其建设性一面,例如"白话文运动"和科学与民主之提倡,则没有论及。本文将尝试从另外一个角度来看"新文化运动",即是将它建设性的一面来与文艺复兴运动比较,以探讨两者相通之处;同时,也将探索两者的思想来源问题。

一、广义的"新文化运动"

要将"新文化运动"与"文艺复兴"作比较,首先会碰到的问题是:"新文化运动"到底发生于何时,有些什么内涵? 为什么这成为问题呢? 因为"文艺复兴"是个延绵悠久、影响广泛多面的文化运动,而大部分人心目中的"新文化运动",却是个为时十分短暂的思想运动,而它的基本内涵,大体上可以由当时几位领袖人物的言论,特别是发表在《新青年》上的文章来决定。例如胡适的《文学改良刍议》(1917)和陈独秀的《本志罪案之答辩书》(1919)两篇短文就包括了推翻文言文和提倡白话文的宣言、崇扬民主与科学的号召,以及反对传统道德伦理观念的战书。在这样的理解中,"新文化运动"就是从文学、制度、思想等各方面来攻击传统文化,以求建立以大众为基础,以自西方所输入的观念、学术、体制为内涵的新文化。一般人又认为,这个运动在不到十年之内就结束——或者,应该说是被政治性更强的其他运动所取代或者掩盖了。运动的结果怎样呢? 白话文的迅速普及和白话文学的成功大概没有太大(但并非完全没有)争议;至于饱受攻击的传统伦理道德观念,也的确很快开始动摇、瓦解,丧失它两千年来在意识形态上的主宰地位。但这一巨变在文化上的利弊如何,却至今还在激烈争论中。至于运动所大力宣扬的民主与科学,则往往被认为始终未曾超越宣传口号的阶段,

---

④ 陈方正:《"五四"是独特的吗? ——近代中国与欧洲思想转型的比较》,《二十一世纪》(香港)第 53 期(1999 年 6 月),第 33—45 页,嗣收入其论文集《站在美妙新世纪的门槛上》(沈阳:辽宁教育出版社,2002 年)。此处"五四运动"是广义说法,与"新文化运动"的意义大致相同,即泛指"白话文运动",新知识分子所倡导的家庭、教育、社会改革运动,以及由"五四"事件所触发的爱国运动等多个运动的整体。

也就是没有取得实质进展,而原因则被归咎于"救亡压倒启蒙"。用舒衡哲的话来说,"回顾当日,可见政治暴力对于'五四'启蒙运动那些尚在发展中的观念构成了严重挑战。知识分子在 1925 年之前把自身及其运动视为时代精神的化身,但在 1925 年后则越来越受困于响应时代需要。这种沉迷反映,他们对自身是否有能力来阐明进步和现代性的意义已经产生前所未有的怀疑"。⑤ 这观点是很自然的,因为不少人认为,触发上述文章、言论的直接原因就是知识分子意识到辛亥革命的失败,具体地说,就是对于 1916—1917 年两次帝制运动以及"二十一条"危机之反应。

然而,我们认为,以《新青年》创刊或者"白话文运动"宣言为起点,以陈独秀等领导人物从文化活动转向政治运动为终点,亦即处于 1916—1921 短短五年间的运动,其实只能够视为新文化运动的高潮或者核心,这运动的核心可称为"思想革命"或者沿用"五四运动"的旧称;至于"新文化运动"本身,则应该从更宽广的角度来审视和了解:它无论就时间跨度或者其所涵盖的活动而言,都要远远超过上述核心,而且,它的个别组成部分也不一定与"五四运动"的反传统言论有直接关系。所谓"新文化"应该视为现代中国文化的雏形,它的不同领域各有其内在脉络与发展经历,那不是任何一种思想或者理念所能够统摄或者解释的。因此对"新文化运动"整体的切实了解必须建基于它各部分的个别历史发展以及其互动关系。只有在这样的基础上,它与"文艺复兴"的比较才会是有意义的。

二、从思想到科学、艺术与考古

要在此展开"新文化"发展历程的详细讨论自然是不可能的,但我们可以举出几个例子,来说明将"新文化运动"的观念在时间和内涵两方面大加扩展的必

---

⑤ 见前引 Vera Schwarcz, *The Chinese Enlightenment*, pp.151–152。救国与提倡新文化之间会产生对立,而且前者会掩盖后者,这一观念最先由舒衡哲在 1986 年出版的上述著作提出来,但明确提出"启蒙"与"救亡"是五四运动中的两个主旋律,而后者至终压倒前者的,则是李泽厚。见李氏《启蒙与救亡的双重变奏》,《走向未来》杂志创刊号(北京,1987 年)。

要。我们要首先提到的，是新思潮的萌芽。很显然，那最少须得以严复翻译《天演论》和梁启超办《时务报》为开端，因为这和《新青年》的议论是一脉相承，不能割裂的，但这样一来，运动的起点就得往前移动二十多年至1895年左右，不再能够以《新青年》的创刊为起点了。其次，就"白话文运动"而言，如李孝悌和陈万雄两位学者所曾经详细论证，它的兴起也远远早于胡适发表《文学改良刍议》，而可以追溯到十九、二十世纪之交革命党人在安徽等地的宣传活动，以及各种"俗话报""白话报"的出现——事实上胡适的文学改良思想反而是受这些刊物影响而形成。⑥ 同样重要的例子是，"赛先生"的提倡对中国科学的实际发展是否有巨大影响，甚至是否有密切关系，都不无疑问。我们且不必提李善兰在十九世纪中叶的开创性科学翻译工作，而只要指出，中国科学的起步应该从第一批在欧美、日本受教育的数理人才例如何育杰、夏元瑮、冯祖荀、郑桐荪等回国在北京大学教学算起，而这都是1917年以前，基本上由官方推动的事情。至于中国科学研究之发展则应该以李耀邦和胡明复分别在1914年和1917年获得理科博士，以及任鸿隽、胡明复、赵元任、杨杏佛等六人在1915年创办"中国科学社"并出版《科学》杂志为最重要标志。因此，科学之在中国生根、发芽以及科学思潮之出现其实也同样早于五四运动，而且对后者有推波助澜之功。⑦ 此外，倘若我们稍为注意数学、物理学、生理学等科目在北大、清华、协和医院、北平研究院等几所主要院校、机构中的发展，就会发现，在1915—1949年间中国科学虽然基础极其薄弱，设备也非常贫乏，但由于少数归国留学生的不懈努力，其实一直在进步，而且在西南联大时期就已经达到了相当高水平，像华罗庚、陈省身、林可胜、冯德培、赵忠尧、杨振宁、李政道等都是在此时期露头角或者培养出来的。⑧ 这

---

⑥ 见李孝悌：《清末的下层社会启蒙运动1901—1911》（台北"中研院"近代史研究所，1992年），特别是第二章"白话报刊与宣传品"；以及陈万雄：《五四新文化的源流》（香港：三联书店，1992年），特别是第六章"清末民初的文学革新运动"。

⑦ 这方面的深入讨论见汪晖：《现代中国思想的兴起》下卷第二部《科学话语共同体》（生活·读书·新知三联书店，2004年），其中第1125—1151页对胡明复与中国科学社有详细讨论，第1208—1225页则讨论陈独秀对科学的态度，即"陈独秀及其同伴不是科学家，而是试图把科学适用于社会政治和伦理道德领域并进而提出其改革方案的启蒙者"。

⑧ 见张奠宙：《中国数理科学百年话旧》，《二十一世纪》第7期（香港，1991年10月），第72—88页；饶毅：《纪念世界著名神经生物学家冯德培》，《二十一世纪》第34期（香港，1996年4月），第102—107页；《〈中国生理学杂志〉：一本前沿研究学报》，《二十一世纪》第38期（香港，1996年12月），第102—103页；吴大猷述，柳怀祖编《早期中国物理发展之回忆》（上海：上海科技出版社，2006年）。

与"赛先生"的提倡、科学主义思潮以及"科学与人生观"论战自然不可能没有关系，但比起新的教育政策、体制的改革与发展，以及第一代科学家实际工作的影响来，那关系可能远远不如想象中之重要。从此角度看，"救亡压倒启蒙"之说恐怕不但难以成立，甚至也未必有很大意义，因为推动科学教育与研究的学者和推动新思潮的活动家其实是不相同的两批人。

新思想、白话文和科学一般都还被认为属于新文化运动的范畴，但艺术、佛学、考古学则绝少被如此看待。然而，这些领域在外来思想、观念、方法冲击下，同样掀起了翻天覆地的变化，而且其开端也往往可以追溯到十九、二十世纪之交。在艺术方面，像徐悲鸿到国立巴黎高等美术学校求学固然是在"五四运动"前后，但日本对中国画家的深远影响却早从二十世纪初开始：像对中国画坛有深远影响的陈师曾是在 1902 年东渡扶桑，逗留七年而赋归；岭南画派领袖高剑父在 1903—1908 年间多次赴日求学，接受日本画和西洋画教育，作了大量写生，由是而确定他一生的写实风格；⑨1921 年东渡的丰子恺虽然由于经济拮据只逗留了短短的十个月，却因为无意中得见竹久梦二的作品而转向漫画创作，奠定了他被认为极富中国本土气息的风格。⑩ 事实上，中国士大夫像薛福成和康有为早在十九世纪末年就已经受到西方绘画与艺术观念的猛烈冲击了。⑪

在引进新思想以外，国人以新方法、新眼光重新整理原有学术文化也很早开始。康有为"托古改制"，重新塑造孔教的宏图，以及章太炎摒弃儒学，转向诸子学与佛学都是十九、二十世纪之交前后十年间的事情。⑫ 然而，杨文会却早在1866—1874 年间便已经开始筹办"金陵刻经处"，1879 年随曾纪泽出使英国，在彼邦与南条文雄订交，此后在其协助下搜求散落日本的佛典经书付梓出版，更在1907 年成立佛教学校"祇洹精舍"。他的弟子欧阳竟无不但继承了他艰辛创下

⑨ 有关高剑父画风受其在日本经历影响的讨论见高美庆编《岭南三高画艺》（香港：香港中文大学文物馆，1995 年），第 6—12 页；翁泽文：《高剑父画稿概说》，载广州艺术博物馆编《高剑父画稿》（广州：岭南美术出版社，2007 年），第 5—13 页。

⑩ 有关这段经历见下文的详细讨论。吉川健一：《中国近代漫画：丰子恺与竹久梦二》，《二十一世纪》第 62 期（香港，2000 年 12 月），第 96—106 页；此外丰子恺有下列传记：Geremie R. Barmé, *An Artistic Exile: A Life of Feng Zikai* (Berkeley: University of California Press 2002)，其中第 2 章讨论他在日本的经历。

⑪ 见吴甲丰：《士大夫眼中的西方绘画》，《二十一世纪》第 12 期（香港，1992 年 8 月），第 69—81 页。

⑫ 这方面的讨论很多，例如见罗检秋：《诸子学——五四思潮》，《二十一世纪》第 55 期（香港，1999 年 10 月），第 102—109 页。

的刻经事业,而且在 1922 年创办"南京支那*内学院",广事研究、讲论,为佛教、佛学在二十世纪前半叶的复兴做出很大贡献。此外,众所周知,他对于谭嗣同及其《仁学》也发生了决定性影响。⑬甲骨学的创立是另外一个很特殊的例子:中国现代考古学之出现当以"中央研究院"历史语言研究所在 1928 年委托董作宾到安阳做调查和"试掘"甲骨,以及在 1929 年委任李济为考古组主任,主持安阳第二次发掘为开端。"中研院"的创办人蔡元培曾经在德国受教育多年,而且和"新文化运动"关系密切,而李济则循清华学堂而留美,在哈佛大学获得人类学专业哲学博士,他们都有强大西方学术背景。然而,在此之前甲骨文研究却已经在传统基础上发展将近三十年了:从发现甲骨文字的王懿荣、王襄、孟定生,收购甲骨的刘鹗、端方,以至研究甲骨文和考订其背后史实的先驱罗振玉、王国维,基本上都是传统学人,而且罗、王二位最主要的工作都是在 1910—1917 年间发表。⑭因此,就考古学和甲骨学而言,传统与现代学术几乎是"无缝"地自然过渡与衔接起来的。

我们举出以上五六个零散例子主要在于说明:以"五四运动"为核心的思想革命虽然极其重要而且具有戏剧性,但"新文化运动"的内涵则远远要比此核心丰富,几乎可以包括中国学术文化整体的各个领域,而且它的公认时间跨度虽然只有十年(1915—1925),但渊源却可以上溯十九世纪七十年代容闳推动幼童留学计划,流绪更延续至 1945 年西南联合大学结束,即前后统共七八十年之久。但倘若要说在此大变动时期,学术思想的巨变有何共同因素的话,那么恐怕只能够归于西方(直接或者通过日本)的强大影响、冲击,而不可能是这巨变本身的任何一项,例如"五四"的反传统思潮,或者这思潮所导致的对理性的新观念、新

---

⑬ 关于杨文会与南条文雄的交往以及日本与中国佛教在近代以吸收西方学术规范而复兴的历程,见葛兆光:《日本东本愿寺与中国近代佛学的因缘》,《二十一世纪》第 33 期(香港,1996 年 2 月),第 29—41 页;关于清末知识分子与佛学复兴的关系,见葛兆光:《从无住本,立一切法——戊戌前后知识人的佛学兴趣》,《二十一世纪》第 45 期(香港,1998 年 2 月),第 39—46 页;关于杨文会与中国佛教的复兴史,见张华:《杨文会与中国近代佛教思想转型》(北京:宗教文化出版社,2004 年);有关谭嗣同,见 Chan Sin-wai, *Buddhism in Late Ch'ing Political Thought* (Hong Kong:The Chinese University Press 1985),第 69—72 页。此书主要讨论谭嗣同,但对杨文会、康有为、梁启超、章太炎也有分别涉及。

⑭ 见王宇信、杨升南主编《甲骨学一百年》(北京:社会科学文献出版社,1999 年)第二章;中国社会科学院考古研究所编著《殷墟的发现与研究》(北京:科学出版社,1994 年)第一章。

* 编者按:"支那"一词,系日文对"中国"一词旧译,含有歧视色彩。为了保持历史原貌,本书予以保留,请读者注意鉴别。

认识吧。

三、与"文艺复兴"运动的初步比较

那么,欧洲的文艺复兴又如何呢?在一般理解中,它主要表现于文学与艺术,这和"新文化运动"有部分相似,但它历时最少也有两百年,所以悠久得多,很像是个自发性的复古运动,倘若的确如此,那就成为它与"新文化运动"之间最根本的差别了。以下我们从这几点出发,先对"文艺复兴"整体作一个概观。[15]

"文艺复兴"的核心,也就是它表现最突出、最为人注意的部分,是十四世纪之初的文学和艺术。在此时期但丁(Dante Alighieri,1265—1321)的《神曲》和薄伽丘(Giovanni Boccaccio,1313—1375)的《十日谈》分别代表了以意大利方言撰述的宗教文学和俗世文学;佩特拉克(Petrarch,1304—1374)的拉丁文作品与古典研究则标志了所谓"人文运动"(Humanistic Movement)的开端;至于契马布埃(Giovanni Cimabue,1240—1302)和乔托(Giotto di Bondone,1267—1337)则代表了宗教绘画之转向细致写实风格。到了十五世纪之初,上述的开端导致了绘画理论探究热潮,那就是布鲁内莱斯基(Filippo Brunelleschi,1377—1446)、阿尔拔提(Leone Battista Alberti,1404—1472,即阿尔贝蒂——编者注)、法兰切斯卡(Piero della Francesca,1420—1492,即弗朗西斯卡——编者注)诸人的透视法、画论,以及数学与绘画之结合,这为达文西(Leonardo da Vinci,1452—1519,即达·芬奇——编者注)、米盖朗吉罗(Michelangelo,1475—1564,即米开朗琪罗——编者注)、拉斐尔(Raphael,1483—1520)等大家在十五、十六世纪之交的登峰造极奠定了基础。不过到十六世纪初文艺复兴运动已经发展到极盛,此后

---

[15] 有关文艺复兴的论著汗牛充栋,其中最为人称道的经典是十九世纪的 Jacob Burckhardt, *The Civilization of the Renaissance in Italy* (New York:Random House 1954),但此书的观点、结构和数据已显陈旧。本文所参考有关其历史背景的当代论述主要为 Brian Pullan, *A History of Early Renaissance Italy:From the Mid-Thirteenth to the Mid-Fifteenth Century* (New York:St. Martin's Press 1973); Denys Hay, *The Italian Renaissance in Its Historical Background* (Cambridge:Cambridge University Press 1987); George Holmes, *Florence, Rome and the Origins of the Renaissance* (Oxford:Clarendon Press 1986)。

它就走向结束了。这样粗略算来,它前后延续足足有两个半世纪之久(1300—1550)。显然,上述范围内的文艺复兴主要是个意大利现象,所以又往往被称为意大利"文艺复兴"。它最先出现于意大利北部各城邦,特别是佛罗伦萨;一般认为,它最主要的动力来自蓬勃市民文化的兴起,以及市民对古罗马文化,包括其语文(即拉丁文)、文学、雕刻、绘画的强烈兴趣与钦羡、模仿。

所以,从表面看,"新文化运动"好像与"文艺复兴"的确有极大差别。这主要表现于以下三方面:首先,它历时大约只及后者十分之一;其次,它是在外来力量的刺激下兴起,和后者属于自发性质不一样;最后,两者形成最强烈对比的是,中国传统文化在"新文化运动"之中的形象几乎完全为负面,不但不值得模仿、发扬,而且还要打倒,这无论在文学或者道德伦理都是如此,但是"文艺复兴"顾名思义却是从复古、尊古的理念出发的。因此,必须承认,就其核心部分的表面现象和最切近的因素而言,这两个运动除了同为全民族的广泛文化大变革,而且同样以国语文学之兴起为标志这两点以外,的确不像还有什么可以模拟之处。

然而,倘若我们看得稍为长远和深入一点,就会发觉"文艺复兴"的历程比以上所说更为长远,它的内涵也更为复杂丰富,在由此形成的图像之中,它和"新文化运动"会显得更为接近,有更多可比性,而它们之间的巨大差异,其实是表面现象。概括地说,在本文余下部分我们将通过以下各点来将两者作比较。首先,要进一步了解"文艺复兴",我们必须用更长远和宽广的眼光来看它的整体,这样就会发现它背后一共有三个政治巨变作为其深层动力,那就是:十一世纪的"授职权之争"(Investiture Contest),它导致了作为意大利"文艺复兴"基础的十二世纪"早期文艺复兴";十四世纪初罗马教廷之迁往法国南部的阿维农(Avignon),那与意大利"文艺复兴"本身的出现直接有关;以及十五世纪君士坦丁堡之陷落于奥图曼帝国(即奥斯曼帝国——编者注),那促成了西欧的希腊思潮,而后者又转而刺激新科学、魔法、炼金术,以及"人本主义"出现,由是构成"文艺复兴"的"第二波"。从这三个巨变的大背景看来,"文艺复兴"也同样是深受外部力量影响而兴起,所以不能够视为纯粹属于自发性质,虽然比起"新文化运动"来,这外来影响要缓慢和间接得多。最后,我们还将对"文艺复兴"并没有产生反传统思潮,以及历时长久得多的原因提出看法。

四、在"文艺复兴"之前

首先,让我们先来看"早期文艺复兴",亦即"十二世纪文艺复兴",那是彻底提升欧洲文化素质,使它脱离黑暗时代(约500—1000)的关键时期。具体地说,这运动有先后两个阶段。第一阶段,是1100—1200年间以英国的阿德拉(Adelard of Bath,c.1080—1160)和意大利的吉拉德(Gerard of Cremona,c.1114—1187)为首的一大批欧洲学者将大量古希腊和伊斯兰科学典籍从阿拉伯文翻译成拉丁文。这"欧洲翻译运动"彻底改变了它的学术面貌。然后,在新思想、新学问刺激下,欧洲发展出崭新学术体制,即是从法律学院或者教堂学校(cathedral school)演变出来的大学(university),其中最重要的是波隆那、巴黎和牛津三地的大学,这大约是1200—1300年间亦即是意大利"文艺复兴"前夕的事情。⑯ 因此,倘若将两个"文艺复兴"合并起来看,它们的整体持续了四个半世纪之久,也就是横跨整个欧洲中世纪。

但"早期文艺复兴"是怎么样来的呢? 这就必须追溯到十一世纪的"授职权之争"(Investiture Contest),亦即所谓"教皇革命"。它是罗马教皇格列高里七世(Gregory Ⅶ,1073—1085)在1073年对神圣罗马皇帝亨利四世(Henry Ⅳ,1056—1106)所发动的政治与意识形态革命,目标是颠覆历来皇帝对教会的宰制,并且反过来建立教会权威,将各国世俗"政权"置于罗马"教权"之下。这场冲突持续大约半个世纪,最后以双方妥协,订定"乌姆斯协议"(Concordat of Worms,1122)而告一段落。结果是教会的确得到相当大程度(但并非全面)的成功,此后它的权威持续上涨,至十三世纪之初的英诺森三世(Innocentius Ⅲ,1160—1216)而达到顶峰。然而,教会要争取领导地位,要树立权威,所为到底是

---

⑯ 有关早期文艺复兴的整体论述,特别是拉丁文和拉丁文学在中古欧洲的复兴,见 C.H. Haskins, *The Renaissance of the Twelfth Century* (Cambridge:Harvard University Press 1927);有关十一世纪的欧洲翻译运动,主要见 C.H. Haskins, *Studies in the History of Medieval Science* (Cambridge:Harvard University Press 1924);有关欧洲大学的起源与发展则见 Hastings Rashdall, *The Universities of Europe in the Middle Ages*. Edited by F.M. Powicke and A.B. Emden. 3 vols (London:Oxford University Press 1958)。

什么呢？那不仅仅在于整肃各地教会乃至王侯的道德纲纪，也就是领导欧洲内部，而更在于号召全欧洲联合起来对抗当时步步进逼的伊斯兰教徒，也就是应付外部挑战。前一目标的体现是诺曼人（Normans）威廉一世（William I, the Conqueror, 1028—1087）在罗马教会支持下打着改革当地教会的旗号渡海征服英国（1066）。至于后一目标则体现于三方面：基督徒从伊斯兰教徒手中收复西西里岛和南意大利（1060—1090）和西班牙中部重镇多勒多（1086），以及从1096年开始发动十字军东征。换而言之，罗马教会从欧洲整体出发，深感伊斯兰教徒从地中海沿岸的西班牙、南意大利和巴勒斯坦这三方面不断蚕食欧洲的巨大威胁，因此或站在台前，或居幕后，鼓励、策划、协调了以上三方面军事行动，从而促进基督徒念念在兹的"重光"（Reconquista）大业。所以，教会争取欧洲领导权的至终目标就是振奋、团结基督教世界，以对伊斯兰教徒的挑战作强有力的回应；而夺权成功之后，它也的确可以说是达到了此目标。⑰

军事行动的胜利却带来了完全意想不到的后果：它使得当时文化上相当落后的西欧获得大量科学与哲学典籍，包括（翻译成阿拉伯文的）古希腊典籍和阿拉伯科学原典，并且带来了与阿拉伯学者接触、向他们求教，甚至合作翻译典籍的机会。这对欧洲文化产生了巨大刺激，其直接后果就是上述"欧洲翻译运动"。此外，还有相当证据显示，即使是"早期文艺复兴"的第二阶段，即大学教育体制之出现，其初也很可能是模仿伊斯兰的"高等学院"（medrese, madrasah）而来。⑱ 诚然，当时的翻译与研究以科学特别是亚里士多德科学与哲学（后者又与基督教义结合成为经院哲学 scholasticism）为主，精神面貌与后来的意大利"文艺复兴"迥异，但两者关系之密切却不容否认，因为后者的基础就是在此时奠定的。例如，北意大利特别是波隆那和巴度亚这两个城市在两个"文艺复兴"中都

---

⑰ 有关"授职权之争"以及教廷同时推动的"重光运动"，分别见 Uta-Renate Blumenthal, *The Investiture Controversy: Church and Monarchy from the Ninth to the Twelfth Century* (Phildelphia: University of Pennsylvania Press 1988); David C. Douglas, *The Norman Achievement 1050—1100* (London: Eyre & Spottiswoode 1969)。

⑱ 奥图曼科学史家扎伊尔利（Aydin Sayilil）以及研究伊斯兰教育体制的麦迪西（George Makdisi）都认为，伊斯兰高等学院就是欧洲大学的原型，见 Aydin Sayilil, *The Observatory in Islam* (Ankara: Turkish Historical Society 1960. Arno Press Reprint 1981), pp.414-416; George Makdisi, *The Rise of Humanism in Classical Islam and the Christian West* (Edinburgh: Edinburgh University Press 1990), Ch. III; 而且，这观点也为西方研究大学历史的学者在相当程度上认同，见 Hilde de Ridder-Symoens, ed. *A History of the University in Europe. Vol 1: Universities in the Middle Ages* (Cambridge: Cambridge University Press 1992), p.8。

扮演了重要角色;而且,更重要的是,欧洲对拉丁文学的热忱与相关古典研究之兴起都可以追溯到十二世纪。

"早期文艺复兴"和"新文化运动"两者都是由外来挑战所触发,但具体经历却大不相同,甚至可以说截然相反:中国是因为外力进逼,丧权辱国之余才深感文化落后,从而有"新文化运动";欧洲却是在战胜当时无论在科学、医学、哲学或者社会体制上都比自己先进的伊斯兰教徒后,迫不及待地反过来以巨大热情向后者虚心学习,从而为此后近千年的进步、繁荣、兴盛奠定了基础。这个根本差别使得我们不能不面对以下吊诡问题:倘若"鸦片战争"来临的时候中国恰逢明君在位,将士用命,得以大获胜利(既然有刘永福在越南的大胜,这就并非没有可能),甚至还派遣水师远征,占领新加坡、印度等英国殖民地(当时英国已经制造了以蒸汽推动的铁甲兵舰,所以这只能够视为异想天开),那么它会不会因此而激发出如同当日赴西天取经般的宏愿与热诚,开始大量翻译西方典籍和引进西方体制呢? 这样的问题自然难以回答,但倘若奥图曼帝国的经验对于中国有任何启示作用的话,那么答案恐怕是不能够乐观的。在 16 世纪之初苏理曼大帝(Suleyman I, the Great,即苏莱曼大帝——编者注)治下的奥图曼帝国军事力量如日中天,欧洲无论在巴尔干还是地中海都饱受蹂躏欺凌,然而,那却又正当哥白尼(Nicholas Copernicus, 1473—1543)、维萨里(Andreas Vesalius, 1514—1564)和卡丹奴(Girolamo Cardano, 1501—1576)分别发表他们最重要著作,欧洲科学酝酿大变革的时刻——换而言之,十一世纪的形势至此恰好是完全倒转过来了。然而,奥图曼历史上最聪明睿智的君主和他的臣民、教士对这一切却完全懵然不觉,熟视无睹,白白放过了向军事上屈居下风,但学术、体制已经远远超前的欧洲学习的大好机会。而很不幸,这正就是他们一百五十年后被奥国组织的欧洲联军彻底击溃,三百年后更沦为"近东病夫"的根源。

五、罗马教会的缺席

我们下一个问题是:在"早期文艺复兴"的基础上,为什么意大利"文艺复兴"恰恰会在十四世纪之初萌芽？这和外来影响的关系好像比较间接,而主要是由欧洲内部重大变化即罗马教会之迁徙所引致。罗马教会通过"授职权之争"而获得了前所未有的声威与政治力量,但此后英法两国的民族意识逐渐滋长,最终导致教皇卜尼法斯八世(Boniface VIII,1294—1303)与野心勃勃的法王腓力普四世(Philip IV, the Fair,1268—1314 在位)的激烈冲突,这以卜尼法斯一度被俘虏,随即在 1303 年含恨而终告结束。此后教廷实际上落入法国控制:它在 1307 年迁往位于法国南部的阿维农,该地军事上则属法国势力范围,此后枢机主教乃至教皇亦大部分由法国人出任。很自然的,自此教廷声望、影响力一落千丈,意大利北部更出现公然挑战教廷政治地位的言论,例如文学家但丁的《王政论》(On Monarchy, c.1311—1318)和巴度亚大学教授马西里亚(Marsilius of Padua)的《和平保卫者》(Defensor Pacis,1324)即发表于 1315—1324 年间。

　　罗马教会迁离罗马的长远后果之一是,它实际上放弃了作为意大利文化、艺术主要赞助者的地位,因此也丧失了对宗教绘画、雕刻形式、风格的影响力,而这个功能则由意大利北部主要城邦特别是佛罗伦萨的望族、富商填补。他们的品位、眼光、心态、要求自然与教皇、主教迥然不同,在此情势下市民意识与俗世文化获得了滋长空间,而这正是方言文学与写实艺术发展所需要的土壤。[19] 但循此思路,我们却可以见到,"文艺复兴"与"新文化运动"在直接成因上的共通之处,即两者都是重大政治变动在文化上的后果:前者源于教会迁徙,后者则源于辛亥革命。事实上,这关联是非常之直接和紧密的。首先,就"新文化运动"而言,虽然其中有相当部分是在清皇朝时期发生——例如新思潮在触觉敏锐的士大夫之间兴起、白话报刊的风行,乃至废除科举、设立新式学校、派遣留学生等等,然而,在皇朝权力尚未曾崩溃、消失之前,要如"五四运动"时代那样,在国立教育机构如北京大学中任教的学者居然肆无忌惮地攻击传统文化的根基——古文、礼教、家族制度等等而不受干涉,则显然没有可能。换而言之,政治力量与文化有微妙但重要的关系,而无论"文艺复兴"或者"新文化运动",其兴起都是由

---

⑲　文艺复兴兴起的关键有不少论著提及,其中前引 Holmes, *Florence, Rome and the Origins of the Renaissance*, Pt. II 便专门论证本文这一观点;此外前引 Pullan, *A History of Early Renaissance Italy*, Ch. 3; Hay, *The Italian Renaissance in Its Historical Background*, Ch. IV 也都同样肯定这一重大政治转折对"文艺复兴"的关键性影响。

固有政治力量之巨变促成。

其次，在表面上辛亥革命是由西方冲击所产生，属外来因素，而教廷迁徙则是欧洲内部问题，属内部因素。但是，我们不能够忘记，如上文已经提到过——"文艺复兴"基本上是个意大利现象，而教廷的迁徙基本上起因于民族意识高涨的法国与历来由意大利人主宰的罗马教廷两者之间的政治冲突。因此，就立足于意大利北部诸城邦的十四和十五世纪"文艺复兴"而言，我们完全有理由认为：它也同样是由外部因素（即起源于意大利以外的因素）所导致——最少不能够视之为纯粹属于自发性的。

六、"文艺复兴"的第二波：希腊思潮

意大利"文艺复兴"最初出现于十四世纪，但此后它还有汹涌澎湃的第二波，那就是出现于十五世纪，影响广泛深远的希腊思潮。像"早期文艺复兴"一样，这思潮仍然与伊斯兰文明有密切关系：十四世纪中叶奥图曼人（此时他们尚未建立帝国）已经开始对东罗马帝国步步进逼，导致大批学者携带珍贵典籍迁徙到邻近的意大利，像克拉苏罗拉斯（Manuel Chrysoloras，1355—1415）于1397年被礼聘为佛罗伦萨大学希腊文讲座教授，可以说就是这思潮兴起的标志。1438年东罗马皇帝为了向西方求救而率领庞大使节团到佛罗伦萨参加宗教大会，随行的包括耆宿柏拉同（Gemistos Plethon，1355—1452）和他的弟子贝沙理安（Basilius Bessarion，1403—1472），前者与当地学者交往论学，讲授柏拉图，由是掀起对古希腊哲学的巨大热忱，这成为十五世纪六十年代"新（柏拉图）学园"（The New Academy）出现的契机，后者则在大会结束之后留居罗马出任教廷高职，公余之暇更以希腊学术赞助人自任，对推动欧洲天文学发展不遗余力。[20] 最后，1453年奥图曼帝国终于征服君士坦丁堡，东罗马帝国灭亡，在此前后投奔西

---

[20] 柏拉同的生平有下列详细传记：C.M. Woodhouse，*George Gemistos Plethon；The Last of the Hellenes*（Oxford：Clarendon Press 1986）。此书对十四至十五世纪东罗马帝国与意大利的文化气氛有深入讨论。上述克拉苏罗拉斯本是柏拉同的学生，他的受聘经过及影响见该书第120—123页。

方的学者更是不绝如缕，而且佛罗伦萨等城邦的巨室如执政官科西模（Cosimo de Medici，1389—1464）也纷纷派人往君士坦丁堡等地搜求散落典籍。因此，东罗马帝国的灭亡反而导致文艺复兴第二波兴起，伊斯兰文明的扩张竟然再一次成为刺激欧洲文化蜕变的契机。

在君士坦丁堡沉睡了上千年之久的古希腊典籍因为灾难而流落佛罗伦萨，却在"异乡"得到解魅而从它的千载沉睡中苏醒过来，不但开出像魔法（magic）那样的奇异花朵，更催生了如哥白尼地动说那样意想不到的果实，最终导致现代科学的出现，而经常为人提到的所谓"希腊—罗马文明"的融合，其实也是等到此时才得以完成。[21] 因此，"文艺复兴"并不是只有文学和艺术：和"新文化运动"一样，它在"核心"以外也同样有丰富内涵，其中最重要的就是十六世纪中期蓬勃发展的新科学。十六世纪四十年代出现了三部划时代著作：哥白尼的《天体运行论》（De Revolutionibus Orbium Coelestium）、维萨理的《论人体结构》（De humani corporis fabrica）和代数学家卡丹奴的《大法》（Ars Magna），它们改变了欧洲的科学面貌，成为十七世纪科学革命的起点。此外，1558—1575 年间可曼典诺（Frederico Commandino，1506—1575）从希腊原典翻译大量数学、力学、天文学典籍，这为随后解析学的发展以及微积分学的出现奠定了基础。事实上，哥白尼天体运行模型的渊源非常之复杂：它的基本结构来自托勒密（Ptolemy）的《大汇编》（Almagest），也就是得力于自中古以来研究此古代巨著的传统；他的"日心说"和地动思想极有可能是哥白尼青年时代在意大利游学之际受到毕达哥拉斯学派"地绕中央火球运行"之说以及其他古希腊天文学说的启发；最后，他修订

---

[21] 在此需要说明：公元前一世纪罗马帝国并吞希腊，其后在表面上吸纳了希腊文化，但其实由于言语隔阂，以及文化倾向不同，绝大部分希腊科学、哲学都未曾被拉丁民族所吸收，也未曾翻译成拉丁文。罗马帝国分裂以后东半承受希腊传统，西半继续其拉丁传统，文化鸿沟仍未能泯除。早期文艺复兴引进了希腊科学和以实证为主的亚里士多德哲学（例如欧几理德《几何原本》和托勒密《大汇编》即直至此时才得以翻译成拉丁文），但这只是希腊传统的一半。在历史上属于更早期的另外一半，即带有强烈神秘主义倾向的毕达哥拉斯学派与新柏拉图学派思想，则要到十五世纪的古希腊热潮兴起方才得以融入欧洲学术传统。例如，柏拉图《对话录》这么重要的经典自古以来却只有个别篇章翻译成拉丁文，它要迟至十五世纪六十年代才为费齐诺全部翻译成拉丁文，那已经是"现代"的前夕了。

《大汇编》体系的特殊数学设定,却明显是得之于十三和十四世纪的阿拉伯天文学家。[22]

然而,很吊诡,希腊思潮所带给"文艺复兴"时代的不只是新科学,还有风靡一时的"魔法(magic)运动":主持"新柏拉图学园"和翻译《对话录》的费齐诺(Marsilio Ficino, 1433—1499)就是这运动的始作俑者。他所著《生命之书》(*Libre de vita*)其中一卷称为"捕捉星宿生命之书"(Libre de vita coelitus comparanda),那就是魔法书,它详细讨论了制造和应用能够与行星相感应,并且具有驱邪、降神功效的"符偶"(talisman)。十六世纪末为罗马教会处火刑的布鲁诺(Giordano Bruno, 1548—1600)也同样是一位魔法信徒,他之受刑主要是由于企图以魔法观念来推动教会改革,而并非一般记载中认为的那样,是因为宣扬地动说——那最多只是连带因素而已。[23] 而且不但有魔法,还有炼金术:十六世纪的瑞士医生帕拉撒尔苏斯(Paracelsus, 1493—1541)一生流浪坎坷,却在医学和炼金术两方面都掀起观念上的革命,在他身后数十年其大量遗作更触发了炼金术热潮,这一直延续到十七世纪,博伊尔和牛顿这两位大科学家都深受其影响,成为身体力行的炼金师。[24]

在流行观念中,魔法和炼金术只不过是中世纪所遗留下来的文化渣滓,和文艺复兴精神格格不入。然而,自二十世纪六十年代以来,由于科学史家的努力,这两者与现代科学出现有深层关系这一观点,已经逐渐为学界所认识,也最少部分被接受了。根据此观点,由魔法和炼金术热潮所催生的,是人对于凭借本身意志便能够发挥巨大能力这一前所未有的信念,而这信念以及它所导致的了解、掌

---

[22] 哥白尼在《天体运行论》前言中着意提到古希腊地动说的先例,即费罗莱斯(Philolaus)以"中央火球"为核心,地球围绕它旋转的宇宙模型;赫拉克利特(Heraclides)和厄番图(Ecphantus)的地球旋转说,以及阿里斯它喀斯(Aristarchus)的日为恒星、地球绕日周行说。至于阿拉伯天文学家对哥白尼的重要影响自二十世纪五十年代以来已经有深入研究和讨论,这方面的最新论述见 George Saliba, *Islamic Science and the making of the European Renaissance*. (Cambridge: MIT Press 2007), Ch. 6。

[23] 有关魔法、费齐诺和布鲁诺,见 Frances A. Yates, *Giordano Bruno and the Hermetic Tradition* (London: Routledge & Kegan Paul 1964)。

[24] 有关帕拉撒尔苏斯的生平、工作和影响见 Charles Coulston Gilliespie, ed., *Dictionary of Scientific Biography* (New York: Scribner 1970—1990)中的 Paracelsus 条目,以及他的长篇传记:Philip Ball, *The Devil's Doctor: Paracelsus and the World of Renaissance Magic and Science* (New York: Farrar, Straus and Giroux 2006)。

控自然之冲动，便是掀起科学革命那么一个巨大思想运动所需的先决条件。[25]
费齐诺的弟子美兰多拉（Pico della Mirandola，1463—1494）所发表的《人之尊严》
一文才气焕发，豪气干云，隐隐然与基督教以人为卑微、污劣的观念抗衡，也遥遥
与同时代那些充满生命力的人体绘画、雕刻相呼应。[26] 英国的狄约翰（John Dee，
1527—1608）则是坐言起行的赫墨斯（Hermetism）信徒、炼金师、魔法师。他不但
在其《几何原本》序言中大事发挥数学作为宇宙原理的重要性及其实用价值，而
且主持远洋探险，大力为女皇伊丽莎白一世开拓俄罗斯北冰洋航道、北美圣罗伦
斯航道和美国东岸弗吉尼亚州的殖民地。[27] 这先后两位人物禀赋迥异，但他们
的言论、事业却正好为前述观点作批注。因此，不能不承认，在希腊思潮冲击下，
"文艺复兴"到十六世纪已经远远逸出"文艺"和"人文精神"的范围，而在它与科
学、魔法、炼金术这数者之间，存在着非常复杂和微妙的关系。

七、伊斯兰文明的广泛影响

在十四世纪直接触发意大利"文艺复兴"出现的，是对于古罗马文化的仰
慕，以及罗马教会之迁徙往阿维农。然而，那并非全部真相。从更长远和宽广的
背景看来，它和作为欧洲近邻的伊斯兰文明其实有不可分割的密切关系，甚至可
以说，在相当程度上是由伊斯兰的冲击所间接促成。这主要可以从四个不同方
面来看，其中已经在上文做过详细讨论的两方面，就是伊斯兰文明的典籍是"早
期文艺复兴"的渊源，以及奥图曼帝国进逼、消灭东罗马帝国，是导致西欧希腊
思潮的原因。我们以下要提及的，则是伊斯兰文明在另外两方面的更直接影响。

首先要注意的是，即使在十四世纪意大利"文艺复兴"时代，"东方因素"也

---

[25] 有关炼金术与现代科学的关系，见例如 Lawrence M. Principe, *The Aspiring Adept：Robert Boyle and his
Alchemical Quest*（Princeton：Princeton University Press 1998），pp.214–222；有关魔法与现代科学兴起的可
能关系，见上引 Yates, *Giordano Bruno and the Hermetic Tradition*，pp.144–156，447–452。

[26] Pico della Mirandola, *On the Dignity of Man*（Charles Glenn Wallis, transl. Indianapolis：Hackett Publishing
1998）.

[27] 有关狄约翰见 Nicholas H. Clulee, *John Dee's Natural Philosophy：Between Science and Religion*（London：
Routledge 1988），此书第4、5章讨论16世纪中叶魔法与炼金术，第6章讨论他的《数学序言》。

同样有极为重要的作用。这是因为多次十字军东征以及随之而发展起来的贸易为北意大利带来大量财富,而这正是其城邦兴起和市民文化蓬勃发展的经济基础。在这方面最重要的枢纽是威尼斯(Venice):它不但与东方贸易频繁,而且在1204 年更借着第四次十字军东征之机洗劫了君士坦丁堡,从而变得特别富裕强大,其由此累积的财富对意大利乃至欧洲经济、文化都起了难以估量的刺激作用。在文化和艺术方面,它起初朴实少文,唯利是图,所以略无贡献,但到了十五世纪中叶以后的一个半世纪间,则一变而成为与佛罗伦萨分庭抗礼的文艺科学中心:在绘画方面比利尼(Gentili Bellini, c.1429—1507)、乔尔乔涅(Giorgione, 1478—1511)、提香(Titian, 1477—1576)代表了新的独立风格与画派;巴度亚(Padua)大学的维萨理开创了以人体解剖为中心的新学派,使其医学院声誉冠盖全欧,其后伽利略(Galileo Galilei, 1564—1642)在此工作长达二十年(1590—1610),最后以望远镜观察天体而做出惊人发现,由是驰名全欧洲。十五世纪末法国和西班牙相继入侵意大利,各地不胜滋扰蹂躏,但威尼斯则由于它地理上利于防守和政治上始终保持独立而得以不受影响,因此吸引了大批希腊学者移居,由是又成为欧洲的希腊文化中心,在古典翻译、研究、出版,乃至希腊文和东正教义理的研究等各方面都可谓一时无两。[28] 威尼斯还输入大量来自伊斯兰地区的先进工艺品和精密仪器,特别是色彩绚烂、形制优美的玻璃器皿,深受中国技术、风格影响的陶瓷器皿,以及发源于中东,构造细致精美的星盘(astrolabe)等三者,其中尤以玻璃器皿为有名。事实上,它还通过精心仿造和输入阿拉伯工匠而发展成欧洲的彩色玻璃中心,盛名至今不衰。由于此等通过贸易往来的影响,文艺复兴画作中经常出现阿拉伯器物和伊斯兰风格的装饰花纹,甚至阿拉伯文字也屡见不鲜。[29] 以上所说,主要是伊斯兰文明通过贸易和它在扩张中所导致的移民潮而产生的影响。

---

[28] 有关威尼斯城邦历史以及其文化,见 William H. McNeill, *Venice: The Hinge of Europe*, 1081—1797 (Chicago: The University of Chicago Press 1974),特别是第 3、5 两章。

[29] 关于伊斯兰文明在器物和仪器上的影响,见 Catherine Hess, ed., *The Arts of Fire: Islamic Influences on Glass and Ceramics of the Italian Renaissance* (Los Angeles: The Paul Getty Museum 2004);关于文艺复兴画作中的阿拉伯器物、纹饰,见 Charles Burnett and Anna Contadini, ed., *Islam and the Italian Renaissance* (London: The Warburg Institute 1999),特别是第 1—75 页;此书第 77—104 页并专门讨论威尼斯的玻璃器皿。

　　也许更重要的另一方面是,欧洲的中古与近代科学实际上是伊斯兰科学传统的继承与发扬。这问题在上文已经提到过,但仍然值得更详细和全面地讨论。首先,中古欧洲所研习的绝大部分古希腊科学与哲学著作,在起初都是从伊斯兰教徒手中的阿拉伯文本再翻译过来的拉丁文本,因此伊斯兰传统对这些典籍的理解、注释对欧洲有很大影响。至于西方人直接从东罗马帝国寻求希腊文原典,然后直接翻译成拉丁文,则在十二世纪还属于极少数,而且主要集中于西西里岛,传播不广。在以后数百年间,他们才开始重视原典,陆陆续续从希腊文重新翻译。其次,欧洲也同时承受了伊斯兰科学本身的大量原创性发明,其中最为人熟知的是代数学,但其实他们在三角学、光学、天文学、医学、化学(即炼金术)等各方面也都获得了重大进展,也就是说已经在亚历山大时期的古希腊科学基础上大大往前迈进了。因此,欧洲科学是在比古希腊科学高得多的起点上重新出发的。

　　在此,需要强调,伊斯兰科学不但并非古希腊科学的附庸,而且它与欧洲科学也并非在十二世纪翻译运动之后就"交棒",因为此后三百年间,前者并没有停滞,仍然蓬勃发展。例如,十三世纪马拉噶学派(Maragha School)的纳舒尔·图西(Nasir al-Din al-Tusi,1201—1274)才大如海,他是带领天文学者在托勒密系统以外重新找寻起点的第一人;他的学生卡玛阿丁(Kamal al-Din al-Farisi,1260—1320)通过实验发现了彩虹的真正成因,即这是由于悬浮空中微细水滴的"内反射"作用,时间上这一发现可能比同时代但互不相知的德国学者施奥多力(Theodoric of Freiberg,c.1250—1311)还早;至于我们在上文提到,对哥白尼行星运行计算程序很可能有直接影响的沙蒂尔(Ibn al-Shatir,1304—1375)则出现于十四世纪的大马士革(Damascus)。甚至到了十五世纪之初伊斯兰科学仍然有辉煌成就:当时撒马尔罕(Samarkand)天文台的数学家卡西(Jamshid al-Kashi,1380—1429)计算 2π 到六十进制的 9 位,并且将之转为十进制的小数 16 位,其精确初次超过(而且是远远超过)千年前祖冲之父子在《缀术》中所得到的数值

（小数 7 位）；而欧洲数学家则要两百年之后才得以超越此成绩。[30] 因此，从翻译运动之初开始，一直到哥白尼为止，也就是在整个文艺复兴时期，欧洲科学始终都是在伊斯兰科学的强大影响下发展的。[31]

"文艺复兴"受伊斯兰文明如此深远和多方面的影响并不奇怪，因为西欧与伊斯兰这两大文明从八世纪开始就已经不断碰撞。此后千年间它们双方在地中海沿岸这条漫长前线双方紧密接触，既不乏商贸、外交和民间往来，亦复连年兵戎相见，战争不息。在这样频繁和长期的交往中，西方文明深受在起初比之更为先进的伊斯兰文明影响，连带在此时期出现的"文艺复兴"运动也与之拉上千丝万缕的关系，那可以说是有相当必然性的了。[32] 因此，从长远和全面来看，"文艺复兴"也同样是受外部力量的影响而兴起——虽然这影响比起中国在十九、二十世纪之交所承受的狂风暴雨般的冲击来，要舒缓和间接得多。

八、为何新文化运动显得激进？

中国在十九世纪中叶与西方列强遭遇时的表现被认为是极端颟顸、保守、封闭，这诚然不错，但却很可能只是在政治、军事上遭到沉重打击之后惊慌失措的反应。事实上，中华文明在此之前两度与异邦文明遭遇，不过是在更为平和、从

---

[30] 以上伊斯兰科学史的论述，整体见前引 Saliba, *Islamic Science and European Renaissance*；有关马拉噶学派、图西与沙蒂尔见 George Saliba, *A History of Arabic Astronomy：Planetary Theory during the Golden Age of Islam* (New York：New York University Press 1994)；有关彩虹研究、卡玛阿丁和施奥多力，见 Carl B. Boyer, *The Rainbow：From Myth to Mathematics* (Princeton：Princeton University Press 1987)，pp.110-130；有关卡西见前引 Dictionary of Scientific Biography 中的 Kashi 条目。

[31] 这无疑就立刻会引出"何以伊斯兰科学没有继续发展成为现代科学？"的重大问题。这一点我们无法在此讨论，有兴趣的读者可参考前引 Sayili, *The Observatory in Islam*, Appendix Ⅱ。

[32] 为何西方能够吸收伊斯兰文明而不断进步，但伊斯兰文明对西方的突飞猛进却熟视无睹，以致最终远远落后于西方，那是个令人困惑的大问题。奥图曼近代史家刘易斯对此曾做详细讨论，认为欧洲的强大求知欲来自发现新大陆的刺激、"文艺复兴"的刺激，以及宗教改革之削弱教会权威等三者，见 Bernard Lewis, *The Muslim Discovery of Europe* (New York：Norton 1982)，Ch. XII，特别是第 301 页。伊斯兰科学史家沙理巴也讨论了相关问题，即何以伊斯兰科学在十六七世纪反而落后于西方。他提出的两个原因是伊斯兰世界的内部分裂，以及西方通过远洋航行所获巨大经济利益带来的刺激，见前引 Saliba, *Islamic Science and European Renaissance*, pp.248-253。但这些解释都有倒果为因之嫌，我们认为尚未能触及深层原因，但在此不拟对此大问题做进一步讨论。

容的背景之中,所以也就显得更为开放:佛教能够顺利传入中土,广布流化,不但众多高僧东来有功,国人本身也表现得非常积极、进取;至于十七世纪耶稣会士来华,在明清两朝也颇受君臣礼遇,甚至不乏信众跟随。虽然,也必须承认,即使没有后来的政治冲突,这些教士所讲论的学问、所传播的教义,也不见得就能够真正为一般士大夫(更不必说民众)所心领神会、衷心接受,但那是另外一个问题了。

无论如何,到十九、二十世纪之交,中国所遭遇的打击更为沉重,可是知识分子的反应则发生一百八十度转变:从抗拒外来事物、思想,顿然变为全盘接受,甚至为此而强烈反对、攻击传统。比起积极"创新"而并不"反传统",甚至还积极发扬古典精神的"文艺复兴"运动来,它无疑是显得鲁莽、冲动、不成熟多了。许多人认为,"新文化运动"的反传统思想基本上是个错误,其主要原因也就在于此吧。③"新文化运动"的是与非是价值判断问题,我们不拟在此讨论。然而,同样是在强大外部力量影响之下出现的"文艺复兴",何以却似乎完全没有反传统成分,并且因此显得那么正面和具有文化建构意义,而"新文化运动"却表现得那么激进?我们认为,这问题是可以并且需要通过历史分析来回答的。

首先,"新文化运动"所反对、攻击的传统主要是儒家伦理,这是自董仲舒以来即牢牢树立,具有宰制性的意识形态。领导运动的知识分子意识到,这是旧文化的支柱,有此支柱即不可能建立新文化,因此必须猛烈攻击而消除之,那就是作为新文化运动核心的"五四运动"之所以激进的根本原因。那么,文艺复兴运动背后的那些理念——对古典的钦羡和颂扬、希腊思潮、人的价值尊严与能力之强调、科学的探讨、技法高度写实但题材则以古典神话为主的艺术,等等,它们是否也有共同对立面,是否也需要挣脱某个具有宰制性的意识形态呢?显而易见,这对立面的确存在,那就是作为全欧洲意识形态基础的基督教。事实上,"文艺复兴"的深层意义就在于西方文明中的希腊重智精神与罗马人文精神重新抬头,从各个不同方面来腐蚀、削弱久已占据宰制性位置的希伯莱精神。这运动之

---

③ 在此我们只举出以下两种著作来作为此观点的代表。余英时:《中国近代思想史中的激进与保守》(香港:香港中文大学出版社,1988年);李泽厚、刘再复:《告别革命——回望二十世纪中国》(香港:天地图书公司,1995年)。当然,后者的着眼点主要是在政治,但思想亦有所论及。

萌生与罗马教会迁离意大利同时,那就是此观点的最有力说明,同时亦复是其象征。然而,在14—16世纪间罗马教会仍然相当强大,"文艺复兴"运动既不可能直接触动它的神经,更不敢站出来直接反对基督教义。因此,这就成为它与"新文化运动"的最明显分野。

然而,西方文明之从传统转型到现代,是否就完全倚赖"创新",而并没有经过一个"破旧"的激进阶段呢?从历史上看来,这恐怕很难成立。我们已经提到过十四世纪但丁和马西里亚的反教廷言论了,不过那只是个别学者初试啼声而已;英国威克里夫(John Wycliff,1328—1384)在同一世纪所领导的农民革命运动和胡斯(Jan Huss,1373—1415)在下一世纪所发动的波希米亚宗教与政治独立运动要严重得多,但那仍然是地方事件。能够席卷全欧洲的激进思想革命,自然是十六世纪初所爆发的马丁·路德(Martin Luther,1483—1546)"宗教改革",那就直接挑战罗马教会的权威乃至思想基础,从而点燃了延绵百年以上的宗教战争。"宗教改革"最终没有被扑灭,只是因为最后的三十年战争(1618—1648)令欧洲筋疲力尽,各国不得不妥协而已。但这改革和战争之激烈虽然远远超过思想的激进,却还不能够算是终极意义的"破旧",因为马丁·路德所攻击、反对者,毕竟还只是罗马教会,而并非基督教本身——虽然它已经击中教会"体制化"这要害,所以实际上已经为思想革命的最后阶段铺平道路了。我们这所谓思想革命所指,自然就是十八世纪的"启蒙运动":它是欧洲哲学家公开、正面、激烈地反对基督教本身的革命,也是西方文明从以宗教为终极关怀转变到以俗世价值为至上,亦即从传统转变到现代的关键。因此它和"新文化运动"中的"五四运动"可以说是具有完全相同意义的。[34]

这样,为什么"文艺复兴"运动没有激进的"反传统"成分也就很容易明白了。倘若将中国与西方的文化转型相比,那么"新文化运动"的整体并非相当于"文艺复兴",而是相当于欧洲"文艺复兴""宗教改革""启蒙运动"等三者合起

---

[34] 有关此问题我们在注④所引文章已经有详细论述,这里不再重复。对于西方"启蒙运动"的本质是在于反对基督教这点,见以下专书:Peter Gay, *The Enlightenment:An Interpretation/ The Rise of Modern Paganism* (New York:Norton 1966)。书中对所谓"启蒙思想家"所用以攻击基督教和教会的各种策略、方法有深入讨论;当然,这些思想家也同样各有理想与追求,而不仅仅是攻击基督教的意识形态,这方面书中也有论列。

来,总共历时五百年的整体变化。在此整体变化中,相当于"五四运动"的激进思想革命者是最后阶段的启蒙运动,而并非起始阶段的"文艺复兴"。

九、余论

最后,我们还需要稍为探讨,为何中国这个从传统到现代的文化转型过程历时不足一个世纪,而在西方则长达五个世纪之久。这惊人的巨大对比在表面上有很简单的解释:中国在十九世纪与西方遭遇的时候,双方在科技、军事、体制上的力量对比已经非常悬殊,因此一再被迫做极其急速的转变;但西方自第八世纪以来,却是在双方力量对比相差不远的情况遭遇伊斯兰文明,然后,在上千年漫长时光中,欧洲得以从容地,在近乎自然演进的状况下,慢慢赶上乃至超越伊斯兰文明。在此千年间,这两个文明的军事力量强弱之势前后逆转竟然不下三次之多,那就是双方力量始终相差不太远的明证。[35] 因此,中西文化变革历程的巨大差异,基本上是由各自的历史造成。

不过,在这历史解释的背后可能还有一个中西差异的更根本原因:中华文化所被覆的地域周围有军事上几乎不可逾越的屏障,因此在近代以前的技术条件下中国得以长期免于遭受其他文明的直接和强烈冲击,因而显得比较稳定,但那也就意味着停滞;但西方文明所覆盖的地域即地中海沿岸和欧洲却没有这种屏障,它是向北非和中东开放的。因此西方文明必须经常接受其他文明的挑战,也因此得以在此刺激下不断演变、进步。这样,科技新发明至终能够令西方以强大、无可抗衡的军事优势来直接挑战中国,就是必然的了。[36] 从此观点看来,中

---

[35] 阿拉伯人在八世纪之初征服西班牙大部分之后,欧洲在罗马教会领导下的十一世纪"重光"反攻带来第一次逆转;奥图曼帝国出现之后在 14—16 世纪间步步进逼,不但灭亡东罗马帝国,甚至兵临维也纳城下,那是第二次逆转;奥国所组织的欧洲联军在十六世纪中叶以后屡次击溃在苏丹率领下的奥图曼大军,自此整个伊斯兰世界一蹶不振,走向漫长的衰落,那是第三次逆转。

[36] 众所周知,西方与中国在近代的最早遭遇是在十六世纪之初,那就是嘉靖年间(1522—1566)中葡之间的第一次战争,当时西方在远东的力量尚远远不足以挑战中国。其后西方的商船队伍不断东来,而军事力量也与时俱增。由此可见,在上述背景下十九世纪的鸦片战争绝非偶然性或者意外性遭遇:它是在双方力量对比逆转之际所必然会发生的事情。

国传统文化的保守性格与地理环境密切相关,它可以说是为"先天"地理因素所塑造的。当然,在今日,由于科技的飞跃进步,这性格已经在急速改变之中了。

后　记

本文原为中国现代文化学会2007年7月在北京所举办"开放的文化观念——纪念新文化运动90周年国际学术研讨会"上宣读的论文,嗣经扩充和修订。

2007年8月于用庐

【陈方正　香港中文大学中国文化研究所名誉高级研究员】
原文刊于《中国文化》2007年02期

"新文化"如何"运动"

关于"两代人的合力"

陈平原

你问什么是"新文化",这可不好回答;一定要说,必定是见仁见智。若仅限于反对"旧文化",那这个词没有多少阐释力。因无论何时何处,你都能见到其缥缈的踪迹。正因内涵不确定,边界很模糊,谁都能用,因而谁都无法独占,不管是《大不列颠百科全书》还是《中国大百科全书》,可收"新小说""新儒学",就是不收"新文化"。但如果加上"运动"二字,那就大不一样了。在当下中国,只要受过初等教育,都会振振有词地告诉你,那是"五四运动"爆发前后,由北大教授陈独秀、胡适、李大钊、钱玄同、周作人以及鲁迅等发起的以反传统、反礼教、反文言为标志的思想革命与文学革命。

说到此"运动",必须区分三个相互关联但不无差异的概念:"新文化运动""五四新文化运动""五四运动"。"五四运动"主要是社会抗争,有明确的政治诉求,"文化"居从属地位。谈"新文化"而戴上"五四"的帽子,标尺决定了视野,其论述必定大受限制。相对来说,还是"新文化运动"更有腾挪趋避的空间。

为什么强调"腾挪趋避"?因当初陈独秀在解答"新文化运动是什么"时,就显得宽泛无边:"新文化运动,是觉得旧的文化还有不足的地方,更加上新的科学、宗教、道德、文学、美术、音乐等运动。"①由此可见,这个今人表彰不已的"新文化运动",最初就是个大箩筐,除了政治、军事、经济,其他的都可往里面装。

本文所要讨论的是,"新文化运动"到底从何而来、应如何划定边界,并阐明其发展动力。

一、被建构的"新文化运动"

很难说是谁第一个使用"新文化运动"这个词,但有一点可以肯定,这不是陈独秀、胡适的自我命名。1920 年 4 月 1 日,陈独秀在《新青年》发表《新文化运动是什么?》,开篇就是:

> "新文化运动"这个名词,现在我们社会里很流行。究竟新文化底内容是些什么,倘然不明白他的内容,会不会有因误解及缺点而发生流弊的危险,这都是我们赞成新文化运动的人应该注意的事呵!

这里有两点值得注意:第一,这是个新名词,但已经在社会上广泛流通了;第二,这新词不是陈独秀创造的,他只是"赞成"而已。同年 9 月 17 日,胡适在北京大学开学典礼上演讲,也有类似的表述:

> 我暑假里,在南京高等师范的暑期学校里讲演,听讲的有七八百人,算是最时髦的教员了。这些教员是从十七省来的,故我常常愿意同他们谈天。他们见面第一句话就恭维我,说我是"新文化运动"的领袖。我听了这话,真是"惭惶无地"。因为我无论在何处,从来不曾敢说我做的是新文化运

---

① 陈独秀:《新文化运动是什么?》,《新青年》第 7 卷第 5 号,1920 年 4 月 1 日;又见《陈独秀文章选编》上册,生活·读书·新知三联书店,1984 年,第 512 页。

动。他们又常常问我,新文化的前途如何,我也实在回答不出来。②

对于已经变得非常时髦的新名词"新文化运动",作为主将的陈独秀好歹还是认领了;而年少气盛的胡适,则干脆否认自己所从事的就是"新文化运动"。

对于最早使用"新文化运动"这个词的那些人,鲁迅明显不太信任。在撰于1925 年 11 月的《热风·题记》中,鲁迅有这么一段精彩的描述:

> 五四运动之后,我没有写什么文字,现在已经说不清是不做,还是散失消灭的了。但那时革新运动,表现上却颇有些成功,于是主张革新的也就蓬蓬勃勃,而且有许多还就是在先讥笑嘲骂《新青年》的人们,但他们却是另起了一个冠冕堂皇的名目:新文化运动。这也就是后来又将这名目反套在《新青年》身上,而又加以嘲骂讥笑的,正如笑骂白话文的人,往往自称最得风气之先,早经主张过白话文一样。③

在一年后所撰《写在〈坟〉后面》中,鲁迅再次表达了对于命名者的不恭:"记得初提倡白话的时候,是得到各方面剧烈的攻击的。后来白话渐渐通行了,势不可遏,有些人便一转而引为自己之功,美其名曰'新文化运动'。"④鲁迅没说最初的命名者是谁,但言谈中不无讥讽——那可是大势所趋时,用来"收割光荣"的聪明伎俩。大转折时代,风气说变就变,"新文化运动"很快就洗去了尘埃,成了万众瞩目的"绝妙好辞"。这个时候,那些原本犹豫、质疑、讥讽的,也都"咸与维新"了。

曾经风起云涌的新社会、新青年、新思潮、新道德、新信仰、新思想、新学术、新文学等,如今被集约成了"新文化运动",这虽非陈、胡等人的初衷,但既然已经流行开来,作为始倡者,你不认也得认。况且,反对者打上门来,用的是《论新

---

② 胡适:《提高与普及》,1920 年 9 月 18 日《北京大学日刊》;又见《胡适全集》第 20 卷,安徽教育出版社,2003 年,第 66 页。

③ 鲁迅:《热风·题记》,《鲁迅全集》第 1 卷,人民文学出版社,1981 年,第 291—292 页。

④ 鲁迅:《写在〈坟〉后面》,《鲁迅全集》第 1 卷,第 285 页。

文化运动》《评新文化运动》《评提倡新文化者》等醒目的标题;⑤而敏感的出版界闻风而动,编的也是《新文化辞书》。⑥ 因此,陈、胡等人只好也跟着讨论起什么是"新文化运动"来。

比起 1915 年《敬告青年》的"自主的而非奴隶的""进步的而非保守的""进取的而非退隐的""世界的而非锁国的""实利的而非虚文的""科学的而非想象的"⑦,毫无疑问,1919 年 1 月的《〈新青年〉罪案之答辩书》更为旗帜鲜明,也更能体现"新文化运动"的精髓:

> 要拥护那德先生,便不得不反对孔教、礼法、贞节、旧伦理、旧政治。要拥护那赛先生,便不得不反对旧艺术、旧宗教。要拥护德先生又要拥护赛先生,便不得不反对国粹和旧文学。⑧

面对如一潭死水的传统中国,陈独秀高举"民主"与"科学"的大旗,横扫千军如卷席,虽如蛮牛闯进了瓷器店,撞倒了不少好东西,但毕竟促成了国人对于"旧文化"的深刻反省。此后的中国人,不再迷信"天不变,道亦不变",而是学会追问:"从来如此,便对么?"⑨在这个意义上,新文化运动时期的陈独秀,最让后人追怀的,不是具体论点,而是其坚定的立场与勇猛的身姿。

有一点值得注意,这一时期的陈独秀,谈"新文化运动"时,是不包含实际政治的。在《新文化运动是什么?》一文中,陈独秀称"文化是对军事、政治(是指实际政治而言,至于政治哲学仍应该归到文化)、产业而言",因此,"新文化运动"

---

⑤ 参见吴宓:《论新文化运动》,《学衡》第 4 期,1922 年 4 月;章士钊:《评新文化运动》,《新闻报》1923 年 8 月 21 日—22 日;梅光迪《评提倡新文化者》,《学衡》第 1 期,1922 年 1 月。后两文收入郑振铎编选《中国新文学大系·文学论争集》,上海良友图书公司,1935 年,第 195—201 页、第 127—132 页。

⑥ 1923 年商务印书馆出版唐敬杲编辑的《新文化辞书》,日后多次重印,颇有市场及影响力。此书序言称:"本书关于政治、宗教、经济、法律、社会、哲学、文艺、美术、心理、伦理、教育,以及自然科学方面,凡是和新文化有关系而为我人所必需的知识,和对于各方面有重大贡献的学者底传记及其学说,兼收博采,分条列述。"

⑦ 陈独秀:《敬告青年》,《青年杂志》第 1 卷第 1 号,1915 年 9 月 15 日;又见《陈独秀文章选编》上册,第 73—78 页。

⑧ 陈独秀:《〈新青年〉罪案之答辩书》,《新青年》第 6 卷第 1 号,1919 年 1 月 15 日;又见《陈独秀文章选编》上册,第 317 页。

⑨ 参见《狂人日记》,《鲁迅全集》第 1 卷,第 428 页。

只包含"新的科学、宗教、道德、文学、美术、音乐等运动",而不涉及现实政治。⑩在陈独秀看来,"文化运动"与"社会运动"是两回事,不该混为一谈。把政治、实业、交通都拉进来,这"文化运动"就变得无所不包;若连军事也进来了,"那便成了武化运动了,岂非怪之又怪吗"⑪。最好是分途发展,"文化运动"与"社会运动"各走各的路。对于鱼与熊掌之不可兼得,陈独秀有清醒的认识:

> 有一班人以为从事文化运动的人一定要从事社会运动,其实大大的不然;一个人若真能埋头在文艺、科学上做工夫,什么妇女问题、劳动问题,闹得天翻地覆他都不理,甚至于还发点顽固的反对议论,也不害在文化运动上的成绩。⑫

同样道理,从事社会运动的,不必要求其在文化运动上有成绩。此文意在提倡新文化运动,故强调"创造文化,本是一民族重大的责任,艰难的事业",反对"拿文化运动当作改良政治及社会底直接工具"⑬。可作为壮怀激烈的"老革命党",陈独秀的真正兴趣还是在社会运动。此文发表后两个月,陈便在上海参与创建中国共产党,此后更全身心地投入风云激荡的实际政治。

反倒是书生气十足的胡适,老是想不清楚,以为《新青年》同人原本可固守不谈政治的约定,仅在思想文化领域大做文章的。因此,对于"五四运动"的爆发,以及日后的政治走向,胡适一直耿耿于怀。1960年5月4日,胡适应台北广播电台的请求,做了题为《"五四"运动是青年爱国的运动》的录音演讲,其中提及"到了'五四'之后,大家看看,学生是一个力量,是个政治的力量,思想是政治的武器",因此各党派纷纷介入:

> 从此以后,我们纯粹文学的、文化的、思想的一个文艺复兴运动,有的时

---

⑩ 陈独秀:《新文化运动是什么?》,《陈独秀文章选编》上册,第512页。
⑪ 陈独秀:《文化运动与社会运动》,《新青年》第9卷第1号,1921年5月1日;又见《陈独秀文章选编》中册,第119—120页。
⑫ 陈独秀:《文化运动与社会运动》,《陈独秀文章选编》中册,第119页。
⑬ 陈独秀:《文化运动与社会运动》,《陈独秀文章选编》中册,第120页。

候叫新思想运动、新思潮运动,新文化运动、文艺复兴运动就变了质啦,就走上政治一条路上。⑭

类似的说法,胡适一直坚持,在"口述自传"中,也曾将"五四运动"称为"一场不幸的政治干扰",因为"它把一个文化运动转变成一个政治运动"⑮。身为历史学家,明知"没有不在政治史上发生影响的文化",却幻想有一种不受政治尘埃污染的"纯粹的思想文化运动",实在过于天真。⑯

那么,在陈独秀、胡适眼中,此等与"社会运动"有所切割的"文化运动",到底包含哪些内容?所谓"新的科学、宗教、道德、文学、美术、音乐等运动",陈独秀的说法不免太笼统。胡适则在不同时期有不同论述,我最看重的,是 1929 年所撰《新文化运动与国民党》:

> 新文化运动的大贡献在于指出欧洲的新文明不但是物质文明比我们中国高明,连思想学术、文学美术、风俗道德都比我们高明得多。陈独秀先生曾指出新文化运动只是拥护两位先生,一位是赛先生(科学),一位是德先生(民治)。吴稚晖先生后来加上一位穆拉尔姑娘(道德)。⑰

这里的关键,是"态度"而非具体论述。也就是说,当下中国,到底是主张复古,拥抱国粹,还是打开心胸,接受西方文明:"新文化运动的根本意义是承认中国旧文化不适宜于现代的环境,而提倡充分接受世界的新文明。"⑱

无论是当初的挑战国民党,还是日后因"全盘西化"(胡适本人的说法是"充分世界化")备受非难,胡适所坚持的"新文化运动"立场,若一言以蔽之,就是用现代西方文化改造传统中国文化。准确地说,这不是胡适一个人的立场,而是

---

⑭ 胡适:《"五四"运动是青年爱国的运动》,《胡适全集》第 22 卷,第 807 页。
⑮ 参见唐德刚译《胡适口述自传》,华文出版社,1992 年,第 206 页。
⑯ 参见胡适:《我的歧路》,《胡适全集》第 2 卷,第 470 页;陈平原《中国现代学术之建立——以章太炎、胡适之为中心》,北京大学出版社,2010 年第 2 版,第 112 页。
⑰ 胡适:《新文化运动与国民党》,《新月》第 2 卷第 6—7 号合刊,1929 年 9 月 10 日(文末注写于 11 月 29 日,应是杂志脱期);又见《胡适全集》第 21 卷,第 444 页。
⑱ 胡适:《新文化运动与国民党》,《胡适全集》第 21 卷,第 440 页。

"新文化运动"的基本宗旨。

对于"新文化运动"的宗旨、内涵及功过得失,中外学界多有论述,这里仅从一个特定角度,追踪此"运动"的来龙去脉,借以辨析其运作方式。

二、平视"晚清"与"五四"

若问"新文化"何以成为"运动",首先必须确定,这故事到底该如何开篇,怎样收尾。单看上面引述的陈独秀、胡适、鲁迅等人文章,很容易得出一个印象,应以1915年或1917年为开端——前者指的是《新青年》创刊,后者则是"文学革命"的提倡。考虑到"文学革命"(白话文运动)也是思想启蒙的一个有机组成部分,不管论述重点何在,学者大都倾向于从《新青年》说起。

除了此主流论述,还有另外一种思路,那就是溯源至戊戌维新。出于对自家功业的体认,一般情况下,胡适更愿意凸显1917年的重要性,如"我认定民国六年以后的新文化运动的目的是再造中国文明"[19]云云,但在1929年的《新文化运动与国民党》中,为了说明"新文化运动"渊源有自,自称有"历史癖"的适之先生,竟有如此通达的见解:

> 中国的新文化运动起于戊戌维新运动。戊戌运动的意义是要推翻旧有的政制而采用新的政制。后来梁启超先生办《新民丛报》,自称"中国之新民",著了许多篇《新民说》,指出中国旧文化缺乏西方民族的许多"美德",如公德、国家思想、冒险、权利思想、自由、自治、进步、合群、毅力、尚武等等;他甚至于指出中国人缺乏私德!这样推崇西方文明而指斥中国固有的文明,确是中国思想史上的一个新纪元。同时吴趼人、刘铁云、李伯元等人的"谴责小说",竭力攻击中国政治社会的腐败情形,也是取同样的一种态度。[20]

---

[19] 胡适:《介绍我自己的思想》,《胡适全集》第4卷,第659页。
[20] 胡适:《新文化运动与国民党》,《胡适全集》第21卷,第442页。

公开推崇梁启超等晚清一代的历史贡献,明确将"新文化运动"的起源追溯到戊戌维新,这对于当事人胡适来说,是十分难得的。为什么这么说?因为,"五四"一代平常是不怎么表彰晚清前辈的。每一代文人学者,在其崛起的关键时刻,普遍担心被上一代人的光环所笼罩,隐约都有弑父情结——或谈论时刻意回避,或采取激进的反叛姿态。他们对后代或上几代可以很客气,唯独对上一代特别挑剔,如此"远交近攻",不管他们是否自觉意识到,其实都是"影响的焦虑"在作怪。㉑ 比如胡适谈白话文学,可以追溯到汉魏乐府、唐代的白话诗及禅门语录、宋代的词及话本、金元的小曲与杂剧、明清的小说等,就是不认真面对近在眼前的晚清白话文运动,因其容易颠覆"一九一六年以来的文学革命运动,方才是有意的主张白话文学"的立论。㉒ 同样提倡白话文,晚清一代与"五四"一代在宗旨、策略及实际效果上确有很大差异㉓,但这个差异不该导致故意抹杀前人的业绩。

有意无意地压抑上一代人的功业,这本是司空见惯;可因为"五四"新文化人的自我建构实在太成功,以致后来者往往直接套用其论述,这就使晚清一代处于非常不利的地位。以文学史写作为例,历史上很少有像"五四"那代人一样,能在功成身退后,借编选《中国新文学大系》而迅速地"自我经典化",且深刻地影响了日后的历史书写。㉔ 也正因此,在中国大陆,谈及古典中国向现代中国过渡这一重大转折,很长时间里,晚清一代的身影显得相当模糊,其功业也被严重低估。这里有毛泽东《新民主主义论》的决定性影响,但也与"五四"新文化人的精彩表现与自我塑造有关。

最近二十年,无论国内还是国外,关注晚清的学者日渐增加,对晚清文学/文化/思想/学术的评价也越来越高,"没有晚清,何来'五四'"更是成为流行一时

㉑ 参见哈罗德·布鲁姆:《影响的焦虑》,徐文博译,生活·读书·新知三联书店,1989 年。

㉒ 胡适:《五十年来中国之文学》,《胡适古典文学研究论集》,上海古籍出版社,1988 年,第 151—153 页。

㉓ 不说胡适、鲁迅、周作人,即便从晚清走过来的蔡元培,也在《〈中国新文学大系〉总序》中称:"(晚清)那时候作白话文的缘故,是专为通俗易解,可以普及常识,并非取文言而代之。主张以白话代文言,而高揭文学革命的旗帜,这是从《新青年》时代开始的。"见《蔡元培全集》第 6 卷,中华书局,1988 年,第 575 页。

㉔ 参见陈平原:《学术史上的"现代文学"》,《中国现代文学研究丛刊》1997 年第 1 期;《在"文学史著"与"出版工程"之间——〈中国新文学大系导言集〉导读》,《现代中国》第十五辑,北京大学出版社,2014 年7 月。

的口号㉕。这里不想讨论晚清与"五四"谁高谁低、孰是孰非,而是探究将"新青年"与"老革命党"合而论之的可能性与必要性。

作为个体的研究者,有人独尊"五四",有人喜欢晚清,只要能自圆其说,不存在任何违碍。至于谈"新文化"到底该从何说起,更是取决于各自的理论预设,没有一定之规。二十世纪二三十年代的研究者,谈晚清而兼及"五四"(如陈炳堃的《最近三十年中国文学史》,上海太平洋书店,1930 年),或谈"五四"而兼及晚清(如郭湛波的《近五十年中国思想史》,北平人文书店,1936 年),都是很平常的事。至于上海申报馆为纪念创办 50 周年(1872—1922)而出版特刊《最近之五十年》,各专题论述都必定跨越晚清与"五四"(如胡适的《五十年来中国之文学》)。关键在于,那个时候学科边界尚未建立,学者尽可自由驰骋。

讨论"新文化运动",照理说,最该直接面对的是伍启元所著的《中国新文化运动概观》。这本 1934 年上海现代书局刊行的小册子,共十四章,分上下篇。作者野心很大,第一章从经济变迁谈学术思潮,最后一章牵涉诸多哲学论战,中间辨析文学革命、实验主义、疑古思潮、国故整理、唯物辩证法,以及人生观论战、东西文化讨论、社会史论战等,这么多话题,180 页的篇幅如何容纳得下? 好在此书基本上是撮述与摘引,每章后附录参考文献。书名原定"现代中国学术思想史",出版前接受朋友的建议,改成现在的名字,这也就难怪书中常见"中国学术思想的变迁"之类的说法。㉖作者将 1840—1930 这九十年间的学术思想分为三大阶段:鸦片战争到甲午战争,"可以叫作中国旧文化的衰落期";甲午战后到民国初年,因"西洋文化的接受事业,大有一日千里的趋势,这个阶段可以叫作'新文化运动'的'启蒙时期'";"第三个阶段始于民国五年,直到现在。在这个时期内,学术思想界正式竖起新文化的大旗,极力提倡西洋文化;实在可以算是'新文化运动'的'全盛时期'"。㉗ 虽说作者认定"新文化运动始于戊戌维新运动的

㉕ 参见王德威著、宋伟杰译《被压抑的现代性——晚清小说新论》(北京大学出版社,2005 年)一书的导论"没有'晚清',何来'五四'?"。

㉖ 建议修改书名的,是作者在沪江大学时的老同学潘广熔,参见潘为伍启元著《中国新文化运动概观》(现代书局,1934 年)撰写的"序"。

㉗ 参见伍启元《中国新文化运动概观》,第 3 页。

时候;但到民国才正式地提倡"㉘,可具体论述时,除了第三章"文学革命运动和新文化运动"略为牵涉梁启超、谭嗣同、王国维等,其他各章均与晚清思想界无涉。至于一直讨论到兼及学问与政争的中国社会性质问题论战㉙,更可见作者心目中的"新文化运动"并无确定上下限,不过类似于陈炳堃的"最近三十年"或郭湛波的"近五十年"。

随着"新文学"课程的开设以及"现代文学"学科的逐步建立,谈论"新文化运动",日渐倾向于截断众流,从《新青年》的"开天辟地"说起。1949年以后,这一强化意识形态立场的主流论述,迅速将康梁的戊戌维新排除在"新文化运动"之外。只有个别学者,始终平视晚清与"五四",甚至将二者"混为一谈"。采取这一学术立场的,包括美国学者张灏以及始终生活在中国大陆的我。

"在从传统到现代中国文化的转变中,十九世纪九十年代中叶至二十世纪最初十年里发生的思想变化应被看成是一个比'五四'时代更为重要的分水岭。"㉚基于此判断,张灏谈论"中国思想的过渡"时,就从梁启超这位"过渡时代的英雄"入手。此书写于四十多年前,受当时的学术潮流牵制,谈及梁启超与"五四"一代的思想联系时,作者显得迟疑不决。随着研究的深入,张灏方才不再强调晚清与"五四"的巨大裂缝。回头看,张灏对于"转型时代"的定义,有过四重转折——1971年哈佛大学出版社版《梁启超与中国思想的过渡》定为1890—1911年;1978年发表《晚清思想发展试论——几个基本论点的提出与检讨》,修正为1895—1911年;1990年发表《形象与实质——再说五四思想》再次修正为1895—1920年;而收录在2004年联经版《时代的探索》中的若干论文,则最后确定为1895—1925年。㉛同样谈思想史上的"转型时代",前两次囿于晚清,后两次则延伸至"五四"时期。

思想史专家张灏先生这一兼及乃至平视"晚清"与"五四"的思路,与我对中

㉘ 参见伍启元《中国新文化运动概观》,第36页。
㉙ 全书篇幅最长的,正是这一章。别章10页左右,此章45页。除了话题近在眼前,更因作者在经济学方面的学养比较深厚。参见伍启元《中国新文化运动概观》,第127—172页。
㉚ 张灏:《梁启超与中国思想的过渡(1890—1907)》,崔志海等译,江苏人民出版社,1993年,第218页。
㉛ 参见丘为君:《转型时代——理念的形成、意义与时间定限》,见王汎森等著《中国近代思想史的转型时代——张灏院士七秩祝寿论文集》,联经出版公司,2007年,第507—530页。

国文学转型的论述颇为相近。张先生是前辈,我在《中国现代学术之建立》中曾引述其将诸子学的复兴、大乘佛学的重新崛起以及儒家传统中经世致用思想的凸现作为影响晚清思想潮流的三大本土资源的观点[32]。但在我撰写《中国小说叙事模式的转变》时,张先生尚未将"转型时代"延伸至"五四"。在此书"导言"中,我专门谈道:

> 毫无疑问,五四作家和被他们称为"老新党"的"新小说"家有很大的差别——从思想意识到具体的艺术感受方式。但我仍然把以梁启超、吴趼人、林纾为代表的"新小说"家和鲁迅、郁达夫、叶圣陶为代表的五四作家放在一起论述,强调他们共同完成了中国小说叙事模式的转变。[33]

十年后,在《中国现代学术之建立——以章太炎、胡适之为中心》的"导论"中,我再次强调:

> 承认晚清新学对于当代中国文化的发展具有某种潜在而微妙的制约,这点比较容易被接受。可本书并不满足于此,而是突出晚清和五四两代学人的"共谋",开创了中国现代学术的新天地。[34]

到了2005年,我推出《触摸历史与进入五四》,依旧主张谈论"五四"必须兼及"晚清":

> 这不仅仅是具体的论述策略,更是作者一以贯之的学术立场。谈论"五四"时,格外关注"'五四'中的'晚清'";反过来,研究"晚清"时,则努力开掘"'晚清'中的'五四'"。因为,在我看来,正是这两代人的合谋与合力,

---

[32] 张灏:《危机中的中国知识分子——寻求秩序与意义,1890—1911》,高力克等译,山西人民出版社,1988年,第14—28页;陈平原:《中国现代学术之建立——以章太炎、胡适之为中心》,北京大学出版社,2010年第2版,第204页、258页。

[33] 陈平原:《中国小说叙事模式的转变》,上海人民出版社,1988年,第30—31页。

[34] 陈平原:《中国现代学术之建立——以章太炎、胡适之为中心》,北京大学出版社,1998年,第5页。

完成了中国文化从古典到现代的转型。㉟

虽然"转型时代"上下限的划定略有差异——我说 1898—1927,张先生说 1895—1925,但主张平视"晚清"与"五四",却是一致的。

作为思想史家,张灏从梁启超入手,扩展到晚清一代"危机中的知识分子",再逐渐延伸至"五四"一代;我则是现代文学专业出身,最初的研究对象是鲁迅、胡适等,追踪其思想渊源,逐步上溯到晚清。同是关注知识转型,张侧重认同取向与危机意识,我则关注语言转向及文体革新。思辨程度与操作方式不太一样,但殊途同归,都主张将十九世纪九十年代至二十世纪二十年代这三十年作为一个整体来把握与阐释。

这一思路背后,是淡化"事件"(如"戊戌变法"或"五四事件")的戏剧性,凸显"进程"的漫长与曲折。谈论"转型时代",本就倾向于中长时段研究,是在三五百年的视野中,分析中国思想或中国文学发展的大趋势。并且,不是千里走单骑,而是综合考量变革的诸多面向,如社会动荡、政治剧变、文化冲突、知识转型、思想启蒙、文学革命等。因此,不好简单地归功或归咎于某突发事件。这里的起承转合、得失利弊,不是三五天或一两年就能"水落石出"的。

另外,谈及现代中国思想、文学、学术的嬗变或转型,最好兼及"硬件"与"软件"——这当然只是比喻,却也颇为贴切。对于"新文化运动"来说,新思想的内涵如民主、科学、独立、自由等,不妨比作"软件";而传播新思想的工具,如报纸杂志、新式学校、学会等,则可视为"硬件"。在一个危机四伏的时代,"硬件"与"软件"同样值得期待。在那篇高屋建瓴的《中国近代思想史的转型时代》中,张灏除了描述中国文化出现了空前的取向危机,加上新的思想论域适时浮现,转型时代中国知识分子的思想内涵产生了巨大的变化,更强调:"在转型时代,报章杂志、学校与学会三者同时出现,互相影响,彼此作用,使得新思想的传播达到空前未有的高峰。"㊱一般来说,思想史家更喜欢形而上的逻辑推演,难得兼及琐碎

㉟　陈平原:《触摸历史与进入五四》,北京大学出版社,2005 年,第 3 页。
㊱　张灏:《中国近代思想史的转型时代》,《二十一世纪》1999 年 4 月号。

的文化史料,张灏先生描述"转型时代"时之"软硬兼施",深得我心。

晚清迅速崛起的报章及出版,其传播新文化的意义,连政治家都很早就意识到了。1920年1月29日,孙中山撰"致海外国民党同志书",其中有这么一段:"此种新文化运动,在我国今日,诚思想界空前之大变动。推原其始,不过由于出版界之一二觉悟者从事提倡,遂至舆论放大异彩,学潮弥漫全国,人皆激发天良,誓死为爱国之运动。"③⑦当然,最精彩的论述,还属梁启超的"传播文明三利器"③⑧。我曾多次引述梁启超的这一说法,且努力钩稽晚清以降学堂、报章、演说在传播新文化方面的贡献。

其实,钩稽与整理新闻史、出版史、教育史方面的资料并不困难(实际上已有不少成果可借鉴),难的是如何让"硬件"与"软件"变得水乳交融。谁都知道,"三利器"对于文学革命、知识更新、思想转型功不可没;可怎么使有形的物质与无形的精神结合得天衣无缝,才是难处所在。这方面,我做了若干尝试,比较得意的是《小说的书面化倾向与叙事模式的转变》《新教育与新文学——从京师大学堂到北京大学》《有声的中国——"演说"与近现代中国文章变革》等文。③⑨

三、"两代人"如何"合力"

谈论思想史或文学史的"转型时代",从1895还是1898年说起,差别其实不大,都是着眼于甲午战败后中国读书人的自我觉醒,以及由此展开的轰轰烈烈的维新运动。值得认真辨析的,反而是各自下限的设定——张定1925年,我定1927年,这到底有何玄机?

王汎森为《中国近代思想史的转型时代——张灏院士七秩祝寿论文集》撰写序言,其中有这么一段:

---

③⑦ 孙中山:《关于五四运动》,《孙中山选集》,人民出版社,1981年10月第2版,第482页。

③⑧ 梁启超:《自由书·传播文明三利器》,《饮冰室合集·专集》第2册卷2,中华书局,1936年,第41页。

③⑨ 参见陈平原《小说的书面化倾向与叙事模式的转变》,收入《中国小说叙事模式的转变》,上海人民出版社,1988年;《新教育与新文学——从京师大学堂到北京大学》,载《学人》第十四辑,江苏文艺出版社,1998年12月;《有声的中国——"演说"与近现代中国文章变革》,刊《文学评论》2007年第3期。

> 我推测张先生是以"主义时代"的兴起为"转型时代"的下限……"主义时代"兴起之后，原先那种充满危机与混乱，同时也是万马争鸣的探索、创新、多元的局面，逐渐归于一元，被一套套新的政治意识形态所笼罩、宰制，标志着"转型时代"的结束。⑩

对于"主义时代"兴起导致创新、多元局面的消失，我与张先生深有同感。此前，在《中国现代学术之建立——以章太炎、胡适之为中心》的"导论"中，我也曾强调：

> 在我看来，1927年以后的中国学界，新的学术范式已经确立，基本学科及重要命题已经勘定，二十世纪影响深远的众多大学者也已登场。另一方面，随着舆论一律、党化教育的推行，晚清开创的众声喧哗、思想多元的局面也不复存在，取而代之的是立场坚定、旗帜鲜明的党派与主义之争，二十世纪中国学术从此进入了一个新的时代。⑪

为何将下限定在1927而不是1925呢？除了这一年南京国民政府成立，形式上统一了四分五裂的中国，此后主要是国共两党之争；还有一点很重要，那就是尊重"五四"新文化人的自我体认。当初商谈如何选编《中国新文学大系》时，有过一番讨论，最后确定的时段是1917—1927年。这"伟大的十年间"，他们站在舞台的中心，是当之无愧的主角；以后就不一样了，不仅《新青年》的团体散掉了"⑫，而且被"一挤挤成了三代以上的古人"⑬。

之所以强调尊重"五四"新文化人的自我体认，那是因为，在我看来，从古典

---

⑩ 王汎森：《〈中国近代思想史的转型时代〉序》，载王汎森等著《中国近代思想史的转型时代——张灏院士七秩祝寿论文集》。

⑪ 参见陈平原：《中国现代学术之建立——以章太炎、胡适之为中心》，北京大学出版社，1998年，第6—8页。

⑫ 参见鲁迅：《〈自选集〉自序》，《鲁迅全集》第四卷，第456页。

⑬ 《中国新文学大系》各卷编者中，有好几位引述这句话；原话不是刘半农说的，是他在编《初期白话诗稿》时，转引陈衡哲的感叹。参见陈平原《在"文学史著"与"出版工程"之间——〈中国新文学大系导言集〉导读》。

中国到现代中国的转型,是由"两代人的合力"促成的。引入"代"的概念,是本论述得以展开的关键。

据冯雪峰追忆,在1936年6月大病前后,鲁迅多次谈及撰写知识分子题材长篇小说的设想:

> 有一天,我们谈着,我说鲁迅先生深知四代的知识分子,一代是章太炎先生他们;其次是鲁迅先生自己的一代;第三,是相当于例如瞿秋白等人的一代;最后就是现在为我们似的这类年龄的青年……他当时说,"倘要写,关于知识分子我是可以写的……而且我不写,关于前两代恐怕将来也没有人能写了。"㊹

此处引证的重点,不在长篇小说如何结构,而是知识分子怎样分代。章太炎属于晚清一代,鲁迅本人是"五四"一代,这都没有疑问;有疑问的是瞿秋白(1899—1935)与冯雪峰(1903—1976)到底算一代还是两代。因与本文主旨无关,可以按下不表。

二十世纪七十年代末,也就是改革开放初期,李泽厚的《中国近代思想史论》风靡整个中国学界,书中曾引述鲁迅的四代知识分子说,然后加以引申发挥:

> 总之,辛亥的一代、"五四"的一代、大革命的一代、"三八式"的一代。如果再加上解放的一代(四十年代后期和五十年代)和"文化大革命"红卫兵的一代,是迄今中国革命中的六代知识分子(第七代将是一个全新的历史时期)。每一代都各有其时代所赋予的特点和风貌,教养和精神,优点和局限。㊺

李著的具体论述,受那个时代意识形态的制约,如采用政治事件命名,且声明

㊹ 参见雪峰:《鲁迅先生计划而未完成的著作》,《鲁迅论及其他》,桂林充实社,1940年,第28—29页。
㊺ 李泽厚:《中国近代思想史论》,人民出版社,1979年,第470页。

"工农出身的知识分子未计在内"[46],但当时确实让人耳目一新。八年后刊行的《中国现代思想史论》,依旧持六代说;而在论及第二代与第三代知识分子的差异时,有一段精彩的描述:

> 冯友兰虽然只比梁漱溟小两岁,却是梁的学生辈。就整个中国近现代思想逻辑的六代说,他属于第三代。这一代知识分子的有成就者,大抵是在一些具体专业领域(政治、军事、学术……)开创一些具体的范式,它与第二代的范式不同,它们更为科学、更为实证、更为专门化,而不像上一代那样,虽清晰、开阔、活泼,却模糊、笼统、空泛。这也是瞿秋白、毛泽东、冯友兰、陈寅恪、顾颉刚等人不同于李大钊、陈独秀、胡适、梁漱溟、钱玄同等人所在。[47]

在此书的"后记"中,李泽厚提及这本书原本打算讲中国近现代六代知识分子的,可惜最后只是擦了个边,没能真正涉足。

关于"代"的概念,李泽厚明显倾向于社会学的立场:"'代'的研究注意于这些'在成年时(大约17—25岁)具有共同社会经验的人'在行为习惯、思维模式、情感态度、人生观念、价值尺度、道德标准等各方面具有的历史性格。"[48]而在我看来,除了共同的成长经验,更重要的是表演舞台。有才华者,不见得有好的机遇;而同台表演的共同记忆,不仅日后津津乐道,更是重要的象征资本。

历史学家眼中的"代",与社会学家眼中的"代",很可能颇有出入。在前者看来,"这种有独立历史品格的'代'的形成,不完全依赖生理的年龄组合以及生物的自然演进,更注重知识结构与表演舞台,因而,有提前崛起的,也有延迟退休的"。而思想史、文学史、学术史上"代"的更迭,不仅仅是换了一批新面孔,而很可能是意味着审美趣味、学术思路以及研究模式的转移。"随着有共同生活感受和学术训练的新一代学人的崛起,学术界很可能'焕然一新'。这里的'新'与

---

[46] 李泽厚:《中国近代思想史论》,第471页。
[47] 李泽厚:《中国现代思想史论》,第300页。
[48] 李泽厚:《中国现代思想史论》,第343页。

'旧',只是现象描述,并非价值评判。"㊾相对于此前此后的各代,晚清及五四这两代人,均生活在"西学东渐"与"古学复兴"的巨大张力中,经由一番艰难且痛苦的探索,终于闯出一条新路来,在思想、文学、学术等方面,基本完成了从古典中国向现代中国的过渡。

从近处看,他们每个人都不一样,有时还争得死去活来;可拉开距离,在三五百年的视野里,他们之间的差异性,远不如共同性大。绝对的保守与革命、国粹与西学、承继与断裂,其实不是很多;大部分情况下是偏向某一方面,且经常因时因地调整立场。有观念的差异,有策略的不同,但更多的是受个人处境与才情以及时势的压迫而"与时俱进"。在晚清是激进的,到了"五四"时期,很可能转为保守(如林纾);当然,也有反其道而行之的(如钱玄同)。至于政治与学术、公德与私德、文章与经世之间的缝隙,那就更加比比皆是了。在谈及梁启超与革命派的论战时,张灏称:

> 虽然梁与他的主要反对者革命派在广泛的思想意识问题上存在分歧,但仔细考察两派的文章可以发现,就基本价值观来说,他们的一致性远胜于他们的分歧。㊿

因是早期著述,张灏在接下来讨论梁启超与五四一代的同异时,还是希望划清界限。可言语之间,你能明显感觉到作者的"迟疑不决"。"晚清"与"五四",这两代人在政治理念、人格理想、知识类型以及审美趣味方面虽有很大差异,但基本上是走在同一条大路上,且不知不觉中"合力"做成了一件大事,那就是古典中国向现代中国的转型。

"晚清"与"五四"这两代人,只要参与维新或革新事业的,多少都有"接力"的关系。这里所说的"接力",包括人际关系、学术传统、文化思潮、政治议题等。越是进入具体领域,"承前启后"的痕迹就越明显。你可以强调"承继",可以渲

㊾ 参见陈平原:《四代人的文学史研究图景》,《北京大学学报》1997年第4期。
㊿ 张灏:《梁启超与中国思想的过渡(1890—1907)》,崔志海等译,第212页。

染"对话",也可以突出"逆转"与"反叛",但史料摆在那里,谈"五四"无论如何不能绕过"晚清"。

在沟通中外、徘徊古今、穿越文白、兼擅文章与学术这几个方面,"晚清"与"五四"这两代人有很多共同记忆,只是立场与策略不太一样而已。当初论战时争得你死我活,但无论胜败正反,都参与到这场历史大剧的制作中。这就好像一部多幕剧,开场时登台亮相的,说不定中间就退场了;第一幕跑龙套的,也可能第二、第三幕变成了主角。至于谁唱到最后,不等于谁就是最大的赢家。谢幕时出来领受掌声的,应该是全体演员,而不仅仅是主角或最后一位演唱者。

谈及"新文化"如何"运动",不仅必须在激进与保守之间保持某种平衡,重新审视"五四"时期林纾、章士钊、吴宓、梅光迪等人的"反动言论";而且应努力平视"晚清"与"五四",而非站在"五四"的立场来选择性地溯源"晚清"。承认两代人各有特点,也各有魅力与局限,其"共同的合力"促成了思想史、文学史或学术史上的大转型,这样来阐述"运动"的酝酿与展开、转折与推进,会有更加精彩的呈现。

不是每代人都有机会"创造历史",能在"三千年未有之大变局"的舞台上出演,不管是主角还是配角、是站在聚光灯下还是处于舞台边缘,都是幸福的。那是一个政治上剧烈动荡、文化上生气淋漓的时代。那两代人的挣扎与痛苦、追求与失落、思考与前瞻,都是此前此后的读书人所难以企及的。引入"两代人的合力",平视"五四"与"晚清",在辨析时代主潮的同时,发掘问题的丰富性与复杂性,是为了以更加开阔的视野与更加坦荡的襟怀,来直面诸多"未完成"的时代话题。

2015 年 9 月 13 日于京西圆明园花园

【陈平原　北京大学中文系教授】
原文刊于《中国文化》2015 年 02 期

新文化的异域回响

胡适及其著作在日本

欧阳哲生

古代中日文化交流,以中国影响日本为主。及至近代,甲午战争改变了这一格局,二十世纪初大批中国青年学子走向东瀛,反过来向日本这位曾是自己的学生讨教,中日文化交流遂出现"倒流"现象。中国不仅学习日本文化,而且通过日本这一渠道吸收西方文化,日本成为中国现代化的重要参照。在"新文化运动"中崛起的以胡适为代表的留学欧美"海归",努力谋求在中国文化与欧美文化的新的结合的基础上,创造一种新文化。胡适作为新文化的典范性人物,以其在文学、哲学、史学多方面的创新成就,在中国知识界造成强烈的震撼性效应,同时也给日本学界以极大的刺激。日本学人通过译介胡适的作品,追踪胡适的学术动向,试图掌握中国新文化的进程。有趣的是,由于胡适于 1925 年开始进入禅宗史研究领域,自认为据此强项的日本学人与之展开对话和论争,这不啻是中日之间的一场"学战"。胡适在近代中日文化交流史上的这一特殊表现,给人"意外"之感,加上中、日学界对此均不见专文系统探讨,更易让人产生探究的冲动。[①]

---

① 日本研究胡适论著,参见石立善:《日本研究胡适论著目录稿(1970—2008)》(载《胡适研究通讯》第 3 期,2008 年 8 月 25 日)、《日本研究胡适论著目录续编(1920—1969)》(载《胡适研究通讯》第 4 期,2008 年 11 月 25 日)。从目录可知,日本相关成果仅涉及胡适与芥川龙之介、室伏高信、铃木大拙、人矢义高等人关系的评述。编者按:文中"《胡适の支那哲学论》"等日文书名中出现"支那"一词,系日文对"中国"一词一旧译,含有歧视色彩,为了保持历史原貌,本文予以保留,请读者注意鉴别。

一、胡适的访日经历

胡适并没有在日本留学或长期居留的经历,但他过访日本的频次之多在同时代中国学人中实属少见。1910 年 7 月中旬胡适赴美留学时,第一次途经日本,9 月 25 日他从绮色佳发出的《致胡绍庭、章希吕、胡暮侨、程士范》一信,道及所见日本之印象,显见其对日之轻蔑:

> 过日本时如长崎、神户、横滨皆登岸一游。但规模之狭,地方之龌龊,乃至不如上海、天津远甚。居民多赤身裸体如野蛮人,所居属矮可打顶、广仅容膝,无几无榻,作书写字,即伏地为之,此种岛夷,居然能骎骎称雄世界,此岂(非)吾人之大耻哉!今日韩已合并矣。韩之不祀,伊谁之咎!吾国人犹熟视若无睹然,独不念我之将为韩续耶![2]

同行的赵元任留有此行的日记,可资参考,惜未公布。[3]

胡适留美归国时,船经日本,时间是 1917 年 7 月 5 日至 8 日。所经情形在《胡适留学日记》中有详细记载:

7 月 5 日,"下午四时船进横滨港,始知张勋拥宣统复辟之消息"。下船后,乘电车去东京,"与郭(虞裳)、俞(颂华)两君相见甚欢。两君皆澄衷同学也"。"诸君邀至一中国饭馆晚餐"。"是夜九时,与诸君别,回横滨。半夜船行"。[4] 在东京时,购《新青年》第三卷第三号,上有桑原隲藏博士《中国学研究者之任务》一文,甚得胡适欣赏。"其大旨以为治中国学宜用科学的方法,其言极是"[5]。

---

② 耿云志、欧阳哲生编《胡适书信集》上册,北京大学出版社,1996 年,第 16 页。胡适是 1910 年 7 月 12 日乘船离开上海,8 月 7 日抵达旧金山。按照当时的航行时间,到达日本应在离沪的两三天后,据此可推断胡适是 7 月 15 日前抵达日本。
③ 从 1906 年 4 月 15 日起,赵元任开始写日记,"除偶有特殊原因缺记外,一直延续到 1982 年去世前不久"。参见赵新那、黄培云编《赵元任年谱》,商务印书馆,1998 年,第 48—49 页。
④ 《胡适全集》第 28 册,安徽教育出版社,2003 年,第 581 页。
⑤ 《胡适全集》第 28 册,第 581—582 页。

7月7日，"晨到神户，与（张）慰慈上岸一游"。⑥ 7月8日，"自神户到长崎，舟行内海中，两旁皆小岛屿，风景极佳"。胡适称沿途所见为"亚洲之'千岛'耳"。到长崎未上岸。⑦ 7月10日，船到上海。这次途经日本，加上与同船日人永屋龙雄、朝河贯一的交流经历，引起了胡适对日本学术界的注意。

1927年4月胡适从美国回国途经日本，在日停留23天（4月24日—5月16日），这是他第三次过访日本，也是他历次访日时间最长的一次。此次访日先"在东京住了两个礼拜"⑧，后赴其他地区旅行。胡适访问日本的情形虽未见存日记，但从他后来的一些片断文字可窥见大概：

> 我记得1927年4月24日我的船到横滨，就接到（丁）在君由船公司转交的信，信中大意讲，国内党争正烈，我的脾气不好，最好暂时留在日本，多做点研究日本国情的工作。他说：他自己近来很研究日本问题，深切地感觉中国存亡安危的关键在日本。他劝我千万不可放过这个可以多多观察日本的机会。我很赞成在君的意见。但我不通日本话，在日本只能住很贵的旅馆。我在日本住了二十三天，游历了箱根、京都、奈良、大阪，很感觉费用太大，难以久居，所以五月中旬我就从神户回国了。⑨

访日期间，恰逢国共分裂，胡适阅读报刊，密切关注事态的发展。

利用这次访日机会，胡适会见了一些日本佛学界人士，这与当时他对禅学研究的兴趣有关。"路过东京，见着高楠顺次郎先生、常盘大定先生、矢吹庆辉先生，始知矢吹庆辉先生从伦敦影得敦煌本《坛经》，这也是禅宗史最重要的材料。高楠、常盘、矢吹诸博士都劝我早日把神会的遗著整理出来。"⑩这是胡适第一次直接接触日本佛学界。在奈良，胡适会见了香港大学创始人爱里鹗（Sir Charles

---

⑥《胡适全集》第28册，第582页。
⑦《胡适全集》第28册，第582—583页。
⑧ 参见胡适：《日本霸权的衰落与太平洋的国际新形势》，收入欧阳哲生编《胡适文集》第11册，北京大学出版社，2013年，第693页。另据北大图书馆胡适藏书/小野玄妙著《佛教年代考》（京都：出版者不详，1926年）的扉页题记："胡适，在东京买的，十六，五，六。"可知，5月6日胡适尚在东京。
⑨ 胡适：《丁文江的传记》，收入欧阳哲生编《胡适文集》第7册，北京大学出版社，2013年，第452—453页。
⑩ 胡适：《自序》，收入胡适编著《神会和尚遗集》。台北胡适纪念馆，1982年，第3页。

Eliot)爵士,此君"精通梵文和巴利文,著有《印度教与佛教》三巨册;晚年曾任驻日大使,退休后即寄居奈良,专研究日本的佛教"。当天的会晤称得上是国际佛学界的一次高端聚会。"那一天同餐的,有法国的勒卫先生(Sylvan Levi)、瑞士(现改法国籍)戴密微先生(Demieville)、日本的高楠顺次郎先生和法隆寺的佐伯方丈,五国的研究佛教的学人聚在一堂,可称盛会。"⑪

仓石武四郎、吉川幸次郎在他们的回忆文字中,都提到胡适此行曾到京都大学作过一次演讲,当时狩野直喜、铃木虎雄在场,仓石武四郎致闭会词,他们因此与胡适"初次结识"。⑫

胡适就当前形势与日本各界人士交换了意见。他会见了日本著名经济学家福田德三博士,福田与胡适早于1922年在北京即已结识。在《漫游的感想》一文中,胡适特别提及他们之间关于欧美的社会政策的一场对话。⑬ 他参观了《朝日新闻》社举办的"新闻事业展览会",这次参观活动令胡适深感不安:

> 有一天,外务省的岩村成允先生陪我去看东京《朝日新闻》的新屋,楼上有一层正开着一个"新闻事业展览会",岩村先生带我去看一间特别展览。我进去一看,只见墙上挂满了无数薄纸条子,像是日本电报纸,足足有两三千条。岩村先生对我说:"这是三月廿四南京事件那一天一晚东京《朝日新闻》一家接到的紧急电报。那天南京日本领事馆被攻击了,日本人也有被伤的,据说还有国旗被侮辱的事。那一天一晚,日本各报纸发了无数的号外。人心的愤激,先生请看这些电报就可想而知。但币原外相始终主持不用武力。驻下关的英美炮舰都开炮了,日本炮舰始终没有开炮。"我那时看了那一间小房子墙上密密层层的电报纸,我第一次感觉到日本的霸权的威严,因为我明白日本那时有可以干涉中国革命的霸力而不肯滥用,可以说

---

⑪ 胡适:《南游杂记》,收入欧阳哲生编《胡适文集》第5册,北京大学出版社,2013年,第557页。

⑫ 参见仓石武四郎:《追赶鲁迅》,收入仓石武四郎著、荣新江、朱玉麟辑注《仓石武四郎中国留学记》,中华书局,2002年,第226页。仓石武四郎因记忆有误,将胡适访问京都的时间系于1928年。吉川幸次郎:《胡适——"折り折りの人"补遗》,收入《吉川幸次郎全集》第16卷,东京筑摩书房,昭和四十九年(1970年)十二月十五日发行,第431—432页。

⑬ 胡适:《漫游的感想》,《胡适文存》三集卷一,收入欧阳哲生编《胡适文集》第4册,北京大学出版社,2013年,第32—33页。

是无害的霸权了!

但后来的形势发生了变化,胡适的看法当然也随之改变。"两三年后,日本的军人终于不满于那无害的霸权,就冲决了一切国际的约束,滥用暴力,造成满洲事变。从此以后,带甲的拳头越显露,日本的国际地位就越低落了。"⑭

1933 年 6 月 21 日至 23 日胡适赴美途经日本作短暂停留。据其日记所载:6月 19 日凌晨乘船离沪。6 月 20 日"得大阪《每日新闻》泽村幸夫一电,约明日在神户相见。我怕他要我发表谈话,写一文为准备"。⑮ 6 月 21 日,"船到神户,得 Japan Chronicle 编辑人 Mr. A. Morgan Young 的信,说他要邀我去游览山景"。胡适接受了邀请。但因细雨不能游山,只好到他们的报馆和寓所小坐。日人泽村君邀请胡适到大阪午餐,高桥君要胡适去东京讲演,胡适均婉辞。⑯ 6 月 22 日,"船未进横滨,即有 Japan Advertiser 访员坐汽船来访问,我给了他前晚的谈话稿一份。Uramatsu 与 Takagi 同来接我,横滨馆文访员也来船上。与高木、浦松二君坐汽车到东京。六年前的荒凉景象,今日都换了新式市街建筑,都可令人惊叹。到东京帝国旅馆,会见'太平洋问题调查会'的会员","加同来的二人,凡二十一人,这样人数少,我可以不演说了"。这次谈话,从六点多钟到十一点始散,持续五个小时,可见讨论之热烈。会毕,浦松与高木到胡适房中小谈。这次会谈内容,胡适日记记录甚详。6 月 23 日,高木与浦松送胡适回横滨上船。⑰

1933 年 10 月胡适访美归国时,途经日本,⑱惜未存日记,故所经情形不得其详。在《〈坛经〉考之二——记北宋本的〈六祖坛经〉》一文中,胡适透露:"去年10 月我过日本横滨,会见铃木大拙先生,他说及日本有新发现的北宋本《六祖坛经》。后来我回到北平,不久就收到铃木先生寄赠的京都堀川兴圣寺藏的《六祖坛经》的影印本一部。此本为昭和八年(民国二十二年,1933)安宅弥田所印行,

---

⑭ 胡适:《日本霸权的衰落与太平洋的国际新形势》,收入欧阳哲生编《胡适文集》第 11 册,北京大学出版社,2013 年,第 693—694 页。
⑮ 《胡适全集》第 32 册,第 216 页。
⑯ 《胡适全集》第 32 册,第 217 页。
⑰ 《胡适全集》第 32 册,第 218—223 页。
⑱ 胡适大约是 1934 年 10 月初从温哥华乘船归国,回到上海是 10 月 25 日,汪原放、章希吕等到码头迎接。参见《章希吕日记》,收入颜振吾编《胡适研究丛录》,生活·读书·新知三联书店,1989 年,第 247 页。

共印二百五十部,附有铃木大拙先生的《解说》一小册。"⑲可知此次胡适在日本横滨,曾会见了日本佛学界同行铃木大拙。

1936 年 7 月 16、17 日胡适赴美途经日本,这是他第六次过访日本。据其日记所载:

> 7 月 16 日早上六点半船到神户,到八点半才进口,总领事江华本来招待;神户(兵库县厅)警视厅外事课亚细亚系通鸿山俊雄也奉内务省电令来招待。八点二十五分到横滨;八点五十分到东京。日本支会来迎者:那须、高柳、牛场友彦(Ushi ba)、浦松及其夫人、松本重治夫人。
>
> 许隽人大使与孙伯醇、萧叔宣夫妇来迎。室伏高信也在站迎我。
>
> 大使馆□□□警备,说是专为我警备的! 他们说,此夜的警备比许大使到的一天还严重!⑳

胡适出入都有便衣武装警察保卫,显示出日本方面对他的来访高度重视。

> 7 月 17 日,北大学生郎依山来。伯醇与芃生来吃早饭。室伏来长谈。松方来。岩村成允来。杨鸿烈夫妇来。
>
> 牛场来。今年日本支会内部大变化,旧日之新人物如高木、横田、松方、浦松、松本,皆不在会,亦不被派出席。牛场为 Oxford 留学生,人最开明,说话亦开诚,我甚高兴。他是此间支会秘书。
>
> 松方说,此次会中出席代表中唯上田(Uyeda)一人是自由主义者,能自守其说,余人皆不高明。
>
> 室伏说他将有新著《南进论》,是要改变北进路线而取南进路线,将为"日本一大转变之书!"此君的见解殊令人笑不得,哭不得。他要一班知识

---

⑲ 《〈坛经〉考之二——记北宋本的〈六祖坛经〉》,《胡适文存》四集卷二,收入欧阳哲生编《胡适文集》第 5 册,北京大学出版社,2013 年,第 224 页。

⑳ 《胡适全集》第 32 册,第 570—571 页。

者来与我谈,其中有早稻田的杉森,亦是不高明之"学者"。[21]

下午五点半胡适到大使馆辞行,坐汽车到横滨。近八点上船,大使来送行,十点开船,结束了短暂的访日行程。值得一提的是,室伏高信与胡适会见后,7月23日在东京《读卖新闻》上发表了《胡适再见记》一文,从这篇文章中可以看出当时日方对胡适态度冷漠的一面。[22]

1936年11月初胡适从旧金山启程回国,12月1日回到上海。此次横渡太平洋,中间是否在日本作短暂停留,未见胡适提及。按照通常的航行路线,应经过日本横滨等处。

1946年胡适从美国回国时途经日本。据其日记,7月2日,"Captain 说,今天早晨,可望见日本,天气清朗时可见富士。船客都早起来了,只看见几个小岛。"[23]7月3日,胡适翻检自己1936年7月16日写作的《望富士山》小诗,读了一遍,感"其悲哀之音更明显"。改本如下:

> 雾鬓云裙绝代姿,也能妖艳也雄奇,忽然全被云遮了,待到云开是几时?待到云开是几时?[24]

这可能是胡适所撰诗歌中,唯一一首与日本题材有关的诗歌。

1949年4月9日胡适赴美途中,在东京作短暂停留,当日船到横滨。胡适自述:"本不准备登岸,写信托赵曾钰君带去东京,向吴文藻、谢冰心、吴半农诸友告罪。不意半农在码头去接赵君,坚邀我去玩了半天。见着文藻、冰心及半农夫人,下午见着王信忠,大谈。到代表团访商启予将军(震),不遇,留一片。"[25]第二天,胡适乘船开往檀香山。

㉑ 《胡适全集》第32册,第572页。

㉒ 此文有中译文,载《大公报》1936年7月29日,1936年8月9日《独立评论》第213号转载。

㉓ 《胡适全集》第33册,第600页。

㉔ 《胡适全集》第33册,第601页。据胡适称:"翻出去年九月一日日记,见我在十年前(July16,1936)《望富士山》小诗。"不过,《胡适的日记》[(手稿本),台北远流出版公司,1990年]没有这一天的日记,整个1945年日记空缺,可能为编辑所删,或未找到1945年日记。

㉕ 《胡适全集》第33册,第727页。

1952 年 11 月 18 日胡适从美国乘机前往台北时,在东京转机作短暂停留。从此,胡适不再乘船途经日本,而是乘坐飞机。胡适日记写道:当日"下午到东京,飞机晚了两点钟。董大使显光与朋友多人来接。大使为我请了许多日本客人与美国客人。有野村、那须浩、盐谷温诸人。半夜后离开东京。"㉖

1953 年 1 月 17 日至 22 日胡适从台北飞往美国,中经东京作为期五天的访问。胡适日记对此次访日行程记载甚详:1 月 17 日,"晚上到东京。董显光大使来接。接的朋友很多,有张伯谨公使等"。㉗ 1 月 18 日,"与张伯谨、王信忠去走书店,仅走了'汤岛圣堂'(孔庙)的一处,买了一些书"。"晚上大使为我约了一大桌客,有日本人。其中有最高法院田中耕太郎、前田、松方、盐谷温诸人"。㉘原定 20 日返美,旋因董显光挽留,展期两天。㉙ 1 月 19 日,"与王信忠走书店,仅到山本一家,买了一些书。下午,东方文化学会等三十团体欢迎的茶会。前田主席,仓石说话,我也说了半点钟的话,松方翻译"。㉚ 1 月 20 日,"上午,见客。中午,到乡间赴马延喜先生的午餐。席上有大陆问题研究所所长土居明夫谈话很有见解。他这研究所里很有许多旧军人,多系对中俄问题有研究的。……下午,去看国会图书馆(National Diet Library),馆长金森先生(Tokujiro Kanamori)带我去参观,馆中有五十万册书。又去看东洋文库,即是以 Morrison's Library 为基础,建立起来的东亚书库,没有受损失。又去玉川,看静嘉堂文库,即是以陆心源的'皕宋楼'藏书作基础,建立起来的中国珍本书的书库,也没有受损失。馆长诸桥辙次,已老了,双目近于失明,还殷勤招待。晚上,赴改造社晚餐谈话,社长名 Hara,发问者为上原博士。谈的是世界文化问题"。㉛ 1 月 21 日,"上午,与董大使去拜客,拜了副首相绪方竹虎,外相冈崎胜男。中午,在 NHK 广播。题为'Our Common Enemy',为时十五分钟,昨夜费了我四点钟写成。中央社李嘉先生约我午饭,吃日本的'锄烧',很好。下午,参观东京大学,见校长□□□先生。

㉖ 《胡适全集》第 34 册,第 254 页。
㉗ 《胡适全集》第 34 册,第 266 页。
㉘ 《胡适全集》第 34 册,第 271 页。
㉙ 参见胡颂平:《胡适之先生年谱长编初稿》第六册,台北联经出版公司,1990 年,第 2335 页。
㉚ 《胡适全集》第 34 册,第 271 页。
㉛ 《胡适全集》第 34 册,第 272 页。

看了他们的图书馆。大学没有损失。校长说,学校南边的一条街,街以南被轰炸了,而街以北的学校毫无损坏。……到文学部,见部长辻□□先生,仓石武次郎、驹井和爱,长井真琴。吃了茶才告辞。晚上,外相冈崎胜男家宴,有女客。日本女权最近颇发达。外相夫人此次为其夫竞选甚努力。见着旧友谷正之"。[32] 1月22日,"上午,见客。中午,董大使约了一些新闻记者午餐"。晚上,"上飞机,十点半起飞,有董大使夫妇及友人多人来送别"。[33] 此次访日时间虽短,但行程甚满,接触面广,是一次比较正式的访问。

1954年2月中旬,胡适从美国纽约飞往台北时,在东京转机作短暂停留,[34] 但因日记空缺,胡适在东京的行程不详。

1954年4月5日至7日,胡适从台北返回美国时,途经东京停留2日。台北的一家大报报道了他在东京的行程:4月6日夜,胡适在东京出席台湾"驻日大使"董显光举行的宴会,席间向日本文化界及报界发表演说。[35] 4月7日,崔万秋陪同胡适到山本书店,购书《清代学人书札诗笺》十二册。胡适在《跋〈清代学人书札诗笺〉十二册》中对此事略有交代:"去年1月我在山本敬太郎的书店里看见这十二册,曾抄出鲍廷博信里代卖戴震自刻的《水经注》的一段。今年4月7日,崔万秋先生陪我重到山本书店,买得这些很可爱又很可珍贵的名人手迹。"[36] 离前两小时,胡适在一群华侨领袖及使馆官员的聚会上发表演说。[37] 下午6时半,胡适乘美国泛美航空公司(PAA)赴美。

1958年4月6日至4月8日,胡适从美国飞往台北,中经东京停留两天,惜未见存胡适日记。据台湾"中央社"报道,4月6日早晨,胡适乘机抵达东京。4月7日,台湾"驻日大使"沈觐鼎设宴款待。[38] 4月8日下午两点五十分,胡适乘美国西北航空公司航班从东京飞抵台北。

---

[32] 《胡适全集》第34册,第273页。

[33] 《胡适全集》第34册,第274页。

[34] 参见胡颂平:《胡适之先生年谱长编初稿》第七册,台北联经出版公司,1990年,第2362页。胡适离开纽约的时间是1954年2月11日,到达台北的时间是2月18日。他在东京停留的具体时间、行程不详。

[35] 《东京七日专电》,载台湾《中央日报》1954年4月8日。

[36] 胡适:《跋〈清代学人书札诗笺〉十二册》,收入欧阳哲生编《胡适文集》第8册,北京大学出版社,2013年,第504页。

[37] 《东京七日专电》,载台湾《中央日报》1954年4月8日。

[38] "中央社"《东京7日电》,载《新生报》1958年4月8日。

1958 年 6 月 16 日至 18 日,胡适从台北飞赴美国,先在冲绳停留半小时,然后途经东京停留一夜,这三天的胡适日记未存。据台湾"中央社"报道,胡适 6 月 17 日下午到达东京。晚间,应邀参加台湾"驻日大使"沈觐鼎举行的宴会。㉟

1958 年 11 月 3 日至 4 日,胡适从美国旧金山飞赴台北,途经东京停留一晚。据台湾"中央社"报道,11 月 3 日胡适飞抵东京,晚上应邀出席台湾"驻日大使"沈觐鼎的非正式晚宴,在座的有林语堂夫妇。同日向"中央社"记者发表谈话。㊵

1959 年 7 月 3 日,胡适从台北飞往美国夏威夷时,途经东京停留一晚。7 月 4 日,胡适在东京有答复记者司马桑敦的谈话。㊶

1959 年 10 月 13 日,胡适从美国旧金山飞赴台北,途经东京时停留两小时。㊷

1960 年 7 月 9 日,胡适从台北飞往美国西雅图,途经东京换机,与昨天先到东京的代表会合。㊸

1960 年 10 月 19 日至 22 日,胡适从美国西雅图返回台北,途经东京停留四天,这是胡适第十九次访日。此行胡适存有日记可查:

10 月 19 日

　　11:50 飞到 Tokyo。张伯谨、王信忠、毛子水三兄,在 Haneda Airport 接我。
　　到 Marunouchiホテル,住 801 号,与三友同饭。
　　下午,与毛子水谈。
　　七点,在大使馆与张厉生大使、伯谨、毛子水同饭。饭时,伯谨叫通了雪屏的电话,我在电话上小谈。

10 月 20 日

　　信忠兄来,同子水去逛汤岛圣堂内书籍文物流通处,我买了 14910 + 3360 = 18270 的书。

㉟　参见胡颂平:《胡适之先生年谱长编初稿》第 7 册,第 2723 页。
㊵　参见胡颂平:《胡适之先生年谱长编初稿》第 7 册,第 2738 页。
㊶　参见司马桑敦:《胡适东京一席谈》,载《联合报》1959 年 7 月 13 日。
㊷　参见《复陈省身》,收入耿云志、欧阳哲生编《胡适书信集》下册,第 1452 页。
㊸　参见胡颂平:《胡适之先生年谱长编初稿》第 9 册,第 3315 页。

为"中国菜"题字。平松小姐编"中国菜",并做中饭请我们。

午饭后,信忠约我去看戏,是一种 Vaudeville show。出来后在 Imperial Hotel Phoenix Room 喝咖啡。

晚上,得伯谨电话,知道飞机已改(订)好了。信忠邀我们在东京大饭店吃中国饭。

10 月 21 日

8:30 马廷禧先生来,他精神很好。

10:30 崔万秋先生来,同去走书店。(山本书店)买了 10320 的书。万秋邀去大黑吃鳗鱼。领我们去游"新居御苑"。

5:00 马太太来吃茶。

6:30 张伯谨兄饭(兰苑大饭店。主人王景仁,本姓隋,山东黄县人),我们喝了不少酒。[44]

据胡颂平回忆,19 日,胡适"到了东京,因长途飞行,感到疲劳,要休息几天"。"是日下午,毛子水飞往东京,他将台湾因雷震案发生后的种种实际情形,报告给先生知道"。[45] 10 月 22 日下午 9 点 55 分,胡适从东京飞抵台北松山机场。这是胡适最后一次出国之行。[46]

回顾胡适的访日经历,明显具有三个特点:第一,他都是在赴美途中或回国途中经过日本时顺访日本,并非专程访日。第二,他访日的地点主要是在东京。其他去过的城市还有横滨、京都、神户等处。第三,他访日时交往的对象与他本人的身份有关,主要是与知识界、学术界、新闻界打交道,其中不乏日本学界精英或高层人士。胡适的"日本经验"从时间长度上说虽不能与那些曾有留日经历的学者或"日本通",如周氏兄弟、郭沫若相比,但他与日本交往的时间长达半个

---

④④ 《胡适全集》第 34 册,第 686—687 页。

④⑤ 参见胡颂平:《胡适之先生年谱长编初稿》第 9 册,第 3343 页。

④⑥ 关于此次访日,1961 年 1 月 5 日胡适《复入矢义高》信中提及:"去夏出国几个月,回国时在东京住了三天(十月十九下午到廿二日下午),竟不能到京都来拜访京都的朋友,至今感觉抱歉。"耿云志、欧阳哲生编《胡适书信集》下册,北京大学出版社,1996 年,第 1576 页。

多世纪,其跨度之长、次数之频,可以说给他观察日本提供了较多的机会。吉川幸次郎曾在《胡适——"其时其人"补遗》(《胡适——"折り折りの人"补遗》)一文中如是表达他对胡适的看法:"世人对氏毁誉过半,毁之者连文学革命提倡者的功绩,都想一笔抹杀,我认为不妥。氏之后,如氏之对日本人的业绩,有如此敏感的中国学者,恐不多见了。"[47]在日本学人眼中,胡适是颇为了解日本的中国学者。[48]

二、胡适与日本人士的交往

论及胡适与日本人士的交往,日本学者河田悌一《胡适与日本学人》一文(载《关西大学中国文学会纪要》第 13 号,1992 年 3 月)曾有涉及。从胡适这方面的材料来看,他与日本人士的交往主要有三种形式:会晤、通信和赠书。从他本人日记、书信往来和收藏书籍,我们大致可获取相关线索。

会晤 胡适本人的日记对他与日本人士会见的情形均有记录。我们据其日记可得大致情形。

1916 年 3 月 19 日胡适在《泽田吾一来谈》的札记中写道:

> 今晨忽闻叩门声,纳之,乃一日人,自言名泽田吾一,乃东京商业学校教员在此治化学。其人苍老似五十许人。手持一纸,上书白香山诗:"老来尤委命,安处即为乡"二句来问余"安处"之安系主观的安,还是客观的安。不意纽约俗尘中尚有如此雅人也。
>
> 泽田君言,余治哲学,过日本时当访其友狩野亨吉博士。博士尝为京都大学文学院长。其人乃"真哲学家",藏汉籍尤富,今以病居东京。
>
> 君又言治日文之难,如主词之后应用"ハ"或"ガ",此两字非十年之功辨不清也。

隔了一周,胡适回访了泽田吾一。两人相谈甚欢,胡适赠旧诗《秋柳》,泽田吾一以日本谚语作答:"雪压不断杨柳条。"⁴⁹这可能是胡适与日人来往的第一个回合。

1917 年 6 月 9 日,胡适踏上归国的旅程。途中 17 日"换车得头等车","车上遇日人朝河贯一先生,在耶尔大学教授日本文物制度者"。⁵⁰6 月 21 日,从加拿大文苦瓦(Vancouver)乘"日本皇后"号,"同舱者五人:贵池许传音、北京郑乃文、日本永屋龙雄,及慰慈与吾也"。⁵¹6 月 27 日,"与朝河贯一先生谈"。⁵² 这次航行,胡适获得了与日人进一步接触的机会。

"五四"时期,胡适声名鹊起,誉满天下,慕名来访的日人随之而来。高濑武次郎在为井出季和太所译《胡适の中国哲学论》一书作序时称:"井出君曰:'胡氏名声显赫,近时我邦出游支那之人,多去拜访胡氏,听其新说,均引以为荣。'"⁵³证之于胡适日记:1919 年 12 月 21 日,预算"10、11 点《大正日日新闻》铃木来会"。⁵⁴1920 年 3 月 4 日,"12 点访小野"。⁵⁵9 月 7 日,预算"晚上 8 点贺川丰彦来谈"。"此人在贫民窟住十年,是一个实行家。他是基督徒。他虽信社会主义,但不信阶级战争说。曾有《主观的经济学》之作。我们谈得很畅快。"⁵⁶1921 年 5 月 24 日,"夜有日本人清水安三邀我与一涵到大陆饭店吃饭,说可遇见日本社会主义者大庭景秋(Oba)。我们到时,始知请的客甚多,除大庭外,有国际通信社的古野伊之助,《朝日新闻》之大西斋,《读卖新闻》之井上一叶,日本财团同人会理事山内嘉,日本观光局之佐藤泛爱,《新支那》之藤原镰兄等。中国人有陈惺农、彭国湖、杜国庠三人。席上略有演说。散后,我听说日本报纸上早已大登此会,称为中日大会! 日本真可厌,这一席的谈话又不知被这班新闻家拿去搓揉成什么样子!"⁵⁷清水安三是一个基督教徒,此人与胡适长久保持联系,显然这是他借请吃饭设局,为日本新闻界做宣传工作,胡适自然对此不满。1922

⑭ 《胡适全集》第 28 册,第 329—330 页。

⑮ 《胡适全集》第 28 册,第 567 页。

㉑ 《胡适全集》第 28 册,第 575 页。

㉒ 《胡适全集》第 28 册,第 577 页。

㉓ 高濑武次郎:《序》,收入井出季和太著《胡适の支那哲学论》,东京大阪屋号书店,昭和二年四月一日,第 3 页。

㉔ 《胡适全集》第 29 册,第 43 页。

㉕ 《胡适全集》第 29 册,第 104 页。

㉖ 《胡适全集》第 29 册,第 206 页。

㉗ 《胡适全集》第 29 册,第 268 页。

年 3 月 4 日,"上午十时,日本使馆头等参赞伊藤述史来谈"。[58] 9 月 29 日,"日本学者福田德三来访,他是新人会的领袖人才之一,与吉野作造齐名。我请他到大学讲演,他答应了"。[59] 10 月 6 日中午,"在东兴楼请福田博士吃饭。席后他说了两点:(1)他看中国的前途没有危险;虽然迟缓,实在不妨事。资本主义的文化是快过去了;世界的新文化——非资本主义的新文化——须靠俄国、德国、中国三做主体。(2)他自己曾受过洗礼,但他是反对基督教的人;不是反对原来的信仰,是反对'制度化'的基督教"。[60] 从胡适会见的对象看,多为日本的基督教徒、学者,其中福田德三较有思想深度。

1921 年 3 月日本著名小说家芥川龙之介被大阪每日新闻社以海外观察员的身份派往中国访问,在中国多地旅行达三个多月。来京期间,与胡适至少会晤过两次。6 月 24 日,胡适"便道到扶桑馆访日本小说家芥川龙之介",恰巧他出门,未遇。[61] 不过,第二天芥川龙之介即回访。胡适日记写道:"今天上午,芥川龙之介先生来谈。他自言今年三十一岁,为日本今日最少的文人之一。他的相貌颇似中国人,今天穿着中国衣服,更像中国人了。这个人似没有日本的坏习气,谈吐(用英文)也很有理解。"[62] 初次会面,芥川龙之介给胡适留下了很好的印象。6 月 27 日,胡适与芥川龙之介就中日文学问题做过一次深入的交谈:"八时,到扶桑馆,芥川先生请我吃饭。同坐的有惺农和三四个日本新闻界中人,这是我第一次用日本式吃日本饭,做了那些脱鞋盘膝席地而坐的仪式,倒也别致。"芥川对中国旧戏改革发表了意见,并用口语译胡适的诗。[63] 芥川氏本人非常喜爱北京浓郁的古都风情,自感用文字难以形容北京无限的魅力,故其有关在京旅行的游记没有写完,与胡适的会见记录付诸阙如,[64]他的过早逝世给人们留下了无尽的遗憾。他的好友中野江汉撰写的《北京繁昌记》,全面记述了北京的

---

[58] 《胡适全集》第 29 册,第 528 页。

[59] 《胡适全集》第 29 册,第 766 页。

[60] 《胡适全集》第 29 册,第 775 页。

[61] 《胡适全集》第 29 册,第 319 页。

[62] 《胡适全集》第 29 册,第 322 页。

[63] 《胡适全集》第 29 册,第 323—324 页。

[64] 有关芥川龙之介的这次中国旅行在京期间情形,参见氏著:《中国游记》,秦刚译,中华书局,2007 年,第 145—157 页。中野江汉:《自杀的芥川氏与北京》,载《北京周报》1927 年 7 月 31 日。

风土人情、城市景观，多少弥补了这一缺憾。⑥

　　1922 年 5 月，胡适在自己家里会见了鹤见祐辅，两人就中国家庭制度、儒教问题进行过讨论。鹤见祐辅曾留学美国，是自由主义者、著名的评论家和政治活动家，以宣传欧美文化著称，鲁迅后来曾译介他的作品《思想·山水·人物》。在会谈中，胡适提出两个重要的论断："儒教在中国已死。""中国的家族制度已经在崩塌。"这次会见给鹤见祐辅以极大的刺激，他自感"今日之吾辈痛感腹中无物，实应羞愧自省"。⑯

　　同年 9 月 20 日，北京大学邀请日本早稻田大学俄国文学教授片上伸先生讲演，题为"北欧文学的原理"，周作人现场翻译，胡适代蔡元培主持。片上伸似有与胡适倡导的易卜生主义唱和之意，"他用易卜生代表斯堪狄那维亚，用托尔斯泰代表俄国，指出他们都趋向极端绝对的理想，不喜调和，为北欧文学的特色，此意亦有理"。⑰

　　胡适与日本史学界同行学者的交流，着实对他影响不小。大约 1920 年 9、10 月到 1921 年春以前，胡适与诸桥辙次有过一次会见，双方就经学、中国哲学史等问题进行了笔谈。⑱ 日本学者小柳司气太的来访，更是给胡适带来了新的信息。1921 年 10 月 5 日，胡适日记载："日本人小柳司气太送我两本《东洋学报》（十一，1—2），中有饭岛志夫一篇长文，论'支那上代文化上之希腊影响，与儒教经典之完成'。此君从历史上考见《左传》为刘歆之伪作，甚有研究之价值。"⑲1922年 2 月 12 日，胡适再次会晤了小柳司气太，小柳氏带来日本著名史学家羽田亨，这次会晤令胡适感受深刻："日本学者小柳司气太邀我吃饭。席上见京都大学教授羽田亨（Haneda）先生。此君为东洋史专家，通数国语言文字，曾著有《西夏

---

⑥　日本学者对芥川龙之介与胡适这次会晤有专文论述，参见饭仓照平：《北京の芥川龙之介——胡适、鲁迅とのかかわり》，载《文学》第 49 卷第 7 号，1981 年 7 月。单授朝：《芥川龙之介と胡适——北京体验の一侧面》，载《言语と文艺》第 107 号，1991 年 8 月。

⑯　参见鹤见祐辅：《坛上·纸上·街上の人》，东京大日本雄弁会，昭和二年，第 398—410 页。当时胡适在北大上"中国哲学史"一课，正在讲授"新儒教"，参见《胡适全集》第 29 册，第 584、590、593、602 页。这可能是会谈涉及儒教问题的来由。不过，胡适日记全然未提他与鹤见祐辅的会面。

⑰　《胡适全集》第 29 册，第 756 页。

⑱　胡适、诸桥辙次：《胡适和诸桥辙次的笔谈》，载王元化主编《学术集林》卷十，上海远东出版社，1997 年，第 1—6 页。

⑲　《胡适全集》第 29 册，第 478 页。

纪年考》等书。他新从欧洲回来,携有敦煌石室文稿影本四千余卷,将次第印行之。此极好事,我们都应该感谢。"⑩羽田亨先后就读于东京帝国大学、京都帝国大学,师从白鸟库吉、内藤湖南,兼得东京、京都两大学派之长,是日本最具实力的新一代学者,他所擅长的敦煌学、西域学和元蒙史,恰是当时中国学者之弱项。2 月 26 日,胡适"在东华饭店为小柳司气太饯行"。⑪ 显然,这是双方都颇感满意的一次交流。8 月 26 日,胡适与日本学者今关寿麿会谈,这次也触发了他许多感想:"日本学者今关寿麿来谈。他送我一部自作的宋元明清《儒学年表》,我们谈甚久。他说,二十年前,日本人受崔述的影响最大;近十年来,受汪中的影响最大。崔述的影响是以经治史。其实日本人史学上的大进步大部分都是西洋学术的影响,他未免过推汪中了。他又说:崔述过信'经'。此言甚是。""今关说,日本史学与《本草》两项成绩最大。"胡适感慨:"中国今日无一史家。""日本史学的成绩最佳。从前中国学生到日本去拿文凭,将来定有中国学生到日本去求学问。"⑫胡适与今关寿麿会晤所得感触,很快正式形诸文字,他在 1923 年发表的《科学的古史家崔述》引言中写道:"崔述的学说,在日本史学界颇发生了不小的影响。近来日本的史学早已超过崔述以经证史的方法,而进入完全科学的时代了。然而中国的史学家,似乎还很少赏识崔述的史学方法的。"⑬在《〈国学季刊〉发刊宣言》,胡适更是强调国学研究要打破孤立的状态:"第一,方法上,西洋学者研究古学的方法早已影响日本的学术界了,而我们还在冥行索途的时期。我们此时应该虚心采用他们的科学的方法,补救我们没有条理系统的习惯。第二,材料上,欧美日本学术界有无数的成就可以供我们参考比较,可以给我们开无数新法门,可以给我们添无数借鉴的镜子。"⑭这些话语微妙地折射出日本学者的成就对胡适刺激之深。实际上,这样的情形不独胡适有之,陈垣、陈寅恪当时亦曾发表过类似的言论。

二十世纪三十年代中日关系紧张,出入胡适家中的日人并未因此减少,胡适

---

⑩ 《胡适全集》第 29 册,第 515 页。

⑪ 《胡适全集》第 29 册,第 524 页。

⑫ 《胡适全集》第 29 册,第 725—726 页。

⑬ 《科学的古史家崔述》,载 1923 年 4 月《国学季刊》第 1 卷第 1 号。

⑭ 《〈国学季刊〉发刊宣言》,载 1923 年 1 月《国学季刊》第 1 卷第 1 号。

与日人之间的互动因局势的恶化反而更为频繁,双方谈得最多的自然是中日关系这个主题。从胡适的日记可见双方对立的立场,如:1931 年 7 月 15 日日记:"晚上日本人笠井重治(I.Kasai)邀吃饭,有市长周大文等,笠井有演说,还要我们答辞。这是日本人最不通人情世故之处。"[75]1933 年 5 月 28 日日记:"今早有日本宪兵军曹竹下胜二,带通译马上清次郎来访本月二十日刺伤日本兵之赵敬时之事。他们说,他的日记上有'四月十五日到米粮四号访问胡适之先生,当承相见,所谈约分下列各点……'的话,所以他们来问我,我毫不记得有此人过访。他们走后,我检查来客名片,果有此片。"[76]1933 年 6 月 18 日日记:"约了 S. Matsumoto(松本)君来吃早饭。谈中日问题。此君是太平洋学会之少年分子,思想稍明白,故我愿意与他谈。"[77]1936 年 1 月 3 日日记:"日本人清水安三夫妇同寺田喜治郎(沈阳中学校长)来谈,我很不客气地同他们谈中日问题的各方面。他们都劝我到日本去看一些时。"[78]1937 年 1 月 2 日日记:"日本人清水安三的夫人带了六个日本人来访,谈了两个钟头。我很恳切地同他们谈,有几个人似很受感动。我谈话时用铅笔在一个名片的背面写了'尊王攘夷'四字,他们临走时,有一个人向我讨此片带回去做个纪念。""去年此日,清水夫妇也带了客来,其中有一段话是我希望日本对于中国学生的功课要采取严格主义。今天她说,她已将此意传达许多教育家。现在真实行了。"[79]有关胡适与清水安三的会见及谈话内容,清水安三本人亦有回忆,从他的回忆中也可看出胡适当时对日所持的坚定立场,在清水安三看来,"卢沟桥事变后,中日时局的发展跟胡适博士有很大的关系"。"在做出与日本是'战'还是'和'这一决策之前,蒋介石广泛征求了学者和教育家的意见,蒋介石咨询最多的人就是胡适"。[80]

与此同时,胡适与日本学人保持交往。1930 年 6 月 14 日,胡适从北京南下时,曾与仓石武四郎"同车而不同级"。6 月 27 日,仓石武四郎"访胡适之,见惠

[75] 《胡适全集》第 32 册,第 121 页。
[76] 《胡适全集》第 32 册,第 200 页。
[77] 《胡适全集》第 32 册,第 212 页。
[78] 《胡适全集》第 32 册,第 540 页。
[79] 《胡适全集》第 32 册,第 602 页。
[80] 清水安三著,清水畏三编《朝阳门外的清水安三——一个基督教育家在中日两国的传奇经历》,李恩民、张利利、邢丽荃译,社会科学文献出版社,2012 年,第 151—153 页。

苏舆《春秋繁露义证》《中国公学季刊二十八种病》,并伊所编《哲学史》油印本。抵掌放谈,渐忘病之在身"。[81] 胡适还过问了仓石武四郎学习汉语的情况。[82] 1933 年 3 月 21 日,日本中央大学教授、法学博士泷川政次郎与早稻田讲师福井康顺到胡适家中会谈。泷川专治平安时代法律,兼治中国法律;福井治中国思想史,三人专"谈《牟子理惑论》"。[83] 1934 年 6 月 9 日,铃木大拙(贞太郎)来访,赠给胡适敦煌本《神会语录》、敦煌本《坛经》、兴圣寺《坛经》、佛光国师年表塔铭各三部,[84] 开始了两人长期的交往。6 月 13 日,桥川时雄宴请铃木大拙,约请钱稻孙、汤锡予、徐森玉与胡适作陪。桥川赠送胡适一部常盘大定的《宝林传之研究》,附有日本发现的《宝林传》第六卷影本。胡适"携归读之"。[85] 10 月 14 日,日本学者小川、山室、目加三人来谈。[86] 1935 年 7 月 17 日,日本著名作家室伏高信来谈,室伏高信曾在 1927 年胡适访日时,赠送胡适《光从东来》一书。他自谓反对军部,但在胡适看来,"实则此种学者正是军人的喇叭,不能作独立的思想也。今天他说,民生主义乃是买卖人的思想。这是拾尼采的唾余。买卖人的思想也许比封建军人的思想还高明一点吧"。[87] 12 月 31 日午后一时,日本记者大西斋尾崎等因神田正雄在北平,邀请胡适与汤尔和、陈博生吃饭谈话。[88] 1936 年 1 月 7 日,"早稻田教授杉森孝次郎来谈。他曾留学英国,能说英文,但思想不甚高明"。[89] 1937 年 4 月 7 日,"日本东帝大与京都大谷大学生二十五人来访,谈了两点多钟"。[90] 显然,日本学界慑于胡适在中国知识界的地位,对他颇尽拉拢、亲和之力。

二十世纪五十年代胡适流寓美国,日本学人仍常往胡寓切磋学术。据胡适

---

[81] 仓石武四郎:《述学斋日记》,收入仓石武四郎著,荣新江、朱玉麟辑注《仓石武四郎中国留学记》,中华书局,2002 年,第 166、182 页。

[82] 仓石武四郎:《在北京学汉语》,收入仓石武四郎著,荣新江、朱玉麟辑注《仓石武四郎中国留学记》,中华书局,2002 年,第 237 页。

[83] 《胡适全集》第 32 册,第 199 页。

[84] 《胡适全集》第 32 册,第 380 页。

[85] 《胡适全集》第 32 册,第 382 页。

[86] 《胡适全集》第 32 册,第 401 页。

[87] 《胡适全集》第 32 册,第 503 页。

[88] 《胡适全集》第 32 册,第 535 页。

[89] 《胡适全集》第 32 册,第 551 页。

[90] 《胡适全集》第 32 册,第 640—641 页。

日记载:1950年11月17日发生了一件趣事,"在Gest Library时,忽然学校派人带了一位日本学者泉井久之助来参观。他是Professor of Kyoto Univ.& Director of京都大学图书馆。我陪他约略看看藏书,后来才对他说我认识京都大学的一些人,他问我的名字,大惊讶,说,他少年时代就听说我的姓名了,不意在此相会。他说起他是吉川幸次郎的朋友,曾读吉川译我的著作两种(其一为《四十自述》,其一为选录)。学校的人来催他走,他不肯走,一定要和我长谈。我把住址给他,请他到纽约看我,他才走了"。[91] 11月19日,"日本学者泉井久之助(H.Izui)来长谈,他很高兴"。[92] 1952年10月16日,"日本人水野雪子(Mrs Mizuno)邀我到千岛(Chidori)店吃日本饭,介绍我和前年得物理学'诺贝尔奖金'的汤川(Yukawa)秀树先生相见"。"他有弟兄两人都是'支那学者'。小川环树(Ogawa),京都大学文学部教授。贝塚茂树(Kaizuka),京都大学人文科学研究所所长。汤川说,他少年时即知道我的姓名,读我的书,尤爱读我作长序的新式标点的中国古小说"。"水野雪子家住千叶县市川市新田231浮屄(Ukiya)和荣方。她要我过日本时通知她(我不知道这位女人是做什么'任务'的)"。[93] 又与京都大学有瓜葛,联系胡适与京都学派的关系,这似乎是一种有意的安排,从最后一语看,胡适对此还是心存警觉。

这时期,胡适的研究兴趣是禅宗史,日本同行铃木大拙刚好也在美国各大学讲授禅与华严(1950年2月—1958年11月),常与胡适往来。胡适日记载:1951年1月25日,"铃木大拙先生与Mr.Demartino(616W.1165t.)同约我去吃日本饭,吃的是'锄烧'。铃木送我一部他印的敦煌《坛经》与北宋本《坛经》与敦煌《神会语录》合编。我送他《胡适论学近著》一部"。[94] 1952年5月22日,"与铃木大拙先生,Mr.Demartino,同吃午饭。铃木赠我日本公田连太郎藏的敦煌本《神会语录》的microfilm"。[95] 1953年5月30日,"Mr.Demartino邀铃木大拙先生与我同午饭。铃木先生自碾绿茶,煮了请我喝。这是中国喝茶古法。秦少游诗:'月团

---

[91] 《胡适全集》第34册,第75页。
[92] 《胡适全集》第34册,第78页。
[93] 《胡适全集》第34册,第247—248页。
[94] 《胡适全集》第34册,第90页。
[95] 《胡适全集》,第222—223页。

新碾瀹花瓷,饮罢呼儿课《楚辞》.'即是一例。Mr. Demartino 新得今关天彭译我的《支那禅学之变迁》,其中收我的《禅学史纲领》《禅学古史考》《从译本里研究佛教的禅法》《菩提达摩考》《楞伽宗考》《神会和尚传》诸篇。昭和十一年九月一日发行。末页有我给今关的一封信,许他翻译"。⑯ 不过,胡适与铃木大拙对禅宗史的观点却极为对立,用胡适致柳田圣山信的话来说:"先生似是一位佛教徒,似是一位禅宗信徒,而我是一个中国思想史的'学徒',是不信仰任何宗教的。所以我与先生的根本见解有些地方不能完全一致。"⑰这是他与柳田圣山的区别,也是他与铃木大拙的不同。这一差别在胡适所做的英文演讲"What is Zen Buddhism?"中表露无遗。胡适在日记中透露,1952 年 5 月 14 日,"在 Princeton Univ.的哲学系 Semminar 讲 What is Zen Buddhism? 我指出日本人铃木贞太郎(Daisetz Teitaro Suzuki)近年大讲 Zen,其实越讲越糊涂! 而英美颇有人信从他,故不可不矫正。铃木一流人的大病有二:(一)不讲历史(unhistorical)。(二)不求理解(Irrational & anti-intellectual)。我自从二十五六年前,就搜求可信的史料,重新写出禅宗变化形式的经过。铃木曾助我寻材料。他在日本印行的《神会语录》和北宋本《坛经》,都是很重要的材料。但铃木从不敢接受我研究的结论。他用英文写了许多禅学的书,仍是说,'世尊拈花不语'"。⑱ "铃木一流人,总说禅是不可思议法,只可直接顿悟,而不可用理智言语来说明。此种说法,等于用 X 来讲 X,全是自欺欺人。"⑲言词中明显带有生气的成分,这在胡适与论敌的辩论中极为少见。⑳

日本禅宗史研究者视胡适为中国同行的"箭垛式人物",故常以他为"对手"

⑯ 《胡适全集》,第 287 页。
⑰ 耿云志、欧阳哲生编《胡适书信集》下册,北京大学出版社,1996 年,第 1580 页。
⑱ 《胡适全集》第 34 册,第 219—220 页。
⑲ 《胡适全集》第 34 册,第 220 页。
⑳ 陈之藩在《图画式的与逻辑式的》一文中特别提到他碰到类似的情形:"唯独提到铃木大拙,胡先生却说:'铃木在那里骗外国人呢!'这句话听来是很刺耳的,不像出自胡先生之口。我当时觉得胡先生不该用这种口气。"收入氏著《剑河倒影》,浙江人民出版社,2000 年,第 176—177 页。有关胡适与铃木大拙争论的探讨,参见朱际益:《铃木大拙答胡适博士文中有关禅非史家所可作客观的和历史性的考察之辨释》,载《台湾师范大学历史学系学报》第一期,1973 年 1 月。傅伟勋:《胡适、铃木大拙与禅宗真髓》,载台北《中国时报》副刊 1972 年 7 月 26—28 日。宫川敬之:《胡适・铃木大拙「论争」要约および解说》,载《中国哲学研究》第 17 期,2002 年。小川隆:《大拙と胡适——世界との対话》,《铃木大拙全集》第 29 卷附月报,东京岩波书店,2002 年。

进行论辩。1949 年 6 月夏威夷大学召开第二次东西哲学家会议,胡适与铃木大拙就禅的问题展开论辩,会后结集出版的论文集,收入了两人的论文,[⑩]这是胡适与铃木大拙在国际会议上的一次交锋。1960 年 2 月 13 日,胡适在日记中写道:"日本宇井伯寿教授所作《禅宗史研究》(昭和十四年初版,十七年再版)有《荷泽宗之盛衰》长文,尾题'一三,五,二三'。当是昭和十三年(1938 年)所作。其中有驳我的议论。他的《禅宗史研究》第二册(昭和十六年初版)有《六祖慧能传》。"[⑩]即使如此,胡适也颇注意吸收日本同行的成果,1961 年 1 月 5 日胡适在日记中写道:"读柳田圣山(Yangida Seizan,原姓横井 Yokoi)的 The Genealogy of the 灯(to)Histories。他有许多见解与我相同。但此文也有不少错误。"[⑩]1 月 8 日日记又记:"横井圣山的《灯史》文中特别注意诸偈,故今天我检《传灯》五录,试为一勘。"[⑩]

胡适担任"中研院"院长后,前来台北南港拜访或与他交往的日本各界人士更为广泛。1959 年 3 月 15 日,日本"大使"堀内谦介带秘书中野义矩来参观"中研院"。[⑩]11 月 15 日晚,胡适、张群出席梅贻琦宴请日本前文部省大臣滩尾弘的宴席。[⑩]1960 年 11 月 23 日上午,日本学士院会员、医学博士熊谷岱藏(Taizo Kumagei)拜访胡适。[⑩]

通信

了解胡适与日本人士交往情况的另一线索是他与日本人的书信往来。从目前我们所获取的胡适往来书信来看,与他通信的日本人士有:青木正儿、今关天彭、室伏高信、入矢义高、小尾郊一、井口贞夫、近藤春雄、柳田圣山。其中以与青木正儿、入矢义高两人的通信较多且较具代表性。

[⑩] Hu Shih,Ch'an(Zen) Buddhism in China,its History and Method.Daisetz Teitaro Suzuki;Zen;A Reply to Hu Shih. *The Philosophy East and West*,Vol Ⅲ,No.1,University of Hawaii Press,April 1953,pp3—46.有关胡适与铃木大拙的长期论辩,参见柳田圣山:《胡适博士与中国初期禅宗史之研究》,收入柳田圣山主编《胡适禅学案》,第 5—22 页。

[⑩] 《胡适全集》第 34 册,第 654 页。

[⑩] 《胡适全集》第 34 册,第 708 页。

[⑩] 《胡适全集》第 34 册,第 709 页。

[⑩] 《胡适全集》第 34 册,第 547 页。

[⑩] 《胡适全集》第 34 册,第 564 页。

[⑩] 《胡适全集》第 34 册,第 697 页。

胡适作为"新文化运动"的主要代表人物,他所倡导的"文学革命"吸引了日本文学界的眼球。最早与胡适建立联系的日本文学界人士要推青木正儿。他俩从 1920 年 9 月 25 日至 1922 年 2 月 17 日的书信往来,至今保存的有二十七通(胡适九封,青木正儿十八封),内容涉及"文学革命"、中国古典小说考证、《章实斋年谱》等。[108] 他们的通信是从青木正儿给胡适寄赠《支那学》第一号开始,在该号青木正儿发表《以胡适为中心的中国文学革命》(《胡适を中心に涡いてゐる的文学革命》)一文,胡适接读该文后,于 1920 年 9 月 2 日回复表示:"先生的大文里很有过奖的地方,我很感谢,但又很惭愧,现在我正在病中,不能写长信,只能写这几个字来谢谢先生,并希望先生把以后续出的《支那学》随时赐寄给我。"[109] 胡适的回复对青木正儿是一极大鼓励。10 月 1 日青木正儿立即致信胡适,毫不掩饰其内心的激动和兴奋,表示:"胡先生! 对于你们勇往直前的革命运动,我从心里感到一种按捺不住的喜悦。……在我们国家里,一提起支那文学,人们首先想到的就是四书五经、八家文、唐诗选之类,多是过去的人。甚至还有人以为你们国家现在仍然还在说着《论语》中的那样的语言,你所谓的应该葬进博物馆里去的文学,现在仍然活在我们国家一般人的头脑中。为了唤醒他们的迷梦,我与两三个同志创办了《支那学》杂志。能将你们那勇敢的尝试展现在他们的面前,我感到无比痛快。"青木正儿在信中还提及自己与中国文学接触的情况:"胡先生! 我在十二年前已将支那文学认定为我自己应走的道路。入学不久,我开始亲近戏曲小说,并感觉到了白话文学的趣味。我一直等待着,等待着贵国文坛上白话文学机运昌盛的到来。林琴南先生的翻译自实难令人满意。作为戏曲研究家,我曾属望于王静庵先生,但终究还是不行。(王)先生住在此地时,我曾与(王)先生见过面,也是一位脑筋陈旧的人(尽管作为学究是值得尊敬的),你们的出现,是那么地令我高兴啊!""我们都很佩服先生的《中国哲学

---

⑩ 参见耿云志:《关于胡适与青木正儿的来往书信》(一),载《胡适研究丛刊》第一辑,北京大学出版社,1995 年,第 302—328 页。《胡适致青木正儿信(九封)》影印件现已收入张小钢编注《青木正儿家藏中国近代名人尺牍》,大象出版社,2011 年。

⑩ 耿云志:《关于胡适与青木正儿的来往书信》(一),载《胡适研究丛刊》第一辑,北京大学出版社,1995 年,第 303 页。

史》。"⑩在青木正儿的眼里,王国维已是"过时"的人物。带着年轻人的这股狂劲,青木正儿后来萌发了接续王国维的《宋元戏曲史》而写作《中国近世戏曲史》的冲动。⑪10月26日他致信胡适,热切表达心中对新文化的"属望":"我很爱中国旧世纪的艺术,而且遗憾的事不鲜少。我很希望先生们鼓吹建设新文艺的人,把中国的长所越越发达,短的地方把西洋文艺的优所拿来,渐渐翼补,可以做一大新新的真文艺。很很热望,很很属望。"⑫青木正儿的《以胡适为中心的中国文学革命》,在《支那学》第1—3号上连载,胡适将这份杂志送给周作人和鲁迅看,周作人阅后甚至表示愿意翻译此文,青木正儿闻此讯,立即又将《支那学》前三号再寄一份给胡适,请他转赠周氏兄弟。胡适对该文评价道:"先生叙述中国的文学革命运动,取材很确当,见解也很平允——只是许多过奖我个人之处——周先生想译成汉文——但因此文尚未完了,故不曾动手。"⑬周作人后来并没有译此文。不过,韩国的《开辟》杂志翻译了此文。胡适还将自己的著作《尝试集》《胡适文存》寄赠青木正儿。当时胡适正在从事中国古典小说考证工作,他发表《〈水浒传〉考证》《吴敬梓传》后,青木正儿闻讯,立即告诉胡适,日本京都学者狩野直喜亦有《水浒考》(文题实为《水浒传と支那戏曲》)一文刊于《艺文》第一年第五号(明治四十三年八月)。不仅如此,青木正儿还寄赠胡适两部冈岛璞译的《忠义水浒传》,并从京都抄得两种《水浒传》的"回目与序例",⑭供胡适考证参考。《支那学》第三、四号刊登了内藤虎次郎的《章实斋先生年谱》一文,作者其中提到"去年得钞本《章氏遗书》十八册",此语引起胡适的"读书馋涎不少",还

---

⑩ 耿云志:《关于胡适与青木正儿的来往书信》(二),载《胡适研究丛刊》第一辑,第304—305页。

⑪ 参见青木正儿:《原序》,收入青木正儿《中国近世戏曲史》,王古鲁译、蔡毅校订,中华书局,2010年,第1页。

⑫ 耿云志:《关于胡适与青木正儿的来往书信》(二),载《胡适研究丛刊》第一辑,第306页。

⑬ 耿云志:《关于胡适与青木正儿的来往书信》(四),载《胡适研究丛刊》第一辑,第307页。

⑭ 据《胡适日记》1921年5月19日:"青木正儿先生送我一部冈岛译的《忠义水浒传》。此系根据百回本的《忠义水浒传》作底本的。百回本既不易得,此本可以考见百回本的内容,故很宝贵。此本是明治四十年东京共同出版社印的。""冈岛有两种《水浒传》。一种为《通俗水浒传》,即此本。一种为'句读旁译'的《忠义水浒传》原本。""此本青木先生曾送我一部。"《胡适全集》第29册,第257—258页。又据胡适《〈水浒传〉后考》:"还有两种版本,我自己虽不曾见着,幸蒙青木正儿先生替我抄得回目与序例的:(5)百十回本的《忠义水浒传》(日本京都帝国大学铃木豹轩先生藏)。这也是一种'英雄谱'本,内容与百十五回本略同。""(6)百二十回本《忠义水浒全书》(日本京都府立图书馆藏)。这是一种明刻本,有杨定见序,自称为'事卓吾先生'之人,大概这书刻于天启、崇祯年间。"《胡适文集》第2册,北京大学出版社,2013年,第374页。可见,青木正儿给胡适提供了日本收藏的《忠义水浒传》四个版本。

有姚际恒的《九经通论》和《庸言录》，胡适一一拜托青木正儿在日本访求代购。⑬青木正儿从内藤虎次郎处借得《章氏遗书目录》，寄给胡适。而胡适作为回赠，寄上他点校的亚东版《红楼梦》《水浒传》两书。青木正儿接读书后，将书转送给狩野直喜，并回复说："他使我代谢你，并且推称你的考证精核，他说他曾经用英文做过一篇《红楼梦考证》，不久寻找寄上你看罢。你的考证我略看一看了；我也曾读蔡、钱二位先生们的考证。他们的还不免牵强之讥，使我慊焉；你的却不是，用科学的方法，论调公正，研究精细，真正有价值的一篇考证了。我想在《支那学》第十一期上介绍这一篇。见你早已自从那章氏的《丙辰札记》里，找出曹寅的资料来，叹服你的机敏。"⑭从胡适与青木正儿的来往通信，可以看出胡适当时所进行的学术工作，如中国古典小说考证、《章实斋先生年谱》的编撰，多得日本学术成果之助，而成就此事的恰是初出茅庐的青木正儿。青木正儿对胡适的成果介绍可谓不遗余力，他在《支那学》一卷一号的"新书介绍"栏刊登了胡适新诗集《尝试集》的评介。在一卷七号，青木正儿发表《读新式标点〈儒林外史〉》（《〈新式标点〈儒林外史〉を読む》）一文，介绍亚东版用新式标点的《儒林外史》。在一卷九号，青木正儿发表《〈水浒传〉在日本文学史上的传播及影响》（《〈水浒传〉が日本文学史上に布いてゐる影》），大力推介胡适去年发表的《〈水浒传〉考证》一文所使用的精密的考证方法。在一卷十一号，青木正儿发表《读胡适著〈红楼梦考证〉》（《胡适著〈红楼梦考证〉を読む》）一文，盛推亚东版新式标点本《红楼梦》及书前胡适的《红楼梦考证》一文。胡适与青木正儿之间的交谊堪称"五四"时期中日文化交流的一段佳话。

胡适在《章实斋先生年谱》的自序中非常诚实地承认内藤虎次郎的《章实斋先生年谱》对他的启发，并提到了青木正儿给予他的帮助：

> 我做《章实斋年谱》的动机，起于民国九年冬天读日本内藤虎次郎编的《章实斋先生年谱》（《支那学》卷一，第三至四号）。

---

⑬ 耿云志：《关于胡适与青木正儿的来往书信》（八），载《胡适研究丛刊》第一辑，第311页。
⑭ 耿云志：《关于胡适与青木正儿的来往书信》（二十六），载《胡适研究丛刊》第一辑，第326页。

最可使我惭愧的,是第一次作《章实斋年谱》的乃是一位外国的学者。我读了内藤先生作的《年谱》,知道他藏有一部钞本《章氏遗书》十八册,又承我的朋友青木正儿先生替我把这部《遗书》的目录全抄了寄来。那时我本想设法借抄这部《遗书》,忽然听说浙江图书馆已把一部钞本的《章氏遗书》排印出来了。我把这部《遗书》读完之后,知道内藤先生用的年谱材料大概都在书里面,我就随时在《内藤谱》上注出每条的出处。有时偶然校出《内藤谱》的遗漏处或错误处,我也随手注在上面。我那时不过想做一部《内藤谱》的"疏证"。后来我又在别处找出一些材料,我也附记在一处。批注太多了,原书竟写不下了,我不得不想一个法子,另作一本新年谱。这便是我作这部年谱的缘起。[⑪]

有趣的是,胡适的《章实斋先生年谱》出版后,内藤虎次郎在《支那学》第二卷第九号又发表了书评《读胡适之君新著〈章实斋年谱〉》(《胡适之君の新著〈章实斋年谱〉を读む》)一文,对胡适的新著《章实斋先生年谱》作了推介。需要说明的是,青木正儿于1911年毕业于京都帝国大学,是京都大学文学部支那文学科第一期学生,经他介绍的狩野直喜、内藤虎次郎是京都学派的早期代表性人物,胡适与他们的结交,实际上是与京都学派建立友谊。

胡适与入矢义高的通信起于1959年4月8日,迄于1961年2月7日。台北胡适纪念馆出版的《胡适手稿》第八集收存入矢义高给胡适的来信十通,胡适回复入矢义高的信十通。[⑱] 胡适与入矢义高的来往通信可以说是他与京都学派密切关系的延续。入矢义高本人回忆了他俩通信的原委:"当时我任职京都大学人文科学研究所,1956年,该研究所购进了大英博物馆所藏的全部敦煌写本,立刻展开调查和研究工作,我也是参加工作的一人,几乎每天都埋头于影片的阅读。1957年,我发现《神会语录》的新写本(斯坦因6557号)。在这以前,我曾熟读胡先生的《神会和尚遗集》,熟知其内容后,我对先生倾倒于神会禅的研究热

---

⑪ 胡适:《章实斋先生年谱》序,收入欧阳哲生编《胡适文集》第7册,北京大学出版社,2013年,第23页。
⑱ 《与入矢义高先生讨论神会语录的来往的信》,收入《胡适手稿》第八集下册,台北胡适纪念馆,1970年6月,第413—518页。

情，钦佩得五体投地。于是，我便想把我的新发现，报告给先生；但以学疏才浅的后辈，竟冒昧地上书给世界闻名的硕学，不免踌躇迁延。意外的是在翌年，先生在"中央研究院"集刊二十九本，发表了《新校定的敦煌本神会和尚遗著两种》，拜读后，得悉先生对神会的热情犹炽，遂决心将上述的新发现用航信寄上。当我收到了先生高兴的回信时，非常感动，我再被先生的激动热情压倒了。当时，我们继续的相互通信约有十几封，先生始终保持做学问的真挚热情，对我这外国的后辈，坦诚相见。有时，先生对若干问题并不同意我的看法，但胡先生的态度经常是以'合理'为中心目标，固执己见。先生的精神——做学者也好，做人也好——永远是诚实而有朝气。"⑲

1961 年 1 月 9 日到 15 日胡适写信给日本研究禅宗史的另一位重量级学者——柳田圣山，该信长达九千字。胡适自称："此信是我的《中国禅宗史》纲领，略述'西土二十八祖'的传说的产生与演变，以及从 700—900A.D.二百年中许多禅宗伪史的历史。"⑳柳田圣山对胡适的禅宗史研究成果颇为重视，他后来撰成《胡适博士与中国初期禅宗史研究》长篇论文，㉑对胡适的禅宗史研究成就及其与日本学者铃木大拙的分歧作了平实的评介。文章最后表示："时至今日，对中国禅宗学作研究的人，在相当期间还不能忽视胡适的遗业。"㉒胡适在禅宗史研究领域，自始至终都保持与日本同行学者对话，双方的互动构成中日学术交流的重要篇章。

赠书

获取胡适与日本学人交往情况的第三条线索，是胡适收藏的日文书籍，内中相当一部分系日本学人所赠。

胡适收藏日文书籍最早可能是他在上海中国公学求学时期购买的 Kwong Ki Chiu 编《英和双解熟语大字汇》(东京：英学新志社，1905。书内有"胡洪骍"朱文

---

⑲ 入矢义高：《回忆胡适先生》，收入柳田圣山编著《胡适禅学案》，京都中文出版社，1975 年，第 1 页。有关胡适与入矢义高的交谊，参见石立善：《胡适与入矢义高——写在书简上的中日学术交涉史》，收入彭明辉、唐启华主编《东亚视角下的近代中国》，台北政治大学历史系，2006 年。

⑳ 《胡适全集》第 34 册，第 715 页。

㉑ 柳田圣山：《胡适博士と中国初期禅宗史の研究》，载《问题と研究》(海风书店) 1975 年 2 月第 4 卷第 5 号。

㉒ 柳田圣山编《胡适禅学案》，京都中文出版社，1975 年，第 26 页。

方印)。1915年5月1日邓胥功赠送胡适一部松本龟次郎著《言文对照汉译日本文典》(东京:国文堂书局,1913),该书扉页留有胡适题记:"民国四年五月一日,邓君胥功赠,胡适之。此余所有日本书之第一部也。适。"这是胡适在留美时期所获第一部日文书籍,故胡适特记。二十世纪二十年代中期胡适研治中国禅宗史,开始自购一批日本有关中国佛教史、中国禅宗史方面的书籍,以备研究之查阅。周围的朋友也以赠送这类书籍以资鼓励。胡适个人保有收藏各种版本《圣经》的爱好,在他的日文书籍中,也有一些日文版《圣经》的书籍。

体现胡适与日本学人的交往关系的媒介,当属日本学人赠送给他的书籍。除了少数书籍系转赠外,大部分所赠日文书籍系著者自赠,不管自赠他赠,赠书都可视为交谊的象征。在北大图书馆保存胡适的三百种日文藏书中,日本学人赠书时留下题签的书籍有:小柳司气太著《宋学概论》(东京:哲学书院,1894),冈岛冠山译编《忠义水浒传前编》《忠义水浒传后编》(东京:共同出版株式会社,1913。此书为青木正儿所赠),宫内省图书寮编《帝室和汉图书目录》(东京:凸版印刷株式会社,1916。此书为铃木大拙所赠),杉森孝次郎著、熊崎武良温译《道德的帝国の原理》(东京:冬夏社,1919。此书为太田外世雄所赠),青木正儿编《金冬心之艺术》(京都:汇文堂书店,1920),贺川丰彦著《主观经济の原理》(东京:福永书店,1920),梁启超著、桥川时雄译《清代学术概论》(东京:东华社,1922),大西斋、共田浩编译《文学革命と白话新诗》(北京:东亚公司,1922),福田德三著《ボルシェヴヰズム研究》(东京:改造社,1922),片上伸著《文艺教育论》(东京:文教书院,1922),桑原隲藏著《宋末の提举市舶西域人蒲寿庚の事迹》(上海:东亚攻究会,1923),《大正九年度古迹调查报告第一册金海贝冢发掘调查报告》(著者不详、出版地不详,朝鲜总督府,1923),胡适著、桥川时雄译《挽近の支那文学》(东京:东华社,1923),丹羽正义著《历史学概论》(东京:中外出版株式会社,1923。此书为内藤虎次郎所赠),桑木严翼著《哲学概论》(东京:早稻田大学出版部,1924),田村羊三、岛木赤彦、河东碧梧桐、高岛平三郎、冈实讲演《满铁讲演集第三》(满铁读书会,1924),渡边秀方著《支那哲学史概论》(东京:早稻田大学出版部,1924。平民周刊社赠),杉森孝次郎著《国家の明日と新政治原则:社会国家への主张》(东京:早稻田大学出版部,1924),胡适著、杨祥荫、内田繁隆译《古代支那思想の新研究》(东京:岩松堂书店,1925。此书为内田繁隆所赠),常盘大定、关野贞著《支那佛教史迹评解》(东京:佛教史迹研究会,1925),田崎仁义著《王道天下之研究:支那古代政治思想及制度》(京都:内外出版株式会社,1926),田崎仁义著《支那改造论》(东京:同文馆,1926),内藤藤一郎主编《古代文化研究　第四辑》(奈良:木原文进堂,1926),田崎仁义著《王道天下之研究:支那古代政治思想及制度》(京都:内外出版株式会社,1926),松元龟次郎著《汉译日本口语文法教科书》(东京:笹川书店,1926),松本龟次郎著《言文对照汉译日本文典》(东京:国文堂书局,1926),井出季和太著《胡适の支那哲学论》(东京:大阪屋号书店,1927),清水泰次述《支那の家族と村落の特质》(东京:文明协会,1927),室伏高信著《光は东より》(东京:批评社,1927),高田仪光编纂《禅籍目录》(东京:驹泽大学图书馆,1928),水野梅晓著《支那佛教近世史の研究》(东京:支那时报社,1928),静嘉堂文库编纂《静嘉堂文库图书分类目录》(东京:静嘉堂文库,1930。此书为诸桥辙次所赠),杉森孝次郎著《社会伦理学概说》(东京:三省堂,1932),杉森孝次郎著《社会学》(东京:早稻田大学出版部,1933),那须皓编《上海に于ける太平洋会议》(东京:太平洋问题调查会,1932。此书为松元康治、浦松右美太郎所赠),能田忠亮著《周髀算经の研究》(京都:东方文化学院京都研究所,1933),冢本善隆著《唐中期の净土教:特に法照禅师の研究》(东京:东方文化学院京都研究所,1933),牧野二著《日本法制史概论》第一分册、第三分册(东京:弘文堂书房,1934、1935),铃木大拙著《支那佛教印象记》(东京:森江书店,1934),结城令闻著《心意识论より见たる唯识思想史》(东京:东京文化学院东京研究所,1935。此书为"东方文化学院东京研究所所长服部宇之吉"所赠),田村德治著《国际社会の将来と新国际主义》(东京:有斐阁,1936),森金五郎、高桥升造著《增补最新日本历史年表》(东京:三省堂,1936。此书为郎依山君所赠),高田真治、诸桥辙次、山口察常著《孔子の思想·传记及年谱》(东京:春阳堂书店,1937),胡适著、吉川幸次郎译《四十自述》(大阪,东京:创元社,1940),田中耕太郎著《法家の法实证主义》(东京:福村书店,1947),《旧约圣书创世纪》(著者、出版地、出版者、出版年不详。此书为 R.Lilley 所赠),小田内通敏著《朝鲜社会の动向枣朝鲜社会研究の必要》(出版地、出版者、出版年不详。东洋第二十九年第八号抽印本),《秘籍珍书大观印行趣旨并书目》(大阪:大阪每日新闻社),王桐龄《支那に于ける外来民族の汉化に就いて》等⑫。获赠书籍之多,可见胡适与日本学界交往之广。北大图书馆保存的胡适藏书均为 1948 年 12 月胡适离开北平时留下,故这部分日文书籍实际也是体现胡适在 1949 年以前的收藏。

台北"中研院"胡适纪念馆现存胡适的日文藏书有四十九种,所赠书籍多为抽印本,而胡适自购的日文书籍则为中国佛教史或禅宗史方面的书籍,显示出胡适这一时期的研究兴趣所在。其中留有赠书者题签的有:水谷真成撰《晓匣两声母の对音:大唐西域记夷语音释稿(その二)》(东京:东洋文库,《东洋学报》第四十卷第四号,昭和三十三年,抽印本),水古真成著《慧苑音义韵考:资料の分析》(大谷大学研究年报第十一集抽印本,1959),木村英一编集《慧远研究 遗文篇》(东京:创文社,1960),吉川幸次郎著《元杂剧研究》(东京:岩波书店,1954),吉川幸次郎译《胡适自传》(奈良:养德社,1946),柳田圣山著《玄门"圣胄集"について—スタイン搜集敦煌写本第四四七八号の绍介》(佛教史学第七卷第三号抽印本,1959。入矢义高转赠),文化财保护委员会编《国宝事典》(东京:便利堂,1961。木下彪转赠),木下彪著《支那中国辨》(冈山大学法文学部学术纪要第四号抽印本),神田喜一郎著《东洋学说林》(东京:弘文堂,1948),敦煌文献研究联络委员会编《敦煌文献研究论文目录》(出版地、出版者不详,1959。为岩井大慧所赠),冢本善隆著《敦煌本 シナ佛教々团制规:特に「行像」の祭典について》(抽印本,出版地、出版者、出版年不详),岩井大慧著《日支佛教史论考》(东京:东洋文库,1957),冢本善隆著《日本に遗存する原本「贞元新定释教目录」》(为《神田博士还历记念书志学论集》抽印本,东京都:平凡社,1957),水谷真成著《Brāhmī 文字转写『罗什訳金刚经』の汉字音》(为《名古屋大学文学部十周年纪念论集》抽印本,名古屋:名古屋大学,1959),长泽规矩也著《和汉书の印

---

⑫ 参见北京大学图书馆、台湾"中央研究院"近代史研究所胡适纪念馆编纂《胡适藏书目录》,广西师范大学出版社,2013 年,第 2057—2097 页。此处均用日文原书名。邹新民提供了该书的电子版,为我减少了书写的困难,特此致谢。

刷とその历史》(东京都:吉川弘文馆,1952)等。⑫ 无论从赠书数量,还是从藏书价值来看,都明显低于北大的收藏。

1962 年 2 月 9 日胡适日记写道:"京都汇文堂寄到一批书,中有《北京大学图书馆藏李氏(盛铎,木犀轩)书目》三册,引言说是北大所藏李氏书的全部目录,总共有'书九千零八十七种,五万八千三百八十五册'。引言题'一九五六年十月',说整理李氏书是赵万里最早领导的,其时在一九四九(年)以前;最后完成此录的是常芝英一个人。"⑫ 这可能是胡适生前收到的最后一批日本赠书。李盛铎的藏书大部分为北大图书馆所收购,1937 年 5 月 26 日胡适日记记载了与李家洽谈收购一事:"守和为李木斋藏书事,邀吃饭,客人为李氏三子:家浦(少斋)、家淞、少微,董经绶先生等。李家原索价八十万元,政府已许三十万元,现李家减至五十万元。今夜我提议以四十万元为折中之价。至席散时尚无成议。"⑫ 这可能是胡适关注此事的缘由。

语言是交流的工具。胡适的第一外语是英语,第二外语是德语。大概在 20 世纪二三十年代,胡适又自修了日语。在他收藏的松本龟次郎著《译解日语肯綮大全》中(东京:有邻书屋,1934)留有题记:"学得一国语言,好像开辟了一个新世界。胡适题。"这算是他学习日语的自勉。在松本龟次郎著《言文对照汉译日本文典》(东京:国文堂书局,1926),书内夹有胡适学习日语笔记 7 页。他保存的日文教科书、工具书有:松下大三郎著《汉译日本口语文典》(东京:诚之堂书房,1907)、东亚语学研究会编《汉译日本辞典》(东京:吉川弘文馆,1913)、久保天随编纂《新汉和大辞典》(东京:郁文舍,1917)、古川喜九郎编著《熟语集成汉和大辞典》(东京:骎骎堂出版部,1925)、《日本语读本》卷一、卷二(东京:东亚高等预备学校,1926)。胡适的日文达到何等程度,我们已无法测试,他自认"读日文颇困难,故须请朋友帮忙"。⑫ 他晚年阅读日本学者有关中国禅宗史的著

⑫ 参见北京大学图书馆、台湾"中央研究院"近代史研究所胡适纪念馆编纂《胡适藏书目录》,广西师范大学出版社,2013 年,第 2098—2111 页。

⑫ 《胡适全集》第 34 册,第 781 页。

⑫ 《胡适全集》第 32 册,第 657 页。

⑫ 参见《复入矢义高》,收入耿云志、欧阳哲生编《胡适书信集》下册,第 1402 页。

作，并留下了这方面的阅读记录和痕迹。⑱

三、胡适著作在日本的翻译及传播

哲学

五四时期，胡适在中国哲学史领域先后出版了两部著作：一是《中国哲学史大纲》卷上（商务印书馆，1919），此书系胡适据自己在北大授课的讲义稿整理而成。二是《先秦名学史》（英文版题为 *The Development of Logical Method in Ancient China*，亚东图书馆，1922），此书为胡适的博士论文。胡适的这两部著作出版后，在中国学术界产生了重要影响，也引起日本学术界的重视。原来日本是在中国之前开始研究中国哲学史，但日本最早研究中国哲学史的学者，如狩野直喜、高濑武次郎却缺乏留学欧美的经历，宇野哲人虽在德留学两年（1908—1910），但其中西哲学的素养显然也不能与胡适相匹。至于日本考证中国经籍的著作数量虽多，却只能说是步清代汉学之后尘。⑲ 所以，胡适运用西洋近代哲学的方法研治中国哲学史，如横空出世，对日本学界产生了冲击。1920 年 8 月《册府》第 5 卷第 3 号刊出青木正儿的《胡适的中国哲学史管见》（《胡适氏の中国哲学史覗き见の事》）一文加以介绍，不过几年日方就将这两书翻译出版。

《中国哲学史大纲》（卷上）的日译本题为《古代支那思想の新研究》，译者为杨祥荫、内田繁隆，1925 年（大正十四年）9 月 15 日由东京岩松堂发行精装本，该书到 1939 年已出第四版。1998 年收入"亚洲学丛书"第三十九种，改由东京的大空社重印出版。书前有 1924 年 3 月 13 日胡适致译者杨祥荫书信的影印件。

---

⑱　参见北京大学图书馆、台湾"中央研究院"近代史研究所胡适纪念馆编纂《胡适藏书目录》，广西师范大学出版社，2013 年，第 2101、2102、2103、2104 页。塚本善隆著《支那佛教史研究北魏篇》（东京：弘文堂书房，1942 年）、忽滑谷快天著《禅学思想史》（东京：玄黄社，1925 年）、宇井伯寿《禅宗史研究》（东京：岩波书店，1942 年）、宇井伯寿著《第二禅宗史研究》（东京：岩波书店，1941 年）等书留有胡适晚年批阅的笔记。

⑲　胡适对日本的中国哲学史研究成果并不看重，在《中国哲学史大纲》一著中，仅在《第十一篇荀子》的"参考书举要"中提到"顷见日本久保爱之《荀子增注》，注虽不佳，而所用校勘之宋本元本颇足供证"。参见《胡适文集》第 6 册，北京大学出版社，2013 年，第 323 页。

日本著名汉学家、早稻田大学教授牧野谦次郎为该书作序,序中一方面称赞两位译者"内田君繁隆,好学之士也。夙游早稻田大学,攻政治经济科。常曰:夫政者生于其心,发于其事。苟欲研钻政事,则不可不先寻绎哲理也。顷者与友人支那杨君祥荫胥谋,用邦文,译北京大学教授胡氏所著中国哲学大纲。欲以资于同志者之参考也。""而新进好学如二氏者,亦能共用笔代舌,广通其志,以裨读者不甚劳力而易晓。皆俱可谓勤矣";一方面对胡著表示"予未暇读胡氏著,其将何以叙之。抑进化之说,自欧人唱道以来,天下靡然皆遵奉为金科玉条。学者汲汲唯新是求。所谓古者益厌弃而不顾。当是时,贯穿东西学问如胡氏者,著书立论,溯古酌今"。⑬此处牧野谦次郎托故"予未暇读胡氏著",以回避对胡著的评论。

《译者小言》则极力推崇胡适及其著作:"本书的原作者胡适氏堪称新式学者之第一人。""本书使用了最新的科学研究方法,剖析归纳堆积如山的资料,使各种混杂的学说井然有序地组织在一起。在这一点上,我等窃以为本书是民国学术研究史上划时代的著作之一。"并说明其翻译意图是"将民国真实的古代思想传到日本,真诚期望开此种新研究之端绪,并对增进两国人民之间的理解助一臂之力"。日译本《古代支那思想の新研究》并非直译,将原版书名《中国哲学史大纲》改题《古代支那思想の新研究》多少带有"广告"的意味。该书翻译工作之进行,"杨祥荫在早稻田大学研究生院做研究时翻译了原著,译者等人在早稻田大学研究科反复探讨日文修改并做思想考证"⑬。这项翻译工作显是中日学者合作的一个成果。

《先秦名学史》一书的日译本为《胡适の支那哲学论》,署名井出季和太编著,1927年(昭和二年)4月1日为东京的大阪屋号书店发行,⑬1998年收入"亚洲学丛书"第四十种,改由东京的大空社重印出版。书前有高濑武次郎所作的《序》和译者《例言》。相对于牧野谦次郎那篇不着边际的序作,高濑武次郎的序

⑬ 牧野谦次郎:《序》,收入胡适著《古代支那思想の新研究》,杨祥荫、内田繁隆译,东京岩松堂书店,1925年,第1—2页。

⑬ 《译者小言》,收入胡适著《古代支那思想の新研究》,杨祥荫、内田繁隆译,东京岩松堂书店,1925年,第5—9页。

⑬ 刘岳兵提到此书1925年东京岩松堂曾发行初版,参见刘岳兵:《胡适的中国哲学史研究在日本》,载《中华读书报》2005年1月28日。笔者暂未见到此版。

倒是紧扣主题,他从介绍译者井出季和太与他的相交开始:"我与井出季和太君相识于明治三十七八年,当时他还是东京帝国大学法科大学学生。我住在大学门前的森川町,他攻读法学之余,旁及支那哲学研究,尤其爱好阳明学,因而屡次叩访寒舍,谈论良知学。许久之后,他草成《阳明学论》一书,请求校阅。然而,因故未能出版,说至今仍然藏于匣底,等待出版时机。他爱好阅读汉籍,又能作汉诗,对支那的兴趣颇为浓厚,以至于求职也为了解支那经济状况而到台湾工作。此后十余年间已两三次游中国,此次他当选为在外研究员,舍弃欧美而独选支那,或许有人很诧异,然而我却为他愈加对支那兴趣浓厚、更深入研究支那而欣喜。上月,他偶访寒舍,告知赴华事宜,并且谈到,近年来于公务之余尝试翻译了胡适氏的《支那哲学史》,业已完成,即将出版,请我作序。"然后谈及胡适,"胡氏游学于美国,师从教育学大家杜威博士"。"胡氏为现代新锐学者,其言论也不少新颖、出类拔萃之处。想要研究支那哲学的人士,翻阅此书,会感到有前人未及的境界"。可见他对胡适的推重。[⑬] 译者《例言》对《先秦名学史》及胡适作了介绍。书后附录增收1919年3月胡适著《墨子小取篇新诂》的日译文,反映了作者对胡适的墨子研究成果的格外推重。显然,经过两三年的时间,日本同行对胡适不得不刮目相看了。

此外,今关研究室编译《支那学入门书二种》《支那学入门书三种》(东京:今关研究室,大正十二年),收入胡适《最低限度国学书目》、梁启超《国学入门书要目》。神谷正男的《现代支那思想研究》(理想社,昭和十六年八月五日发行)在评介现代中国思想潮流时,将其分为传统主义、自由主义、社会主义、民族主义,其中论及自由主义时,对胡适的自由主义思想和实验主义作了评介,对胡适倡导的整理国故运动的对象、源流、影响亦加以系统的述评。[⑭] 陈衡哲所编英文论文集《中国文化论集》(*Symposium on Chinese Culture*)由石田干之助主持编译在日本出版,题为《支那文化论丛》(东京:生活社,1940年4月),其中"第二章 中国历史上的宗教与哲学""第七章 文艺复兴"为胡适所写,译者分别是福井康顺、原三七。

---

⑬ 高瀨武次郎:《序》,收入井出季和太著《胡适の支那哲学论》,东京大阪屋号书店,昭和二年四月一日,第1—4页。
⑭ 神谷正男:《现代支那思想研究》,东京理想社,昭和十六年八月五日,第25—26、49、110—130页。

文学

新文学运动的狂飙突进,对东邻日本文学界产生了震撼性效应,他们将探究的目光很快投向"文学革命"的首倡者胡适。日本较早系统介绍新文学运动的可能是大西斋、共田浩编译的《文学革命と白话新诗》(支那丛书第一编,东京:东亚公司,1922),该书分前、后两编,前编收文胡适四篇:《文学改良刍议》《建设的文学革命论》《新诗谈》《〈尝试集〉自序》,蔡元培一篇《国文的将来》,康白情一篇《新诗我见》,郭沫若一篇《诗论二消息》。后编为《唐代白话诗选》《宋代白话诗选》《现代白话新诗选》。前编《总说》对"文学革命"与新诗运动作了历史回顾。

胡适在新文学领域对日本影响的另一个例证,是他的《五十年来中国之文学》一文被桥川时雄译成日文,题为《挽近の支那文学》,收入"现代支那学术丛书"第二编,1923年由东京的东华社出版发行。在北大图书馆的胡适藏书里,现还保存桥川时雄赠送胡适的这一版,在扉页上有题签:奉赠适之先生。胡适为日文版作序,序文收入《胡适文存二集》,作为《五十年来中国之文学》的附录。桥川时雄的译著《挽近の支那文学》的出版,对日本文学界了解"五四"新文学运动的来龙去脉及其真相自然大有助益。桥川时雄与胡适的情谊一直维系到胡晚年,据胡颂平记录,1961年3月7日,"日本的文学博士桥川时雄托人带来一个片子问候。先生想了一下,才想起来了,说:'他曾到普林斯登大学来看我。'"[13]

《世界大思想全集》第三十九册(东京春秋社,昭和四年七月二十五日)内收胡适著、柳田泉译《建设的文学革命论及其他》,收文篇目为:《文学改良刍议》《历史的文学观念论》《建设的文学革命论——国语的文学、文学的国语》《文学进化的观念与戏剧改良》《新诗论》《清代学者的治学方法》《新思潮的意义》《非个人主义的新生活》《词的变迁》《贞操问题》十文。文前有译者的《解说》。《现代支那文学全集》(东京东成社,1940)的《文艺论集》收入了吉村永吉译、胡适著《文学改良刍议》《建设的文学革命论》《论短篇小说》三文。这两个选本对传播胡适的"文学革命"主张和新文化思想有一定作用。1947年,大阪外事专门学校大陆语学研究编选《胡适文选》,此书笔者暂未得见。

⑬　胡颂平:《胡适之先生晚年谈话录》,台北联经出版事业公司,1984年,第131页。

胡适自传《四十自述》中文版出版后,由日本著名文学家吉川幸次郎译成日文,仍题《四十自述》,收入"创元支那丛书"第一种,1940年(昭和十五年)由东京的创元社出版。书前有吉川幸次郎的《译者的话》,称赞胡适"为支那为数不多的新思想家","发起民国初年的'文学革命',从而造就了今日白话文学的盛况;在'文学革命'之后的各种新文化运动中,此人虽未占据主导地位,然而此类运动的开展实以'文学革命'为源头";"此人对旧式白话文学的研究成绩斐然,尽管其受到各种批评,此人确为自成体系撰写支那哲学史的第一人。而且,我们应该正在享用此人的学恩"。⑬ 此书出版后,竹内好与吉川幸次郎通信,对日语译文提出批评,双方为此就翻译问题有过一番讨论,这些通信与文章刊登于竹内好等人创办的《中国文学》杂志。⑬ 1946年(昭和二十一年)养德社再版,改题《胡适自传》,收入养德丛书第1008种。《再版后记》交代,经落合太郎、武田泰淳的指正,再版对初版的少数段落译文做了修改,可见译者对译作的认真。

吉川幸次郎1927年毕业于京都帝国大学中国哲学文学科,次年赴北京留学三年,与同时在京的仓石武次郎关系密切,不过当时他并未得机会与胡适谋面。⑬ 直到1954年4月7日,吉川幸次郎作为美国国务院的客人,搭乘美国泛美航空公司的飞机从东京飞往旧金山,恰好与胡适同机,因此得以相遇。利用飞机在维基岛小憩的机会,两人进行了短暂的交谈。到纽约后,吉川幸次郎前往曼哈顿胡寓拜访,胡适向他展示了自己收藏的脂砚斋评本《红楼梦》。1960年吉川幸次郎作为哈佛委员会委员赴台北访问,得与胡适再次会面。他称赞:"胡氏关于佛教史的演讲精彩绝伦,对日本的《续藏》和高丽的《大藏经》引用自如。"⑬

在一些通论性介绍中国现代文学的书籍中,对胡适及其倡导的"文学革命"的介绍所占篇幅也相当显目。如近藤春雄著《现代支那の文学》(京都印书馆,

---

⑬ 《译者的话》,胡适著《四十自述》,吉川幸次郎译,大阪、东京创元社,昭和十五年(1940年)三月二十日,第1—6页。

⑬ 参见吉川幸次郎:《胡适——"折り折りの人"补遗》,收入《吉川幸次郎全集》第16卷,东京筑摩书房,昭和四十九年(1974年)十二月十五日发行,第435页。《竹内好氏への书简》,收入《吉川幸次郎全集》第17卷,东京:筑摩书房,昭和五十年(1975年)一月十五日发行,第515—524页。

⑬ 有关吉川幸次郎在北京留学的情形,参见吉川幸次郎著《我的留学记》,钱婉约译,中华书局,2008年,第44—99页。

⑬ 吉川幸次郎:《胡适——"折り折りの人"补遗》,收入《吉川幸次郎全集》第16卷,东京筑摩书房,昭和四十九年(1974年)十二月十五日发行,第438页。

昭和二十年十一月二十日发行)在第一篇《现代支那の文学》第三节"新文学运动の发端"述及"文学革命の发端""文学革命の理论"两题时,以较多的篇幅介绍了胡适在"文学革命"的地位及其作用。[140] 1948 年 11 月 16 日胡适曾致信近藤春雄,表示:"拙著诸篇蒙先生选译,认为于贵国民主制度之建设有裨益,又蒙吉川幸次郎博士垂奖校阅,我很感觉荣幸。译文付印流通,我完全同意。"[141]此处胡适所言"拙著诸篇"很有可能是指近藤春雄翻译、吉川幸次郎作序的《中国文化革命》一书,此书并未出版,吉川幸次郎所作《胡适著·近藤春雄氏译〈中国文化革命〉序》存于《吉川幸次郎遗稿集》第二卷(东京:筑摩书房,1996)。近藤春雄翻译胡适的《我们对于西洋近代文明的态度》一文曾载 1946 年 10 月《桃源》第一期。后来近藤春雄撰写的《现代中国の作家と作品》(新泉书房,昭和二十四年)一书,也设专题讨论胡适与文学革命的关系。[142]

尾坂德司著《中国新文学运动史——政治与文学的交点·从胡适到鲁迅》(《中国新文学运动史——政治と文学の交点·胡适から鲁迅へ》)(法政大学出版局,昭和三十二年十一月五日发行),此书虽在中国大陆"胡适大批判"运动以后出版,但对胡适的家庭、胡适在辛亥革命前后的表现、胡适提倡"文学革命"的作用仍给予了相当篇幅的论述。[143]

禅宗史

今关天彭翻译的《支那禅学之变迁》(东京:东方学艺书院,昭和十一年九月一日发行)是日本第一部系统译介胡适禅宗史研究成果的论文集。该书所选六篇论文出自《胡适文存三集》《胡适论学近著》。具体篇目为:一、支那禅宗史的大概意见(即《论禅宗史的纲领》之二《胡适答汤用彤教授书》一信的节选)。二、禅学古史考。三、从译本里研究佛教的禅法。四、菩提达摩考。五、楞加宗考。六、荷泽大师神会传。

此书前面有昭和十一年八月上旬译者今关天彭所作的《序》,《序》曰:"选取

---

[140] 近藤春雄:《现代支那の文学》,京都印书馆,昭和二十年(1945 年)十一月二十日,第 46—72 页。

[141] 《复近藤春雄》,耿云志、欧阳哲生编《胡适书信集》中册,北京大学出版社,1996 年,第 1166 页。

[142] 参见近藤春雄:《现代中国の作家と作品》,名古屋新泉书房,昭和二十四年,第 75—87 页。

[143] 尾坂德司:《中国新文学运动史——政治と文学の交点·胡适から鲁迅へ》,东京法政大学出版局,昭和三十二年十一月五日,第 8—9、51—52、63—70、108—110 页。

本国材料予以解释,并且引用最近较受瞩目的敦煌文书,条理清晰地安排整理,令人一目了然。这是胡氏的本领。"[144]书后附有胡适 1936 年 6 月 22 日给今关天彭的信。《支那禅学之变迁》的出版,显示了日本佛学界对胡适禅宗史研究成果的重视。尽管日本佛学界铃木大拙等学者对胡适的禅宗史研究存有争议,但胡适毕竟已成一家之言,这就足够引起日本佛学界关注他的研究成果。

柳田圣山主编,中、日学者合作编辑的《胡适禅学案》,是胡适禅宗史研究重要论著的汇集。该书于 1975 年 6 月分别在台北的正中书局和京都的中文出版社出版。书前有李迺扬《出版原楔》,入矢义高《回忆胡适先生》,柳田圣山原作、李迺扬译《胡适博士与中国初期禅宗史之研究》,柳田圣山编《胡适博士禅学年谱》。全书共五部,收入中文论文二十篇、英文论文四篇,几乎囊括胡适禅学史研究的重要作品。《胡适禅学案》的出版,可谓京都学派对他们与胡适长期交谊的一个纪念。

日本学术界对胡适著作的翻译和评介数量,与同时代其他中国学者相比,明显处于突出的地位。日本学界对梁启超比较重视,这与梁氏在日本有过长期的生活经历有关,但日本翻译梁启超的著作也只有《清代学术概论》《先秦政治思想史》《中国历史研究法》这寥寥几部,对章太炎、王国维作品的译介更少。胡适既非"日本通",与日本关联较少,日本学者对之关注,纯粹出于对其学术成就的重视,诚如程靖宇先生所言:"日本学术界是从不让人的,但有几位二十世纪的中国享誉世界的大角色,却是日本所绝对没有的;如赵元任先生这样的天才,林语堂这样的英文写作本领(日本英文文学作家,仅有正式英文文学作者,但不及林氏之通达),如胡适之先生这样的成为二十世纪的断代国际公认的思想家('日本胡适之'[145]昙花一现,差得太远了),如日本人承认的'支那二宝'之一的周作人,都是日本至今无法产生的角儿。"[146]这里所举的赵元任、林语堂、胡适三位可以说都是中西文化结合的精粹。胡适及其著作在日本的影响实为新文化在

---

[144] 《序》,胡适著《支那禅学之变迁》,今关天彭译,东京东方学艺书院,昭和十一年九月一日,第 2 页。

[145] 哲生按:此处"日本的胡适之"系指鹤见祐辅。1938 年胡适就任驻美大使后,东京的《日本评论》向政府献策:"日本需要派三个人一同使美,才可以抑制住胡适的能力。这三个人分别是鹤见祐辅、石井菊次郎、松冈洋右。鹤见是文学家,石井是经济专家,松冈则是雄辩家。"可见日方对胡适的极度重视。

[146] 今圣叹(程靖宇):《新文学家回想录——儒林清话》,香港文化·生活出版社,1977 年,第 9—10 页。

域外影响的一个强有力证明。

结　语

通览胡适与日本的交往材料,我们不能不对两方面互动之频繁感到惊诧。以双方接触的情形而论,日本方面相对比较主动。之所以出现这种情形,与日本学界认定胡适是中国新文化的标杆性人物,他们欲通过接触胡适切实掌握中国文化发展的动态和趋向,测量中国对中西文化结合的深度,试探中西关系发展的程度有关。在学术交流层面,胡适在新文化运动中创造的文学、哲学实绩,受到日本学人的特别重视;而在史学方面,胡适更多受启于日本汉学研究成果,他提倡"整理国故"所使用的材料、实证方法和拓展的研究领域,均显示了日本汉学的影响。中国古典史学由于受到"华夷之辨"观念的支配,对边疆的"四裔"极度轻视,故对敦煌学、西域史、蒙元史、中西交通史这些领域下力较少。日本汉学较早与欧洲汉学交流,得风气之先,涌现了像白鸟库吉、桑原骘藏、羽田亨、藤田丰八、池内宏、石田干之助、后藤末雄等一批具有国际视野的东西交通史名家,异军突起。胡适注意到这一情形,从他对刊登在《新青年》上桑原骘藏《中国学研究者之任务》一文的欣赏,到羽田亨造访给他的刺激,我们可见胡适捕捉到日本敦煌学和中西交通史研究的新信息。在中国禅宗史研究领域,日本学者与胡适的互动始终是既交流、又竞争,彼此因立场、方法的歧异,对禅宗史的理解歧见甚深,但在材料的探寻上,又互相补充、相互借鉴。胡适与日本学者的平行交流,构成中日学术互动真实而富有价值的内容,是二十世纪中日文化交流绚丽多彩的一章。

【欧阳哲生　北京大学历史学系教授】
原文刊于《中国文化》2015 年 02 期

"反法之儒"：晚清国人学习西方的原动力

再思"传统"与"新文化"之一

秦　晖

从"差异原则"理解儒家

最近,儒学、国学的传统话题很热闹,但是,我们通常在用语言来表述某种意思的时候,经常有所谓的符号和我们要表达的意思之间的差异问题。当代语义分析的研究表明语言解释的空间是无限的,同样的话语可以表达很多不一样的甚至截然相反的意思。比如人们谈儒学,同样是谈儒学的人,这之间的差别可能非常之大,这就是索绪尔讲的"任意原则"。如果是这样,语言还有什么意义呢?

但索绪尔提出语言的表达还有另外一个规定,就是"差异原则",通俗地讲,就是指一句话要表达什么意思,往往是要通过我们借助这句话去针对什么来体现的。如果用我的语言来讲,就是我们讲某一套话语的时候,往往有一个假想敌,我们这个话语真正的意思是通过我们要排斥的东西来体现的。比如大家都讲儒家,大家都讲仁义道德,这个仁义道德到底什么意思呢? 其实就是取决于你用这个仁义道德来针对谁,如果离开了这个所谓不仁不义、不道不德的东西,你讲的仁义道德就没有什么确定的含义。

我们现在讲儒学,讲马克思主义或者任何一种学问都是这样:要理解你讲什么,首先要明白你讲这套话到底是针对什么的。我们国家从董仲舒以来两千多年,几乎人人都讲儒家,没有什么人说他是反儒的,但是讲儒的人中区别非常大。就像有学者讲的,西方基督徒中的区别往往比基督徒与非基督徒的区别还大。都是讲儒的人,为什么会有这么大的区别呢? 主要就在于"差异原则"。他们针对的假想敌是不一样的。

就今天而言,我觉得我们谈儒学的时候,最重要的两种谈法,一种就是自董仲舒以来一直到晚清,不少儒者,我指的是那些继承了先秦以来,或者董仲舒以前的原始儒家信念的那些人,不是仅仅为了"读书做官"把儒书作为"敲门砖"的人,他们谈儒往往是很愤世嫉俗的。他们所愤、所嫉何来? 当然不是来自"西化",主要就是来自孔孟时代的"周秦之变",孔孟为当时的"礼坏乐崩"痛心疾首,而从"礼坏乐崩"中建立了一个秦制,这套制度被很多早期儒家认为很糟糕。大家都知道原始儒家有两个概念,即"王道"和"霸道",很多人认为法家就是主张霸道的。他们对此强烈不满。董仲舒以后很多人就驯服了,接受了"儒表法里",但"表里"之间还是有矛盾的,到某些关节点上时不时还会有些不知道"难得糊涂"的儒者出来指责秦制,所以毛泽东会有所谓"儒法斗争持续两千年"的说法。

而到了"五四"以后,"西学"影响大了,很多儒家或者说声称自己是儒家的人,就不是对法家和秦制表示不满,而是对以"西化"为表现形式的现代进程表示不满了。从洋务、维新时期的守旧派,到"新文化运动"中很多对新文化表示不满的所谓保守派儒学人士就是这样,他们讲的儒学当然又是表达另外一种意思了。

但有趣的是,当初学习西方的潮流,恰恰就是由前面说的那种"反法之儒"发动的。所以在表达儒学里面的"差异原则"时,"反西之儒"与"反法之儒"的区别可以说是近代最基本的一种区别。

中国古代的儒家历来有反对法家,尤其是反对所谓"法道互补"的传统。"文革"时期毛泽东曾经说,中国思想史的主线就是所谓的"儒法斗争",这个斗争延续了两千多年,他为此发动了一场大家都知道的"批儒弘法""批林批孔"。

"儒法斗争"是不是可以概括为中国思想史的主线？这当然争议很大。但毛泽东之所以有这样的想法，显然是有感而发。就像当年仇恨孟子的朱元璋一样，毛泽东大力反孔扬秦，显然是看到了中国历史上的反法之儒，就是在"儒法斗争"这个意义上的儒家，是不利于专制统治的。

为什么要学习西方？ 是崇拜"强者"吗？

回顾一下晚清以来的中国思想界，我们就会发现，以往尤其是在"新文化运动"以后，人们都强调西儒的对立，这就遮蔽了一个事实，那就是，在晚清以来的很长一个时期，最急于引进西学的人就是这种所谓的"反法之儒"。这里头有一个很大的问题，就是中国人在晚清为什么忽然间想到要学习西方，而且出现了那么强大的一个潮流，以至于到了世纪之交，好像你不谈西学就不是学问。到了民国初年，甚至发展到当时能够为中国传统进行辩护的人，往往也必须要像辜鸿铭那样本来就是一个洋人，英文比中文讲得好，他才有资格扮演这样的角色。为什么会导致这样的局面呢？为什么会导致相当一个时期国人都争前恐后地要学习西方呢？不管是自由主义，还是社会主义，我们知道在二三十年代，法西斯主义对中国也有很大影响，这些东西都是打着西化的旗号。为什么晚清以来中国人出现那么强大的学习西方的潮流呢？

过去我们对此有一套"三段论"的解释：鸦片战争我们打输了，发现人家船坚炮利、经济富裕，于是向西方学习"器物"，遂有洋务运动。马江、甲午之役我们有了现代海军却仍然输了，发现是专制之弊，于是向西方学习"制度"，遂有维新、革命。但帝制变共和之后国运仍不济，发现是"国民性"不行，于是向西方学习"文化"，遂有"五四运动"。但是，近年来随着改革后我国国力增强，国外汉学界"重新认识中国"之风东渐，这套解释似乎越来越失灵了。

有人考证说，中国经济并不落后，鸦片战争前夕还是世界第一，甚至算出国内 GDP 占全球 GDP 的 36%，比今天的美国还牛。又说明清我国贸易大量顺差，西方工业品竞争不过，只好用白银买我们的产品，证明我们那时已经是"世界工厂"，只是鸦片阴谋才改变了这一点。但究其实，西方用鸦片替代白银支付逆差当然对中国危害很大，然而用鸦片替代白银来付账就能使其工业品变得"有竞争力"吗？而且鸦片代替白银也不会减少我们的 GDP 嘛。（至于这个 GDP 对我们究竟有无好处，就像今天的 GDP 高速增长之利弊一样，是另一个问题。）所以如果仅仅讲 GDP，假如鸦片战争前我们真的是世界第一，那么鸦片战争后怎么就不是了？实际上直到甲午之时，除鸦片外的一般贸易中国仍然大量顺差，甚至因鸦片贸易产生的逆差也在明显减少，因为中国禁烟失败后却成功地以自产鸦片实现了"进口替代"，以致包括鸦片在内的总贸易额也出现了恢复顺差的趋势。如果按"顺差就是优势"的逻辑，岂不是直到甲午时中国经济仍然世界第一，而西方工业品仍然"竞争不过我们"？甲午以后，随着中国门户开放，工业起步，投资品输入，外贸才在不靠鸦片进口的情况下变成大量逆差，西方工业品表现出"竞争力"了。然而，恰恰从这时起中国出现的近代统计数据使人有可能计算出近代的经济增长率，而从甲午到抗战前这一增长率还比西方列强高出一点——如果按过去的看法这不难理解：中国本来落后得几乎一穷二白，这样的增长率在极低的基数下并不足奇，也不足以改变中国的弱势。但是按照上述的"重新认识"，中国经济本来就世界第一，这样的增长率能使她变落后吗？如果真是如此，那么中国经济到底什么时候落后过呢？难道只是在抗战以后？

在政治方面，现在的"重新认识"倾向于否认中国传统政治是"专制"，有人说这是一种父爱式的管理，有的说科举制是现代文官制度，有人说你看万历皇帝几十年不上朝，多么"自由放任"，和英国女王不理事不是差不多？更多的说法是"国权不下县，县下唯宗族，宗族皆自治，自治靠伦理，伦理出乡绅"，从基层到国家整个就是父慈子孝、温情脉脉的大家庭。

经济如此先进，政治又不专制，伦理道德那更是我们的专长，远非人欲横流的西方可比。这样看来，晚清国人何以要学西方就成了难以理解的事。于是近年来有些人说，中国人学西方根本就是一个错误，西方唯一比中国强的就是他们武力了得。中国被打败后便"短视"起来，接受了"社会达尔文主义逻辑"，之所以要学习西方，就是因为西方打败了中国人，谁的拳头硬就学谁，落后就要挨打，挨打就是落后，打人的就是先进，所以我们就学习打我们的人。

可是毛泽东曾说过一句名言："五四"时中国人对西方失望了,因为"先生老是欺负学生"。这个说法显然与上面那种说法矛盾:如果按上面的说法,我们原来不就是因为挨打才学习打我们(就是欺负我们)的人吗? 如果不打我们,我们还不学了呢。怎么还会有失望一说?

显然,"五四"时期部分中国人由学习西方转向学习俄国,并不仅仅是因为西方欺负我们。(而俄国就没有欺负我们?)不过毛泽东的这个说法至少表明,当时人们学习西方与西方在国人心目中的道德形象有关,这个形象决不仅仅是个"强者"。

但是这个特征在我看来,最典型的还不是"五四"以前,而是戊戌以前,那时的"反法之儒"对西方的道德描述,可以说比戊戌以后、"五四"以前还要浪漫得多!

为什么清以前的国人不崇拜"强者"?

这里我要说,国人传统上就并不是对"强者"多么崇拜的。我们讲的主要是文化意义上的中国,主要就是指中原的农耕文明,以及代表这种文明、打着儒家旗号的中原王朝。大家知道,这个意义上的中国被人打败,其实在历史上经常发生,绝不是只有晚清才真正被打败。远的不说,距离晚清最近的就是晚明,当然有人说明是亡于流寇而非亡于清,这本是清朝为标榜其"得国之正"而说的。但就算崇祯是亡于李自成,李自成的"顺"朝不也是汉人政权吗? 它不就是被清朝所灭的吗? 其实崇祯死后的"南明"仍然曾经拥有大半个中国,它也不就是被清朝彻底打败了吗,南明是彻底地亡于清,跟晚清受列强"欺负"根本就不能相比,败得如此之惨,南明诸帝是立一个被追杀一个,最后那个永历帝一直逃到缅甸,还是被清军威逼引渡回来绞死了。如果要说打败,到底是明败得惨还是晚清败得惨呢? 当然是明败得惨。所谓晚清被西方打败无非就是丢了一些边疆,大清朝一直还在,虽然"西夷"也曾经两度打进过北京,据说不知是慑服于"天朝威仪"还是害怕"人民反抗"很快又走掉了,整个国家体制并没有被颠覆掉。如果国人崇拜打败自己的人，大明帝国的人首先应该崇拜满族人才对，为什么明清之际中国没有兴起学习满族的热潮呢？

大家知道，其实明清之际有一个现象，就是明朝遗民在军事上对于战胜满族，在经历彻底失败之后普遍已丧失了希望。当然有人说以后还一直有人想反清复明，那得看多少。这么大国家什么时候都有极端人物，但康熙以后还在做反清复明军事努力的人能跟晚清以来国人军事上努力反抗列强相比吗？我就说两个最著名的抗清英雄，一个是李定国，他坚持到最后退到缅甸，临死给儿子的遗嘱是"宁死荒徼，勿降也"[1]，你们就在缅甸移民终老吧，绝不要投向清朝。他就没有要求儿子打回去。（实际上他儿子也没有听他的，他死后不久儿子就降清了。）第二个民族英雄张苍水（煌言），他最后把部队解散了，自己隐居起来打算作伯夷、叔齐，后来清朝把他找到了，但他拒不投降，终于被杀。他们本人都坚持了民族气节，但对军事上战胜清朝可以说都绝望了。包括黄宗羲、顾炎武、王夫之这些人，他们本人拒绝和清朝合作，但是他们的一些亲人、学生跟清朝合作，他们也默许了，他们也没有再搞军事上的反清行动。

但是，那时汉族人在文化上仍然非常骄傲，没有人认为我们文化上不如满族，以至认为满族文化比我们先进。而且，明清之际很多人反思的时候，都说我们之所以败亡，是孔孟之道贯彻不够，对这一套还是充满信心。尤其像黄宗羲，明亡后大骂一通秦制，反思非常深刻，说我们现在毛病一大堆，正是因为这些毛病我们才完蛋了，但是他讲的毛病就是秦以后，说秦以后我们违背了孔孟的很多东西，以致沦落到如今的地步。

可是，在清末民初我们看到的恰恰相反。晚清与南明相比，败得其实并不是太厉害，主流的中国人在军事上从来就没有放弃过抗击侵略的信心，最后也取得了很大成就。但是相对于中国在军事上一直保持信心，在文化上，晚清出现了一个非常明显的、有人称之为"三千年未有之变"。什么叫"三千年未有"？是说我们三千年来都没有打过败仗或者败得没有这么惨？当然不是。就是几千年来人们第一次对我们的道统产生怀疑。这仅仅是因为我们被打败了吗？如果说外国

---

[1]　杨陆荣：《三藩纪事本末》卷四，《橄缅取王》。

人或者说"西夷"只不过就是夺去了朝鲜、越南,就使我们认为孔孟之道不行了,那么满族人把北京、南京都拿走了,我们为什么认为孔孟还行呢?

因此,与西方接触后之所以使"传统文化"当时产生严重危机,根本原因并不是"被打败"了。你可以看一看当时的很多中国人,包括徐继畲、王韬、冯桂芬、马建忠、郑观应、郭嵩焘、张树声、薛福成,直到康有为、谭嗣同,他们眼中是怎么看西方的,他们是怎么论证学习西方的。

"反法之儒"学习西方的几个特点

当时这些人论证学西方大致上都是有这么几个特点:

第一,他们是从追求道德理想的角度来学习西方的。当然,这种道德理想带有很明显的古儒"三代"色彩。本来传统儒家一直有一种不满现实的情绪,这种情绪不同的人会有不同的评价。"五四"以后,反儒的人认为这种情绪就是复辟倒退,开历史倒车的情绪。鲁迅先生专门塑造了一个"九斤老太"来形容这种情绪,这种人总认为过去比现在好。按照儒家的传统说三代是盛世,到后面就是一代不如一代。骂儒家的人说这是复辟倒退,开历史倒车。而称赞儒家的人如余英时先生,则说这是一种知识分子的社会批判良知。

但是,说是批判良知也罢,说是复辟倒退也罢,所指的事实是一样的,就是这些真正的儒家——我所谓"真正的儒家"就是并非为了在科举考试中得到一块敲门砖来当大官,他们是有真正追求的。这些人从传统上就带有一种愤世嫉俗的心理,认为三代是很理想的,到了后来就越来越糟糕了。他们带着这种理想去看西方,忽然发现有一个很理想的地方,就是西方。这个所谓的追求道德理想,也就是带有古儒三代色彩的理想,是这些人学习西方的主要动力,而富国强兵的功利主义反而只是次要的或者是顺带的动机。

第二,这些人普遍地从"反法之儒"的价值观出发,面对西方,他们第一个感觉就是我们的"秦政荀学"如何如何糟糕,他们往往说西方这样的社会,体现的就是中国三代所达到的文明,他们这个时候学习西方,往往都带有一种所谓"引西救儒"的色彩。据说我们中国本来是很文明的,但是到了战国就越来越不行,到了秦始皇就是强盗政治,以后中国就堕落了,原来认为儒家那套没希望了,现在看还是有一个实现了儒家思想的地方,就是想象中的西方,这套如果实行的话,就可以把秦以后的一套东西纠正过来,使得儒家的理想能够复兴,能够纠正秦汉以来的礼崩乐坏之弊,总之他们认为学习西方就是为了抵制法家那一套。

第三,与以上两点相应,那个时候这些人经常都强调,要学西方,就是要学如何"引西救儒",抵制法家体制的这一套东西,这一套东西是所谓西学的"体"和"本",学这个体和本是主要的,其次才是学"用"、学"末"。学习西方首先就是要学民主共和,天下为公,这是最重要的,是"本",至于其他的,不仅是"船坚炮利",而且包括市场经济中赚钱的本事都是"末"和"用",是次要的东西——这显然带有儒家传统的重农抑商倾向,这些人往往都是强调要学"体"、学"本"。

第四,这些人如果在本土传统中寻求与学习西方接轨的思想资源时,他们往往强调的都是要回归古儒,拒斥荀、韩。由于这些人往往都有非常鲜明的反对法家、反对专制的倾向,所以在儒家道统内,这些人的特点是往往都非常看好孟学而排斥荀学。大家知道,在战国时代"儒分为八",一般认为,其中的荀子这一派是代表从儒家到法家的过渡,或者说荀子这一派是半儒半法,这时候的这些学者都对荀子的这一点表示深恶痛绝,而与这相反的一种趋势,就是所谓的孟学。这些人就认为孟学很好,因为孟学有很多"民贵君轻"之类的言论,这些内容后世的法家也很不喜欢,朱元璋为此还要把孟子禁绝了,这些人也是在这个方向上寻找所谓的思想资源。

第五,当时这些热心"学西"的儒者几乎都没有怎么注意到现在很多人认为西方文化最本质的一个特征就是个性自由,个人主义现被认为是西方近代自由主义的核心价值。金观涛先生在香港建立了一个近代文献数据库,他检索得出的结论是,中国人对所谓个人、个性、个人主义接受都比较晚,这些都是"五四"前后才进入中国的,[2]但是民主、共和这些概念很早就进入了中国,这些东西他们接受得很早。他们主要是对西方的民主共和、天下为公津津乐道,并用以反思

---

[2] 参见金观涛、刘青峰:《观念史研究:中国现代重要政治术语的形成》,香港中文大学出版社,2008 年,第 147 页。

秦以来的"家天下"。

今天看起来,这当然是对西学了解不深的表现。我们现在当然都知道,西方的这一套体制,不管是民主政治也好,市场经济也好,个人权利在这种价值体系中都占有很重要的地位。但是,有一个现象我觉得很有意思,那就是虽然我们可以说这是对西学了解不深的表现,然而耐人寻味的是,恰恰是这个时期学西者的这种肤浅的见解,首先因为它不强调个人本位,而与儒家的小共同体本位的价值体系没有形成明显的冲突。这个时期很多人并没有感到西儒是对立的,原因在于原始儒学的确也是不讲个人本位的,原始儒学讲的是家族本位,讲的是小共同体本位,讲的是熟人社会中的伦理原则,这些东西如果认真深究的话,它与西方近代的价值体系的确是有矛盾的。

当时的人们似乎没有认识到这一点,所以没有感觉到这两者之间存在多少矛盾。但是,恰恰是这种"肤浅"的认识,一方面淡化了西儒的矛盾,另一方面,却对"秦制"与法家专制传统产生了剧烈的冲突。也正因为这样,所谓重民主、轻自由的"肤浅见解"在那个时代不仅并没有妨碍当时的中国民间社会个人权利的发育乃至自由意识的增强,而且可以说起了很大的启蒙作用。尽管这个时候人们认识的西学并不强调个人主义,但是实际上,这个时期恰恰是中国个性意识开始萌芽的时期,而且这种萌芽并没有受到"引西救儒"潮流的压制。这是为什么呢?

"三代"为民主,秦汉始堕落?

当时,很多学者都在这样论述,如郭嵩焘就明确地说:"三代以前,独中国有教化耳……自汉以来,中国教化日益微灭。而政教风俗,欧洲各国乃独擅其胜。其视中国,亦犹三代盛时之视夷狄也。"[③]中国文化很了不起,但是那指的是三代,三代只有中国是世界上最文明的地方,但是秦汉以后就不行了,自汉以来中

---

③ 郭嵩焘:《伦敦与巴黎日记》。

国似乎已经逐渐成了"夷狄"，而"三代"却跑到西方去了。而谭嗣同说得更绝：秦后"二千年由三代之文化降而今日之土番野蛮者"。总之孔孟之道似乎在中国早已被毁灭，就像徐继畬所说：唯西方尚"得三代之遗意"。

薛福成也是这样，他说："唐虞以前，皆民主也。……匹夫有德者，民皆可戴之为君，则为诸侯矣。诸侯之尤有德者，则诸侯咸尊之为天子。此皆今之民主规模也。迨秦始皇以力征经营而得天下，由是君权益重。秦汉以后，则全乎为君主矣。若夫夏商周之世……孟子'民为贵、社稷次之，君为轻'之说，犹行于其间，其犹今之英、义诸国君民共主政乎？……所以三代之隆，几及三千年之久，为旷古所未有也。"④在他看来，西方搞的那一套其实也就是我们以前三代搞的那些东西："有德者天下共举之。"那时不是家天下，都是谁有德望老百姓就推选谁，据说西方现在就是这样。但是咱们中国秦汉以后就不行了，孟子"民贵君轻"那一套，只有在今天的英国、意大利等国还保存着。

我们看"五四"以后很多人夸赞秦汉时代的法家变革，认为商鞅变法很了不起。但是戊戌前的先进者恰恰相反，他们最反感商鞅开创的那一套。戊戌时代的儒者感到的礼崩乐坏并不是西学带来的礼崩乐坏，而说是"三代"之后、"暴秦"以来的礼崩乐坏。用谭嗣同的话说："二千年来之政，秦政也，皆大盗也。二千年来之学，荀学也，皆乡愿也。"⑤中国已经被"大盗"和"乡愿"统治了两千年！

什么叫"乡愿"？读过《孟子》的人就知道那是那时儒家最讨厌的一种人，就是墙头草，随风倒，趋炎附势，谁掌权就跟谁。"乡愿"的对立面就是古代儒家推崇的"乡绅"，在现代我们把乡绅解释为地主，但是最早这个"绅"指的是读书人特有的一种服装，引申指儒学士子，据说他们的职责就是维护公理，独立于权势，"从道不从君"。

在晚清的这些"反法之儒"看来，这样的"乡绅"咱们这里已经绝迹，秦以后就只有"乡愿"了，到了清朝，更是"群四万万之乡愿以为国，（儒）教安得不亡"？⑥那么"乡绅"哪里去了？在西方。西方的议会，特别是完全民选的议会下

---

④　《薛福成日记》，吉林文史出版社，2004 年，第 712 页。
⑤　谭嗣同：《仁学》之二十九。
⑥　谭嗣同：《仁学》之十九。

院,晚清时最早就被译作"乡绅房"⑦,据说那里聚集着一批不听皇上、只认公理的议员("议绅"),成天忙于替天行道、为民请命呢。

"推举之法,几于天下为公"

对"秦制"的埋怨也不是晚清才有,其实中国历代的儒家经常都有一些人会有这种埋怨。真正的儒者往往都是不满现实的,孔子就曾说"道不行,乘桴浮于海",现在礼崩乐坏,这个社会已经堕落了,我现在要坐船到海外去当移民去了。朱熹也说:"尧舜之道未尝一日得行于天地之间。"

但不同于孔孟和朱熹的是,晚清的儒者找到了一个"仁义道德"的来源,那就是西方。用徐继畬的话说,就是"推举之法,几于天下为公,骎骎乎得三代之遗意焉"。

当然,他们讲西方比"我大清"更仁义,主要讲的是对内,就是西方的统治者对他们的老百姓比中国的统治者对中国的老百姓要仁义得多,这里不涉及国与国之间的关系。上面提到的所有这些人,在国与国的关系问题上当然都是爱国者,他们在抵御列强的侵略的态度是明确的。但是如果讲国内体制的话,他们很明显地认为西方民主政治比中国的法家政治要"仁义道德"得多。

于是这些人介绍西方的时候,主要的精力并不放在"船坚炮利",甚至不是放在如今公认为西方人擅长的办公司做买卖上,而是大谈所谓"西洋国政民风之美"。王韬就大讲,西洋"以礼义为教","以仁义为基","以教化德泽为本"。⑧而郭嵩焘就说得更系统了。他说西洋立国有本,这个立国之本就是"朝廷政教",西洋人会做生意那只是次要的。他说西方社会法制很严明,所以"公理日伸"。说那里没有乡愿,只有"乡绅房"(议会),在那里一帮先天下之忧而忧的士大夫受百姓之托公议政事,说这个国家不是君主的私产,这个国家是为老百姓

---

⑦ 徐继畬、郭嵩焘均有此译法。

⑧ 钟叔河:《走向世界:近代中国知识分子考察西方的历史》,中华书局,1985年,第66—70页。

的,说民主选举"所用必皆贤能",皇帝不能任用私人,老百姓只要不满意,统治者就得换,他说这也很好。西方的两党制也很有意思。他说朝野两党"推究辩驳以定是非","各以所见相持争胜,而因济之以平"。说那里言论自由,"直言极论,无所忌讳,庶人上书,皆与酬答"⑨,老百姓的声音都受到重视。

总而言之,这个国家"彬彬然见礼让之行焉,足知彼土富强之基之非苟然也"⑩,简直就是一个礼仪之邦,能够富强不是偶然的。他甚至还说,英国由于"仁爱兼至",赢得了"环海归心"⑪,这就有点羡慕得走火入魔了。英国能有那么多的殖民地,只是因为他"仁爱兼至"？我们知道,其实郭嵩焘也说过,那还是因为他们"船坚炮利"的结果。郭嵩焘使英期间曾大力推动国人来英留学,购舰组建北洋海军,并为我国海军留学生人数少于日本而着急——这是后来日本海军赶超中国的预兆,郭嵩焘是最早警示这一苗头的人——然而,郭嵩焘对英国印象最深的还是上述"仁义"制度。

有人分析过这位首任驻外公使郭嵩焘,他与曾国藩类似,是翰林出身,理学名儒,出国时年已58岁,价值观已经定型。他也不懂外文,虽然使外期间努力求知,毕竟不可能系统学习,也不可能发生什么脱胎换骨的"文化转型"。郭嵩焘始终是个儒者,他虽对英国印象很好,却从未批评儒家,只是批评秦汉以后中国背离了儒家"三代"理想,他正是把英国看成儒者向往的"礼仪之邦"的。

沉默的声音

当然郭嵩焘后来因为这些大胆言论遭受挫折,似乎显得很孤立。有人因此说他这是个例外,多数儒者那时还是视西夷为名教之敌的。但我以为,首先一个时代的特征在于它那不同于其他时代的东西,而不在于相信这些东西的人是否

---

⑨ 以上均见郭嵩焘:《伦敦与巴黎日记》,载《郭嵩焘等使西记六种》,"中国近代学术名著"丛书,生活·读书·新知三联书店1998年版。
⑩ 郭嵩焘:《致李傅相》,载《养知书屋文集》卷十三,上海古籍出版社,2002年影印,第289页。
⑪ 转引自李慈铭:《越缦堂读书记》中册,中华书局,1963年,第482页。

已经成了算术上的多数。就是戊戌以后，"西化"潮流更猛，中国总人口中的多数又有多少认识，否则怎么会有义和团那样的事？但是，相比起"五四"前后"学西"者尤其是倡言学西"本"西"体"者大都批儒，而崇儒者不是反对"西化"，就是只主张学"西用"、反对学"西体"的状况而言，像郭嵩焘等人那样从儒家而且是从"反法之儒"的古儒原教旨出发来倡导学习西方，而且特别注意学习西"本"西"体"，难道不是一个明显的时代特征吗？戊戌以后尤其是"五四"时代，主张学西的人显然比徐继畬、郭嵩焘时代要多得多，而在西化大潮下仍然坚持儒家本位的人肯定比徐郭时代少得多了。但是他们几乎都"反西"，在这些人当中有像徐、郭乃至谭嗣同那样主张通过弘扬"西体"来实现"反法救儒"的吗？我看似乎一个也没有！

　　而且，秦汉以后在儒表法里的时代谁是真正的"儒者"的确很难说。任何文化背景下的专制时代有权有势者从既得利益出发反对民主大概都是主流，很难说什么儒家不儒家。即便就是西方，查理一世、路易十六难道喜欢民主？他们就是儒家吗？从皇上的角度看如果洋鬼子有什么可学，那当然就是"船坚炮利"，这不但与儒学不儒学无关，甚至与爱国不爱国都未见得是一回事——其实，向洋人学习"船坚炮利"甚至与鸦片战争的关系都不是很大。早在鸦片战争前几百年明代就从西方引进"佛郎机炮"〔又称"红衣（夷）大炮"〕，那时不就已经在学习"器物"了吗？倒是鸦片战争后的很长一个时期，大清君臣并没有几个人热心于"船坚炮利"⑫，至少这样的热心者并不比徐继畬、王韬这些对西方"仁义"感兴趣的人多。对"船坚炮利"的追求主要是在十九世纪六十年代湘、淮军得洋人雇佣兵之助，在中国内战中发现"船坚炮利"杀"刁民"的厉害，才成了气候的（当时英法联军在北方打败清军也使皇上震惊，但后来的洋务军工不起于北方而起于南方，不起于在北方与洋人作战的僧格林沁式的满蒙亲贵，而起于在南方打内战

---

⑫　关于国人在鸦片战争后的"反思"，参见茅海建：《天朝的崩溃》，生活·读书·新知三联书店，1995年，第557—583页。

的湘淮系官员,可见学习"船坚炮利"的更大动力还是后者⑬)。皇上(及权贵)对这样的"好处"感兴趣,并不需要他们有什么儒家思想或者反儒思想,只要有既得利益就足矣。

而在那些能够超越既得利益去思考社会前途的人当中,其实郭嵩焘并不像表面上那样孤立,只是在那个并非言论自由的时代很多人都不说罢了。后来薛福成曾回忆说:

> 昔郭筠仙(按即郭嵩焘)每叹羡西洋国政民风之美……余亦稍讶其言之过当,以询之陈荔秋中丞、黎莼斋观察,皆谓其说不诬。此次来欧洲,由巴黎而伦敦,始信侍郎之说,当于议院、学堂、监狱、医院征之。⑭

这里的"陈荔秋"即后来的湖南巡抚陈宝箴,"黎莼斋"即川东道员黎庶昌。当时还是年轻人的薛福成听到郭嵩焘的话时半信半疑,他去问陈宝箴、黎庶昌等人,他们都同意郭的看法。后来他们也都成了维新派,但郭嵩焘直言惹祸时,他们都沉默。薛福成、黎庶昌就是当时所谓"曾(国藩)门四弟子"中的两位弟子,他们的思想在曾系文人中应该具有代表性。

曾系之外当时最有影响的就是李鸿章一系了,李系的代表是张树声。张树声这人是李鸿章办淮军时的副手,后来历任江苏巡抚和两广总督,他应该说是个官场油子,并不是什么思想家,也没有到过西方,但他任职的江苏、两广都是当时中国开放的前沿地带,他的幕僚中也有薛福成这类人,他因此也耳濡目染了很多东西。但这人老于世故,一直没有什么前卫言论,他曾宣称:"论中国声明文物高出万国之上,自强之道除练兵、造船、简器数端外,不必一一效法西人。"⑮然而他心里真这么认为吗? 到了 1884 年,他已经病重了,最后向皇帝上了口授遗折,

---

⑬ "战后新兴起的地方军政集团——湘、淮系首领做了一些'师夷'功夫,导致后来的洋务运动,可是一查来历,其原动力不是来自(对外)战败的刺激,其最初目标也非为'制夷',而是为了对付那些造反的'长毛'。"(茅海建:《天朝的崩溃》,生活·读书·新知三联书店,1995年,第582页)我以为这个说法是符合实际的。

⑭ 《薛福成日记》,吉林文史出版社,2004年,第538页。"黎莼斋"原作"黎莼窄",误。

⑮ 张树声:《张靖达公杂著》,转引自虞和平、谢放《中国近代通史》第三卷《早期现代化的尝试》,江苏人民出版社,2007年,第38页。

讲了一番相反的话："西人立国,自有本末……育才于学校,论政于议院,君民一体,上下一心……此其体也。轮船、大炮、洋枪、水雷、铁路、电线,此其用也。中国遗其体而求其用,无论竭蹶步趋,常不相及,就令铁舰成行,铁路四达,果足恃欤?"于是他要求"采西人之体,以行其用"。⑯ 这也是"鸟之将死,其鸣也哀;人之将死,其言也善"。他说:船坚炮利之类的都是"用",是细枝末节,学西方必须学"体",就是他们的教育与政治体制,如果不学这个,船坚炮利你学了也没用。他说这话时离维新还有十几年,十年后果然,已经是"船坚炮利"的北洋海军还是给打得一败涂地。但张树声也是临死的时候才敢这样说,可以想见,当时持类似看法,但是还没有死,也不敢说的人,应该不少。

"岂有百姓困穷,而国家自求富强之理?"

比郭嵩焘更早的徐继畬,早在鸦片战争后不久就在《瀛环志略》中大力推介美国的情况:"米利坚,合众国以为国,幅员万里,不设王侯之号,不循世及之规,公器付之公论,创古今未有之局,一何奇也。泰西古今人物,能不以华盛顿为称首哉!"⑰

徐继畬对共和制美国的赞誉比君主立宪的英国高许多。而当时(十九世纪四十年代)美国国力还不如英国,打败中国的也是英国,美国那时还根本没跟中国打过仗。在 1844 年的时候,美国还是门罗主义的时代,实力仅及于西半球,在世界上并不是一个强国。只是过了半个多世纪后的美西战争后她才具有追求世界霸权的能力。如果只是因为被打败而崇拜强者,徐继畬何以有如此评价? 其实徐甚至认为美国"治国崇让善俗,不尚武功,亦迥与诸国异"。⑱ 美国是否真的"不尚武功"当然大有争议,但徐对美国的赞誉并非因为美国的武功则是无疑的。徐继畬认为美国的民主制度近于"天下为公"的道德理想,他因此以华盛顿比古圣,说华盛顿堪称"全人类的典范和导师",他开创共和的"贤德"之举已成

---

⑯ 张树声:《张靖达公奏议》卷八。
⑰ 徐继畬:《瀛寰志略》,卷九。
⑱ 徐继畬:《瀛寰志略》,第 745 页。

为联结"古代圣贤"与后代伟人的纽带。[19]

从"天下为公"道德观点看,共和制的美国总统比"家天下"的英国世袭君主更理想。而在君主立宪国家中,虚君宪政的英国似乎又比天皇集权的日本更理想。所以,尽管后来中国败于日本比败于英国更惨——其实,鸦片战争后真正认为英国比中国强大的人还极少,多数国人都把失败归咎于我们出了"汉奸",都认为假如林则徐没被撤职中国就必胜无疑。甲午以后多数国人才真正有了被"强敌"打败的感觉,不再觉得换个人指挥就能打胜了。而日本对中国的影响更是巨大。甲午之后国人纷纷赴日,当时所谓的西学也多经日本转介而来,我以后还会指出:其实中国结束"反法之儒""引西救儒"的时代,而转向把西方当成"强秦"来学、在"学西"中走向反儒,也与日本的影响有重大关系。

但尽管如此,当清末出现立宪思潮时,除了慈禧和炮制"皇族内阁"的一班满族亲贵倡言学日本,中国知识界当时所谓的立宪派,几乎都是主张英国式虚君宪政(他们与所谓革命派的距离并不像今天所说的那么大),而明确反对搞日本式实君立宪的。[20] 这是由于英国打中国比日本打得更疼?还是与古儒"公天下"理想本身具有亲共和而疏君宪、亲虚君而疏实君有关?很值得研究。

总之,当时"反法之儒"学习西方,最大的动力与其说是来自"富国强兵",不如说是来自一种自秦汉以来一直被法家体制压抑的古儒道德理想。这些儒者甚至明确指出:国家如果对老百姓不好,"强大"也是没有意义的。如郭嵩焘就说:"岂有百姓困穷,而国家自求富强之理?今言富强者一视为国家本计,与百姓无与。抑不知西洋之富专在民,不在国家也。"[21]

"华人不自为之,其祸可胜言哉!"

极而言之,有人甚至认为专制的国家强大了反而是祸害,还不如不强大。谭

---

[19] 龙夫威(Fred W. Drake):《徐继畲及其〈瀛寰志略〉》,文津出版社,1990年,第168页。

[20] 参见侯宜杰:《二十世纪初中国政治改革风潮》,人民出版社1993年版。

[21] 《郭嵩焘诗文集》,杨坚点校,岳麓书社1984年版,第255页。

嗣同就说过：

> 幸而中国之兵不强也，向使海军如英、法，陆军如俄、德，恃以逞其残贼，岂直君主之祸愈不可思议，而彼白人焉，红人焉，黑人焉，棕色人焉，将为准噶尔，欲尚存噍类焉得乎？

> 故东西各国之压制中国，天实使之。所以曲用其仁爱，至于极致也。中国不知感，乃欲以挟愤寻仇为务，多见其不量，而自窒其生矣。又令如策者之意见，竟驱彼于海外，绝不往来。……仍守中国之旧政，为大盗乡愿吞剥愚弄，绵延长夜，丰蔀万劫，不闻一新理，不睹一新法。则二千年由三代之文化降而今日之土番野蛮者，再二千年，将由今日之土番野蛮降而猿穴，而犬豕，而蛙蚌，而生理殄绝，惟余荒荒大陆，若未始生人生物之沙漠而已。夫焉得不感天之仁爱，阴使中外和会，救黄人将亡之种以脱独夫民贼之鞅轭乎！

> 西国仁义之师，恪遵公法，与君为仇，非与民为敌，故无取乎多杀。敌军被伤者，为红十字会以医之；其被虏者，待和议成而归之。辽东大饥，中国不之恤，而彼反糜巨金泛粟以救之。且也，摧败中国之军，从不穷追；追亦不过鸣空炮慑之而已。是尤有精义焉。

> 若夫日本之胜，则以善仿效西国仁义之师……民……且日希彼之惠泽。当日本去辽东时，民皆号泣从之，其明征也。[22]

这样的话今天听来，的确是够走火入魔的。如果不说出作者，一些"愤青"大概会认为是汪精卫说的吧？幸亏谭嗣同"我自横刀向天笑"、为救国变法宁愿血洒菜市口也不出国逃生的壮举已经载入史册。如果说戊戌失败后流亡海外的康、梁都是爱国者，谁敢说宁愿捐躯也不去国的壮士谭复生是"汉奸"？

那么谭嗣同为何这样说？谭嗣同显然希望在中国实现"民主"，即他认为孔孟视为理想、而在"西国"已经实现的"仁义"，但他真希望"西国仁义之师"给中国带来这一切吗？当然不是！请听听他的泣血心声：

---

[22]　谭嗣同：《仁学》之三十五。

天下为君主囊橐中之私产……其视华人之身家，曾弄具之不若。……吾愿华人，勿复梦梦谬引以为同类也。夫自西人视之，则早歧为二矣。故俄报有云："华人苦到尽头处者，不下数兆。我当灭其朝而救其民。"凡欧美诸国，无不为是言，皆将借仗义之美名，阴以渔猎其资产。华人不自为之，其祸可胜言哉！[23]

显然，民族国家的民主是对自己的国民好，但其外交也体现了国民的自私："借仗义之美名，阴以渔猎其资产。"谭嗣同清楚地看到这一点，他对本国的君主不抱幻想，但也不会幻想让外国人来"解放"我们。然而从"民主国家有利于本国国民，而非有利于外国人"这个事实出发，他得出的结论与有些人相反。那些人说：既然西方的外交是自私的，那么，他们主张什么我们就反对什么，他们主张民主，我们就要反对民主，他们主张自由，我们就要反对自由。当然我们无法也不想取消他们的民主，虐待他们的国民。那么就让我们以拒绝自己的民主、虐待自己的国民来显示"爱国"，来对抗别国的"自私外交"吧！

慈禧周围就有这么一些"爱国者"，而谭嗣同这个爱国者的态度正好与他们相反：正因为民主有利于本国人，所以我们中国人才更应该抢先实现民主。否则中国在本国人民心中就缺少凝聚力，在世界上更是一个没有感召力的国家，别人会把我们当"夷狄"看，兵力再强大我们在世界上也抬不起头来。现在列强本来实力就比我们强，如果他们在民主自由问题上再占据了道德优势，中国的处境就更糟了。皇上把我们看得不如"弄具"，从不把我们当"同类"，别的民主国家尊重他们自己的国民，但也不会尊重我们，我们自己再不把自己当人，难道能让他们借口"解放"我们来"阴以渔猎其资产"吗？所以民主这个事，"华人不自为之，其祸可胜言哉"！

显然，谭嗣同的确是个杰出的爱国者，他的爱国首先就体现在呼吁中国人民自己起来实现政治现代化。

---

[23] 谭嗣同：《仁学》之三十四。

他们对西方的认识很肤浅?

　　显然,清末这些儒者他们看到西方的感想跟明末的士大夫看到清廷的感想,应该说完全是两回事。明末的士大夫看到清廷,除了武力强大,并没有看到其他东西。而清末儒者在西方却看到了"仁义",当然主要是西方国家对他们自己国民、而不是对我们的"仁义",但这就足以使人强烈地感到其值得学习。同时这种学习也与抵抗侵略毫无矛盾。"先生欺负学生"我们早就知道,并不需要等到巴黎和会,但"先生"至少不欺负自己人,而"学生"首先就不把自己人当人,冲着这一点"先生"就太有的可学了。如果说主张"强国弱民"的法家不认为值得学,至少主张"民为贵"的儒家认为必须学。这既不是羡慕他们强大得可以欺负别人,更不会因为他们欺负我们,咱就以自己欺负自己来与他们"抗争"。我们要像他们那样"民为贵",这就既要像他们那样首先摆脱"自己人"的欺负,同时也抵抗他们的欺负。

　　因此,当时在文化上、思想上的主流并不是什么西儒对立、西儒冲突,更不是什么西学导致礼崩乐坏。

　　但是后来事情就发生了变化,为什么? 我们下次再说。现在要问:对于当时这样一种看法,今天应该怎么评价呢? 首先,最容易的一种批评就是说他们对西方的认识很肤浅。的确,与今天相比,徐继畬、郭嵩焘、谭嗣同对西方的了解肯定很有限。西方很多负面的东西他们没注意。

　　但关键在于,这些儒臣们观察西方社会时心里装的是"中国问题",犹如十八世纪伏尔泰那一代西哲称誉中国时,心里想的是欧洲问题一样。今人有论者曰:徐继畬们这样把西方理想化,其实是"企图用传统文化中某些理想化的成分来改良现实政治中弊端的实际主张"。㉔ 但对于伏尔泰们把中国理想化不也可以作如是观吗? 而无论郭嵩焘们还是伏尔泰们,其希冀的"理想化成分"固然各

㉔　任复兴主编《徐继畬与东西方文化交流》,中国社会科学出版社,1993 年,第 96 页。

有其文化特点,但这些成分之所以可以"无意中缩短了中国和外部世界在文化上的距离,缓解了中西文化观念冲突的尖锐程度"㉕,不也表明各种文化在最基本的价值底线上是有普世性的吗?

就我所知,最早提到儒者对洋务军工的兴趣未必早于对西方"人文制度"的兴趣者是茅海建先生,但他对此评价很低。他说徐继畲在鸦片战争后不久就写成的《瀛环志略》"对西方的人文制度多有褒评,却又使用着旧观念"。㉖ 似乎赞赏西方的同时不大骂一通孔老二(同时或许会捧捧秦始皇),就不算"进步"。"五四"时的确有这种标准。但今天我们从人之常情看来,他们一观察西方就觉得人家那国家对自己的老百姓真好,而我们从秦汉以后就做不到(秦以前的"三代"是不是那么好,姑且不论),作为事实判断这难道错了吗? 他们觉得国家就是应该对老百姓好,作为价值判断这不管是出于"旧"还是"新"的观念,又难道错了吗? 何以人家能如此,他们不归因于圣明君主,更"对制度多有褒评",这还不难得吗? 就是过了一百多年以后,连他们还不如的奇谈怪论不也多得是吗?

至于说"旧观念"何以没有妨碍他们得出这些看法,这或者是因为一些最基本的普世价值本来就是古今中外"人同此心,心同此理",未必要强分新、旧;或许儒家"旧观念",尤其是比秦汉更"旧"的早期儒家观念还真有些后来被法家压抑了的好东西,也未可知。它是不是像今天的"新儒家"说的那样比"西学"更好姑且不论,至少它并不是国人"学西"的障碍,甚至还是国人"学西"的原动力。

当然无论是国人"学西"也好,西人"学中"也好,都是为了解决自己的问题。你可以说郭嵩焘们不了解西方,却不能说他们不了解中国。他们把西方看成礼仪之邦,是痛感中国的礼崩乐坏,有感而发。正如二百年前伏尔泰们盛夸中国之"理性"是因痛感欧洲中世纪之愚昧。

你可以说伏尔泰并不深识中国,却很难说他不识西欧;中国未必真那么理性,但中世纪的西欧的确缺乏理性。同样,清末的西方未必就像儒家理想中的"三代盛世",但中国社会那时(而且据说从秦以来一直就)的确不仁不义、名儒实非,令这些真儒们痛心疾首到了极点!

㉕ 任复兴主编《徐继畲与东西方文化交流》,中国社会科学出版社,1993 年,第 96 页。
㉖ 茅海建:《天朝的崩溃》,生活・读书・新知三联书店,1995 年,第 580 页。

早在"学西"以前他们就深有痛感。如徐继畬在鸦片战争前的一篇奏疏中就愤然说:当今天下贪污成风,"几不知人间有青白吏"。[27] 郭嵩焘早先也屡叹"人心风俗之坏","国家纪纲法度日弛","天下之患,上下否隔,君之于臣,吏之于民,交相为怨";[28]以后更疾呼"吏治不修,民生凋敝,无所控诉,吾不知所终极也"。[29] 难怪他们会把西方理想化,就像难怪伏尔泰会把中国理想化一样。

换言之,如果说郭嵩焘的话并不能证明西方真像"三代盛世",那么这些话应当足以证明中国现实的礼崩乐坏,而且并非晚清才是如此。这些儒者对此极为不满。如今我们又开始弘扬儒学、"国学"了。于是我们拿伏尔泰当时对中国的赞美津津乐道。可是我们别忘了真正的儒者郭嵩焘们,他们对古儒经典的熟悉无疑超过我们,而对当时社会的切肤之感更是我们不及,今天的儒者能回避他们的提问吗?

【秦　晖　清华大学历史系教授】
原文刊于《中国文化》2009 年 02 期

---

[27]　徐继畬:《松龛先生全集·奏疏》。
[28]　《郭嵩焘日记》第一卷,湖南人民出版社,1981 年,第 482、528、170 页。
[29]　《郭嵩焘日记》第四卷,湖南人民出版社,1983 年,第 182 页。

原典精神与近代化运动

冯天瑜

　　有一种解释中国近代化进程的理论叫作"冲击—反应"论,认为中国社会本是一个封闭自足体系,只是受到西方冲击以后,方被动反应,勉强走上近代化历程,西方的经济、政治、军事、文化影响是中国近代化的唯一动力。这种理论是不符合历史实际的。中国的近代化运动并不只是单单受到西方物质—精神力量的冲击方运行起来的,而是西方冲击与中国社会的某些固有因素相结合,彼此激荡,相反相成的产物。

　　关于西学对中国近代化运动的影响,人们以往多有论列,今不赘述;关于中国近代化运动从中国古学那里获得的精神启迪却一向所论不详,又因为这个问题涉及面甚广,本文不能全面展开,只拟就"原典精神"对中国近代化运动的濡染熏陶,以及中国近代化运动对"原典精神"的磨砺发扬略陈管见。

　　　一

　　所谓"原典精神",指一个民族的"文化原典"所集中体现的原创性精神。
　　某一民族在跨入文明门槛(以金属工具和文字的发明、使用为标志)以后，又经过若干世代的积淀，该民族思考的深度已从第一序列进入第二序列，即不满足于对现实的直观反映，而开始对世界的本质和规律作深层次思索，对主体在茫茫时空所处的地位进行历史的、哲学的理性首视，并第一次用典籍形式，系统地而不是零碎地、深刻地而不是肤浅地、超越地而不是刻板地表达出对于宇宙、社会、人生的观察与思考。这种典籍因其首创性及涵盖面的广阔性、思考的深邃性，而在该民族的历史进程中成为精神生活的指针，我们把这类典籍称之为"文化原典"。印度的《吠陀经》、佛经，波斯的《古圣书》，柏拉图、亚里士多德等希腊诸先哲的论著，犹太及基督教的《圣经》(《旧约全书》与《新约全书》)，伊斯兰教的《可兰经》，都被相关民族视作"圣典"或"原典"。在中华文化系统中，堪称"原典"的是《易》《诗》《书》《礼》《乐》《春秋》等"六经"，诚如熊十力所说："六经为中国文化与学术思想之根源。"①因《乐》亡佚，中华原典实为"五经"。与之相关的《论语》《孟子》《老子》《庄子》等典籍也具有"原典"性质。②

　　文化原典是特定时代、特定地域的产物，当以历史文献视之，"六经皆史"即此之谓也。同时，原典的某些基本精神又能观照久远的岁月，反复地被后人所重新刻勒，对该民族的价值取向、行为方式、审美情趣、思维定式造成深远而又常新的影响。原典的这种超越性并非某种神秘因子所造成，乃是由原典的基本特质所致；它们的思考指向宇宙、社会和人生的普遍性问题，而这些问题是各个时代的人类所始终关心的，也就是说，原典讨论的是不朽的主题；同时，原典在回答这些始终困扰着人类的普遍性问题时，提供的是一种哲理式的框架，而并非实证性的结论，是一种开放式的原型，而并非封闭的教条，这使原典不致因内容和形式的时代局限沦为明日黄花，而以一种灵感的源泉，赢得不朽性，一再发挥巨大的启迪功能。例如，柏拉图、亚里士多德等希腊先哲的典籍不仅被古代和中世纪的欧洲人奉为圭臬，而且，"文艺复兴"以降，古希腊的科学精神和民主精神经过人们的创造性转换，成为引发近代文化的契机；又如，《圣经》在千余年间一直是基

---

① 熊十力：《读经示要》卷三。
② 《论语》《孟子》被儒家列为主要经典，是"九经""十三经"的组成部分。《老子》《庄子》被道家和道教列为主要经典，分别称《道德经》《南华经》。

督教文化圈的"圣典",其普世主义、勤业精神还成为欧洲人创造资本主义文明的精神动力之一。

由"五经"等典籍组成的中华原典内涵丰富,鲜明地显示出中华文化的特性,诸如一天人、合知行、同真善、兼内外的融通精神,祖述尧舜、型仪先王的重史传统,革故鼎新的社会演化观,以"文"化被天下的普世主义,夷夏之防、用夏变夷的民族观,广大高明不离乎日用的实用理性,以德化为中心的重教主义,重民、恤民的民本思想,经世风格与忧患意识,等等。原典精神的这诸多方面,千百年来被中华民族一再实践,不断焕发出新的生命活力,从而成为一种古老而又常青的传统。尤其是在某些历史的转折关头,原典精神,或者说原典精神的某些侧面,因新的时代条件的激励,更放射出灿烂的光耀。

二

从文化史角度审视,近代文明既是对中世纪文明的继承和发展,同时也是对中世纪某些束缚社会进步的制度和精神的否定。近代文明实现这种对中世纪的否定,往往借助于对古代文明某些因素的"复归"。当然,这种"复归"并非回复往古,而是一种螺旋式上升的进程。欧洲近代早期(十四至十六世纪)发生的"文艺复兴"运动,便以复兴古希腊、古罗马文化的形态出现,用古典的人文主义反对中世纪的神本主义,从而完成文化史上的一次跃进。十六世纪发生在中欧和西欧的宗教改革运动,是对中世纪桎梏人们的宗教秩序的叛逆,其表现形式则是对欧洲人信奉的基督教原典——《圣经》的原始精神的复归。马丁·路德·金、加尔文等宗教改革家猛烈抨击罗马教皇为首的天主教,并倡言以《圣经》为信仰的最高准则,不承认教会享有解释教义的绝对权威,主张教徒个人直接与上帝相通,取消神职人员的中介作用。法国资产阶级大革命在否定中世纪的君主专制时,曾广为借鉴古罗马法,巧妙地将其运用于现代资本主义条件。"文艺复兴"的崇尚古希腊,"宗教改革"的服膺《圣经》,"法国大革命"的仿效古罗马法,虽各有特点,各有用意,却可以说都是对"原典精神"的复归和再造,而欧洲文明正是在发扬原典中赢得历史性进步的。

这种向"哲学原旨""文化原本"汲取灵感，获得前进基点的文化现象，不仅在西方出现过，在东方也多次出现。中国哲人对此亦有所领悟，古哲且不论，即以站在中国古代与近代分界线上的思想家龚自珍（1792—1841）为例，便有精辟的识见。龚氏说：

> 万物之数括于三：初异中，中异终，终不异初。③

稍后的经学史家皮锡瑞（1850—1908）在论及清学演变时，曾概括道：

> 学愈进而愈古，义愈推而愈高；屡迁而返其初，一变而至于道。④

龚、皮两氏所谓的"终不异初""屡迁而返其初"，是中国古已有之的"无往不复"思想的发展⑤，其说虽然保留着循环史观的痕迹，却又透露出"否定之否定"的思想因子，表明近代早期中国学人已朦胧意识到：一种文化在蜕变过程中，为了摆脱现状带来的束缚，有着发扬"原本"的趋向，而这种发扬原本，可以开创出民族文化的新生面。

考之以中国近代思想文化史，"返其初"，也即回归并发扬原典的现象，可谓俯拾即是。十九世纪中后叶活跃在中国思想界的新学家，从徐继畲、魏源到冯桂芬、郭嵩焘、王韬、薛福成、马建忠、郑观应、何启、胡礼垣，进而到康有为、梁启超、谭嗣同，其具体见解虽各有差异，但菲薄"近古"（秦汉以来的专制社会），崇尚"远古"（尧舜之时、三代之治），并以此求新、求变，却是他们共同遵循的一条思维路向。这条路向似可称之"返本开新"。

与林则徐、魏源同为较早"开眼看世界"的徐继畲（1795—1873），最先向国人介绍英、美、法的民主政治，他在十九世纪四十年代撰写的《瀛环志略》一书

---

③ 龚自珍：《壬癸之际胎观》第五。
④ 皮锡瑞：《经学历史·经学复盛时代》。
⑤ 《易·象上传》。

中,称赏华盛顿及其所实行的民主共和制度。值得注意的是,这种盛赞之词恰恰是将近代西方比拟为中国三代,将西方近代民主政治比拟为中华原典(如《礼记》)所早已阐发的"禅让""天下为公"等"古道"。徐氏说:

> 华盛顿,异人也。起事勇于胜广,割据雄于曹刘。既已提三尺剑开疆万里,乃不僭位号,不传子孙,而创为推举之法,几于天下为公,骎骎乎三代之遗意也。⑥

在这里,徐继畬开辟了将西方近代民主政治附会中国"三代之治"的先河,"借古以证洋",使久为国门封闭所囿的中国人能够较顺利地理解外域新知。这思路又是龚自珍"终不异初"说的实际运用。继徐氏之后,改良派思想家几乎无一例外地采用了类似的运思方式。

冯桂芬(1809—1874)十九世纪六十年代即倡导学习西方技艺,他反复论说,只要有长处,"虽蛮貊吾师之"。为着阐明"鉴诸国"的必要性,冯桂芬请出了"原典":

> 孔子作《春秋》,有取于百二十国宝书。伊古儒者未有不博古而兼通今,综上下纵横以为学者也。⑦

为着证明改革现实政治的合理性,冯桂芬一再援引"原典":

> 古今异时亦异势,《论语》称"损益",《礼》称"不相沿袭",又戒生今反古。⑧

稍后于冯桂芬的改良派诸人多有类似言论。如郭嵩焘(1818—1891)在申述学

---

⑥　徐继畬:《瀛环志略》卷九。重点符号为引者加,下同。
⑦　冯桂芬:《校邠庐抗议·采西学议》。
⑧　《校邠庐抗议·序》。

习西方的必要性时,"拟西国于唐虞三代之盛"。王韬(1828—1897)的主张学习西方,其侧重点在以"君民共治"的君主立宪取代"国君独治"的君主专制。他在介绍英国的君主立宪制度时说:

> 惟君民共治,上下相通,民隐得以上达,君惠亦得以下逮,都俞吁咈,独有中国三代以上之遗意焉。⑨
>
> 泰西诸国,以英为巨擘,而英国政治之美,实为泰西诸国所闻风向慕,则以君臣上下互相联络之效也。夫尧舜为君,尚有禹、皋陶、益、稷、契为助,天下乃治,今后一国之人心为共治,则是非曲直之公,昭然无所蒙蔽。其措施安有不善者哉! 窃以为治国之道,此则独近于古也。⑩

称西方民主政治"独有中国三代以上之遗意""独近于古",是改良派常用的论证逻辑,也是他们从民族文化传统寻求近代化运动依托的一种运思方式。冯桂芬申述官制必须改革,引用《尚书·尧典》的"师者众"说,《礼记》的"爵人于朝,与众共之"说,《论语》的"举直错诸枉则民服"说,《孟子》的"国人曰贤然后用之"说。他把这些原典精义概括为"三代上固有善取众论之法"⑪,并以此作为现存的专制政治的反照物;为提倡地方自治,冯桂芬以《周礼》的周代乡亭之制证之;为提倡以民众舆论监督政府,冯桂芬则主张"复陈诗议"。郑观应(1842—1922)论证变革,也旁征博引原典,取《中庸》的"时中"说,取《孟子》的"圣之时者"说,取《周易》的"穷则变,变则通,通则久"说。⑫康有为(1858—1927)的变法理论基石是"三世进化史观",这种史观以达尔文的"物竞天择"说、斯宾塞的社会进化说为触媒,同时又从《周易》的"穷变会通"说、《春秋公羊传》的"三世"说、《礼记·礼运》的"大同小康"说脱胎而来,与中华文化原典有着血肉相关的联系。

后起的梁启超(1873—1929)深悉此法之妙,他在1896年撰写的《古议院

---

⑨ 王韬:《弢园文录外编》卷一,卷七。
⑩ 王韬:《弢园文录外编》卷一,卷七。
⑪ 《校邠庐抗议·公黜陟》。
⑫ 《盛世危言·自序》。

考》中论述道：

> 敢问议院，于古有征乎？曰：法先王者法其意。议院之名，古虽无之，若
> 其意则在昔哲王所恃以均天下也。其在《易》曰："上下交泰，上下不交否。"
> 其在《书》曰："询谋佥同。"又曰："谋及卿士，谋及庶人。"其在《周官》曰：
> "朝事之朝，小司寇掌其政，以致万人而询焉。……"其在《记》曰："与人交
> 止于信。"又曰："民之所好好之，民之所恶恶之……"

在同年撰写的《变法通议·自序》中，梁氏更广为采撷原典精义以论证"变法"的
必要，因循守古的荒谬：

> 《诗》曰："周虽旧邦，其命维新。"言治国必用新法也。其事甚顺，其义
> 至明，有可为之机，有可取之法，有不得不行之势，有不容少缓之故。为不变
> 之说者，犹日守古守古。坐视其因循废弛，而漠然无所动于中。呜呼，可不
> 谓大惑不解者乎！《易》曰："穷则变，变则通，通则久。"伊尹曰："用其新，去
> 其陈，病乃不存。夜不炳烛则昧，冬不御裘则寒，渡河而乘陆车者危，易证而
> 尝旧方者死。"今专标斯义，大声疾呼，上循土训之遗，下依矇讽鼓谏之义，
> 言之无罪，闻者足兴。

梁启超于1901年撰写的《十种德性相反相成义》，在提倡"独立精神"时，以《中
庸》"中立而不倚"释之；在提倡"自信力"时，以《孟子》"自谓不能者，自贼者也"
"自暴者不可与有言也，自弃者不可与有为也"释之；在提倡"虚心之自信"时，以
《论语》"三人行必有我师""立于己者，常以百世俟圣而不惑为鹄"释之……梁氏
等人此类援古以证今的论述，不胜枚举。

　　近代改良派思想家反复引述文化原典，意在借古义以证新义，从而增强其变
革主张的权威性，以收"托古改制""崇儒更化"之效。康有为曾直言不讳地说
明，自己作《孔子改制考》，把孔子扮成"改制"先驱，为的是"借古以自重"。康
氏说：

　　　　布衣改制,事大骇人,故不如与之先王,既不惊人,自可避祸。⑬

改良派思想家言必称三代,文必据原典,都在不同程度上出于与康有为相类似的
策略考虑。然而,对于他们的这种论证方式又不能全然以"策略"和"宣传手段"
视之。这批求学、致仕、著述于咸丰、同治、光绪间的进步士人,都是从中古走向
近代的过渡型人物,他们的学养决定了其思想的新旧杂糅、中西合璧,中华原典
绝不只是他们招摇的一面旗帜,而确乎是他们赖以安身立命的精神支柱,得以运
思的启示录,同时也是他们接纳西学的基点和母本。梁启超将这一层意思表达
得十分透彻:

　　　　舍西学而言中学者,其中学必为无用;舍中学而言西学者,其西学必为
　　无本。无用无本,皆不足以治天下。⑭

他们的得意之笔便是"以古证新",或曰"以中国之古证西来之新",使其维新主
张与古义古训相沟通,正如梁氏所说:

　　　　能以今日新政,证合古经者为合格。⑮

　　改良派思想家的灵感有两大来源,一是对原典精神的依托,二是对西学的采
纳,两者彼此配合,共同构成变法维新思想的复杂状貌,使其颇富时代风貌的理
论同时带有厚重的古典风格和民族色彩,不致给人一种"外铄"的舶来品印象,
从而增强变法维新思想为国人认同的能力。与此同时,又因西学的刺激,改良派
思想家的重新阐发和变法实践的磨砺,文化原典中蕴藏的原始民主、因时求变等
内涵,在清末大放异彩,并被赋予新的时代意义,从而使原典精神再一次显示出

---

⑬　《孔子改制考》,第267页。
⑭　《西学书目表后序》,《饮冰室合集》文集一册。
⑮　《变法通议·学校总论》,《饮冰室合集》文集一册。

行健不息的生命活力。当然,改良派思想家在会通中西的过程中,又表现出若干牵强附会,这一方面是由于他们对西学知之尚浅,另一方面是由于他们对古学未脱依赖。后来,梁启超在 1920 年撰写的《清代学术概论》中对此有所反思。他说:

> 中国思想之痼疾,确在好依傍与名实混淆。

这里所谓"好依傍",正是指的不能从古学故道中走出,新论要靠"托古"方能面世。梁氏在同书进而指出:

> (托古之)病根不除,则思想终无独立自由之望。

诚哉斯言! 这可以说是对改良派发起的思想运动的一个批评性总结。

如果说主要活动于十九世纪下半叶的资产阶级改良派确乎未能从对古学的"依傍"中脱出,其"改制"务须"托古",那么,主要活动于二十世纪初叶的资产阶级革命派则在相当程度上摆脱这种"依傍",在近代化的道路上迈开较为轻捷的步伐。仅从思想宣传方面而论,与改良派政论相比,革命派从思想到文字多已卸下古色古香的服饰,极少有康有为"孔子之圣,光并日月;孔子之经,流亘山河"之类的"颂圣"式言论。[16] 他们的宣传较少顶着古人的冠冕,而是直言不讳地宣称:"余维欧美之进化,凡以三大主义:曰民族,曰民权,曰民生。"[17]并说:"今者中国以千年专制之毒不解,异种残之,外邦逼之,民族主义、民权主义殆不可以须臾缓。"[18]他们在自己的旗帜毫不含糊地书写上"中华共和国"[19]"中华民国"字样[20],从而鲜明展现出民主革命的纲领。因此,辛亥革命的近代性是空前的,它再也没有像维新变法运动那样去企求旧制度、旧偶像的庇荫,而是率直、勇敢地将自己

---

⑯ 康有为:《请尊孔圣为国教立教部教会以孔子纪年而废淫词折》《戊戌奏稿》。
⑰ 孙中山:《民报发刊词》(1905 年 10 月 20 日),《孙中山全集》第一卷,第 288 页。
⑱ 孙中山:《民报发刊词》(1905 年 10 月 20 日),《孙中山全集》第一卷,第 288 页。
⑲ 邹容:《革命军·第七章结论》。
⑳ 章太炎:《中华民国解》,《民报》第十五期,1907 年 7 月。

的现代化政纲公之于天下。这应当说是中华民族精神的一次跃进。虽然辛亥革命在一定程度上摆脱了对古学的"依傍",却仍然深刻承接着中国固有传统,将原典精神的某些侧面发挥到新的高度。

总之,得益于原典精义的启迪,是中国近代化运动的一个普遍现象。以下就"忧患"意识、"变通自强"观念、"革命"精神、"华夷之辨"、"民本"思想等原典精神在近代运动中的弘扬与新用稍加展开。

三

忧患意识是贯穿于中华文化原典的一种基本精神。原典作者多身处横逆,胸抱哀苦,所谓"愤怒出诗人",他们怀着对生民家国的忧患,述往思来,方获得一种非凡的、具有穿透力的理性思维。诚如司马迁所说:

> 夫《诗》《书》隐约者,欲遂其志之思也。昔西伯拘羑里,演《周易》;孔子厄陈蔡,作《春秋》……《诗》三百篇,大抵贤圣发愤之所为作也。此人皆意有所郁结,不得通其道也,故述往事,思来者。[21]

人称"大道之原""六经之首"的《周易》便是殷周之际与自然和社会奋斗着的人们"困穷而通"的创作,全篇贯穿忧患意识。同样深怀忧患的战国晚期的《易传》作者深知此中奥妙,故发出感叹:"作《易》者,其有忧患乎!"[22]并进而阐述居安思危的道理:

> 危者,安其位者也;亡者,保其存者也;乱者,有其治者也。是故,君子安而不忘危,存而不忘亡,治而不忘乱;是以身安而国家可保也。[23]

---

[21] 《史记·太史公自序》。
[22] 《易·系辞传下》。
[23] 《易·系辞传下》。

《易传》作者还引用否卦爻辞,以论证必须时刻警惕败亡,常怀忧患:

> 《易》曰:"其亡!其亡!系于包桑。"㉔(灭亡!灭亡!要时刻警惕,就像物件系在嫩弱不能系物的桑树上,随时有可能坠落一样。)

与《周易》相呼应,作为中国最古史料总集的《尚书》,不少篇章也蕴含忧患意识,特别是《康诰》《大诰》《召诰》《无逸》诸篇,更透露出一种自慎、自勉的心态。刚刚代殷而立的周统治者,并没有以胜利者自居,洋洋得意,颐指气使,而是以殷亡为鉴,诚惶诚恐,兢兢业业。周公担心侄儿成王骄纵,告诫其"先知稼穑之艰难"㉕,以商代中宗、高宗、祖甲和周文王等贤明君主为表率,"不敢荒宁",以忧患为意,这样方可享国久远。

忧患意识是以戒惧而沉毅的心情对待社会和人生的一种精神状态。在不同的时代条件下,仁人志士可以有不同的忧患,或忧道学的不获传递,或忧君国之衰败,或忧民族之危亡,或忧黎民之困苦,但是,作为一种时代使命感和社会责任感,忧患意识又是古今同慨的。孟子的"生于忧患,死于安乐",杜甫的"穷年忧黎民",范仲淹的"先天下之忧而忧,后天下之乐而乐",东林党人的"家事、国事、天下事,事事关心",顾炎武的"天下兴亡,匹夫有责",莫不是"乐以天下,忧以天下"的博大而崇高的忧患。这种意识正是中华民族挫而复起、穷且弥坚、自强不息的精神动力所在。

时至近代,当中国人面对外敌入侵、内政腐朽的严峻局势,忧患意识更趋激昂。魏源(1794—1857)说:"人不忧患,则智慧不成。"㉖他受到现实社会危机的刺激,再读《周易》《诗经》等原典,"而知二雅诗人之所发愤","而知大易作者之所忧患。愤与忧,天道所以倾否而之泰也,人心所以违寐而之觉也,人才所以革虚而之实也。"㉗谭嗣同(1865—1898)在甲午惨败后,痛心疾首地说:"使天下大

㉔ 《易·系辞传下》。
㉕ 《书·无逸》。
㉖ 《默觚·治篇二》。
㉗ 《海国图志·叙》。

局破裂至此！割心沉痛,如何可言!"㉘这种忧患感使他从佛学中汲取"我不入地狱谁入地狱"的"大雄精神",遂有后来的毅然献身,面对屠刀,高呼"快哉",演出戊戌变法最壮烈的一幕。继谭氏而起的辛亥志士们,对国家民族忧患之深广更超迈前贤。

孙中山(1866—1925)1894 年在檀香山筹建第一个反清革命团体兴中会时,便郁积着对民族危亡的深沉忧患,他草拟的《檀香山兴中会章程》说:

> 中国积弱,非一日矣!上则因循苟且,粉饰虚张;下则蒙昧无知,鲜能远虑。近之辱国丧师,剪藩压境,堂堂华夏不齿于邻邦,衣物冠裳被轻于异族。有志之士,能无抚膺!㉙

次年,孙中山草拟的《香港兴中会章程》进一步痛述内忧外患,一再发出"呜呼惨哉""呜呼危哉"的感叹。㉚ 孙中山的忧患,绝非旧式的"君国之忧",它具有博大的气象和新的时代风貌。他在《中国的现在和未来》中提醒人们区分中国人民和清政府㉛;在《致港督卜力书》中,于揭露"政府冥顽"、"疆臣重吏,观望依违"的同时,强调"天下安危,匹夫有责,先知先觉,义岂容辞!"㉜这是一种以民为本位的救亡图存意识,其忧患的深广,不可同日而语。

与孙中山同先后的革命志士,都有着类似的对于国家民族刻骨铭心的忧患。邹容(1885—1905)1901 年东渡日本前夕,目睹国家危亡、民众苦难,作抒怀诗云:

> 落落何人报大仇? 沉沉往事泪长流。
>
> 凄凉读尽支那史,几个男儿非马牛。

㉘ 《谭嗣同全集》增订本上册,第 196 页。

㉙ 《孙中山集》第 1 卷,第 19 页。

㉚ 《孙中山集》第 1 卷,第 21 页。

㉛ 《中国的现在和未来》一文说:"大家经常忘记了中国人和中国政府并不是同义语词。"《孙中山全集》第 1 卷,第 88 页。

㉜ 《孙中山集》第 1 卷,第 192 页。

这种历史与现实相交织的忧患情怀，驱使邹容后来创作出"笔极犀利，文极沉痛"的《革命军》。这部书在一切稍有忧国忧民之心的人那里都富于感召力，"读之当无不拔剑起舞，发冲眉竖"㉝。

同邹容齐名的陈天华（1875—1905），其忧患的侧重点在帝国主义掀起瓜分中国的狂潮。他在《猛回头》中论列这种极端危急的形势：

> 俄罗斯自北方包我三面，英吉利假通商毒计中藏，法兰西占广州窥伺黔桂，德意志胶州领虎视东方，新日本取台湾再图福建，美利坚也想要割土分疆。

陈天华的忧患更在于"可怜中国人好像死人一般，分毫不知"㉞，故而向民众宣示："须知这瓜分之祸，不但是亡国罢了，一定还要灭种。""须知国家是人人有份的，万不可丝毫不管，随他怎样的。"㉟他以警世者的身份歌吟曰：

> 长梦千年何日醒，睡乡谁遣警钟鸣！㊱

为了唤醒昏睡的国人，陈天华不仅连续撰写《警世钟》《猛回头》《狮子吼》等激昂慷慨的文字，而且于1905年蹈海自尽，留下《绝命书》，劝勉生者"去绝非行，共讲爱国"，从而将其忧患情致发挥到极致。

唤醒忧患意识并获得新的时代含义，是那一时代人们从中古迷梦里惊觉过来的契机。吴樾（1878—1905）在描述自己的心路历程时说："予年十三，遂慕科名，岁岁疲于童试。年二十一始不复以八股为事，日惟诵古文辞。"后来，"友人某君授予以《革命军》一书，三读不置，适其时奉天被占，各报传警，至是而知家国危亡之在迩，举昔卑污之思想，一变而新之。"㊲这段话是颇有典型意义的。一

㉝ 《苏报》，1903年6月8日。

㉞ 陈天华：《警世钟》。

㉟ 陈天华：《警世钟》。

㊱ 陈天华：《警世钟》。

㊲ 《暗杀时代·序》。

个饱读诗书的士子,当然蕴藏着经世之志和忧患情怀,但往往被科名所囿,于时势无所闻问,暂处蒙昧之中,一旦经新学启迪和时局刺激,其对于国家民族的责任感、义务感顿时勃发起来,以吴樾为例,则断然走向暗杀主义,其思维逻辑是:"夫今日之汉族之民气,其涣散不伸,至于此极。……今欲伸民气,则莫若行此暗杀主义。"⑧企图通过暗杀"满酋"激励国人,儆戒清廷,后来他果然携炸弹谋炸出洋五大臣,献出自己年轻的生命,实践其"以个人性命之牺牲,而为铁血强权之首倡"的誓言。㊴

吴樾所持"嗜杀主义",自然是一种极端的个人英雄主义,广大革命党人虽景仰吴樾的献身精神,却认为"若暗杀又为个人举动,不足以动摇全局。"⑩他们怀抱着更切实、更坚韧的忧患,志在大举,行在沉潜,"欲为大汉复仇,虽汤镬弗惧,遑恤苦也"。㊶许多年轻知识分子鄙视功名利禄,放弃舒适生活,长年在新军下层、会党群中活动,粗衣恶食,历尽艰辛。当革命需要献金时,他们可以典卖家产,直至脱下最后一件布衫;当革命需要献身时,他们悲歌慷慨,义无反顾。辛亥革命的金字,是由这些"身无半文,心忧天下"的革命志士的胆略、献身精神和脚踏实地的活动铸造出来的。驱动着这一代英华做出此类义举的,正是对于"危哉中国"的忧患。㊷ 在他们壮怀激烈的革命行径中,闪耀着"志士不忘在沟壑"㊸"勇士不忘丧其元"㊹"苟利国家,不求富贵"㊺一类原典精神的光辉。

四

"变通自强"观念是中华原典(特别是《周易》)反复申述的宇宙法则,也是近

---

⑧ 《暗杀时代·暗杀主义》。
㊴ 《暗杀时代·与妻书》。
⑩ 杨玉如:《辛亥革命先著记》,第11页。
㊶ 邹鲁:《中国国民党史稿·刘复基传》。
㊷ 《湖北学生界·叙论》。
㊸ 《孟子·滕文公下》。
㊹ 《孟子·滕文公下》。
㊺ 《礼记·儒行》。

代改革家在推进近代化运动时尤为借重的原创性精神。

作为"六经之首"的《周易》,以易道包举一切,认为宇宙、社会、人生莫不是一变化不息、生生不已的过程,所谓"易与天地准,故能弥纶天地之道"。⑯ 易理既然是以天地法则为准绳,所以能够将天地间一切道理,圆满地、条理化地容纳其内。

《周易》指出,变化是普遍现象,它在一切现象世界中显现出来:

> 在天成象,在地成形,变化见矣。⑰

变化是一种伟大的事业,永无止歇的德行:

> 富有之谓大业,日新之谓盛德,生生之谓易。⑱

唯有变化,宇宙方可通达、久远:

> 易穷则变,变则通,通则久。⑲

人们应当仿效天的变易运行不止,强制自己,努力不懈,刚健自强:

> 天行健,君子以自强不息。⑳

当然,运动、变化又是有规则、有秩序的,变化正是在这种秩序中体现出来的:

---

⑯ 《易·系辞上》。
⑰ 《易·系辞上》。
⑱ 《易·系辞上》。
⑲ 《易·系辞上》。
⑳ 《易·系辞下》。

> 天地设位,而易行乎其中矣。[51]

后来,郑玄作《易赞》及《易论》,把周易所阐扬的"易道"概括为三层含义:

> 易一名而含三义:简易,一也;变易,二也;不易,三也。

"简易",指掌握了宇宙变化的总规则,预测人生变化就简单明了;"变易",指从宇宙万物到社会人生永远变化不息;"不易",指变化的规则、秩序不变,如"天尊地卑,乾坤定矣"之类。

近世中国面临严重的民族危机,变革弊政以求自强,成为一种日益强劲的社会潮流,所谓"人人有自强之心,亦人人为自强之言"。当然,不同的政治派别要求变革的侧重点各不相同。

作为清王朝统治集团一翼的洋务派,主张有限度的"变通"(主要是采用西方近代工业及军事技术),以达到"自强"目标,所以有人把洋务运动称之为"自强运动"。洋务派初期代表曾国藩(1811—1872)在十九世纪六十年代即提出"自强"口号,他认为,"欲求自强之道,总以修政事、求贤才为急务",而他主张的"自强"内容是"师夷智以造炮制船"。左宗棠(1812—1885)早年便研究"中国自强之策",晚年在与西方列强折冲周旋间更认识到自强的必要,"我能自强,则英俄如我何?我不能自强,则受英之欺侮,亦受俄之欺侮,何以为国?"洋务派集大成人物李鸿章(1823—1901)则屡屡申述"变易之道",而且不是在一般意义上谈变易,而是以西法变中国。他在一封书信中说:

> 不得已舍陆登舟,用夷变夏……图在后与之为无町畦,而求自强之术。[52]

---

[51] 《易·乾卦·象传》。
[52] 《孝文忠公全集·朋僚函稿》卷一,第9页。

洋务派殿军张之洞(1837—1909)则把洋务派的变易观阐发得淋漓尽致,其旨趣大体出自《周易》的易道,包含"变易"与"不易"两义,张氏说:"不可变者伦纪也,非法制也;圣道也,非器械也;心术也,非工艺也。"⑤

这就是说,伦纪、圣道、心术都是不可变易者,所谓"天不变,道亦不变";法制、器械、工艺是可变易者,所谓"穷则变,变则通,通则利"。张之洞进而引经据典,论证其变通之道:

> 变通趣时,损益之道,与时偕行,《易》义也;器非求旧、惟新,《尚书》义也;学在四夷,《春秋》传义也;五帝不沿乐,三王不袭礼,礼时为大,《礼》义也;温故知新,三人必有我师,择善而从,《论语》义也;时措之宜,《中庸》义也;不耻不若人,何若人有,《孟子》义也。⑤

张之洞旁征博引中华原典,证明变易的必要与合理,表现出与固守"祖宗陈法"的顽固派的差异;同时又肯定伦常、政治的不可动摇,显示出与力主"民权"的维新派大相径庭。张氏的"中学为体,西学为用"论正是从这种"变易"与"不易"的双重理论中引申出来的。

多由洋务大吏幕僚出身的早期改良派,所持"变易—自强"观念也依托于原典精义。王韬著《变法》一文开篇即引用《周易》的"穷变通久"说。郑观应(1842—1922)论证变革,也广为援引原典,除《周易》外,还有《中庸》的"时中"说,《孟子》的"圣之时者"说。⑤

改良派思想家的可贵之处在于,他们对原典的变通观加以富于创意的发挥。如汤寿潜(1856—1917)说,凡制度均有由简衍繁的过程,繁则必生谬误,而变通则可纠谬。⑤ 陈虬(1851—1903)论证,法度久而衰疲,变通则使其常具效力。⑤ 严复(1854—1921)则以"演进"释"易",将中国固有的变易观发展成现代意义上

---

⑤　张之洞:《劝学篇下·变法第七》。
⑤　张之洞:《劝学篇下·变法第七》。
⑤　《盛世危言·自序》。
⑤　《危言》卷四。
⑤　《治平通义》。

的进化观。康有为更指出："变者天道也""变者天下之公理也"⑤⑧，并提出进步史观，他把《春秋公羊传》的"三世进化"说加以现代化阐释："据乱世"即蛮夷入侵之世，进化为"升平世"，即拒蛮夷于中国外之世，再进化为"太平世"，即用夏变夷，天下一统之世。经此说明，历史便是一个"日进无疆"的过程。⑤⑨

改良派的"变易—进化"观，是一种反对激变的缓进观。严复援引斯宾塞的话说："民主可化至于无穷，惟不可期之以骤。"便是这种"缓进观"的代表性表述。他们的"变易—进化"观又是一种"变易"与"不易"相结合的观念。郑观应说：

> 中，体也，所以不易也，圣之经也。时中，用也，所谓变易也，圣之权也。⑥⓪

这种变与不变的二重思想与张之洞等洋务大吏的思维模式十分相近。不过，在实际上，改良派思想家认为政治制度仍属可变范围，从而表现出比洋务派较为彻底的变易观念。郑观应说：

> 欲攘外，亟须自强，欲自强，必先致富，欲致富，必先振工商，必先讲求速立宪法，尊重道德，改良政治。⑥①

从洋务大吏到改良派思想家的"变易—自强"观毕竟有严重局限。他们割裂道器、本末，以为"道为本，器为末，器可变，道不可变；庶知可变者富强之术，非孔孟之常经也"。⑥② 在社会实践中则表现为维护已经腐朽不堪的清王朝，从而在实质上背离了生生不已的变易之道。当近代化运动的行程推进到二十世纪初叶，一种更为激进的变易思想取代缓进的"变易—自强"观念，这便是原典中"革命"

---

⑤⑧ 《进呈俄罗斯大彼得政变记序》。
⑤⑨ 《盛世危言·道器》。
⑥⓪ 《危言·后编自序》。
⑥① 《危言·凡例》。
⑥② 《危言·凡例》。

观念的现代化诠释。

五

中华原典精神的又一卓异且为近人所注目的关节是"革命"。如果说,"变通""自强"是洋务运动和维新运动的常用词汇,那么,"革命"这一原典精义则主要在辛亥革命中得到阐扬。

革,意为去故更新,改革变化;命,指天命。古时尝称天子受命于天,故王者易姓(改朝换代)曰"革命"。中华原典反复揭示革命的必要性,并将其作为确保政治清明的重要措施。中国古代实行王位世袭制(兄终弟及或父位子承),政治体系中缺乏必要的制衡机制,难以杜绝昏君、暴君的出现和国政的腐败。为了克服政治危机,原典宣称:当独夫当政,民众绝望时,新的圣者可以奋起将旧帝王推翻,取而代之:这种革命行动是符合天意民心的。关于这层含义,《周易》的革卦及其象传有集中说明。革卦(☱)的卦形是下离(☲,火)上兑(☱,泽),火泽相遇,互相息灭;又如一室居二女,相争不可解,必须进行变革。象传说:

> 革,水火相息,二女同居,其志不相得,曰革。[63]

《周易》还进而申述变革的合理性、正义性:

> 革而信之,文明以说,大亨以正,革而当,其悔乃亡。天地革而四时成,汤武革命,顺乎天,而应乎人。[64]

这段话从四季更替变革使得万物生生不息,说明变革是自然法则,世界的流变是通过一系列变革实现的,并进而引申到人类社会:商汤、周武革去暴君夏桀、殷纣

[63] 《周易大传·革第四十九》。
[64] 《周易大传·革第四十九》。

的帝命,顺乎天道而应乎人心。

《周易》的《序卦传》在说明诸卦间的关系时,有一段颇精彩的话:

> 井道不可不革,故受之以革。革物者莫若鼎,故受之以鼎。

井的使用之道,不常淘清就会混浊,需要革新,所以井卦之下是革卦。使物革新,莫过于鼎,用鼎煮食物,可全然变更食物风味,所以革卦之下是鼎卦。《周易·杂卦传》进而将此意概括为"革去故也,鼎取新也"。

《尚书》中的若干篇章可以说是"革故鼎新"的历史说明,并特别记述了"汤武革命"的事实,其《汤誓》《泰誓》等篇可称之"革命檄文"。商汤在发动革命,将夏桀放逐鸣条前宣称:

> 夏王有罪,矫诬上天。以布命于下。帝用不臧。式商受命,用爽厥师。[65]

周武在起兵伐纣以前,也历数殷纣违背天命民心的种种劣迹,并将自己起而"革命"的理由归结为天命与民心的相通:

> 今商王受,弗敬上天,降灾下民,沉湎冒色,敢行暴虐。……商罪贯盈,天命诛之。……天矜于民,民之所欲,天必从之。[66]

孟子虽没有提及"革命"二字,却承继《尚书》,对于汤武革命的合法性给予充分肯定。齐宣王问:商汤放逐夏桀、周武讨伐殷纣这类行为算不算弑君犯上?孟子的答复是:

> 贼仁者谓之贼,贼义者谓之残,残贼之人,谓之一夫,闻诛一夫纣矣,未

---

[65] 《尚书·商书·汤誓》。
[66] 《尚书·周书·泰誓》。

闻弑君也。⑥⑦

将武王诛灭殷纣称之杀一独夫民贼,谈不上什么"弑君"。

《礼记》中的《礼运》在阐述"小康"时说,禹、汤、文王、武王、成王、周公都是以礼规范人们的行为,如果有人不遵照这个准则,"在执者去,众以为殃",即统治者也会失去势位,民众都把他当作祸害。这里也没有用"革命"二字,却同样是对革除不合格君主的行为给予赞赏。原典所洋溢着的这种革故鼎新精神,尤其是对背弃民众的最高统治者予以更替的战斗精神,在中国形成一种传统,并构成中国历史进程的一个必要环节。这大不同于有着"万世一系"的天皇制度的日本的情形。

当然,从《尚书》到《孟子》《礼运》所称道的"革命"都是贵族革命,是"贵戚之卿"的专有权利。⑥⑧ 这显然是原典作为历史文献的时代局限所致。中国古代后来发生的历次"革命",即便是平民(如刘邦、朱元璋)发动的,也只是一种改朝换代,即所谓"昔汉祖以神武革命,开建帝业"⑥⑨之类;到了近代,随着时代条件、阶级力量的变迁,"革命"才具有了新的含义,辛亥革命则首次将原典所说的"革命"加以重新诠释,并付诸实践。

在汉语中,与"革命"相近似的另一概念是"造反"。但这后一词语毕竟文不雅驯,也缺乏经典依据。近代革命派最初曾声称"造反",以陈胜、吴广、洪秀全自命。后经外国友人提示,遂以"革命"取代"造反"。而革命派之所以决定以"革命"自任,其更深厚的文化背景,则是源远流长的原典精神的启示:视"革命"为顺乎历史潮流、纾解民困的一项崇高使命。

晚清政局的腐败,中华民族面临的严峻危机,教训了先进的中国人:不能企望在现存政权体制内部谋求变革。而推翻现存政权,以较为清明的政治取而代之,便是古已有之的"顺天应人"的"革命"。这正是辛亥革命超出戊戌变法的

---

⑥⑦ 《孟子·梁惠王下》。

⑥⑧ 《孟子·万章》:"齐宣王问卿,孟子曰:'王何卿之问也?'王曰:'卿不同乎?'曰:'不同,有贵戚之卿,有异姓之卿。'王曰:'请问贵戚之卿?'曰:'君有过则谏,反复之而不听,则易位。'问异姓之卿,曰:'君有过则谏,反复之而不听,则法'。"

⑥⑨ 《晋书·王敦传》。

所在。

以孙中山为例,其早期思想也是改良主义的,这可以他给李鸿章的上书为证。以后,实践教育了他:在现存政权框架内已无可能改变中国状况,必须革除清朝,中国方有复兴之望。这最早见之于1894年11月24日由他草拟的《檀香山兴中会盟书》,其间鲜明主张代清而立,然而不是由某人称帝立新朝,而是以民主的合众政府取代之。[70]

在1897年初撰写的《伦敦被难记》中,孙中山进一步指出,中国的现存条件决定了已无可能实行和平变革,"积渐而知和平之手段不得不稍易以强迫"[71],明示将以暴力革命手段推翻清廷。同年8月,在《与宫崎寅藏平山周的谈话》中,孙中山指出自己的政治精神是"执共和主义"。他批驳那种认为"共和政体不适支那之野蛮国"的论调说:

> 共和者,我国治世之神髓,先哲之遗业也。我国民之论古者,莫不倾慕三代之治,不知三代之治实能得共和之神髓而行之者也。[72]

以共和取代专制,是孙中山革命学说的精髓。而他在阐明此点时,也附会三代之治,以为革命张目。他在论证革命的必要性时又说:"今欲求避祸之道,惟有行此迅雷不及掩耳之革命之一法。"[73]

阐扬革命的正义性,并发生巨大影响的论著莫过于邹容的《革命军》。该书一连用七个排比句界说革命,[74]其中之一便是"革命者,顺乎天而应乎人者也"。于古学极渊博的章太炎在为"吾小弟"邹容作序时,特别就"革命"的本义和邹著的底蕴作了一番论列:

---

[70] 《孙中山全集》第1卷,第20页。

[71] 《孙中山全集》第1卷,第52页、第173页。

[72] 《孙中山全集》第1卷,第52页、第173页。

[73] 《孙中山全集》第1卷,第52页、第173页。

[74] 《革命军·第一章·绪论》:"革命者,天演之公例也。革命者,世界之公理也。革命者,争存亡过渡时代之要义也。革命者,顺乎天而应乎人者也。革命者,去腐败而存良善者也。革命者,由野蛮而进文明者也。革命者,除奴隶而为主人者也。"

　　改制同族,谓之革命,驱除异族,谓之光复。今中国既灭亡于逆胡,所当谋者光复也,非革命云尔。容之署斯名,何哉? 谅以其所规划,不仅驱除异族而已,虽政教学术,礼俗材性,犹有当革者焉,故大言之曰革命也。㊴

辛亥革命前,章太炎强调"排满"和"光复旧物",但在这篇序言中对于包容量更广大的"革命"给予认同,首肯《革命军》这一响亮的题目。

　　辛亥革命前十年间,各种政治派别就"革命"的合理性、必要性、可行性,展开过激烈论战。综观当年时论便可发现,论战双方都以原典为依托,即使保皇派在攻击革命说时,也无法回避原典关于"革命"的论述。梁启超 1902 年 12 月著《说革》便援引《周易》和《尚书》中的革命异说,㊵不过,梁氏笔锋一转,主张进行各种局部改革,反对以暴力革命推翻清廷,这实际上走向了"革命顺天应人"论的反面。梁氏有一支生花妙笔,但当他为"保皇"张目时,却遮掩不住与原典精义的背离。与此形成反照,革命派的论述则与原典一脉相通,故而顺理成章,言之有据。如《江苏》刊发的一篇文章,在论证革命不可免时,征引原典之义,"夏商之不德兮,有汤武之征诛"㊶;又如孙中山在驳斥"民智未开,革命不可举行"说时,便以原典为据,滔滔雄辩:

　　彼曰:"革命之说,原本大《易》。"又曰:"中国固始终不能免于革命。"其言是矣,乃何以又曰:"中国今民智为萌芽时代?"夫大《易》者,中国最古之书。孔子系辞,称汤武革命,顺乎天也。岂由汤武至于今,经二十余朝之革命,而犹得谓之萌芽时代耶?㊷

　　为说服民众信仰"革命",孙中山可谓苦口婆心,多方论述,而以原典证之便是经常使用的办法。1910 年 2 月他在旧金山的一次演说中讲道:

㊴ 《革命军·章序》。
㊵ 《说革》:"革命之名词,始见于中国者,其在《易》曰:'汤武革命,顺乎天而应乎人。'其在《书》曰:'革殷受命。'皆指王朝易姓而言。"
㊶ 季子:《革命其可免乎》,《江苏》第 4 期,1903 年 7 月。
㊷ 《驳保皇报书》,《孙中山全集》第 1 卷,第 234 页。

> 乃在美华侨多有不解革命之义者,动以"革命"二字为不美之名称,口不敢道之,耳不敢闻之,而不知革命者乃圣人之事业也。孔子曰:"汤武革命,顺天而应乎人。"此其证也。⑦

中国虽古来即有"革命"传统,但在森严的专制统治下推翻一个旧王朝,殊非易事;进行近代意义上的民族民主革命,尤非易事。这种困难首先表现在观念的障碍上,在浓重的中古思想氛围下,"谋反大逆不道""附从革命则自绝于人类"等论调吓着广大民众,使人们视革命者为"匪党"。以孙中山为领袖的革命党人历尽艰辛,运用多种办法突破此类精神网罗。有人著文向"天"宣战,称"中国数千年来之学子,莫不以天为最大之指归,以便为其遁词之地。凡遇有不可思议、无可解说之事,辄曰天也天也",该文作者遂发出"革天"号召。⑧ 这自然是当日革命精神昂扬的一种表现。当然,原典早已阐发的"革命顺天应人"说,是那一时期最经常引述的,因为它给新时代的革命志士提供了一个经典性的论据,许多与之对立的反革命论都只能望风披靡。

经过十九世纪末至二十世纪初数年间的宣传,革命观念渐入人心。一位保皇派在 1903 年著文称:"革命之说,非自今日始。然从前持此议者,仅三数人而已,近则其数渐多……此前持此议者,仅自与其徒党议之于私室而已,近乃明目张胆于稠人广众之中,公言不讳,并登诸报章,以期千人之共见。"到辛亥革命前夕,"革命"更成为国人的口头禅。这固然是党人的宣传之功,同时也与原典中早蓄"革命"精义大有干系。⑧

被重新刻勒的原典"革命"精义,播扬于中国广袤的大地,终于在这个古老的国度激发了一场具有新的时代意义的革命运动。这种革命,其内容与目标已非昔时可比,诚如当年革命党人所揭诸报端的:

---

⑦ 《孙中山全集》第 1 卷,第 441 页。

⑧ 《革天》,《国民日报汇编》。

⑧ 《革命驳议》,《中外日报》1903 年 6 月 8 日。

昔之所谓革命，一时表面之更革而已……乃旧世纪之革命，乃一时一事之革命，乃无进步之革命，乃图少数人权利之革命。若新世纪之革命则不然。凡不合于公理者皆革之，且革之不已，愈进愈归正当。⑧

孙中山则进而概括道："故前代为英雄革命，今日为国民革命。所谓国民革命者，一国之人皆有自由、平等、博爱之精神，即皆负革命之责任。"⑧这种革命观是对原典精神的创造性发展，也可以说是原典所固有的革命精义在新时代的飞跃。

六

以注重族别之分和民族自我体认为旨趣的民族主义，是辛亥革命倡导的三大主义之一。就动员民众的实际效力而言，其作用更在其他两主义（民权、民生）之上。这个在辛亥革命中分外昂扬的主义固然受到近代西方民族国家观念的启迪，同时也承袭着深厚的中华文化传统，其中，原典申述的"华夷之辨"，经过改造，给革命派鼓吹的民族主义提供了现成的表达形式和深厚的历史渊源。

在中国历史上，古典意义的"民族主义"一直是以"华夷之辨"，也即区分中原农耕人（华夏）与周边游牧人（夷狄）的形态出现的。早在西周，这种"中国""诸夏""诸华"与东夷、南蛮、北狄、西戎等"四夷"相对待的观念已经形成。春秋间，随着周王室的衰落，四夷纷纷进入中原，造成中原农耕文明的危机，所谓"南夷与北狄交，中国不绝若线"。⑧ 这种形势激发了中原农耕人的"华夏意识"，民族间"内外有别"的观念油然而生，所谓"内其国而外诸夏，内诸夏而外夷狄"。⑧春秋的北方三霸（齐、晋、秦）都争相举起"尊王攘夷"旗号，自认华夏代表，以尊

---

⑧　《新世纪之革命》，《新世纪》第一期，1905 年 6 月 22 日。
⑧　《中国同盟会革命方略》(1906)，《孙中山全集》第 1 卷，第 296 页。
⑧　《春秋公羊传·僖公四年》。
⑧　《春秋公羊传·成公十五年》。

崇周王室、驱除四夷号召天下,从而"取威定霸"。这固然是齐桓、晋文、秦穆等春秋霸主们的策略,却也反映了一种社会需要和历史趋向。《左传》载:

> 初,平王之东迁也,辛有适伊川,见被发而祭于野者,曰:"不及百年,此其戎乎,其礼先亡矣。"⑧⑥

可见,戎狄交侵中原,中原农耕文明及其礼制所受破坏之惨重。这当然是一种历史的倒退。当此之际,谁承担起驱除戎狄,恢复华夏文明的使命,谁就是当日的民族英雄,必将受到天下人的拥戴。孔子正是在这一意义上,高度赞扬辅佐齐桓公、"尊王攘夷"的管仲:

> 管仲相桓公,霸诸侯,一匡天下,民到于今受其赐。微管仲,吾其被发左衽矣。⑧⑦

同样是在"尊周室攘夷狄"这一意义上,孔子称赞齐桓公"正而不谲"。⑧⑧

严于华夷之辨历来被称之"春秋大义",是原典精神的重要组成部分,尤其是每当民族危机深重之时,这种"春秋大义"更被发扬张厉,如明清之际的王夫之便力倡明于"夷夏之防",他说:

> 天下之大防二,华夏夷狄也,君子小人也。⑧⑨

近世中国所面临的民族危机,其复杂性和严峻程度均超过往昔。一方面,西方资本主义列强侵入,使中华民族有"亡国灭种"之灾;另一方面,自十七世纪以来,统治中国的是人数甚少的满人,虽然满族贵族很早就确立了满汉地主阶级联合治理的国策,但满人仍享有广泛特权。近代中国民族主义的兴起,同民众反抗

---

⑧⑥ 《春秋左氏传·僖公二十二年》。
⑧⑦ 《论语·宪问》。
⑧⑧ 《论语·宪问》。
⑧⑨ 《读通鉴论》卷十二。

这两种民族压迫直接相关,其间又大体经历了两个阶段:从鸦片战争经洋务运动到戊戌变法为第一阶段,此间,中国人的民族主义主要表现为对西方资本主义列强侵略的抗拒,汉人承认满人做皇帝的清王朝为合法、为正统。⑨ 辛亥前十余年间,为第二阶段,此间,清王朝日趋腐朽,甚至宣称"量中华之物力,结与国之欢心",全然堕落为"洋人朝廷"。承受着双重民族压迫的中国人民认识到,只有推翻满人做皇帝的清王朝,才能进而抵御西方列强的侵略,使中国人自立于世界民族之林。"排满"与"反帝"构成这一阶段民族主义的双重内容,而且"排满"更是首当其冲的目标。章太炎的民族主义思想相当典型地经历了这两个阶段的递进。1899 年,与"尊清者游"的章氏在《清议报》第十五册刊发《客帝论》,称"满洲之主震旦"为"客帝",光绪皇帝为"发愤之客帝",并尊其为"震旦之共主",认为"逐满之论,殆可以息矣"。庚子国变使章太炎的"客帝"幻想破灭,迅速转向革命,遂著《客帝匡谬》,对自己以往的"饰苟且之心"进行纠正,并力倡"排满":

> 满洲弗逐,欲士之爱国,民之敌忾,不可得也。浸微浸削,亦终为欧美之陪隶已矣。

这种以"排满"为当务之急的民族主义,可以援引的原典精神,自然是"华夷之辨""攘夷之说"。用此类传统思想用之于宣传"排满"比用之于宣传"反帝",更为贴切,几乎不必转借,就顺理成章、丝丝入扣。孙中山 1894 年草拟的《檀香山兴中会盟书》便赫然大书"驱除鞑虏,恢复中国,创立合众政府"⑨,以后,于1905 年拟订的《中国同盟会总章》又修改为:"驱除鞑虏、恢复中华、创立民国、平均地权。"⑨这些纲领性口号,除民主主义内容("创立合众政府"或"创立民国、平均地权")外,最醒人耳目的便是"驱除鞑虏、恢复中华"这一古典式的民族主

---

⑨ 第一阶段发生的太平天国运动是一特例,它在十九世纪五十年代便举起"反满"旗帜。但随着太平天国在六十年代的失败,七十至九十年代,"反满"思潮基本隐而不彰。后来革命党人宣传"排满革命",把太平天国视作前驱先路,如孙中山称太平天国史"为吾国民族大革命之辉煌史"(《与刘成禺的谈话》,《孙中山全集》第 1 卷,第 217 页)。

⑨ 《孙中山全集》第 1 卷,第 20 页。

⑨ 《孙中山全集》第 1 卷,第 284 页。

义口号,虽借自朱元璋的北伐讨元檄文,其渊源却直溯原典的"春秋大义"。

无论"驱除鞑虏、恢复中华"之类排满革命口号有着怎样的历史局限性,但是,它在当年所起到的发动民众的作用,却是最为广大的。中国老百姓,包括不少革命党人(如在武昌首义发挥过重要作用的共进会领导者孙武等),对于民权主义和"平均地权"可能很不理解,或者以为是久远的将来方能解决的问题,然而,"驱除鞑虏、恢复中华"一说,则能大大拨动心弦,使之闻风而起。这在很大程度上是由于原典精神的深入人心,由于"春秋大义"早已成为广大国民的潜意识。革命者宣讲"扬州十日""嘉定三屠"等历史故事,印发王夫之《黄书》等"明于华夷之辨"的书籍,"排满革命""光复旧物"便迅速成为国人的共识。1903 年7 月刊于《江苏》的一篇文章颇有代表性,其文说:

> 夫夏商之不德兮,有汤武之征诛;彼暴秦之专制兮,刘项起而芟锄。此于家庭犹革命兮,况异族之盘踞?昔蒙古之盘踞兮,得朱明而尽驱;缅风盖未远兮,乃何独无攘臂而四呼?[93]

这就把"汤武革命"进而引申到"驱除异族、恢复中华"这一民族主题上来。革命党人还承袭原典的"华夷之辨",反复论证汉满分野,说:"夫满洲种族,是曰东胡……彼既大去华夏,永滞不毛,言语政教,饮食居处,一切自异于域内,犹得谓之同种也耶?"[94]既然汉满并非同一种类,本着"非我族类,其心必异"的古训,革满人之命就是不容置疑的正义行动了。革命党人还利用传统的"中华正统,夷狄窃据"观念,从根本上否定清王朝的合法性,并将保皇派视作"圣主"的光绪皇帝称之"载湉小丑,未辨菽麦"。[95] 此类论述或许不甚科学,难免种族主义气息,然而在深受原典精神熏陶的国人中却发挥了巨大的震撼作用。这类论点也是清王朝最为惧怕的,因为此论无异釜底抽薪,剥夺了清王朝实行统治的理论依据。

---

[93] 季子:《革命其可免乎》,《江苏》第 4 期。
[94] 章太炎:《驳康有为论革命书》。
[95] 章太炎:《驳康有为论革命书》。

七

除民族主义外,辛亥革命倡导的其他两大主义——民权主义和民生主义,同样是中西会通的产物,"有因袭吾国固有之思想者,有规抚欧洲之学术事迹者,有吾所独见而创获者"。[96] 以"因袭吾国固有之思想者"而论,民生主义借鉴了《尚书》"唯民生厚"说和《左传》"民生在勤"说。孙中山指出:"民生二字,为数千年已有之名词。至于用之于政治经济上,则自本总理始。"[97]关于民生主义与原典精神的相互关系,此不详论。民权主义,或曰民主主义,则与原典所透露的原始民主精神和民本思想有着明显的承袭及借代关系。

古希腊的城邦民主政治是欧洲近代民主政治的历史源头。中国进入阶级社会以后,没有出现过希腊式的古典民主,却在氏族社会时期有过原始民主,这在原典中有所透露。例如,《尚书·虞书》载,帝挚死,尧通告"四岳"(众部落酋长)商讨,由谁继承。四岳主张从普通成员中选择。鉴于舜的品德优异,四岳推举舜承继帝挚,尧接受此议,尧、舜遂成为并列的二头盟主。《史记·五帝本纪》的说法是,尧请四岳举荐他的继承者,众皆举舜。此说虽与《尚书·虞书》有异,但称由"四岳"推举帝位继承人这一点却是相似的。此外,关于唐尧禅位给虞舜,虞舜禅位给夏禹的"揖让"说,在原典中也多有记述,并与后世的帝位传子相对应,所谓"尧舜禅让圣贤,禹汤传授子孙"。[98]

原始民主是文字尚未发明之前无阶级的氏族社会的产物,原典对这种远古现象的记述语焉不详。后世的无君论者和非君论者,如东晋鲍敬言、唐代无能子、元代邓牧等人虽然常从原典关于尧舜时代原始民主的记述中寻找依据,以抨击君主专制,但"尧舜禅让之道"毕竟是荒渺莫考的"影响模糊之词",只能作为一种悬之高远的乌托邦。在中国古代政治思想体系中与君主专制主义真正相抗

---

[96] 吴拯寰编《孙中山全集》第4卷,第1页。
[97] 《总理全集》第2集,第293页。
[98] 《尚书·尧典》疏。

衡,并发挥重大社会作用的,则是原典所详加阐发的民本思想。

民本思想有着丰富的含义和复杂的演变过程,就原典而论,民本思想主要包含如下内容:

第一,民众是国家的根本。《尚书·五子之歌》说:

> 民为邦本,本固邦宁。

第二,民意即天意。《尚书·皋陶谟》说:

> 天聪明,自我民聪明;天明威,自我民明威。

《尚书·泰誓》说:

> 天视自我民视,天听自我民听。

第三,安民、重民。《尚书·皋陶谟》说:

> 安民则惠,黎民怀之。

《尚书·洪范》称,国君遇大疑不能决断时,先要"谋及乃心"(自思),其次要"谋及卿士",最后要"谋及庶人"。《尚书·酒诰》指出:

> 人无于水监(鉴),当于民监(鉴)。

以后,战国诸子发挥民本思想者甚多,如老子说:

故贵以贱为本,高必以下为基。是以侯王自谓孤寡不穀,此非以贱为本耶?[99]

孟子将民本思想发挥到极致,他的名言是:

民为贵,社稷次之,君为轻。是故得乎丘民而为天子,得乎天子为诸侯,得乎诸侯为大夫。[100]

原典所阐发的民本思想不是民主思想,但其重民、爱民主张却可以成为对抗虐民、残民的君主专制的精神力量,到了近代,它更被传播民主主义的志士仁人所借重,如冯桂芬、王韬等人反复论证:畅达民欲、与民协商等民主含义,在《周易》《尚书》《周礼》《孟子》等原典中早已有之。梁启超称许孟子的“民贵君轻”说,并认为“泰西诸国今日之政殆庶近之”[101],他还借孟子“民为贵,社稷次之,君为轻”的模式,排比人类政治史,他在《国家思想变迁异同论》中,“试演孟子之言,以证明国家思想之变迁如下”:十八世纪以前,君为贵,社稷次之,民为轻;十八世纪末至十九世纪,民为贵,社稷次之,君为轻;十九世纪末至二十世纪,社稷为贵,民次之,君为轻。这种述史方式,使国人较易理解由君主专制走向民主进而走向国家主义的历程。谭嗣同则将近代西方民主同中国尧舜禅让相比拟,并借以抨击秦以后的君主专制主义。谭氏说:

而有所谓民主者,尤为大公至正,彬彬唐虞揖让之风,视中国秦以后尊君卑臣,以隔绝不通气为握固之愚计,相去奚止霄壤。[102]

辛亥革命前十年间有更多以原典类比西方民主的政论。如1902年1月《外交报》第一期所载《审势篇》,便以《尚书·泰誓》“天视自我民视,天听自我民听”

[99] 《老子》第三十九章。
[100] 《孟子·尽心下》。
[101] 《读孟子界说》,《饮冰室合集》文集三册。
[102] 《思纬壹壹台短书》。

比附西方近代思想家伯伦知理的"民人之志愿,即国家之精神"。1903 年 8 月,《大陆》第九期载《广解老篇》则将老庄与斯宾塞相类比,认为用《老子》《庄子》批判中国专制社会的压迫与虚伪,与用西方民主学说批判西方专制社会的压迫与虚伪同样有效,其文称:

> 故用十八世纪诸学士之说以冲决欧洲压制虚伪之网罗,即不得不用老庄之说以冲决支那压制虚伪之网罗。

辛亥革命前十年的政论中,还有不少文字,颂扬"三代之治",谴责秦以后的君主专制。如 1903 年 6 月《江苏》第三期所载的《教育通论》说:

> 祖国四千余年之历史,当分为两期:由秦以前进化之时代也,由秦以后退化之时代也。……然则由尧舜公其国之日至秦政私其国之初,此二千年断之为进化之时代,非一人之私言,天下之公言也。自兹以降,凡为帝王者私其国之心日益坚,而把持之术日益密,专制之毒亦日益深。

邹容的《革命军》也指出:

> 或谓秦汉以前有国民,秦汉以后无国民。

这种借原典申述的原始民主和民本思想以批判中古以降的专制制度,是当时宣传民主主义的志士们的常用手法。

孙中山青年时代受教育于西方,其早期革命宣传较少顾及民族传统,但他很快对此作了反省,1896 年他在《与邓廷铿的谈话》中回顾道:

> 我之误处,误在专讲西学,即以西国之规行于中国,所有中国忌禁概不

得知,故有今日之祸。⑩

在此前后,孙中山开始注意对民族传统的学习和国情的研究,由此出发,在他宣传民主主义的论著中,日益增多对中华原典的援引。1895 年 2 月,孙中山拟订的《香港兴中会章程》便引述《尚书》"民为邦本,本固邦宁"的古训以阐发民权说。⑩ 1897 年 8 月,孙中山在与日本友人谈话中申明,自己的政治精神是"执共和主义",并批驳那种认为共和政体不合中国国情的论调:

> 人或云共和政体不适支那之野蛮国,此不谅情势之言耳。共和者,我国治世之神髓,先哲之遗业也。我国民之论古者,莫不倾慕三代之治,不知三代之治实能得共和之神髓而行之者也。⑩

孙中山称共和为三代之治的神髓所在,此说是否全然符合古史实际,此不深论,但孙中山阐扬原典精义,以向海内外人士证明共和可以行之于中国,这种努力是可贵的。

在孙中山的民权主义学说中,富于创造性的是"五权分立的共和政治"。有人指责孙中山在孟德斯鸠"三权分立"说之外,又加上监察权、考试权分立是"矜奇立异",孙中山理直气壮地辩驳道:

> 宪法者,为中国民族历史风俗习惯所必需之法。三权为欧美所需要,故三权风行欧美;五权为中国所需要,故独有于中国。⑩

他进而论证监察权、考试权是中国优良古制,"此数千年制度可为世界进化之先觉"。⑩

辛亥革命以后,孙中山发展自己的民主政治学说,从更深的层次上汲纳原典

---

⑩ 《孙中山全集》第 1 卷,第 27 页。
⑩ 《孙中山全集》第 1 卷,第 22 页。
⑩ 《孙中山全集》第 1 卷,第 172—173 页。
⑩ 《孙中山全集》第 1 卷,第 444 页。
⑩ 《孙中山全集》第 1 卷,第 445 页。

精神。他指出：

> 中国古时有很好的政治哲学。……中国有一段最有系统的政治哲学……就是《大学》中所说的"格物、致知、诚意、正心、修身、齐家、治国、平天下"那一段话。把一个人从内发扬到外，由一个人的内部做起，推到平天下止。像这样精致开展的理论，无论外国什么政治哲学家都没有见到，都没有说出，这就是我们政治哲学的知识中独有的宝贝，是应该要保存的。[108]

以孙中山为领袖的辛亥革命志士创立自己的民主主义政治学说，走的是一条会通中西、"酌古酌今"的路线，既以开放的心态采纳外域英华，又承袭和发扬原典精义所代表的优秀民族传统，显示了雄健的创造能力和恢宏的民族自信心。当然，由于时间的仓卒和革命党人的幼稚，他们还来不及深入探讨现代化与传统的对立统一关系，也未能就原典精神的现代化转换问题做出精辟的解答。辛亥革命失败以后，熊十力（1884—1968）等哲人在较深的层次上探讨了这类问题，但仍然不能说已经完满地求得了真解。

中国近代化运动各个发展阶段的"原典观"是不尽相同的，它们各自阐扬原典精神的侧重点也有差异，但有一点却是相似的：为了突破中古束缚，它们都有一种向原典复归的倾向。这种复归当然不是倒退，而是否定之否定式的跃进。在这个过程中，原典精神的某一部分获得现代化转换机制，是由时代条件决定的，同时也与新时代的活动家和思想家的创造性阐释大有干系。处在规模空前的现代化进程之中的当代中国人，应当从近代化运动发扬原典精神的历史经验中获得启迪，在更深广的层次上，汲取原典精神的营养，更自觉地实现原典精神的现代转化，以锻造新时代的民族魂魄。

【冯天瑜　武汉大学中国传统文化研究中心教授】
原文刊于《中国文化》1992 年 01 期

---

[108] 《孙中山选集》，第 684 页。

关于早期启蒙

回应邓晓芒先生

许苏民

我在《读书》杂志发表《为启蒙正名——读萧萐父先生的〈吹沙三集〉》一文以后，邓晓芒惠赐了一篇极具理性力量、极富理论深度的批评文章——《启蒙的进化》（载《读书》2009 年第 5 期），作为对我的文章的回应。在这篇文章中，他第一次公开表明不赞成萧萐父先生的"早期启蒙说"和"历史接合点说"，极其坦诚地把他的全部观点都亮了出来，并且说他早在八十年代初的课堂讨论中就对这一学说"釜底抽薪"了，这显示了晓芒兄"吾爱吾师，吾更爱真理"的气概。多年来，我们一堂师友正是在经常性的争论中结下深厚情谊的。萧先生生前对晓芒极为看重，我于 2000 年 1 月 21 日风雪之夜写成《契真融美见精神》一文，发挥萧先生关于美与真之关系的论述，先生必请晓芒踏雪而来，相与共同订正而后付梓。萧先生也仿佛预见到在他身后我和晓芒之间必然要发生一场关于他的思想学说的争论，所以在他最后编定的《吹沙三集》中为这场必不可免、又极富意义的争论提供了尽可能多的思想资源。通过这场争论，辨明学理，祛除浮明之见，我以为不仅可以加深对萧先生思想学说的理解和认识，而且可以为会通中西哲学和文化奠定更加坚实的学理基础。

从晓芒兄以往的论著和他这篇文章来看，他与萧先生和我之间至少在三个基本问题上具有共识：一是从共同的人性出发来考察中西文化异同，并以此作为吸收西方文化的基础,这是萧先生的一贯思路,也是我从 1990 年出版《文化哲学》一书以来的思路;二是晓芒所说的反思我们之所以对西方文化误解而不自知的传统思维惯性,建立文化批判的自我意识机制,这一点萧先生也早就明确意识到,与我主张的把我们的"集体无意识"上升到清醒的自我意识层面来作一番认真的"先验批判"的观点也是一致的(见拙作《先验批判、经验反思与不受人惑的方法》,《福建论坛》2003 年第 5 期);三是探寻真正能够"立人"(确立个体人格)的理性基础,这一点在萧先生的论著中也有很清楚的表述,可见《吹沙三集》中的《"早期启蒙说"与中国现代化》等文章。正是这三点共识,为我们之间的深入讨论和基于理性的相互批评、相互理解提供了最基本的前提。

然而,基于同样的理性立场,为什么却引发了极其尖锐而深刻的理论分歧呢?或许,我与晓芒兄都还有某些自己没有意识到的理论思维误区?或许,我们都还有某些知识方面的局限和不足?正如晓芒兄所说,我们这一代学人的独特经历注定了我们不可能再无条件地接受任何未经自己思考和认可的观点或信条,这正是萧先生特别看重我们这些学生的地方;但另一方面,萧先生还向我们灌注了一种理性幽暗意识,教导我们既勇于坚持真理,又勇于修正错误。三十年前,他让我这个少年气盛的狂生认真地读了英国经验论者洛克的《人类理解论》,懂得了"任何一个明白事理的人总是抱着几分怀疑来主张己见的"的道理,从此抱定在学术争论中该认错时就得认错的态度。如果我坚持萧先生的"早期启蒙说"和"历史接合点说"错了,我会向晓芒兄奉上我最诚挚的谢意,只是眼下还没到认错的时候。我与晓芒一样,都认为学术争鸣中所谓谦虚或者客气都不过是虚伪的代名词:"真理像光一样,它很难谦虚,向虚伪谦虚吗?"(马克思语)

晓芒说,他对萧先生关于早期启蒙思潮的"历史接合点"说的真正的"釜底抽薪",不单是我所批评的他对"启蒙"一词的词源学解释,而是他所说的"文化的交流和融合不一定要在本土文化中有自己特殊的基因,在一定意义上是可以'拿来'的,只除了一种基因是必须要有的,这就是共同的人性"。从主张"拿来主义"这一点来看,这一观点非常好,也非常对——正是以共同的人性这一无可辩驳的公理作为逻辑起点,所以一切合乎人性的西方文化都可以拿来,萧先生也是如此主张的——但要说从共同的人性出发就构成了对"历史接合点"说的真正的"釜底抽薪",那本来很对也很好的出发点,就不能得出既对且好的结论了。合乎逻辑的说法应该是:既然中西民族具有共同的人性,那么在西方能够产生的启蒙观念也同样能够在中国产生,这些产生于中国的启蒙观念也就理所当然地成为中西文化交流和融合的历史接合点。所以,从共同的人性出发,只能是强化萧先生的"历史接合点"说,而根本起不到釜底抽薪的作用。

由此,也就逻辑地转入了一个新的问题,就是:具有共同的人性,就一定能够产生像西方启蒙文化那样的价值观念吗? 要回答这个问题,就不单是一个理论思辨的问题,而主要是一个"拿证据来"——不是拿个别的、偶然的证据,而是拿大量的、具有普遍必然性的证据来的问题了。所以,萧先生在1981年杭州首届宋明理学国际学术讨论会上畅论"中国哲学启蒙的坎坷道路"以后,就带领和指导我们拓展研究的深度和广度:一方面,加深对顾、黄、王等大思想家个案的研究和认识;另一方面,把大量被忽视的思想家个案纳入研究的视野;在深度认识与有机综合的互动中实现明清之际中国哲学研究的新突破。先生高吟:"历史乐章凭合奏,见树见林费商量",教导我们要既见树木,也见森林,正确处理一般、个别、特殊的关系。先生亲拟大纲细目、亲自修改定稿的《明清启蒙学术流变》一书,综合数十位思想家个案的研究成果,并以近代学者向明清之际早期启蒙思想认同的事实表明,从万历到"五四"是一个本质上同一的思想文化历程,与同时代西方文化的历程具有本质上相同的可比性。而作为先生一生研究船山学之结晶的《王夫之评传》一书,更将船山思想研究拓展到政治、经济、法律思想的广阔领域,以王夫之提出的大量具有典型近代性的经济、政治、法律命题(包括主张行政权力退出社会经济运作、反对朱熹"一大二公"的农业合作化理论、批判专制集权强国论、提出重在防止政府官员犯罪的立法原则,等等),更为有力地论证了王夫之思想的启蒙意义。先生特意将《王夫之经济思想发微》一文收入了《吹沙三集》。学术界普遍认为,历史进化论思想是近代从西方输入的,中国原本没有,先生也特意将《船山人类史观述评》一文收入了《吹沙三集》之中。这些文章,不知晓芒见到否?

当然,晓芒也讲证据。他至少列举了两个极其重大而关键的证据来反对早期启蒙说。第一,李贽要人从婴儿变成大人,"只是鼓吹性情的自然伸展……而与普遍理性无关",这是"中国文化传统根本上的局限性,即缺乏理性精神的表现",因此,把李贽的观点与康德的启蒙定义相比是荒谬的。第二,"如果说只要主张改革官僚特权体制的就是'启蒙思想',那中国历代的'启蒙思想家'恐怕就不只是明清之际的几位,在此之前就已看出官僚体制的危害性并力图加以变革的士大夫可以说不计其数",而西方来的那种使恶人变好的制度对顾、黄、王来说"还是匪夷所思的"。不过,这两大证据实在都经不起辨析。

关于第一点,我早就注意到晓芒有"李贽的童心不过是一个混混沌沌的血肉之心"的说法。不过李贽的同时代人并不这么看,祝世禄在为李贽《藏书》撰写的序言中就独具只眼地指出:"岂其潜心性命已久,将古今人物之变,治乱之原,洞若观火,不能掩耶?"童心说的认识论意义,是要把一切障蔽童心的"闻见道理"统统放入"括号"而悬置起来,从而获得一种认识人生、社会和世界的原初视野和洞察力,这实在是一种非常深刻的哲学理性。童心作为真心,又不仅包含认知之真,也包含意志之真和情感之真,而李贽所说的大人,正是具有"二十分识,二十分胆,二十分才"的精神个体,这是中国哲学理性精神的发展进入一个新阶段的显著标志。我虽然不赞成新儒家和李泽厚那么推崇儒家的理性精神、把宋明理学的"理性精神"捧上天去,但也不同意晓芒关于中国文化缺乏理性精神的说法。早在 20 世纪初,王国维就通过中西互释的缜密考据证明,中国哲学中"理"字的意义变化与西方哲学同出一辙(从动词到名词,从认识论范畴到本体论范畴),可见中国文化并不缺乏理性精神。这里需要特别指出的是,理性是具有时代性的,与宋明理学的"理性主义"相比,李贽以童心说为核心的哲学体系乃是一种代表了时代前进方向、标志着个体人格之觉醒的新理性主义。所谓"普天之下,更无一人不是本",所谓"人人各具大圆智镜,人人各具首出庶物之资"云云,正是一种新的普遍理性(详见拙作《论李贽文艺思想的新理性主义特征》,《文学评论》2007 年第 4 期)。晓芒否认中国哲学中有理性,说中国哲学中的理是不能说、只能体会的",恐怕也不合乎实际,"理"字在中国哲学中常常是有非常确定的含义的;中国哲学的本体论范畴固然常有不可言说、只能靠直觉体悟的特征,但西方哲学又何尝不是如此,康德的"物自体"也是不能说的,是不是康德哲学也不是理性主义呢?

关于第二点，即在明清之际以前中国历史上也有许多士大夫看出官僚体制的危害并力图加以变革的问题，我想这一问题实在不该由晓芒提出。记得当年萧先生上方法论课时，就特别要我们注意读《路易·波拿巴的雾月十八日》，说这部著作中有几个重要的方法论原则，足以解决思想史上"古已有之"的现象等问题。我们看西方思想史，像自由、平等、博爱、社会契约、三权分立等观念，在古希腊罗马文献中都可以找到，即使在中世纪文献中也有踪迹可寻，我们能据此否认近代西方思想家宣扬这些观念的启蒙意义吗？而之所以要讲后者的启蒙意义，就在于这些观念被纳入了自然法学派的全新理论框架，具有了新的时代意义。中国思想史上"古已有之"的情形也可作如是观。之所以说明清之际思想家关于改革官僚特权体制的思想主张具有启蒙意义，就在于他们突破了传统的"修身、齐家、治国、平天下"的人治理论的框架，其政治理论的出发点是"人必有私论"，再也不相信官员们通过道德修养就可以只干好事不干坏事，从而诉诸权力制衡和重在防止政府官员犯罪的立法原则；他们认为建立国家的目的是保障个人的自然权利，而这一根本原则成了其政治思想体系的出发点和归宿，这正与西方近代自然法学派的理论不谋而合。晓芒反对"今天谈启蒙的人还是停留于明清之际那些思想家的水平，来理解西方普世价值所包含的思想内涵"，这当然是对的，与萧先生和我的观点相同。但我们对明清之际思想家还是应有一种历史的尊重和实事求是的评价。譬如王夫之从人性、人的自然权利与社会经济运作的自然规律出发，认为朱熹的农业合作化主张只会导致"共船漏，共马瘦"，导致共同贫穷和普遍贫穷，这一思想就远远超过了三十年前中国人的认识水平，不能不使我们感到惊讶。至少像我这样曾经热烈讴歌过人民公社制度的人，是应该感到惭愧的。

晓芒说："萧先生于生命的最后一搏，用中国传统道家（和禅佛）的狂狷精神抵抗近年来对启蒙铺天盖地的'反思'（实则拒绝）逆流，其情可感，其势则堪忧。我不反对作为中国人可以从我们固有传统文化中的某些反正统因素（如道家隐者、魏晋人物、明清异端，等等）来进入当代文化批判的氛围，但我特别关注的是，与此同时要意识到这些精神典范的历史局限性，抓住他们的思想与近代西方启蒙思想的本质差别，使当代启蒙更上一层楼，才能摆脱'五四'以来以及两千年来中国文化受固定思维模式限制而形成的怪圈,让中国现代启蒙实现自身新的飞跃和进化。"这段话蕴含着非常深沉的理性思考,但需要明辨的是:第一,萧先生用以批评"启蒙反思"的思想武器,不是传统文化中的异端思想,而是通过会通古今中西而总结出的现代人文理念,这在先生的著作中有非常清楚的表达;第二,萧先生是非常重视对早期启蒙思潮的历史局限性之总结的,只是他并不认为早期启蒙学者的思想创造与近代西方启蒙思想有什么本质差别而已。至于"使当代启蒙更上一层楼",使中国文化的发展摆脱"旧的拖住新的,死的拖住活的"的历史惰性,使中国现代启蒙实现自身新的飞跃和进化,更是萧先生一生燃心为炬所追求的目标,也是他生命的最后一搏的真正意义之所在。

晓芒主张从共同的人性出发来考察中西文化异同,但我认为,他关于中西文化的论述恰恰疏离了这一根本的逻辑前提。他像很多学者一样,动不动就是西方是什么,中国不是什么;西方有什么,中国没有什么,共同的人性不见了,共同的精神追求和理想不见了,"同一个世界,同一个梦想"的普世价值理念不见了。尽管晓芒主张要把西方哲学中的普遍理性和普世价值拿来,但既然在晓芒看来中国人的性质中本来不具有产生普遍理性的基因,也产生不出普世价值的根芽,那么,所谓普遍理性、普世价值也就只能被人们说成是"西方价值观念",而不再是我们所说的普遍理性和普世价值了,如此,所谓"拒斥西方价值观念"也就有了充分的理由。那些高喊科学与民主是西方人强加给中国人的,认为"五四"新文化运动是西方文化对中国文化的阉割的观点,其立论的基本前提,也正是晓芒兄关于中国文化自身产生不出普遍理性和普世价值的结论。我想,这是特别重视理论思维的逻辑一贯性的晓芒兄所绝对不希望看到的。

而认为科学与民主是西方强加于中国的立论者之先天的不足,就在于缺乏萧萐父先生所推崇的王国维和钱锺书那样的"大气"。王国维从共同的人性出发而提出普世性的哲学文化定义,确认"中国之学,西国类皆有之;西国之学,我国亦类皆有之。所异者,广狭疏密耳",所以他痛斥那些断断于中西之争者"均不学之徒,即学焉而未尝知学者也"(《国学丛刊序》)。钱锺书标举"东海西海,心理攸同",揭示中学西学无往而不有相通之处,认为那些在中学西学之间妄立异同者皆为"无知而发为高论",嗤之为"老师巨子之常态惯技,无足怪也"(《管锥编》一）。萧先生虽然没有说过这么重的话，但他平生为学最重"大气"二字，他要我们认真读王国维，读钱锺书，"从容涵化印、中、西"；他在绝笔之作《吹沙三集·自序》中更特地标举出"大气"二字，说："正视并自觉到明清之际崛起的早期启蒙思想是传统文化中现代化价值的生长点，是正在成为我们中国文化自我更新之体，这样，我们才可能自豪地看到近代先进的中国人既勇于接受西学又自觉地向着明清之际的早期启蒙思想认同的形象是多么光彩和大气；'外之不后于世界之潮流，内之弗失固有之血脉'是多么强的文化自信。"不知晓芒兄可还记得萧先生对我们谈王国维、钱锺书？

晓芒关于西方是"火的哲学"、中国是"气的哲学"，一为光态语言、一为气态语言的观点也是不通。从古代诗哲"日月光华，旦复旦兮"的引吭高歌，到"日斯进，月斯迈，学有缉熙于光明"的孜孜以求，一直到李贽的《明灯道古录》、方以智"虚空皆火"的"火"的一元论哲学，以及王夫之为反对宋明理学而提出的"破块启蒙，灿然皆有"的存有论，乃至日常生活中形容认识深刻透彻的"洞若观火"之语，又何尝不是一种光态语言，又何尝不体现了中国人对于知识与光明的憧憬和向往？萧先生反复强调，无论中国文化，还是西方文化，都是多元的。如果要作中西比较，这比较也必须是具体的、多元的。受萧先生思想的启迪，我在二十世纪八十年代末和九十年代初也形成了一套关于中外哲学和文化比较研究的思路，即从普遍的人性出发，深入分析人类心灵深处的各种永恒矛盾，由此发现在印、中、西三大文化系统中都各自具有大致相同的三种解决人类心灵深处永恒矛盾的方式，而所谓文化的民族差异，只不过是在此一民族中占主要地位的解决心灵矛盾的方式在其他民族中则仅占于次要地位而已，且这种主次地位也是随着时代的发展而变化的（见拙著《历史的悲剧意识》，上海人民出版社，1991）。我以为只有作这样的比较研究，才可以避免那种只要发现一只黑天鹅则"凡天鹅皆白"的立论就会被完全推倒的尴尬。在中国哲学和文化中，可能光态语言相对不足，如知识论、逻辑学以及启蒙主义的价值观念体系都不如西方发达和完备，这是事实；英国古典政治经济学家和马克思、恩格斯深刻揭露和批判的东方专制主义传统及其意识形态沉积，也远比西方的同类传统和思想沉积物要深厚得多，这也是事实；但难能可贵的是，我们民族从十六世纪以来，就有了很多的明白人,也就是我们称之为启蒙学者的人,这些人的思想创造,乃是值得珍视的民族文化的真正精华。总不能因为旧的传统势力还很强大,就否定古往今来这些明白人——也包括今天的邓晓芒先生自己的思想创造吧。

当然,明白人也可能有理论思维的误区。晓芒兄提出要"反思我们之所以不自知的传统思维惯性,建立文化批判的自我意识机制",实在是太好了! 但我发现晓芒兄对萧先生学说的批评就有一个不自知的误区,即在他看来,中国思想界从古至今就不曾有过一个真正的明白人。他几乎把自古至今中国思想史的价值完全抹杀,不仅传统的中国哲学缺乏理性,产生不出任何普遍理性和普世价值的根芽,就连"五四"以来的启蒙在他看来也完全是在"反启蒙心态"支配下进行的,没有留下什么永久性的思想成果。只是到了邓晓芒,才犹如"东方红,太阳升",把中国思想界的一切迷雾都廓清了。这又是一种什么心态呢? 这是柏拉图的"哲学王"心态,是孔子、孟子、荀子、韩非子以及《易传》《大学》《中庸》之作者的"圣王"心态,是理学家"为天地立心,为生民立命"的士大夫气质,是儒家"上天下地,唯我独尊"乃至"天不生晓芒,万古长如夜"的自负,与国学热衷的非理性倾向同出一辙。而我这些年来所做的工作的一个重要方面,就是把已经化作我们集体无意识的这种观念上升到清醒的自我意识的层面来进行反思。我认为正是由于这种心态,使得一代又一代中国读书人从自我崇拜走向了"英雄入彀"的自我沦丧;在现代思想史上,有这种心态的读书人更不知给自己和他人造成了多少人生惨剧。看一看近代黑格尔主义的"哲学王"理想对人类社会造成的负面影响,也看一看"文革"十年现代造神运动的后果,或许我们的头脑会清醒些。我还想说,我们每一个人的认识能力都是极为有限的,不可能认识终极的绝对真理,因而谁也没有资格为天地立心;每一个人都是一个精神性的个体,因而谁也没有资格为生民立命。在这一点上,我们还是要回到苏格拉底的"认识你自己",回到赫拉克利特关于"最智慧的人和神比起来,无论在智慧、美丽和其他方面,都像一只猴子"的著名格言,回到中国古代哲人吕祖谦的"善不易明,理不易察"的清醒的自我意识。

晓芒说,别人使用汉语的"启蒙"来翻译西方的"Enlightenment"是蕴含了一种"反启蒙的心态",而他自己继续用汉语的"启蒙"来翻译这一概念则是"通过中西对比而赋予了这个词以'新解',即引入了西方普遍理性和'光态语言'的语义,由此来使之摆脱其传统的把民众当儿童的反启蒙心态",并说我"仍然在坚持这个词的传统旧解,而为启蒙学者这种居高临下的心态辩护"。试问,此话又从何说起? 在萧先生和我的著作中,凡是讲到启蒙的,都是依据康德的启蒙定义,没有讲传统的儿童教育的启蒙意义的;在《人文精神论》一书中,我还特地引用鲁迅的《一件小事》来说明启蒙者在某些方面也有必要向善良而淳朴的下层民众学习的道理。只是在以知识之光去照亮蒙昧和黑暗的意义上,启蒙者才负有把受骗的傻子变成聪明人的责任,如同法国启蒙者所做的那样。我在《为启蒙正名》一文中也说得很明白,胡适和鲁迅的"精神贵族气质",是不肯与"血酬定律"和"潜规则"所支配的社会关系同流合污的气质,与晓芒说的苏格拉底主观上只是要搞清真理而不屑于从政的精神贵族气质实际上是一致的。我之所以要把真正的启蒙者与热衷于统治权力的政治活动家区分开来,就是建立在这一观点之上的,因而是完全合乎逻辑的,可晓芒却偏要说我讲的"精神贵族气质"实际上是一种士大夫气质,这就误解了我的意思了。

晓芒说"五四一代启蒙思想家骨子里都有一种士大夫情结,他们的思想活动本质上是一种政治关怀,这正是他们后来走上从政道路的思想根源",这是很深刻的;但我还是要说,一旦走上了从政之路以后,他们就不再是启蒙者了。在20世纪国际国内各种势力的利益冲突极其复杂的历史条件下,作这样严格的区分尤其有必要。因为实际情况并不是所谓"救亡压倒启蒙",而是我所说的"利益冲突既压倒了救亡,也压倒了启蒙"(见拙作《"一位擎着火炬的侍女"——论中国近代思想史研究的三大问题和九大关系》,《南京大学学报》2005年第2期)。启蒙一旦成了政治工具,就不再是真正的启蒙了。但我们对"五四"一代启蒙者还是要多作具体分析,要把那些带着时代提出的问题执着追求真理的真正的启蒙者与热衷于追逐权力的政治实用主义者区别开来,要看到那些真正的启蒙者所作出的重要理论贡献。

晓芒认为启蒙者在主观上不应有居高临下的心态,这当然是对的。不过,客观上英语的"Enlightenment"一词还是具有有识者对求知者开导的语意。我要对晓芒说:"I'm glad that you can enlighten me on this problem",这一在英语语境中比较常见的语言正表示了求知者对有识者的谦恭,客观上又把晓芒置于"居高临下"的地位了。在这一点上,我想语境既然如此,也就不必太较真了吧,不知晓芒兄以为如何?

【许苏民　南京大学马克思主义学院教授】

原文刊于《中国文化》2010 年 01 期

20世纪中国启蒙的缺陷

再读康德《回答这个问题：什么是启蒙？》

邓晓芒

在中国现代史上，大规模的启蒙运动发生过两次，一次是20世纪初的"五四运动"，一次是20世纪80年代的"思想解放运动"，或者说"新启蒙运动"。这中间大约隔了一个甲子，经历了中日之战和国共之战，以及新中国成立和"大跃进""反右""文革"，国人日益远离"五四"启蒙，直到物极必反。这两次启蒙运动有一个共同的特点，就是昙花一现。来势虽然凶猛，舆论也造得轰轰烈烈，但随着政治形势的转折，不久就消沉下来，甚至反过来遭到批判和清算。只有当政治上国人绕了一个大大的圈子，有了整整一代人新的记忆，人们才发现启蒙仍然是一个回避不了的话题，这就是为什么两次启蒙之间必须要间隔六十年的原因。

与此相对照，西方近代启蒙运动并没有出现我们这里这种抽风似的中断，而是从17世纪开始一直延续到整个18世纪，从英国、法国扩展到德国、俄国，从宗教、政治、文艺、科学、文化而深入到哲学和形而上学。而且一旦产生，便使自己的人道原则和价值标准成为人类公认的普遍规范，即使经过法国大革命和王政复辟那样的挫折也没有被抛弃。国人通常只注意到西方启蒙运动所提出的那些响亮的口号和原则，如自由、平等、博爱、民主、公正、个性解放，等等，却忽视了这些口号和原则背后的更深刻的基础，即对这些原则属于人类普遍本质的人道主义信念，它不是可以随着例如"救亡"或其他什么紧急的政治任务而被捡起或放下的工具,也不是某些特定个人的特殊自然禀赋。应当说,正是对人类普遍本质的这种人道主义意识,才体现了启蒙运动的实质。

我们甚至可以设想,即使我们并不知道自由、平等、博爱等口号和原则,只要有了这种人类普遍本质的意识,我们也可以自己得出那些原则来;相反,如果没有这种意识,哪怕你多么狂热地高举自由、平等、博爱的旗号,也是注定不能持久的,一遇其他更重要的目标,就心甘情愿地削弱甚至放弃这些原则,而并不认为对自己心中的人性底线有任何触动。

西方启蒙运动对自己的这种人类普遍本质的信念从一开始就被意识到了,它特别体现为启蒙思想对"理性的法庭"的建立和推崇。立足于"人是理性的动物"这一古老的信念,启蒙运动,特别是法国启蒙思想家们把理性推举到至高无上的法官的地位,并以此来清除人们头脑里的愚昧、狂热、自大和怯懦。然而,由于"理性"概念的歧义性,对理性的推崇本身也有陷入狂热和极端化的倾向,这方面最典型的例子当然是法国大革命的理性所造成的普遍的"恐怖"了。不过,启蒙运动也已经开始自觉到自身理性原则的这种平面化的不足,并试图深入到理性原则本身更内在层次的理解,只有这种深入,才向我们展示了启蒙的全部深层意蕴。这就是由康德所代表的"批判理性"的思想,它直接地反映在康德谈启蒙的一篇著名文章中,即《回答这个问题:什么是启蒙?》。本文则试图通过分析康德这篇文章,来反思一下我国的启蒙运动为什么总是半途而废的理论上的原因。

一

康德在这篇文章中开宗明义就说:

　　启蒙就是人们走出由他自己所招致的不成熟状态。不成熟状态就是对于不由别人引导而运用自己的知性无能为力。如果不成熟状态的原因不在于缺乏知性,而在于缺乏不由别人引导而运用自己知性的决心和勇气,这种不成熟的状态就是自己招致的。Sapere aude！要有勇气运用你自己的知性！这就是启蒙的箴言。①

什么是启蒙？康德的定义是"走出由他自己所招致的不成熟状态"。这里有两个关键词，一个是"不成熟状态"，一个是"由他自己所招致的"。"不成熟状态"（Unmündigkeit），又译作"未成年状态"。该词的德文词根为 Mund，意为"嘴"，引申为"话语权""监护权"，相当于汉语方言中所谓"话份"；而形容词mündig 则是"成年的、达到法定年龄的"之意，即已经具备说话的资格了，说话算数了，"说得起话"了。所以，Unmündigkeit 就是"尚未达到法定年龄"或"未成年状态"。显然，一个孩子所说的话不可采信，他的许诺或担保不能在法律上生效，他的指控或证词在法庭上不能完全作数，这就意味着他还没有获得法定的话语权，不能为自己说话，需要由别人来监护。

通常，这种不成熟状态并不是"由他自己所招致的"。所谓"由自己招致的"（selbst verschuldet），也可译作"自己造成的""归咎于自己的"，这里涉及的是责任问题。小孩子的不成熟状态不能由他自己负责，而只能归咎于他的成长尚未完成自然发育的过程，他还没有来得及培育出成熟的知性供自己运用。这种状况是由自然造成的，而不是由他自己招致的；这时他必须由成年人来对他加以监护和引导，脱离这种监护和引导，一个孩子是不可能获得成熟的知性的。所以，启蒙既不在于当知性本身尚未成熟时就脱离成年人的监护和引导，也不在于对未成年人进行监护和引导，而在于让已成年者"走出由他自己所招致的不成熟状态"。

康德的意思很清楚。那种应该由自己本人负责的不成熟状态并不是由身体上的未成年导致的，而是由精神上的未成年所造成的。当人已经成长到能够具有成熟的知性时，如果他由于精神上的胆怯而不敢于独立地运用自己的知性，而总是习惯性地依赖别人的引导，那么他就处于精神上的未成年状态。而所谓启蒙，就是要走出这种精神上的不成熟状态，决心不依赖别人的引导而运用自己的

① Kant's Werke, Band Ⅷ, Hrsg. von der Königlich Preußischen Akademie der Wissenschaften, Berlin, 1912, S.35.中译本可参看《历史理性批判文集》，何兆武译，第 23 页。

知性。所以关键不在于有没有成熟的知性，而在于是否有勇气自己运用自己已成熟的知性。而这种"勇气"（Muth），显然并不属于知性（Verstand）本身，或者通常所说的"逻辑理性"本身，而是属于一种超越型、实践型的"理性"（Vernunft），即自由意志。这就像康德所说的：

> 懒惰和怯懦，这就是为什么有如此大的一部分人，当他们早就已经使其本性从别人的引导之下摆脱出来了（naturaliter maiorennes 自然地成年了）之后，却仍然喜欢终生停留于未成年状态的原因；也是为什么别人如此容易地以他们的监护人自居的原因。②

由此来衡量中国 20 世纪的启蒙运动，一个最明显的特点就是，这两场启蒙运动都是由某些民众的监护人，或者说"知识精英"们，居高临下地对民众进行"启蒙"或"发蒙"。从汉字的语义来说，"启"或"发"来自孔子的教育思想："不愤不启，不悱不发"（《论语·述而》），意思是："教导学生，不到他想求明白而不得的时候，不去开导他；不到他想说出来却说不出的时候，不去启发他。"③至于"蒙"，原为《易经》中的一卦，《易经》云："蒙，亨，匪我求童蒙，童蒙求我。"朱熹注"童蒙"曰："纯一未发，以听于人。"④童蒙未开，"纯一未发"，所以有待于他人来启发。"易象"将"蒙"比喻为"山下出泉"，朱子说是"泉水之始出者，必行而有渐也"，也就是对儿童逐渐培养教育的意思。

由此可见，汉语将"启"和"蒙"两字联用，来翻译西方的 Aufkl·rung（德文，意为"澄明"）或 Enlightenment（英文，意为"光照"）⑤，其实并不恰当。这个译名一开始就具有向未开化的幼稚的民众或儿童灌输知识或真理的含义，也就是把民众当儿童来引导和教育。而按照康德的说法，这种含义恰好就是知识精英以

---

② Kant's Werke, Band VIII, Hrsg. von der Königlich Preußischen Akademie der Wissenschaften, Berlin, 1912, S.35.中译本可参看《历史理性批判文集》，何兆武译，第 23 页。

③ 杨伯峻：《论语译注》，中华书局 1980 年，第 68 页。

④ 《四书五经》，上册，"周易·卷一，上经，蒙"，天津市古籍书店 1988 年版。

⑤ 这两个词在德文和英文中都含有"光喻"，一个是让光透进来（Aufkl·rung），一个是进入光里面去（Enlightenment），而光喻在西方是用来比喻理性的，即"理性之光"。

民众的监护人自居,是一种反启蒙的心态。之所以是一种反启蒙的心态,是因为知识精英们自以为从西方接受了一整套的启蒙口号和价值观念,就掌握了绝对真理,就有资格成为民众的启发者和新时代的圣人。他们一方面自己还没有经过真正彻底的启蒙,因为他们没有运用自己的知性去得出这些价值原则,或至少用自己的知性去检验他们所接受的这些价值观念,从逻辑上和学理上探讨这些观念的来龙去脉,而只是出于现实政治和社会变革的迫切需要,来引进一种现成的思想符号或工具;另一方面,他们眼中的民众也仍然只是受他们教育的未成年的儿童,民众不需要运用自己的知性来判断是非,只需跟着他们去行动就能够成就伟大的事业,推进历史的发展。

所以,当这些自认为是"启蒙"的思想家用各种方式宣传群众、启发群众、发动群众和领导群众时,他们已经在做一种反启蒙的工作了,并且总是以盲目追随的群众的人数作为自己"启蒙"成就大小的衡量标准。这就是中国的启蒙运动为什么总是特别关注那种表面的"轰动效应",而很少深入理论本身的缘故。

所以,20 世纪第一次启蒙运动很容易地就被"救亡"的政治要务所"压倒"(李泽厚)。这首先是由于启蒙价值在完成这一要务上显得不如别的东西更中用、更应急、更能立竿见影,其次是由于一部分启蒙思想家按照同一个"启蒙"的逻辑而走向了大众崇拜甚至愚昧崇拜的不归路,以新的造神运动来"启"群众之"蒙",让群众陷入幼稚就是美、盲从就是力量、愚蠢就是"觉悟高"的幻觉。第二次即 80 年代的启蒙运动虽然摆脱了"救亡"等政治要务的干扰,而在历史和文化的层面比前一次启蒙具有更加广阔的视野和更深的思考,但在对于普遍人性的反思方面仍然未达到西方启蒙运动的深度,特别是对于启蒙价值的基本标准即"理性"的思考仍然停留于表面的逻辑理性(知性)的层次。例如,在 80 年代启蒙的代表作《河殇》中,以及在不定期出版的四期《新启蒙》刊物中,除了用西方启蒙的现成价值标准对中国的社会历史和文化现象进行逻辑上的疏通评析之外,就只有一些道德化和情绪化的批判,而极少运用自己的知性来对自己所由以出发的西方价值观进行普遍人性层次上的反思和追溯。⑥

---

⑥ 个别的例外可参看《新启蒙》第一辑,湖南教育出版社 1988 年版,第 62—76 页。

第二次启蒙的总体倾向是知识精英眼睛向上,希望自己的大声疾呼能够在民众中引起轰动后,最终被那些掌握权力的人听进去。"如果说它也代表了人民说话,它代表的也只是人民群众对于领导和政策的一种消极的等待、期望和焦急的心态。"⑦当然,这种启蒙的批判总比什么也不做甚至复古倒退要好,它至少给民众提供了一种可能的选择,大开了他们的眼界。然而,这种启蒙的致命缺陷就在于它仅仅停留于这一可能的选择,它并没有在理论上从人性的普遍本质中获得"不能不如此"的有力的支持。因此,进入90年代,启蒙的声音就忽然沉寂了,因为人们只是把启蒙看作一种技术性的方法,而中国的问题似乎还是要用中国传统的方法来解决。启蒙并没有成为中国人的人性中一个必要的层次,这样的层次即使被超越、被扬弃,也还是不言而喻地保有自己公认的领地;相反,它被人们再一次地作为无用之物而抛弃了。

然而,按照康德的说法,启蒙不是由少数精英提出的一种可供选择的方法,而是人类包括每个民众的潜藏的本性,所以具有不可避免的必然性。他指出:"然而公众要启蒙自己,这却是可能的;而只要让他们自由,这甚至是不可避免的。"⑧这里的"让他们自由",并不是我们通常所理解的"给他们自由"的意思,在启蒙思想家们看来,自由不是谁能够"给予"的,因为人是生来自由的,只要不把枷锁套在他们身上,他们就是自由的。所以可以说,启蒙是人的自由本性,它本质上是公众自己给自己启蒙,而不是由一批精英来教育他们,来"启"他们之"蒙"。只不过这种自由本性要实现出来并不那么容易,因为懒惰和怯懦也是人的另一重本性。自由固然是值得追求的,但不自由要比自由更加轻松和惬意。"处于不成熟的状态是如此舒服。如果我有一本书替我来理解,有一位精神导师替我有良心,有一位医生替我规定饮食,等等,那么我就不需要自己为自己费神了。"⑨相反,要走出自己所招致的不成熟状态则要承担极大的风险,"所以对于每个单个的人来说,要从那种几乎已成为他的本性的不成熟状态中摆脱出来都是艰难的。他甚至喜欢上了这种状态,并且确实暂时还没有能力运用他自己

---

⑦　参看拙著《新批判主义》,湖北教育出版社2001年版,第50页。

⑧　Kant's Werke,Band VIII,S.36.中译本参看《历史理性批判文集》,何兆武译,第24页。

⑨　Ibid. S.35.参看何译本第23—24页。

的知性,因为人们从来也没有让他做过这种尝试。"⑩

的确,"五四运动"和80年代的"新启蒙"并没有完全超出这种不成熟的状态,精英们引证西方启蒙思想家的书来"替自己理解",引用西方的"圣人"(从卢梭到马克思)来"替自己有良心"。他们并不花心思去自己钻研学理(这样做风险太大,有可能一事无成),而只是到西方去"寻找真理",找到了(或自以为找到了)就拿来运用于中国的实际中。但这种"拿来"的现成的东西并不是他们自己的东西,仅仅是东挪西借来的别人的东西,一旦觉得不好用,还回去或是随手抛弃是迟早的事。这就是20世纪两次大规模的启蒙运动之所以未能深入人心也未获得永久性的思想成果的主要原因。

二

其次,中国20世纪启蒙的另一个缺陷在于分不清康德所谓的"公开运用理性的自由"和"私下运用理性的自由"。"公开运用理性的自由"大致相当于言论自由、出版自由等涉及公共舆论和思想传播的自由,"私下运用理性的自由"则是用自己的理性来处理一切专属于自己所担任的职务上的事情。康德认为,前面这种自由应当是无限的,而后面这种自由却必须受到限制。他举例说,一个军官必须服从并执行上级的命令,但他同时有权以学者的眼光对这项命令的得失提出自己的看法;一个公民必须缴纳规定的税额,但他作为一个学者也可以抗议这一税法的不正当;一个牧师有义务按照教会的要求宣讲教义,但也有权利在其他场合作为学者表达自己对这种教义的批判。这种言和行的某种不一致对于一个法制社会来说是必要的。但是如果一个学者以为自己掌握了真理就可以利用自己的职权推行自己的理念,而置自己的社会义务于不顾,甚至把这种个人见解的实行就当作自己的义务,那就不仅不是促进启蒙,而且是阻碍启蒙了。对于康德的这种区分和限制,我们当然可以批评他对现存制度的"妥协性"和对现实批

---

⑩ Ibid. S.36.参看何译本第24页。

判的"不彻底性"。就连黑格尔也嘲讽他:"我们在头脑里面和头脑上面发生了各式各样的骚动;但是德国人的头脑,却仍然可以很安静地戴着睡帽,坐在那里,让思维自由地在内部进行活动。"⑪但启蒙其实与现存制度的变革并没有直接的关系,它只不过是一场思想解放运动而已。而且,正因为康德的启蒙思想与现实政治制度的变革拉开了距离,所以它比法国大革命的启蒙思想要更加深刻,在人类思想启蒙的历程中发生了更加深远的影响。

反观 20 世纪中国的启蒙运动,由于受中国传统"知行合一"观的影响,那些鼓吹启蒙思想的精英们几乎无一不想借这种思想文化上的观念在现实社会中"解决问题",⑫有种急功近利和政治实用主义的倾向。在这方面,"五四"的启蒙先驱者们是可以原谅的,因为他们所面临的民族危亡确实是当时每个中国人所唯一能够考虑的头等大事。但是,时至 80 年代,启蒙精英们仍然怀着同样的心态去用过激的言辞刺激大众的神经,极力造成某种轰动效应,而疏于反省政治层面底下更深层的文化心理问题和人性问题,这就是一种误导了。启蒙思想在他们那里除了具有清算以往的封建残余思想的功能以外(在这方面取得了相当可观的成效),更重要的功能还在于为当前的政策提供参考,为改革开放设计蓝图(在这方面他们一败涂地)。然而,启蒙思想就其本质而言并不适合于后面这种运用,因为它骨子里是一种批判性的思想。启蒙精英当然希望当局能够放宽政策以获得言论上的不受限制的自由,正如康德对腓德烈大王的开明政策所描述的那样:"争辩吧,愿意争辩多少就争辩多少,愿意争辩什么就争辩什么;但要服从!"⑬然而,只要这种争辩的具体意见被吸收为国家的官方政策,它就立即失去其启蒙的意义,而成为启蒙的潜在的批判对象。康德把启蒙理性提升为批判理性,也就是提升为自我批判的理性,正是启蒙的这一本质形态的体现。

但是,启蒙是否就仅仅限于一种书斋里的抽象思想,而根本不关心社会政治现实了呢?康德认为并不是这样。他说:"这种自由精神也会向外扩展,甚至扩展到它不得不和一个对自身发生误解的政府之外部阻力相争斗的地步。因为这

---

⑪ 黑格尔:《哲学史讲录》第四卷,贺麟、王太庆译,商务印书馆 1978 年版,第 257 页。

⑫ 参看林毓生:《中国意识的危机》,贵州人民出版社 1988 年版,第 45 页以下。

⑬ Kant's Werke, Band Ⅷ, S.37. 中译本参看《历史理性批判文集》,何兆武译,第 25 页。

毕竟在这个政府面前做出了一个示范，即哪怕有自由，也丝毫不必担心社会的安定和共同体的团结。只要人们不去故意矫情地维护其中的粗野状态，人类就会逐渐地使自己从这种粗野状态中摆脱出来。"⑭换言之，康德主张启蒙运动的自由精神有时也不得不与一个"对自身发生误解的政府"的"外部阻力"发生"争斗"（ringen），但并不是要否定这个政府，而恰好是要向它展示这种有节制的自由不会破坏社会的稳定，而会使人类逐渐摆脱粗野的状态。康德在这里强调的有三点：一是启蒙的自由精神是有节制的，它并不破坏社会秩序，而是在给政府示范如何才能更好地维持社会稳定；二是这种自由精神不是过激的，而是渐进的，是一个长期的逐步走出来的过程；三是最终它将能够对社会的进步造成实质性的影响。上述思想更明确地表达在该文的最后一段话中：

> 一种更大程度的公民自由看起来好像有利于民众的精神自由，其实却为精神自由设立了不可逾越的限制；相反，一种更小程度的公民自由却获得了按照每个人自己的能力而伸展自己的空间。因为，当大自然在这种坚硬的外壳下打开了它极为细致呵护着的胚芽，即自由思想的倾向和天职之后，这种倾向和天职也就逐渐地反作用于民众的思维方式（民众由此而越来越具有了自由行动的能力），并且最终甚至会反作用于政府的那些有助于政府本身的原理，即按照人的尊严对待人，而不仅仅是把人当作机器看待。⑮

康德写下这段话（1784 年）时，法国大革命还要五年以后才爆发，但康德却深刻地揭示了法国革命所追求的公民自由一旦陷入为所欲为的无度就反而使自己受到限制的辩证法。在他看来，精神自由比公民自由更重要，只有精神自由事先奠定了，公民自由才能够逐步地得到扩展。而这正是 20 世纪中国的启蒙运动所应汲取的教训。

---

⑭ Ibid. S.41.中译本参看何译，第 30—31 页。
⑮ Ibid. S.41—42.中译本参看何译，第 31—32 页。

三

　　康德在这篇小文章中所提出的另外一个观点也值得我们注意,这就是:启蒙绝不是一劳永逸的、一次性的工作,而是一个长期的历史过程。对此我们应有明确的意识,并作好"韧性的战斗"(鲁迅)的准备。当时普鲁士国王腓特烈二世在文化领域推行开明政策,鼓励自由思想,结交启蒙思想家,康德在他的书中经常对这位"伟大的君王"不惜阿谀奉承之辞,这是可以理解的。但康德的赞扬不是无原则的,他清醒地意识到启蒙事业的长期性以及本质上的不可终结性。他说:

　　　　如果现在提出这个问题:我们目前生活在一个启蒙了的时代吗? 那么回答就是:不,但的确是生活在一个启蒙运动的时代。按照目前的估计,要说人类从总体上已经处于或哪怕只是能够被置于一种在宗教事务上不由别人引导而有把握地善于运用他们自己的知性的情况中,那还缺乏很多东西。但毕竟,能够自由探讨的领域现在已经对他们开放了,而普遍启蒙以及走出人类自己所招致的不成熟状态的阻力也逐渐地减少了,在这些方面我们毕竟有各种清晰的迹象。由此看来,这个时代是启蒙运动的时代,或者说是腓特烈的世纪。⑯

　　康德的时代的确是启蒙运动的时代,但并不是启蒙已经完成甚至已被"超越"的时代。在康德看来,启蒙是一个无止境的过程,它永远不能设定一个目标、一条教义,并以此来对全体人民进行永恒的监护。康德说:"这样一条将会阻止从人类中推出永远进一步的启蒙的契约,是绝对不起作用的和无效的;哪怕它据说由最高权力、由帝国议会和庄严的和约所批准。一个时代不可能受盟约束缚,也不可能发誓要将下一个时代置于一种它必然不可能扩展其知识(尤其

---

⑯ Ibid. S.40.中译本参看何译,第29—30页。

是如此紧迫的知识)、清除错误和一般地在启蒙中进一步前进的状况之中。"⑰不断地保持在启蒙中继续前进的余地,永远具有独立地运用自己的知性的勇气,这才是启蒙运动的精髓。自以为掌握了不容更改和违抗的绝对真理并由此具有了监护人民的权力,这本身就是反启蒙的,甚至被康德说成是一种"违反人类本性的犯罪行为"。康德认为,就连国君也都没有这样一权力,他委婉地说:一个在宗教事务方面不对人们颁布任何条令,而认为自己有义务让人们拥有充分讨论的自由的君王,本人就是启蒙了的,他甚至不会认为这种政策是一种自上而下的"宽容",因为这正是适应着人类的自然本性,当然也是保持自己的政府长治久安的最好办法。⑱

对比之下,中国 20 世纪的启蒙思想家,通常都自认为自己所把握到的真理是绝对的,凡与自己意见不合的都是应当打倒的,并因此而上纲上线,热衷于把学术问题变成政治问题。由于这些人其实都是手无实权的一介文人,所以在他们之间倒是应当提倡宽容,应当在自由讨论的空气中把问题深入到学理的层面。但实际情况恰好相反。如果说,"五四"时期的启蒙运动要做到这一点还的确不容易的话,那么至少 80 年代的启蒙就应当更多地朝这个方向努力。但遗憾的是,不论哪个时期,中国的启蒙思想家都更像是一些谋臣或智囊,而不像卢梭和康德那样一些隐居起来思索人性问题的人。因为他们的目标并不在问题本身,而在于治国平天下的实效,所以他们都把衡量理论的绝对标准置于现实社会政治的可行性之中,借用政治操纵来杜绝启蒙思想本身进一步发展和自我超越的余地。所以中国的启蒙运动充满了过激心态及对政治权力的诉求,而缺乏宽容精神。我曾在一些文章中对"五四"知识分子这种内心矛盾进行过分析,⑲这种矛盾实际上反映了中国知识分子在启蒙中的急躁心态,即自以为把握到一点真理就立即要把它付诸实行,容不得任何不同意见。鲁迅在这些人中算是最清醒的,他早已看出,这些人一旦真能拥有权力来实现自己的理想,则其他的人和不

---

⑰　Ibid. S.39.中译本参看何译,第 28 页。

⑱　Ibid. S.40.中译本参看何译,第 30 页。

⑲　可参看拙文《鲁迅思想矛盾探源》,载《鲁迅研究月刊》2001 年 2 期;《继承五四,超越五四——新批判主义宣言》,载拙著《新批判主义》,湖北教育出版社 2001 年版,第 11—14 页。

同的观点都得下地狱。按照康德的标准,这些人本身都是尚未启蒙的,不论他们是否掌握权力。而鲁迅本人则是最接近于满足康德的标准的,因为他唯一地对自身的这种内心矛盾进行了自觉的分析,意识到了自身的局限性。他把自己称之为"中间物",并希望自己的作品"速朽",为将来的发展留下地盘,这是所有其他人所未能做到的,其中已经包含有把启蒙看作一个不断有所前进的过程的意思了。然而,直到今天,不少评论者还对鲁迅这种清醒的自我意识做出了否定性的评价,认为如果不是对绝对真理有一个先定的信仰或信念让我们顶礼膜拜,人就活不下去。⑳鲁迅在他们那里得到了"虚无主义"的恶名。

进入 21 世纪,启蒙理想早已被中国人的"国学热"所"超越",这毫不奇怪。因为中国几千年的惯性就在于把停滞不前和倒退当作超越,甚至把腐朽当神奇。我不知道是否还要过一个六十年,中国人才能再次回到启蒙的话题上来,并形成又一个"热点",但我不希望如此。我只希望有一些默默思考的人致力于自己给自己启蒙,并把自己的感想写出来,流传于世。

【邓晓芒 武汉大学哲学学院教授】

原文刊于《中国文化》2007 年 01 期

---

⑳ 例如,刘小枫先生在其新版的《拯救与逍遥》中对鲁迅的这种内心反省评论道:"'肩起黑暗的闸门'毋宁说是鲁迅对自己黑暗的心的一种文人化描述。"(《拯救与逍遥》,上海三联书店 2001 年,第 337 页)他对鲁迅的批判归结为鲁迅没有他所信奉的基督教的"爱心"。但他似乎并没有想过,基督教的博爱只有在鲁迅所献身的"立人"事业的基础上才有可能在中国得到真实的理解或接受,没有个人灵魂的独立,一切温情脉脉的面纱都只是自欺而已。

"旧染污俗，允宜咸与维新"

二十世纪初关于私寓、倡优并提的讨论与中国性史的西化

吴存存

　　二十世纪大概也可以说是中国文化史上的最不堪回首的一个世纪。我们的文化体系在此前的任何一个历史时期几乎还从来没有受到如此强烈的来自知识分子内部的怀疑和否定。1911 年，当大清帝国最终被推翻，延续了几千年的中国帝制也终于走到了末路的时候，人们或忧虑或兴奋地朦胧意识到，这远不仅是政治制度的更替，这也是我们的文化传统全面崩溃的开始。现代化，其实更严格地说是西化，成为当时知识精英们所倡导的时代潮流并得到了广泛的响应。共和制的中华民国在风雨飘摇中摇摇晃晃地成立了，这新共和国很不轻松，肩负着清政府遗留下来的沉重的历史负担，面对着西方的巨大的军事、经济、政治、宗教和文化上的威胁。其实他从一出生就几乎注定了很难健康顺利地成长。这是一个士人——现在应该称为知识分子了——激烈批评中国传统文化而极力主张全盘西化的时代。从十九世纪后半叶以来的半个多世纪的惨败于西方坚船利炮的痛苦经验和大量留洋学生传递回来的西方文明的辉煌图景使一贯沉浸于文化自足的中国士人在精神上被打得头破血流、晕头转向，并进而滋生了严重的文化自卑感。二十世纪初的中国知识分子还来不及反思西方辉煌文明背后的一切，他们痛苦反思的矛头几乎全对准了中国文化传统。在与西方文化进行了一番浮光掠影的比较之后，一批年轻的文化精英断言不仅我们的政治制度、经济体系、科

学水平以及所谓的国民性根本不行,并且我们的哲学、文学、艺术、学术以及道德观念与西方相比也都具有难以想象的差距。[①] 一时间,许多人坚信,西方就是我们的一个光辉的榜样,我们只有在推翻帝制的同时也推翻我们文化中与西方的不同之处,我们才可能会有将来。

百废待举之际,刚刚成立的共和政府首先着手处理一些传统文化中的与身体、性爱和婚姻有关的"国耻",其中包括我们现在所熟知的剪掉男人的辫子、禁止妇女缠足、女性走出家门以及主张一夫一妻制,等等。然而在北京,其中还有一项我们现在很陌生而当时颇为轰动的禁令,那就是禁止梨园私寓制——一种在清中晚期的北京盛行的以梨园子弟(主要是学徒期的年轻的男演员,时称"相公"或"像姑")在"私寓"陪伴客人消遣、饮酒、宴会甚至留宿的娱乐营业方式。无一例外的,这些"国耻"也都是在当时西方社会中不存在而让西人非常好奇、惊讶并鄙视的。这些习俗让许多进入二十世纪的中国人感到抬不起头来,并进而认为自己的文化"变态"。当然,我在这里完全无意于对晚清梨园私寓制进行"溃烂之处艳如桃花"式的辩护,但我试图通过对废除梨园私寓制的个例,和二十世纪初关于中国传统演艺体制中倡优不分的观念的讨论的分析,探讨二十世纪初现代化和西化对中国传统性道德观念的冲击和影响。

一、私寓制的废除

清末民初的许多笔记都记载了 1912 年北京禁止梨园私寓制这个事件,在二十世纪初,这是北京梨园和士人的业余娱乐生活中的一件大事。[②] 但私寓严格

---

① 如果翻阅当时最具影响力的杂志《新青年》(第一到第五卷,1915—1918),那么这种文化自卑感可以说是扑面而来,尤其是胡适、钱玄同、刘半农、周作人和傅斯年等人的文章。他们都相信"中国无戏剧";"中国的小说没有一部好的,没有一部应该读的";认为中国最好的小说,亦无法与西洋小说比肩。胡适更认为"今日中国人所谓男女情爱,尚全是兽性的肉欲"。见《新青年》第三卷第六号,第 10、12 页;第四卷第一号,第 76—77 页;第五卷第一号,第 79 页;第五卷第五号,第 526—527 页。

② 见周剑云编《菊部丛刊》,《民国丛书》第二编第 69 册,上海书店,1989 年;周明泰《枕流问答》,香港嘉华印刷公司,1955 年;张次溪编《清代燕都梨园史料续编》,中国戏剧出版社,1988 年;Wu Cuncun, *Homoerotic Sensibilities in Late Imperial China*, London: RoutledgeCurzon, 2004;以及么书仪《晚清戏曲的变化》,人民文学出版社,2006 年。

说来并不是被法令突然强制禁止的。其实,在这禁令颁行之前,北京的梨园私寓已经开始衰败,有头脑的士人和知识分子已不再像他们的先辈那样以狎伶为韵事。③ 写作于清代末年的一些北京梨园竹枝词都注意到这一倾向并发出感叹。光绪二十二年(1896)一首描写京城风俗的竹枝词曰:

> 风流痴子甚堪怜,花柳场中误少年。
> 顾我多情犹似昔,人情已不似从前。④

诗人准确地捕捉到时风的嬗变,士人或伶人都有可能多情依旧,但征歌狎伶却逐渐不再被视作一种风流佳话。清末王述祖的《韩家潭词》也同样记载了这种"人情已不似从前"的行乐风气的转变:

> 昔日樱桃芍药家,家家座上醉流霞。
> 梨园子弟今零落,半掩朱扉月未斜。⑤

可见当时私寓之生意清淡。对比道光年间张际亮(1798—1843)《金台残泪记》中所描写这个地区的"家有愁春,巷无闲火""莺千燕万,学语东风"的繁华景象,很难让人不产生盛景不再的感叹。⑥ 宣统元年(1909)的一首竹枝词更直接从清末北京私寓集中的区域的街市景观的变化描写了这种盛行一时的行乐思潮的衰落:

> 像姑堂子久驰名,一旦沧桑有变更。
> 试看樱桃斜巷里,当门不见角灯明。⑦

---

③ 关于清代京中士人狎伶风气,请参见拙文《清代士人狎优蓄童风气叙略》,见刘梦溪主编《中国文化》第十五期(1997年),第231—243页。

④ 光绪二十二年醉春山房主人《都门虫语》,见张次溪编《清代燕都梨园史料续编》,第1177页。

⑤ 王述祖:《韩家潭词》,张次溪编《清代燕都梨园史料续编》,第1177页。

⑥ 张际亮:《金台残泪记》卷三,张次溪编《清代燕都梨园史料正续编》,第274页。

⑦ 宣统元年兰陵忧患生《京华百二竹枝词》,张次溪编《清代燕都梨园史料续编》,第1179页。

诗人在此诗下面自己加了一个脚注："旧日像姑堂子门内,必悬角灯一盏,樱桃斜街素称繁盛之区,今已寂无一家。即韩家潭、陕西巷等处,亦落落晨星矣。"堪称是最能反映当时社会性爱风气变化的证据。

值得注意的是,倡导废除私寓制是由当时名旦田际云(1864—1925,艺名响九霄)提出而终于得到政府的响应的。在这件事上,一向乐为风气先的士人似乎在最初并没有起什么倡导的作用。相反,民初的一些士人对废除私寓制的态度颇为暧昧,并因此对田亦褒贬交杂,很不一致。大致来说,思想开放的年轻知识分子对田的倡举及为人十分肯定和赞赏,如周剑云《响九霄传》力赞其人:"惟际云虽习花旦,以妍姿媚态见工,而赋性刚介,深恶私寓子弟之无人格,抱羞与为伍之心。除演剧外,绝不屈节承欢于达官贵人之前。故爱之者辄有可望不可即之憾。是能为伶人保存人格者。……居恒以改良伶界为志"。⑧ 但同时期不少守旧的士人却对田谩骂有加,如陈彦衡《旧剧丛谈》曰:"田际云,梆子花旦,又名响九霄。少时尚姣好,中年臃肿,少风韵,艺亦平平。其人工于心计,组织玉成,编制新剧,颇能轰动一时。当时人以其名对'忘八旦',可谓滑稽之尤。⑨《清稗类钞·优伶类》有"想九霄屡受辱詈"一条,也写出了当时一些守旧的士人对他的憎恨:

> 想九霄即田际云,色艺兼优,风流籍甚,而屡为士大夫所辱詈。工部郎中龚才杰口角锋利,偶于会馆堂会中,见九霄至筵前请安,辄呼之为兔儿。九霄闻之,反身即去。是日九霄应唱之堂会戏,竟排而未唱。遣人往催,则语来人曰,"想九霄为供奉王爷之人,非尔等穷措大之玩具"。会馆中人竟无如之何。未几,龚竟为御史所劾,去官。文芸阁学士亦以其骄而恶之。尝詈之为忘八旦,闻者谓此语可为想九霄三字的对。其后竟以弄权纳贿,怙恶纵淫,奉旨拿办。忘八旦三字不意成为考语矣。⑩

---

⑧ 周剑云:《伶工小传》,第 27 页,周剑云编《菊部丛刊》。
⑨ 张次溪编《清代燕都梨园史料续编》,第 853 页。
⑩ 徐珂:《清稗类钞》第 11 册,中华书局,1986 年,第 5136 页。

在貌似公允的叙述里充满了对田的痛恨以及对他的遭遇的幸灾乐祸。作者有意改田的艺名"响九霄"为"想九霄",试图把田描绘为一个热衷于往上爬的小人。这类带有明显的偏见的笔记,其史实的可靠性当然也要打一些折扣。类似的谩骂,在民初亦颇不少见。当然我们很难说这种谩骂里没有老式士人是因私寓被禁而移怒于田的成分。

日本学者波多野乾一(1890—1963)《京剧二百年史》中叙述比较客观,也披露了前后的一些细节:"彼(田际云)以私寓制度,为伶界奇耻,欲上书废止之。宣统三年(1911),呈未上而被私寓有力者阻挠,御史某受贿,诬彼以'暗通革命党,编演新剧,辱骂官僚'之罪名,下诸狱者百日。民国成立,彼以贯彻初衷故,请愿禁止私寓,终至成功。又请废止女伶兼营娼业者,亦得其许可。"⑪田际云为改革传统的戏曲体制和提高演员的社会地位所做的一贯的努力和不屈不挠的精神从这里可以获得一个清晰的轮廓。从这段话里我们也可以发现清末废除私寓的压力主要来自私寓的运营者以及京城中掌握权力的官员。他们出于既得利益和特权当然不希望看到私寓被禁。让私寓的营运者放弃自己商业上的利益不是一件简单的事。

然而私寓被禁在面临着西方文化观念的强烈冲击、人们都急于"维新"的二十世纪初似乎是一个必然的时代趋向。事实上,无论当时存在的是一个怎样的政府,批准和执行私寓制禁令都是一件势在必行的事。历史也许无法假设,但是如果不是清末中国惨败于西方的经历,私寓制在北京要维持多久,是一件我们现在无法预测的事。而在二十世纪初年,新的共和政府要废除私寓制应算是一件得"天时地利人和"之事,对当时的政治形势来说是有利无弊。在深受着军事、经济、政治和外交折磨的时候,处理这样一种文化上的"国耻"既深得人心,相对于政治军事等方面的改革也要容易得多,并且可以在社会上产生一种焕然一新的文化新面貌。因此,它几乎立即就被成立伊始的共和政府列入日程——民国元年四月十五日北京梨园私寓的禁令正式颁布。

在各种各样的记载中,张次溪(1909—1968)《燕归来簃随笔》对1912年废

---

⑪　波多野乾一:《京剧二百年史》,鹿原学人译,台北传记文学出版社,1974年,第260页。

除私寓制一事的发生过程记载最详,他并且引用了当时京城警察局的禁令全文:

> 名伶田际云,于民国元年四月十五日,曾递呈于北京外城总厅,请查禁
> 韩家潭像姑堂,以重人道。外城巡警总厅乃于同月二十日批准。其告示原
> 文曾刊于是日《北京正宗爱国报》中,文曰:"外城巡警总厅为出示严禁事:
> 照得韩家潭,外廊营等处诸堂寓,往往以戏为名,引诱良家子弟,饰其色相,
> 授以声歌,其初由墨客骚人偶作文会宴游之地,沿流既久,遂为纳污藏垢之
> 场,积习相仍,酿成一京城特别之风俗,玷污全国,贻笑外邦。名曰'像姑',
> 实乖人道。须知改良社会,戏曲之鼓吹有功;操业优伶,于国民之资格无损。
> 若必以媚人为生,效私娼之行为,则人格之卑,乃达极点。现当共和民国
> 初立之际,旧染污俗,允宜咸与维新。本厅有整齐风俗、保障人权之责,断不
> 容此种颓风俗现于首善国都之地。为此出示严禁,仰即痛改前非,各谋正
> 业,尊重完全之人格,同为高尚之国民。自示之后,如再有阳奉阴违,典卖幼
> 龄子弟,私开堂寓者,国律具在,本厅不能为尔等宽也。切切特示,右谕
> 通知。⑫

这是一道很具有清末民初时代特色的禁令。文中大量使用受到西方文化影响的新名词诸如"人道""人格""人权""国民"等,虽然对这些词语的内涵的理解可能还很模糊,但禁令的作者显然很希望赶上时代潮流,以这些新名词起到号召和说服国民的作用。值得注意的是,禁令特别指出这一"京城特别之风俗"带来了"玷污全国,贻笑外邦"的严重后果。这是因为十九世纪的从西方来华传教、从事外交或经商的人,无不对北京的官员士人狎优蓄童的风气提出严厉的谴责。⑬这使私寓制成为了一种尤其见不得人的"国耻"。

这道禁令同时也力倡现在我们要建设一个维新的、改良的、平等的社会,大家一起做"高尚之国民",并直斥私寓的从业者"像姑"的"效私娼之行为"为"人

---

⑫ 张次溪:《燕归来簃随笔》,"请禁私寓",张次溪编《清代燕都梨园史料续编》,中国戏剧出版社,1988,第1243页。

⑬ Bret Hinsch, *The Passion of Cut Sleeve*, "Introduction", Berkeley: University of California Press, 1990, pp.1-2.

格之卑,乃达极点"。但这种谴责很值得玩味,虽然禁令指出要"保障人权",而且"旧染污俗,允宜咸与维新",但禁令的矛头只指向伶人,而完全没有触动狎伶蓄童的行为中的主动方"墨客骚人"。似乎一切"旧染污俗"都可以归尤于伶人的人格上的问题,而狎优蓄童的士人并不存在什么道德的问题。这种把梨园的耻辱归咎于伶人人格卑污的态度在当时似乎是士大夫的共识,民国初年姚华《曲海一勺》甚至以此来总结时弊,曰:

> 伎者声色兼重,优唱之家,与士夫日习,亦往往能自撰辞者,须眉风韵,粉黛雅娴,若评世美,可云相得。至于清代优伶私坊,犹存此意。……倡伎以色事人,不能风雅……门巷之中,无奸不匿;浊世百态,胚胎于此。因而推衍流毒无穷,国家世道,潜为牵动。欲言补救,先正乐人;谁司礼俗,请参鄙说。⑭

流风所及,甚至在三十年代鲁迅在《略论梅兰芳及其他》一文中还说:"崇拜名伶原是北京的传统。辛亥革命后,伶人的品格提高了,这崇拜也干净起来。"⑮把梨园的道德问题归结到伶人的品格问题。

当然,这其实也是中国传统的对待同性恋卖淫行为的一贯态度——宽宥主动方而苛求、谴责被动方。明清以来无数的涉及男风的小说都是以这样的道德出发点来处理小说的情节和正反面人物的。但这样的态度在当时视同性恋本身为极大罪恶的西人尤其是传教士看来,恐怕还是很失望的。因为这里没有对男风、同性恋行为本身的批判,而对于当时的西方文明来说,这才是真正的需要铲除的道德缺陷之所在。对于刚刚进入一个"改良"社会的二十世纪初的中国人来说,人们不愿意自己的国家"贻笑外邦",人们急于建立一个文明的新社会,但传统的巨大影响使人们对于所谓的"新文明"的理解还十分模糊。仔细地审读这道充满了新名词的禁令,我们可以说其作者对私寓的理解比起清代的狎伶的

---

⑭ 姚华:《弗堂类稿》之"论著丙"《曲海一勺·原乐第二》,沈云龙主编《近代中国史料丛刊续编》第二辑第二十卷,台北文海出版社,1974年,第304—305页。
⑮ 鲁迅:《略论梅兰芳及其他》,《中华日报》1934年11月6日,发表时署名张沛。

士人来还并没有什么实质上的改变。禁令显然在为其实是京中狎伶风气的"始作俑者"士人开脱,"其初由墨客骚人偶作文会宴游之地,沿流既久,遂为纳污藏垢之场",似乎私寓本乃士人风雅文会之场所,只因某些伶人"以媚人为生活,效私娼之行为,则人格之卑,乃达极点",而使之变成一种恶俗。也就是说,伶人的人格问题似乎要为"狎伶"的风气负全部的责任。

然而不管这禁令写得怎么样,禁令本身非常顺利地得到了执行,这当然是因为它顺应了当时的社会风气。这个禁令几乎是立即就得到了公众的拥护。虽然它可能会影响一部分下层伶人的生计,[⑯]但绝大多数伶人因自己的人格得到保护以及其社会地位可能由此得到提升而成了这个禁令的最积极的拥护者。老式士人虽然仍难以割弃征歌选伶的风流生活,但在人心思变的动荡时局下,难得敢发出什么冒天下之大不韪的逆耳之音。而年轻的知识分子当然义无反顾地以革除国耻为己任,理所当然地都成为这一禁令的坚定的支持者。禁令颁发之后,伶人和年轻的知识分子都不约而同地非常自觉地严格遵守,几乎到了过于敏感的地步。陈纪滢《齐如老与梅兰芳》里有一段关于戏曲家齐如山(1877—1962)在回忆他与梅兰芳(1894—1961)在二十世纪一十年代的交往时的话很能说明当时的围绕着京剧和旦角演员的这种不寻常的紧张氛围,当时齐如山为梅兰芳编写现代剧,在北京的戏曲界引起了不小的轰动:

> 虽然如老跟梅写了这么多封信,还没有和他长谈过,只有在戏院内碰见时说几句话,绝对没有到梅家去过一趟。为什么?据如老说:"一因自己本就有旧的观念,不太愿意与旦角往来。二则也怕物议。自民国元年前后,我与戏界人往来渐多,但多是老角,而亲戚朋友本家等等,所有熟人都不以为然,有交情者常来相劝,且都不是恶意,若再与这样漂亮的旦角来往,则被朋友不齿,乃是必然的事情,所以未敢前往。三则彼时相公堂子被禁不久,兰芳离开这种营业,为自己的名誉起见,决定不见生朋友,就是从前认识的人,

---

⑯ 当时报端经常披露一些伶人在私寓被禁之后仍偷偷摸摸地进行一些违禁的营业。见周剑云《挽近新剧论》之三,"淫伶不可恕",周剑云《菊部丛刊》,第58页。

也一概不见,这也是应该同情的地方。"⑰

文章明显地表露了这种紧张氛围并非来自警察的监控,而是一种社会压力,是一种士人与伶人自身"要求进步"的压力。可见这个时期的士人已完全不以与伶旦交往为风流韵事,当然更谈不上什么撰写花谱以自炫耀了。相反,像齐如山这样需要与梅兰芳切磋戏艺、编演新剧目的,也因恐遭物议而不敢公然交往,而爱惜自己名誉的名伶更为此几乎谢绝了一切与梨园圈子以外的朋友的见面的机会。对同性之间的交往敏感如此,也可以说是只有在清代男风盛行的风气过后才可能会有的后遗症吧。

二、由批评倡优并提的演员体制到全盘否定中国传统戏曲

私寓制的废除并不是民国初年处理梨园男风问题的结束,相反,它其实揭开了现代中国知识分子批评传统文化和性爱观念的序幕。从1912年私寓被禁之后,对于中国传统戏曲的批评,尤其是对其戏曲体制上的道德问题的批评后浪推前浪,成为民国初年的最热门的话题之一。而矛头所向首先都指向了倡优并提的演员体制,也就是周剑云所谓的"蓄优伶如娈童,狎媟侮弄,等于青楼卖笑之流"。⑱

二十世纪初对私寓制并进而对中国传统的戏曲的暴风骤雨般的批评来自梨园内外两方面的夹击。一方面,接受了新思想新观念熏陶的伶人当然义无反顾地拥护新的尊重伶人平等人权的体制,他们勇敢地站出来为捍卫自己的人格尊严而奋斗。如上所述,首倡废除私寓制的就是伶人田纪云(艺名响九霄)而不是知识分子或政府。然而由于当时伶人受教育水平很低,我们现在看到的来自伶人的历史文本很有限。他们显然奋斗最力,而他们的声音却常常被掩盖了。另

---

⑰　陈纪滢:《齐如老与梅兰芳》,台北传记文学出版社,1968年,第26页。
⑱　周剑云:《戏剧改良论》,周剑云编《菊部丛刊》,第1页。

一方面,新型的知识分子迅速接受了西方民主自由平等的观念,他们极度赞赏西方社会对戏剧和演员的认同和尊敬,因此而极力否定传统文化,尤其对晚清的老式士人风习深恶痛绝。至少在文本上,在公众的视野里,他们是批判传统性爱观和私寓制的主力军。在私寓被禁不久的一十年代后期,他们对中国传统的戏曲及其体系展开了最猛烈的批评并力倡"戏剧改良",其中尤以陈独秀(1879—1942)主编的《新青年》最具有代表性。而这些戏曲批评大多数与传统的性爱观念有关。

在 1917 到 1918 年间,《新青年》以胡适(1891—1962)、钱玄同(1887—1939)、傅斯年(1896—1950)和周作人(1885—1967)等主张"全盘西化"的新知识分子为急先锋,对中国传统戏曲展开了全面的狂轰滥炸。有意思的是,虽然这些以天下为己任的年轻气锐的批评者都声称自己是戏剧的门外汉,却一致坚定地认为要拯救中国的戏剧,就必须学"西洋的戏"。钱玄同在其《随感录》中说:

> 吾友某君常说道,"要中国的真戏,非把中国现在的戏全数封闭不可"。我说这话真是不错。……如其要中国有真戏,这真戏自然是西洋派的戏,决不是那"脸谱"派的戏。要不把那扮不像人的人,说不像话的话全数扫除,尽情推翻,真戏怎能推行呢?[19]

文中所说的"某君",指的就是当时在美国留学多年而刚刚回到中国的胡适。钱氏在这里并没有说明为什么"这真戏自然是西洋派的戏",但这在二十世纪初的中国似乎是一个不必质疑的问题。1918 年《新青年》第五卷第四号为"戏剧改良"专号,收录了胡适、傅斯年、欧阳予倩(1889—1962)等人的文章。现在看来这些文章往往显得幼稚,并且基本上是以西方的标准衡量一切而忽略对艺术本身或文化差异的考虑。其实在二十世纪初的西方学界,这已经属于保守和过时的观点,但在当时中国的时代背景下,这代表了最先进的知识分子的声音,事实上这些论点的社会影响也非常大。周作人给自己的洋洋洒洒的长篇论文直接命

---

[19] 钱玄同:《随感录》,《新青年》第五卷第一号(1918 年),第 79 页。

名为《论中国旧戏之应废》，开章明义提出：

> 中国旧戏没有存在的价值。[20]
>
> 我们从世界戏曲发达上看来，不能不说中国戏是野蛮。[21]

二十世纪初中国深受西方的蹂躏，但中国知识分子在接受西方文化上却似乎正处于蜜月期。西方文化几乎就等于科学、先进和现代化的代名词。从周作人的这些文字中，我们不仅可以读出当时的中国知识分子的严重的文化自卑感和失落感，更可以感受到他们深切的焦虑。天朝大国梦想的破灭使年轻的知识分子一时间在精神上无所适从，他们迫不及待地拥抱西方文化，企图因此而获得民族的重新振兴。这些新文化精英当时对西方文化的崇拜是充满激情的，也是十分忘我的，他们几乎没有给自己留一块反思自身文化价值的空间。可以说，周作人当时对传统戏曲的全盘否定的态度，并不完全是因为他是戏剧的门外汉或者缺乏艺术鉴赏力，而首先是为一种所向披靡的时代潮流所挟裹所致。

欧阳予倩在这些作者中大概最具有戏剧方面的权威性，但他也同样提出"中国无戏剧"[22]，并主张对中国戏剧进行"剧本、剧评、剧论"等三方面的改革。他对中国的演员体制，尤其是与私寓及男风有关的方面提出强烈的批评：

> 今日之所谓剧评者，大抵于技术之谈，多不完全。其对于伶人，非以好恶为毁誉，则视交情为转移。剧本一层，在所不问；而人情事理，亦置诸脑后。自某某诸名士作诗歌以昵近花旦后，海上多效尤之作。文人恶习，殊不足道，亦评剧界之蟊贼也。[23]

欧阳予倩的这些话可以说是准确地击中了清代剧评剧论的要害。其实清代中后

---

[20]　周作人：《论中国旧戏之应废》，《新青年》第五卷第五号，第526页。

[21]　同上，第527页。

[22]　转引自周剑云：《戏剧改良论》，周剑云《菊部丛刊》，第8页。

[23]　转引自周剑云：《戏剧改良论》，周剑云《菊部丛刊》，第8页。

期的剧评剧论几乎都是征歌品伶的花谱而不是认真的艺术评论。㉔ 傅斯年对欧阳予倩此论作了更直接和充分的发挥：

> 看到北京的戏评界，真教人无限感叹。……评伶和评妓一样。以前的人，都以为优倡一类（文人也夹在里头）。就新人生观念说来，娼妓是没有人格的，优伶却是一种正当职业。不特是正当职业，并且做好了是美术文学的化神，培植社会的导师。所以古代的莎士比亚、近代的易卜生，都曾经现身说法。更有许多女伶，被人崇拜为艺术大家。然而中国人依然用亵视人格的办法，去评戏子。恭维旦角，竟与恭维婊子一样。请问是恭维他还是骂他？㉕

"恭维旦角，竟与恭维婊子一样"堪称是这场讨论中最击中要害也是最能得到当时公众拥护的一句话。对倡优并提，尤其是伶人私寓制的批评，几乎成了当时新型知识分子批评中国传统戏剧的中心。

其实，倡优并提并不是什么晚清特有的腐败现象，而是中国自有戏剧以来的长远的传统。唐宋时期的官方演乐机构——教坊，其中的歌女舞女同时也都是官妓。明代早期开始禁官妓，但民间的勾栏曲院的女妓同时也被称为乐户。清代自雍正年起禁止一切女子入乐籍，所有旦角均由男性演员来演。但倡优并提的状况没有因此而产生丝毫改变，只不过顺水推舟地变成将年轻的男性演员视为陪酒娱乐的对象并进而发展成私寓制。在清代，任何伶人本人及其以下三代子弟都被禁止参加任何科举考试，而原因就是因为倡与优属于一类——是一种贱民。㉖ 包天笑《钏影楼回忆录》中曾详述自己在晚清参加科考（院试）的经历，他提道："（在清代）有许多人是不许考试的。譬如说吧，所谓娼、优、隶、卒的四种人的子弟，便是不许考试的。""优是指唱戏的。即使你是一个名伶，誉满全

㉔ 参见拙文《"软红尘里著新书"——香溪渔隐〈凤城品花记〉与晚清的"花谱"》，《中国文化》第 23 期（2006 秋季号），第 73—75 页。

㉕ 傅斯年：《戏剧改良面面观》，《新青年》第五卷第四号（1918 年），第 340 页。

㉖ 参见冯尔康、常建华：《清人的社会生活》，天津人民出版社，1990 年，第 291—321 页。

国，儿子也不许考试。不论唱京戏、昆戏、地方戏，都是一样。当时是戏子与婊子同等的"。⑳ 这是明清以来一直到二十世纪初年的中国社会上伶人的社会地位的真实状况。

当热衷于接受西方文化的年轻知识分子明白了戏剧在西方文化中的崇高地位以及他们对待伶人的截然不同的态度，深怀文化自卑感的他们感觉羞愧不已。除先锋杂志《新青年》之外，当时京沪报章间此类讨论颇不鲜见，侠佛（谢震，1867—1923）早在1912年私寓被废止不久就在《北京正宗爱国报》发表一篇社论《倡优不宜相提并论》，对这种传统观念提出挑战：

> 我们中国人，常将优娼二字，相提并论。其实，优是优，娼是娼，以后总要把他分开说。
>
> 中国当科举时代，把优人看得极下贱。岂不知戏剧歌曲，最能挽救世道人心。泰西各国，凡是戏剧歌曲大家，都受社会的欢迎，受官府的保护。不能像我们中国人，把唱戏歌曲家，看成低贱一流。㉘

无一例外的是，这种对倡优并提的批判，都是援引"泰西"——西方的行为方式作为正确的标准的。当然在当时的历史背景下，也很少有人再追究西方历史上是否都是这样予演员以礼遇和尊敬。㉙ 秋星（包天笑，1876—1973）《优伶之人格问题》亦通过与西方戏剧观念的比较，详细地追溯这些传统观念的源流并提出批判：

㉗ 包天笑：《钏影楼回忆录》，沈云龙主编《近代中国史料丛刊》第五辑，台北文海出版社，1974年，第97—98页。

㉘ 《北京正宗爱国报》第1929号，1912年5月6日。

㉙ 许多西方的历史学家和戏剧史家也都指出在西方历史上演员与卖淫的或多或少的联系。虽然学界目前似乎还没有关于这个问题的专题研究，但以下几种专著都在不同程度上涉及了在西方的不同的历史时期和不同的地区的有关问题，如 Barish, Jonas. *The Antitheatrical Prejudice*. Berkeley：University of California Press, 1981；Gardner, Jane F. *Women in Roman law and society*. London：Croom Helm, 1986，第129页，第246—247页，书中谈到在罗马法中将女优与娼妓一起归于"贱业"（low profession）；Davis, Tracy C. Actresses as *Working Women：Their Social Identity in Victorian Culture*. London：Routledge, 1991；以及 Powell, Kerry. *Women and Victorian Theater*. Cambridge：Cambridge University Press, 1997.

> 欧西各国之视优伶，初无分等级，其卑贱者自卑之耳。我国之视伶人不啻类于倡妓。而伶人之自视，亦若分所当然。既供其声，复献其色。更有进者，则牺牲其肉身而不惜。呜呼，颓风至此，言之痛心。吾不咎此无识之伶人，吾独咎彼自命宏奖风流之伪君子也。……至清室末叶，而伶风大坏，士大夫之优游于京都者，困于官箴，不敢明目张胆狎妓纵乐，而饱暖思淫，人之恒态。乃假名风雅，以男为女。召伶人之业旦而韶秀者，侍酒取乐。彼伶人受此提倡，习于女性，有时亦遂送客留髡，恬不为怪。每出则傅粉施朱，非男非女，与娼妓争妍夺宠，然后相公像姑之名，即为此辈之头衔矣。㉚

从这段话里我们已经可以看出当时士人对这个问题的认识已经深入了一层，开始反思士人自身的道德问题。秋星在《说捧角家》里对捧角的老式士人更展开了猛烈的批评：

> 具堂堂六尺之躯，持横扫千军之笔，何事而不可为，何功而不可立，乃甘底首下心于一弁而钗之旦角裙下，吾诚不知其居心何在。试为之别进一解。顾曲者，约略可分为四种：重艺而轻色者为上；征歌兼选色者次之；讲艺而辟色者近于伪；贪色而弃艺者斯为下矣。……色与艺若唇齿之相辅，不可须臾离。此犹色之广义也。陋者不察，自以为道德高尚眼界远阔而不知色之真义。……末一种则其见尤卑，所知尤下。彼眼中之色，非我之所谓色也，乃仅仅限于旦角脸子之色。所研究者，为眼波如何荡，腰肢如何瘦耳。彼等具此卑陋之思想，藏之胸中，则亦已矣，乃必扬之于报端，公之于大众，势不令人呕不止。㉛

这是一段很值得玩味的批评。作者显然仍然还保留着非常传统的观念，认为“色与艺若唇齿之相辅”，但是这样的论点当然与前面警察厅的禁令或姚华谴责伶旦的口吻已经很不一样，士人开始从道德角度反思自身在征歌选色活动中的

㉚ 秋星：《优伶之人格问题》，见周剑云编《菊部丛刊》，第26页。

㉛ 周剑云编《菊部丛刊》，第34页。

责任,反思在清代士人看来至为风流的狎伶旧习。这当然是士人对梨园男风或私寓制问题的认识的一大进步。

在所有这些新型知识分子的关于戏剧、剧评和演员体制的讨论中,我们无处不看到西方文化在二十世纪初中国的强大影响力。几乎可以说,这些讨论都是以所谓的西方为标准,来逐项检验中国戏曲中的各种现象,如果不能符合,那么似乎就应该废除。不幸的是,中西传统文化的巨大差异使检验的结果是中国戏曲几乎没有什么可以合乎标准的,因此结论也是像周作人、钱玄同等人所说的"中国无戏剧",中国式的戏剧不能被称为戏剧;如果中国要有真正意义上的戏剧,便是完全废除我们已有的戏剧系统而学习西方戏剧,一切推倒重来。

当然可以想象的是,与理论上的迅速转变相对的是,伶人的平等人权的提出和奋争在二十世纪上半叶的中国经历了为时不短的曲折过程。在实践中,它远非新知识分子们所讨论的那么轻而易举,可以说,社会上反对之声几乎一直是不绝于耳。早在二十世纪初,曾经主张维新的、思想相对开明的汪康年(1860—1911)就对尊伶发出不同的声音:

> 近来优伶,以新党屡言泰西重视伶人,遂稍与善举,遽欲与衣冠齐等,辄自名为艺员。不知既以娱人耳目为业,而其操术又极卑,遂欲援一二不根之说,欲人尊己。吾国所谓新者乃如是者耶?[32]

汪在同一部笔记里还援引从西洋归国的官员的话证明外国伶人的待遇并不像在中国传说的那么受尊重。其实,甚至那些以新思想自负的青年知识分子,自己也不能彻底摆传统的思想观念。前引的二十世纪一十年代后期的秋星的大张旗鼓挞伐倡优并提现象的文章下,周剑云(1893—1967)有一按语,颇可看出当时讨论的另一方面:

> 秋星此作,可谓慨乎言之。惟鄙见宜进一步立论。像姑之风,自民国成

---

[32]　汪康年:《汪穰年先生笔记》,《近代中国史料丛刊》第四十一辑,台北文海出版社,1969年,第43页。

立,坤伶入京,娼寮密布,已有起而代之者。士大夫有妓可狎,自当舍男就女,非具有奇癖,何至怀此特好? 矧伶人中之明礼者(如田际云等)亦已陈请官厅严禁私寓,以期永革颓风。……今后只须旦角尊重人格,除演戏外不得有扭扭捏捏之举动,以雌性惑人,则此风自可逐渐革除。③

周剑云的这个"进一步立论"其实却是退一步而已,他仍把狎伶之风的责任归于伶人的道德水平,认为只需通过伶人尊重自身人格便可以得到解决,而完全没有深入到士人方面或社会阶层之间的不平等这个最根本的问题。而值得注意的是,秋星本人一方面对倡优并提现象大张挞伐,一方面他就伶人的所谓"人格"问题发表过这样的议论:

> 伶人之业至卑至贱,伶人之品至鄙至丑,而伶人之人格亦遂不可问矣。道学自命者不屑与伶人语。警世自命者以伶人丑史笔之书。伶人自知其轻视于人也,颜益厚,势益张,飞扬跋扈,无所忌惮。④

在二十世纪初那个群雄争逐、泥沙俱下的混乱时代,现在我们至少可以知道的是伶人的人品并不会比其他人更卑鄙,但报刊上的类似的言论似乎不会引起时人的反对,因为大家似乎已经把这作为一种共识。

而浏览一些当时有影响的守旧的文人学士如罗瘿公、易哭庵、樊樊山等人在二十年代左右给名伶所写的诗词题赠,读者几乎难以感觉到时风的改变,这些名士的诗词几乎完全保留了晚清花谱的香艳风格,如罗瘿公写作于 1920 年的《赠程砚秋六首》中的几首诗:

> 除却梅郎无此才,城东车马为君来。
> 笑余计日忙何事,看罢秋花又看梅。
> 风雅何人作总持,老夫无日不开眉。

---

③ 周剑云编《菊部丛刊》,第 27 页。
④ 秋星:《优伶之人格问题》,周剑云编《菊部丛刊》,第 27 页。

纷纷子弟皆相识,只觉程郎是可儿。

紫稼当年绝代人,梅村蒙叟并相亲。

而今合待樊山老,评尔筵前一曲新。㉟

私寓在这个时期早已倒闭,狎伶也不再被视作为风流韵事。我们当然不能凭这些诗作就断言罗瘿公有狎伶的癖好,但诗中赏伶如赏花的俯视的态度和以风流自持遗老做派还是显而易见的。当然他们的作品也可以算是晚清梨园花谱的绝响了,他们去世以后,此类诗词基本上也就绝迹了。

而从更广泛的社会层面看,当时知识精英们的这些讨论也还远没有在社会上得到普遍接受。倡优并提的概念从理论上虽在二十年代之前就遭到暴风骤雨式的批判,但这种观念在真实的社会生活中并没有立即随之改变。改变的过程是相当缓慢的。京剧旦角演员刘迎秋在《我的老师程砚秋》一文中所谈的自身经历可以说是一个典型例证。在四十年代,作为大学在校学生的他因崇拜程派艺术而希望拜程砚秋(1904—1958)为师学唱戏,但程不想答应,他的回答听来非常辛酸:

> 你的家庭很好,本身又是个大学生,为什么要干这一行呢?你看我的孩子,一个学戏的也没有。社会上都歧视这行人,叫"戏子""淫伶"。使我受刺激最深的是,在军阀混战时期,我到山东演戏。一天,军阀张宗昌(1881—1932)听完戏后,不叫我卸妆,去陪他喝酒。我听了非常气愤,这不是污辱人吗?我当时说,这不合适吧。便卸妆离去。从此,我下决心不让子女唱戏。㊱

但刘执意拜师,然而拜师之后接下来的故事却也很能说明问题——他被所在的大学"记大过一次",这已经是四十年代了,而处分的理由竟然是:

> 你拜程砚秋为师,就是行为不好。一个大学生,拜一个戏子作老师,这

㉟　周剑云编《菊部丛刊》,《骚人雅韵》,第22页。
㊱　北京市政协编《京剧谈往录》,北京出版社,1985年,第212页。

简直是污辱了"老师"这个名字。㊲

显然私寓制虽然废除了,但伶人在三四十年代的社会上还远没有取得平等的地位,他们仍被歧视为从事与娼妓相似的行当。这原因当然也绝不是什么伶人是否自重的问题。在中国大陆,这种状况真正得到改善大概是五十年代,当时社会阶层之间的差别逐渐拉平,尤其是社会上层威风不再,演员被称为人民艺术家而开始受到极大的尊重。

将近九十年后的今天,我们重温二十世纪初这场讨论,头绪万千,是是非非难以再一次简单地下结论。当然,那种对中国传统戏曲采取一概否定的态度大约在二十世纪三四十年代就得到了许多有识之士的质疑和纠正——那无疑是过于幼稚和简单化的举动;但是,提倡人格平等、提升演员的社会地位的努力不仅使中国更快地步入现代社会,并且从中国戏曲本身的健康发展来看,也无疑是一大积极的进步。然而,历史似乎从来就不这样黑白分明、线条清晰,这些讨论也间接地影响到传统戏曲在现代中国社会的生存和位置,在相当程度上左右着戏剧在此后半个多世纪的现代中国的发展。戏曲传统在很大的程度上受到人为的行政的因素的干扰。中国传统戏曲在此后的半个多世纪是受益还是遭殃,祸兮福兮,遽难定论。而基于戏曲在传统中国社会上与娱乐并进而与性爱问题的千丝万缕的联系,这些讨论的一个很重要的副产品就是对中国传统的性爱观的冲击。可以这样说,从二十世纪二十年代之后,中国的性爱道德观基本上是沿着西方传统的以基督教的道德观念为主的方向发展,借助了西方的科学、民主和经济上的先进,这种传统的基督教性爱观在中国社会上的影响,比起其宗教方面的影响要深入得多。

三、关于男风本身的讨论与中国性史的西化

在这些关于狎伶捧伶的讨论中,有一个很值得研究尤其是熟悉西方文化背

㊲　同上页㊱,第215页。

景的学者都会特别关注的现象是,大部分讨论都集中在倡优不应并提以及尊重
伶人人格等演员的地位的问题上,而男风本身——现代所谓的同性恋,也就是士
伶之间的风流韵事,似乎只是一个边缘上的附着的小问题,鲜见认真的讨论。我
们现在能看到的最直接谈到清代同性恋文化的还不是在讨论戏曲时提出的,而
是在讨论浪漫的同性恋小说《品花宝鉴》时,钱玄同写给胡适的信中的一段话:

> 先生(指胡适)又谓"《品花宝鉴》之历史价值正在其不知男色为可鄙薄
> 之事,正如《孽海花》《官场现形记》诸书之不知嫖妓纳妾为可鄙薄之事",此
> 说尤有特见。[38]

遗憾的是,钱玄同在信中并没有指出胡适的这一"特见"有什么特殊之处,他也
没有就这一"特见"作进一步的阐述或发挥,或者更可能的是,他本人对同性恋
本来也没有什么想法。把男色与嫖妓纳妾并提,在当时中国读者听来,可能颇感
新鲜和严重。其实,胡适的所谓的"可鄙薄之事"如果放到同时期西方社会对同
性恋的态度来看,就显得太轻描淡写了。在这个问题上东西方文化对同性恋的
不同态度是一目了然的。虽然胡适等西化的急先锋都急于向西方看齐,但深厚
的文化或宗教背景的力量仍然是不可低估的。在仇视同性恋的基督教文化看
来,"男色"与"嫖妓纳妾"当然决不能属于同类性质的问题。"嫖妓纳妾"大约可
以归于"可鄙薄之事",而好"男色"则简直是冒天下之大不韪,直欲置之死地而
后快。事实上,在西方的绝大部分国家,"同性恋"直到二十世纪五十年代后期,
它仍然是一个不得在媒体上公然出现的词,同性恋者和同性恋行为也一直是警
察和法律重点打击和惩罚的对象。而在二十世纪初心理医学流行之后,同性恋
又成为一种所谓的"性变态"的症状而成为"科学"研究的对象和需要诊治的病
理。这些现象显然都远非一句"可鄙薄之事"能够概括得了的[39]。

---

[38] 钱玄同:《致胡适书》,《新青年》第 3 卷第 6 号,第 18 页。

[39] 关于西方历史上尤其是近代西方社会对待同性恋的态度,近三十年来西方的学者做了大量的深入的研究分析,可谓成果累累,举不胜举。可参考一些百科全书的有关条目以及 David M. Halperin, *How To Do The History of Homosexuality*, Chicago: The University of Chicago Press, 2002 以获得对这个问题的基本理解。

但是在中国传统文化里,从远古到二十世纪初西方文化影响中国之前,我们从来就没有这种严厉仇视或歧视同性恋的倾向。"娈童季女,并以作兴"似乎一直被认为是一种自然而然的性态度。中国有史以来的各朝关于性犯罪的律令,几乎没有一条是专门针对同性恋的,这与欧洲历史上对待同性恋的严厉态度形成了几乎可以说是黑白分明的对比。在中国传统的文学艺术诸如诗歌、小说、戏曲里,同性恋也经常成为浪漫爱情的一个重要题材。而从宗教的角度看,我们跟基督教对同性恋的极端仇视和禁忌也截然不同。佛教反对一切纵欲行为,却从不专门对同性恋发出禁令,对同性的欲望和对异性的欲望在佛教看来没有多大的区别。基于这样的文化背景,尤其是胡适和钱玄同都并没有像当时某些留洋归来的留学生那样成为基督教徒,相反他们都对中国的哲学和佛教道教有一些兴趣,那么他们除了模糊地以西方的标准认为男色是"可鄙薄之事"之外,其实对同性恋本身并无多少认识或仇视。他们有强烈的振兴中华民族的抱负和民族自尊心,渴望中国的文学艺术能够侧身于世界文明之林,渴望中国的社会成为与当时西方一样的文明、平等、民主、自由的社会,因此他们当然渴望摆脱一切就西方文化而言视为"耻辱"的东西。这若干种因素混合之后的结果是,男风男色作为性的生理方面的因素因我们传统的对这个问题的无所谓的态度而被淡化或边缘化了,而与此紧密相关的私寓制和倡优并提现象因有悖于平等自由和崇尚戏剧艺术等得到普遍接受的新社会价值观念成为关注的焦点。胡适和钱玄同自己本来没有太大的兴趣去讨论同性恋的问题,他们所做的只是泛泛地打击一切有异于西方文化的现象和建立一个平等自由的新文化,因此男风到底有多么严重,他们没有说也没有进一步讨论。《品花宝鉴》到底有什么好处或坏处,他们语焉不详。这场讨论也就这样在没有太直接地讨论男风或同性恋问题而只聚焦于批评中国的演员体制并进而使中国的道德观沿着西方的道路发展的情况下结束了。

这种东西方文化的交融和矛盾是微妙的、意味深长的,也是非常值得细心梳理而不能想当然地一概论之的。无论是对于西方文化的影响本身,或者是对于当时提倡西化的年轻知识分子,它都具有一种反讽的意味。那些在当时的西方道德观念中认为至关重要的因素,在影响到其他文化时,这重要因素可能会在本土文化的强大抵抗力之下被偷梁换柱或边缘化;而对于当时尚未到而立之年的胡适等以西方进步文化的使者自命的知识分子而言,他们希望废除中国传统的"腐朽"文化,一切以西方为标准而建立起一种进步的新文化,却不知他们自己也在无意之中按照自己原来的文化背景而篡改着自己最为景仰的西方文化。时至今日,人们早已不再那么简单地看待文化问题,但重温这些历史现象,其微妙之处,仍不能不促人深思。

而一个无可置疑的事实是,随着私寓制在民初被废除和狎伶风习在新型知识分子的狂轰滥炸下而变成为臭名昭著的晚清老朽的遗风,这种曾在清代京城士人间极为流行并且被看作是风流浪漫的品伶制谱、狎优蓄童的行乐风气,可以说是在二十年代末彻底结束了。随着老式的士人相继退出文化舞台,新式的知识分子或小说家往往拿这一现象作为批判旧文化的典型事例。如在巴金的小说《家》里,作为封建家庭的代表人物的"祖父",就是有狎伶癖的老式士人,他既与守旧的遗老遗少们一起集社品伶,"在报纸上大吹大擂地发表梨园榜,点了某某花旦作状元",并认定"这是风雅的事",还喜欢让男性的旦角演员在舞台下扮女装照相。他的这些行为令他的孙子觉新鄙夷不堪,引以为耻,并因此而更加痛恨中国的旧文化而向往新的、革命性的、实际上也就是西化的新文化。[40]

而更令人玩味的是,这种深切的耻辱感不仅仅加快了年轻知识分子西化的决心,并且也促使人们对这一曾有的历史现象的迅速遗忘。到三四十年代,报章上再也找不到有关的讨论,曾经风靡一时而"坊肆所陈,触目皆是"的清代品伶花谱,也几乎一夜之间突然变成了"珍本秘籍"。[41] 早在张次溪在二十年代末三十年代初编纂《清代燕都梨园史料》时,他就再三感叹材料搜集之困难,他在《著者事略》里指出:"余纂《清代燕都梨园史料》历八载之久,始罗得三十八种。而真撰者之姓名、爵里,其有考者,只十四人。"[42]当时许多学者都对张次溪能找到这已几乎失传的五十一种花谱而感到极其欣慰,赵景深《清代燕都梨园史料续编序》中说:

⑩　巴金:《家》,台北远流出版公司,1993 年,第 61、267 页。

⑪　黄复:《清代燕都梨园史料正续编序》,张次溪编《清代燕都梨园史料续编》,第 8 页。

⑫　张次溪编《清代燕都梨园史料续编》,第 24 页。

　　张次溪先生的《清代燕都梨园史料》是戏曲史和演剧史上的一个极有价值的贡献。他博搜广采的勤勉极可惊人。我对于这方面是愚昧无知的。起初只从青木正儿的《中国近世戏曲史》上知道有所谓《燕兰小谱》《听春新咏》《怀芳记》《明僮合录》这四种，又从这书上知道扫叶山房本的《清人说荟》二集里有《金台残泪记》《长安看花记》《辛壬癸甲录》《丁年玉笋志》《梦华琐簿》这五种。我便把这五种买了来，并以未得一读其他四种为憾。后来看到廿三年《剧学》月刊三卷八期上的介绍，方知张次溪先生的大工程已即将出而问世，其中不仅把我所想看的四种完全收入，并且除了这九种外，又增加了十九种珍本秘籍。当时我已经惊服他的努力。谁知隔了四个月，就又在《剧学》月刊十二期上看到一个消息，说起他这部书又增加了八种新的名贵作品。于是我又把张先生的这部书买了来。……但成书之后，我们虽已经佩服得极，他却仍以为未竟其业，依旧继续搜求，于是又有这部《清代燕都梨园史料续编》的辑集。[43]

看来如果没有张次溪的这番努力，我们今天大概可以使用的史料就更少了。但是我们要注意的是，当时学者们对《清代燕都梨园史料》的重视是纯学术的，或者说是从"科学研究"的角度出发的。这个时期的学者已经再没有兴致从欣赏的角度来阅读这些"游戏文字"了，相反，他们从各个角度甚至在本书的序言里，都对这些文本进行了或多或少的严厉的批评。郑振铎认为此类著作乃对"变态性欲的描写和歌颂"，他并且认为，"此实近代演剧史上一件可痛心的污点。唯对于研究变态心理者，也许也还足以作为参考之资"。[44] 黄复在序言里也认为"揆其陈义，初无足观"。[45] 本书初集出版不久，徐一士（1889—1961）在《国闻周报》发表了如下书评：

㊸　张次溪编《清代燕都梨园史料续编》，第951页。

㊹　郑振铎：《清代燕都梨园史料正续编序》，张次溪编《清代燕都梨园史料续编》，第7页。

㊺　同上，第8页。

张次溪(江裁)好研究故都名胜古迹,人物遗事。于梨园掌故,亦颇致力。留意其社会之影响。近刻《清代燕都梨园史料》,为《双肇楼丛书》第一辑,……都三十种,均清人著作。惟后二种为张君自编,亦蔚观矣。其中有罕见流传者,尤可珍。<u>特狎优伶、嬖男色,最为昔人恶习。品题歌咏,以颓俗为风雅。斯类文字,萃列辑中,阅者宜别具只眼,惟着重于社会史料之意味,辑者搜刊之本恉,或不悖欤。</u>⑯(重点号为原作者所加)

这么多的学者对这种"昔人恶习"进行谴责,社会风气的改变是可以强烈地感知到的。历史进程的变化之快,有时是隔代之后的人们所难以想象的,尤其是当这种风气令人们感到羞愧和耻辱。其实,这也是一种殖民文化的特征之一。虽然中国从来没有成为严格意义上的殖民地,但以欧洲文化为中心的文化殖民主义在中国影响深远。当原有的文化不符合于"进步的"现代文化或不符合新的道德标准,人们往往会采取一种集体遗忘的态度来对待它,使这种曾经存在的现象因为遗忘而变成似乎不曾存在。事实上,这种遗忘在中国似乎很成功。在七八十年代,甚至九十年代初,无论是在中国大陆还是在港台,如果有人敢于在报刊上讨论这个问题,大部分人,包括学者,都会认为这是在故作耸人之谈。当时似乎整个华人社会都坚信我们的文化中没有同性恋的问题——同性恋被认为是现代西方道德堕落或性变态的一个标志。在很多人的印象里,中国传统的性爱状况和道德观几乎是从西方的维多利亚时期的模子里翻出来的。这种根据新的道德标准而改写自己的文化史和性史的现象,其实不仅在中国,而是在二十世纪的绝大部分的非欧洲国家都存在。⑰

【吴存存　香港大学中文学院教授】

原文刊于《中国文化》2008 年 02 期

---

⑯　徐一士:《凌霄·一士随笔》,沈云龙主编《近代中国史料丛刊续编》第六十四辑,台北文海出版社,1984年,第 1034 页。

⑰　可参考 Bauer, J. Edgar.2006,"Magnus Hirschfeld:Panhumanism and the Sexual Cultures of Asia",Intersections:Gender, *History and Culture in the Asian Context*, Issue 14, (November 2006).

严复的翻译

［美］汪荣祖

　　钱锺书先生早有《林纾的翻译》一文问世，迄今一再重刊，脍炙人口。① 严、林既然并称，我猜想钱先生一定有写一篇《严复的翻译》的意思。去年我曾向他请教严复与曾纪泽互诋事，接到他一九九二年三月廿八日复函，说是"未病前，本欲撰《严复的翻译》一文，题《林纾的翻译》为姊妹篇，涉及此段因缘。今衰疾不能为文，便以相授、供足下采撷可也"。钱先生果然有意要写《严复的翻译》，因病未执笔，今更鼓励我来写。长者的美意，令我有续貂的勇气，草写此篇。

　　严、林并称，严、林两位都不会乐意。钱先生已提到，当康有为以"译才并世数严林"赠林纾时，林纾固嫌严上林下，严复亦嫌林不通外文，不屑地说："天下哪有一个外国字不认识的译才?!"然而严、林齐名，其来有自，至少可追溯到光绪廿八年间的孙宝瑄，孙氏《忘山庐日记》于该年十月十九日记道："今人长于译学者有二人，一严又陵、一林琴南。严长于论理，林长于叙事，皆驰名海内者也。"②此实已成为民国以来国人的共识，更何况严与林都是闽人，又同以古文著称，坊间亦印有严、林合集出售。林纾虽不通外文，但其译笔流畅，有时十分传

---

① 此文初发表于 1963 年出版的《文学研究集列》里，收入《旧文四篇》，上海古籍出版社 1979 年版，第 62—95 页;《林纾的翻译》，商务印书馆 1981 年版，第 18—52 页;《七级集》，上海古籍出版社 1985 年版，第 67—100 页;罗新璋编《翻译论集》，商务印书馆，1984 年版，第 696—725 页。
② 孙宝瑄:《忘山庐日记》上册，上海古籍出版社 1983 年版，第 593 页。

神;早年用心之作,尤具艺术价值,钱先生于《林纾的翻译》一文中已经具言。总之,严、林同为近代中国译书界的先驱,都占有一定的历史地位。

钱锺书先生说得好,翻译是将一种文字"化"为另一种文字,化不好,即成"讹"。译文成讹,早已成为中外学者丑诋与嘲笑的对象。在翻译的过程中,之所以会损失原意,误解原意,以及"如翻转花毯,仅得见背",主要由于两层障碍:一是文字上的隔阂,中西文字间差异甚大;二是概念上的鸿沟,中西间宇宙观的差距亦大。是以西书中译的优劣成败,端视克服此双重障碍的成果。严复能提出译事三难,信、达、雅,足见他深知点化维艰,颇得个中三昧,难怪被译家奉为圭臬,传诵与引用不衰。但是论者常常将此"三难"分开来说,例如赵元任认为"信"才是翻译的基本条件,陈西滢更说"宁信而不顺",朱光潜也认为信最难,傅斯年、瞿秋白等则视"雅"有碍"信"与"达"。其实信、达、雅应是三位一体的。据钱锺书的考证,三难出自佛典的信、达、严(释为饰,即雅),并揭示"译事之信,当包达、雅;达正以尽信,而雅非为饰达",和盘托出三难的微意,洵属不易之论。[3]我们可据此进一步说:求信,莫若直译,但直译很难渡越文字上以及概念上的隔阂。张贵永于其《西洋通史》中译"Lion's Share"为"狮的一份",不能说不"信",但却不能充分表达原文的意思,不懂洋文的中文读者便无从领会其意,直如严复所说,"顾信矣不达,虽译犹不译也",亦即钱先生所说,"译文达而不信者有之矣,未有不达而能信者也"。"信"不能舍"达",谁能说不?

所谓"雅非为饰达",乃指"雅"并不是润色加藻,徒逞华丽,而实有助于信、达。可举的例子很多。如译"God Knows"为"上帝知道",已可称信、达;若译为"天晓得",则更得一雅字。因为此一简单的翻译,实已牵涉到复杂的中西宗教观之异。中国的宗教观向来不倾向于"一神论"(Monotheism),所以即使将英文中大写的"神"(God)译作上帝,亦不比中文概念中的天大,故译作"天晓得"!

---

③ 钱锺书:《管锥编》第三册,中华书局,1979年,第1101页。钱先生又曾指出1930年代商务印书馆出版的周越然编英语本提及严复的信、达、雅三字诀受到英人泰勒(Alexander Tytler)《翻译原理》(*Essays on the Principls of Translation*)一书的启示,见刘靖之主编《翻译新论集——香港翻译学会二十周年纪念文集》(台北:商务印书馆,1993年,第159页。严复可以同时受到英人著作与佛典的启示,自不必非"杨"即"墨"。

不仅更为妥帖,而且更能够传神,那就是雅。④ 又如英文中"to drink like a fish",译作"鱼饮",虽对原文的文字忠实,但译文的意义并未能在中文中畅达,故必须译作"牛饮";将"鱼"易为"牛",并不是不信实,而是更能沟通两种不同语文的语意与境界,这也就是雅,是以十八世纪施塔儿(Mme de Stael)有名言说,"畅达始足满人意"(Tout Compredre rend très indulgent)。要畅达,则必须掌握不同语文的结构与文法,及其文化背景,才能将超越语文的共通"思议",从一种语文化及另一种语文来表达。这也就是金岳霖所说的"译意"⑤,也就是严复所说的"达恉"。希腊文中"翻译"(Metaphrasis)一字,亦具"意译"(Paraphrase)之意。可说是东西海心同理同了。

严复刻意求古,人所共知。⑥ 他极力想从中华古典中寻觅陈词雅句,以表达西文的思议,不免一名之立,"旬月踟蹰"。有时即使踟蹰旬月,亦无法找到适当的古词,只好别创新词,如"物竞""天择"倒亦不失典雅,可谓不朽。但有时自认为已找到适当的语词,如"计学""名学",终不敌通俗的"经济""逻辑",曲高和寡,只好说是"劣币驱逐良币了"。⑦

严复以典雅的古文译笔,阐释近代西方玄理,把外国新酿,包装在古色古香的旧酒瓶中。此种雅兴,对五四之后白话文通行后的新知识分子而言,不仅不雅观,而且不伦不类,难以索解。译者虽已达恉,若读者看不懂,则对这些读者而言,犹是未达。鲁迅曾说,严式翻译只有"放进博物馆去欣赏"。但严译的过时,并不能抹杀它在艺术上的价值,更不应忽视它对时代的影响与意义。严复之前,早已有不少译书,但由于文不"雅驯",不被晚清的士大夫所重视,而严译一出,内容清新,文字古雅,"骎骎与晚周诸子相上下",自然会震动士林,连目中无人

---

④ 赵元任提出一个问题:"如果原文不雅,译文也应该雅吗?"见氏撰《论翻译中信达雅的信的幅度》,《翻译论集》,第726页。雅不能作字面上解,原文不雅,译成雅文,不仅不信,而且不雅。雅须畅达而具韵味,周密妥帖而恰到好处。画虎类犬固然不雅,画犬似虎亦大不雅。

⑤ 金氏说,"所谓译意,就是把字句底意念上的意义,用不同种的语言文字表示出来",以别于"译味"或用不同文字表示感情上的意味。参金氏著《知识论》,商务印书馆,1983年,第811页。

⑥ 严复致梁启超函中说得很清楚,"若徒为近俗之辞,以取便市井乡僻之不学,此于文界,乃所谓陵迟,非革命也。且不佞之所从事者,学理邃赜之书也,非以向学僮而望其受益也。吾译正以待多读中国古书之人"。见王栻主编《严复集》三册,中华书局,1986年,第516—517页。

⑦ 黄遵宪曾劝严复"造新字",见《严复集》五册,第1572页。

的康有为亦不得不另眼相看。⑧严译不过八九部,与林纾所译的一百七十余种,在数量上远远不能相比,然而在思想界的影响力,殊非林译可以企及。

严复的第一部译作《天演论》,译自英人赫胥黎(T.H.Huxley)所撰《演化与理》(Evolution and Ethics)一文,于一八九八年四月正式出版,顿时洛阳纸贵,最负盛名。美国学者史华慈(Benjamin Schwartz),曾对严译作了颇有系统的研究,出版了《寻求富强:严复与西方》(In Search of Wealth and Power: Yen Fu and the west)一书。⑨史氏视《天演论》为"赫文意译"与"以斯宾塞(Herbert Spencer)驳赫胥黎"二部分的合璧。他指出斯氏将达尔文(Charles Darwin)的生物进化演为"社会进化论"(Social Darwinism),重在天演,而赫胥黎则强调以"伦理"来对抗"天演",并说严译略去"伦理",可见严氏崇斯绌赫的趋向。其实严复何尝不可译赫文为"天演与人伦",然则又何异于当时《时务报》的译文?正见严氏刻意师古,精译"天演论",略去"人伦";译《国富论》(Wealth of Nations)为《原富》,将"国"略去以窥微言大义,西方汉学家不通古文义法,以致有此陋见。然而居然有人附和此一陋见,并添蛇足:"著名只用了原名的一半,正好表明译者不同意原作者把自然规律(进化论)与人类关系(伦理学)分割、对立起来的观点。"⑩事实上,"古文义法"亦可见之于西方,钱氏《管锥编》卷五指出:"十八世纪德国阐解学祖师沃尔夫(Frederich August Wolf)谓人必有以古希腊语、拉丁语作文之长技,庶能于古希腊、罗马典籍领会亲切,方许阐释。"⑪

史华慈既认为严复以斯攻赫,必然要大费周章解释何以还要翻译赫文。其实,严氏固然不完全赞同赫说,亦非全盘否定,自非只因其简短而译之。《天演论》自序中明确指出,赫胥黎之书可以"救斯宾塞任天为治之末流",并在按语中一则曰,"赫胥黎氏于此所指为最宜者",二则曰,"赫胥黎保群之论,可谓辩矣",三则曰,"赫胥黎氏是篇,所谓去其所传者,最为有国者所难能;能则其国无不强,其群无不进者",四则曰,"赫、斯二氏之言,殆无以易也",五则曰,"(赫氏)此

---

⑧　梁启超告诉严复,"南海先生读大著后,亦谓眼中未见此等人"。见同书同册,第1570页。

⑨　美国哈佛大学出版社,1964年出版。

⑩　李泽厚:《中国近代思想史论》,广东人民出版社,1979年,第261页。

⑪　钱锺书:《管锥编》三册,第1052页。

篇及前篇所诠观物之理,最为精微",足见绝非一心以斯攻赫。我们不必视严氏按语,尽是在发表他本人的意见;他同时也在作注释,把别人的说法,特别是斯宾塞与达尔文的意见,引入按语,不仅订正赫说,而且补充说明,以获致他认为较为平衡的观点。他将按语与原文分开,一方面保存了赫氏原文的风貌,另一方面对进化论作了更进一步的说明。实在无须采取非杨即墨的观点,把严氏定位于斯宾塞。严复一心要把他所理解的天演论说清楚,是十分显而易见的,实在没有必要囿于一家之说,吴汝纶序言中,所谓"天行人治,同归天演",实已道出译者汇合赫、斯二说的微意。⑫

　　严复为了充分说明西方进化论的玄理,借重佛、道,以及宋明理学的概念和词汇,是毫不足为奇的,因在中国的传统文化里,佛道理学中的抽象资源最为丰富。史华慈对此颇有误会,以至于认为严复有"神秘主义"(mysticism)的倾向。事实上,严氏在《天演论》的"论十佛法"后的按语中,一再解释"不可思议",有谓"谈理见极时,乃必至不可思议之一境,既不可谓谬,而理又难知,此真佛书所谓不可思议"⑬,很明显地可以等同斯宾塞所说的"不可知"(unknowable),而不是什么神秘主义。至于史华慈说,严复于追求西方式富强的同时,从神秘主义中得到精神上的慰藉,更不免令人有捕风捉影之感。⑭

　　严复虽不完全是斯宾塞的"信徒"或赫胥黎的"叛徒",但他信服进化论则绝无可疑,可以称之为"天演宗哲学家"。他认定进化论是十分科学的学理,没有警觉到达尔文的生物进化说,不仅有破绽,而且进化过程仍有太多的空白,难以衔接,而斯宾塞的社会达尔文主义更是哲学性远远超过科学性。他以生物进化论为放诸四海皆准的科学,亦以社会进化论为普遍的公理,与章太炎的"俱分进化论",截然异趣,很明显地表示了二氏不同的文化观点。严氏显然倾向文化一元论的观点,难怪于一九○四年译甄克思(Edward Jenks)《政治史》(*History of Politics*)时,颇为赞同甄氏所提出的一种单元的人类社会发展观,从图腾社会到宗法社会,再进化到军国社会,以为是全人类政治发展的共同模式。是以他相信

---

⑫　参阅《严复集》五册,第1317—1476页。

⑬　见上注同书同册,第1379—80页。

⑭　见Schwastz,*In Search of wealth and power.* p.104.

中西文化之间,"总相"可以涵盖"殊相",二者之间不仅没有冲突,而且可以互相发明。关于这一点,史华慈看得不错,严复确是认为"研究近代西方思想实可烛照古代中国思想之幽"(The study of modern Western thought actually throws light on ancient Chinese thought)。[15] 不过他同时亦以中国古典之烛来照洋典之幽,例如赫胥黎原文中有这样一句神来之笔:"总之,白鸽欲自为施伯来爵士"(The pigeons, in short, are to be their own Sir John Sebright)。[16] 能读英文者,固知施爵士乃善于养鸽之人,但中文读者多半不会知道施某何人,所以严复乃将此洋典易为汉典:"何异上林之羊,欲自为卜式;湃渭之马,欲自为其伯翳。"卜式乃汉朝人,以养羊致富,伯翳为皋陶之子,似与马无关,或系识千里马的伯乐之误。严复看到施伯来之鸽,想到卜式之羊,伯乐之马,可谓通古识"西",使略读古书的国人,立即达恉,怡然领悟。然而时代变了,对不读古书的中国人而言,严氏之易洋典为汉典,不但不必要,反而增加理解上的困难,还不如径译为"白鸽欲自为善于养鸽的施伯来"。由此又牵涉到另一问题,那就是当今中国所面临的翻译工作,不仅要把有价值的外国书译成中文,且须将有价值的古籍译成白话文。

《天演论》刊布后的轰动,并不难理解,吴序实已预见。除了文辞优美,赢得士大夫们的青睐之外,则因"赫胥黎氏以人持天,以人治之日新,衡其种族之说,其义富,其辞危,使读焉者怵焉知变,于国论殆有助乎"。在甲午丧师之后,以及列强瓜分之势日益迫切的情况下,《天演论》中"弱肉强食""优胜劣败""适者生存"等警语,自然会产生一种怵然心惊的危机感,以及祈求救亡图存的使命感。危机与使命的交集,导致知变,以至于求变。由于危机感的深切,求变的意愿亦特别强烈,很可说明近代中国迅速从变法趋向革命的过程。强烈的革命决心显然来自急切的危机意识,非采激烈手段不足以救亡。果如此,则以严复反对革命的坚决态度,则强烈危机意识所产生的后果,殊出其本人意料之外,至少非其乐见。社会达尔文主义经由严复的译介,在中国思想界所产生的影响,反映了当时中国遭遇列强侵略的特殊环境。美国史家何夫斯达(Richard Hofstadter),于《美

---

⑮　见注⑭同书,p.99。王国维曾谓:"执近世之哲学以述古人之说,谓之弥缝古人之说则可;谓之忠于古人则恐未也。"可资参照。

⑯　Thomas H. Huxley, *Evolution and ethics and Other Essays*(London：Macmillan 2 Co,1894),p.22.

国思想中的社会达尔文主义》(*Social Darwinism in American Thought*)一书中,指出斯宾塞的学说在美国比在其本国,更受到欢迎,而当时美国资本主义起飞,保守色彩甚浓,"适者生存"适足以使大资本家与帝国主义者自认为适者,提供了理论根据。同一社会达尔文学说,在同一历史时期中,在中美两地由于环境的不同,产生了绝不相同的影响,相映成趣,饶具兴味。

严译《天演论》一炮而红,必然鼓励他继续译书。史华慈说严复一意追求富强,其实富强只是他所追求的表象,他最重视的根本应是"民智""民力""民德"的提升,如果这三项追求不到,富强永无可能,仅仅是一场春梦而已。[17] 他的翻译受到欢迎,至少使他感到于增"民智"一项,可以有所作为,故于致张元济函中说:"民智不开,则守旧维新两无一可。即使朝廷今日不行一事,抑所为皆非,但令在野之人与夫后生英俊洞识中西实情者日多一日,则炎黄种类未必遂至沦胥;即不幸暂被羁縻,亦将有复苏之一日也。所以屏弃万缘,惟以译书自课。"[18]严复有官俸,自称"译书原非计利";然而由于他的译名大炽,稿酬甚高,如《原富》(即《国富论》)稿,张元济"许以两千金购稿",而北洋译书局"估价乃三千两百两"。[19] 此后上海商务馆刊行严译丛刻,销行颇畅,对其晚年的生计,应该不无小补。

他虽曾誓言,"此后正可不问他事,专心译书以飨一世人",他的生平事业亦以译书最为著称,但当时的士大夫总以笔耕为退而求其次的余事,严复亦未能免俗,如谓"自叹身游宦海,不能与人竞进热场,乃为冷淡生活,不独为时贤所窃笑,家人所怨咨,而掷笔四顾,亦自觉其无谓"。[20] 可以想见他不得已而为之的心情。

不过,严复确是难得的译才,就选书而言,就颇有眼光,天演进化论固然是十九世纪的显学,接着翻译的亚当·斯密(Adam Smith)《原富》(*An Inquiry into the Nature and Causes of the Wealth of Nations*)、孟德斯鸠(Baron de Montesquieu)《法意》(*De Esprit des lois*)、穆勒(John Stuart Mill)《群己权界论》(*On Liberty*)和《名

---

[17] 民智、民力、民德,其词其意一再出现于严复的诗文,以及私人书信中,可称之为严氏"三民主义"。
[18] 函见《严复集》三册,第 525 页。
[19] 见上注同书同册,第 534 页。
[20] 见上注同书同册,第 537 页。

学》(*Logic*),都是当代巨著。甄克思的《社会通诠》亦有为而译之。比诸"五四"时代的许多新学之徒,在西潮冲击下,分不清巨流与点滴,自然要高明得多。

严复选择意译,乃有鉴于中英两种语言的文法,极不相同,故必须将原文"神理、融会于心"之后,再用译文的语法来表达,自不可能逐字逐句翻译,而必须时而颠倒原来的字句与段落。再由于用文言翻译,势必简洁,不宜冗赘,英文中的许多语助词,自然须略去。还有一些图表数,以及无关宏旨的繁文赘句,或删置,或概括节要,总之严译固非将原文全部照搬;不过有时由于汉文语法结构所需,为了意义更加明晰,亦有增添原文所无的文句。他的译文好像有时吃了泻药,有时吃了补品,庶使原义脱胎换骨之余,不增一分,不损一毫。其实他再进而增饰打扮,更像地道的土产。在此可举《天演论》卷首第一段为例。若不加修饰,照原文可译为:

> 吾人可安心设想,二千年前凯萨涉足英南之前,仆书窗所见,整片田野风貌,乃呈原始景色,可能除今日犹可见之几处荒坟,截断山岗相连之地平线外,皆未经人手雕琢之迹也。

经过严复的加工改造之后,则读如:

> 赫胥黎独处一室之中,在英伦之南,背山而面野,槛外诸境,历历如在几下。乃悬想二千年前,罗马大将恺萨未到时,此间有何景物?计惟天造草昧,人功未施,其借征人境者,不过几处荒坟,散见坡陀起伏间,而灌木丛林,蒙茸山麓,未经删治如今日者,则无疑也。

确是铿锵有声,"骎骎与晚周诸子相上下"。然而严复为了达到此一目的,笔则笔,削则削,并大事踵华,删节了一些,也增添了不少形容词。原文中的"吾人可安心设想"(It may be safely assumed),以及"可能除"(Except, It may be)等等,都是洋味颇重的语助词,用之有碍观瞻,舍之不足以害意。而于此段主旨,即"未经人手雕琢"(Man's hands had made no mark upon it)的自然景象,则一再描述;"未经删治"之外,平添"天造草昧,人功未施"之句。恺萨之前增"罗马大将"一语,以便读者。原文中虽无"赫胥黎独处一室之中",但作者自称书窗所见,则其人其地已呼之欲出。严复不过是据实刻画,求其显活,而非向壁虚构,很可以想见他经营的苦心。

严复翻译时的苦心经营可以说是一以贯之,正也说明何以严译速度甚慢,产品较少之故。试看《原富》的内容涉及经济理财诸事,辞义虽难以瑰玮,译者仍将原文文理,"融会贯通为之"。如开卷首章"论分功之效",原文题目仅仅是"论分功"(On the Division of Labour),然而内容确是述论分功的效力,译名反而更能画龙点睛。又如第六章的第一段,严复的译文是:

民始合群,无占田亦无积聚,交易之事,舍功力则差率无由见。譬诸游猎之部,其杀一鼹鼠,方之杀一鹿者,其难倍之;则一鼹鼠应易两鹿,事之资二日作苦而后成者,其值倍于一日作苦之所成者,自然之势也。[21]

亚当·斯密的原文是:

In that early and rude state of society which precedes both the accumulation of stock and the appropriation of land, the proportion between the quantities of labour necessary for acquiring different objects seems to be the only circumstance which can afford any rule for exchanging them for one another. If among a nation of hunters, for example, it usually costs twice the labour to kill a beaver which it does to kitl a deer, one beaver should naturally exchange for or be worth two deer. It is natural that what is usually the produce of two days or two hours labour, should be worth double of what is usually the produce of one day's or one hour's labour. [22]

---

[21] 严复译:《斯密亚丹原富》,卷一,南洋公学印本,第25页。

[22] Adam Smith, *An Inquiry into the Nature and Cause of the Wealth of Nations*, New York: Random House, 1937, p.47.

　　译文较原文更为简洁,而意思包含殆尽,并无重要的遗漏,文句亦未多颠倒,也不觉得有翻译的斧凿痕迹。其余严译诸书虽详略有异,大概如是。时而且有佳句美词,足可朗朗上口,如《群学肄言》中的,"望舒东睇,一碧无烟,独立湖塘,延赏水月,见自彼月之下,至于目前,一道光芒,溇漾闪烁,谛而察之,皆细浪沧漪,受月光映发而为此也"。又如《群己权界论》"引论"中有:"夫弱肉强食,一群之内,民之所患无穷,不得已则奉一最强者以弹压无穷之猛势。不幸是最强者,时乃自啄其群,为虐无异所驱之残贼,则长嘴锯牙,为其民所大畏者,固其所耳。"严复在"译凡例"中指出,原书较为艰深,把原文转化译文自然更加困难,然而严译读来仍是优美的文言,文从字顺,文义明畅,亦无翻译的斧凿之痕。再如《法意》译有关英国宪政一段有:"夫天下之事虽极理想之精,而施之人事有不必皆利者矣,故人类往往计得于用中,而功隳于极点。然则不佞之所指画者,意可知矣。"(I who think that even the highest refinement of reason is not always desirable, and that mankind generally find their account better in mediums than In extremes.)[23]文句虽略有颠倒与增饰,但义无不达,句无剩意,仍然没有翻译的斧凿痕迹。

　　这些例子可以概见,严译无论在文字上或内容上,都很能将外文转化为地道的中文,使很多人读赫胥黎、斯宾塞,犹如读老子、庄子。可是译文太地道也会与人有"失真"之感,好像是洋鬼子穿上长袍马褂,反而看不顺眼。对此的矫枉过正便是直译、硬译,傅斯年就说过严译不可为训的话,甚至说:"直译便真,意译便伪。"[24]但是直译的结果,欧化的字句以及欧化的思维表达,便绝难避免。翻译既然主要是为不懂外文的人服务,沟通不良的服务,自然不能算是称职。[25] 更具讽刺性的是,直译有时比意译更难达恉,欧化的白话往往比文言更难懂。

　　傅斯年又曾说,严复的"达恉","势必至于改恉而后已"。这亦就是一般人所认为的:严复翻译别人的书,而在发表自己的观点。李泽厚就说过,"严复做的《天演论》确乎已不同于赫胥黎的原书《进化论与伦理学》了。"严复的确在翻

㉓　Baron de Montesquieu, *The Spirit of Laws The Great Books Edition*(1952), p.75.
㉔　参阅傅斯年:《译书感言》,原刊 1919 年《新潮》,收入《翻译论集》,第 36—68 页。
㉕　参阅黄邦杰:《也谈瘟三译文》,收入《译艺谈》,香港三联书店,1985 年版,第 10—11 页。

译时有自己的感想与看法,但是所有的己见都是放在"按语"中发挥的,《天演论》固然如此,《原富》有关国计民生,所发的议论尤多,自谓:"不佞每见斯密之言,于时事有关合者,或于己意有所枨触,辄为案论,叮咛反复,不自觉其言之长,而辞之激也。"㉖案语当然是严复的话,严译的正文是否也掺杂严复的话呢? 甚至有喧宾夺主之嫌呢? 史华慈认为严译颇能传达原著的要旨,但由于强烈的主见,时而加诸原著;而其主见则来自寻求富强的最终关怀,以至于仰慕西力,崇拜浮士德性格的西方近代文明(the Fustian character of western civilization),因而有意或无意地将国家的富强放在个人的价值之上,例如将有关全民福祉的语句,译为国家富强的语句。译《原富》一再强调致富的动力,视亚丹斯密为重商主义的创造者以及经济智慧的泉源,以至于将斯密氏由社会与个人组成的国富,演绎成以政府为主体的国富。译《法意》亦特别要显示法制乃求富强的工具,一心一意想要以国家法制来提升政经与教育的发展。译《自繇论》(后改称《群己权界论》),则从斯宾塞的观点来看穆勒的思想,且将穆勒所强调的个人与社会福祉,译为政府与国家利益,竟令穆勒最宝贵的"个人自由",在严复的译笔下几无踪影。穆勒以个人自由为终极目标,而严复仅以自由为提升民智、民德以及国力的凭借。

史华慈这些评论,似乎再度将严复的案语与译文混为一谈。然而《群己权界论》并无按语,若果如史氏所说,则严译不仅未能达恉,而且严重曲解原书。果真如此吗? 让我们赶快翻开《群己权界论》看看。严复提到,"原书文理颇深,意繁句重",不能"依文作译","不得不略为颠倒"。这原是他意译达恉的一贯译法,并不允许他任意将己意写入译文,或译文中出现原文所无的要旨,他亦无此意。事实上,严复的译文并未把个人、社会与国家相混淆,亦不曾以国家的利益涵盖一切;恰恰相反,他照穆勒的原意,把个人与群体(社会与国家)的关系译得很清楚,并以"群己权界"为书名,以特别标出此义。引论译文首见的自由定义:"所谓自繇,乃裁抑治权之暴横"(By liberty, was meant protection against the tyranny of the political rulers)㉗,与原文原义固相妥帖。引论述及"统治者须认同

㉖ 《原富》卷一,第 4 页。

㉗ John S. Mill, On Liberty(Chicago New York: Belford, Clarke Co, 1952),p.4.参阅《群己权界论》,台北商务印书馆,1966 年。

人民的利益,人民的利益与意志就是整个国家的利益与意志",严译是"君受命于国人……彼之权力威福,国人之权力威福也",完全可以达恉,并没有曲解。穆勒最重个人自由,不仅不能被少数人剥夺,亦不能被多数人剥夺,并警告所谓人民的意愿往往是大多数人的意愿,也不能允许"大多数人的暴虐"(the tyranny of the majority),严复译为:"民以一身受治于群,凡权之所集,即不可以无限,无问其权之出于一人,抑出于其民之太半也。不然,则太半之豪暴,且无异于专制之一人",亦甚称职。穆勒的警句:"个人反抗社会的权利是基于深广的原则之上,而社会对异己者施加权威,则须公然驳斥。"(The right of the individual against society have been asserted on broad grounds of principle, and the claim of society to ercise authority over dissentients, openly controverted.)㉓严氏译作:"小己得以抗社会,而社会不得侵小己之自繇。所奉为天经地义之不刊,与天下人共质其理者,历史中独此事耳。"很明快而正确地传达了穆勒的自由义谛,甚至还加增饰以强调之。根据这些抽样,怎能说严复把个人的利益译作国家的利益? 又怎能说在严译中见不到个人自由的影子呢? 难道竟不知"小己"就是"个人"吗?

除了不能将译文与按语混为一谈外,亦不应于译文中见到"弱肉强食"和"物竞"之语,便遽下定论,以为严复以斯宾塞来解读穆勒与斯密诸书。就像严译中时而出现中国传统经典中的话,也不能据此就说严复是以旧观念来译西洋新思想。他不过是借旧语陈词,作为叙述上的方便。至于说严复把《自繇论》书名改为《群己权界论》,乃是他的思想由激进转为保守的重要例证,尤属可笑,好像连在书名上译者也要表达一下自己的思想趋向。徐高阮说,"改动的用意显然是要着重对个人自由的限制。"㉙既然是群己权界,何以显然是对"己"的限制,而不是对"群"的限制呢? 显然的倒是个人与社会间的权限,例如个人的自由不能侵犯到别人的自由,正是穆勒所要谈的问题,《群己权界论》亦正可视为原著内容的一种意译。李泽厚认为改名之后,"连自由一词也不愿提,与以前成了鲜明对照"。㉚ 他如翻阅一下《群己权界论》,应到处可见"自繇"(即自由)一词。

㉓　Mill, on Liberty, p.18,另参阅《群己权界论》。

㉙　见徐高阮:《严复型的权威主义及同时代人对此型思想之批评》,载《故宫文献》第 1 卷,第 3 期,第 3—15 页。

㉚　见李泽厚:《中国近代思想史论》,第 283 页。

书名改了,内容并没改呀!同样的内容何以由激进趋向保守呢?鲜明的对照又在哪里呢?

有太多的人喜欢凭主观思维,想替严复塑像,什么斯宾塞型哩!危机型哩!权威型哩!似乎都忘了严复是翻译家。这位翻译家固然很有意见,一边翻译一边评头论足,但是到底他所翻译的内容重要呢,还是他的评论重要?他所译介的东西,诸如社会达尔文主义、自由与民主、经济发展、法制建设,都是在当时惊世骇俗的西洋新学,影响很大。他的评论,旁出于按语之中,并不是想要淡化或改造原著。只因他不仅是书斋中的学者,而且是象牙塔外的知识分子,所以意见甚多。对于他的意见,亦不宜遽下定论。他主张君主立宪、反对革命、强调权威与秩序,莫不是针对当时局势的权宜,不能断然说他保守,或对民主自由的信念有所动摇。譬如严大厨子烧了一碗美味的红烧肉,劝一位过于肥胖的顾客暂时不要吃,并不能证明大厨对红烧肉的美味失去了信心。

严复的翻译,实开了近代中国翻译西洋思想性、学术性著作之先河。屈指算来,已近百年。这一百年中,中国的翻译事业,无论质与量,都不够理想,学术著作的翻译尤差,远远落后于东邻日本。严复的古文笔法,虽早已随"五四"风潮与浪涛俱尽,然而他读通原著后的意译手法,仍然值得借镜参考。尤其是学术著作,主要在传达思想与观点,也即是严复所谓的达恉,实不必斤斤计较字句。反观坊间许多译书,虽逐字逐句地翻译,但只译了字句,传达不了意思,好像要读者先通西洋语法而后阅之。能读洋书的人,又何必一定要看译书呢?如此翻译,又何必多此一举呢?!

一九九三年四月十七日初稿

【[美]汪荣祖　美国弗吉尼亚州立大学历史系教授】

原文刊于《中国文化》1994 年 01 期

新发现的严复增删《原富》未完稿

严　扬

　　《原富》是严复翻译的,后人列为"严译八大名著"的第二部。原书名 *An Inquiry into Nature and Causes of the Wealth of Nations*,为英国经济学家亚当·斯密(Adam Smith,1723—1790) 所著,是资产阶级经济学的经典著作。原书出版于1776 年。

　　戊戌变法的前一年即 1897 年(光绪二十三年),严复便着手翻译此书。1901年(光绪二十七年)首二部交上海南洋公学(交通大学的前身)译书院出版,1902年 10 月(光绪二十八年九月),全书出齐。该书分甲、乙、丙、丁、戊五部,其中部甲十一篇、部乙五篇、部丙四篇、部丁九篇、部戊三篇,共三十二篇,约 45 万字。与《天演论》一样,译者在《原富》一书中也加了大量的案语,共 306 条。

　　《原富》出版后数年,大概严复自认为译作中存在诸多缺陷,于是着手做大量的增删;惜只完成亚当·斯密传、译事例言、发凡、部甲的前六篇,按篇幅计,仅占全书的五分之一强,因而遗留下一份未完稿。

　　这份手稿写于南洋公学译书院出版的线装本《原富》一书之上,用朱笔书写。其内容包括三个方面:一、各篇文字的逐句圈点,删改译文二百余字。二、删去译事例言中"是译与《天演论》不同,下笔之顷,虽于全节文理,不能不融会贯通为之,然于辞义之间,无所颠倒附益……"一段。篇四"验精杂难于审重轻,而所系亦重,故制币先有官印……"和"泉币之等,其始皆即重以为名也……"二段。篇五"论物有真值与市价异"全篇。三、新增案语二十七条。对原有的十一条案语中的七条做了删改,"案"字均改为"严复曰"。

现逐项加以介绍。

一、译文的删改

译文删改二百多字,删改后译义未变,而语句更显精炼。现以篇一"论分功"(原篇名为"论分功之效",改为"论分功")第三段为例。

删改前:

> 不见夫业针者乎?使不习者一人而为之,究日之力,幸成一针;欲为二十针焉,必不得也。今试分针之功,而使工各专其一事,拉者、截者、挫者、锐者,或磋其芒,或钻其鼻,或淬之使之犀,或药之使有耀,或选纯焉,或匣纳焉。凡为针之事十七、八,或以手,或以机,皆析而为之,而未尝有兼者,则计一日之功,可得八万六千针,而或且过此数,此见诸实事者也。使以十八人为此,是人日四千八百针也。往者不分其功,则一人之力,虽至勤极敏,日不能二十针;今也分其功而为之,则四千针而裕如。然则以分功之故,而益人力二百倍有余也。治针如是,他制造可类推矣。吾故曰:益力之事,首在分功。

删改后:

> 不见业针者乎?使不习者一人为之,究日之力,幸成一针;欲为二十针,必不得也。分针之功,使各专其一事,拉者、截者、挫者、锐者,磋其芒,钻其鼻,或淬之使犀,或药之使耀,或选焉,或裹焉。凡为针之事十七、八,或以手,或以机,皆析为之,未尝有兼者,计一日之功,可八万六千针,或且过此

数,此见诸实事者也。使十八人为此,是人日四千八百针也。往者不分功,至勤极敏,日不能二十针;分其功而为之,乃人四千针而裕如,是分功益人力二百倍有余也。治针如是,他制造可类推矣。故曰:益力之事,首在分功。

二、删去的篇段

(一)译事例言中删去的一段

《天演论》本是选译了英生物学家赫胥黎(Thomas H. Hurley)的论文集《进化论与伦理学及其他》(*Euolution and Ethics andr other Essays*)的前两篇论文而成的。而《原富》是全译(仅删去无关紧要的部分段落),译笔又较谨严。严复既删去"译事例言"这一段,可以看出他作此稿的初衷,是要将这部译作进行大量的删削改易,并增添更多的案语,使之成为一部内容更切实际、文字更优美、有指导意义的经济书籍。

(二)篇五全删

这篇内容是论述货物的真值与市价的不同点,进而论及货币制度。从案语中可以看出,严复对该篇的论述多有微词。例如论交易时亚当·斯密的论点是这样的:"夫欲明交易,先辨三理:一,物以何者为真值?真值以何为差率?二,凡物之值,不仅一事之所为也,必有数事焉丛而为之。三,物自为言,则有真值,以之入市,则有定价,价时高时下,非无故而然也。"严复在案语中批评说:"物值无自言之理,斯密此说颇为后人所攻。"又如用功力来定货物的真值时亚当·斯密的论点是:"功力者,物相为易之真值也。而百产之值,皆可以功力第高下矣。"严复在案语中也加以批评:"斯密氏以产物之功力为物之真值,值之高下,视功力之难易多少为差。其言虽近理,然智者千虑之一失也。盖物无定值,而纯视供求二者相剂之间。供少求多,难得则贵;供多求少,易有则贱。方其难得,不必功力多;方其易有,不必功力少也。"又在论述货币制度时,严复也批评:"其中多举英制,又与其国今日圆法微有异同,散见错出,读者或病其纷。"这些对当时中国的读者来说,可能起误导作用,而又不切实际,故而将全篇删除。

（三）篇四的两段

也是叙述英、法等国的货币制度，与中国的关系不太大，所以亦被删去。

三、案语的删改和新增的案语

（一）案语的删改

原有十一条案语。有七条删改，现举三条删改内容较多者为例。

篇一第一条。

原案语：

案：斯密氏成书于乾隆四十年，去今百余岁矣，故其所言多与西国今日之情形异。今日大制造，多萃于一厂一肆之中，盖铁轨既通，会合綦易，而一以省中侩之费，二以交相保险，而收利不畸重轻，此虽大制造所以不敢处也。

删改后：

严复曰：斯密氏成书于乾隆四十年，去今百余岁矣，故其所言多与西国今日之情形异。今日大制造，多萃于一厂一肆之中，铁轨既通，会合綦易，不必若前之各异其地矣。

篇二第二条。

原案语：

案：才异始微，初民如是，至进化既久之后，则有种业积累之异，不尽同也。

删改后：

严复曰：此节所论，即天演家之所谓体合者。斯密氏谓才异始微，初民则如是，至进化既久之后，将有种业积累之异，不尽同也。

篇六第三条。
原案语：

案：今日海亦有有租者。

删改后：

严复曰：今日海亦有有租者。且今日海之不尽有租，其理犹上古地之无租也，其说亦见《社会通诠》。

其他四条案语仅删改了个别字句。例如，篇一第二条删去"自后之计学家观之"一句及其他数字。篇六第四条删去最后"非食租衣税之事矣"一句。

（二）新增的二十七案语
发凡第一段：

罗哲斯曰：一国养民之多寡，视其殖财理财之得失。五百年以往，英民无虑皆农，至于今一千八百八十年，则为农者仅七之一，其所殖足以赡国民十之六也。

篇一第一段：

严复曰：分功之名，始于斯密后之计家，如威克非等，皆欲易其名为分职、分业，然以其用之既久，义训已定，转不若仍其旧贯之为便也。

篇一第四段：

严复曰：农业不进，斯密氏所称者，不过其一因而已。考农业改良，所以不若制造之精锐者，其在西国有二故焉：一，利多分于田主，田主安坐其所收者，常较胼胝者为多，则无以为改良之鼓励。二，田佣人众，若改良而用机耕诸术，失业将多。坐此二因，演进遂缓。今使新垦之国，地亩多，人工少，谷价踊，而母财有余，其中农业精进常十倍于旧国；此观于美国西北诸部可以见矣。至于中国其程度尚未足以论此，盖吾之四民皆不进，不止田事一端然也。

篇一章第五段：

严复曰：斯密所指三效之外尚有一焉，为工政之所重者，盖必分功，而后事有精粗，工有巧拙，而既禀称事之说，可以行于其中。今如时表之工人为一事，巧拙相绝，奚翅千里。向使其功不分，则二者势混。或工粗糒厚，则所出不能廉；或业巧庸微，则其成物必楛，凡此皆防于工业之演进者。此说始见于意大利之计学家，而英儒巴伯芝所论乃与暗合。

篇一第七段：

严复曰：斯密氏所谓业不专而生玩愒，至谓为之不疾，财之不生，皆坐此弊。又以此为惰佣之母，其论诚有过者，故穆勒计学于此说极不谓然，斥其主张太过，绳愆纠谬诚非过苛。盖斯密知专业之不生玩愒，而不知专一之琴瑟，不变之饮食，有疲神厌事之效也。

篇一第八段：

罗哲斯曰：机器之作，以人求省力益效而后然。大抵欲节产物之费，欲成货之加精纯,而利由之益,此其最有力之原因也;徒谓分功专业遂足致此,亦未确当也。

篇一第九段:

严复曰:如斯密言则知,文明之国欲工业之日精,新知之日出,舍专利版权之鼓励,其道无由。彼谓:制造师一机成家以之富,使非国有著律许其专利,则其富奚由? 又云:格致家者,不奋手足,专以观察思索为功,当其为此,藉非版权之利有以养之,又何暇而为此。考西国制作专利曰倍天特,其令始于英王雅各第一。除他物之垄断,而许新机之专利,立限十四年而止;后代增修,各国踵制,至今成一部甚繁之律矣。至于版权,西语曰考佩来德,考佩译言版,来德译言权,故曰版权。其法在英,自条屠之代已有,至后安八年乃为定制,经维多利亚六七载之增修,而粲然大备矣。其始持异议者颇不乏人,已而翕然。版权立限有二:一为出版后四十二年,一为尽著者死后之第七年;二限皆可,而从其长者。假如四十二年著者未死,则至其身后之第七年。又如书出身死,则以四十二年为权尽之日。斯宾塞议曰:人之心得新理据为己有,无所碍于他人自由,故以公理言之,可为其人之产业。民智日开,自有形上产业不必形下者,乃可据也。又,无版权,则劬学求理之家,不独无所激劝,且无以自存,势必不能专用其精,以为此有益社会之业,其于国大损,此版权之所以不可无也。专利版权二者,法家皆有专书可以复案。

篇二第一段:

严复曰:斯密言交易必先有彼此之分,此社会学所谓产业起点者也。草昧初民,群各立社,如台湾之生番,以射猎为生事,有无饥饱,一社均之,无所谓产业也。或谓产业起于禽获,孰得孰有。或曰不然,彼此之分始于器用,如儿童之分玩物,以其常偕,视为己有。复谓二说皆通。观中文有从𢎜从𡙇,此以禽获为己有之实据。至谓产业起于器用,其理亦通,说详新译《社会通诠》中。

又曰:比节乃斯密言交易两利之始,欲奉吾生,必先有以遂人之私,是两利也。自世俗不明此义,恒以吾得为人失,此利为彼损。故或以摩顶放踵为用仁,或以不拔一豪为利己。而世涂多荆棘,其为政者昧此,则往往以病民者为利民。

篇二第二段:

威克非曰:分功之日广,起于交易者,不若起于嗜欲之日滋。假使民之嗜欲至微,则无交易,无交易则无分功,以欲得他人之所有者,故出己所有者以易之。使无嗜欲,则将为惰民;不事事又乌得所又有者用为易耶?

篇三第一段:

威克非曰:生利之量,视执工者之能力为多。斯密氏言分功之利,每有主张太过而蔑视余因,学者不可不察也。

篇三第二段:

严复曰:欧印之通,以海道绕南非而出,其事于历史晚,前此皆遵陆也。古与印商者,意大利北部之威匿斯为最著,其取道多由埃及也。

篇三第三段:

严复曰:自铁轨兴,而古今之商局大异。虽然,使运转不斤斤于速达,水道之费尚较遵陆为廉。往者欧美计家尝谓,北方干路成,泰东西之交通当弃海趋陆,议者多谬其说,至于今锡伯利道工成矣,起俄都而尽渤海,前说信否,正可征诸事实也。

篇三第六段：

　　严复曰：迩来梵学大盛欧美间，而社会因果遂以日著。当斯密时，桑思古黎语学者几不知为何物，亦无人知欧印人之同为阿利安种也。

篇三第七段：

　　严复曰：二十稘世界之大变进，而绝异古初者，在大陆发达之一事。若非洲、澳洲，若南美洲，若亚洲之西域，皆将为物竞至烈之场，而繁盛亦将为自古之所无有。当此之时，使黄种而奋，后代之业必有可亲。不然则之数者皆白人之殖民地也。且有可决知者，继今民种必日以杂，愈杂而化乃愈进，至于种界尽泯，庶几大同之世乃可观矣。

篇四第二段：

　　威克非曰：交易能事所待之原因尚多，而斯密氏仅及其二，水道交通，泉币为用而已。不知世有亡此二因，而交易之事依然见者。且交易有程度之差，而其事不独以便民生也，有以去阴阳之沮力者。当吾等之时代，所谓便民生者大可见矣。至于为交易以除患害，去沮力，民智弥进，其功弥闳，不敢预测后日之所至也。

　　严复曰：此论亚里士多德最先发之，见于所著之《论理学》。

篇四第四段：

　　严复曰：金银之为易中，其世事之偶合而中者欤？未必古之为计者，真有见于其物德而取之也。舍斯密之所举，罗哲斯氏以谓尚有宜者，则其物之产费略以多寡可比例也。五洲现有之金银至多，其数如大海水，虽有江河之益，不见骤增，故其价值腾跌以比他货为缓，又岁出之数差相若，凡此皆极有关系者也。

篇四第六段：

严复曰：今天下扼腕言整顿圆法者多矣，大抵见外国之用金，则皆以为便而欲效之，此徇外而不察己之论也。其不可用甚明。其次则以国家造币，为有益度支之事，银圆未出，先计得利之几何，此所谓引鸩解渴者也，行之则国将益困。夫圆法非不可为也，在知所以为之而已。苟得其术不偾，民困之可以纾也，而国且大利；吾之所谓利，乃其远且大者，不与今之持论者同也。今日造币之法其大旨三，而所以行之者一。三者何？曰范一两之国币一也，定二万万之限额二也，为各省各国之银号，以为流通之资三也。其重必以一两者何耶？将便此币独行，而他外国之番银，旧制之元宝，举禁绝不复用也。其定为二万万之额何耶？惟有限制，而后与他国金币得以定率，相易而不至为所抑兑也。至于设各国各省银行者，盖得此则可先行钞票，而以新铸之银圆待支。而各国银行所为者，以银钞易金，为还洋债用也。此其大经也，而所以行之者，信不独支付不可以缓，即章程律令既定之后，必不可以出入。苟如此，期以二十年，则支那之国银行立矣，此一切财政之枢机也。

篇六第一段：

罗哲斯曰：其事之成，虽资于莫大之巧习，然必所成之物有交易之量，而后前论可得而施。即如《原富》一书，其有益吾欧，为生民以来所未有，顾其劳勚，未闻当日有特酬者何也？盖其书之成，在尔时无交易之量故耳。故斯密之说，于形下常信，于形上则不尽然。

篇六第三段：

罗哲斯曰：息有定率者也，赢则不然，乡鄙之贾人，其赢率常过于通都之大贾,故斯密谓赢利视母财为高下,其例为未公。

又曰:使督阅指麾之事,任以司计,而同于自为者,必其业有素著之名,有素稔之主雇而后可。如是之事,在商业谓之人和。然商业之有人和,无异其业之富于母财,丰于货产也。

篇六第五段:

严复曰:地之有租,起于地为私产,此其事渔猎游牧之世皆不见也,必俟耕稼土著而后然。不佞近译《社会通诠》一书,于此事天演流变言之最晰,于此不须更赘。

篇六第六段:

罗哲斯曰:学者当知租税赢利非物价之因,乃物价之果。欲明此理,当无忘物价乃供求相剂之所为,不关他故。今夫物货贵贱非以赢率田租之高下而后尔也。麦价莫廉于北美之伊里奴亚与阿海乌二地,顾其赢庸二率皆极大也。须知即令地皆无租,产不必贱,而物价既腾之后,产地可以名租,而收其本值之所余者,则自然之势也。

篇六第八段:

罗哲斯曰:赢利与母本为比例,不独制造之物然也,虽所产天成之物莫不如此。今如煤价之中,矿脉盛者,地主所收至厚,然必远逊于出母用力挖采者之所收也。

篇六第十二段:

罗哲斯曰:租赢二者,皆非价因,而为其果,前吾既论之矣。租之所以日高者,缘物价之日腾,其所得远过本值之故。本值者,其产之工庸与其母财之息利之合也。独屋宇之租,则与田租不同,屋租中有地租,有本息。凡购地造屋之所费,其为物与他产所用之母财等耳;然其分利之多寡,尚有物竞为之限制也。

篇六第十三段:

> 罗哲斯曰:欲一国之岁殖,皆为养工生利之母,此势所必不能者也。其他勿论,即养老育幼,惠恤罢癃,已不訾。其国之众游手者,若十八稘之荷兰,若本稘之比利时、合众皆然。若无游民,无浪费,则母财日积,其于社会效当何如? 近世计家颇推其效,而穆勒约翰所论尤多,学者得参考焉。

此稿虽只涉及全书的五分之一,但内容还是极其丰富的,新增的二十七条案语都很有意义。例如,篇一第九段,关于专利和版权;篇四第六段,关于整顿币制的案语,对当时来说都很有新意。特别是篇三第七段案语,预言了二十世纪的大变革。在世纪行将结束的今天来看,二十世纪确是一个大变动、大发展的世纪,殖民主义的分崩离析,亚、非、拉人民的崛起,不都证明了严复预言的正确吗? 周振甫先生在《严复思想述评》一书中曾举例说明严复对诸多问题的悬断上,都比一般人跑在前面,[1]从这条案语更能说明这一点。

这份手稿没有标明年代,但由篇四第六段新增案语可以看出,严复所期待的支那国家银行,于1908年(光绪三十四年)成立,名为大清银行。[2] 所以作此稿的年份最迟不会超过1908年。

【严　扬　浙江光学仪器厂高级工程师】
原文刊于《中国文化》1997年Z1期

---

[1] 周振甫:《严复思想述评》自序,中华书局,1940年(民国二十九年)。
[2] 程庸镐:《金融圈史话》,安徽省农村金融研究所,1985年,第56页。

辜鸿铭和他的《清流传》

朱维铮

一

也许只有辜鸿铭,才会在本世纪初,把清帝国的翰林院比作英国的牛津大学,把清代同光之际的"清流"活动比作那以前三十年的"牛津运动",而不顾二者之间有没有可比性。

《中国的牛津运动的故事》便是这样的一本书。辜鸿铭用英文撰写的这本书,按照他的序言所署的日期,初版刊行不会早于 1910 年 2 月。[①] 我们仅找到 1912 年在上海刊行的第二版,封面注明文字依据向德国牧师提供的中文定本,

---

① Ku Hung Ming. *The Story of a Chinese Oxford Movement.* 中文书名或作《清流传》。辜鸿铭所作序,末署"1910 年 2 月 1 日,上海"。据此可推知,它的初版的刊行,当不早于清宣统元年十二月,与同年中秋辜鸿铭用"汉滨读易者"的笔名撰成的《张文襄幕府纪闻》刊行时间相近。但美国芝加哥大学的艾凯(Guy S. Alitto)的《世界范围内的反现代化思朝》引用辜氏此书,版本作"Shanghai, 1909"(见艾凯书,贵州人民出版社,1990 年,第 136 页注②,按代序介绍艾凯自谓是他用中文写成的著作,没有英文本)。我在上海各主要图书馆没有找到这个刊本,存疑。

并新增附录两篇。[2] 显然,这第二版,是辜鸿铭在辛亥革命后修改过的所谓定本,其中有些文字是他在民国成立那年添加的,与尉礼贤的德译本相一致。[3]

民国元年,辜鸿铭已有五十五岁。直到民国十七年(1928)他七十二岁时去世,整个晚年都拖着辫子,穿着清装,高谈所谓源于春秋的"名分大义",用蔡元培的说法,就是"持复辟论者"。[4] 虽然1917年7月1日由辫帅张勋用枪杆子拥戴亡清废帝重坐龙廷的短命闹剧中,辜鸿铭有没有实际参与,还不清楚,[5]但他从辛亥年末清帝发布退位诏书那时起,便幻想"革命的狂热"将很快过去,而继已故的慈禧太后垂帘听政的隆裕太后将重掌政权,却早由这本书新增的一篇附录的结语,表达得异常分明。[6]

因此,假如依据《中国的牛津运动的故事》附录,将它看作是一本幻想清室

---

[2] 此版封面印行者署"Shanghai: Shanghai Mercury, Limited, Print, 1912"在书名及作者姓名下有如下字样:Second Edition with Letter from Chinese Offical to German Pastor and Appendices. 出版者的第二版引言,指出新增两篇附录,分别选自辜氏为《字林西报》和《在紫禁城的两年》二书所写的文章;此引言所署日期为1912年4月,即清帝宣布退位两个月后。

[3] 第二版所说德国牧师,即是当时在青岛办礼贤书院的德国传教士尉礼贤(Richard Wilhelm)。武昌起义后,辜鸿铭避居青岛,与尉礼贤过从甚密,见沈来秋《略谈辜鸿铭》(《福建文史资料》第五辑)。尉礼贤是德国著名汉学家,对辜鸿铭甚为敬仰。他将辜氏《中国的牛津运动的故事》及附录译成德文,更名《为中国反对欧洲观念而辩护:批判论文》(China Verteidigung geneneuropaische Ideen: Kristisch Aufsatze),在德国出版后,尤其受新康德主义一派学者注意。他还写过专门介绍辜鸿铭思想的 The Soul of China 等文。

[4] 参看蔡元培:《致〈公言报〉并答林琴南君函》,见拙编《中国现代思想史资料简编》第一卷,浙江人民出版社,1982年,第435页。

[5] 张勋公布的复辟内阁名单中,授辜汤生为外务部侍郎。侍郎即副部长,勉强算大臣。迄今还没有确切史料可以证明,当时辜鸿铭是否接受此职。但1918年3月陈独秀在《新青年》发表的《驳康有为〈共和平议〉》中便已将辜鸿铭与张勋并提;同年9月发表的《质问〈东方〉杂志记者》,列举复辟派人物,又将辜鸿铭置于康有为、张勋之前。由于此文和《东方》主编杜亚泉的回应,以及陈独秀在1912年2月针对杜亚泉即伧父的回应发表的《再质问〈东方〉杂志记者》,都围绕日本杂志《东亚之光》转介的德国人辩论辜鸿铭见解所引的辜氏片断言论(译文见《东方》杂志十五卷六号平伏《中西文明之评判》)做文章,而这次笔战后以"东西文化问题论战"著称,从此辜鸿铭便与康有为一起钉上"张勋复辟"的历史耻辱柱。其实,康有为虽然积极参与"丁巳复辟"的策划,起草了复辟大部分方案,临事却被张勋排斥,仅得弼德院副院长的闲职,愤极大诉,辜鸿铭在这次复辟事件中似更处于被动地位,除列名复辟内阁名单而外,未见有任何动作。

[6] "又有谁知道,我们的隆裕皇后现在所受的苦难不会触动这个泱泱大国的沉默不语的四万万人民,以致他们会奋起反抗,制止和扑灭这场革命的狂热,并最终在现在这个黯然失色的皇族的统治下重奠江山,创造一个新的现代中国呢?德国诗人对高贵的普鲁士王后的评价,将被我们中国人用来评价在北京遭到无情背弃和遗弃的隆裕皇后——待乌云散尽,你就是一颗光芒四射的明星。"
引文见《中国的牛津运动的故事》第二版的附录二《皇太后:一个评价——辜鸿铭对德龄公主所著〈在紫禁城的两年〉的评论》。译文据汪堂家、廖英译编《辜鸿铭文录》(收入由我所编的"近代中国学术文化名著精选"丛书为一种,即将由香港和北京三联书店出版)所录该书。按,德龄实为"郡主",所著英文《在紫禁城的两年》(Two Years in The Forbidden City),中译作《清宫二年记》。

必将复辟的著作，那自无不可。但正文的基调却很不一样："我要讲述我们为中国文明事业而背水一战的故事"；"我们艰苦战斗了三十年，但我们的事业已经失败"；"我战斗时跟随的将领是已故帝国大臣张之洞，两年前，当我在北京第一次见到他时，他完全失望了，并且只想如何使投降条约的条件不那么苛刻"。诸如此类的悲观调头，在本书中比比皆是。虽然辜鸿铭宣称，"也许只有我仍然深信我们的事业将取得最终胜利"，但他也不得不承认自己已是孤军，至多只能充当特洛伊失陷后那个浪迹天涯的"英雄"。⑦ 可见，这本书与其说是表达复辟希望的作品，不如说是为帝国悼亡的哀辞。

二

"由于我本人曾有幸加入了我们的牛津战士们的战斗行列，我就更有可能讲述那场运动的经过。"⑧读到辜鸿铭的这一自白，没有一位历史研究者，不会对他个人以往三十年的"行状"，不发生追根寻源的兴味。

辜鸿铭晚年居于北京，常常出现在凌叔华父亲凌福彭的客厅中。据这位女作家回忆，有回辜鸿铭忽然对她父亲说，想刻一方图章，印上自己一生的履历："生在南洋，学在西洋，婚在东洋，仕在北洋。"⑨

倘若把辜鸿铭所谓的一生，下限定在清亡以前，那么这十六个字，除了"婚在东洋"四字稍有疑义外，⑩可说十分简约地道出了他的生平。

"生在南洋"，没有疑问。1857 年，当清咸丰七年，农历丁巳年，辜鸿铭诞生于英属马来亚的槟榔屿。辜氏原籍福建同安，不知何祖移居"南洋"。至迟从辜鸿铭的曾祖父辜礼欢起，辜家便同英国殖民者结好，而成为当地华侨第一望族。辜礼欢的裔孙辜紫云，作为该岛一家橡胶种植园主、英国人布朗（Forbes Scott

---

⑦　引文均见前揭书"导言"，译文据前揭文录。

⑧　同前注。

⑨　《记我所知道的槟城》，见凌叔华《爱山庐梦影》，新加坡世界书局，1960 年，又见《凌叔华陈西滢散文》，中国广播电视出版社，1992 年，第 19 页。

⑩　辜鸿铭的婚姻状况，至今没有见到任何可作为直接依据的中文记录，例如家谱、族谱的相关记录。

Brown)的司理,主从关系良好,致使辜紫云的次子出生,便由布朗夫妇认作养子。这孩子取名汤生,便是日后以字行的辜鸿铭。

"学在西洋",大致清楚,布朗原籍苏格兰,约在 1867 年,带领养子辜汤生返乡,送他入当地某名校接受英国式教育。中学毕业后,进入以《英雄和英雄崇拜》《过去和现在》等书扬名西方的卡莱尔任校长的爱丁堡大学。[11] 1877 年(清光绪三年),辜鸿铭年方二十一岁,便以各科成绩均为优秀的成绩,在爱丁堡大学获得文学硕士学位。[12] 据说,在辜鸿铭留欧期间,他的生父母相继去世[13],但他的养父母尊重他生父遗愿,向他隐瞒了这个消息,以便他能继续安心在欧洲游学。[14] 不论这说法的可靠程度如何,我们但知他在离英后又赴德国莱比锡大学获得土木工程师文凭,并曾赴巴黎短期进修法文。

"婚在东洋"。辜鸿铭晚年有一妻一妾。妻有三寸金莲,乃汉族妇女无疑;妾为日本人,同样屡见于报刊。凌叔华似乎知道这个疑问,特在回忆中加注说"辜之原配是日本人"。证以清末民初曾在青岛大学与辜鸿铭儿子辜守庸同学的沈来秋的回忆的说法,或许可信。[15]

---

[11] Thomas Carlyle (1795—1881),苏格兰作家、史学家。年轻时两度就读于爱丁堡大学,1865 年任爱丁堡大学校长,时年六十岁。这以前他的《法国革命》(1837)、《宪章运动》(1840)、《论英雄、英雄崇拜和历史上的英雄事迹》(1841)、《过去和现在》(1843)等书,已使他获得很大的名声。包括马克思、恩格斯在内的异国学者,也都热心地探究他的英雄史观。辜鸿铭非常钦佩卡莱尔,他的论著征引卡莱尔的频率仅次于征引阿诺德。关于辜鸿铭的传记,常提及辜鸿铭同卡莱尔相识,这是可能的。因为辜鸿铭就读于爱丁堡大学期间,校长仍是卡莱尔。他对于该校唯一的祖籍中国的优秀学生,给予眷顾,在情理之中。而他的论著曾说到中国,纵然资料得自其他记载,但可以看作是他有兴趣与辜鸿铭接触的理由。

[12] 关于辜鸿铭在爱丁堡大学获得的学位,或谓文学博士,见《清史稿·文苑传》,罗振玉《外务部左丞辜君传》等;或谓文学士,见前揭艾凯书,第 134 页。但辜鸿铭于 1900 年致横滨《日本邮报》编辑的自我介绍信,末署自己的身份,则是"硕士,爱丁堡大学"。可知吴相湘、王成圣等所作辜鸿铭的传记,说他于 1877 年左右在爱丁堡大学获文学硕士的说法,是不错的。

[13] 此说仅见于兆文钧《辜鸿铭先生对我讲述的往事》一文,见《文史资料选辑》总 108 辑。我曾指出,兆文的主要部分,即辜鸿铭曾为瓦德西的老师并在幕后操纵辛丑和约的谈判过程等,纯属虚构。但兆文说辜鸿铭在爱丁堡大学毕业前夕,他的父亲去世,而他的保护人遵从其父遗愿,向他隐瞒了这一噩耗,以使他能继续在欧洲游学,却不尽出于虚构。至少 1877 年辜鸿铭返回槟榔屿以后,他的行为随心所欲,从未提及父母意向如何,可以看作他父母已不在世的默证。

[14] 参看惜阴(赵凤昌)《国学辜汤生传》,原载《人文月刊》二卷四期(1931 年 5 月),后收入氏著《惜阴杂记》,吴相湘《辜鸿铭比较中西文化》,台北《传记文学》十七卷一期。

[15] "辜氏曾经娶过日妇,其子守庸系日妇所生,这是守庸亲口告诉我的。"见前揭沈来秋文。按,据沈文,他与辜守庸同学于青岛大学预科时,在 1910 年,这时辜守庸至少已十六七岁,而其母则起码较他年长一倍以上。因而,辜守庸的生母,不可能是辜鸿铭晚年的日籍如夫人。回忆辜鸿铭的文章常提及这位如夫人,名蓉子,在辜鸿铭任北大教授(1916 年)后仍很年轻,因而辜鸿铭没有她才会寝不安席。由此可反证凌叔华述及辜鸿铭自谓"婚在东洋"后,特加注说"辜之原配是日本人",并非无意。

"仕在北洋",问题就多了。辜鸿铭大约在 1879 年(清光绪五年)从欧洲返回马来亚,随即入英属新加坡政府任职。恰在这时,在巴黎获法学博士学位的马建忠,奉李鸿章召,回国入其幕府,途经新加坡,辜鸿铭慕名往访,长谈后第三日便辞去公职,返家改着清装,改吃中餐,改学汉语。那以后五年,他的行踪,有种种说法,或说往来于香港、广州,或说受教于上海、厦门,但这几年他学会说蓝青官话并读过了朱注《四书》,则是无疑的。清光绪十一年(1885),一个偶然的机会,他由两广总督张之洞的幕僚赵凤昌推荐,受聘为总督衙门的德文译员。[16] 从此跟随张之洞,由广州而武昌,而三至南京,而北调京都,历时达四分之一世纪。

辜鸿铭在张之洞去世后,曾说张之洞对他,"虽未敢云以国士相待,然始终礼遇不少衰"。[17] 这是夹带牢骚的真话。张之洞少年即掇巍科,点翰林,放学政,后来虽久任封疆大吏,办洋务,倡新学,但骨子里仍是旧文官习气,用人首重门第,次重科甲,三重名士;[18]晚年也用留洋学生,但视作舌人而已,还不如李鸿章那样重视他的才干。辜鸿铭入他的幕府以后,由于通晓欧洲古今多种语言,曾在外国人面前替张之洞挣足面子,[19]因而张之洞待他要比待别的译员有礼,但确实并不"以国士相待"。一个佐证,便是《张文襄公全集》所收保举人才的奏折附片,没有一件出现过辜汤生的姓名。辜鸿铭又始终不改英国绅士式的孤傲气度。张之洞以为该办的译事,会遭他顶撞;张之洞不爱听的讥评,会由他脱口而出。结果他任张之洞幕僚的前十五年,实际上处于养而备用的境地,经常闲得无聊,于是便起意将《四书》重译成英文。虽说只译成了《论语》《中庸》二种,却已使他

---

⑯ 清光绪十一年(1885),中法战争前线吃紧,两广总督张之洞建广胜军。聘德国教官,而幕府中缺乏称职的德文译员。其随员、山西候补知府杨玉树,适因公赴香港,在轮船上听到中国人与德国人交谈,询知中国人即辜汤生,所谈乃中国经典问题。返广州即告赵凤昌。赵凤昌即请张之洞聘辜鸿铭为德文译员。他到职,正值发生来华的德国教官谒见总督的礼仪问题。"汤生以理开导,德人帖然,就职时谢委见如仪。客卿改章服礼节,此为创见。"见前揭赵凤昌《国学辜汤生传》。好名的张之洞自然大悦,从此待辜汤生礼遇不减。杨玉树,赵文作杨玉书,据《张文襄公全集》保举杨等折片为正。

⑰ 前揭《张文襄幕府纪闻》卷首"弁言"。弁言末署"宣统庚戌中秋",当 1910 年 9 月 18 日。张之洞卒于上年中秋后六日,当 1909 年 10 月 4 日。

⑱ 见黄濬:《花随人圣庵摭忆》,上海古籍书店 1983 年影印本,第 345 页,引陈伯《袍碧日记》。按,清末记载张之洞有此习气者甚多。辜鸿铭在《张文襄幕府纪闻》中也屡次批评"其病在傲","故其门下幕僚多伪君子",见该书卷上"翩翩佳公子"则。

⑲ 参看前揭赵凤昌《国学辜汤生传》。

在中国官绅和西方在华人士中名声大噪。⑳

　　1900 年的义和团事变和接着发生的八国联军侵占北京事件,意外地给了辜鸿铭脱颖而出的机会,关于他在这时期的作为,后来演化成一些传奇式故事,有的已经只能说是满纸荒唐言。㉑ 较可信的,倒是《清史稿》的简单陈述:"庚子拳乱,联军北犯。汤生以英文草《尊王篇》,申大义。列强知中华以礼教立国,终不可侮,和议乃就。张之洞、周馥皆奇其才,历委办议约、浚浦等事。旋为外务部员外郎,晋郎中,擢左丞。"㉒

　　数语其实概括了辜鸿铭在辛亥革命前十年的经历,这里不拟详考。简单地说,《尊王篇》是辜鸿铭的第一部文集。前半为三篇论文,均发表于横滨出版的英文《日本邮报》,内容主要是替慈禧太后与义和团的仇洋行为进行政治辩护,宣称动乱的原因在于列强的帝国主义政策,特别批评了英国的对华政策。后五篇总题为《中国札记》,由一百七十二则短论组成,发表时间较晚,内容主要是抨击欧洲文明。文集的副题便是"一个中国人对义和团运动和欧洲文明的看法"。在辛丑和约前发生影响的是前一组论文,因为辜鸿铭开始便声明他的论文得到张之洞、刘坤一两位总督大人的"授权",《日本邮报》刊载时也题作《来自总督衙门的论文》㉓。这就耸动了列强的舆论。湖广、两江二总督是中国南方最具实力的地方军政领袖,他们拒绝接受慈禧向列强宣战的诏书,并带头同列强代表订立称作"东南互保"的和平协定,是八国联军得以专力在北方打击帝国中央政权的关键。正当他们为了各自利益而对流亡西安的慈禧政府采取怎样态度,实际是

---

⑳　辜鸿铭英译的《论语》《中庸》,刊于何时? 由于在上海没有找到刊本,迄今未详。但辜鸿铭曾提及盛宣怀在上海曾向他索取《中庸》英文刊本,则刊行当不迟于 1905 年前。见《张文襄幕府纪闻》卷上"王顾左右而言他"则。

㉑　例如兆文钧《辜鸿铭先生对我讲述的往事》,乃迄今所见"回忆"中的第一长文,近三万字,主要述辜鸿铭曾为瓦德西的老师,故而辛丑和约签订全由于辜氏利用这重师生关系在幕后操纵。文后附梁漱溟"读后记",盛赞文中揭示当时内幕。见《文史资料选辑》总 108 辑。此文非回忆,乃虚构。拙撰《辜鸿铭,生平与著作非考证》(刊于《读书》1994 年 4 期),已予批评。

㉒　见《清史稿》卷四八六《文苑·林纾传附辜汤生传》。按,此传作者似乎熟悉清末学林掌故,但并未读过辜鸿铭的英文论著,因而叙述辜氏著作先后倒置,对辜氏留欧及回国经历也不清楚。不过他述及辜氏在 1900 年至 1911 年的经历和见解,则较其他传说准确。

㉓　Papers from a Viceroys Yaman。当时外论引用及德译本均作此名。疑初刊本(1901)的英文书名即如此。我们找到的英文刊本,书名已题作《尊王篇——一个中国人对义和团运动和欧洲文明的看法》,缺版权页,但由末篇《中国札记之五》题下注"一九〇五年五月二十五日首次发表",可知这个版本必定刊于 1905 年夏天以后,因而不是初刊本。

对这个帝国进行瓜分还是保全,而互相争吵之际,代表两总督的正式声明,却猛烈抨击列强要求废除慈禧太后权位的意向,这不能不使列强政府顾及战争状态可能扩展的结果。据说当时的英国外交大臣便曾致电张之洞,"抗议"辜鸿铭论文对英国意向的曲解。这组论文是否如《清史稿》所说促成了辛丑和约的最终签订,尚待研究,但张之洞由此"奇其才",则无可怀疑。缺乏近代法律头脑的张之洞,大约从没有明白"授权"的真实涵义,因而也没有想到辜鸿铭论文受到国际社会注目是由于狐假虎威,他只惊奇地发现这个人在外交上还知权变[24],可以委办外交事务。

于是,辜鸿铭时来运转,获得了作幕僚十七年来的第一个差使,在1902年被两江署总督张之洞派往上海同各国驻沪领事谈判修订辛丑和约的一则附款,即疏浚黄浦江航道的机构应由外方独办改为中外合办。[25] 辜鸿铭费时近三年才获对方同意,但在继任两江总督的周馥看来,已是中外交涉的一大成功,于是便派他担任黄浦浚治局的中方首任总办。也许由于辜鸿铭在财务上太认真,[26]也许由于周馥门下觊觎这个肥差的候补官僚太多,辜鸿铭不久又回到张之洞的武昌幕府。

1907年夏,张之洞奉旨调京出任体仁阁大学士兼军机大臣,在幕僚中单挑了两名"洋学生"随同北上,表明他有意控制帝国外交。果然,这两名洋学生,即梁敦彦和辜汤生,到京后都被安插在外务部。辜鸿铭职任员外郎,旋升郎中,由副司长而司长,至此才真正尝到"仕"即做官的滋味,他又忘记身在中国了,刚做

---

[24] 张之洞曾当众批评辜鸿铭"知经而不知权"。辜氏不服气,反讥张之洞才"不知权,文襄之所谓权者,乃术也,非权也"。见前揭《张文襄幕府纪闻》卷上"权"则。

[25] 《辛丑各国条约》第十一款第一节及附件十七规定,设立"黄浦河道局"以整治黄浦江航道,费用由清政府"外国各干涉者"平均承担,有效期二十年,但该局员差却全由外方派遣。1902年刘坤一去世后署理两江总督的张之洞,以为这规定只要中国政府出钱而不准干预局事,太吃亏,要求改为中外各出一半人员组成浚浦局。于是派辜鸿铭作为上海道的代表,与各国驻沪领事交涉改订这一规定,即所谓"议约"。辜鸿铭历时两年多,才获各国驻沪领事同意,浚浦局经费及员差均由中外各半。时张之洞已回任湖广总督。继任两江总督的周馥,以为辜鸿铭居然能说服外国官方同意修订成约,实属罕见,于是派他任浚浦局中方总办以酬其功。

[26] 据赵凤昌说,辜鸿铭任黄浦浚治局总办后,很快查出承包挖泥工程的外商舞弊,冒领工费达十六万两,于是同各国领事会议,力主惩罚,而各国领事均谓非工程专家,无从判断;辜氏即出示工程师文凭,令各国领事哑口无言,同意呈报总督处理。见前揭《国学辜汤生传》。又据罗振玉说,此事揭发前,荷兰利济公司外商曾暮夜送辜氏银十五万两,求他不要声张,但遭到辜氏严词拒绝。见《外务部左丞辜君传》,《东北丛稿》第十三期(1931年1月)。

"部郎"便上书皇帝皇太后,说是改革外交必先改革内政,而改革内政必先削除李鸿章以来的"北洋"势力。[27] 这正中张之洞下怀,谁都知道他藐视继李鸿章任北洋首领的袁世凯。次年光绪、慈禧相继归天,张之洞便与新任摄政王联手,逼迫袁世凯"离休"。袁世凯遗下的外务部尚书兼职,便由梁敦彦接任,而辜鸿铭也再升左丞即部长第一助理。但张之洞也忘了"螳螂捕蝉"的古训,还没有来得及为挤走袁世凯而得意,便发现自己的权力已被纷纷夺取内阁要津的满族纨绔子弟所架空,气得吐血,很快便一命呜呼。清朝皇族内阁表面上还根据他的遗愿,在宣统之年冬钦赐一批知名的老留学生以传统科名,辜鸿铭也名列文科进士第二人,即俗谓榜眼,但状元是严复,探花是伍光建,都以中译西书著称。辜鸿铭从来以为东方文明优于欧洲文明,以为远东即中国文明才体现人类共同蕴含的自由、平等、博爱精神,而欧洲现代文明仍然奉中世纪精神,因而稗贩欧洲文明者实不足道。他曾讥讽严复"达恉"的《天演论》,说是只消用《中庸》"栽者培之,倾者覆之"八个字便可将全书宗旨囊括无遗,何必"辞费"如此?[28] 他对自己夹在严复、伍光建之间而"进士及第",深感气闷,终身不肯用同样是清帝赏赐的这一出身示人,而宁可自炫为"部郎",以示不忘故主。

张之洞死后,辜鸿铭及其昔日弟子、今日上司和终身朋友的梁敦彦,都顿失怙恃。梁敦彦似乎预感袁世凯将卷土重来,而担忧曾在公开场合痛骂袁世凯是流氓,智商只能等于北京倒马桶的老妈子[29]的辜鸿铭,难逃厄运,所以给予辜鸿铭的一个忠告,便是"Sauve qui peut"(亡命去吧)![30] 辜鸿铭并不傻,立即去职南下,跑到上海,出任南洋公学(今上海交通大学前身)校长,但有的记载称他做的是教务长。在这里,他用英文写的《中国的牛津运动的故事》,用中文写的《张文襄幕府纪闻》,相继问世。辜鸿铭的"仕在北洋"的短暂岁月,本已在1910年初结束。次年10月发生的武昌新军起义,接踵而来的民国成立、南北议和与清帝

---

27. 参看氏著《上德宗景皇帝条陈时事书》,《读易草堂文集》,内篇。此集是辜鸿铭晚年请罗振玉选定的清末政论集,显然经过罗振玉润色。这篇上书,依文内语气,当初原是要求执政大臣转呈慈禧太后和光绪皇帝的一道条陈,具名署前署外务部员外郎,文内提及时事不早于1907年,因而写作时间当在作者初入外务部的清光绪三十三年至三十四年之交。

28. 见前揭《张文襄幕府纪闻》卷下"费解"则。

29. 见前揭《张文襄幕府纪闻》,卷上"倒马桶""贱种",卷下"夷狄之有君"等则。

30. 见前揭中译《中国的牛津运动的故事》"导言"。

退位等事件,对于辜鸿铭继续居于上海,按说不应有致命的影响,况且他在光复后的上海和江苏都有可资保护的社会关系。㉛ 但他似乎仍然以为上海还不够安全,举家避居青岛。那理由,也许同这个由德国独家实行军事占领的城市当局对亡清"宗社党"提供的庇护有关,然而辜鸿铭又不真正属于"宗社党"。㉜ 因而,倘说他更担忧已经变作民国元首的袁世凯的报复,可能离真相更近。如前所述,就在青岛,他改就了《中国的牛津运动的故事》的定本。

三

《中国的牛津运动的故事》中文书名又作《清流传》。两个书名便透露作者的意向,在于将十九世纪在远西和在远东先后发生的两个社会文化运动,作一番平行比较。

中国人对于英国的牛津运动很陌生,对于十九世纪三十年代发起和领导这场运动的纽曼更陌生。㉝ 但辜鸿铭的这部书,是写给英语世界的读者看的,批评对象尤其集矢于人人都对诗歌、艺术、宗教、政治或人类文明等怀有自以为是的"观点"的英国士绅们。他毫不在乎中国读者是否理解纽曼及其领导的英国牛津运动,相反则十分在乎"英国佬"是否懂得他所说的中国清流运动。本书序言劈头便引用阿诺德对英国人不相信世界上有理性权威的批评,进而以为"任何人都无法帮助英国人去了解中国的真实情况,其原因在于,不仅每个英国人都有他个人的管见或观点,而且他根本不相信有什么正确和错误的观点"。但辜鸿铭在猛烈抨击"欧洲现代物质主义文明的毁灭力量"之后,仍然相信有效地对付这种力量的,只有"中国人的宽容",因而他以为只要英国人明白真正意义的"宽

㉛ 辜鸿铭的挚友赵凤昌,在清末民初的政治活动中异常活跃。辛亥革命后孙中山回国,在上海即居于赵凤昌的私宅"惜阴堂"。辜鸿铭抛弃英属新加坡政府职位,出于马建忠的诱导,已如前述。他回国后同建忠及其兄马良(相伯)交往甚密。见赵凤昌《惜阴杂记》。辛亥年江苏独立,马相伯首任南京道尹,复任江苏军政府外交部部长、代理都督。另外,辜鸿铭在上海同华欧洲传教士及商界人士都保持友谊。

㉜ 参看前揭沈来秋文。

㉝ John Henry Newman(1801—1890)。本文述及纽曼,主要参考《纽曼选集》,徐庆郁等译,许牧世序,金陵神学院托事部、基督教辅侨出版社,香港,1957年初版。

容"，即相当于圣保罗所谓"兼收并蓄，取其精华"的孔子格言"有教无类"之后，便不会迷信"进步与改革"，而改信全球所需要的"思想开放和精神宽容"㉞。既然假定的主要读者是阿诺德所谓具有最大社会影响的英国庸人——中产阶级的士绅，那么也就不奇怪，辜鸿铭在本书中为什么不辞辛苦地给他述及的晚清人物，逐一在英国近代史上寻出对应者，而不顾二者有没有可比性。不妨举书中提及的清英双方几对人物为例，看一看辜鸿铭是怎样比拟的：

> 这场中国的牛津运动，是针对李鸿章——中国中产阶级自由主义的帕麦顿勋爵(Lord Palmersten)的。(英文版，第16页)㉟
>
> 发动中国牛津运动的纽曼博士(Dr.Newman)，是当时翰林院的掌院学士李鸿藻，他并非伟大的思想家，但他像纽曼博士一样是一位性情温和、品格纯正的人物。(第19页)
>
> 正如已故的维多利亚女王(Queen Victoria)不能容忍帕麦顿勋爵一样，已故的慈禧太后从未真正喜欢过李鸿章，尽管她不得不借他的经验老到的手腕来处理各种事务。(第21页)
>
> 正如我称李鸿章为中国的帕麦顿一样，我可以把张之洞叫作中国的格莱斯顿(Gladstone)。两人都是牛津运动的产物，一方是中国的牛津，一方是英格兰的牛津。格莱斯顿一开始是英格兰国教高教会派的保守分子，最终成了本国的统治者；张之洞一开始是儒家正统派保守分子，最终成了立宪制政府的拥护者。张之洞是位学者，但他像格莱斯顿一样是个学识浅薄的学者。事实上，他们在精神修养方面，既表现出英国牛津运动的弱点，也表现出中国牛津运动的弱点。(第21—22页)
>
> 张之洞这位牛津运动的领袖人物的改良政策乃是中国政治的潮流，它一开始忽略了，继而阻止并最终瓦解和扑灭了李鸿章及其寡头政治的粗俗的中产阶级自由主义。……当李鸿章带着耻辱从日本平安归来时，牛津运动(在各阶层文人中)所制造的内心不满的潮流，使皇上的师傅翁同龢这样

㉞ 前揭《中国的牛津运动的故事》序言。

㉟ 英文版见前注②，中译文据前注⑦引汪堂家。文字据英文版原文有改动。下同。

顽固不化的老保守主义分子,也加入了康有为这批新兴的激进党人的团体,而这个团体具有强烈的雅各宾主义倾向。(第24—25页)

张之洞的这本名著(《劝学篇》——引注),就像纽曼博士同样有名的著作《辩护》("Apologia")一样,是人的心智不合常规的明显例证。(第29页)

随着李鸿章的失败,……中国国家权力现在又回到了满洲贵族手里。……成为满洲贵族领袖的人物是已故帝国大臣荣禄。他就是中国的索尔兹伯里勋爵(Lord Salisbury)。(第38页)

俾斯麦(Bismarck)对已故索尔兹伯里勋爵的评论也适用于中国的荣禄。俾斯麦谈到作为元老和政客的索尔兹伯里,曾说:"他只是涂抹得看来似钢的石膏。"(第39页)

此后,庆亲王接替他(荣禄——引注)成了满洲贵族的领袖。撇开中英社会之间的差别不谈,——庆亲王可以说是中国的贝尔福先生(Mr. A. T. Balfour)。庆亲王像贝尔福先生是个极端的悲观主义者,并因此成了一名犬儒派之徒(Cynic)。(第42页)

正如英国人有他们的"大王"兰斯多恩(Lansdowne),我们中国人也有自己的"大王"铁良。铁良是中国的改良派和革命派 bete noire(法语:顶讨厌的东西——引注),正如兰斯多恩勋爵是英国的激进派和社会主义者的 bete noire。(第49页)

如果说铁良是中国的满洲贵族中最顽强最杰出的人,那么端方就是最软弱最卑鄙的人,端方是中国的罗斯伯里勋爵(Lord Rosebery)。英国的罗斯伯里勋爵和中国的满洲人端方,再现了著名的或不著名称的维利耶(Villiers,十九世纪法国作家,贫弱的小贵族,曾费尽心力指望娶到一名有遗产的富家女——引注),白金汉的公爵,这些德莱顿(Dryden)的讽刺诗中的吉姆利(Zimri)——"一个人如此多变,他仿佛/不是一个人,而是一切男人的缩影。"(第58页)

袁世凯就是中国的约瑟夫·张伯伦(Joseph Chambelian)。索尔兹伯里勋爵曾把约瑟夫·张伯伦先生叫作"杰克·凯德"(Jack Cade,1450年英国肯特郡小业主反亨利六世政府的叛乱首领——引注)。真的,就像杰克·

凯德,中国的袁世凯和英国的约瑟夫·张伯伦先生确实都属于平民党,代表着他们各自国度的民众的粗鲁的、纷乱的以及肮脏的、卑贱的种种渴望。(第83页)

　　如袁世凯与约瑟夫·张伯伦先生之流,一切都是冷漠的计谋。就像袁世凯同康有为及雅各宾派联合那样,是没有他们的热情和他们对盛世的追求的。而只由于盘算到李鸿章失败后康有为和这班激进主义者有好牌在手;当已看到他们玩牌轻率并似乎要输掉这场游戏的时候,袁世凯便抛弃了他的这班朋友。……简单地说,像中国的袁世凯和英国的约瑟夫·张伯伦先生那种人,有着民众的一切卑劣和残忍。(第84—85页)

关于《中国的牛津运动的故事》所作中英人物比较的摘引,就暂且住手吧。我不再引录辜鸿铭如何把刘坤一比作威灵顿公爵(Duke of Wellington),把岑毓英比作克伦威尔(Cromwell),把光绪皇帝的生父、醇亲王奕谭比作维多亚女王的丈夫孔塞亲王(Prince Consort),等等,否则将使以上已嫌冗长的引文显得越发冗长。

不过,没有读过早已绝版的《中国的牛津运动的故事》英文本或德译本的研究者,由以上摘引,大概可以得知辜鸿铭的比较方法,即前已提及的,给每个在晚清政治文化中的显赫人物,都在英国近代史上寻出一位对应的角色。唯一的例外是岑春煊。辜鸿铭在本书中曾列一专章,将李鸿章由于签订《马关条约》而丧失政治决策影响以后的时间,称作中国文人的“自由派”陷入群龙无首状态的“空位期”,而以后逐渐形成由三人替补他一人的局面,这三人即两江总督刘坤一、湖广总督张之洞以及继承其父岑毓英而崛起的历任西南督抚的岑春煊——辜鸿铭称之为“中国的三头政治”。[36] 令辜鸿铭困惑的,是他在英国近代史上找不出一名堪与岑春煊对应的人物,因而他只好勉强地把岑春煊比作德国的俾斯麦。[37] 但谁都知道,岑春煊在1907年便因受庆王奕劻和袁世凯的联手排斥,而失去慈禧太后的恩宠,被免去邮传部尚书的职务,郁郁退居上海法租界,直到清帝

---

[36] 前揭《中国的牛津运动的故事》第四章。英文版,第79—96页。
[37] 同上引,第95页。

国解体时才重新被人记起。他在清末政坛上的地位或作为,怎么同德国号称"铁血宰相"的俾斯麦有可比性? 在这里,辜鸿铭的平行比较法的主要一招,在双方寻找对应的角色,非但落入"只求形似,不求神似"的比较俗套,而且在"只求形似"上也捉襟见肘,不得不越出英伦三岛的封闭空间,到隔海的欧洲大陆历史中去找取譬对象。他的失败,由前引"撇开中英之间的社会差别不谈"一语,也许点穿了某种缘由。

四

我们已经看到辜鸿铭自居为"中国的牛津运动"的一员,而且似乎属于并非等闲之辈的一员。用不着去考证他是否真的属于晚清的"清流党",那将被熟悉晚清政坛文坛掌故的文士们嗤之以鼻;也用不着去考证他如何"跟随"张之洞为坚持清流理想而"战斗"的实相,那将使我们也陷入"跟随"辜鸿铭虚构张之洞晚年还在领导清流党的故事的窘境。且不说张之洞做过核心成员的"前清流"早已随着中法战争的失败土崩瓦解,即使张之洞本人,晚节也屡受昔日盟友非议。[33] 令人感兴趣的,是他既然在书中热心于在中英双方寻找对应角色,那么他自比为同时代英国的什么人呢?

辜鸿铭显然不以中国的纽曼博士自居,他已把其人派给了李鸿藻,其书派给了《劝学篇》。他既然已把帝国的翰林院等同于牛津大学,那当然也不会自比为纽曼在牛津编辑《时代书册》(Tracts for theTimes)的另外三位作者——弗劳德(H.Froude)、基布尔(J.Keble)和珀西(E.Pusey),后三人无疑只有当年与张之洞共称"翰林四谏"的张佩纶、宝廷和陈宝琛才可对应。

其实辜鸿铭绝不希望别人称他是西方的谁或谁。相反,他自以为是中国的纯正儒者,对于毛姆(W.S.Maugham)奉承他是"中国孔子学说的最大权威",感

---

③ 参看黄濬:《花随人圣庵摭忆》,上海古籍书店 1983 年影印本,第 57—58 页、第 62—65 页、第 192 页等。

到十分悦耳。㊴ 也许正如艾凯所讥,那是因为辜鸿铭的出身、就学与婚姻等背景,使他在中国没有安全感,"他遂借对中国所有事物不分青红皂白地呵护支持来证明他非'假洋鬼子'"。㊵

然而,在潜意识中,辜鸿铭还是有对应角色的,证据就是他的英文论著,从风格到内容,都受阿诺德(Matthew Arnold)和卡莱尔的很大影响。他在《中国的牛津运动的故事》中,引证的英国的文化保守主义的学者的言论,也数这两人的最多。

由于辜鸿铭像卡莱尔的讲演集一样,在文章或讲演中通常都不注明引文的具体来源,令后人很难逐一辨证他的引用是否符合原意。但通观《中国的牛津运动的故事》的风格,受阿诺德的《文化与无政府状态》一书的影响,痕迹便相当清晰。

发表于 1869 年的《文化与无政府状态》(*Culture and Anarchy*),是阿诺德最主要的著作。书中抨击维多利亚时代的英国社会已陷入无政府状态,以为原因在于英国人过高估计机器造成的物质文明的价值,变得自满、庸俗和拜金主义,使社会缺乏准则和方向感。书中一个著名见解,即英国社会由三类人组成:蛮人即贵族;庸人或市侩,乃数量极大而社会影响也最大的中产阶级;平民,即一般民众。阿诺德认为,由于中产阶级在社会中的影响,而他们又最缺乏文化,即美与智的融合,因此要克服无政府状态,就必须教育和感化他们。

我们从前一节的摘录,已可看出辜鸿铭在《中国的牛津运动的故事》中,正是袭用阿诺德的三分法,把晚清社会说成也是由贵族、中产阶级和平民三类人组成。全书的结构,除序言、导言和结论外,作为正文主体的四章,也正是体现这样的三分法,章题依次为"满洲政权""中产阶级的衰落""满洲的复兴"和"空位期:中国的三头政治"。

辜鸿铭毫不讳言他的三阶层说来自阿诺德,因而他同样坦然地套用阿诺德

㊴　W.Somerset Maugham, *On a Chinese Screen* (New York 1922),Chapter 38.此章原题《哲学家》,有黄嘉音中译文,见《人间世》十二期,1934 年 9 月,上海。毛姆此书,于时人事多假托,如他访问辜鸿铭,实在北京,而诡言成都,述辜的学历,先德后英,将爱丁堡大学换作牛津大学之类,令后来某些传记作者信以为真,遂使辜氏传记愈增疑窦。

㊵　前揭艾凯书,第 136 页。

的术语：

> 中国的蛮人是满洲——天生的贵族；中国的庸人是中国的受教育阶层，文人由此得到补充；中国的平民是住在城里的中下阶级和劳动阶层，富商和买办由此得到补充——他们因有勤劳的力量，可以被叫作依靠勤劳力量的贵族。④

对于熟悉传统的四民说或者听惯现代的阶级说的中国读者来说，辜鸿铭从阿诺德那里拿来的这个社会结构三阶层论，纰缪却是醒目的：乡村的"农"何以不提？文人或"士"岂是独立阶层？富商和买办来自平民吗？

然而辜鸿铭没有无视农的存在，书中屡次提及太平天国，比作法国革命。但他并不以为农民是独立的社会力量，却不是他的偏见，而是十九世纪西方学者的共同见解；马克思的《路易·波拿巴的雾月十八日》关于法国农民的看法，便是显例。中国人向称士为四民之首；用"皮之不存，毛将焉附"来否定知识分子是独立的社会力量，也不合马克思的原教旨。而辜鸿铭把中国的受教育阶层等同于英国的中产阶级，也脱出了阿诺德本自亚里士多德的界定。不过他笔下的庸人或中产阶级，其实是个特称判断，主要指反太平天国战争中崛起的湘系和淮系的文人集团。他认为自从曾国藩依靠湘军成为南国事实上的"皇帝"以后，汉族文人便形成了晚清社会的中产阶级的领导力量，但曾国藩属于卡莱尔所称的"文人英雄"，而继曾国藩成为文人领袖的李鸿章，却奉行中产阶级的自由主义，表征这个文人集团的庸人化或市侩化。他称庸人或市侩的特色是无道德，从这一点看，中国文人的道德非但不及满洲贵族，甚至不及下层社会的平民，后者至少"动机纯正，能够兢兢业业地从事艰苦的劳作"。④ 他说中国的富商和买办来自平民，很明显是出于他在上海的闻见，在晚清这个十里洋场中发迹的工商业主和洋行买办，很少出身于所谓世家。辜鸿铭替晚清买办出身的企业家叶澄衷所

---

④ 前揭《中国的牛津运动的故事》，英文版，第5—6页。
④ 前揭《中国的牛津运动的故事》，英文版，第82页。

作传记,可以说是他这个见解的极好注脚。[43]

那么,辜鸿铭只是蹈袭阿诺德,在理论上没有中国特色吗?也不尽然。他到底翻看过《论语》《中庸》,对其中的真真假假的孔子语录可谓滚瓜烂熟,随时可以拣出只言片语,像贴狗皮膏药一样贴到他所引进的西方文化保守主义的某个论点上。从而比同时代的"格致古微"一派学人,更能顺当地向西方读者证明,那些论点在中国毫不新鲜,中国的古圣前修早已说过,"古已有之"。鉴于辜鸿铭曾经大谈"社会主义",因而中国学者倘有志于斯,学学辜鸿铭的论辩技巧,是必要的。不是吗?据《中庸》,孔子答鲁哀公问政,曾说"天下之达道五,所以行之者也三"。五达道即汉以后儒者宣扬的五伦或五常,以为那是孔子致力复兴的周礼,而知、仁、勇三"达德",便是检验这五达道的实践标准。[44] 此说是否符合《论语》所记孔子关于"克己复礼"要求的本意,是另外的问题。但即使依据《中庸》,所谓三达德也仅是孔子给治人者提出的修身尺度,并认为三者应该集合于一身。[45] 因此,为了证明阿诺德的社会结构三阶层论,在中国也是古已有之,辜鸿铭对三达德所作的"创造性诠释",便令人瞠目:

> 孔子说"力行近乎仁",马太·阿诺德把它称为犹太精神,那就是中国平民或劳动阶级的勤劳力量。孔子说"好学近乎知",马太·阿诺德把它称为希腊精神,那就是中国文人的智力。最后,孔子说"知耻近乎勇",那就是满洲贵族的好勇尚义或崇高品质。[46]

最后引用的语录没有"马太·阿诺德把它称为"云云,这不奇怪,因为阿诺德相信英国贵族是蛮族入侵欧洲后的统治者子孙,他们的血统属于来自东北的野蛮人,绝非古希腊人或古罗马人的后裔。辜鸿铭写《中国的牛津运动的故

---

[43] 《叶君传》,前揭《张文襄幕府纪闻》卷下。

[44] 《礼记·中庸》:"哀公问政,子曰:'文武之政,布在方策,其人存,则其政举。其人亡,则其政息。……天下之达道五,所以行之者三。曰君臣也,父子也,夫妇也,昆弟也,朋友之交也:五者,天下之达道也。知、仁、勇:三者,天下之达德也,所以行之者一也。'"郑玄注:"达者,常行,百王所不变也。"

[45] 参看上注引《中庸》郑注孔疏及朱熹集注。

[46] 前揭《中国的牛津运动的故事》,英文版,第6页。

事》,一个目的就是要证明晚清时代帝国的没落,原因正在于外国入侵前的长久和平,使满洲贵族的崇高品质因为缺乏刺激而停滞并受损,因而从事教化的文人,从事生产的百姓,都由于缺乏"高尚的引导"而变得庸俗和粗鄙。他不愿直引阿诺德,将他所谓满洲贵族的崇高品质,称之为"野蛮精神",是可以理解的。从这一点出发,当辛亥革命终于使这些"天生的贵族"失去君临中国的特权以后,在辜鸿铭看起来,那就意味着中国的中产阶级和劳动阶级都彻底失去"高尚的引导",意味着中国的古老文明失去抵抗欧洲的物质主义文明的毁灭力量的道德屏障。"国民将会丧失好勇尚义之心。丧失勇毅与气节的凝聚点"。[47] 他以为,袁世凯的上台,正是从最坏的方面证实了他的预见。所以,他在民国成立以后坚持"复辟论",却不仅如卡莱尔所说,认为"在人们的一切运动中和在每一个地方,君王是必不可少的"[48],而且认为在中国只有"知耻近乎勇"的贵族领袖才能做君主。他主张"清室复辟",而反对"洪宪帝制",便是由于这样的理由。

五

辜鸿铭是个毫不妥协的反欧化论者。他认定清末统治者和文人们都犯了一个致命错误:"义和团暴动之后,整个中华民族,中国的统治阶级都一致断定,中国文明先天不足,无法对付现代欧洲列强的物质主义文明的毁灭力量";"中国政府在整个中华民族的赞同声中表示奉行对中国进行欧化的原则。"[49]

在清末民初,欧化就是现代化的同义语。辜鸿铭说,这时中国的可怕灾难,便在于整个民族"形成了抛弃自身的文明而采纳现代欧洲文明的想法时,举国上

[47] 前揭《中国的牛津运动的故事》,英文版,第 75 页。
[48] 参看《英雄和英雄崇拜——卡莱尔讲演集》,张峰、吕霞译,上海三联书店,1988 年,第 370 页。
[49] 前揭《中国的牛津运动的故事》,英文版,第 34 页。辜鸿铭没有提到的一事实,是辛丑和约谈判期间,列强中反对"瓜分"中国的英法美等国,也坚持把实行变法作为"保全"清政府的条件。然而在帝国政府内原先镇压戊戌维新和支持义和团排外的那部分政治力量,在八国联军入侵期间及和约缔结过程中受到沉重打击,也使慈禧太后别无选择。

下竟然没有一个受过教育的人对现代欧洲文明的真实情况稍有了解"。[50] ——当然他辜鸿铭不在例内,他再三强调,中国的欧化实际上是"在中国进行革命"。[51] 所以他赞赏慈禧太后发动的戊戌八月政变,认为这场政变有力地镇压了康有为及其雅各宾主义,从而在中国防止了一场法国大革命式的内战,否则,"世界就会看到整个中华民族形如疯子般的可怕悲剧,这个疯子会砸烂家里的一切东西,推倒自己的房子,而代之以仿制的纸糊家具和纸糊房子"。[52] 毫不奇怪,他对英国的中国通濮兰德(J.O.P.Bland)与白克好司(Back House)合著的《慈禧外纪》(Empress Dowager)一书,要屡次发泄高尚的义愤,抨击这个被中国政府解雇的职员濮兰德,把慈禧描绘成一名专制而淫荡、贪财而残忍的女人,是对这位伟大的中国女性的无耻诽谤。[53]

然而,辜鸿铭也不无惋惜地承认,在帝国政府"还都"北京之后,决定"对中国进行欧化"的关键人物,正是慈禧太后。他当然竭力为慈禧的变节辩护,说是这个决定恰好显示太后的伟大品格和政治才华,尽管她不喜欢现代欧洲文明,但作为统治者,"她感到有责任使她个人的好恶服从民族的意志",只是竭力使在中国不得不进行的这场革命,如威灵顿公爵所说的那样,成为"按适当的法律程序而进行的革命"[54]。

---

[50] 前揭《中国的牛津运动的故事》,英文版,第 34 页。辜鸿铭再次抹杀事实。1900 年聚集在上海举行"国会"的士绅,并不都是他所称的雅各宾主义者,但它的核心人物"对现代欧洲文明的真实情况"绝不止于"稍有了解"。例如张园国会公举的正副议长容闳、严复,便"了解"得不比辜鸿铭差。问题是在辛丑和约以后,慈禧政权也顽固地坚持把这部分力量,排斥在"改革"之外。

[51] 前揭《中国的牛津运动的故事》,英文版,第 35—36 页、第 98—99 页等。

[52] 前揭《中国的牛津运动的故事》,英文版,第 34 页。辜鸿铭没有提到的一个事实,是辛丑和约谈判期间,列强中反对"瓜分"中国的英法美等国,也坚持把实行变法作为"保全"清政府的条件。然而在帝国政府内原先镇压戊戌维新和支持义和团排外的那部分政治力量,在八国联军入侵期间及和约缔结过程中受到沉重打击,也使慈禧太后别无选择。

[53] 濮兰德和巴克·豪斯(中译作"白克好司")的这本书,有 1914 年陈冷汰、陈诒先合译的中文版,中华书局出版,书名改题《慈禧外纪》,凡两卷各十四章,由慈禧家世写到她死后下葬东陵。令人诧异的是后来论者多以此书对慈禧多饰辞,语多失实,而辜鸿铭则以为其中涉及慈禧私生活及宠信李莲英的描述,是对她人格的攻击。前注⑥引《中国的牛津运动的故事》附录二,便是辜鸿铭借德龄郡主《清宫二年记》一书来反驳濮兰德等,认为德龄所记才显示慈禧的真实人格。辜鸿铭似乎忘记他本人曾在《张文襄幕府纪闻》中所录自己写于壬寅年即 1902 年慈禧"万寿节"时的《爱民歌》——"天子万年,百姓花钱;万寿无疆,百姓遭殃。"——对慈禧骄奢生活的攻击更甚。同一丑恶现象,自己讥斥即可,他人批评则非,这心态是古怪的。

[54] 前揭《中国的牛津运动的故事》,第 35—36 页。

虽然如此,辜鸿铭还是反对这场"循序渐进的革命"。[55] 在《中国的牛津运动的故事》的"结论"中,他重申那是错误的。他宣称,要对付现代欧洲的物质主义文明的毁灭力量,要反对和消除这种力量给世界带来的社会弊端或政治弊端,从而拯救中华民族的古老文明,拯救那种文明的精华,途径本来不止一条,而可以有四条。可惜中国人只试过前两条,第三条本来行不通,却没有认识到还有行得通的第四条途径。

哪四条呢? 辜鸿铭打比方说,假如上海有个纳税人,深信行驶于租界的电车,不仅是个祸害,"而且对上海人来说是一种伤风败俗、使人堕落的邪恶设施",他要阻止电车继续在上海运行,怎么办?

第一条途径就是作为纳税人提出抗议,抗议不成便上街阻止电车运行,但如果司机拒绝停车而警察或市政权威也不予理睬,那么他和他的同道将变成肉浆,而电车却照旧运行。辜鸿铭说,端王载漪及其义和团朋友就是这样的"愚蠢的纳税人"。[56]

第二条途径就是纳税人自己在上海也开一家电车公司,从财政上或其他方面打垮现有的电车公司,再宣布不准电车在上海运行。那将引起怎样的混乱,可想而知。辜鸿铭说,已故的张之洞却主张采取这一途径,"以消除现代欧洲物质主义文明传入中国所产生的恶果"。张之洞失败了,绝望了,临危前"只想如何使投降条约的条件不那么苛刻"。[57]

第三条途径是上海的纳税人联合抵制电车运行。据辜鸿铭说,通过抵制欧洲的一切,来阻止现代欧洲物质主义文明,这是"俄国伟大的道德学家托尔斯泰

---

⑤⑤　前揭《中国的牛津运动的故事》,第99页。原文是"A Revolution by Due Course of Law."
⑤⑥　同上引,第100页。
⑤⑦　同上引,第101页;参看同书第3页。

在致我的公开信中建议中华民族应通过这一途径"的。⑱ 但辜鸿铭更相信阿诺德的话,"在得到公理之前,强权、事物的现存秩序就是有根据的合法统治者";"试图把这种(新发现的)公理强加给我们并粗暴地用他们的公理来取代我们的强权,是一种粗暴的行为,因而要加以抵制"。辜鸿铭据此认为托尔斯泰的道德化建议,反而在实践中会成为不道德行为,因为公理包含对意志自由的尊重,你认为事物的现存秩序是强权,而加以抵制并要求改变,那后果恰是将你所认为的公理强加于人:"一种不道德的行为,绝不可能改变一种设施,即使它实际上是一种邪恶的不道德的设施。"⑲

不愿做现代欧洲物质主义文明的奴隶,但用血肉筑起长城,用自力更生排挤外来对手,用软性公理抗衡硬性强权,或在实践中惨败,或在逻辑上不通,有没有另外的途径呢? 辜鸿铭说有,"可以采用第四种也是最后一种方法,阻止电车在上海运行"。据辜鸿铭说,这位纳税人非但不必抵制它,相反可以保护它,问题是本人在公私生活中必须自尊自重,赢得上海居民的尊敬,而这种尊敬便会化作一种道德力量,当他去出席纳税人会议并向纳税人表示上海电车是一种祸害和邪恶设施,"他就有机会使纳税人自愿阻止电车在上海运行"。⑳

辜鸿铭对他的发现非常得意:"我以为,这就是孔子用来消除社会的或政治的弊端并且改变世界的方法,即争取道义力量,过一种自尊自重的生活。孔子说'君子笃恭而天下平',我认为,这是中华民族为拯救其古老文明、拯救那种文明的精华,使之摆脱现代欧洲列强的物质主义文明的毁灭力量而必须依靠的唯一

---

⑱ 托尔斯泰致辜鸿铭书,作于 1906 年 10 月,曾由昧荔译为中文,刊于《东方杂志》第二十五卷第十九号。托尔斯泰认为:"不以恶报恶,不与恶合作,这就是自赎和战胜那些作恶的人们的最妥当的方法。"辜鸿铭实际上是同意这个方法的。他不同意托尔斯泰的建议,是因为托氏信中以为要抵御欧洲模式在中国出现,首先应该拒绝与清政府合作:欧洲的一切吞并和盗窃所以能成功,就是因为有一个政府存在,对于这个政府,你们承认做它的臣民。如果一旦中国没有政府,外国人就不能施行他们的掠夺政策,借国际的关系为口实。如果你们不听命于你们的政府,如果你们(的政府)不帮着列强压迫你们,如果你们拒绝替他们的机关——私人的、国家的或军队的——服务,你们现在所受的痛苦就会消灭了。(据上举昧荔译文,原由英文转译,疑有脱漏。)这建议不合辜鸿铭心意,他憎恶"无政府状态";托氏信中建议他不要为"私人的"机关服务,很明白是劝他辞去总督幕僚地位,更是他难接受的。见同上引,第 101 页。

⑲ 前揭《中国的牛津运动的故事》,第 101—102 页。

⑳ 同上引,第 102—103 页。

力量。"⑥

这就是说,对付现代物质文明的祸害,不妨先听之任之,再徐图消弭,办法是树立个人的道德表率形象,也即成为活着的圣贤,成为坚持道义的表征,进而使个人主张化作公众意向,那祸害自能消除。

设想是很好的。强调欲平天下必先从修身做起,颇合《中庸》朱熹注的教导。虽然在修身前,已存欲取姑与,以不战而屈人兵一类意向,而且最终取缔邪恶措施要通过立法程序,使这一设想大有儒道互补乃至儒表法里的嫌疑,却表明辜鸿铭终于"知经"又"知权"了。⑥ 然而按照辜鸿铭所举实例,倘要把他的方法付诸运用,前提当然是有个立志希踪圣贤的人,但此人还必须财大气粗、势众名重,否则当不了纳税人会议领袖,说话谁听?另外还必须有"适当的法律程序"并为国际社会所承认,因为既然说欧化是"革命",那么"反革命"的主张虽可化作某种公意,但外来强权不承认,又将奈何?借用孔子的话,辜鸿铭的曲调,"尽美矣,未尽善也"。

假如因此而判断辜鸿铭没有超出张之洞《劝学篇》的窠臼,也未必尽然。前已引述,辜鸿铭把《劝学篇》比作纽曼的《辩护》,以为都是"人的心智不合常规的明显例证"。可见他拒绝与张之洞新诠的"中体西用"论认同。

在辜鸿铭看来,张之洞与纽曼的共同错误,都在于否定有关真理和是非的道德原则的绝对性,且不说他对纽曼的批评,只说他对张之洞的非难。他认为张之洞的根本错误,就在于同时相信孔子学说和欧洲新学都是正确的,因而面对两种学说关于人和国家应该对财富、权力的物质繁荣的相反教导,便设法调和,而断言"一个人必须有两套道德原则":"作为个人,中国人必须牢牢把握和严格遵守儒家原则"——孔子说的"君子贱货贵德";"作为民族,中国人必须完全抛弃儒家原则,而要采用现代欧洲新学的理想——如李提摩太(Timothy Richard)所谓'没有商业价值的教育毫无用处'"。辜鸿铭强烈反对这种道德相对主义,认为这是两种矛盾的理想的一种奇特而荒唐的妥协,非但对任何环境中的任何个人

---

⑥　前揭《中国的牛津运动的故事》,第103页。"君子笃恭而天下平",见《礼记·中庸》,历代注家多以为乃子思语。

⑥　参看前揭《张文襄幕府纪闻》卷上"权"则。

都不能起约束作用,相反只能"在道德上和宗教上会导致虚伪,在政治上会导致马基雅弗利主义(Machiavelliism)"。辜鸿铭说,这种马基雅维利主义,"一旦被袁世凯这样卑鄙粗俗的人所采用,就会对中国造成极大的危害,其程度甚至超过李鸿章的粗俗和腐败给中国造成的危害"。⑥

因此,辜鸿铭断定,在任何环境中对任何个人来说,道德原则只能有一个,不论出于任何高尚动机,而承认涉及真理和是非的道德二重性,那效应都有害无益。他始终拒绝使用"体用"之类概念,是因为他认定全人类的道德原则是同一的,反对现代欧洲的物质文明主义的毁灭力量,是东西两方传统文化价值守护者的共同任务,在本体方面不存在地域、国别或人种的差别。他在《中国的牛津运动的故事》一书中,所以把中国的清流运动和英国的牛津运动相提并论,一个原因也是以为二者怀抱的理想和所犯的错误,共性大于个性。他也许从没有真正摆脱英国经验主义的思维模式,从没有认真考虑共性与个性的相关度。十九世纪的西方浪漫主义的诗人和作家,英国华兹华斯(W. Wordsworth)、罗斯金(J. Ruskin),德国的歌德(J. W. von Goethe),美国的爱默生(R. W. Emerson)等,成为他经常引用的对象,其频率虽不及阿诺德,仅稍逊于卡莱尔。这说明,在他看来,文化保守主义,无论在东方还是西方,都属于"人同此心,心同此理"。因此,当欧战发生,他以为只有中国传统的儒家伦理,才能拯救西方世界的世道人心,也就是这种逻辑演绎的必然结论。

【朱维铮　复旦大学历史系教授】
原文刊于《中国文化》1995 年 01 期

---

⑥　前揭《中国的牛津运动的故事》,第 29—32 页。

梁启超思想中知识结构的
转移与深层变化

周昌龙

一、前言

　　梁启超(任公,1873—1929)思想在表象上极其复杂,甚至自相矛盾,[①]这是他思想的内核价值一直难被确实认知,也是让相关论题一直注满活力的原因。从李文荪(Joseph R. Levenson,即列文森——编者注)、张朋园等学者的开创性研究开始,梁启超研究的重点就被放在群体个体和东西文化等对立性问题上。之后,张灏、黄宗智、狭间直树等中外学者大致上都顺沿梁氏思想的对立矛盾此一

---

① 李泽厚对梁启超思想复杂性的说明可以作为代表。他说:"社会解体的迅速,政治斗争的剧烈,新旧观念的交错,使人们思想经常处在动荡、变化和不平衡状态中……同一人物,思想和行为的这一部分已经很开通很进步了,另一方面或另一部分却很保守很落后。政治思想是先进的,世界观可能仍是唯心主义;文艺学术观点可能是资产阶级的,而政治主张却依旧是封建主义。如此等等,不一而足,构成了中国近代思想一幅极为错杂矛盾的情景。"见《梁启超王国维简论》,收入氏著《中国近代思想史论》,人民出版社,1979 年,第 421 页。

思考维度出发,集焦于梁氏政治观或中西文化观的探讨,[②]对论题的学术视野发挥了相当大的左右力,后续研究不论赞同与否,都很少能逸出此一"集体/个人"或"东方/西方"对立的讨论范围,形成了一套梁启超研究的范式话语。吾人对梁启超作为中国近代东西方学术文化冲激中领导性思想家之理解,受惠于上述研究固极多,然不免也受到了一些限制,特别是对任公思想的内核统一价值及其深层变化,较易忽略。

本文尝试从梁启超思想内部道德和知识两个结构性因素的移动,分析梁氏思想的深层变化,以及其中始终统一的内核价值。理性知识,尤其是近代西方具科学系统性的新知识,是任公毕生的追求,也是梁氏在中国近代思想文化结构转移上的一大努力目标;但与此同时,任公生命中却又另有一种超理性的终极关怀,即道德安顿和儒学传统中"平天下"(大同之学)的要求。这使得他和陈独秀、胡适等纯任理性的新文化运动领导人不免枘凿,更招浅薄者致以退化落伍之讥。知识与道德这两股力量,一在心官一在心宰,基本上都在人身上周流不息,原难分割先后。不过,随着客观事势与主观关怀并不一致的转移,会互有隐显消长。这互移并非东西风彼此压倒的简单关系,而是刚柔化合的辩证关系。是这种辩证发展,导致梁氏思想一方面起着深层变化,一方面仍有统一的内在核心价值可寻,由早期而晚期,虽复杂而条理固在,骥图可索。

在梁启超思想的发展上,道德并不完全离开知识而单独形成一种宋儒所谓非关见闻的德性之知。对梁氏而言,道德并不全然脱离知识模型(modes of knowledge),相反,二者是互为影响的有机结构:当知识主义居优势时,任公思想体系内的道德观,亦以科学伦理学的表式出现,成为如《论公德》诸说中的文化心理道德说;而当知识无法单独安顿生命时,道德乃成超越理性之上的德性本原,知识结构亦从寻找客观事实的说明式(describing)模型,转向发掘事物意义的解释性(explaning)模型。因此,讨论梁启超思想中道德与知识的互动关系,首

---

② 参见 Joseph R. Levenson, *Liang Ch'i-ch'ao and the Mind of Modern China* (Cambridge: Harvard University Press, 1953)。张朋园:《梁启超与清季革命》(台北"中研院"近代史研究所专刊,1964)。Hao Chang, *Liang Ch'i-ch'ao and Intellectual Transition in China*, 1890—1907 (Cambridge: Harvard University Press, 1971)。Philip C. Huang, *Liang Ch'i-ch'ao and Modern Chinese Liberalism* (Seattle: University of Washington Press, 1972). 狭间直树编:《梁启超・明治日本・西方》日本京都大学人文科学研究所共同研究报告。

先须明了任公思想体系中这二种知识模型互移变化的情况,这是学界以前并未注意到的。此外,梁氏的知识和道德结构固皆同时涵有中西二种文化资源,然在知识方面,梁氏着意要向中国输入的是西方近代的科学系统性知识,即在描述有其主观经历参与的《中国近三百年学术史》时,其著作风格仍是就各种专业学科作科学客观之描述,与钱穆《中国近三百年学术史》这部同名著作时据思想内在理路作主观诠释者不同。③ 在道德领域,梁氏除在一段时间高揭文化主义的新民公德外,通常在需要安顿自家生命时所说的道德,乃指以陆王心学为主的"吾祖宗遗传固有之旧道德"。④ 因此,知识和道德两领域之消长,必然又牵涉东西方文化之交涉,此读者自可判断。

知识史(History of Knowledge)的研究包括对学校、教育机制、知识传播管道等制度层面的探求,以及知识分类、思想模型(modes of thought)等对知识体系本身的分析研究。西方学者根据自身历史,在知识体系上先划分两大体系,即宗教知识和世俗知识。有学者估计,这两个体系历时二百年,始完成各自的独立性。⑤ 在我国,具有左右思想文化意义的知识体系之建构,不在宗教与俗世的对立,而在经学本位和史学本位的换代。前者自"经"之最内缘的性质(经典神圣说)而言,其重心乃在意义诠释,虽非宗教,但神圣的意味充斥,接近精神和道德取向的生活。经学中心主义和宋明理学的正统派、桐城派、翼教派等,大抵属于此一体系。后者将经学去神圣化,着重事实说明,坚执理智,强调客观证据和实事求是,较容易接受科学。本文分析梁启超知识模型及知识与道德的关系,大致根据这样两个模块进行。

在与西方近代科学接触之前,中国传统学术中,其实也一直存在着两种不同的知识模型:一种是反思内省式的,找寻人天之间的意义联系,是关注道德意义

---

③ 这当然只是从大体而言,再客观的科学研究亦不免带有主观成分,钱宾四先生一代史学大师,虽因个人文化感情而经常对国族文化价值作肯定性的主观诠解,而自有相对客观的史学训练在。这个问题,下文会有更多讨论。

④ 梁启超,《新民说》第十八节"论私德"《饮冰室合集》(中华书局,1989年),《专集》之四(以下引梁启超原文,除特别声明外,皆用合集本,简称《文集》或《专集》),第132页。

⑤ Gunther Lottes,"Reform Universities in the Age of Enlightenment", paper for "University and Enlightenment: Historical Perspectives on Higher Education in China and the World", organized by Hong Kong Baptist University, April 28, 2006.

的知识;一种是外在介入式的,找寻人事物理的实存秩序,是追寻客观条理的知识。通过历史中介,这两种模型互相摩荡又自我裂变,以多种姿貌反复出现:如微言大义对训诂典章(或经义对经解),尊德性道问学,德性之知闻见之知,经史之争,今古文之争等。具体内涵当然各不相同,深层结构则各各关联。西方科学输入后,两种结构的颉颃摩擦并未停止,反而更受激荡,彼此各引外力奥援,纵横波澜,更形壮阔。在近代西方哲学中,自然科学与精神科学(人文科学)从紧张对立到试图对话,比中国学界此疆彼界的情形进步不少。与哈贝马斯(Jurgen Habermas,1929—)同为批判理论代表的德国名学者艾培尔(karl-Otto Apel,1922—),提出知识人类学的构想,以别于"科学"的认知心理学和知识社会学,企图沟通自然科学规律"说明"的(describing)和人文科学意义"解释"的(explaning)两种知识立场,⑥其情形应可资比较。本文对知识模型的阐明,主要即借用艾培尔氏的论述架构,结合中国学术史实际历程而成。

在中国近代史上,清代考据学的兴起和清末西方近代科学输入,是三百年间接踵两次发生的知识结构改变。这两种结构在当时并不被视为冲突,反而在"科学方法"这个口号下统一了。梁启超一代作如是观,胡适一代亦复如是。梁启超按照其主观理解,结合了中国的考据"科学"和西方的自然科学,这两种"科学"原有的同构性和异质性便也同时进入了梁启超为自己和国家民族所建构的观念系统中,在"科学"的名义下巍然共存,这当然会产生很多问题。而另一方面,传统上与经学(包含理学此一阶段)孪生的、不管是在清学或考据学名义下都一直保有的道德、义理和中国独特的"平天下"(圣王的理想秩序)理想,却因经学变成"科学",而被逐出"科学"门墙,甚至站到了科学知识的对立面,从而令包括梁启超在内的许多知识分子在热烈拥抱"科学"时,内心却产生不安和紧张。很多梁启超及同时代知识分子思想上所呈现的矛盾和变化,其实都可以从这个角度获得理解。

梁启超本身是考据学出身,十三岁"始知有段王训诂之学,大好之,渐有弃帖括之志",十五岁入学海堂,"季课大考,四季皆第一,自有学海堂以来,自文廷

---

⑥ Karl-Otto Apel, *Toward A Transformation of Philosophy* (London: Boutledge & Kegan Paul Ltd, 1980). See especially Chapter 2.

式外,卓如一人而已",⑦则当时于训诂考据,确有所好。师从康有为(1858—1927)之后,其学乃改以公羊经学、陆王心学为主,而"并及史学、西学之梗概"⑧,戊戌后逃亡日本,始大受西学影响,宣称倍根(Francis Bacon,1561—1626,即培根——编者注)是"近代文明初祖"⑨,对其膜拜有加。而与此同时,其早年所接受的考据学训练,又在科学名义下,重新回到其知识主轴,认为"吾中国近三百年来所谓考证之学",其价值与倍根提倡归纳法一样,"饶有科学精神"⑩,自谓从此绝口不谈伪经,与康有为的公羊经学正式分道扬镳。然而,也是从这时候开始,梁启超在道德伦理问题上有了极大焦虑,除提倡以陆王心学为主轴的私德、以之与现代国家国民必具之公德相辅之外,并开始一连串的传统道德卫护工作,包括编纂《节本明儒学案》和《德育鉴》,发表对科学文明感到失望的言论等,从而蒙上保守、退步之名。一直到晚年发表《儒家哲学》等著作,重新建构自家的儒学思想体系,任公这段在公与私、知识与道德之间挣扎徘徊的心路历程,似尚未得到最后圆满之安顿。

二、梁启超思想中的两种知识模型

首先我们得通过中国学术本身的发展历程,分析梁任公思想深层结构中长期存在的两种知识模型。梁启超十七岁拜入康门,从推重训诂词章的学海堂高才生,变成南海门人,自谓"生平知有学自兹始"。康有为在光绪廿四年(1898)末写的《自编年谱》中,追述陈千秋(1870—1895)、梁启超初入门时,其教学方法为:

乃告之以孔子改制之意,仁道合群之原,破弃考据旧学之无用,礼吉

---

⑦ 分见《三十自述》,《文集》之十一,第16页。及丁文江、赵丰田编《梁启超年谱长编》,上海人民出版社,1983年,第22页。

⑧ 《三十自述》,《文集》之十一,第18页。

⑨ 《近世文明初祖二大家之学说》,《文集》之十三。

⑩ 《论中国学术思想变迁之大势》,"近世之学术",《文集》之七,第86—87页。

（按：千秋字）恍然悟……凡论今古天下奇伟之说，诸经真伪之故，闻则信而证之。既而告以尧舜三代之文明，皆孔子所托，闻则信而证之。既而告以人（按：人当为程字之误，成玄英疏：程，赤虫之名）生马，马生人，人自猿猴变出，则信而证之……又告以大地界中三世，后此大同之世，复有三统，则信而证之。⑪

　　康氏这里所述的教学次第，显然不是依照循序渐进的教学法原理，而是按主观认定的学术重要性排序，由孔子改制、而伪经、而托古、而及进化论与公羊的三世进化。由于康有为在叙述自身学术年代问题上通常并不可靠，他这里所述的可能也不是长兴讲学时的真正情况，这只要和现存南海门人相关记载对照便知。但也由此得知，在康氏自己的主观认知中，其最得意的学术发明，实为以孔子改制说改造今文家的公羊学，以此作为鼓吹清廷变法的依据；再以改制说为中心，指重视文本与典章依据的古文经为伪造，古史为伪托，将入清以来日渐典章化和史学化的经解式经学，又还原为董仲舒时代可依政治需要诠释增补、用以经世立国的经义或经说式的经学。虽然有人指出，经解式和史学化的经学，其实一开始时也是为意识形态服务，所以用力考证"人心惟危"等语出于伪书，直捣宋学的根本之地。⑫ 但不可否认，以考据为主要方法和态度的经解式或史学化的经史之学，通过归纳寻找实事实物之规律，所关怀的命题又都在经验可测的范围内，社会学的倾向重于形上学，"说明"的成分多于"解释"，所重的毕竟不是意识形态而是知识学问，用清儒自己的话来说，是用学统取代道统，中心问题在一个学字。因此，经解和经义，史学化和经本位化这两种不同的治学观，牵涉的不只是所谓今古文之争的经学内部门户问题，它其实是更根本的学术思想中知识模型的差异问题。

　　顾炎武（1613—1682）在清初带动一种新学风，以声韵、训诂、历算、典章名物考据等实证知识，还原经典所载的事实，再从事实中寻求客观存在的工具真理。顾炎武"古之理学，经学也"，和后来戴震（东原，1724—1777）"故训明则古

⑪ 康有为：《自编年谱》，《康南海先生遗著汇刊》第廿二册，第22页。
⑫ 余英时：《清代思想史的一个新解释》，见氏著《历史与思想》，台北联经出版公司2003年版。

经明,古经明则贤人圣人之理义明",这两个学术史上著名的新命题,都是在这种新知识背景下出现的。经学在这里被视为经验学问的存在,它不拥有先天的真理,也没有平治天下的微言大义,一言以蔽之,它是"实学",而非"虚论"或"虚理"。其后章学诚(1738—1801)提出六经皆史说,谓"古之所谓经,乃三代盛时典章法度见于政教行事之实,而非圣人有意作为文字以传后世也"。⑬ 将经学知识史学化。清末章炳麟(太炎,1868—1936)汇合实证知识和"六经皆史"这两条经学理解途径,谓六经"今之经典,古之官书,其用在考迹异同,而不在寻求义理。故孔子删定六经,与太史公、班孟坚辈,初无高下,其书既为记事之书,其学惟为客观之学"。⑭ 否定经书中的义理性,谓经学纯为客观之学,可说是这派经学观最彻底、最简扼的总结,而其论述所针对的,恰是康有为认为经学是主观创作而非过往陈迹,凡"孔门后学皆有推补之权"的诠释性认知态度。

章学诚评论戴震学术时,将这种规律说明的学风远溯至朱熹(1130—1200)的"道问学",谓"实自朱子道问学而得之,故戒人以凿空言理",⑮乾嘉学风的近代继承者胡适和傅斯年,⑯也都附和这种看法。荒木见悟指朱熹的理论体系,有一种"契合客观性事物的普遍妥当的实践性态度"⑰,指的都是一种以可验证的客观事物为说明对象、寻找其客观规律的治学风格。单从客观验证对象和实证态度二者而言,从朱子的格物到清儒的训诂名物之学,确实带有社会学态度和归纳法的精神,和通过意义诠释以求微言大义或圣人之心的经本位传统不同。当然,科学所要求的,远不是只有归纳法,而即从归纳而言,中国的"道问学"传统,缺少了近代科学赖以成立的观察、解释、实验这一套基础方法,⑱很难单独开出近代科学。又或者如傅柯(Michel Foucault,1926—1984,即福柯——编者注)所

---

⑬ 章学诚:《文史通义》,香港太平书局,内篇一《经解上》,第29页。

⑭ 章太炎,《诸子学略说》,载《国粹学报》丙午(1906)年第八、九号。

⑮ 《文史通义》内篇二,《朱陆》附"书朱陆篇后",第58页。

⑯ 胡适:《戴东原的哲学》,《胡适作品集》32,台北远流出版公司。傅斯年:《性命古训辨证》,"中研院"历史语言研究所单刊乙种之五。

⑰ 荒木见悟著《佛教与儒教》,杜勤、舒志田等译,中州古籍出版社,2005年,第188页。

⑱ 关于西方近代科学成立的原因和基础,可参考 Herbert Butterfield, *The Origins of Modern Science* (New York:The Free Press,1968),Revised Edition.

言,用文字处理的学科,难免为意识形态所渗透,所以至多只能算是半科学。[19]
这都是毋庸讳言的事。但根据艾培尔等人更具现代性的说法,科学不是将自然
还给自然,而是先要在科学世界中产生统一的解释话语,再依靠对自然的工具性
干预来实现提问的可能性。如果是这样,则科学又离不开解释,自然和人文之
间,距离并非那么遥远。[20] 因此,清儒在人文领域中进行倾向实证的研究工作,
不论是否曾发生自然科学的实效,都并不影响广义之考据学作为一种实证式新
知识结构的价值。就知识角度而言,清学主流显示了一些崭新的价值,包括承认
器中可以见出道(朱熹仍否认这点),器因此有独立研究价值(反对者称为玩物
丧志或破碎害道),也因此可以产生各类学术的专科发展。傅斯年创设"中研
院"的历史语言研究所时宣称:

> 现代的历史学研究,已经成了一个各种科学的方法之汇集。地质、地
> 理、考古、生物、气象、天文等学,无一不供给研究历史问题者之工具。[21]

以乾嘉学者治经的方法和工具而言,假使我们将傅斯年上述文字中的"现
代历史学研究"一语,换上"清儒考据学"一词,在语意表述上依然可以是天衣无
缝的。

清代公羊学立足于一种不同的知识模型上,这种模型,非仅为客观求知而存
在,基本上,它是为兼合道德或义理的知识追求而存在的。到汉代之前,公羊家
的传承都是依赖口传,经文是一套符码,在微言的形式下隐藏大义,需用"存大
体、玩经文"的方式加以诠释。经的意义在其义理内涵,而不在典章制度或事实
记录,甚至不在文字的书面意义。缺少了义理,则煌煌圣经如《春秋》者,都不免
"断烂朝报"之讥。晚清公羊学复兴之后,从刘逢禄(1776—1829)、王闿运
(1833—1916)、廖平(1852—1932)到康有为,都坚持《春秋》是"经"非"史"的经

[19] Michel Foucault, *Archeology of Knowledge*(New York: Harper & Row,1972),Eng. Trans. By A. M. Sheridan Smith.

[20] Karl-Otto Apel,*Toward A Transformation of Philosophy*. Chapter 2, Section 1.

[21] 傅斯年:《历史语言研究所工作之旨趣》,《史语所集刊》第 1 本第 1 分,1928 年 10 月。

本位立场,重符码义理而轻文字事实。用现代语言学的观点来说,这或许是将语言置留在封闭的内部意义领域内,不使流泻到客观世界去,语言变成只具意义(meaning)作用,不起指涉(reference)作用的状态。一直到梁启超时,仍然沿承此经史之争的论题,强调"《春秋》之所重者在义,而不在事与文也"[22],竭力维护经义说的立场。

经本位论者的中心理念其实是:六经兼有"治国"和"教世"两重意义,今文学家皮锡瑞(1850—1908)将之合起来称为"治世",[23]和近代政教分离后政治上所谓的治理不同。治理是政治管理,行政权分离于教育权;治世是以"维世立教"为政治,以一种先于个人意志而存在的道德秩序为政教之共同目的,行政只是为实现此目的的手段。所谓《春秋》为礼义之大宗,所谓《春秋》以道名分,都说明经本位主义者对这种先个人意志道德秩序的重视。经解派或史学派有一种将神圣意志世俗化的倾向,与西方近代的进路相同。戴震"血气心知"的理,章学诚"三人居室"的道,阮元"相人偶"的仁,都否认有先验形上秩序的存在,立足于经验现实之立场至为明显。既是经验中的知识,分科别类的治学观念乃不可少,政治与教育离析,知识与道德离析,道德亦与宗教离析。对经本位论者而言,这绝非"维世立教"之道。萧公权说龚自珍"走了汉学的曲折道路,重新发现通向伦理与政治问题思考的大道,同时,不附和汉学之人大致接受或模仿程朱理学中的信条"[24],其说至确。康有为和早年梁启超在经义中寻求的,是和龚自珍一样的"通向伦理与政治问题思考的大道",亦即《大学》"平天下"之最高理想。治的前提是教,治与教因此适用同一套用微言大义建构的万世准则,政治不失去教化的理想性,教化恰好是政治的养成。儒学在这个论述下获得了治与教不分,亦即义理和治理合一的王道经世思想,而且兼有时间上之永恒性(万世)和空间上之普遍性(天下),确可满足经本位论者维世立教之理想。

政教分离自是近代西方政治、宗教、教育各界都坚守的一个大原则,回过头来看经本位论这种乾坤未凿的论述,很容易做出负面判断。傅伟勋教授曾批评

㉒ 《读春秋界说》,《文集》之三,第 16 页。
㉓ 皮锡瑞:《经学历史》,中华书局香港分局,1973 年,第一节,第 26—27 页。
㉔ 萧公权著《康有为思想研究》,汪荣祖译,台北联经出版公司,1988 年,第 130 页。

中国未能针对人性与政治的现实,提倡"最低限度的法治伦理"(minima moralia),为民主自由的政治制度铺下理论基础。[25] 这批评代表了一种"科学"政治学的立场,以承认卑卑无高论的现实为前提,将理想搁置不论。经本位论意念中的"天下",本来不是只有形式的意义,亦即它不是专指某一特定场域空间,也没有空间限制,它的范围借用《中庸》的说法,是"天之所覆,地之所载,日月所照,霜露所坠",冯友兰指这是一种抽象意义,并补充说:"将来如果发现别的星球上有人……虽不是地之所载,天下的抽象意义也可以包括它"。[26] 这个观察是不错的,但还须补充一点:除了其他星球空间之外,尚须加上任何世劫的时间。"天下"是指一种四海皆准、百世不惑的普遍性,其中准则规范的意义远大于空间测量的意义,《春秋》"大一统"思想,及《大学》"平天下"理念,都是这种天下观最贴切的说明。"平天下"不只是要管理国家事务,更是要普遍施行王道准则,兼含着政与教,当然不能纯任知识。这样的认知不是对名与物作分析验证,而是孟子所说的"以意逆志",或者用梁启超在当时的话来说,叫作"烟士披里纯"(inspiration)。这样的认知方式,目的不在追求宇宙中的客观事实,而是带着点现代诠释学派的影子,要在客观事物中寻求更高级的"真实"。康有为的公羊学,就是通过政与教的最终合一,而达成致太平、大一统的一套经世学问,以此又称为"大同之学"。戊戌之前的梁启超,乃"大同之学"的热心鼓吹者。

三、戊戌前梁启超的精英政治理念

康有为维新变法本有实务和学术两部分。在实务上他主张引入西艺和某种程度的西政,被当时保守派士人视为"尽变西法";在学术上他谈孔子改制和"大同之学",则非西方所有。更重要的是:虽然他在《上清帝书》中大谈知识、教育革新,说"乡塾童学,读史、识字、测算、绘图、天文、地理、光电、化重、声汽之学校

㉕ 傅伟勋:《从西方哲学到禅佛学》,生活·读书·新知三联书店,1989年,第420页。
㉖ 冯友兰:《三松堂自序》,台北谷风出版社,1987年,第290页。

不设,则根柢不立",[27]似乎已觉察到知识结构转变之重要性,但在自己所办的人才培育中心——万木草堂,对其高第弟子讲授的,公羊三世之外,仅是"教以陆王心学,而并及史学、西学之梗概"。[28] 对知识结构又并未意图作全面而根本之改变。梁启超在学术上与康有为分途后,曾暗示其师其实对西学所知有限,谓其学说主要出自"天纵",《南海康先生传》评介康氏哲学云:

> 先生者,天禀之哲学家也。不通西文、不解西书,而惟以其聪明思想之所及,出乎天天,入乎人人,无所凭借,无所袭取,以自成一家之哲学,而往往与泰西诸哲相暗合。[29]

以任公对其师之感情之认知,而乃在传记中公然指陈,被众多守旧士大夫目为尽变西学的康有为,原来"不解西书",其学说皆出天禀,与西方哲学相通者纯属"暗合",大大改变康有为在当时作为新学领袖的形象。以此更知康有为学说中心在孔子改制,在三世进化,在大同太平,亦即其知识构成主要仍是中国本身经义经说式的,故曰:"学者学孔子而已……凡为孔子之学者,皆当学经学也……孔子虽有六经,而大道萃于《春秋》",[30]这样的学孔子,其目的显然不在客观地讲求典章制度等政治社会设计之精义,而在用主观的"不忍人之心",追求已知的、既定的、一元化的价值,"曲成万物,范围万世",[31]目的在"平天下",而不在建立现代国家。梁启超为同门徐勤《春秋夷狄辨》作序时说:"孔子作《春秋》,治天下也,非治一国也;治万世也,非治一时也"[32],可为明证。在此情况下,西学仅是康

---

[27] 康有为:《上清帝第四书》,见汤志钧编《康有为政论集》上册,中华书局,1981年,第154页。

[28] 《三十自述》,《文集》之十一,第17页。又稍后亦在万木草堂的任公胞弟梁启勋晚年回忆说,学生听康有为讲"学术源流"的课,自修《春秋公羊传》《春秋繁露》等典籍及各家所译西书。每半月呈缴一次功课簿。见梁启勋:《万木草堂回忆》,《文史资料选辑》第25辑,中华书局,1981年。

[29] 《南海康先生传》第七章,《文集》之六,第71页。

[30] 康有为:《桂学答问》,《康有为全集》二。

[31] 同上。康有为用作讲学的讲义中,尚存有以《春秋》为万国公法之条目,名《春秋万国公法补正表》,其所谓西学恐怕有不少是这类附合式的"康学"。见康有为:《万木草堂讲义》,《康有为全集》二,第574页。当然,以《春秋》说万国公法,康氏之前,郭嵩焘、郑观应等皆已为之,见田涛:《国际法输入与晚清中国》,济南出版社,2001年。

[32] 《春秋中国夷狄辨序》,《文集》之二,第48页。

学的门面,而客观认知、重视归纳的知识结构,显亦非其学术所能容纳者。梁启超承康有为之意所写的《读书分月课程》中,对中西学功课是这样分配的:

> 经学专求大义,删除琐碎,……史学大半在证经,亦经学也。其余者则缓求之耳。子学通其流派,知其宗旨,专读先秦诸家……西学所举数种,为书不过二十本。㉝

可知万木草堂所讲的学问,先撇开德性修养不谈,在知识上,仍是以经义为主,史子皆经学之附庸,西学确是只具梗概而已。㉞ 当时翻译之西书稀少,当然是客观事实,但只要有心,并不是不能补救的,王国维在罗振玉所办的东文学社修习日文,自奠西方哲学基础,即为显例。问题仍在心态上。研究梁启超在当时的论述,他确实已经知道西方科学知识比中国传统学术精密扎实,他因此大为感慨:"今以西人声光化电农矿工商诸学,与吾中国考据词章帖括家言相较,其所知之简与繁,相去几何矣!"㉟但在其价值核心,他仍然坚持着中学优先,而中学又以经学为核心。他在介绍西学入门书时说:"今日非西学不兴之为患,而中学将亡之为患"㊱,在其所主持的湖南时务学堂,他立的学约也规定:

> 使学者于中国经史大义,悉已通彻,根柢既植,然后以其余日肆力于西籍,夫如是,乃可谓之学。㊲

这种中学经学根柢论的观念,也充分表现在他变法思想中。在备受士林赞誉、从而奠定其舆论界骄子地位的《变法通议》中,他这样界定六经与西学之间

㉝ 《读书分月课程》,《专集》之六十九,第 4 页。
㉞ 按《长兴学记》分科图表所载,康门学术设计分学纲与学科,学纲(志道据德依仁游艺)中无一语及西学,学科中将数学、格致归入考据,列经史等学之后。见翦伯赞编:《戊戌变法》四,第 13 页。王先明《近代新学》(商务印书馆,2000)一书立专章讨论万木草堂与时务学堂之新学,结论亦云:"虽然教人购西书、读西文,但其学术文化的主体部分都难以归属为西学,而只能归属于中学"。见第 145 页。
㉟ 《西学书目表序例》,《文集》之一,第 122 页。
㊱ 《西学书目表后序》,《文集》之一,第 126 页。
㊲ 《湖南时务学堂学约》,《文集》之二,第 25 页。

的主辅地位：

> 中国不思自强则已，苟犹思之，其必自兴政学始。宜以六经诸子为经，而以西人公理公法之书辅之，以求治天下之道。㊳

在同一著作中的另一处，他将这层意思发挥得更清楚：

> 居今日之天下，而欲参西法以救中国，又必非徒通西文、肆西籍，遂可从事也；必其人固尝邃于经术、熟于史、明于律，习于天下郡国利病，于吾中国所以治天下之道，靡不洁枢振领而深知其意。㊴

可知在戊戌东渡之前，梁启超的思想乃以明大义的经学即"三世之义"为中心，宗旨则在"平天下"或"治天下"，方法为根据孔子六经的精神、参酌中国的时势制法变法，"必使薄海内外，知孔子为制法之圣，信六经为经世之书"㊵，在其知识体系中，西学或科学所占分量极轻，仅居辅助地位，与科学方法有一定关联的考据学，本来是任公的开山学问，这时也被当成破碎害道而搁置一旁，说："国朝……置经义于不问，而务求之于字句之间"，强调"古人通经，皆以致用，故曰不为章句，举大义而已"。㊶ 梁启超在《三十自述》中对初会乃师的情景有生动描述，虽事隔十二年，当时"冷水浇背，当头一棒，一旦尽失其故垒"之神情状态历历如在目前。故此一时期之梁启超，信守康派公羊学或大同学，欲以孔子改制之精神"平天下"。教人为学"一当知孔子之为教主，二当知六经皆孔子所作"；㊷ "言经学必以《春秋》为本"，"言《春秋》尤以公羊为归"，㊸是一个不折不扣的经

㊳ 《变法通议》"学校余论"，《文集》之一，第63页。
㊴ 《变法通议》"论译书"，同上，第65页。梁启超在时务学堂当然也会让学生接触一点自然科学，《学约》第五条"穷理"即为科学教育之设计，其办法是："穷理之功课，每刚日诸生在堂上读书，功课毕，由教习随举目前事理，或西书格致浅理数条以问之，使精思以对，对既遍，教习乃将所以然之理揭示之"。刚日即奇日，则为隔天上课，时数也许还不少，但在当时之政教理论上却并不居核心价值地位。
㊵ 《复刘古愚山长书》，《文集》之三，第14页。
㊶ 《读书分月课程》，《专集》之六十九，第2页。
㊷ 《西学书目表后序》，《文集》之一，第126页。
㊸ 《读书分月课程》，《专集》之六十九，第1页。

本位论者。

　　上面已经证明,以公羊学和"大同学"模式呈现的儒家经典,是梁启超此一时期主要之知识结构,从这种结构产生的政治学,[44]便是"平天下"的政治学,是从上而下政教合一的精英政治。精英分子一方面建构服公理、合时势的政治制度,一方面发挥教育教化功能,将社会群众带向一已知的、既定的、合乎圣人之道的理想目标。代议政治或现代国家公民等观念,跟这个知识结构有相当程度的冲突,要转型过渡,也要付出很大努力,而康梁在当时,并未致力于此。我们于是了解,梁启超在戊戌前强调:"今日而开议院,取乱之道也"[45],这当中除了进化论的理由之外,其实还有一层更深的结构:在历史关键时刻领导维新运动的康梁,在知识体系上其实依然是经学经义式的,他们不只要富强,还要建构"公理",进入"大同",也就是"平天下"。政治不只是专业管理和非人格化的典章制度,而是一整套的道德、伦理、教化、管治体系。民众显然不能抱着天赋人权转成的投票权就变成行使主权的公民,他们首先要通过健全的教化程序,化入"天下"这个符合公理的体系。梁启超在这时期的一篇作品,清楚说明了他将天下置于国群之上的思维模式,他说:

　　　　抑吾闻之,有国群,有天下群。泰西之治,以其施之国群则至矣,以其施之天下群则犹未也。……《春秋》曰:太平之世,天下远近大小日一……其斯为天下群者哉![46]

　　抱有这种"平天下"理念的知识分子当然不限于今文经学家,通常被视为古史学家的王国维,解释周代在政治上的典范式成就时就说:

　　　　周之所以纲纪天下,其旨则在纳上下于道德,而合天子、诸侯、卿大夫、

---

[44] 对梁启超而言,学是政的根源,他说:"凡一切政皆出于学,则政与学不能分。"见《西学书目表序例》,《文集》之一,第123页。《西学书目表》光绪廿二年上海时务报馆印行,北京图书馆藏《质学丛书》册八至册九收入。

[45] 《古议院考》,《文集》之一,第96页。

[46] 《说群序》,《文集》之二,第4页。

士、庶民,以成一道德之团体。

又说:

> 古之所谓国家者,非徒政治之枢机,亦道德之枢机也。使天子、诸侯、大夫、士各奉其制度、典礼,以亲亲、尊尊、贤贤、明男女之别于上,而民风化于下,此之谓治,反是则谓之乱。故天子、诸侯、卿大夫、士者,民之表也;制度典礼者,道德之器也;周人为政之精髓实存于此。[47]

就史论史,王国维在这里所作的,其实不是史的叙述说明,而是经的意义诠释,他在史实研究中带入了"平天下"的道德政治理想,将之寄托于儒家文化开拓时期的周朝。他所说的"治",其前提条件是"使天子、诸侯、大夫、士各奉其制度、典礼,以亲亲、尊尊、贤贤、明男女之别于上,而民风化于下",与本文前面所述皮锡瑞为"治世"所提的条件,如出一辙。柳诒徵在《国史要义》中对王国维上述见解特别提出讨论,钱穆又对翼谋先生此一注意深为赞叹。[48] 盖王、柳、钱三家,虽均以史学名家,其价值深处却都有浓厚的经本位意识,与所谓科学史学者不同。事实上,受儒家传统熏陶的知识分子,多多少少都怀抱着合天下成一道德团体的政治理念,亦即本文所说平天下的理念,但在血统上,古文经学家和史学家,可能就没有今文经学家和理学家来得纯粹了。

怀着精英分子"平天下"的理念,民众在接受融入天下秩序的教化之前,自不能有议会政治。严复强调的要先启民智、新民德、鼓民力,是当时一个重要命题。梁启超基本上与严复有同样的想法,在《古议院考》一文中,他先言明泰西各国强大之原因,即在于设议院,但同时却又提出"今日而开议院,取乱之道也"的顾虑,表示"凡国必风气已开,文学已盛,民智已成,乃可设议院",在"平天下"的教化与"大同"的民主之间,一个必须的联系是:"议院以学校为本"[49],离开学

---

[47]　王国维:《殷周制度论》,见《观堂集林》卷十。

[48]　柳诒徵所述,见氏著《国史要义》"史义篇"(收入《民国丛书》)。钱穆对柳诒徵的激赏,见其《中国学术思想论丛》,台北素书楼文教基金会,2000年,第九辑,《柳诒徵》一文。

[49]　《古议院考》,《文集》之一,第96页。

校之教,则议院之政便成为不可能。被许为一时名作的《变法通议》,全篇皆在谈广义的教育问题,并归结为"欲求新政,必兴学校",以之为变法本原,[50]宗旨灼然可见。此固然符合现代政治学普及教育便利普遍参与之理论,唯现代政治学仅视教育为一环节,不致提升至本原地位。[51] 此地位之获致,不得不推原于"平天下"之儒家理念。

而且,梁启超提出"议院以学校为本"此一因果关系理论,其主要着眼点并不在普及教育,而是在精英教育。他在"欲求新政,必兴学校"之下申论道:"然师学不讲,教习乏人,能育才乎? 科举不改,聪明之士,皆务习帖括,以取富贵,趋舍异路,能俯就乎?"所以他由此引出了变法的另一个本原,就是改官制。以官制不改,学成无所用,则"兴学如不兴"[52]。可见任公之兴学育才种种变法大计,针对的主要不是普及教育(当然不是说他全未措意),而是学成后可以任官报国的精英人才,于是,民权问题便又成为绅权与官智的问题,议院能否运作,直接原因不在平民阶级之普遍参与,而在士绅阶级之精英参与。他说:

> 权者生于智者也……今日欲伸民权,必以广民智为第一义……欲兴民权,宜先兴绅权……必当复古意采西法重乡权矣……欲用绅士,必先教绅士,教之惟何? 惟一归于学会而已……今日欲开民智开绅智,而假手于官力者,尚不知凡几也。故开官智又为万事之起点。[53]

民众需要被教育,因此,尽管在理论上民权高于一切,在现实中,却是学校先于议院,绅权先于民权,这是梁启超从其经义式知识体系得出的思想观点。从长兴受学到戊戌变法,这种精英分子坚持政教一元、从上而下治平天下的理念,一直是梁启超思考的主要模式。

这也解释了上文所提及的,梁启超既然已知西人声光化电农矿工商诸学较中国传统学术复杂扎实,却为何不在自己主持的时务学堂实施以新知识教学的

---

[50] 《变法通议》"论变法不知本原之害",《文集》一,第9页。

[51] 可参阅 Daniel Lerner, *The Passing of Traditional Society* (New York: The Free Press, 1958).

[52] 《变法通议》"论变法不知本原之害",《文集》之一,第9页。

[53] 《论湖南应办之事》,《文集》之三,第43—45页。

问题。盖对此一阶段的梁启超而言,学有政学艺学二等,而"今日之学校,当以政学为主义,以艺学为附庸",⑭这当然是因为学校是培育精英领导人才的,所以必须以"政学"为学问头脑,他引用日本经验说:

> 泰西诸国,首重政治学院……日本效之,变法则独先学校,学校则独重政治。此所以不三十年而崛起于东瀛也。⑮

"变法独先学校,学校独重政治"二语,揭出了梁启超以经学经义知识体系思考平天下问题的底蕴,同时也别忘记了,任公此处虽以泰西政治学院为例,他所说的政学,在这里并不是纯指西方的政治学。任公自己曾为政学内容作过说明,他说:

> 中国不思自强则已,苟犹思之,其必自兴政学始。宜以六经诸子为经,而以西人公理公法之书辅之,以求治天下之道。⑯

很清楚,政学者以六经及所附属的诸子为核心内容,以西人公理公法之书为辅助,而变法之成败,根本实系于斯。在此设计中,经学、政学、学校、变法,四者一线贯串,此线索就是平天下。霍布士(Thomas Hobbes, 1588—1679,即霍布斯——编者注)将人类知识分为政治知识和科学知识两大类,彼此不能轩轾且须相辅,⑰梁启超在东渡之后颇受霍布士政治哲学影响,但在此一阶段,他显然尚未接触西方有关知识类别的学说,其知识模型中仅有政治知识而无科学知识,其政治观念亦是传统经义式的而非现代政治学式的。

---

⑭ 《与林迪臣太守书》,《文集》之三,第 2 页。
⑮ 《与林迪臣太守书》,《文集》之三,第 2 页。
⑯ 《变法通议》"学校余论",《文集》之一,第 63 页。
⑰ 参阅 Leo Strauss, *The Political Philosophy of Hobbes: Its Basis and Genesis* (Chicago: The University of Chicago Press, 1963), "Introdution".

四、流亡日本时期的科学与自由观

戊戌政变后梁启超流亡日本,他自修日文,广泛接触西方学术之后,知识模型起了明显变化,以致对康有为的学说必须做出别择。《南海康先生传》对这个过程有所捕捉:

> 浏览泰西学说以后,所受者颇繁杂,自有所别择,于先生前者考察各义,盖不能无异同。[58]

别择当然是多方面的,但梁启超在自己的叙述中,却以"伪经"和"改制"问题作第一义,说自己"自三十以后,已绝口不谈伪经,亦不甚谈改制"[59],三十岁是在日本流亡的第三年,为其知识学术上之分水岭,而以不谈伪经和改制为标志。更耐人寻味的是,上文曾提到康有为在《自编年谱》中,自述万木草堂之教学内容,以"孔子改制之意,仁道合群之原",即其太平大同之学,为首要纲领。而梁启超《三十自述》中追忆师门教学,却说"先生乃教以陆王心学,而并及史学西学之梗概",只字不提伪经改制、太平大同,其中消息,已彰彰在目。兹仍先从学术论述入手,发掘梁启超此一阶段之知识模型移转情形。

在戊戌之前,梁启超对清代主流学术殊无好感,认为那都是"籍注虫鱼,旋贾、马、许、郑之胯下"的饾饤琐屑,和八股帖括一样,不但无用,抑且害道,是荀学之专制流毒,违反孟子太平民主之道,[60]其言极似今之所谓新儒家者。到1902—1904年发表《论中国学术思想变迁之大势》时,乃下一转语云:

---

[58] 《南海康先生传》,《文集》之六,第69页。

[59] 《清代学术概论》,《专集》之卅四,第63页。同书又曰:"启超治伪经时,复不慊于其师之武断,后遂置不复道",第61页。

[60] 参看《西学书目表序例》《西学书目表后序》《读孟子界说》等文。

> 夫本朝考据学之支离破碎，汨殁性灵，此吾侪十年来所排斥不遗余力者也。虽然，平心论之，其研究之方法，实有不能不指为学界进化之一征兆者。（自注：然不用诸开而用诸闭，不用诸实而用诸虚）[61]

则任公赴日后虽似仍不满于清学主流之内容，却许其治学方法为学界之进化，无形中即承认古文经学之考据学方法实优于今文学之微言大义。造成这种转变的原因，是梁启超这时已在知识结构上做出大幅调整，宣称："虚理非不可贵，然必借实验而后得其真"，[62]已从重义理"解释"的知识转向重事实"说明"的知识。他认为西方近代学术的发展，多得力于归纳法和论理学的全面应用，扫除武断，重视经验实证，以此推断，任公最早优而为之，却因接受公羊学而一度放弃的清代考据学，自有其存在价值。任公曰：

> 言泰西近代文明进步之原动力者，必推倍根，以其创归纳论理学，扫武断之弊，凡论一事，阐一理，必经积累试验，然后下断案也。审如是也，则吾中国近三百年来所谓考证之学，其价值固自有不可诬者，何也？以其由演绎的而进于归纳的也。[63]

梁启超这里对演绎法近乎粗疏，不过在同一年所写的《近世文明初祖二大家之学说》一文，他可以清楚道出"倍根"（编者注：今通译为"培根"）和笛卡儿的不同，并将二家置于近代科学同样地位。库恩（Thomas Kuhn）"科学革命的结构"理论这时尚未问世，我们似不必苛责任公对科学学的无知。文中传达的一个重要的讯息是：梁启超儒学论述的改变，并非传统学术架构内的所谓经今古文之争，也不是简单的保守与进步之争。它是在知识结构上先从经本位论通往广

---

[61] 《论中国学术思想变迁之大势》，《文集》之七，第 87 页。按此文前六章发表于 1902 年 3—12 月，第七章发表于 1904 年 9、10、12 月。

[62] 《格致学沿革考略》，《文集》之十一。

[63] 《论中国学术思想变迁之大势》，《文集》之七，第 86 页。有日本学者认为，梁启超重新肯定清代考证学，甚至在《清代学术概论》中视之为中国文艺复兴，乃是受了井上哲次郎《日本古学派之哲学》影响。这当然可备一说。但正如本文论证的，考据学原是梁氏的本业，他并不须依赖日本资源去肯定这种学问的价值，再者，一开始时，梁启超是用科学知识，而非文艺复兴来肯定清学的。

义的西方近代科学，从"科学"中找回清学主流的价值，再构成新的儒学论述。层层辩证，曲曲转进。李文荪承韦伯余绪，将中国近代与西方接触的进程区分为语汇变迁（vocabulary change）和语言变迁（language change）两个阶段，谓前者仅丰富了原文化的外表"语汇"，与文化规范本身无关，后者则外来知识替换了原文化的"语言"系统，形成重大社会变迁。[64] 这个分析，是典型的西方刺激—中国响应说模式，基本上忽视了中国除单纯反应之外，还可以从传统中再生创化的力量。梁启超现象所显示的，即是这样一种传统与现代往复激摩的创化力。

另一个同样有趣的例子，是梁启超对荀子态度的改变。在抱持经义说的时期，梁启超曾对荀学大加挞伐，认为是两千年来专制政治和伪学流行的罪魁祸首，接受西方科学之后，他将荀子《解蔽》篇中大清明之心与科学发明的智慧结合，无形中就以科学为中介肯定了荀子，他说：

> 人谁不见苹果之坠地，而因以悟重力之原理者，唯有一奈端（即牛顿——编者注）……海滩之僵石，渔者所淘余，潮雨所狼藉，而达尔文于此中悟进化之大理焉。故学莫要于善观。善观者观滴水而知大海，观一指而知全身，不以其所已知蔽其所未知，而常以其所已知推其所未知，是之谓慧观。[65]

所谓"不以已知蔽所未知"，即荀子"不以所已藏害所将受"，所谓"观滴水而知大海"，即荀子"坐于室而见四海"，所谓"慧观"，亦即荀子的"疏观万物而知其情"。任公以荀子知识论接合西方科学的用心，不难寻拨。

关于梁启超在留日期间的思想养成，日本学者已做了很多研究，[66]明治政效

---

[64] Joseph R. Levenson, *Confucian China and Its Modern Fate: A Trilogy* (Berkeley: University of California Press, 1966), p.156.

[65] 《自由书》，"慧观"，《专集》之二，第47—48页。

[66] 参阅宫村治雄：《梁启超の西洋思想家论—その"东学"との关连において》，《中国—社会与文化》第5号，1990年6月。别府淳夫：《梁启超におけろ西洋と传统》，《伦理学》第2号。土屋英雄：《梁启超的"西洋"摄取与权利—自由论》，收入狭间直树编《梁启超·明治日本·西方》。

所加于梁氏的影响,研究成果亦丰硕,⑥这里先不讨论。从儒学论述上可以看出,在把科学观念引入清学主流之后,梁启超对经学的性质有了新的看法。虽然他偶然仍会冒出"《春秋》,经也,非史也"的话,⑧提醒大家《春秋》是孔子改制的政见,但多数场合,他已经将经看成一种民族的文化特质,代替了以前所说的经义。钱宾四先生将中国文化特质全写成完善的、合理的,这基本上是一种经义式的对历史的诠释;牟宗三先生的工作也殊途同归,虽然他们均未钻研经学。离开经义而以"科学"眼光看待任一民族之文化,这文化在客观上每每有不如人意处,在特定历史情境下更是如此。经义转成文化之后,梁启超对儒学在现代的适应性产生了极大的焦虑感,不但自己想创出新思想冲破罗网,还打算纠集同门共同造反,妙的是,他竟将这种"造反"的讯息,以真理商榷的姿态,向南海一一报告,他写信给康有为说:

> 弟子以为欲救今日之中国,莫急于以新学说变其思想,然初时不可不有所破坏。孔学之不适于新世界者多矣,而更提倡保之,是北行南辕也⋯⋯弟子欲以抉破罗网,造出新思想自任,故极思冲决此范围⋯⋯顷与树园、慧儒、党顿、默庵等,思以数年之功著一大书,揭孔教之缺点,而是正之。⑥

怀着这种焦虑寻找新思想,由经义向"科学"转进,以文化特质为线索,梁启超客观地找出了东西方文化的根本不同,认为一重仁政,一重自由。他说:"中国先哲言仁政,泰西近儒倡自由,此两者其形质同而精神迥异。"⑦仁政是自上而下的统治模式,又是内省的模式,没有界定国民地位,也没有设定权限,因此,习

---

⑥ 可参阅王秀华:《梁启超与日本明治维新》,《日本研究》1986年第2期。周佳荣:《梁启超与日本明治思潮》,《清华大学学报》1990年5卷2期。高力克:《福泽谕吉与梁启超近代化思想比较》,《历史研究》1992年第2期。

⑧ 《新史学》,《文集》之九,第26页。梁启超在这里提出这个问题,与其说他仍在缅怀经学,不如说是在努力切割经学和史学,以免史学中再带有经学痕迹。任公提倡新史学的一个主要目的亦在此。

⑥ 1902年4月致康有为信,《梁启超全集》,第20卷社交书信,北京出版社,第5936页。

⑦ 《论政府与人民之权限》,《文集》之十,第5页。

惯在仁政下生活的人民,其实是习惯于放弃自己的自由权。[71] 梁漱溟一直都反对权利思想,强调权利会破坏伦理和谐,任公则认此为儒教的最大缺失。他指责说:

> 儒教之政治思想,有自相矛盾一事,则君民权限不分明是也……儒教之所最缺点者,在专为君说法,而不为民说法。[72]

这样,任公便必须对儒学平天下模式中长期缺席的国民、权利、自由等新的概念,作一番引入和论述的工夫。在进入这部分的讨论之前,吾人必须谨记:第一,梁启超引入这些理论时,并非以此为纯粹的哲学或政治学知识,而是用于经世实务。王国维曾批评说:"庚辛(1900,1901)以还,各种杂志接踵而起,其执笔者非喜事之学生,则亡命之逋臣也。此等杂志,本不知学问为何物,而但有政治上之目的。"[73]谓不知学问当是意气之见,但谓其系政治的而非学术的目的,则固属当时实情。第二,梁启超对这些新概念并非作独立而平行的个别引入,而系作一组补充儒教缺失的相关政治理念引入,此观上引批评儒教之文可知,故所撷取的,对任公而言,都可相辅相成,而非矛盾,亦即其引入的自由主义思想,并不认为与国家主义思想相扞格。任公在同一时期有《十种德性相反相成》之作,为这种看法的最佳说法。当然,后人根据客观事实,还是可以批评梁启超思想体系上的模糊或矛盾,但在作这种批评时,对任公的做法,似宜先有同情之理解。

自由的重要性及其长久在中国政治思想中缺席的情形,严复早梁启超七年已言之。[74] 严复的自由概念从表面"家法"看来似沿承英美系的穆勒(John Stuart Mill,1806—1873),实则来源极其繁杂,余已另有专文论析,此处不赘。[75] 梁启超自由概念的谱系相对而言比较清晰,主要乃来自欧陆鲁索(Jean J. Rousseau,

---

[71] 梁启超说:"夫出吾仁以仁人者,虽非侵人自由,而待仁于人者,则是放弃自由也。"见《新民说》第八节,《专集》之四,第35页。

[72] 《论中国学术思想变迁之大势》,第54—55页。

[73] 王国维:《论近年之学术界》,《王国维遗书》第三册,第523页。

[74] 严复:《论世变之亟》,《严复集》,中华书局1986年版,第一册,第2—3页。此文于光绪廿一年正月初十至十一日(1895年2月4—5日)发表于天津《直报》。

[75] 可参考拙著:《严复自由观的三个层次》,《汉学研究》,1995年6月,第43—59页。

1712—1778,即卢梭——编者注)、康德(Immanuel Kant, 1724—1804)系统,当然,在"家法"上也非那么严谨,这部分已有相当多的讨论,⑯不再赘述,仅从与本文题旨相关的角度予以分析。

以赛亚·柏林(Isaiah Berlin)这样描述康德和鲁索的政治自由主义:对康德来说,人必须生是自由的,才可以行使意志向善或向恶,否则,无论是因为自然性或理性导人行善,都没有什么好赞美的。因此自由就是自主,如果我自己受到力不克制的内力或外力所控制,我就是不自由的。换言之,只有当我可以自由选择的时候,我才具备义务与责任,才是道德能动者。道德与政治规范之本源因此不得外在于我,否则我就是不自由的,不能根据理性做出选择。这一来,人的任何价值都必须是自己对自己的服从,否则就是他主,就是奴役。鲁索思想在很多论题上与康德存有差异,但在自我服从这一点上,两家若合符节。鲁索用这样一种论式解决了自由和服从之间的矛盾:我服从法律,但我是自由的,因为法律是根据我的意志来制定的。所以说,在一个国家内,每个人都是立法者、治者,也都是守法者、被治者。⑰

读《自由书》《鲁索学案》《近代第一大哲康德》等作品,可以确认梁启超的自由概念大致上是从这条思路来的,即通过自主(自治)、义务、主权、立法者等要素掌握自由的核心理论,所谓"人人各以自主之权而行其自由德义,实为立国之本"⑱,以自由(自主)合群的新理念,取代了康有为所鼓吹的"仁道合群"。在太平大同之学中,国家融入天下,个体融入普遍,一切具体客观的差异性均不复存在,主权问题当然也不成为问题;但由自主个人组成群体时,"群"的内涵已从无差别的天下群转移为个别特殊的国群,梁启超曾说明这二者的差别,而以儒学平天下观点的缺失为其枢纽:

　　中国儒者动曰平天下、治天下。其尤高尚者如江都《繁露》之篇,横渠

⑯　可参阅黄克武:《梁启超与康德》,《近代史研究集刊》第30期,1998年12月,第101—146页。

⑰　以赛亚·伯林:《浪漫主义革命:现代思想史的一个危机》,收入达巍等编《消极自由有什么错》,文化艺术出版社,2001年,第10—11页。

⑱　《霍布士学案》,《文集》之六,第92页。又梁启超在致康有为信上曾斟酌将自由用自主或自治两个翻译名词来代替,觉得自治一词应是更好的译法,见1900年4月1日信,《梁启超全集》第20卷。

《西铭》之作,视国家为渺少之一物而不屑措意。究其极也,所谓国家以上之一大团体,岂尝因此等微妙之空言而有所补益,而国家则滋益衰矣。⑦

"天下"充满道德感与神圣性,但只是一种乌托邦空言;国家如荀子和霍布士所说的,乃起于不得已,是人为的而非神圣的,于是主权、权限及权限赋予的个体自由等,便是必须厘清的课题。梁启超在流日早期的论述中特别提到自由和君臣权限问题,认为是儒教一大缺失,其原因即在此。

这样大致可以排出梁启超所重视的政治观念之顺序:(1)国家或国民主权;(2)君民或群我权限;(3)个体自由。各观念在梁启超政治思想上的重要性略如其顺序,但无所偏废。如单据第一观念,自容易得出梁氏有集体主义倾向之结论,唯如此则势将无法安顿第三观念与第二观念之一部分,未窥全豹矣。至于国家主权与个体自由之间存在的矛盾,在任公则有其自圆之道,盖任公目的乃在"创造一新思想",以"揭破孔教",初无意在西方成说中作单一体系之忠实接受。

先言国家与主权问题。梁启超与康有为在思想上分途的一条主要界线,即在梁启超知识模型从"解释"普遍意义的天下,转向"说明"个别实体的国家,对康有为的大同学完全失去兴趣,而以国家为人类竞争历史中"最上之团体",也是"私爱之本位,博爱之极点"。⑧⓪ 国家积民而成,这是梁启超所说的也是常被研究者引用的一个定义,⑧① 积民而成,不是传统民贵君轻的仁政思想,而是以鲁索"契约论"为本的近代政治思想,在理论上先预设了"全体之人民各伸其共有之自由,又各服其自集之权力"这样一个前提。⑧② 尤须留意的是,在梁启超的观念中,积成国家的民并不是个私的自然人,而是"国民"。前者被梁启超认定只是部民,尚在野蛮状态,当然不会构成国家。国民本身是一个集合名词,所谓"国民者一定不动之全体","为法律上之一人格"等是。⑧③ 既是国民,则在国家中必

⑦ 《新民说》第六节,第20页。
⑧⓪ 《新民说》第六节,第17页。
⑧① 《新民说》,《专集》之一,第1页。又,《爱国论》,《文集》之三,第73页。
⑧② 《国家思想变迁异同论》,《文集》之六,第15页。
⑧③ 《政治学大家伯伦知理之学说》,《文集》之十三,第68页。

有共同利益,虽"多数人共谋其私而大公出焉",⑧④所以值得忧虑的不是私利,而是主权归属,主权无论在君(政府)或在民(私人)都容易出现问题,唯一的解决之道就是主权属于国民全体,亦即属于国家。在《鲁索学案》中,梁启超有时说国家主权,有时又说国民主权者,以至于国家和国民是否仍有不同指涉?梁启超不认为需要再作分析。他只说:"有国民即有国家,无国家亦无国民,二者实同物而异名耳。"⑧⑤所以作此认知,是因为任公的主权说不完全是一种政治学观念,它同时是一种道德观念。在强烈的道德要求下,国民的生活意义不在各营其私(这固是权利,但无"意义"),而在共营一个"有意识的"国家(但不见得就是集体主义),这点,留至本文第五节再来讨论。

国家构成的先设条件是每个国民都必须是自主的自由人,这个逻辑,解决了民智和民权孰先孰后的难题。东渡以前,梁启超的想法和康有为、严复一样,认为民权政治虽好,但在民智未开之前,未可遽予提倡。有了"科学"的政治学作依据,梁启超遂起而与康有为对权与智孰先的问题进行激辩:

> 夫子谓今日但当言开民智,不当言兴民权,弟子见此二语,不禁讶其与张之洞之言,甚相类也。夫不兴民权则民智乌可得开哉!其脑质之思想,受数千年古学所束缚,曾不敢有一线之走开,虽尽授以外国学问,一切普通学皆充入其记性之中,终不过如机器切成之人形,毫无发生气象……故今日而知民智之为急,则舍自由无他道矣。⑧⑥

以前梁启超有权生于智的言论,其言曰:"权者生于智者也。有一分之智,即有一分之权。"⑧⑦将这些话和东渡以后说法作一比较,其改变非常明显。权生于智有着公羊三世学说的背景,要求先开民智,才能引入民权,谓政治进阶当随人民程度而定,不可躐等。权先于智则着眼于去除权威束缚,建立自由主体,以

⑧④ 《论立法权》,《文集》之九,第106页。

⑧⑤ 《政治学大家伯伦知理之学说》,《文集》之十三,第72页。

⑧⑥ 1900年4月1日致康有为信。《梁启超全集》第20卷,第5932页。

⑧⑦ 《论湖南应办之事》,《文集》之三,第43页。

便在法权上建构现代国家。自主、自由，然后有民权，民权先于民智，这条公式，形成了梁启超的权利思想，即：自由必须成为一种能够牢牢把持，绝不退让的权，所谓"为民者而不务各伸其权，是之谓自弃其身"。⑧ 中国前此唯在上位者有自由权，今则在下位者亦有自由权，两强相遇，然后政府与人民乃得各守其权限，合作而不相侵。

权限厘定后，个人所谓消极自由（negative liberty）的自由才能受到保障。梁启超也一样提出英美式"有限政府"（limited government）的自由主张："凡人民之行事有侵他人之自由者，则政府干涉之；苟非尔者，则一任人民之自由，政府宜勿过问也。"⑧又说："政府之权限，惟在保护国民之自由权"，⑩又以此立场论立法权之必在民曰："众人操其（立法）权，则所立之法必利众人……即使有圣君哲相以代民谋，其必不能如民之自谋之尤周密而详善，有断然也"。⑪ 足证任公对英美穆勒、斯宾塞（Herbert Spencer，1820—1903）一系消极自由主义之理论重点，非不了解。当然，就任公之整体思想而言，消极自由位阶一直在形成国民主权和公民权利的自主（自治）自由之下，前者是人的生活方式，后者是人的根本价值，或者，用前文所述知识的两种模型来说，前者是"说明"的自由，涉及的是规律，后者是"解释"的自由，涉及的是意义。这在任公任何一个思想阶段均无例外，并非剧变，但这也只是一个优先级问题，若谓任公不重视消极自由及立法保护此自由之重要性，则非事实。

五、道德意识与具意识的国家

1903 年梁启超应美洲保皇会之邀赴美游历，从 2 月到 12 月，周游期间，深觉"共和国民应有之资格，我同胞虽一不具"，遂"自美国来而梦俄罗斯"，宣布二十

---

⑧ 《商会议》，《文集》之四。
⑧ 《论政府与人民之权限》，《文集》之十，第 3 页。
⑩ 《霍布士学案》，《文集》之六，第 93 页。
⑪ 《论立法权》，《文集》之九，第 106 页。

世纪为恢复干涉之时代，"以最爱自由之美国，亦不得不骤改其方针集权中央"，㉜之后，他更发表《开明专制论》，约以三十年为过渡期，以强人方式带领民众走入宪政阶段，《答飞生书》所谓："民之能自新者，上也；其不能，则干涉以新之而已"。㉝此为光绪廿九至卅二年间（1903—1906），梁启超被视为集体主义思想的言论，至光绪卅三年（1907）发表《政闻社宣言书》时，则已回到君主无责任的虚君立宪主张，此后在宣统年间发表的《宪政浅说》系列作品，大致都维护着这个立场。欧战后梁启超写了《欧游心影录》，在这部被视为文化保守主义代表作的大书中，任公其实也反对德国国家主义，说"因为国家主义发达得过于偏畸，人民个性差不多被国家吞灭了，所以碰着英、法、美等个性最发展的国民，到底抵敌不过"。㉞可见他的文化保守主义和集体主义之间，也无必然关系，只是一般人想当然地自加混淆而已。然则，在1903—1906那几年中，梁启超何以在个体与群体组合的顺序中更为突出了群体的优先性，以致在外表上发生一种所谓集体主义之印象，是思想前后不一致的矛盾变化，还是整体思想辩证式的转化？

梁启超自接受自由主义思想以来，一直都以自主或自治作为自由最核心最根本之定义，此在上文已有说明。如此往积极面发展，自由就是"自知其本性，而不受钳制于他人"，坚执主权，不受奴役；往消极面引申，自由如果不是"真能治自己"，㉟则不配享有自由，在留日早期写的《论政府与人民之权限》中即云："其民之德未能自治……当是时也，政府之权限不可不强且大"，由此可知，主张国家主义和开明专制，可说是早就伏根在其自主自由概念中的逻辑消极发展，并非横空飞来的矛盾变异。

然而，上文曾说明梁启超已经意识到，民智低落不应是限制民权的借口，故在民之自治与政府权限关系上不应再形成一个思想循环，这又何以自解？这可

㉜ 《政治学大家伯伦知理之学说》，《文集》之十三，第89页。

㉝ 《文集》将此书系于光绪廿八年（1902），然复按《新民丛报》，此书发表于40、41号之"饮冰室自由书"栏，出版日为1903年11月2日，同期所发表者，尚有《论私德》之第二部分。据李国俊考订，《丛报》第38—39合号，40—41合号，及46—48期等，实际出版均在梁启超自美返日之后，其中40—41号是1904年2月16日补订。见李国俊：《梁启超著述系年》，复旦大学出版社1986年版，第80页。

㉞ 《欧游心影录节录》，五、"尽性主义"，《专集》之廿三，第24页。

㉟ 1900年4月1日致康有为书，《梁启超全集》第20卷。

从任公这一时期的政治理想性和道德焦虑感来理解。

当儒家经典被理解成只是文化特质之后,以这些经典为中心而形成的道德,也同时受到"科学"伦理学眼光的审视。将五伦与日本新编伦理学教科书的伦理观相比较,则儒家传统伦理独重家庭,对国家、社会等更广泛的人际关系均未重视,似乎"旧伦理所重者,则私人对一私人之事也;新伦理所重者,则一私人对一团体之事也",⑯相较之下,其失显然。故梁启超说:

> 中国自诩礼义之邦,宜若伦理之学无所求于外,其实不然,中国之所谓伦理者,其范围甚狭,未足以尽此学之蕴也。⑰

为了让道德伦理更符合社会学要求,梁启超觉得有必要提倡一种新道德,其成绩便是 1902 年在"新民说"名下一系列有关公德的论述,包括《论公德》《论国家思想》《论进取冒险》《论权利思想》《论进步》《论合群》等。这部分著作加上同一时期的《自由书》,成为梁启超当时鼓动新思潮执舆论界牛耳的代表作,黄遵宪给梁启超的信上说:

> 已布之说,若《公德》、若《自由》……此半年中,中国四五十家之报,无一非助公之舌战,拾公之牙慧者,乃至新译之名词,杜撰之语言,大吏之奏折,试官之题目,亦剿袭而用之。⑱

虽然在言论界取得了非凡成绩,在政治行动上他也成为地位仅次于康有为的维新运动第二号人物,梁启超内心却总觉得尚有田地未打叠干净,那就是长年

---

⑯ 《新民说》第五节"论公德",《专集》之四,第 12 页。

⑰ 《东籍月旦》,《文集》之四,第 85 页。梁启超在这里是用科学性伦理学的观点来审视传统上道德性的伦理,这在当时日本是一种时髦的做法。王国维在 1902 年译出元良勇次郎的《伦理学》,讨论的是情绪、感觉、思虑运动、正义之观念、善恶之标准等问题,是典型的从科学心理学理解伦理的做法。其书由王国维主持的教育世界印行,收在《哲学丛书》初集,北京图书馆藏。梁启超《东籍月旦》第一章即介绍日本伦理学的著译,是了解科学伦理学流行情形的极好材料。

⑱ 《梁启超年谱长编》,第 171 页。

伴随他的道德感。⑨

任公家乡新会本是陈白沙故乡,任公自述万木草堂受学情形,亦皆以陆王心学冠首,戊戌后任公在日本奔走救国,知识结构开始转向"科学"式的客观物化论证模式,士大夫平天下的理念,为国民史观国家主义所取代。这时候,他内心却萌生了前一时期得未曾有的道德焦虑感。1900年3月他致书康有为报告自己在学识和道德之间消长的反省:

> 弟子日间偶读《曾文正公家书》,猛然自省,觉得不如彼者甚多,觉得近年以来学识虽稍进,而道心则日浅,似此断不足以任大事。因追省去年十月十一月间上先生各书,种种愆戾,无地自容。因内观自省,觉妄念秽念,充积方寸,究其极,总自不诚不敬生来。⑩

同一时间对同门叶觉、麦孟华等人,亦自省云:

> 自觉数年以来,外学颇进,而去道日远,随处与曾文正比较,觉不如远甚。今之少年,喜谤前辈,觉得自己偌大本领,其实全是虚伪,不适于用,真可大惧。养心立身之道断断不可不讲……近设日记,以曾文正之法,凡身过、口过、意过皆记之,而每日记意过,乃至十分之上,甚矣,其堕落之可畏也。弟自此洗心涤虑,愿别为一人。不敢有迁视讲学之心,不敢有轻视前辈之意,惟欲复为长兴时之功课而已……我辈现在处当哀之时,有一毫之肆慢,则是一落千丈。主敬一关,实不可不刻刻提起。孺、曼、孝三弟,颇与兄同病,愿亦同药之也。⑩

观梁启超之自白,其道德焦虑实起于外学和道心之间的对立,也就是科学系

---

⑨ 张朋园也早注意到,1903至1904年间,梁启超在精神上陷入极度空虚痛苦,曾致书康有为、蒋智由、黄遵宪等师友诉说。张先生推论,那是因为"放弃了革命(指结束与孙中山之间的合作关系),在未找到另一条救国的途径之前,其暗淡彷徨是必然的"。见张朋园:《梁启超与清季革命》,第177—181页。

⑩ 1900年3月24日致康有为,《梁启超全集》第20卷,第5928页。

⑩ 1900年4月21日致叶湘南、麦孺博、麦曼宣、罗孝高,《梁启超全集》第20卷,第5933页。

统性知识和德性道德的冲突。[102] 万木草堂传授的"大同学",着重经义诠释,可与"仁道合群"的陆王心学结合,在谈经世兴太平的同时,并不会脱离道德。一旦经学变成文化特质,诠释转为说明,仁被注释为"相人偶",仁道合群成为自由人之间的契约合群之后,道心的道德遂也退位,科学伦理学的新伦理,成为新民的新德——公德,道心的道德和经义的经学同时遭受急冻,士大夫在结构巨变下趋向两极化:有人试图把道德责任一并交付给科学,要到科学中寻找道德,变成吴稚晖、丁文江辈的唯科学主义;有人则要将知识置入良知,要求良知自我坎陷开出科学民主,称为道德理想主义,战火至今未熄。梁启超未正式进入任何一座壁垒,他意识到科学的独立性,也摆脱不了道德主义带来的焦虑感;对梁启超而言,科学与道德是不能互相统属而具有辩证关系的存在,他思想中的往来挣扎,根源在此。

公德说将道德变成了利群的工具,可以因环境需要而改变价值,所谓"道德之立,所以利群也。故因其群文野之差等,而其所适宜之道德,亦往往不同"。[103] 一望而知,这种"科学"的相对主义道德观,与梁启超更早时接受并成为其精神支柱的心学道德观,是有沧海巫山之叹的。勉强地,梁启超用德之本原和德之条理的二分法来处理这个差异,说随其群之进步以为比例差的只是德之条理,"其本原固亘万古而无变者也"。[104] 至于这个本原是什么?梁启超当时并不作说明。访美回日后,梁启超做出了一个惊人举动,他终止了"新民说"系列中有关公德的论述,代之以阐扬陆王心学的"私德",并在"吾祖宗遗传固有之旧道德"里重新发现了与伦理不同的道德,他说:"道德可以包伦理,伦理不可以尽道德。伦理者,或因于时势而稍变其解释;道德则放诸四海而皆准。"[105]这样在"科学"的伦

---

[102] 科学作为一个观念,永远可以有不同的意涵。梁启超及当时很多知识分子都从实证科学的立场去了解,这样,科学与人性主体,便容易成为对立的概念。这种情况,其实很像胡塞尔(Edmund Husserl,1859—1938)对欧洲科学危机的批评。胡塞尔说:"在十九世纪后半叶,现代人让自己整个世界观受到实证科学的支配,并迷惑于实证科学造就的繁荣,这特殊的现象意味着,现代人漫不经心地抹去了那些对人真正重要的事,只见现实的科学造出了只见现实的人。"见胡塞尔,《欧洲科学危机和超验现象学》第一部分,上海译文出版社,1988年,第5—6页。

[103] 《论公德》,《专集》之四,第14页。

[104] 同上,第15页自注。

[105] 《论私德》,《专集》之四,第132页自注。

理和心学的道德之间做出区分之后,他对前一时期指为不足的中国伦理,也得出了可令自己释怀的解释:"故谓中国言伦理有缺点则可;谓中国言道德有缺点则不可"。[106] 道德与科学之间的紧张拔河暂告结束,任公在亘古不变的道德中找回了安顿性命之所。

随后,梁启超编纂《德育鉴》,发表节抄及加评点的《节本明儒学案》等,形成一场对他自己有意义的道德重整运动。《德育鉴》说:"科学之上,不可不更有身心之学以为之原"。[107]《节本明儒学案·例言》说:"道学与科学界线最当分明。道学者,受用之学也,自得而无待于外者也,通古今中外而无二者也;科学者,应用之学也,借辩论积累而始成者也,随社会文明程度而变化者也"。[108] 在科学之上又再安置一个身心本原,本原通古今中外而恒一不变。不只如此,梁启超这时更将伦理学、哲学、心理学等科学系统性知识一律划入"心的科学"范围,认为与"物的科学"一样都属科学,而非道学。即在陆王心学中,他也把性命理气太极阴阳等理论探讨,"或探造物之原理,或语心体之现象"的内容,即后世哲学学者所谓宇宙论、本体论、心性论等论说,也都视为心的科学,与治心治身的道德不属同一范围。[109] 这样,梁启超直接掌握阳明知行合一之旨,强调"虽谓天下只有一个行可也",[110] 像他所推崇的江右王学一样,特重"致良知"的"致"字。道德不是一门学科,也不是一种知识,它是知识上面安心立命的心性本原,但并不高于知识,而是与知识并行而并不干扰。

然而,梁启超的道德关怀又不限于内在道德修养,它一直和"平天下"的政教合一理想紧密相连,也一直在影响他的国家主义论述。[111] 早在讨论康德哲学时,他已经注意到"康氏良心说与国家论者之主权说绝相类",良心与主权,都是

---

⑩ 《论私德》,《专集》之四,第132页自注。

⑩ 《德育鉴》,《专集》之廿六,第23页。

⑩ 笔者处有两种《节本明儒学案》藏本影件,一为新民社第一次印行本,香港中文大学图书馆藏,封面有"黄梨洲先生元著 饮冰室主人节钞"字样;一为饮冰室丛书第六种本,香港大学冯平山图书馆藏,封面有"启超自署"字样。引文见"节本例言",第1页。

⑩ 同上,第2页。

⑩ 《德育鉴》,《专集》之廿六,第38页。

⑪ 梁启超国家主义论述是个极其复杂的问题,沈松桥已在这部分作了一番澄清工作,见氏著《国权与民权:晚清的国民论述》,《历史语言研究所集刊》第73本第4分(2002年12月)。另外也可参阅张佛泉:《梁启超国家观念之形成》,《政治学报》1971年第1期。本文所论,仍限于与儒学论述有关者。

绝对的、无上的、命令的,"服从主权,则个人对于国家之责任所从出;服从良心,则躯壳之我对于真我之责任所从出也"。[112] 在梁启超看来,作为个人之主权者的国家和作为躯壳我之主权者的真我,异名而同源。他解释康德"物自身"的观念,说吾人于下等生命——物之现象之外,更有高等生命——物之本质者在,此本质即为超然立于时间空间之外的真我。然后,他认为康德的真我是人人各自有一真我,不如佛说之为完美。佛说真我实为大我:一切众生皆同此体,无分别相。[113] 对所谓大我,梁启超在阐扬荀子政治学说时有充分说明:

> 荀子所谓义也,亦谓之普通性,亦谓之大我。此大我之普通性,即人类所以能结为团体之原因也。(自注:笕博士言国家社会之最高原因根于自我之自由活动,其所谓自我者,谓人类共通之大我也,与佛学之华严性海相合)[114]

个体的本质乃是超越不变的真我,真我即是无差别的性海或良知良心,亦即是构成群体之大我,如梁启超说的:"吾辈皆死,吾辈皆不死。死者吾辈之个体也,不死者吾辈之群体也"。[115] 国家在这里与道德主体合为一体,带着浓厚的理想色彩,康德哲学也和佛学、陆王心学混融一片,难以析解。[116] 一度,梁启超在科学知识模型导向下,将国家理解为:"推原国家之所以立,亦不外为人民保安全谋安全耳",[117] 与斯宾塞(Herbert Spencer, 1820—1903)政府仅须维持警察权的有限政府论调相似。道德主体与国家主权在观念上合一之后,这样仅以满足生活现象为目的的国家,"以国家为公司",显然不是他所向往的。他要求国家有"意

---

[112] 《近世第一大哲康德之学说》,《文集》之十三,第62页。梁启超对康德的了解,主要通过日本中江兆民,《理学沿革史》(东京,1886),中江氏此书译自 Alfred Fouillee, *Histoire de la philosophie*(巴黎,1875年),翻译所据底本为1879年第二版。

[113] 同上,第59页。

[114] 《中国法理学发达史论》,《文集》之十五,第47页。

[115] 《余之死生观》,《文集》之十七,第8页。

[116] 贺麟在《五十年来的中国哲学》(此书在1947年以《当代中国哲学》为名出版,重版时改为今名)一书中,嘲讽梁启超用不太懂的佛学,附会更不懂的康德,这批评本身是知解取向的,而梁启超这里是在作道德内省,两者取向不同。

[117] 《商会议》,《文集》之四,第6页。

识",批评共和政体说:"共和政体之最缺点者,使其政府如一机器然,循轨自动,几无复有活泼之意识行乎其间",所以"为国民谋普通之利益则有余,谋高尚之幸福则不足"。[118] 高尚幸福指如文学、哲学、美术等高尚事业,皆与道德审美等精神存在有关。任公之一度趋向国家主义,显然不单是个政治层面的选择,而实与其精神人格之深层结构有关。至于何谓国家之"意识"?任公提供的答案是:"固有之立国心",或"族粹"。他借用伯伦知理(Johann Kaspar Blunschli,1808—1881)之言曰:

> 凡一民族既有其固有之立国心,能实行之势力,欲实行之志气,然后可以创立国家⋯⋯以保存族粹为第一义。[119]

然则什么是中国固有的"立国心"?什么是"族粹"?任公直到晚年才在儒学传统中找出了答案。在 1922 年写作的《中国政治思想史》中,梁启超提出"伦理的政治"概念,作为中国政治思想的特色,说"此制行之三千年,至今不变。我民族所以能蕃殖而健全者,亦食其赐焉"。任公推论,因为以伦理作政治核心,所以儒家政治思想与欧美近代流行的几种思想,出发点乃全异,"彼辈奖励人情之析类而相嫉,吾侪利导人性之合类而相亲。彼辈所谓国家主义者,以极褊狭的爱国心为神圣,异国则视为异类",任公现在认为,这曾经让他耗竭心血,奔走呼号的国家主义和爱国心,是中国族粹所无法认同的,因为,"以吾侪诵法孔子之中国人观之,所谓社会道德者,最少亦当以不相离嫉为原则,同类意识,只有日求扩大,而断不容奖励此意识之隔断及缩小"。[120]

晚年的梁启超,重新认可仁学及"平天下"之理念,他强调,仁之极,则全人类情义利患之于我躬,若电之相通相震,"信乎!以天下为一家,中国为一人,非意之也"。[121] 对于国家主义与平天下这两组不同的政治概念,他也作了如下申述:

---

[118] 《政治学大家伯伦知理之学说》,《文集》之十三,第80页。

[119] 同上,第72页。

[120] 《先秦政治思想史》,《专集》之五十,第38页。

[121] 《先秦政治思想史》,第72—73页。

中国人自有文化以来,始终未尝认国家为人类最高团体,其政治论常以全人类为其对象,故目的在平天下,而国家不过与家族同为组成天下之一阶段。[122]

这是任公理想中"有意识的"国家政治,早年"平天下"的知识模型,到此作了有条件的回归。虽然如此,梁启超却又非简单地退回原点,这时的他既非狭隘的国粹论者,亦非天真的世界主义者。他拥抱天下境界,只因他不承认公司式的国家可以满足人类崇高的理想,而并非反对现代国家的建立。事实上,为了有效建立现代国家,任公还不惜求助于集体主义,适量引入强制力量以收整齐划一之功。1919年梁启超偕张君劢等游欧,经过南洋时,即感叹八百五十万南洋华侨,和国内四万万人一样,都不会建设国家。[123] 其原因,一方面固然是国人知有家而不知有国、视国事为闲事的习性,另一方面,也是缺乏了一种能令国民"整齐严肃"的力量,即国家或国民的主体性未能发挥。以儒法两家的政治思想来说,梁启超很清楚自己在理想层面的选择,他强调儒家以"活的、动的、生机的、唯心的人生观为立脚点",其政治论因此归宿于"仁治主义"或"人治主义";法家以"死的、静的、机械的、唯物的人生观为立脚点",政治论便归宿于"法治主义"即"物治主义"。任公说:"两家孰优孰劣?以吾侪观之,盖不烦言而决也。"问题是,儒家的理念都得预设一个大同、天下、性善的前提,在"吾侪既不能绝对的主张性善说"之前,则以"客观的物准整齐而划一之,安得不谓为持之有故,言之成理?"所以,虽然"吾侪断不肯承认机械的社会组织为善美,然今后社会日趋扩大复杂,又为不可逃避之事实",法家型整齐划一的法治物治手段,对现代国家之建立亦为一有效手段,需要的补救之道是,要使"个性中心的仁的社会能与时势并进而时时实现",[124]俾国家能不失去天下之理想,而能兼有形式和意识。

从霍布士开始的近代"科学"政治学有一个基本观念:国家是人为而非自然

[122] 《先秦政治思想史》,第2页。
[123] 《欧游心影录节录》,二、"南洋所感",《专集》之廿三,第40页。
[124] 《先秦政治思想史》,《专集》之五十,第153—154页,第184页。

的,在国家秩序之前,也没有什么先验的形上秩序,它只是因为人本身的自私和恐惧心理,相约而组成一个求生存的团体。后来虽然洛克(John Locke,1632—1704)系和鲁索系的政治思想发展大相径庭,但在这"近代性"的本质上则均可相通。尽管霍布士在"人的权利"论点上远不如其他诸家重要,但在掌握"自然权利",强调人本身就是全部法律、秩序和义务之起源这一点上,则有其首创性。⑫ 通过康德,梁启超不但掌握了西方近代政治学上人本身是法律秩序起源的论点,并从康德的良心主体接通阳明学的良知和华严宗之性海,构成民族"固有之立国心",并由此再重新踏上儒学论述中平天下之境界。可以说,在1903年发表《论私德》之后,梁启超大致上已经稳定了此后思想的发展走向,即是要建立有民德、有天下怀抱的现代国家,不变的德——"大同",和符合政治学原理的以现代知识建立的国家抟合为一,企图借此解决因东西方文化或道德与知识冲突而带来的长期思想危机。

六、结论

梁启超晚年在其总结性著作《儒家哲学》中,将自己的学术师承定位为"粤学",说这派学术特色远承戴震,考订训诂与儒术义理并重;近接陈澧(1810—1882)、朱次琦(1807—1882),调和汉宋。"程朱的儒学固然喜欢,考据学亦有兴趣。"表示自己接受陈、朱两先生的教训,更由陈、朱推到创办学海堂的阮元(1764—1849),由阮元推到戴震。强调戴震表面上虽然反对程朱,实际上与程朱走的是一条路,清代正统程朱学派完全拥护朱学,对朝廷功令步趋惟谨的陆陇其不算正统,戴东原才是正统。⑫ 这里,我们看到梁启超将自己重新放回了学海堂的学统,让自己融汇传统与现代的新知识体系,能够在儒学论述中予以定位。这个儒学,已不是传统的汉宋或今古文门户所得规范,而是将经史、诸子、道学、

---

⑫ Leo Strauss, *The Political Philosophy of Hobbes: Its Basis and Genesis* (Chicago: The University of Chicago Press, 1963), "Introdution".

⑫ 《儒家哲学》,《专集》之一百三,第66—67页。

佛学以至西方学术一炉共冶的文化综合体,在《清代学术概论》中,任公称之为"中华国学"。在此全新的国学视野中,梁启超继续抱持规律说明的知识模型,立足于"科学",但是,通过对戴东原式朱子义理学的继承,加上陈兰甫、朱九江一系的汉宋调和,更主要的,是通过对阳明学作生命价值式的拥抱,梁启超展现了他在儒学论述上兼蓄科学知识和道德生命的强大包容力,虽然在包容底下的理论都还不是那么精微深刻。

钱宾四先生提出过一个梁启超刻意与胡适作学术竞争的假设,为学界所津津乐道,胡适自己也有这种感觉。这个假说几乎完全集焦于清代学术研究一隅,未及讨论中华国学整体。以儒学论述而言,梁启超与胡适基本上并不在同一个论域里,自亦无竞争之可言。在《清代学术概论》中,梁启超把胡适放在徽学绩溪胡氏谱系中,视胡适为考据学派之殿军,虽是弄错了胡适的族谱,但其在儒学论述中将胡适定位于汉学考据学后殿的意思也很清楚。任公自己的定位则是新粤学,重点在将两种知识模型作平行沟通,维持不偏道德亦不偏知识的人生哲学立场。将此论述延伸到"科玄之争",任公的立场就很清楚,他不反智,也不反对科学,而是要在机械的规律上加入意义诠释作为人生的润滑剂,要求学子"刻刻在学校学科学,刻刻提醒良知",[127]希望在儒家学术的近代发展中提倡这种学风,贯彻自己"科学之上不可不更有身心之学以为之原"的学术与人生理念。

这样的调和论如不小心处理,很容易变成折中派。梁启超调和思想的价值,除了其新粤学观念具有学术史的新意之外,还在于它有一种在科学和道学之间辩证发展的结构。梁启超思想固然也呈现阶段性的发展,但各阶段之间并非起灭关系,而是往复关系,往复也不是循环,不是回到原点,而是在正反激荡中呈螺旋状辩证向前。无论在哪一个阶段,梁启超思想容有表面变化,然在深层价值中则从未停止过鼓吹思想解放和自立自主,这一条主线贯串他的一生,也联系了科学和道学两个领域。任公为思想解放所下的定义是:"不许一毫先入为主的意见束缚自己",[128]这一方面是针对知识而言,不受旧思想束缚,也不受新思想束缚,独立判断,实事求是;一方面也是针对德性而言,要解除社会环境缠绕,也要

---

⑰ 《德育鉴》,第 39 页。
⑱ 《欧游心影录节录》,七、"彻底",《专集》之廿三,第 27 页。

解除自身形体的缠绕。梁启超发现,德性与知识,虽然在方法上有日损和日益的不同,最后目的,却都是要突显真我。真我既是自主道德的本体,也是国家的主体,这样,梁启超心目中的国家必然以独立自主的个人为基石,而个人则只能在构成"有意识的国家"(相对于公司式的国家)之后,其主体性及与之相应的全部权利,才获完整显现。梁启超之所以能够一边宣扬个人主义和自由解放,一边又鼓吹倾向国家主义的整齐划一,其深层原因即在此。

根据韦伯影响深广的理论,以工具理性为导向的现代文明,终将取人文精神之儒教文明而代之。不难了解,这理论的基本立足点,是传统—现代二元对立之思考模式。梁启超思想的进程却显示,二元对立模式虽曾一度在其思想中发生影响,却没有成为最终选择。在"科学"(指科学实证主义、公司管理式的国家、心理学的伦理等)单行道造成生命安顿上的焦虑不安之后,中国知识分子一直在找寻能与科学并行的安心立命之道。梁启超的努力,无疑是这篇上下求索史诗中极具代表性的一章。

【周昌龙　台湾暨南国际大学教授】

原文刊于《中国文化》2010 年 01 期

王国维在一九〇三

曹炳生

提　要：王国维在一九〇二年前已经在介绍西方"新学"方面做出了开拓性贡献。清光绪二十八年十月至二十九年十二月，王国维应张謇之邀，担任通州民立师范学校教师，协助张謇创办通州师范，是第一位在中国师范学校讲授"伦理""国文典"课程的中国教习。任职通州师范期间，王国维在诗词创作上形成了以寂寞心写哲理诗的个性风格，在翻译、哲学和教育研究上成果丰硕，在近代中国首倡美育和德智体美四育并举的教育主张。一九〇三年，王国维成了一名教育家、文学家和知名学者。

关键词：王国维　张謇　通州师范　伦理　国文典　诗词创作　寂寞心哲理诗　启蒙思想　哲学研究　美育　德智体美四育并举

王国维先生（1877—1927），字静安，亦字伯隅，号礼堂，尝以所居名为永观堂，因更号观堂，又号永观，浙江嘉兴海宁人。饶宗颐先生在为《纪念王国维先生诞辰120周年学术论文集》所作的序中指出："王先生乃近世学术史上影响最大之人物，不仅以其学问境界之恢宏与方法之缜密为众推重，而人格之感召力于来者尤多激发。"①本文即拟探讨王国维在实现人生事业的华丽"蝶变"、成为"近

---

① 孙敦恒、钱竞：《纪念王国维先生诞辰120周年学术论文集》，广东教育出版社，1999年，第1页。

世学术史上影响最大之人物"的时间起点——一九〇三年,是怎样成为一个教育家、文学家和在西学翻译、哲学、教育学、中国古典文学研究等方面均有很深造诣的知名学者的。

一、任职通州师范,成为一名教育家

根据笔者对有关资料的考订,清光绪二十八年壬寅十月至二十九年癸卯十二月(1902 年 11 月至 1904 年 1 月),王国维先生应张謇先生之邀,担任通州民立师范学校(以下简称通州师范)教师。②

张謇先生为什么会聘请年仅 27 岁的王国维担任通州师范教师呢? 根据有关资料分析,首先是因为罗振玉先生的推荐。罗振玉在《海宁王忠悫公传》一文中说:

> 岁庚子,既毕业,予适主武昌农学校,延公任译授。是年秋,资公东渡,留学日本物理学校。期年,以脚气归,主予家。病愈,乃荐公于南通师范学校,主讲哲学、心理、论理诸学。③

与王国维东文学社同学、相交垂三十年的樊炳清也在《王忠悫公事略》一文中说:

> 廿八年壬寅,参事至粤,适通州师范学校聘君为教授,遂未偕往。在通州授课之暇,兼为诗词。④

其次是因为王国维有着与张謇先生相似的教育理念,⑤他的教育履践特别是在介绍西方近代教育和心理学、伦理学等方面所做的开拓性工作为张謇先生所看

---

② 曹炳生:《王国维在通州师范》,《档案与建设》2016 年第 4 期。
③ 《王国维全集》第二十卷,浙江教育出版社,2010 年,第 228 页。
④ 同上,第 224 页。
⑤ 曹炳生:《王国维在通州师范》,《档案与建设》2016 年第 4 期。

重,并引为同志:

> 日本与我同洲、同文、同种,改良学制在我之先,是以敦请木造、吉泽两
> 先生远临敝校,而静安、仲英、晋蕃先生则皆同志,又与两先生皆热心于教育
> 者也,可谓鄙校莫大之幸矣。⑥

根据《张謇全集》,王国维与王晋蕃是张謇创办通州师范的重要助手。张謇在通
州师范《开学与教习监理致辞》中提及王国维1次,在《教育手牒》中有二通致王
国维手札,另在致其他人信函中提及王国维7次,⑦在《柳西草堂日记》中提及王
国维3次,⑧在《啬翁自订年谱》中提及王国维1次。⑨ 在上述文献记载中,举凡
审订章程、选聘教习、布置教学场所、审查教习讲义、招生考试、协商考试、协商校
事等,事无巨细,王国维都亲力亲为,为通州师范在光绪二十九年(1903)四月朔
顺利开校做出了贡献。

王国维在通州师范任职期间,主要讲授"伦理""国文典"两门课程,是第一
位在中国师范学校系统讲授"伦理""国文典"课程的中国教习。

据光绪三十一年(1905)九月编印的《通州师范学校职员学生录》和宣统三
年(1911)三月出版的《通州师范校友会杂志》第一期记载,王国维在通州师范教
授"伦理""国文"两门课程。⑩ 此说流布最广,并遭戏说。例如,管劲丞在《通州
师范的创办与发展》一文中这样说:

> 著名的近代学家,考证学家王国维,他曾是通州师范初期的教师,在校
> 时间不过半年(1903年2月—7月),教的伦理学和国文。那时他才二十六
> 岁,年龄比一般学生还小,再加所写的讲义多从日文翻译过来,不能像一般

---

⑥ 《张謇全集》第四卷,上海辞书出版社,2012年,第69页。
⑦ 《张謇全集》第三卷,上海辞书出版社,2012年,第1416—1422页。
⑧ 《张謇全集》第八卷,上海辞书出版社,2012年,第532—578页。
⑨ 同上,第1019页。
⑩ 《通州师范校友会杂志》第一期"杂件"栏,翰墨林编译印书局1911年版,南通师范高等专科学校校史博
物馆藏。

古文那样顺眼,因而他在举贡生监出身的学生们眼中,也没有得到尊重。学校想起这位前教员,或许是在他被称为"王文懿公"以后的事。⑪

管劲丞并不是曾经亲聆王国维先生教诲的通州师范首届毕业生,而是晚至民国元年(1912)才考入通州师范学习。管氏此文又作于左风已炽的"文化大革命"前,故所述多有不确。一是王国维任职时间与史实不符。二是所谓"学校想起这位前教员,或许是在他被称为'王文懿公'以后的事"也与事实相悖。⑫

《南通市教育志》第十八章"人物""王国维"词条这样叙述王国维在通州师范的情况:

> 二十九年应张謇延聘到通师任教,为通师最早之四教习之一,张謇外出时托王照应学校一切。在通师授国文和伦理学两门课,他将国文课分为讲读、阅看两种。讲读的书目有四书和群经大要,由教者分析讲解其义,阅看的书目有《曾文正公家书》《求阙斋日记》等,以学生自读为主,教师辅导。学生欢迎王国维不是满堂灌注的教学法。当时伦理学在中国还是新设课程,王国维自编讲义,他教学的内容除译自西方和日本的伦理学之外,还有相当多的中国传统的伦理学。在南通任教期间研究中西心理学和西方哲学。光绪二十九年十二月离开通师。通州给他留下深刻印象,写下《重游狼山寺》《登狼山支云塔》《秋夜即事》等诗章。⑬

这段文字也是杜撰居多。除王国维在通州师范任职时间与史实不符外,张謇外出时也不可能托王国维照应学校一切,当时通州师范设"监理"一职,主持学校日常工作,首任监理为王晋蕃先生。王国维在通州师范讲授的课程内容则完全失实。王国维讲授的是伦理和"国文典"课程。

据罗振玉撰《海宁王忠悫公传》,王国维在通州师范主讲哲学、心理、论理诸学。此说后被袁英光著《王国维评传》、萧艾著《王国维评传》所因袭。"论理学"即逻辑学。但光绪癸卯(1903)季春之月上海虹口澄衷学堂印书处刊的《通州师范学校章程·通州师范学校学课章程》第五条"寻常师范本科目"规定,通州师范学校开设如下课程:伦理、国文、历史、地理、算术、日文、体操、教育、理化、博物、图画,[14]并无"论理学"课程。因此,虽然王国维曾经翻译了英国人及文(一译耶芳斯)的《辩学》一书,但在通州师范讲授该课的可能性不大。

《通州师范学校学课章程》规定"伦理"课的教学目的是"考镜经传名理以明人伦道德之要旨",[15]具体内容不详。但实际上王国维讲授的是包含了西方伦理学、伦理学史、哲学、心理学知识的"伦理"课程。1904年初,王国维在《教育世界》上发表的《就伦理学上之二元论》(收入《静安文集》时改题《论性》),可视作其在通州师范讲授"伦理"的研究成果之一。

王国维讲授"伦理"的内容,则可从他当年所译《伦理学》《西洋伦理学史要》,窥其大略。《伦理学》,日本文学博士元良勇次郎著,王国维译,初刊于《教育世界》杂志社1902年出版的"哲学丛书"初集。书末所附《伦理学学语中西对照表》《伦理学人名中西对照表》系王国维编。元良勇次郎(1858—1912),1875年就读于日本京都同志社英语学校,1883年赴美国留学,就读于波士顿大学、霍普金斯大学,1888年在S·霍尔的指导下获哲学博士学位。1890年任日本东京帝国大学教授。元良勇次郎是日本最早的心理学教授,日本心理学的奠基者。1906年成为日本帝国学士院会员。元良勇次郎研究心理物理学并重视心理现象的实验研究。他提倡心元(即心源)说,认为心元即精神化了的能量,它引起意志行动。主张心理学的研究离不开物理学和心理学。著有《心理学》(王国维译,初刊于"哲学丛书"初集)、《心理学十四讲义》、《心理学纲要》、《教育病理及治疗学》(合著)等。王国维所译《伦理学》分上、下两卷,全书由上卷两篇、下卷一篇及两份对照表构成。第一篇《伦理学总论》,第二篇《心之分解》,以上为上卷;第三篇《伦理之分解》,对照表一《伦理学学语中西对照表》,对照表二《伦理学人名中西对照表》,以上为下卷。

---

⑭ 《通州师范学校章程》,上海澄衷学堂印书处,1903年,南通师范高等专科学校校史博物馆藏。
⑮ 同上。

《西洋伦理学史要》,英国西额惟克著,译本署"海宁王国维抄译"。原刊《教育世界》杂志 1903 年第 59 至 61 号,后收入"教育丛书"三集,1903 年由《教育世界》杂志社印行。西额惟克(Sidgwiek,1838—1900),是十九世纪中后期英国伦理学家,主要著作有《伦理学的方法》《伦理学史要》等,其伦理观上承边沁"功利说",倡导"合理的功利"论。王国维所译《史要》系节译,分上下两卷。上卷《绪论》以下凡三篇:第一篇《伦理学之概观》,第二篇《希腊及希腊罗马之伦理学》,第三篇《基督教及中世之伦理学》(略)。下卷即第四篇《近世之伦理学》。古代以苏格拉底为坐标,重点译介了柏拉图、亚里士多德等;近代则以霍布斯为坐标,重点译介了培根、洛克、亚当·斯密、边沁、约尔·穆勒、爱尔维修等,兼述康德、黑格尔,而以叔本华殿后。

佛雏先生在《王国维与江苏两所"师范学堂"》一文中对王国维是否在通州师范讲授"国文"持怀疑态度:

> 至于"国文"一科,《章程》规定为:"一,温经:《论》《孟》外听人各占一经或二经。一,诵读古今人明白驯雅之文。一,作日用通行记事论事之文。一,习真、行、草三种书法。"按理,王氏当年年轻,尚无名气,由他来向那些"性行端淑,文理素优"的贡生、监生们讲授传统的经学,似属困难之事。然王氏又确写过《经学概论讲义》,则在通师担任此课,又非全无可能。⑯

果然,据王国维的亲炙弟子、通州师范本科第一届学生顾怡生的回忆,王国维讲授的"国文",并非人们望文生义的"国文讲读"或"文选",而是专门研究汉语语法和国文文法的"国文典"。顾怡生在《菕庵师论国文示师范诸生书后》中指出:

> 若癸卯,乃师校开校之年,乃公毅始入校之年。其时师范诸生,如甲班本科、简易科以及讲习科,对于国文之常识已丰,运于文章之技巧亦熟。无人倡文字但须实业有用之论,亦无人申鲁论辞取达意而止之求。师于时所

---

⑯ 佛雏:《王国维与江苏两所"师范学堂"》,《扬州师院学报》(社会科学版)1990 年第 1 期。

订课程,无国文讲读,有国文典而已。教授国文典者为王静庵先生国维。师校有国文讲读,自光绪三十二年新班即丁班后称第四届本科者始。⑰

如同王国维讲授的"伦理"一样,"国文典"也是一门具有拓荒性质的师范课程。我国向无汉语语法和国文文法专书,晚至光绪二十四年(1898)上海商务印书馆出版马建忠著《马氏文通》,才有了第一部运用现代语言学理论研究汉语语法的系统性著作。梁启超在《论中国学术思想变迁之大势》中指出:"而最近则马眉叔建忠著《文通》……创前古未有之业。中国之有文典,自马氏始。"⑱但《马氏文通》因其"文繁而征引旧籍多,今贤所束阁者,故不独喻之者寡,即寓目者亦已少矣"⑲。仅收集的古汉语例句即多达七八千句,又未做出令人满意的科学分析。因而光绪二十九年当王国维在通州师范讲授"国文典"时,我国还没有师范适用的汉语语法教科书。王国维选用的"国文典"教科书是日本川野健作著、教育世界社译印的《汉文典》(又名《中等文典》)。著者川野健作的信息很少,目前仅知他曾任日本东京府立第一中学校教师、海军兵学校普通学教官,著有《思想的中心》《忠孝诗赞》《比喻词类》《汉文通则》《贯锁法》,参编《汉文大系》。《汉文典》即《汉文通则》的中译本。他在该书的"原序"中说:"仆从事于中等普通教育者十数年,于兹本其经验著为此书,从性质及组织以分解汉文。固知学识浅薄,不敢谓有所发明,然要与彼为阿堵而剽窃者迥异其选矣。使后之研究斯事者相继辈出,以立汉文教授法之基础,遂见斯文之振兴焉,斯则著者之本意尔。"⑳

因《汉文典》仅藏于南通师范高等专科学校校史博物馆,罕见,谨对此书略作考辨。《汉文典》的版权页没有著录出版时间、译者姓名。关于出版时间,川野健作为《汉文典》出版而写的自序作于日本明治三十四年(1901)九月,即该书最早于1901年在日本出版。又据该书"凡例"谓:"著述本书之际,以为间接之参考书,而拜嘉于东西诸前辈者,固属不鲜。然专以汉文典为称,足直接而资参考者迄今尚乏佳本。故本书一切意见,专系著者独创。近闻中土有《马氏文通》

---

⑰ 《教育家顾怡生诗文选集》,江苏古籍出版社,1991年,第174页。
⑱ 《梁启超全集》第二册,北京出版社,1999年,第613页。
⑲ 王宪明:《介绍严复为〈马氏文通要例启蒙〉所作的序》,《清华大学学报》1996年第2期。
⑳ 《汉文典》,教育世界社,1903年,第2页,南通师范高等专科学校校史博物馆藏。

一书,然本书脱稿之际,曾未获一读也。"㉑这表明日本汉学界已经获悉马建忠著《马氏文通》出版的消息。而据顾怡生先生《开校时的几个回忆》,"下午二时两班长至各息修室发给书籍。班长:一为达孚,一为汪开安。书籍:日文读本及文法人各六册,《日本新辞林》一册,《汉文典》一册……《汉文典》系日人著作,上海教育世界出版社出版,当时文法书除《马氏文通》只此一种。三时公布日课表于本科教室前,计伦理(西洋伦理学史)二小时,《汉文典》二小时,算术六小时,日文语十八小时,图画(用器画)二小时,体操六小时。……讲习科日课表同时公布,教育原理、教授法、理科,每周各二小时,共六小时,讲习科每周各到校共三次"。㉒ 证明1903年4月底前《汉文典》已经由教育世界社在上海出版,再证之以王国维翻译并携来通州师范作为教材的《西洋伦理学史要》的发表和出版时间,均为1903年,则将《汉文典》在我国上海的出版时间定为1903年,是大体无误的。

关于译者,笔者考定译者最有可能是王国维。根据有五:一是此书系王国维选用之教材。王国维在通州师范讲授的另一门课程"伦理",选用的教材《伦理学》《西洋伦理学史要》,都是他本人翻译。《汉文典》当不例外。二是"教育世界社"早期出版的王国维翻译著作和《教育世界》杂志刊登的王国维译作,很多都不署译者姓名,佛雏先生曾做专门研究,辑有《王国维哲学美学论文辑佚》一书出版。《汉文典》不署译者王国维名字,也是惯例。三是与王国维一起参与罗振玉主持的教育世界社编译事务的另两位"东文学社三杰"樊炳清、沈纮,在1903年前后,可能已分别赴日本(樊)和法国(沈)留学,且樊炳清在1903年正忙于主编《科学丛书》(二集)。而据吕超对沈纮译介活动的研究,沈纮以翻译农学和教育类书籍为主,他整理的沈纮译著目录中没有此书。㉓ 因此,《汉文典》的译者最有可能是王国维。四是在"东文学社三杰"中,王国维诗文、经史功底最深厚,并有私塾教学及担任《时务报》书记的经历,比较了解汉语语法和国文文法。五是王国维曾在日本留学过,由于中日文字的共同性,日文翻译较为容易。根据顾怡

㉑ 《汉文典》,教育世界社,1903年,第1页,南通师范高等专科学校校史博物馆藏。

㉒ 《教育家顾怡生诗文选集》,江苏古籍出版社,1991年,第134页。

㉓ 吕超:《清末日语翻译沈纮译介活动初探》,《浙江外国语学院学报》2013年第1期。

生先生在该书上的课堂记录,在通州师范教授"国文典"课时,王国维还指出了《汉文典》中存在的一些错误。例如,该书在说明"动词"的性质分类"其四自动词用法"时举例:"仁则荣,不仁则辱"(《孟子·公孙丑上》),"王先生称此一条应属形容词。""七、明君制民之产,必使仰足以事父母,俯足以畜妻子"(《孟子·梁惠王上》)。"王先生称此两足字当属副词。""十一、夫子当路于齐,管仲、晏子之功,可复许乎"(《孟子·公孙丑上》),"王先生称'当'字亦误。该书在说明"动词"的用法分类"其一副词用法"时举例:"四、道千乘之国,敬事而信,节用而爱人"(《论语·学而》),"王先生云'事''用'不当若此列法"。"七、非其君不事,非其民不使……"(《孟子·公孙丑上》),"王先生亦云此二句错"。"八、方急时不及召下兵"(《战国策·秦策下》),"王先生云'急'字错"。[24] 该书在说明"副词"的性质及用法分类"其一补义副词法"时举例:"二十、武安君终辞不肯行,遂称病"(《史记·白起传》),"'肯'字误,助动"。"三一、臣切谓不斩王伦,国之存亡未可知也"(胡铨封事),"'谓'字误,动"。[25]

此书章节分为甲、乙两编。

甲编内容为"品词篇",又细分为:第一,名词。性质分类:其一普通名词,其二固有名词,其三熟语名词,其四混合名词;用法分类:其一主格用法,其二所有格用法,其三目的格用法,其四特别主格用法,其五副词用法,其六说明用法,其七补足语用法,其八独立用法。

第二,代名词。性质分类:其一人称代名词,其二通称代名词,其三附属代名词,其四回顾代名词;用法分类:其一主格用法,其二所有格用法,其三目的格用法,其四接续用法,其五副词用法,其六形容代名词用法,其七疑问用法,其八附属代名词用法,其九回顾代名词用法。

第三,形容词。性质分类:其一情态形容词,其二物数形容词;用法分类:其一修饰用法,其二说明用法,其三同格形容法。

第四,动词。性质分类:其一实性动词,其二虚性动词,其三他动词,其四形状动词;用法分类:其一副词用法,其二熟语用法,其三名词用法,其四修饰用法,

---

㉔ 《汉文典》,教育世界社,1903 年,第 17—19 页,南通师范高等专科学校校史博物馆藏。

㉕ 同上,第 27 页。

其五命令用法,其六以为由因之特别用法。

第五,助动词。性质及用法分类:其一断定法,其二否定法,其三使役法,其四受动法,其五名词法,其六修饰法。

第六,副词。性质及用法分类:其一补义副词法,其二形状副词法,其三接续副词法,其四反语副词法,其五何岂之特别用法,其六疑问副词法,其七希望副词法,其八独立副词法,其九应答副词法。附:副词辨疑表。

第七,前置词。用法分类:其一于之用法,其二于之用法,其三乎之用法,其四自从之用法。

第八,后置词。

第九,接续词。性质分类:其一单纯接续词,其二两性接续词,其三混合接续词;用法分类:其一提起接续法,其二概括接续法,其三连锁接续法,其四连带接续法,其五则而以之用法,其六副词的接续法,其七语调接续法,其八接尾语用法。

第十,感叹词。

第十一,完了词。用法分类:其一语势完了词用法,其二制限完了词用法,其三疑问完了词用法,其四感叹完了词用法。

乙编内容为文章篇,又细分为:性质分类:叙述文,疑问文,希求文,感叹文;组织分类:单文,复文,混文。

这样的汉语语法体系,与同时期马建忠撰写的《马氏文通》和稍后几年出版的章士钊的《初等国文典》比较,可谓大同小异,都是融汇汉语传统和西方语法学,研究汉语自身的问题,进而创建了一套汉语的语法体系。

王国维就像是一位盗火者,他把近代教育学、心理学、哲学、伦理学、美学、汉语语法等科学知识传播到了僻处江尾乡曲的通州师范,这些"西学""新知",对那些刚从"八股文"里挣扎出来的师范生来说,是真正的思想启蒙。在他离开之后,通州师范成为清末民国时期江苏重要的教育学、语言学学科基地,顾公毅、孙锦标等一批门生成为知名的教育学家、语言学家。

王国维在通州师范教授的"伦理"和"国文典"两门课程还具有教育史的意义,因为这是近代以来中国人第一次在中国师范学校中教授这两门课程。设立于光绪二十三年的南洋公学师范院虽然是中国近代最早的一个培训师资的专门机构,但开学初期的师范院并无一定的课程表,教员何时到校即于何时授课。光绪二十四年后开始按学科分班授课。中学之外,还设西文、西学。中学的教授方法,用指定书籍令学生自修,按时呈送教师批阅和札记。当时入学的学生中文程度都比较高,"经史子集"能任选自行研究,基本上是沿用旧式书院的学习方法。西文部分有英文、日文,以后还有法文,由学生挑选一门,边学边作翻译。光绪二十五年(1899),不兼职的师范院学生重新编班,因人数少改称师范班。师范班学生陆续就业、升学、出国,至光绪二十九年,只剩下少数几人,师范院即停办。目前尚未发现南洋公学师范院存续期间,开设"伦理学""国文典"和国人教授这两门课程的明确记载。㉖

光绪二十八年,京师大学堂师范馆正式开学,这是中国近代最早实施高等师范教育的一个机构。京师大学堂师范馆开设的课程共有十四门:伦理、经学、教育学、习字、作文、算学、中外史学、中外舆地、博物、物理、化学、外国文、图画、体操等。教授伦理学、教育学课程的是日本籍教习服部宇之吉。尚无史料表明京师大学堂师范馆开设了"国文典"课程。㉗ 同一时期创办的三江师范学堂(1903)亦延聘日本教习讲授教育学及理化学、图画学各科。㉘ 因此,王国维在通州师范教授的"伦理"和"国文典"两门课程,真正确立了王国维的教育家地位。

二、寂寞心写哲理诗,成为一名文学家

根据谢维扬、房鑫亮主编的《王国维全集》,赵万里编著的《王静安先生著述目录》《王静安先生年谱》,胡逢祥编著的《王国维著译年表》,袁英光、刘寅生编著的《王国维年谱长编》,萧艾的《王国维诗词笺校》等著作的相关统计和研究,光绪二十九年前,王国维共作诗三十三首,即:光绪二十四年(1898),撰"杂诗三首""咏史二十首";光绪二十五年(1899),撰"嘉兴道中""八月十五夜月""红豆

㉖ 《交通大学校史》,上海教育出版社,1986 年,第 21—27 页。
㉗ 《中国师范教育》,北京师范大学出版社,1989 年,第 177 页。
㉘ 朱一雄:《东南大学校史研究》,东南大学出版社,1989 年,第 27 页。

词四首""题梅花画箑""题友人三十小像二首""杂感"。虽然"咏史二十首"获得很高的评价,如罗振玉"偶于其同舍生扇头读公《咏史》绝句,乃知为伟器,遂拔之俦类之中,为赡其家,俾力学无内顾忧。"㉙吴宓主编的《学衡》杂志第66期(1928年11月出版)刊登王国维"咏史二十首"时,其篇末附记也称:"按右诗二十首,分咏中国全史,议论新奇而正大,为静安先生壮岁所作。"㉚但这一时期的王国维还未形成自己的诗歌创作风格。光绪二十九年,王国维的诗歌创作进入高潮,撰"书古书中故纸"、"端居"三首、"嘲杜鹃"二首、"五月十五夜坐雨赋此"、"游通州湖心亭"、"六月二十七日宿硖石"、"秋夜即事"、"偶成"二首、"拼飞"、"重游狼山寺"、"尘劳"、"来日"二首、"登狼山支云塔"等诗共十八首。发表于光绪三十年《教育世界》第76至78、80、81号的《红楼梦评论》中的"平生"一诗也可视为光绪二十九年之作:"往者作一律曰:生平颇忆挈卢敖,东过蓬莱浴海涛。何处云中闻犬吠,至今湖畔尚乌号。人间地狱真无间,死后泥洹枉自豪。终古众生无度日,世尊只合老尘嚣。"㉛因为王国维是在任职通州师范期间,开始运用西方哲学、美学理论系统研究《红楼梦》这部"奇书"的。

樊炳清在《王忠悫公事略》中说,王国维"在通州授课之暇,兼为诗词"。但佛雏先生认为,王国维1903年没有词作:

据王乃誉《日记手稿》,癸卯(1903)年十二月二十六日:"静(安)归(按,自南通经上海返海宁),至是家人皆为心放。……夜,观静(致)友如信,并伊(按,静安)诗十数首。"按,此处只提观静安"诗十数首",而不及"词",似1903年静安并无词作。又,赵《谱》:1906年"三月(按,应为'四月'。据《教育世界》,《人间词甲稿》刊载于该杂志'丙午四月七期'),集此二年间所填词刊之,署曰:《人间词甲稿》"。其中"二年"亦指1904、1905年,不包括1903年,亦可为证。故《人间词》似应断自1904年始。樊炳清《王忠悫公事略》:"在通州(按,1903年),授课之暇,兼为诗词。"(《王忠悫

㉙ 《王国维全集》第二十卷,浙江教育出版社,2010年,第228页。
㉚ 《王国维全集》第十四卷,浙江教育出版社,2010年,第617页。
㉛ 《王国维全集》第一卷,浙江教育出版社,2010年,第74页。

公哀挽录》)其中"词"字不足凭。[32]

但王国维当时既不主张诗词标题,又反对在诗词中涉及时政"美刺",其词作又不署明创作年月。1906 年 4 月,王国维代樊炳清作《人间词甲稿序》:"余与君处十年矣,比年以来,君颇以词自娱。余虽不能词,然喜读词,每夜漏始下,一灯荧然,玩古人之作,未尝不与君共。君成一阕,易一字,未尝不以讯余。既而暌离,苟有所作,未尝不邮以示余也。"[33]又据罗振常《人间词甲稿序》跋:"时人间在吴门师范校授文学,先其来书,谓词稿将写定,丐樊作序。樊应之,延不属稿。一日,词稿邮至,余与樊君开缄共读,而前已有《序》。来书云:《序》未署名,试猜度为何人作? 宜署何人名则署之。樊读竟大笑,遂援笔书己名。……时,人间方究哲学,静观人生哀乐,感慨系之,而甲稿词中'人间'字凡十余见,故以名其词云。"[34]1918 年,王国维又从自己以往的词作中选定二十四首,并作跋语:"光宣之间为小词得六七十阕,戊午夏日小疾无聊,录存二十四阕,题曰《履霜词》。呜呼! 所以有今日之坚冰者,非一朝一夕之故矣。四月晦日国维书于海上寓庐之永观堂。"[35]故仍难断言王国维在 1903 年没有词作。

萧艾在反复阅读王国维著作及其他有关资料后,考定"浣溪沙"(昨夜新看北固山)、"临江仙"、"踏莎行"、"贺新郎"、"浣溪沙"(霜落清林木叶丹)、"八声甘州"等六阕作于 1903 年。[36] 笔者将此六阕词作与王国维同期在通州师范任教时的诗作比较、揣摩,感到无论是所述情状,还是意境风格,都极相似,故从萧说。

《王国维传》的作者陈鸿祥则根据自己二十世纪五十年代初在南通求学时的切身感受,判断王国维"点绛唇"词也作于 1903 年。[37] 笔者亦为南通人,也深有同感。综上所说,笔者特将此七阕词作与王国维同期诗作一并分析。

光绪二十九年正月二十六日,正值青春年少、风华正茂的王国维满怀对通州

---

[32]　佛雏:《王国维诗学研究》,北京大学出版社,1999 年,第 435—436 页。

[33]　《王国维全集》第十四卷,浙江教育出版社,2010 年,第 681 页。

[34]　陈平原、王风:《追忆王国维》(增订本),生活·读书·新知三联书店,2009 年,第 15 页。

[35]　《王国维全集》第十四卷,浙江教育出版社,2010 年,第 639 页。

[36]　萧艾:《王国维诗词笺校》,湖南人民出版社,1984 年,第 109—113 页。

[37]　陈鸿祥:《王国维传》,人民出版社,2004 年,第 135—136 页。

师范的憧憬，乘船从上海前往通州，正月二十七日早晨，船抵通州，曙光初照，名列“佛教八小名山”的狼山渐现眼前，船上眺望，山上“广教”古刹金光乍现，江上无边波浪拍天而来，的确气势磅礴：

高峡流云，人随飞鸟穿云去。数峰着雨。相对青无语。　　岭上金光，岭下苍烟冱。人间曙。疏林平楚。历历来时路。

——《点绛唇》㊳

在教学之余，王国维也去饱览通州的湖光山色、园林寺观，所作诗歌既有“何当直上千峰顶，看取金波涌太虚。”（《五月十五夜坐雨赋此》）的奇诡想象，㊴也有“新荷三两翻，葭菼去无际。湖光槛底明，山色樽前坠。”（《游通州湖心亭》）㊵的闲适惬意。但这种乐观、清新的诗风恍若昙花一现，很快王国维的诗词风格就出现了丕变，形成了以寂寞心写哲理诗的个性风格。

（一）王国维“寂寞心”之成因

王国维“寂寞心”的成因是复杂的，概言之有四。原因一，“体素羸弱，性复忧郁”。㊶ 光绪二十四年夏，王国维在上海患腿病。《王乃誉日记》五月三十日载：“静沪回，……人极狼狈，腿病，竟不得起立。”㊷六月初七，王国维致汪诒年信说：“昨得初二日手书，敬悉一切。贱恙仍不见松，寸步不能行走，医者或云风湿，或云虚弱，几于无所适从。拟俟天稍得雨，河水可通，或至省城大英医院医治，大约不能骤愈，甚恨。……卧病久不阅报，近事一无所闻，甚闷。”㊸七月下旬，又在致许家惺信中述及患病情形：“弟患足疾甚剧，至寸步不能行动。于上月晦日抵舍，知兄至省，故未函知。”㊹六月十四日，王国维在致汪康年、汪诒年复信中又述及治病情形：“此间新延一医诊治，据云系鹤膝风，因三阴之气不足，风

㊳ 《王国维全集》第十四卷，浙江教育出版社，2010 年，第 645—646 页。
㊴ 《王国维全集》第一卷，浙江教育出版社，2010 年，第 147 页。
㊵ 同上。
㊶ 《王国维全集》第十四卷，浙江教育出版社，2010 年，第 119 页。
㊷ 《王乃誉日记》第二册，中华书局，2014 年版，第 920 页。
㊸ 《王国维全集》第十五卷，浙江教育出版社，2010 年，第 24 页。
㊹ 同上，第 16 页。

邪乘之,乃虚劳之报。原据云连针灸七次,(五日一针)当可能行,现两腿渐瘦,所云鹤膝风似为不谬,颇为焦虑。"[45]八月十六日,"姜医来视静腿病并灸之"。[46]王国维腿病并未根治,光绪二十六年,王国维得藤田丰八的介绍,入东京物理学校肄业。但"留东京四五月而病作,遂以是夏归国。"[47]以后身体一直比较瘦弱,(光绪二十八年)九月十四日《王乃誉日记》载:"到店接静初八禀,言近身体瘦弱,为系漫病,已医治,非能骤愈,颇为悬悬。而后言,张冶秋尚书托叔蕴招其至京(师)大学堂(任)东文习教(教习);又张季直通州师范学(校)亦敦请极挚。而伊以毛羽未丰,于心理、物理、哲学三项半途未竟,不肯弃置,故许迟一二年后而出。然当此机会不免可惜,而更虑其身弱,只听其自为而已。"[48]

原因二,好为深沉之思。叶嘉莹指出:"静安先生的感情极厚,而理智复极强。理智促使他研究哲学,希望于哲学中求得了悟与解脱;而感情则使得他陷溺于人生之厌倦与苦痛中而终不能自拔。"[49]王国维一生致力于探索人生之终极目的,供职通州师范期间,他沉浸在西方哲学中,并独好叔本华、康德之学:"癸卯春,始读汗德之《纯理批评》,苦其不可解,读几半而辍。嗣读叔本华之书,而大好之。自癸卯之夏以至甲辰之冬,皆与叔本华之书为伴侣之时代也。"[50]叔本华是康德的门徒,他不满于康德的"不可知论"而提出了自己的"唯意志论",提倡"厌世哲学",崇拜佛教的"涅槃",宣扬"意志寂灭"。叔本华的这些观点对王国维这样禀性忧郁悲观的人影响很大,王国维感到大梦初醒,笃信不疑。同时,他对佛教也产生了浓厚的兴趣:"萧然饭罢步鱼矶,东寺疏钟度夕霏。一百八声亲数彻,不知清露湿人衣"(《秋夜即事》)[51],并数次拜访狼山广教寺等寺庙,甚至希望能在狼山建一所房子隐居读书。王国维希望在西方哲学与佛教中求得了悟与解脱。但"他所求者既望而未至,而却于无心中得此一极寂寞之境界,更且深

---

⑤ 同上,第26页。

⑥ 《王乃誉日记》第二册,中华书局,2014年,第955页。

⑦ 《王国维全集》第十四卷,浙江教育出版社,2010年,第119页。

⑧ 《王乃誉日记》第三册,中华书局,2014年,第1690页。

⑨ 叶嘉莹:《迦陵论诗丛稿》,中华书局,2007年,第136页。

⑩ 《王国维全集》第一卷,浙江教育出版社,2010年,第3页。

⑪ 《王国维全集》第一卷,浙江教育出版社,2010年,第148页。

陷于此寂寞之中,虽极悲苦,而竟不复能自拔"[52]。

原因三,积劳过度。王国维在通州师范任职的一年时间里,既要协助张謇创办通州师范,又要教授"伦理""国文典"等课程。而两位日本教习,木造高俊到校仅四个月即因日俄战争一触即发,忧虑深重乃至精神错乱而自杀,吉泽嘉寿之丞受此事影响,回国后竟至光绪三十年(1904)甲辰正月始到任,原定由这两位日本教习讲授的本科日文、算术、理化和讲习科教育原理、教授法等课程在这期间很可能也由王国维一人勉力承担。王国维终因积劳过度,患了瘰疬("疬子颈")。《王乃誉日记》载:"接静二十二禀,陈患恐成瘰疬,系劳致,非二三月不可,日费元余。"[53]是时,先生情绪低落,陷溺于人生之厌倦与苦痛中而不能自拔,遂赋诗道:"滴残春雨住无期,开尽园花卧不知。因病废书增寂寞,强颜入世苦支离。拟随桑户游方外,未免杨朱泣路歧。闻道南山薇蕨美,膏车径去莫迟疑。"(《病中即事》)[54]

原因四,环境生疏复杂。光绪二十九年四月朔,通州师范开校。教习仅王国维、池文藻、木造高俊、吉泽嘉寿之丞四位。但同年五月就发生了木造高俊自杀身亡的事件。朝夕相处的同事自杀,在王国维的心理上留下了长久的阴影。张謇在通州师范开校后不久,即赴日本考察,耗时六十八天之久(四月至六月),东游回国后,又忙于料理通海垦牧公司第五六堤工程,与王国维竟只见过三次面。第一次见面在光绪二十九年"(二月)三日,王静安与东教习木造高俊、吉泽嘉寿之丞至"[55]。第二次见面在四月朔通州师范开校。第三次见面在"(七月)二日,静安来"[56]。王国维又仅是"附生"出身的二十六岁青年,以至于通州师范在介绍王国维履历时还得掺水:"附生,日本文科大学毕业。"[57]其实,王国维仅在日本东京物理学校短期留学。如何与举贡生监出身的学生相处交流,也得费一番心思。而南通又与上海不同,属江淮方言区,来自吴语区的王国维与人交往还有语言障碍。

---

[52] 叶嘉莹:《迦陵论诗丛稿》,中华书局,2007年,第139页。

[53] 《王乃誉日记》第四册,中华书局,2014年,第1867页。

[54] 《王国维全集》第一卷,浙江教育出版社,2010年,第150页。

[55] 《张謇全集》第八卷,上海辞书出版社,2012年,第532页。

[56] 同上,第569页。

[57] 《通州师范学校职员学生录》,翰墨林编译印书局,1905年,第1页,南通师范高等专科学校校史博物馆藏。

（二）王国维哲理诗之特点

受上述因素影响,王国维在这一年的诗词创作中反复抒发这种极深的寂寞感,形成了清邃渊永、耐人寻味,于幽美的形象之中抒发哲理的诗歌创作特点。

如《端居》三首之一抒发的就是一种哲理:

> 阳春煦万物,嘉树自敷荣。
>
> 枳棘茁其旁,既锄还复生。
>
> 我生三十载,役役苦不平。
>
> 如何万物长,自作牺与牲?
>
> 安得吾丧我,表里洞澄莹。
>
> 纤云归大壑,皓月行太清。
>
> 不然苍苍者,褫我聪与明。
>
> 冥然逐嗜欲,如蛾赴寒檠。
>
> 何为方寸地,矛戟森纵横?
>
> 闻道既未得,逐物又未能。
>
> 衮衮百年内,持此欲何成?

诚如叶嘉莹先生所言,"这真是写得极悲哀的一首诗","怀着出世的向往,又深知此一境界之终不可得;抱有入世的深情,而又对此芸芸碌碌之人生深怀厌倦,不但自哀,更复哀人,这一种人该是最不幸的一种人了。而不幸静安先生就正是此一种不幸的人,而也就正是此种不幸的性格,造成了静安先生诗词中一种特有独到的境界。这种境界,并非人人皆可具有,亦非人人皆可了悟,所以具有此种境界的静安先生的心情是寂寞的,这是静安先生的寂寞心之因。……静安先生因其有着对出世的哲理之向往,所以对尘世极感厌倦与苦痛,而又因其有着入世的深厚的感情,所以厌倦与苦痛之余,所产生的并非怨恨与弃绝,而为悲哀与怜悯。因为这个缘故,所以我称静安先生由寂寞心所生之果为哲人的悲悯"。[58]

---

[58] 叶嘉莹:《迦陵论诗丛稿》,中华书局,2007 年,第 137 页。

但时代已是二十世纪初期,东西方文化激烈碰撞,中国社会新陈代谢、急剧转型。"诗意与理贵新,格律韵藻须旧。""中国五千年之局,及今一变。近二三十年来,几于形形色色,日新月异。刹那万象,泡影蜃楼。诗人生性多感,其所受之刺激为何如?"[59]受此影响,王国维的哲理诗已迥然不同于中国传统诗歌中的"玄言诗"与"禅理诗",它是融通了西方哲学、美学思想的哲理诗。王国维大胆地将这一特殊"过渡时代"西方输入的诸多新事物与新精神融入了这一年的诗词创作之中。例如,叔本华的"苦痛又由知力之进步而益增"的厌世论,就被王国维写进了当年自南通返海宁度暑假时写的一首诗里:

> 新秋一夜蚊如市,唤起劳人使自思。
>
> 试问何乡堪着我?欲求大道况多歧。
>
> 人生过处惟存悔,知识增时只益疑。
>
> 欲语此怀谁与共?蜇声四起斗离离!
>
> ——《六月二十七日宿峡石》[60]

再如:"人生苦局促,俯仰多悲悸"(《游通州湖心亭》);[61]"欢场只自增萧瑟,人海何由慰寂寥"(《拼飞》);[62]"江上凝云犹易散,胸中妄念苦难除"(《五月十五夜坐雨赋此》);[63]"蓬莱自合今时浅,哀乐偏于我辈深"(《登狼山支云塔》)。[64]

这些诗句中的"悲""寂""苦""哀"仿佛就是改写成诗句的叔本华哲学:

> 但此欲生之心必不能满足于今日之世界,而不满足之生活即苦痛之生活,虽或得一时之满足,然不过暂离苦痛之状态,而非正面的快乐也。又此苦痛之生活至人类而达其极,此由人类之意志之发达最著故,而苦痛又由知力之进步

[59] 《吴宓诗话》,商务印书馆,2005年,第32—33页。
[60] 《王国维全集》第一卷,浙江教育出版社,2010年,第147页。
[61] 同上,第147页。
[62] 同上,第148—149页。
[63] 同上,第147页。
[64] 同上,第150页。

而益增,此自然之势也。故哲学之义务在使人灭绝其意志,一切道德皆可于此中计算之。其灭绝之阶级有二。其最低者为通常之德性,即视人若己之仁爱及同情是也。但此等通常之德性,尚不离乎欲生之念。意志之完全之灭绝存于涅槃之境界,即脱离人生幻妄之快乐,虽传种之冲动亦抑制之是也。[65]

王国维甚至冥想:

> 不过招提半载余,秋高重访素师居。
> 揭来桑下还三宿,便拟山中构一庐。
> 此地果容成小隐,百年那厌读奇书。
> 君看岭外嚣尘上,讵有吾侪息影区。

—— 《重游狼山寺》[66]

"桑"指空桑,古地名,亦山名。王国维景仰的先贤孔子和商初名臣伊尹,皆生于空桑。孔子为拜见老子,曾在空桑住了三宿,直到老子出来与他见面,讲学论道,使他顿觉人间是非尽消。这就是诗中所谓的"桑下还三宿"。王国维遥想远古空桑,对比尘世污浊,深感人生下来离了襁褓,就有了"欲生之戚";在尘世的烦恼中,导致"失宁"的真正敌人,不是外物,而是"我身":

> 我身即我敌,外物非所虞。
> 人生免襁褓,役物固有余。
> 网罟一朝作,鱼鸟失宁居。
> 矫矫骅与骝,垂耳服我车。

—— 《偶成二首》之一[67]

---

[65] 《王国维全集》第十八卷,浙江教育出版社,2010年,第134页。
[66] 《王国维全集》第一卷,浙江教育出版社,2010年,第149页。
[67] 同上,第148页。

蠕蠕茧中蛹,自缚还自钻。

解铃虎颔下,只待系者还。

大患固在我,他求宁非谩。

所以古达人,独求心所安。

——《偶成二首》之二⑱

王国维既接受了叔本华否弃人生的厌世论,又接受了赫尔德曼以科学和文学艺术求得解脱的方法,"唯科学及美术实使人享纯粹之快乐,唯享此快乐者实无几人,而此仅少之人中,又因知力之高尚而得他种之苦痛"⑲。因此,王国维在教学之余也阅读《红楼梦》《老子》《庄子》等"奇书":"此地果容成小隐,百年那厌读奇书。""玉女粲然笑,照我读奇书。""大患固在我,他求宁非谩"(《偶成》二首)。还读康德的《纯理批评》、叔本华的《意志及表象之世界》等异书:"处处得幽赏,时时读异书"(《端居》),⑳并作《汗德像赞》《叔本华像赞》颂扬之。

月落飞乌鹊。更声声、暗催残岁,城头寒柝。曾记年时游冶处,偏反一栏红药。和士女、盈盈欢谑。眼底春光何处也,只极天、野烧明山郭。侧身望,天地窄。

遣愁何计频商略。恨今宵、书城空拥,愁城难落。陋室风多青灯灺,中有千秋魂魄。似诉尽、人间纷浊。七尺微躯百年里,那能消、今古闲哀乐。与蝴蝶,蘧然觉。

(《贺新郎》)㉑

从表面上看,是用了"庄周梦蝶"的典故,但深究之,则是康德实践理性学说的诗化:

⑱ 《王国维全集》第一卷,浙江教育出版社,2010 年,第 148 页。

⑲ 《王国维全集》第十八卷,浙江教育出版社,2010 年,第 135 页。

⑳ 《王国维全集》第一卷,浙江教育出版社,2010 年,第 146 页。

㉑ 《王国维全集》第十四卷,浙江教育出版社,2010 年,第 650—651 页。

汗德以为自理性观之,则吾人必属于此世界,而此世界由全智全能之神统辖之,如无此世界,庄严之道德不过为钦仰之对象,而不能为动作之渊源,此汗德之对上帝及未来之信仰之所由来也。但在汗德,此信仰仅存于伦理学之方面,盖由汗德之形而上学,则自然之世界为吾人所知者,不过外界之印于吾人之感性之复杂之印象,由吾人之自觉力而结合为经验之世界者也。至物之本体之何如,则吾人既不能经验之,自不能有此知识。然由吾人道德意识观之,则知吾人必当属于超感世界,此世界状态虽不得知,然知吾人决非徒现象而亦为本体者也。故上帝及来世之有无,虽不能由理论知之,然于实践上必以此为假定,然后得说明实践理性之无上命令力也。[72]

由于疾病、劳累、同事自戕等原因,王国维甚至不免产生极为悲观的情绪,如《书古书中故纸》《尘劳》和《浣溪沙》。

昨夜书中得故纸,今朝随意写新诗。长捐箧底终无恙,比入怀中便足奇。黯淡谁能知汝恨?沾涂亦自笑余痴。书成付与炉中火,了却人间是与非。

——《书古书中故纸》[73]

迢迢征雁过东皋,谡谡长松卷怒涛。苦觉秋风欺病骨,不堪宵梦续尘劳。至今呵壁天无语,终古埋忧地不牢。投阁沉渊争一间,子云何事反离骚。

——《尘劳》[74]

霜落千林木叶丹。远山如在有无间。经秋何事亦屏颜。
且向田家拼泥饮,聊从卜肆憩征鞍。只应游戏在尘寰。

——《浣溪沙》[75]

---

[72] 《王国维全集》第十八卷,浙江教育出版社,2010年,第131—132页。
[73] 《王国维全集》第一卷,浙江教育出版社,2010年,第145—146页。
[74] 《王国维全集》第一卷,浙江教育出版社,2010年,第149页。
[75] 《王国维全集》第十四卷,浙江教育出版社,2010年,第641页。

王国维这种苦苦探讨的结果不但劳而少功,而且徒增困惑,"人生过处唯存悔,知识增时只益疑"。最终走向否弃人生,甚至自我毁灭的悲观主义。王国维于1927 年自沉于颐和园昆明湖,固然有种种原因,但这一时期形成的忧郁悲观的心理可能也是一个原因。

上文所引王国维所作诗词,既没有平铺直叙的陈述,也不堆砌西方哲学的术语,而是通过描写物象或抒发情怀,将哲理融会于诗中,使读者观物微,托兴深,真正做到了有"理趣"而无"理障",诚如郭沫若先生在《鲁迅与王国维》一文中所称道的:"据这些看来,三十岁以前,王国维分明是一位文学家。"[76]

三、融汇中西诸学,成为一名学者

从现有材料来看,在晚清向西方学习的思潮中,王国维是我国最早介绍欧洲启蒙思想,康德、叔本华哲学、美学思想的学者,甚至马克思"《资本论》曾朱墨作记",[77]鼓吹"思想革命",推动新文化运动,厥功甚伟。而译介西方哲学、教育学、心理学、伦理学,首倡美育和德智体美四育并举,是王国维的突出贡献。

根据赵万里编著《王静安先生年谱》、胡逢祥编著《王国维著译年表》的统计,光绪二十九年,王国维译《西洋伦理学史要》,光绪二十六年(1900)译《势力不灭论》本年编入樊炳清所辑《科学丛书》,由教育世界社刊行。另译《汉文典》,由教育世界社刊行(详见上文)。发表《哲学辨惑》《论教育之宗旨》《汗德像赞》《叔本华像赞》。另撰《孔子之美育主义》(详见下文)。

王国维翻译的《伦理学》《西洋伦理学史要》,一直没有受到学术界特别是治中国近代思想史的学者的应有重视,以为就是普通的伦理学、伦理学史著作。实际上这两部译著都综合了西方哲学、科学、心理学、教育学、伦理学、美学等知识,是广义的西方思想和西方思想史。而其中霍布斯、洛克、康德等人的启蒙学说和"美术"(美育)、"正义"、"权利"、"义务"、"平等"、"自由"、"博爱"等理念,更是

---

[76] 郭沫若:《历史人物》,人民文学出版社,1979 年,第 213 页。
[77] 姜亮夫:《思师录》,《学术集林》卷十四,上海远东出版社,1998 年,第 64 页。

"西学"中的"新学"。如《伦理学》介绍了柏拉图的美学思想：

> 然柏拉图论感觉之迷人及其不可恃，而主唱意象。（即《心理学》第八章之所谓观念。）所谓意象者，乃无上不变之大理，故不能为活动之原因也。而于《斐特拉斯》（柏拉图所著书）示美之意象发达之次序，曰："初见人类之美，对其人而发爱情，渐自对一个人之爱扩而为博爱，终达理想之美。"然则此美者，始自吾人所谓情性，抽象之而进而益高尚者也。[78]

再介绍了哥白尼提出的"日心说"，瓦特、法拉第、达尔文等科学家的伟大发明和发现：

> 今比较第五与第六，于前者欲避其矛盾，当变自己之标准，以与事实调和，此哥白尼所以驳天动说而唱地动说也。盖天体之运动，客观的确实，而非可得变者也。[79]
>
> 此外如瓦特之于蒸气机，贾法尼、伏尔塔、法拉第之于电气学，瞿尔之于势力不灭法，台微、达尔敦之于化学，寇维、达尔文之于生物学，皆非求必然之理，唯由经验而发见在天然中之（秋）[秩]序耳。而今日之实验物理学及化学，乃科学中最精确者，而可为科学之模范也。[80]

如《西洋伦理学史要》介绍了霍布斯的"自然状态"和国家起源说。他主张国家不是根据神的意志而是人们通过社会契约创造的，君权也不是神授的，而是人民授予的：

> 霍布士说之特色不仅在此，彼谓道德法则之存立，必由于众人之遵守与否，而其遵守之也，必由于政府之干涉，决非人类之自然之情所能达也。今

---

[78] 《王国维全集》第十六卷，浙江教育出版社，2010年，第536页。
[79] 《王国维全集》第十六卷，浙江教育出版社，2010年，第577页。
[80] 同上，第623页。

有人互为契约,若疑他人不能践此约,则己亦必不能践之,欲去此疑,非国家有不践约之刑不可。故社会行为之法则不过假设的,必有公共权力以使人人奉此法则,始得谓之为实际的也。故夫一切命令的及禁止的之法则,皆得括于一公式之下,古圣哲所谓"己所勿欲,勿施于人"者,此乃自然中永久不变之法则。盖人虽不必于其动作上实现之,然人苟为理性的动物,则自必以实现此之为务。何则?此等法则乃达平和之唯一手段,而求平和者乃根本之自然律也。至求平和而不得,于是不得不用战争之助。故一、个人之盲从道德之法则,以自己为牺牲而供他人之利益者,与二、他人遵法则而己独不遵之者,此即于可平和之时而求战争,皆反于自然之目的者也。顾所谓自然之国家之状态又何如?如未有政府之前,人但生存于自然之国家中,或政府离散之后,人当复归于此,则此国家实脱于道德之范围,而亦危险之甚者也。当此时,人为保存自己之故,不但视各物为自己之权利,且视他人之身体亦为自己之权利,故在此国家,无正与误、义与不义之可言,而此国家又战争之世界也。惟人之理性鉴于此种国家之不利,于是有真正之国家出。此真正之国家,或造端于宪法,即人民互相约束,而服从一君主,或造端于势力,即劣败者之服从优胜者。此二者虽不同,然君主之势力不可不神圣而无限也。盖君主者,实从自然律而求人民之善,保护各人民而使不相侵害,故其命令即为人民之正误之标准。[81]

又介绍了洛克的"天赋人权"学说和捍卫人的生命、自由和财产权的主张:

凡伦理之原理,即:一、(一)切人类其始本自由平等;二、苟自己之生存不受侵害,则宁助他人而不加之以损害;三、契约之当守;四、为父兄者于子弟未成熟之时,有管辖之权利及教养之义务;五、地球上之财产其初本为人所公有,但既杂以个人之劳力,则变为个人之财产。[82]

---

[81] 《王国维全集》第十八卷,浙江教育出版社,2010年,第71—72页。

[82] 《王国维全集》第十八卷,浙江教育出版社,2010年,第77—78页。

还介绍了康德"要自由也要自律"的思想：

> 汗德谓人为理性的动物，故不可不践理性之规则，所谓无上命法是也。
>
> 汗德之学说中又有一重要之特质，即其义务与自由意志之关系说是也。彼谓吾人由自己之道德意识而确信吾人之自由，即吾人以正行为吾人所当为者，正以其为正行之故，而非以吾人嗜之之故，此足以知吾人有合理的意志者也。即吾人之动作非由苦乐之感情之刺激决定之，而但决定于理性的真我之法则，此理性之实现或合理的意志之实现，乃义务之绝对目的。吾人于是得实践之新根本法则，曰："动作之对汝自己或他人者乃一目的，而决非手段也。"而此自由之概念，又使伦理学与法相连结，即法学之宗旨在实现人之外界之自由，而使人人无相侵害，伦理学之旨在反对自然之性之目的，而使追求理性之目的以实现内界之自由者也。如吾人问理性之目的之为何，则汗德将答之曰："一切理性的动物，其自身即为理性之目的"。[83]

王国维在中西文化激烈碰撞的严峻背景下，在"体"的层面上，选择翻译西方的上述学说，并作为教科书讲授，无疑是对中国传统思想文化的尖锐批判。这些"新知"对那些尚坚持"中体西用"原则的官僚士大夫和长期浸润在中国传统教育中的师范生而言，仿佛是醍醐灌顶，甘露入心，促使他们走上了弃旧改新的道路。

王国维"体素羸弱，性复忧郁"，而好为深沉之思，一生致力于探索人生之终极目的。供职通州师范前后，曾在西方哲学中寻求答案，并独好叔本华、康德之学：

> 癸卯春，始读汗德之《纯理批评》，苦其不可解，读几半而辍。嗣读叔本华之书，而大好之。自癸卯之夏以至甲辰之冬，皆与叔本华之书为伴侣之时代也。其所尤惬心者，则在叔本华之知识论，汗德之说得因之以上窥；然于其人生哲学，观其观察之精锐与议论之犀利，亦未尝不心怡神释也。[84]
>
> 留东京四五月而病作，遂以是夏归国。自是以后，遂为独学之时代

---

[83] 《王国维全集》第十八卷，浙江教育出版社，2010年，第129—130页。
[84] 《王国维全集》第一卷，浙江教育出版社，2010年，第3页。

矣。……次年始读汗德之《纯理批评》,至《先天分析论》,几全不可解,更辍不读,而读叔本华之《意志及表象之世界》一书。叔氏之书,思精而笔锐,是岁前后读二过,……至二十九岁,更返而读汗德之书,则非复前日之窒碍矣。㊆

他在1903年9月的《教育世界》杂志上发表了《汗德像赞》和《叔本华像赞》,赞颂康德"赤日中天,烛彼穷阴,丹凤在霄,百鸟皆喑。谷可如陵,山可为薮,万岁千秋,公名不朽。"㊅对康德哲学极其推崇。而梁启超所撰《近世第一大哲康德之学说》,于1903至1904年间,才分五期连载于《新民丛报》。在《叔本华像赞》中,王国维概述了叔本华哲学的"三个来源",一是古印度哲学,二是古希腊柏拉图哲学,三是康德的"先验论"哲学。王国维推崇叔本华是继康德之后的哲学上的集大成者:"觥觥先生,集其大成,载厚其址,以筑百城。刻楠飞甍,俯视星斗,懦夫骇焉,流汗却走。"㊆王国维着重指出康德、叔本华哲学的主要目的在于"破坏旧文化而创造新文化"。

《哲学辨惑》是王国维的第一篇哲学论文(刊于《教育世界》第55号,光绪二十九年六月上旬),他以"正名"的方式,对张之洞、张百熙等清廷重臣"诟病"哲学的主张,从"哲学非有害之学;哲学非无益之学;中国现时研究哲学之必要;哲学为中国固有之学;研究西洋哲学之必要"等五个方面作了批驳,不啻为一篇中西哲学论纲。

张之洞在1898年发表的《劝学篇》中提出了著名的"旧学为体,新学为用"的主张。光绪二十九年,张之洞又上《陈学务折》,管学大臣张百熙亦上内容相似奏折,他们虽然主张引进"新学",兴办"新学",但他们的"新学"并不包括西方哲学,他们认为西方哲学是无用的、有害的,"一虞哲学之有流弊,一以名学易哲学,于是海内之士颇有以哲学为诟病者"。㊆ 这个问题不辨清楚,就无法深入研究哲学。王国维指出:"今之诟病哲学者,岂不曰自由、平等、民权之说由哲学

㊅ 《王国维全集》第十四卷,浙江教育出版社,2010年,第119—120页。
㊅ 同上,第12页。
㊆ 《王国维全集》第十四卷,浙江教育出版社,2010年,第13页。
㊆ 同上,第6页。

出,今弃绝哲学,则此等邪说可以熄乎。"⑧

　　王国维以孟子为例,孟子早就"倡言民权",提出过"民为贵,君为轻"的思想,孟子学说却是"旧学"的重要组成部分。从学科来说,"且自由平等说非哲学之原理,乃法学、政治学之原理也,今不以此等说而废法学、政治学,何独至于哲学而废之?"⑨值此民族危机空前严重时期,王国维认为中国更有必要好好研究哲学,因为"今夫人之心意,有知力,有意志,有感情。此三者之理想,曰真,曰善,曰美。哲学实综合此三者而论其原理者也。教育之宗旨,亦不外造就真、善、美之人物,故谓教育上之理想即哲学上之理想,无不可也"⑨。舍此别无他途。身处世纪之交中西文化冲突会通时代的王国维深知,要想传承光大中国哲学,就必须以人之长,补己之短:

　　　　且欲通中国哲学,又非通西洋之哲学不易明也。近世中国哲学之不振,其原因虽繁,然古书之难解,未始非其一端也。苟通西洋之哲学,以治吾中国之哲学,则其所得当不止此。异日昌大吾国固有之哲学者,必在深通西洋哲学之人无疑也。⑨

王国维明确提出了"中学""西学"的关系,不是形而下的"体""用"关系,而是形而上的"通""治"关系,"通"西可以"治"中,"治"中必须通"西"。

　　稍后撰写的《论教育之宗旨》(刊于《教育世界》第 56 号,光绪二十九年六月下旬),则是一篇曾被郑振铎收入《晚清文选》的名文。王国维在《哲学辨惑》中就已经提出"教育之宗旨,亦不外造就真、善、美之人物"。在《论教育之宗旨》中,更"在我国教育史上第一个提出美育,倡导德智体美四育并举,并明确指出教育应是培养'完全之人物'"⑨,并作了具体深入的阐述:

---

⑧　《王国维全集》第十四卷,浙江教育出版社,2010 年,第 6 页。
⑨　同上,第 7 页。
⑨　同上,第 8 页。
⑨　同上,第 9 页。
⑨　孙敦恒、钱竞:《纪念王国维先生诞辰 120 周年学术论文集》,广东教育出版社,1999 年,第 299 页。

　　教育之宗旨何在？在使人为完全之人物而已。何谓完全之人物？谓使人之能力无不发达且调和是也。人之能力分为内外二者：一曰身体之能力，一曰精神之能力。发达其身体而萎缩其精神，或发达其精神而罢敝其身体，皆非所谓完全者也。完全之人物，精神与身体必不可不为调和之发达。而精神之中，又分为三部：智力、感情及意志是也。对此三者，而有真、美、善之理想。真者，智力之理想；美者，感情之理想；善者，意志之理想也。完全之人物，不可不备真、美、善之三德，欲达此理想，于是教育之事起。教育之事亦分为三部：智育、德育（即意志）、美育（即情育）是也。⑭

　　在此，王国维根据西方近代心理学的知、情、意三分法，赋以"智育""德育"以新的内容。他认为，智育是对人知识的培养，一个人应当具有广博的知识。他强调说："古代之智识，至近代而觉其不足；闭关自守时之智识，至万国交通时而觉其不足。故居今之世者，不可无今世之知识。"⑮王国维还特别指出："知识又分为理论与实际二种。"⑯理论的知识满足人们的求知欲，实际的知识解决社会和人生的需要。完全之人物必须同时具备这两种知识，才能有益于社会，有利于人生。王国维心目中的"德育"，也不是传统的三纲五常式的外在规范。他认为，办教育者，对道德教育要慎重。"故古今东西之教育，无不以道德为中心点。……而道德之本原又由内界出，而非由外铄我者，张皇而发挥之，此又教育之任也。"⑰这种要求体现为人的自爱又爱人的思想，王国维将"博爱"置于道德之首："爱人者，人恒爱之；敬人者，人恒敬之。不爱敬人者反是。"⑱如果有知识而无道德，不仅于个人不能获得真正的幸福，于社会也不能确保其安宁，因此就"未得为完全之人物"。

　　在简述了智育、德育之后，王国维从两方面论证了美育的功能，一方面美育有其独特性，能调和人们的感情，为智育、德育所不可替代，并由此养成学生鉴赏美和

---

⑭　《王国维全集》第十四卷，浙江教育出版社，2010年，第9—10页。
⑮　《王国维全集》第十四卷，浙江教育出版社，2010年，第10页。
⑯　同上。
⑰　同上，第11页。
⑱　同上，第11页。

创造美的能力。王国维认为,美育就是情感教育,对人的感情有特殊的影响力:

> 德育与智育之必要,人人知之,至于美育,有不得不一言者。盖人心之动,无不束缚于一己之利害,独美之为物,使人忘一己之利害,而入高尚纯洁之域,此最纯粹之快乐也。孔子言志,独与曾点,又谓"兴于诗,成于乐"。希腊古代之以音乐为普通学之一科,及近世希痕林、歇尔列尔等之重美育学,实非偶然也。要之,美育者,一面使人之感情发达以达完美之域,一面又为德育与智育之手段,此又教育者所不可不留意也。[99]

另一方面,美育与智育、德育又互相交错、不可分离,在教育过程中,不能把智、德、美三育相互孤立起来,而是要"三者并行"协调,再"加以身体之训练"的体育,德智体美四育并举,才能造就身心全面发展的人才:

> 然人心之知、情、意三者,非各自独立,而互相交错者。如人为一事时,知其当为者,知也;欲为之者,意也。而当其为之前后,又有苦乐之情伴之。此三者,不可分离而论之也。故教育之时,亦不能加以区别,有一科而兼德育、智育者,有一科而兼德育、美育者,又有一科而兼此三者。三者并行,而得渐达真、善、美之理想,又加以身体之训练,斯得为完全之人物,而教育之能事毕矣。[100]

王国维甚至在文尾附了如下图表,使人一目了然:

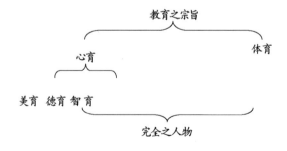

---

[99] 《王国维全集》第十四卷,浙江教育出版社,2010年,第11页。

[100] 同上,第11—12页。

周光午先生高度评价王国维的上述教育主张，"先生之于教育，亦主张体育、心育并重，以铸成完全之人物。何谓完全之人物？谓人之能力，无不发达且调和是也。所谓心育，又分智育、德育、美育三点。凡此所论，且皆近代教育之先导。其头脑清新，眼光明锐如此，于开发近代风气，厥功伟已"[101]，开中国近代美育之先河。佛雏先生也认为，作为教育家的王国维，他第一个揭示教育应培养德、智、美、体四者兼备、和谐发展的"完全之人物"；他第一个倡导"美育（情育）"，并阐明美育的独立地位与价值。

但王国维的上述译著和论文当年都登载于上海的《教育世界》杂志，或由教育世界社印行，影响不大。王国维亦自称："此志当日不行于世，故鲜知之者。"[102]也许是因为这个缘故，蔡元培先生在《二十五年来中国之美育》一文中才会自许："美育的名词，是民国元年我从德文的 Asthetische Erziehung 译出，为从前所未有。"[103]此说自然不确。民国元年（1912），蔡元培任教育总长后，发表了《对于新教育之意见》，才提出美育："美感者，合美丽与尊严而言之，介乎现象世界与实体世界之间，而为津梁。……故教育家欲由现象世界而引以到达于实体世界之观念，不可不用美感之教育。"[104]稍后，民国政府教育部公布了"教育宗旨令"："兹定教育宗旨，特公布之，此令。注重道德教育，以实利教育、军国民教育辅之，更以美感教育完成其道德。中华民国元年九月初二日部令第二号。"[105]对清末的五项教育宗旨作了重大修正。蔡元培在《我在教育界的经验》一文中回忆：

> 我任教育总长，发表《对于教育方针之意见》，据清季学部忠君、尊孔、尚公、尚武、尚实的五项宗旨而加以修正，改为军国民教育、实利主义、公民道德、世界观、美育五项。前三项与尚武、尚实、尚公相等，而第四、第五两项却完全不同，以忠君与共和政体不合，尊孔与信仰自由相违，所以删去。至提出世界观教育，就是哲学的课程，意在兼采周秦诸子、印度哲学及欧洲哲

---

[101] 《王国维全集》第二十卷，浙江教育出版社，2010年，第285页。
[102] 《王国维全集》第十四卷，浙江教育出版社，2010年，第83页。
[103] 《蔡元培全集》第六卷，中华书局，1988年，第54页。
[104] 《蔡元培全集》第二卷，中华书局，1984年，第134页。
[105] 《教育杂志》第四卷第七号"法令"栏，商务印书馆，1912年，第5页，南通师范高等专科学校校史博物馆藏。

学以打破二千年来墨守孔学的旧习。提出美育,因为美感是普遍性,可以破人我彼此的偏见;美感是超越性,可以破生死利害的顾忌,在教育上应特别注重。对于公民道德的纲领,揭法国革命时代所标举的自由、平等、友爱三项,用古义证明说:"自由者,'富贵不能淫,贫贱不能移,威武不能屈'是也;古者盖谓之义。平等者,'己所不欲,勿施于人'是也;古者盖谓之恕。友爱者,'己欲立而立人,己欲达而达人'是也;古者盖谓之仁。"⑩

孙敦恒先生在《王国维与中国现代教育》一文中指出,蔡元培的上述主张与王国维《哲学辨惑》《论教育之宗旨》的观点相似度很高,但虽然提出了美育,却还没有明确提出培养"完全之人物"的教育目标。民国九年(1920)蔡元培在新加坡南洋华侨中学作的《普通教育和职业教育》的演说词中才第一次明确提出了体、智、德、美四育并重的主张:"因此前年我国审查教育会,把普通教育的宗旨,定为(一)养成健全的人格,(二)发展共和的精神。所谓健全的人格,内分四育,即(一)体育,(二)智育,(三)德育,(四)美育。这四育是一样重要,不可放松一项的。"⑩文中所谓"前年"约为民国七年(1918),那已在王国维发表《论教育之宗旨》十五年之后了。⑱

　　光绪二十九年,王国维还撰写了中国近代第一篇运用中西美学思想比较方法的美学研究论文《孔子之美育主义》(发表于 1904 年 2 月《教育世界》第 69号,未署名),王国维以西方哲学、美学理论为指导,挖掘了孔子思想中的美育学说,总结了中国传统的美育经验,创造性地提出了对境界和审美本质的理解。根据叔本华的理论,王国维认为人生在世,则必然有生活之欲,而一欲既偿,他欲随之,所以从根本上来说,生活之欲是根本无法满足的。这样,人才有痛苦,社会才有犯罪。而美是使人摆脱痛苦,使社会减少犯罪的灵丹妙药:

　　　　然世终无可以除此利害之念,而泯人己之别者欤? 将社会之罪恶,固不

　　⑩　《蔡元培全集》第七卷,中华书局,1989 年,第 196—197 页。
　　⑩　《蔡元培全集》第三卷,中华书局,1984 年,第 474 页。
　　⑱　孙敦恒、钱竞:《纪念王国维先生诞辰 120 周年学术论文集》,广东教育出版社,1999 年,第 300 页。

可以稍减,而人心之苦痛,遂长此终古欤? 曰:有,所谓美者是已。[109]

王国维认为美有天然之美、人工之美,美又与善紧密相连,美育与德育密不可分,并以此分析孔子的美育学说:

> 今转而观我孔子之学说,其审美学上之理论虽不可得而知,然其教人也,则始于美育,终于美育。《论语》曰:
>
> 小子何莫学夫《诗》?《诗》可以兴,可以观,可以群,可以怨。迩之事父,远之事君,多识于鸟兽草木之名。
>
> ……且孔子之教人,于《诗》、乐外,尤使人玩天然之美,故习礼于树下,言志于农山,游于舞雩,叹于川上,使门弟子言志,独与曾点。[110]

王国维高度赞扬孔子的美育:

> 由此观之,则平日所以涵养其审美之情者可知矣。之人也,之境也,固将磅礴万物以为一,我即宇宙,宇宙即我也。光风霁月不足以喻其明,泰山华岳不足以语其高,南溟渤澥不足以比其大。邵子所谓"反观"者非欤? 叔本华所谓"无欲之我"、希尔列尔所谓"美丽之心"者非欤? 此时之境界,无希望,无恐怖,无内界之争斗,无利无害,无人无我,不随绳墨,而自合于道德之法则。一人如此,则优入圣域;社会如此,则成华胥之国。孔子所谓"安而行之",与希尔列尔所谓"乐于守道德之法则"者,舍美育无由矣。[111]

值得注意的是,清光绪三十一年十二月二十九日(1906 年 1 月 23 日),张謇先生题通州师范附属博物苑联语亦为"设为庠序学校以教,多识鸟兽草木之名"。[112]

---

[109] 《王国维全集》第十四卷,浙江教育出版社,2010 年,第 14 页。
[110] 《王国维全集》第十四卷,浙江教育出版社,2010 年,第 16—17 页。
[111] 《王国维全集》第十四卷,浙江教育出版社,2010 年,第 17—18 页。
[112] 《张謇全集》第七卷,上海辞书出版社,2012 年,第 441 页。

"录前集博物苑联:设为庠序学校以教,多识鸟兽草木之名。昔以苦思求下句之偶而不得,忽焉得之,殊可喜。"⑬两位教育家的教育主张竟高度契合。

梁启超给予王国维的哲学研究以很高的评价:

> 先生之学,从弘大处立脚,而从精微处着力;具有科学的天才,而以极严正之学者的道德贯注而运用之。其少年喜谭哲学,尤酷嗜德意志人康德、叔本华、尼采之书,晚虽弃置不甚治,然于学术之整个不可分的理想,印刻甚深,故虽好从事于个别问题,为窄而深的研究,而常能从一问题与他问题之关系上,见出最适当之理解,绝无支离破碎专己守残之蔽。先生古貌古饰,望者辄疑为笃旧自封,顾其头脑乃纯然为现代的,对于现代文化原动力之科学精神,全部默契,无所抵拒。⑭

但王国维的"思想革命"却因罗振玉的竭力反对而中辍:

> 初公治古文辞,自以所学根柢未深,读江子屏《国朝汉学师承记》,欲于此求修学途径。予谓江氏说多偏驳,国朝学术实导源于顾亭林处士。厥后作者辈出,而造诣最精者为戴氏震、程氏易畴、钱氏大昕、汪氏中、段氏玉裁及高邮二王,因以诸家书赠之。公虽加浏览,然方治东西洋学术,未遑专力于此。课余从藤田博士治欧文,并研究西洋哲学、文学、美术,尤喜韩图、叔本华、尼采诸家之说,发挥其旨趣,为《静安文集》。在吴刻所为诗词,在都门攻治戏曲,著书甚多,并为艺林所推重。至是予乃劝公专研国学,而先于小学训诂植其基。并与论学术得失,谓尼山之学在信古,今人则信今而疑古。国朝学者疑《古文尚书》、疑《尚书》孔注、疑《家语》,所疑固未尝不当,及大名崔氏著《考信录》,则多疑所不必疑矣。至于晚近,变本加厉,至谓诸经皆出伪造。至欧西哲学,其立论多似周秦诸子,若尼采诸家学说,贱仁义、薄谦逊、非节制,欲创新文化以代旧文化,则流弊滋多。方今世论益歧,三千

---

⑬ 《张謇全集》第八卷,上海辞书出版社,2012年,第622页。
⑭ 《王国维全集》第二十卷,浙江教育出版社,2010年,第208页。

年之教泽不绝如线,非矫枉不能返经。士生今日,万事无可为,欲拯此横流,舍反经信古末由也。公年方壮,予亦未至衰暮,守先待后,期与子共勉之。公闻而悚然,自怼以前所学未醇,乃取行箧《静安文集》百余册悉摧烧之。欲北面称弟子,予以东原之于茂堂者谢之。其迁善徙义之勇如此。公既居海东,乃尽弃所学,而寝馈于往岁予所赠诸家之书。⑪⑤

王国维放弃哲学研究当然可惜,否则,"所成或更宏伟"。

此外,值得重视的是,王国维 1903 年的诗词创作透露了一个重要信息,即王国维在任职通州师范期间,已经在运用西方哲学、美学理论比较系统、比较全面地研究《红楼梦》这部"奇书",并开始撰写《红楼梦评论》这篇在《红楼梦》研究史上具有开创意义的重要论文。如"此地果容成小隐,百年那厌读奇书。""大患固在我,他求宁非谩。所以古达人,独求心所安。""大患固在我",是老子的话,"所以古达人",指老庄。王国维在《红楼梦评论》一开头也引用了老子、庄子的这些话:"老子曰:'人之大患,在我有身。'庄子曰:'大块载我以形,劳我以生。'忧患与劳苦之与生相对待也久矣。"⑪⑥又据《王国维年谱长编》,1903 年"9 月—10 月,罗振玉助刘鹗校印《铁云藏龟》六册,是为甲骨文著录之始。而先生之得睹甲骨文亦当始于此时"⑪⑦。

1903 年的王国维先生,焚膏继晷,孜孜不息,治校授课、创作诗词之余,以"筚路蓝缕"的勇气,"欲创新文化以代旧文化"的气魄,鼓吹"思想革命",编辑《教育世界》,译介西方学说,致力学术研究,撰写了大量著述,已经成为中国近代思想史和教育史的珍贵遗产。吴宓先生即指出:"王先生古史及文字考证之学冠绝一世,予独喜先生早年文学(如论屈原融合南北,兼古典浪漫之长等)、哲学论著。以其受西洋思想影响,故能发人之所未发。又先生所作诗词,虽少而精,使先生移其才力于文学哲学,所成或更宏伟,亦未可言。"⑪⑧也诚如周光午先生在《我所知之王国维先生》一文中指出的那样,"盖王先生者,世徒知其为国学

---

⑪⑤ 《王国维全集》第二十卷,浙江教育出版社,2010 年,第 228—229 页。
⑪⑥ 《王国维全集》第一卷,浙江教育出版社,2010 年,第 54 页。
⑪⑦ 袁英光、刘寅生:《王国维年谱长编》,天津人民出版社,1996 年,第 30 页。
⑪⑧ 《吴宓诗话》,商务印书馆,2005 年,第 192 页。

家,而不知远在五四运动之前,即努力于西洋哲学、文学之攻究,以谋有所树立与开启矣(参阅《静安文集》)。终则以其性情,而移其志趣于考证之学,其'新文化运动'之'第一把交椅',遂让诸陈独秀与胡适之二氏矣。此其实情,非过言也。"[19]姜亮夫先生也认为:"治学虽有机会优劣之分,先生在日本,罗氏大云书库,日本静嘉堂、东方文库等,庋藏之富,亦机会之要;然使先生年卅前无哲学、逻辑学、心理学等等之修养,则智慧未必缜密如此。其比《红楼梦》于《史记》'小楼吹彻玉笙寒',为佛家心肠,亦非恒人所能道。"[20]

【曹炳生　南通教育文化研究所高级讲师】

原文刊于《中国文化》2019 年 02 期

---

[19]　《王国维全集》第二十卷,浙江教育出版社,2010 年,第 283 页。

[20]　姜亮夫:《思师录》,《学术集林》卷十四,上海远东出版社,1998 年,第 63—64 页。

吴虞与刑法典论争

［日］小野和子

20 世纪初,在以收回领事裁判权为目的的修改刑法的过程中,引出了如何保持中国旧有的家族制度这一重大政治问题。为此,在资政院的刑法草案审议中,围绕采取家族主义还是国家主义,展开了激烈的争论。审议结果,站在家族主义立场的保守派取得了胜利,这场论争与日本明治二十年发生的民法典论争极为相似。

宣统二年末,清朝颁布新刑法,但是同时在刑法中为保存家族制度,却加进了不符合这种法律精神的暂行章程(附则)。其内容是需要保存与家族制度有关的旧律(参看拙著《五四时期家族论的背景》①)。

翌年 1911 年,辛亥革命爆发,1912 年清政府倒台,建立了中华民国。但是,新政权并未制定出与共和国相应的新法。不仅如此,此后不久篡夺政权的袁世凯,为了实现其恢复帝制的野心,试图将刑法修改得比清朝更为反动。于是,暂行章程也以暂行刑律补充条例的形式予以恢复,反而比清末更加强了清末的家族制度。袁世凯本人不久在失势中死去,此后法律的现代化也迟迟无进展,直到国民革命以后才得以大致完成。

---

① 本文为拙稿《五四时期家族论的背景》中的第三章及第四章的节文。有关注释参见拙稿。(1992 年,同朋舍)

本文打算紧密联系与这场刑法典论争的关系，通过吴虞这位思想家的言论，对五四时期如何产生了激进的家族制度批判，加以印证。

吴虞（1872—1949），字又陵，又字幼陵。② 四川成都人。"五四运动"后不久与青木正儿有了交往，通过青木的介绍，这位思想家早已闻名于日本学术界。③

1984 年四川人民出版社出版了《吴虞日记》④，这部篇幅庞大的日记，对于了解一个知识分子在这一时代置身于何种政治环境，而在其中他又是怎样进行思索的，是极为珍贵的资料，并且日记中如实记述了他们父子间的严重不和和对其父的许多怨恨，可见在其思想的背后，有其日常家庭生活的影响。正因为受这种家庭影响，才使他当时对修改刑法极为关注，在这一时期他对法律进行了大量研究。

另外，四川人民出版社又出版了他的文集《吴虞集》。在这本集子里还收录了一些写给上述青木正儿的书信等未发表过的文章，是目前能够见到的最完整的文集。此外还收录了他的妻子曾兰女士的文章。

他曾师事尊经书院学生王闿云的得意门生吴之英。吴之英，字伯羯，四川眉山人，戊戌变法时是蜀学会发行的《蜀学报》主笔。此外还曾就教于对康有为的今文学起过影响的廖平。由于这层关系，使他有机会接触变法运动中的新思潮。廖平说他是"在成都提出新学的最早人物"。

这一时期，他与曾兰女士结为伉俪。⑤ 曾兰（1875—1917），字仲殊，又字纫秋，号香祖，四川华阳人。15 岁时嫁给吴虞，是一位颇富学识的女性。

1905 年，33 岁时，吴虞留学日本，就学于法政大学。法政大学的清国留学生法政速成科，⑥是上一年明治三十七年刚刚设立的。当时的校长（总理）梅谦次郎应留学生范源濂等的一再要求，在日本政府与清国使馆共同协议的基础上才

---

② 至今对吴虞研究的最翔实著作是唐振常的《章太炎吴虞论集》（四川人民出版社，1981）。此书作者与吴虞是四川同乡，书中补充了新发现的吴虞给青木正儿的信及作者在四川的听闻，是关于吴虞的最早专著。本稿也从中获益匪浅。

③ 青木正儿：《吴虞的儒教破坏论》，《支那学》二卷三号，大正十一年，《青木正儿全集》第二卷。

④ 中国革命博物馆整理，荣孟源审定。1984 年。

⑤ 据吴虞《曾香祖夫人小传》（《吴虞集》第 267 页），曾兰是成都举人曾恒夫的第四个女儿，嫁吴虞后，与父不和，随吴虞移居新繁。吴虞曾谈到这一时期的生活：辟地半亩，读书之暇，偕君种蔬菜以自遣。君读书甚缓，用功深细，《史记》、前后《汉书》、《晋书》、《南史》、《资治通鉴》皆读数过，二十四史《隐逸传》尽取读之，尤好老庄列文四子。尝谓读唐宋八家文，不如读《战国策》，以其书"焉哉乎"等虚字较少实反易学。

⑥ 《法政大学史资料集》十一《法政大学清国留学生法政速成科特集》，1988 年，法政大学，第 11 页。

建立了这个学校。早稻田大学也于第二年开设了留学生部。[⑦] 日本设立留学生部的动机,在于取得在中国的教育特权,教育界准备在中国为将来培植起日本势力。[⑧] 这位梅谦次郎在日本的民法典论争中[⑨],把主张"民法出,忠孝亡"的穗积八束作为对立面,提出应立即实施民法,而与穗积八束展开激烈论战,是"断行派"的理论领袖。在当时的官僚法学中是较倾向自由主义立场的民法学者。

在法政大学留学生速成科的讲师队伍里,招聘有东京帝大法科大学教授等当时一流教授,他们用日语讲课,由中国人翻译。从建立之初的教师名册看[⑩],梅本人曾亲自讲授民法课,商法由志田钾太郎、刑法由冈田朝太郎分别担任。冈田和志田后来还曾到中国帮助制定法律草案。

据吴虞本人回忆,他在法政大学曾听讲了宪法、民法、刑法、国法学、政治学、经济学、财政学、行政法、警察学等课程。[⑪] 由于没有找到吴虞入学的 1905 年度的讲师名册,他是否听了冈田和志田的讲课,还难以确定,如果冈田访华是在1906 年底的话,就很有可能听了他们的课。也许是通过梅或冈田的讲课使他有机会了解有关日本民法典或刑法典的论争。再者,因为他在法政大学学习过,冈田起草的刑法草案的前景势必会引起他的关心。

此外,他自称曾受到久保天随和远藤隆吉两人的影响。

久保天随[⑫](1875—1934),毕业于东京帝大,是当时的赤门派,完全属于在

---

⑦ 参考稿本《早稻田大学百年史》第三卷上,细野浩二《清国留学部的特设》。

⑧ 例如梅讲述过在吴虞毕业之年的告别致辞中,讲了法政大学毕业生归国后活跃在中国法律界的情况。训辞中说:"对前途怀有信心的留学生们不可染上革命思想和排外思想。"早稻田大学教授青柳笃恒在《支那人教育与日德美间的国际竞争》(《外交时报》123)中,清楚写道:"培养出更多的中国青年,关系到日本在中国进一步发展的大计。"

⑨ 有关梅谦次郎情况,请参看潮见俊隆编《日本的法学家》(1975 年,日本评论社)。

⑩ 据注⑥的上述书中说,1904 年度的讲师名簿如下:法国通论及民法:梅谦次郎;商法:志田钾太郎;国法学:笕克彦;行政法:清水澄;刑法:冈田朝太郎;民刑事诉讼法:板松仓太郎;监狱学:小河滋次郎等。其中:志田、冈田、小河三人曾去中国,帮助实现法律现代化。

⑪ 《吴虞日记》。

⑫ 关于久保情况可参看《久保天随年谱》(《明治文学全集》第 41 卷),他当时任法政大学讲师。曾在赤门派杂志《帝国文学》(九卷七号)上发表拥护秦始皇的文章《焚书坑儒无害论》,是一位很特殊的文学家。对中国文学特别是戏曲非常关心,著有《支那戏曲研究》。青木正儿青年时代颇受久保著作影响,后完成《中国近代戏曲史》时,曾郑重题词将此书献给久保(神田喜一郎《关于久保天随先生》上述书月报),但对其学术著作的评价并不高,后吴虞托青木购买他的著作《荀子新释》时,青木说,他的学术地位不高,不必特意买他的书(《致青木正儿书简》1921 年 12 月 14 日及同月 30 日)。久保后来曾任台北帝大教授。

野派学者。著有《东洋通史》⑬,被吴虞视为必读书,评价甚高。

远藤隆吉(1874—1946)也毕业于东京帝大,是东京巢鸭学园的创立者。⑭以社会学、中国哲学为主,著述颇丰。当时避难东京的章炳麟曾在书中提到过他的名字,引用过他的"孔子之出于支那,实支那之祸本也"的话⑮,大概在批判儒教上受了他的影响。

吴虞1907年5月法政大学速成科毕业后当即归国。以后曾在成都组织法学研究会,在从事创建法政学校的同时⑯,开始致力于法律研究。在后来他给陈独秀的信中曾说:

> 归蜀后,常以六经、《五礼通考》、《唐律疏义》、满清律例及诸史中"议礼""议狱"之文,与老、庄、孟德斯鸠、甄克思(应译为詹克思——译者)、穆勒·约翰(应为约翰·穆勒——译者)、斯宾塞尔、远藤隆吉、久保天随诸家之著作,及欧美各国宪法,民、刑法,比较对勘。⑰

在留学期间他把接触到的欧洲的新政治思想与中国古代法律进行了比较研究。

1909年,四川也掀起立宪运动,咨议局一成立,吴虞就被推为该机关刊物《蜀报》⑱的主笔。这一杂志是以咨议局成员为主集资创办的,吴虞也是出资者之一。发行目的是推动立宪,所以一直在报道中央的立宪动向。作为主笔,吴虞

---

⑬ 参看《游学琐言》。《东洋通史》1903年由博文馆发行,是由上、中、下合计12册组成的大部头著作。东京大学新闻研究所痴游文库只藏有第一册。

⑭ 关于远藤,在远藤隆吉《孝经及东西之孝道》(1936年,巢鸭学园)中有其年谱。著有《支那哲学史》(1900年)、《社会学》(1900年)、《社会学原论》(1922年)、《团体论》(1923年)、《如果今日仍有老子》(1925年)。其中在《如果今日仍有老子》的序言中说:"老子既有无政府主义思想,也有社会主义思想。"还著有《老子讲义录》九册。他的看法对吴虞也有影响,但原著已看不到,不敢肯定。

⑮ 《女权平议复唐氏》,《吴虞集》第463页。《訄书》订孔第二。

⑯ 《王柞堂传》,《吴虞集》第35页。

⑰ 致陈独秀书简。1916年12月3日,收入《吴虞集》第385页。

⑱ 《蜀报》创刊于1910年7月,持续到1911年6月。参看《辛亥革命时期期刊介绍》一。

当然也在关注资政院的动向。这一时期,他明显站在支持立宪的立场上。⑲

　　其间,他曾在四川的成都中学等处任教,但由于笔祸事件,被解除教职。这可能是他编纂《宋元学案粹语例言》引用了李卓吾的话引起学部猜忌之故。⑳ 约十年后,在他给青木正儿的信中这样说道:

> 我当时年已三十四岁,在法政大学速成科听讲,毕业归蜀,思想渐变。学政赵启霖奉北京学部张之洞命令,要取消我在学校充任讲师的权利。后经人调解了事。㉑

　　在笔祸事件中,因有人于提学使之间居间调停,未被驱赶,但后来他又引起一场笔祸。当时吴虞与其父的关系一直在恶化,其间他曾散发了油印的文章《家庭苦趣》以暴露家庭内幕。

　　文章以尖锐语言指斥其父后,把中国与外国的法律作了比较,这样谈道:

> 孔子曰:己不能事其亲,而欲责其子之孝,是不恕也。又曰:父子主恩。又曰:所求乎子以事父,未能也。颜之推曰:假继之惨虐遗孤,离间骨肉,伤心断肠者,何可胜数! 悲后娶之祸也。在外国有法律为持平以补伦理之不足,如财产问题是已。滥用财产,即无异侵其子一分子之权利也。中国偏于伦理一方,而法律亦根据一方之伦理以为规定,于是为人子者,无权利之可言,惟负无穷之义务。而家庭之沉郁黑暗,十室而九,人民之精神志趣,半皆消磨沦落极热严酷深刻习惯之中,无复有激昂发越之概。其社会安能发达,其国家安能强盛乎?㉒

---

⑲　为《蜀报》创刊而写的《读管子感言以祝〈蜀报〉》(《吴虞集》10 页)中说:"恭逢德宗景皇帝渥惠深仁,涣发大号,预备立宪,许人民以参政之权,涤荡历史数千年之荒秽,与道变迁。自是天下之士,闻风兴起,争相摩励,蠲甚湛锢,有以仰副圣意。"

⑳　致青木正儿书信。1921 年 11 月 19 日,《吴虞集》第 392 页。

㉑　《吴虞集》。

㉒　《吴虞集》。

指摘中国法律并不保护子权,单保护父权,儿子只有负义务的份儿,极不平等。

该文经《蜀报》记者之手转载于该杂志第 8 期(1910 年 12 月 2 日发行)。㉓

1910 年 12 月 2 日(宣统二年十一月一日)这一天杨度在资政院就家族主义与国家主义作了洋洋洒洒的说明,围绕修正刑法和暂行章程的审议虽然尚未开始,而草案本身已由资政院提出,作为《蜀报》主笔的吴虞,当是知情的。就是说这篇文章的主要目的不只是暴露其父的所作所为,而完全可能考虑到刑法草案的审议,带有挑战的意味。

此文在四川教育界引起轩然大波:公然辱骂父亲,不应为人子者之所为。

本来在中国就有"为尊者讳,为亲者讳"的说法,是卑幼者所应采取的态度,辱骂祖父母或父母,按旧律就要处以"绞"这种极刑。可是按新的刑律,此条已被删除,这里的问题是,在杨度提出的草案(第三次草案)中应再作相应的补充㉔。

在这种状况下,吴虞写了《家庭苦趣》这篇文章,公然暴露父亲的恶行。

翌年 1911 年春,吴虞因批驳法律,被明令逮捕,在他给青木正儿的上述书信中写道:

> (归国后)到辛亥年,吾有文字反对儒教家族制度,批评法律,当时王人文护理四川总督,受反对派的运动说我非圣无法,非孝无亲,淆乱国宪,移文各省逮捕我。我便抛弃讲座,逃之深山,作《辛亥杂诗九十六首》。㉕

从这段文字看,指《家庭苦趣》的可能性很大,说到非圣非法,意思就不专在于暴露父亲的隐私。

这时发出逮捕令的王人文,后来成为活跃于孔教会的道学先生。通过这一

㉓ 《中国近代期刊篇目汇编》所收。参看注①拙稿。

㉔ 本文为拙稿《五四时期家族论的背景》中的第三章及第四章的节文。有关注释参见拙稿。(1992 年,同朋舍)

㉕ 致青木正儿书信。1921 年 11 月 9 日,《吴虞集》第 392 页。

事件,吴虞终于不得不出逃,躲进在哥老会的亲戚家里。㉖

这期间四川发生了反对铁路国有化运动,赵尔丰取代了王人文,被指派为总督。在这种形势下,如众所知那样,保路运动发展为暴动,成为武昌起义的导火线。

但由于吴虞出逃,"逃之深山",脱离了现实斗争,与运动保持了一定的距离,反而使他能更好地思考"专制立宪的优劣"和"儒家立教之精神"。通过以"不孝"之故而陷入困境的个人体验,再次阅读了孟德斯鸠《论法的精神》。其成果就是不久后发表的《家族制度为专制主义之根据论》。在评述此文之前,先以此次出逃中写的《辛亥杂诗九十六首》为线索,追溯一下这一时期他的儒教批判与刑法典论争的关系。

> 朝家兴废事无穷,
> 爱国东西义不同。
> 欧九漫修冯道传,
> 有人孤识慕扬雄。

王朝兴废任何时代都会有,但对于何为爱国,东西方各有不同看法,在欧阳修的《新五代史》中,把为官于五朝、八姓、十一帝的冯道视为缺乏节操的典型,却心中仰慕臣事王莽的曲学阿世的扬雄。这首诗注释说,写于杨度的"忠义之衰由孝悌"二语之后。指的自然是杨度在资政院对家族主义和国家主义的说明。杨度说现在需要的是国家主义,但爱国的方式西方和中国是不同的。他要表明的是,冯道也好,扬雄也好,撇开儒家的观点来评价,都是优秀的爱国者,吴虞结合自身的体验,对杨度的长篇演说确有深刻体会。

> 老生谈论本寻常,
> 却使君愚费较量。

㉖ 据赵清等《吴虞传》,适时吴虞躲在母亲的伯父刘黎然家中,刘系哥老会首领之一。

> 新律通篇无孝子,
>
> 人间伦理讵全亡。

老生指他自己,他的主张很是平常,却引起愚蠢的保守派们议论纷纷。对"孝"字只字未提,但不能说社会上因此就不存在伦理。这里解释说新刑律计411条,均无孝字。对新刑律把孝这一道德上的问题未纳入正文表示支持。在《说孝》中的情形也一样[27],说"新刑律411条,没有一个孝字",很清楚这里是把孝结合新刑律来议论的。

> 平等尊卑教不齐,
>
> 圣人岂限海东西。
>
> 若从世界论公理,
>
> 未必耶稣逊仲尼。

平等尊卑因宗教而不同,而所谓圣人并不因东方和西方而不同。从世界的立场来看公理的话,基督并不次于孔子。在这里他解释说:

> 刘廷琛说,谓欧美主耶教,重平等。中国主孔孟,重纲常。余谓东西教义之优劣,于此见之。盖尊卑贵贱之阶级既严,虽有公平之理不能行也。

这里说的刘廷琛,是京师大学堂校长,曾给皇上上奏本,反对新刑律,迫使沈家本辞职。[28] 奏本称对于信奉基督教的外国不可与信奉孔孟的中国同日而语。攻击了取范外国而无视中国风俗的修订法律馆及其负责人沈家本。这首诗经常被引用,但实际上它与刑法典论争有关系,以抨击反对新刑律的保守派的顽冥固陋。

就这样于辛亥这一年,吴虞因王人文的逮捕令,而离开成都,蛰居外地。正因他自身有因"不孝"而陷入困境的这一现实原因,自然对刑法典论争更加关

㉗ 《吴虞集》。

㉘ 《吴虞集》,第 172 页。

注。吴虞一定感到迫害他的徐炯、王人文与始终反对把孝的道德从新刑律中排除出去的劳乃宣和白票党㉙是一丘之貉。

时代处于两千年来的专制王朝即将崩溃的时期,刑法已不仅仅关系着他一己的利害,父与子间的秩序是固定的上下身份,只要求子女服从的家族制度,对于专制王朝意味着什么呢?刑法典论争正好为他提供了考虑这一问题的极好素材。杨度的讲演是如此,刘廷琛的弹劾也是如此。而孟德斯鸠的《论法的精神》则为他提供了理论武器。从中他再度认识到家族制度是维持旧体制的必不可少的"意识形态装置"。正因为这时吴虞与现实斗争保持了一定距离,反而能更好地鸟瞰全局。

因这一事件一度离开成都的吴虞,辛亥革命后不久返回成都。但是他不打算马上参与政治,㉚他再度卷入了与父亲的财产纠纷。

已如所述,父子龃龉的根本原因是财产问题。辛亥革命这一年的日记中有记载㉛,1893 年(光绪十九年),其父由亲戚做证立下分家字据,将新繁水田 103 亩连带房产给了吴虞,另外将水田 60 亩留作自己老年的养膳费。此后与吴虞再无关系,与其妾杨氏分用。其父在财产耗尽后,续娶的李氏也离开吴家,这时其父又找来亲戚要求当场另立字据,要吴虞担负养老义务,完全让李氏占了便宜。吴虞大概很不满。偏又赶上辛亥革命的社会混乱,就经常借《大清律》来研究田宅条例。㉜ 因为这时民法尚未公布,有关民事诉讼还不得不依靠这部《大清律》㉝。

辛亥革命后,成都成立了革命政权,设置了军事法庭,暂理民事和刑事案件。其父似于此时状告吴虞,旧历十一月十一日这一天他被传上军事法庭。这时的日记这样写道:

> 至则老魔在焉。余愤且悲,余祖宗何不幸而有此子孙也。遂将余所以作
> 《家庭苦趣》之故与周择挟嫌之由,及老魔受醮妇唆讼与余纠缠不休之历史、

㉙　在资政院讨论的时候投白票的人叫作白票党。

㉚　《吴虞日记》。

㉛　《吴虞日记》。

㉜　《吴虞日记》。

㉝　《吴虞日记》。

> 字据一一呈述。吴恍然曰:"有后娘便有后老子,你汤着他也是无法。我今公断。"

这里提到的"吴"名叫吴庆熙。他当场断案说:"今后吴虞按月给两人 12 元生活费,其父与后妻一起居住,后不准再索要金钱!"并与在场亲戚讲妥:"吴氏父子的事就这样决定了,吴虞决非不孝之人,今后你们不要侮辱他。"对此,吴虞对吴庆熙很是赞赏,他说吴庆熙胜过王人文数倍。

其后在军事法庭与军事巡警之间在裁判权问题上发生争执。他们又改立了字据。在日记中逐一记载下来。[34]

1913 年 12 月 6 日,其父死,在前一天的日记中他这样写道(内容中的日期是旧历):

> 李醮妇来言:老魔初一日往三巷子取银,未着皮袄,感冒。初二又食肉不甚热,晚即大泻。至初五、六、七即不能食,请余设法。余以老魔谲诈险狠,不敢信。随命人同去察视。夜老李归,言病确。[35]

翌日,其父死。

> 命老李出东门视老魔病状,少顷官舆夫来报信,言老魔于今晨六点半钟弃此世界而去。穷凶极恶,破家荡产,不过结果如此,伤哉![36]

吴虞托人对葬礼草草作了些准备,本人却未参加葬礼,殡后第二天就与表兄弟看川剧去了。日记中颇为演员陈碧秀叫好。[37] 本应服丧三年的儿子,葬礼第二天就逛起剧场,实属"忘哀而乐",按旧律当受惩罚,可说是带有挑衅性的行为。

父子间的这场睚眦之怨终于结束,可细想起来,父亲受后妻唆使吞掉家产的

---

[34] 《吴虞日记》。
[35] 《吴虞日记》。
[36] 《吴虞日记》。
[37] 《吴虞日记》。

事,在旧社会是司空见惯的。对其父的决不相让,是出于他憎恶其父的反常性格,由于有了新的思想而更为突出。仅从称其父为"老魔""魔鬼"这种无限怨恨来看,可见他已听到王朝和"三纲"濒临天崩地裂的声音。这种体验,不久就浓缩在他的思想中。

辛亥革命成功,孙文在南京就任临时大总统时,吴虞对他寄予很大期望,认为他一定会着手修改法律。1912 年 1 月 15 日的日记中这样写道:

> 《四川公报》载:孙逸仙以改订法律为第一要事,可谓知本。以伍廷芳任司法卿,因其曾改订新律也。㊳

日记记载,这前后他经常研读新刑律,与《大清律》作比较,阅读刑法的注释书籍,可见他对刑法的关心不同寻常。㊴

期待中他听到民国政府继承新刑律(除了不符合中华民国条款之外),废除了拥护家族制度的暂行章程,为这一消息拍手称快,把他对这一措施的支持写进日记。而在他听到这一消息时,孙文已把政权让给袁世凯,不久法律开始全面倒退。

爆发革命后回到成都的吴虞担任了《西成报》《公论日报》《四川政治公报》等的主笔,主要在报界活动,这时引起三次笔祸。

1913 年 6、7 月间,他为四川的《醒群报》写了有关"宗教革命"和"家庭革命"方面的文章,这篇文章今天已看不到,从 1914 年 1 月 11 日的日记来看,提出宗教革命主张,是在国教问题发生以前,所以即使把孔教定为国教,法律上也是不咎既往的,况且约法上明文规定信仰自由,理应如此。可能是对天坛宪法中的孔教问题的发言。所谓"家庭革命",是主张必须用新刑律改正旧刑律的不平等。我认为"家庭革命"也与刑法典论争有关。这篇文章在该报载出后,却被政府视为对道德的挑战。1912 年 4 月 27 日的《吴虞日记》中是这样记载的:

> 昨日《共和报》载:"中央法部暂行新律颁到,现行刑律废止。"真第一快

㊳ 《吴虞日记》。
㊴ 《吴虞日记》。

事。去年新律后附暂行章程五条概行删去,尤快也。㊵

与父亲之间有过激烈争吵的他,为废止不承认对尊亲有正当防卫权的暂行章程五条叫好,可见他已深刻认识到废除暂行章程的意义。

继之在《吴虞日记》旧历十三年六月十二日(新历7月15日)这样写道:

> 七月十四号《大中报》载:新繁孀妇陈姓某氏,少年失偶,暗中与冯定国往来,日前被族人陈浩查觉,捉赴地方检查厅呈控。惟按照新律无夫奸律无正条,判事讯明认为无罪,此实用新律殊可喜也。㊶

暂行章程第四条所谓无夫奸这一条主要不是针对未婚姑娘,而是为了保全失去丈夫的寡妇的贞节的。所以遇到这种情况,若按旧律就是有罪的。若保留暂行章程的话也会被判有罪。

同年11月6日,内务部借口《醒群报》发表批判袁世凯的文章,命令㊷四川省禁止该报发行。令文说:

> 前据人呈送该省六七月间发行之《醒群报》数纸,宗旨颇不纯正,兹复由本部查阅该报十一月六号仍复语多簧惑。若听其发行,实属有玷舆论,淆惑人心,亟应依法办理。

这里的"六七月间……颇不纯正"是指吴虞论"宗教革命"和"家庭革命"的文章。这是袁世凯政权在次年四月公布报纸条例之前采取的镇压言论自由的行动,其中也有四川反对派的谋划。吴虞对此有所评论:

㊵《吴虞日记》。
㊶《吴虞日记》。
㊷《吴虞日记》。

于共和之时违法侵权、报复私怨,黑暗如此,吾为"民国"二字悲矣。[43]

此后四川的杂志不再登用吴虞文章,因为他惹起三起笔祸事件。这前后吴虞曾在廖平主持的国学院教书。大概是因为卖不出文章,生活困难,得到廖平同情和斡旋的结果。唐振常从吴虞的学生赖高翔听说过他在国学院教书的以下状况。[44]

吴虞在国学院教书时,对孝道问题颇多非难,对此廖平曾问过吴虞:"您有多大本事,敢非孝非礼?"吴虞回答:"这都古人早说过,又不是我的创见。"廖平无言以对。有如后述,吴虞的《家庭制度为专制主义之根据论》,利用古人有关孝道的言论,以子之矛攻子之盾,明明白白地提示出为体制服务的"魂胆"之证据。可能是在课堂上自由发挥了这篇文章的构想。

从这时起,袁世凯政权使法律变得更坏,甚至在 1914 年制定了比清末的暂行章程更加强调宗族制度的暂行刑律补充条例。那么曾对废止暂行章程拍手称快的吴虞对这一条例的施行是什么态度呢? 很遗憾,日记中全无记载。唯一谈及这一问题的是他于 1916 年写的《情势法》,是这样说的:

> 试观民国成立,于今五年矣,不惟无根本之宪法,虽已成之民律,与吾人生命财产有重要密切之关系者,亦不肯颁行。即暂行刑律,亦屡经删改补充,务失其原有之精神效力而后快。

这里所说的"补充"明显是指补充条例。在此前不久他就已开始认真考虑这一条例中所强调的孝。1915 年 7 月 26 日的日记说:

> 饭后桓女抄余所作《家族制度与专制主义之关系》文一首,凡四篇半二千余字,令王嫂交邮局与进步杂志社寄去。[45]

---

[43] 《吴虞日记》。
[44] 《吴虞集》。
[45] 《吴虞日记》。

由于补充条例是在这前一年(1914 年)的十二月公布的,这篇论文当写在半年以后。看来在这期间他对日记中未作记载的孝道或家族制度意识形态的看法已更成熟,在这种意义上,这篇文章是对补充条例的回答。《进步杂志》没有采用。毫无疑问,此文却是《家族制度为专制主义之根据论》的原型。可是在袁世凯的帝制要否定的就是现代法律本身时,这种批判就不能仅停留在补充条例的枝节问题上,他不得不彻底问一个与帝制(即专制主义)结合起来的家族制度意识形态复活的意义何在?

在吴虞对家族制度的批判渐趋成熟时,稍后于 1915 年 9 月发行了《新青年》杂志(当时名称是《青年杂志》)⑯,当时就与刑法有关的内容来说,连暂行刑律补充条例都曾进入正文,这一年民国最初的修正刑法草案还刚刚提到议程上。

众所周知,《新青年》的《敬告青年》的发刊词提出的纲领是六条:

自主的,而非奴隶的;进步的,而非保守的;进取的,而非退隐的;世界的,而非锁国的;实利的,而非虚义的;科学的,而非想象的。

这里要废弃的缺陷都是中国的,要接受的新道德都是西方的。中国要抛弃的这些恶行究竟从何而来的呢?

陈独秀认为是从家族制度来的,他在《东西民族的根本思想差异》(《新青年》一卷四号,1915 年 12 月)一文中把这种差异视为是东方人的家族主义与西方人的个人主义的根本对立。

在四川的穷乡僻壤中同样对此进行苦苦思索的吴虞,究在何时与《新青年》邂逅的呢? 尚不清楚,在《吴虞日记》中《新青年》字样的初次出现是在该杂志发行已一年零两三个月后的 1916 年 12 月 3 日。⑰ 在这一天的日记中详细记载了他阅读的书名和杂志名,也许这是最初涉及这本杂志。

此后,吴虞连续在《新青年》杂志上发表了《读〈荀子〉书后》(三卷一号,

---

⑯ 关于以《新青年》为中心的五四时期的妇女解放思想,曾在《五四运动时期的妇女解放思想——与家族制度意识形态的斗争》(《思想》1973 年 8 月)中论述过,以下内容与其重复。
⑰ 《吴虞日记》。

1917 年 3 月）、《消极革命的老庄》(三卷二号,同年 4 月)、《礼论》(三卷三号,同年 5 月)、《主张儒家阶级制度之害》(三卷四号,同年 6 月)、《儒家之大同说本诸老子》(三卷五号,同年 7 月)。稍后又发表了《吃人与礼教》(六卷六号,1919 年 11 月),共计七篇,都与家族制度有关。此外在成都创刊的《星期日》杂志上发表了《说孝》(社会问题号,1920 年 1 月)。[48]

吴虞文章中最著名也最重要的是《家族制度为专制主义之根据论》,辛亥革命后不久,在他思想中就已有了这篇文章的框架。1912 年大约是他与妻子曾兰共同执笔的《穆勒·约翰女权说》发表于他们共同主持的《女界报》上[49],其主张是这样的:

欧洲文明是经过两场革命获得的,即第一阶段是君主与人民之间的革命,指导思想是法国人卢梭的《社会契约论》,即指法国革命。第二阶段是男性与女性的革命,而指导思想是约翰·穆勒的《女人压制论》(原名 "*The Subjection of Women*", 1869)。[50] 这第二阶段的男女革命是指 19 世纪后期英国的女权主义运动呢,抑或指妇女参政运动? 今天尚不清楚。不过,仅通过法国革命,是不会使人类最终实现普遍的自由和平等的,还需要经过男女的另一场革命,这就是吴虞的想法。

在这篇文章中,他介绍了欧洲第二场革命的指导思想穆勒的《女人压制论》和社会民主党的女权宣言。关于女性的隶从他是这样写的:

大凡这一国,若是专制国,他这国内的一家,必定也是专制的;这一国的人民若是君主的奴仆,他这一国的女人必定也是男子的奴仆。这两样事好像那影子随着形体一样,不能分开的。因为古来那些谄媚君主,栖栖皇皇穷斯滥矣的人,他主张专制,必要先从祖先教[51]家族制度着手,提倡孝弟二字。说是孝弟的人,是不肯犯上作乱的。又说是移孝可以作忠,求忠臣必于孝子之门,故在家庭内先制造就恭恭顺顺多数的奴隶,他那君主的位子自然便安

---

[48] 《星期日》1918 年 5 月发行。周刊,发行了一年多。

[49] 《吴虞集》。

[50] 日文翻译的《妇女的解放》。

[51] 祖先教一词是日本民法典论争中使用最多的语言,此处可能借用了日语说法。

如泰山了。……讲忠、讲孝以便专制外,又把女人加入里面,凑成三纲,流毒万世。……你们姊姊妹妹试想一想,这一国里头的人民是君主的奴仆,女人又是男子的奴仆,男男女女尽都是些奴才,还算得有人吗?那没得人的国家,只算有土地奴才,主权也就不成为国了。若要成为一个完全独立的新国家,先要有堂堂正正的真国民。所以必要由革命为起点,必要由革命使一国的男子女人都有同等的公权为起点呀。

含有号召女性的这篇文章发表于《女界报》是 1912 年 6 月。就在同年 3 月,围绕是否把对男女不搞性别歧视条款纳入《临时宪法》问题,在参议院发生了包括"武力行使"的妇女们的严重抗议。[52] 这篇文章就是在这种轰轰烈烈的现实背景下,提出了给妇女平等公民权的主张,这在当时是不寻常的,值得重视(但他并不赞成马上给予选举权)。[53]

尽管如此,他在这篇文章中,主要不是具体议论当前的选举权问题,而是议论这种性别歧视由何而来。结论是,其根源在于专制主义。值得注意的是,这时,他把专制主义国家里国民是奴隶和女性必然是男性的奴隶这二者,视为"如影随形"的互不可分的关系。如影随形,就是说女性的隶从是男性的隶从的反映;性别不平等同时也是人的不平等的反映。在这种意义上,妇女解放已不单纯是妇女自身问题,同时也是男子自身的课题。

写出这篇文章的三年之后,大概是为了补充又写下了上述《家族制度与专制主义之关系》,在此基础上作了若干增删,完成了《家族制度为专制主义之根据论》。在《新青年》上发表的《家族制度为专制主义之根据论》里,从他熟读的孟德斯鸠《论法的精神》(严复译)第 19 章第 19 节"中国人如何实现宗教、法律、风俗、礼仪的这种结合"中摘引了如下一段:

孟德斯鸠曰:支那立法为政者之所图,有正鹄焉:求其四封宁谧,民物相

---

[52] 参看拙稿《辛亥革命时期的妇女运动》,小野川秀美、岛田虔次编《辛亥革命的研究》,1984 年筑摩书房。

[53] 《女权平议复唐氏》(《吴虞集》第 458 页)关于妇女参政问题论述说:"我目前关于妇女参政问题,并不主张马上给予参政权。故在《刍言报》上最初提出妇女首先要培养实力,接受教育,寻求职业,能不赖他人而独立生活。不是一味谈女权,如能提高学问和道德,不争取权利,也会获得权利。"

安而已。然其术无他,必严等第,必设分位。故其教必辨于最早,而始于最近之家庭。是故支那孝之为义,不自事亲而止;盖资于事亲,而百行作始。彼惟孝敬其所生,而一切有近于所生,如长年、主人、官长、君上者,将皆为孝敬之所存。自支那之礼教言,其相资若甚重者,则莫如谓孝弟为不犯上作乱之是已。盖其治天下也,所取法者,原无异于一家。向使取父母之权力势分而微之,抑取所以致敬尽孝之繁文而节之,则其因之起于庭闱者,其果将形于君上;盖君上固作民父母者也。夫孝之义不立,则忠之说无所附;家庭之专制既解,君主之压力亦散;如造穹窿然,去其主石,则主体堕地。[54]

其中吴虞加了一段话:如果不承认孝道,忠也就失去根据;如家庭专制崩溃,君主压力势必减弱。

吴虞对孟德斯鸠这段话似乎深有感触,《家族制度为专制主义之根据论》几乎全以此文为根据,通过中国的经典和法律等加以论证。以下以这篇文章[55]为中心,介绍一下他批判家族制度的主要论点。

儒家经典中最重要的是《春秋》和《孝经》。因"世衰道微,邪说暴行有作,臣弑其君者有之,子弑其父者有之。孔子惧,作春秋,乱臣贼子惧",于是明确分别开贵贱,以民从其君为大道。《孝经》则主张"君亲并重",孝者道德之根本,且是教育的出发点。因此,《士章》中说:

资于事父以事君而敬同。……以孝事君则忠,以敬事长则顺。忠顺不失,以事其上,然后能保其禄位。

《五刑章》说:

要君者无上,非圣人者无法,非孝者无亲,此大乱之道。

---

54 《吴虞日记》。
55 《吴虞集》。

《广扬名章》说：

> 君子之事亲孝，故忠可移于君；事兄悌，故顺可移于长；居家理，故治可移于官。

从"孝"字是组成"教"字的一部分来看，也证明"孝"是意识形态教育的出发点。

专制君主利用这种孝的方法来培养顺从的臣民。曰"孝乎惟孝，……是亦为政"（《论语·为政篇》），或曰："求忠臣必于孝子之门"（《后汉书·韦彪传》）。在资政院审议中万慎等人就是这样主张的。这样一来，事君不忠是不孝；事官不敬是不孝；于友不信是不孝。孝已无所不包摄。家族制度与专制政治沆瀣一气。为什么专制君主利用家族制度，古人很具体地道出了其中原委。

"其为人也孝弟，而好犯上者，鲜矣；不好犯上，而好作乱者，未之有也。君子务本，本立而道生。孝弟也者，其为仁之本与！"（《论语·学而篇》）刘宝楠的《论语正义》是这样注释的："作乱之人，由于好犯上，好犯上，由于不孝不弟。故古者教弟子，就外舍，学小艺焉，履小节焉；束发就大学，学大艺焉，履大节焉；皆令知有孝弟之道。而父之齿随行，兄弟之齿雁行，朋友不相逾，又令知有事长上处朋友之礼。故孝弟之人，鲜有犯上。若不好犯上而好作乱，知为必无之事。"[56]

于是儒家以孝弟二字作为"联系两千年来专制政治与家族制度的根干"而加以鼓吹。这样看来，统治者之所以教忠教孝，是要使人民顺顺服服地受他们的愚弄而不犯上，"把中国变成制造顺民的大工厂"。[57] 所谓顺民，就是安分守己的恭顺之民。

在制造顺民上，家族制度这种"意识形态装置"确实是有效的，孝所起的作用很大，但是从孝、敬、忠、顺等道德来看，无一不有利于上层，而都对下层人民不利。于是又需要礼和刑，即把这种意识形态加以仪式化了的礼，与带有威吓作用的刑并用，对下层进行管理和压制。

---

[56] 《吴虞集》。
[57] 《吴虞集》。

他在《礼论》(《新青年》三卷三号)中[58],在引用古人的话上,真可谓旁征博引,得心应手,对礼与刑作了如下论述。

荀子曰:"治之经,礼与刑。"(成相)又曰:"听政之大分:以善至者待之以礼,以不善至者待之以刑。"(王制)吴虞对这些话的解释稍离荀子本义,解释为对人民普遍采取的方法。即把人民分为善者与不善者,对善者待之以礼,以教导其不同的道德,对于始终认识不到善的人,则加之以刑以威吓他,如此而已。

司马光说:"天子之职,莫大于礼。"吴虞解释说,天子之职就在于使人们把天子、三公、诸侯、卿大夫、士庶人中贵者统治贱者、贱者受贵者统治的等级制度,视为理所当然。苏洵则说:"圣人以其微权,而使天下尊其君父兄。"所以以礼治天下之民,使上者逸,下者劳。使劳者之心厌服。其子苏轼则主张圣人以迂阔之礼,使人民各保持其自尊心,不轻举妄动。吕祖谦则要以礼,使天子、公、侯不越权,遵守阶级的尊卑差别,培养起忠、孝、节、义道德。这时,父子关系、兄弟关系、家长与家族关系,都可以用五礼、六乐、三物、十二教来加以管理。[59] 用他们的话来说,礼的制定者重点在于上者尊,以礼使在下者驯服,有其昭然用心。福泽谕吉曾说,礼教人顺从屈服,乐可散发民众之不满,实一语中的。[60] 礼、乐都是专制主义者维持其统治秩序的工具。礼(乐)如此,刑又如何呢?

《后汉书·陈宠传》曰:"礼经三百,威仪三千,故甫刑大辟二百,五刑之属三千。礼之所去,刑之所取,失礼则入刑,相为表里。"

《论法的精神》第19章第17节里孟德斯鸠曰:

> 支那政家,合宗教、法典、仪文、习俗四者于一炉而冶之,凡此皆民之行
> 谊也,皆民之道德也,总是四者之科条而一言以括之曰"礼"。使上下由礼

---

[58] 《吴虞集》。

[59] 五礼是吉、凶、宾、军、嘉(《周礼》地官、保氏);六乐是黄帝以下至周武王的六代音乐(《周礼》地官、大司徒);三物是六德、六行、六艺(同上)。十二教指以祀礼教敬;以阳礼教让;以阴礼教亲;以乐礼教和;以仪辨等;以俗教安;以刑教中;以誓教恤;以度教节;以世事教能;以贤制爵;以庸制禄(同上)。

[60] 《文明论之概略》卷四第七章(《福泽谕吉选集》四所收)福译原文如下:"'礼'就是以尊敬长上为主,使人民自然地知道君威的尊贵;'乐'就是在默默之中和谐愚民,使其自然产生景仰君德的感情。以礼乐征服人民的思想,以征伐制服人民的膂力,使民众在不知不觉之中各安其所,褒扬善者以满足人民的喜悦心情,惩罚恶者以警戒人民的恐惧心情,如此恩威并用,人民便似乎感觉不到痛苦了。"

而无违,斯政府之治定,政府之功成矣,此其大经也。顾支那为民上者之治
其国也,不以礼而以刑。彼欲民之由礼,而其力不能得,则相与殷然持刑而
求之,使天下之民,皆澌然丧其常德。

而刘师培在《法律学史序》(《刘申叔先生遗书》所收)中是这样说的:据《汉
书·艺文志》,说"法家者流,盖出于理官,信赏必罚,以辅礼制"。所谓儒家,首
先以道德支配民众,以礼防民众作恶于未然,刑则加以补充,是在民众作恶后不
得不采取的措施。就像《中庸》所说的"亲亲之杀,尊贤之等,礼所生也。"礼重视
等级。所谓等级,一是亲疏之别,再一是贵贱之差。甚至是关系到名物制度的细
微之处,由以产生的差别。《礼运》说:"故礼达而分定。"《荀子·劝学》也说:
"礼者,法之大分。"犯了这个分也就犯了律。儒家的所谓法典,不外乎使礼制体
现于法律条文之中,礼与刑互为补充。

所以刑当然反映构成礼之原理之所在的"阶级"差别。于是君主或皇亲国
戚受到优待,而另一方面则完全无视臣下和卑幼者的人格。人的社会绝不是平
等的。上述《家族制度为专制主义之根据论》是这样说的:

> 然为人子而不孝,则五刑之属三千,罪莫大于不孝;于父不慈者,故无制
> 裁也。……然为人臣而不忠,则人臣无将,将而必诛;于君之无礼者,固无制
> 裁也。……满清律例"十恶"之中,于"大不敬"之下,即列"不孝",实儒教君
> 父并尊之旨。顾其所列"父母在别籍异财""居父母丧自嫁娶""若作乐释服
> 从吉""闻父母丧匿不举哀"诸条,新刑律皆一扫而空之。……此即立宪国
> 文明法律与专制国野蛮法律绝异之点,亦即军国社会与宗法社会绝异之点。

这样,在他指斥旧律的人的不平等的同时,把民国暂行新刑律视同"文明国之法
律""军国社会之法律",这样说虽然不大贴切,但他重点在于否定君臣与父子的
"阶级"关系。

专门论述"阶级"和儒教关系的文章是《主张儒家阶级制度之害》(《新青
年》三卷四号),这是为批判反对新刑律的刘廷琛而写的。把刘廷琛的"欧美主

耶教,重平等;中国主孔孟,重纲常"这句话作靶子,针对耶稣教的自由平等,论述了儒教是如何宣传"阶级"制度的。他所说的"阶级",这时指的君臣、父子、夫妇及官民,或是王与公、公与大夫、大夫与士、士与皂、皂与舆、舆与隶、隶与僚、僚与仆、仆与台的关系。使"阶级"制度合理化的正是"孔孟之道",其思想充斥于六经。"满清律例"无非取之于六经之精华。从与"满清律例"的对比中指出暂行新刑律的进步性。

如上述那样,吴虞认为家族制度对于维持社会的阶层秩序是不可缺少的。礼与刑是保障这种家庭与专制体制的。

关于家庭专制与君主专制的关系,吴虞引用了严复意译的穹窿作比喻,即两者间的关系就如穹窿那样,家庭专制也就是"孝",是支撑穹窿的主石(即基石——译者)。如果是这样,君主专制也就是"忠",是支撑穹窿的壁石。从左右两侧垒起的壁石,由"孝"的基石支撑而稳固,同时将孝的负重转移到下层又稳固了忠。对君主专制的忠与家庭专制的孝的相互密切补充关系,作了妙不可言的比喻。

可是,因辛亥革命使君主专制的壁石首先倒塌,同时使作为家庭专制的基石也倒塌下来。尽管如此,基于等级制度的刑法仍在复活。

> 共和之政立,儒教尊卑贵贱不平等之义当然劣败而归于淘汰。顽固锢蔽之士大夫,虽欲守缺抱残,依据"非先王之法服不敢服,非先王之法言不敢言,非先王之德行不敢行"之学理,尽其三年无改之孝,而终有所不能。何也?吾国领事裁判权所以不能收回,实由法律不良之故。法律之所以不良,实以偏重尊贵长上,压抑卑贱,责人以孝敬忠顺,而太不平等之故。

恰值这一年9月荷兰海牙和平会议拟修改国际法[61],中国驻荷公使电请国内从速立法,以便加入国际法,为收回领事裁判权作准备。(实际上因第一次世界大战,这次会议未能召开)。吴虞对此的看法是:

---

[61]　指1893年以来曾数次为统一国际法在荷兰海牙召开的国际会议。但从1907年至1925年一直未能召开。

故使吾国法律不加改正,与立宪国共同之原则违反,则必不能加入,而丧权辱国,独立国所无之领事裁判权,永远不能收回。若欲实行加入,固非儒教之旧义、满清之律例所克奏效,断断然也。

从他对暂行新刑律的评价很高来看,这里所说"满清之律例"很明显指的是从暂行新刑律沿袭下来的清朝的新刑律。也许是指向旧刑律倒退的暂行刑律补充条例,或者是民国的修正刑法草案。无论如何,违背时代的潮流的刑法终归难以收回领事裁判权。很清楚,这篇《家族制度为专制主义之根据论》,其现实意义不仅在于全面批判了家族制度,而且还在于批判了表现于刑法中的等级制度。但是,他在批判刑法时并非针对具体条文逐条批驳的。就像孟德斯鸠以法的精神为问题那样,他也认为"在谈法律时不在于论述其条文,而必须阐明制定法律的人的魂胆"。因此,他在家族制度为专制君主的"意识形态装置"认为它所起的作用就是要把有差别的社会结构及根据这一结构而建立的上下秩序合理化。

"三纲"道德就是这样因辛亥革命而使"忠"的意识形态失去赖以立足的基础的,现在吴虞又使我们看穿了"孝"这一纲目的"魂胆"。那么三纲中最后一个纲目"节"又是如何呢?

《新青年》从二卷一号(1916年9月发行)起开始涉及妇女问题。关于"女子问题"的征稿启事是这样讲的:

女子居国民之半数。在家庭中,尤负无上之责任。欲谋国家社会之改进,女子问题固未可置诸等闲。而家族制度不良造成社会不宁之象,非今日重大问题乎? 欲解决此问题,无一不与女子有关。本志于此问题,久欲有所论列,只以社友多属男子,越俎代言虑不切当,敢求女同胞诸君,于"女子教育""女子职业""结婚""离婚""再醮""姑媳同居""独身生活""避妊""女子参政""法律上女子权利"等关于女子诸重大问题,任择其一,各就所见,发表于本志。

启事登出后,来稿似乎并不踊跃,以后又登了几次。于二卷六号以后设了"女子问题"栏,发表投稿。可当初的论文,多数依旧是贤妻良母思想。例如最初发表的陈钱爱琛的《贤母氏与中国的前途》(二卷六号),讲的是,当务之急是培养真正有道德有学问且有经济力量的中华民国的贤母,对争取选举权不感兴趣。梁华兰《女子教育》(三卷一号)也说女子教育应以培养贤妻良母为目标。

这期间三卷四号(1917 年 6 月)发表了吴虞妻子曾兰的《女权平议》。[62] 署名吴曾兰,将丈夫的姓冠于自己的姓上。文章末尾注明"吴女士即又陵吴先生夫人"。

这篇文章是《新青年》最早论述性别歧视的根源在于儒教经典的文章。据《吴虞集》的解说,是由吴虞代笔的。以下就介绍一下署名吴曾兰的文章。

众所周知,儒教讲男女内外有别。也有人说这只不过是按男女性别的分工,决非不平等,果真如此吗?

《易》的坤卦中说:"阴虽有美,含之以从王事,弗敢成也。地道也,妻道也,臣道也。"疏中解释说:"地道也,妻道也,臣道也者,欲明坤道处卑,待唱乃和,皆卑应于尊、下顺于上。"系辞传里说:"天尊地卑,乾坤定矣,卑高以陈,贵贱位矣。"并说:"乾道成男,坤道成女。"说卦里讲:"乾为天、为君、为父;坤为地、为臣、为母。"就这样,《易》把男女关系固定为"天然的阶级"关系。

《春秋繁露·基义》中说:"阳为夫而生之,阴为妇而助之。"《白虎通》论述三纲的意义时说:"君臣父子夫妇,六人也,所以称三纲何? 一阴一阳谓之道,阳得阴而成,阴得阳而序,刚柔相配,故六人为三纲。"董仲舒、班固等人只不过发展了《易》固有的理论。

此外,《大戴礼·本命》中说:"夫者扶也。"《白虎通·嫁娶》说:"夫者扶也,扶以人道者也。""曲礼"说:"庶人曰妻。"《释名》在释亲属中说:"士庶人曰妻,妻者齐也。夫贱不尊称,故言齐等。"《大戴礼·本命》说:"妇人,伏于人也。"《白虎通·三纲六纪》也说:"妇者服也,服于家事,事人者也。"

根据这些道理,丈夫对妻子有帮助"扶佐"的义务,可是妻子对丈夫却只有服从服事的义务。之所以训齐,以夫贱,不可用尊称时称齐等,齐与贱等义,决非

---

[62] 收入《吴虞集》,450 页,但题名为《书女权平议》。

与夫同等的意思。平时说的"治内"就指服事人的意思。

《易·家人卦》说："无攸遂,在中馈。"即妇女不能独立自主地去完成工作,只有在家中忙家务的份儿。疏中解释说："妇人之道,巽顺为常,无所必遂。其所职主,在于家中馈食供祭而已。"《诗经·斯干》中说："无非无仪,唯酒食是议。"就是说不要去管什么是非善恶,只管做饭就是了。笺注中大意是妇人如不专事家务,很不好,称不上妇人,即便是行善事,也与妇人之名不符,妇人的工作唯酒食是议。《白虎通·文质》中论妇人之赞道:"妇人无专制之义,御众之任,交接辞让之礼。职在供养馈食之间。"

这样看来,妇女只能关心家事,不能关心家外和社会上的事。儒教把妇女视同机器和玩具一般。

吴曾兰在这样论证儒教尤其是《易》中固有的男尊女卑思想的基础上,还论证了儒教的男尊女卑思想是如何被融入历代法律的。即:

推之《唐律》十恶之条,八曰不睦。[63] 注曰:"殴告夫。"《疏议》曰:"依礼,夫者妇之天。"又云:"妻者,齐也。恐不同尊长,故别言夫。"此《唐律》以夫同于尊长也。又,"诸殴伤妻者,减凡人二等,死者,以凡人论。"[64]《疏议》曰:"妻之言齐,与夫齐体,议同于幼,故得减凡人二等。"此《唐律》以妻同于卑幼也。又,"诸妻殴夫,徒一年。若殴伤重者,加凡斗伤三等。"在妻之于夫,则视同尊长。夫之于妻,则视同凡人。论刑,则妻独加重三等。[65] 夫独减轻二等。责之极重,视之极轻。《新刑律例》杀伤罪理由曰:"杀人者死",虽为古今不易之常经,然以中律而观,妻之于夫与夫之于妻,其间轻重悬绝。推而至于尊长卑幼良贱,亦复如此区别。(满清律例于夫妻之科刑,更不平等,试考之。[66])

---

[63] 《唐律疏议》卷一,十恶之八曰不睦。注:殴告夫及大功以上尊长小功尊属。疏议曰:依礼"夫者妇之天"。又云"妻者齐也"。恐不同尊长,故别言夫号。吴曾兰原文缺"号"字。

[64] 《唐律疏议》卷二十二。

[65] 《唐律疏议》卷二十二。

[66] 据《大清律例》卷二十八妻妾殴夫:①凡妻殴夫者杖一百。夫愿离者听。至折伤以上,各加凡斗伤三等。笃疾者绞。死者斩。故杀者凌迟处死。②相对来说,其夫殴妻非折伤勿论。至折伤以上,减凡人二等。……至死者绞。(《明律》相同)。《现行刑律》与之相比,妻罪稍轻,"凡妻殴夫者处十等罚。……至折伤以上,加凡斗伤三等。至笃疾者绞。死者绞。故杀者斩"。③妻殴夫时,十等之罚,……致伤时,较常人加三等,重伤时绞,杀害时绞,故意杀人时斩"。对于丈夫方面与《大清律例》相同。与《唐律》相比,还不算太不平等。

前面我介绍了吴虞对新刑律的评价⑰,在这里吴曾兰也是对照新刑律,站在批判唐律男尊女卑思想的立场上作了如下论述:

> 刑法上之性质,止论其人之行为,究应科刑与否,而个人身份地位,于犯罪之成立,及科刑之加重减轻,本无何等之关系。此文明国家法律之所同,所谓法律上之平等也。吾国专重家族制度,重名分而轻人道,蔑视国家之体制,道德法律并为一谈。此西人所由讥吾为三等国,而领事裁判权卒不能收回,贻国家莫大无穷之耻也。故考礼刑之所出,其义悉根本于儒教。况孔氏常以女子与小人并称,安能认为主张男女平等之人?且吾人所争平等,为法律上之平等;所争自由,为法律内之自由;非无范围之平等,无限界之自由。

她明确指出,时代已进入立宪时代,也必须树立符合时代的法律上的男女平等关系,"贤妻良母已不是目标"。

前面提到的"家族制度为专制主义之根据"是针对家族制度中的父子关系,专门论述了不平等。而《女权平议》论述的是夫妻关系,批判了法律中的男尊女卑思想。可以说《女权平议》就是"家族制度为专制主义之根据"的妇女版。

《女权平议》受到署名唐氏之人的反驳,其中心思想是妇女没有必要有参政之类权利,只应以贤妻良母为最终极目标。

她马上写了反驳文章《就女权平议答唐氏》,发表于《戊午周报》九至十二号。⑱除反驳了唐氏主张的贤妻良母主义,还特别提到了妇女的节烈问题,反对表彰节烈,明确表示支持寡妇再嫁的立场,并论述了这种节烈与忠臣、孝子的关系。

---

⑰ 新刑律和旧刑律一样,夫对妻犯罪和妻对夫犯罪,在区别轻重上,没有什么差别。但在没有完全明确一夫一妻制这一点上,他仍持批判态度,如在《就女权平议答唐氏》中说"新刑律虽受世界刑律影响,承认了一夫一妻主义,终未实行。究其原因是纳妾重婚没有明确的惩罚。在对唐氏逐条反驳后略举唐律,新刑律为不平等之确证"。他对新刑律,从男女平等的立场来看,确实还很不满意。但也只好如此,故未逐条批驳,对于其问题所指,至今尚一无所知。

⑱ 《吴虞集》。

她说,我国妇女守节,虽根据孔子之道,使之完成的却是秦始皇⑥。孔子以后确有忠臣孝子,然而不存在贞女。表彰贞女,起于秦始皇时代,此后,"贞女成为忠臣、孝子的后盾"。⑦

据梅谦次郎说,婚姻来自人类的自由,由法律禁止再婚,有悖于人类的自然。如硬要那样做,反而会增加私生子,是不自然地抑制婚姻的结果,招致人口减少。东方各国常有这种习惯,甚至不举办婚礼但已订婚也以保持这种习惯,对此,归有光⑦、汪中⑦已提出反对,夏曾佑和陈独秀也展开了议论。⑦ 在西方,妇女生活独立,可从事律师到工人的各种职业,可是在中国,孔子提出"男女授受不亲""男不言内,女不言外,非祭非丧,不相授器",妨碍妇女独立,不得不由丈夫养家。夏曾佑、梅谦次郎、陈独秀都认为从表彰贞女的时候起确立了三纲。即与一男事二主一样,一女事二夫也是"失节"行为。守节本属个人自由,如对丈夫仍有爱情,守节也无妨,这时既不算牺牲自己,也不算供专制利用。

这里吴曾兰也提出"贞女乃忠臣、孝子之后盾",表明三纲之忠、孝、节是不可分割的。吴曾兰对共和时代模棱两可而因循下来的孝、节二纲,特别是对后者进行了全面批判。这已由把刑法问题作为最大焦点所做的反复论证所证明。只要引发起刑法典论争,他们就必须针对体制及与其相适应的家族制度意识形态进行抨击。

在经历了辛亥革命的中国,资产阶级尚未成熟,资产阶级式的一夫一妻制小家庭尚不普遍。加上军阀袁世凯竭力阻止因封建王朝崩溃同时引起的家族制度的崩溃,由国家制定的以惩罚违反"孝""节"行为为对象的暂行刑律补充条例就这样出笼了。这种法律越是复旧,其反映出的家族制度所具有的等级差别就越突出。

吴虞通过刑法典论争及其后的刑法倒退,看出正是家庭专制才是支持旧制度的社会"主石"。于是辛亥革命在使"君臣之纲"崩溃的同时也使父与子、夫与

---

⑥ 指秦始皇刻在泰山石上的"贵贱分明、男女礼顺、慎遵职事、昭隔内外、靡不清净、施于后嗣"及刻在会稽石上的"饰省宣义、有子而嫁、倍死不贞、防隔内外、禁止淫佚,男女□诚、夫为寄猳、杀之无罪、男秉义程。妻为逃嫁、子不得母、咸化廉清。"

⑦ 《吴虞集》。

⑦ 归有光:《贞女论》,《震川集》卷三。

⑦ 汪中:《女子许嫁而婿死从死及守志议》,《述学》内篇卷一。

⑦ 笔名三爱:《恶俗篇》,《安徽俗话报》三、四、六、七期。《陈独秀文选》,上海人民出版社1982年版。

妻二纲威势扫地。

吴虞像胡适说得很风趣的那样，"中国思想界的清道夫"上场了。这里不妨引用一段胡适评论吴虞的一段很著名的话。胡适很有感情地说：

> （吴又陵先生伫立在没有尽头的街道上）鼻子里，头颈里都是那迷漫扑人的孔渣孔滓的尘土，他自己受不住了，又不忍见那无数行人在那孔渣孔滓的尘雾里撞来撞去，撞的破头折脚。因此，他发愤做一个清道夫，常常挑着一担辛辛苦苦挑来的水，一勺一勺地洒向那孔尘迷漫的大街上。他洒他的水，不但拿不着工钱，还时时被那无数吃惯孔尘的老头子们跳着脚痛骂，怪他不识货，怪他不认得这种孔渣孔滓的美味，怪他挑着水拿着勺子在大路上妨碍行人！他们常常用石头掷他，他们哭求那些吃孔尘羹饭的大人老爷们，禁止他挑水，禁止他清道。但他毫不在意，他仍旧做他清道的事。有时候，他洒的疲乏了，失望了，忽然远远的觑见那望不尽头的大路的那一头好像也有几个人在那里洒水清道，他的心里又高兴起来了，他的精神又鼓舞起来了。于是他仍旧挑了水来，一勺一勺地洒向那旋洒旋干的长街上去。

但是，吴虞归根到底只是一介"清道夫"，他的任务仅此而已。只是在清除旧的东西，而建设新的就不是他的任务了。可是，吴虞的家族制度批判，通过《新青年》杂志的确影响了大批"五四青年"。"五四"时期对宗族制度的批判就是从这里开始的。

对于"五四"时代的青年们来说，如果像吴虞那样，把家族制度看作是服从统治的"制造顺民的工厂"的话，为了个人的独立，就必须打破家族制度中存在的"阶级"秩序，他们所说的"阶级"就是家族制度的尊卑秩序，是父子关系、夫妻关系。只要它们是相互依存关系，要斩断父与子的统治与从属关系，就必须同时斩断夫与妻的这种关系。因为从家族制度下解放出来，就必然伴随从夫权下的妇女解放。

【［日］小野和子　日本京都大学人文科学研究所教授】

原文刊于《中国文化》1995 年 01 期

胡适的离乱岁月

周质平

前言

最近二十年来,海内外有关胡适年谱和传记的著作,不下数十种,但对 1948 年底胡适飞离北平,到 1949 年国民党撤离大陆,胡适决定暂寓美国的这段生活和心境,记载却极有限。这一方面固然由于胡适个人的生活往往只是琐碎的日常事务,无论就学术史或政治史而言,都无足轻重;另一方面,也是由于材料不足,无从建构起胡适流亡岁月中的点点滴滴。本文以胡适十几封从未发表过的家书作为基础,辅之以其他材料,来重新审视他在这段艰难岁月中,如何进退出处,应对这天翻地覆的变局。也唯有在生活的细枝末节上,才能看出胡适的操守与人格。在现有胡适出版的日记和书信中,1949 年的材料都很有限,这十几封家书可以填补日记和书信的不足。

1948 年 12 月 14 日,北平已成了围城,次日胡适乘蒋介石所派专机,由北平飞南京。胡适在 1949 年 1 月 1 日的日记上记着:“在南京作逃兵,作难民已十七日了。"因此,我们以 1948 年 12 月 15 日,胡适南飞的这一天,作为他离乱岁月的开始。①

1948 年除夕,胡适和傅斯年同在南京度岁,相对凄然,一起背诵陶渊明的《拟古》第九首:

> 种桑长江边,三年望当采。
>
> 枝条始欲茂,忽值山河改。
>
> 柯叶自摧折,根株浮沧海。
>
> 春蚕既无食,寒衣欲谁待?
>
> 本不植高原,今日复何悔!

据胡颂平在《胡适之先生年谱长编初稿》中说,"两人都下泪了"。② 在当时的情境下,背诵这首陶渊明的诗,所抒发的又何止是家国之忧呢! 胡适自 1917 年回国,到此时,整三十年,他在文化界、思想界所做的努力和耕耘,正该是收成的时候,而时局动荡,一切都无从道起了。1947 年 8 月 24 日,胡适发表《我们必须选择我们的方向》,在结论中他语重心长地指出:

> 我们中国人在今日必须认清世界文化的大趋势,我们必须选定我们自己应该走的方向。只有自由可以解放我们民族的精神,只有民主政治可以团结全民的力量来解决全民族的困难,只有民主自由可以给我们培养成一个有人味的文明社会。③

但是,他的"自由主义",他的"文艺复兴",此时受到了空前的挫败。1949 年的变局,对胡适来说,不仅造成个人生活上的流离失所、困顿穷乏,也是对他一生志业与信仰的考验。三十年在文化和教育上的经营,为中国知识分子的选择

---

① 参看《胡适致蒋介石》,《胡适全集》第 26 册,安徽教育出版社,2003 年,第 534 页。

② 胡颂平:《胡适之先生年谱长编初稿》第 6 册,台北联经出版事业公司,1984 年,第 2065—2066 页。此诗又见《胡适日记》,1949 年 1 月 2 日。

③ 胡适:《我们必须选择我们的方向》,香港自由中国出版社,1950 年,第 17 页。

和走向,到底起了什么作用?

南京—上海—台北—纽约

1948 年年底,胡适在南京短住,1949 年 1 月 25 日迁上海④,3 月到台北作了一星期的短暂访问,4 月赴美。在五个月的时间里,换了四个地方,其生活之颠沛流离是可想的了。

1949 年 6 月胡适题赠其妻江冬秀

1949 年 1 月 21 日,也就是胡适赴美前的两个半月,胡夫人江冬秀随着傅斯年夫人俞大彩先去了台湾,暂寓傅家。此时,次子思杜留在北京。说胡适"妻离子散",一点也不夸张。同年 2 月 20 日,胡适有信给冬秀,寄"台北市福州街 20 号,傅斯年校长官邸":

---

④ 参看《胡适日记》。

冬秀：

　　两封信都收到了。

　　图章我没有寻着，大概还在你身边，请你再寻寻看。

　　我过年以来，就有牙齿痛。痛的是左上边倒数第二个坐牙。我请李冈介绍牙医，他介绍我去见你的朋友颜遂良先生。他在二月八日作第一次诊断，说此牙的牙根发炎，因为此牙是一座"桥"的桥垛，不可拔去，拔去就牵动四个牙全塌了！所以他先照了爱克司光，看了洗出的照片，决定不拔，决定用手术。二月十日上午，他给我上了局部麻药，用手术割开牙床，刮洗发炎的地方。牙痛至今十多日了，这个牙齿还作痛。所以昨天（十九）又去请教颜医生。他说，是因为开刀的牙根露在外边，容易作痛。他用一种药涂上，保护牙根。昨天下午还有点痛，晚上好一点。今早还有点痛。星期一（二十一）早晨还得再去一次。如果刮洗不够，只好拔去。（我盼望不用拔！）

　　我是一月二十五日坐夜车来的。行李六大件是二十五日上午交给路局运来的。直到二月四日，我才得到中国旅行社通告，行李到了北站，但六件只寻到了五件。二月五日，我自己去北站堆栈，居然寻到那不见了的一件。（共费了十二天才到！）

　　六件行李都有点潮湿，故请徐太太代为晒晒。那几天的天气太坏，下了一天雪，没有好天。直到这一个礼拜，天气才好，才有太阳。被窝与衣服全晒了。西服可用的太少（小三寄错了一箱，礼服全没寄，夏服全寄来了，都是我不要的）。可用的只有两套衣服，两件薄外套，一件厚外套。你带出来的衬衫，内衣都可用。这几天才把可用的西服送去干洗两套，烫两件外套。（共花三千金元！）衬衫都请杨妈洗好浆好，徐太太替我收好。

　　我现在定的威尔逊总统船是三月九日在上海开。我也许决定坐这船走了。（请你不要把船期对人说。孟真我另有信告诉他。）我本来想到台湾来玩玩，但牙齿痛了近半个月，我没有法子离开上海。这几天南京有电报要我去，广州也有电话来。我若到台湾去，不好不到南京去。所以我现在只好决定不来台湾了。（南京也不去，别处也不去。）有人问起，可说，我的牙病使我一时不能来。

我的护照是办好的了。祖望的事,现在还没有办妥,尚在进行之中。大概他不能和我一块儿走。此事叶公超先生很帮忙,但他也劝我不要同祖望一块儿走。

写此信时,尚觉牙痛(牙痛影响到颈子的筋脉作痛),我颇着急。明天(二十一)一定要请颜医生再细细想个法子。

张丽门夫人带来的衣料,我请他仍带回给你。我此时不能看你,心里很难过。我盼望你能原谅我。

祝你健好平安!

适之
卅八,二,二十晨

信写好后,祖望来,又得你十七日的信。⑤

中国文艺复兴运动之父,抗战时期中国驻美全权大使,时任北京大学校长的胡适,在写给妻子的信中,所谈的竟不过是如何为牙疾所苦,如何亲自去火车站栈房取得行李,如何料理一些日常穿用的衣裤。实在看不出多少"特权阶级"的影子。信中提到的"小三"是胡适的次子思杜。

半个月之后,1949 年 3 月 4 日,胡适又写了一封信给冬秀,解释何以美国之行不能带她同去,从这封信里最能看出胡适此时的困境和苦恼:

---

⑤ 本文所引各函,如未经特别注明出处,都属第一次发表,原件藏台北胡适纪念馆。

胡适与妻儿

冬秀：

我的牙齿痛，这三四天总算完全好了。昨天（三月三日）去看颜医生，他叫我过几天再同他通电话，看看有没有变化。颜先生说，写信给胡太太时，请替我问好。这几天没有痛过。你不要挂念！

我此次牙痛，先是第二个坐牙，最后是倒数第一个坐牙，两次都是他用手术，没有把牙拔掉。颜君说，"最好是到美国时，再请你的牙医根本把这两个牙都拔掉。"

我本定三月九日走的，但我实在不热心早走，故昨日（三日）决定把船票退掉了，改在四月初走。

　　我看了你最后一封信(三月一日)，我很难过。我想在上海多住几天，也正是要看看整个局势如何变化。如果三月里形势好转一点，长江守得住，上海就没有大危险，那时我想你还是回上海来住。但是，我到今天还不敢断定形势如何转变。

　　毛子水已到上海了，他路上吃了大苦头。

　　我的行期既已展缓，我一定要来台湾走一趟。决定行期后，我再打电报给孟真。

　　你上次信上说，你要我到美国住定后想个法子接你去住。这件事不是容易办的。我若做外交官，住在大使馆里，大使馆有一百多亩园地，你住在那儿，可以种花种菜，不感觉寂寞。大使馆人多，你要出门走走，也有人陪你。有人替你做翻译，做向导。

　　但我这回出去是私人资格。我住的地方一定很小，当然用不起人。我若出门旅行了，你就得全靠自己招呼。从前陈光甫太太住纽约，有他女儿招呼，还不算太不方便。你若住纽约，我怕你受不了，因为那种种困难都会比你现在的情形还更不方便。你在台湾，还有孟真、思亮、大彩、婉度等等朋友可以谈谈，还有中国用人可以懂得话。在美国，这些方面都更不方便了。除了几个熟的学生(胡敦元还在纽约)之外，纽约的中国阔人家都是你和我不愿意往来的。纽约的华侨大多都是广东台山人或新宁人，说的话同台湾人说的厦门话一样难懂。(我在唐人街演说，总有人翻译。)

　　但我很明白你说这话的意思，我也很愿意我们能常常在一块，我也很不愿意叫你老年再过难民的生活。我一定要仔细想想你的话，仔细计划如何安顿你的法子。

　　王雪艇(世杰)先生的太太，今年一月里也拿不着护照。(回信是我带给王先生的，所以我知道此事。)如果王雪艇出去做驻英国大使，当然太太和儿子都可以出去了。

　　祖望的事，也是如此。我曾同祖望谈过。除非我做驻美国大使，我不能帮他们解决他们结婚的问题。但，就是我做了驻美大使，我也不希望我的儿子学顾维钧的两个儿子(后妻生的)的榜样。祖望也不愿意学这种不好的榜样。祖望只希望我帮助他出国,出国后,他希望能寻得相当的工做。

信写长了,以后再谈。祝你们都安好。

适之

三八,三,四,午

我盼望思亮一家能解决住房问题。我想,你同他们去住,由你担负三分之一的费用,或四分之一的费用,这于他们也不无小补,你也可以帮他们许多忙。这个意思,你看如何? 你想想看。

在信中,胡适从各方面分析,说明冬秀何以此时不宜赴美,并指出他不愿像顾维钧那样用特权把自己的儿子送出国。写这封信的时候,胡适还寄望着国民党能守住长江,形成一个"南北朝"的局面,他和冬秀还能在上海住下来。因此,他退掉了原定三月九日赴美的船票。在三月二十二日去了一趟台湾,住了七天。三月二十七日在台北中山堂作了一次公开演讲,讲题是《中国文化里的自由传统》。⑥ 此时强调自由,当然是寓意深远。

赴美

胡适国共南北对峙的想法很快就破灭了。胡适对共产党的新政权看来是不存幻想的,他认为不会有自由主义知识分子的容身之地。在国民政府敦促之下,胡适在 1949 年 4 月 6 日,从上海乘船赴美。4 月 14 日在船上,写了《"自由中国"的宗旨》一文。

胡适对当时中国形势的认知,非但不同于冯友兰、金岳霖、梁思成、周一良等同情共产党的知识分子,也和一向主张"独立之精神,自由之思想"的陈寅恪不尽一致。从《"自由中国"的宗旨》这篇短文中,可以看出,胡适在去国的途中,依然怀着"挽狂澜于既倒"的"雄心"。

---

⑥ 参看《胡适日记》相关年月各条,及胡颂平《胡适之先生年谱长编初稿》第 6 册,第 2078—2081 页。

1949 年 4 月 8 日，胡适从赴美的船上写信给冬秀：

冬秀：

你的信，你们联名送行的电报，都收到了。谢谢。

我现在船上，昨天称得体重一百四十六磅，与台北飞机场称的相同。十五天休息之后，也许还要增加！船上熟人不多，故可以休息。

你信上提起袁同礼先生，他一口气跑来了，带了一家来，现在在华盛顿做事，赵先生说他很苦。他想把两个孩子寄在赵家，赵太太不答应，所以他一家都在东方（按：此处指"东岸"）。

我是一个书呆子，花了五年工夫去研究《水经注》，却从来不会积钱财。现在一家四口，分散四方，都是我的罪过。害你老年逃难，我心里真难受。

衣服已理过。两件皮袍，本放在徐家，故仍放在徐家。两件没有穿坏的袍子（一件丝棉的，一件衬绒的）和两三件穿烂的袍子（衬绒的，骆驼毛的，棉的）都交给李家干女儿了。夹袍与单衫，我带了几件出来。剩下的夹袄、夹裤、单褂裤，都交给李大姐了。我后来想想，还是不寄台北好。一切让丹凤去布置，你不必挂心。丹凤说，"穿的太烂的衣服，我都拿去捐给人。将来干爹回来，我做新的还你！"这是丹凤的计画，我决不要他做新的还我。

我托张丽门先生带美金四百元给你。另有一百元，我交祖望带给金太太，转交丁在君太太。我很感谢孟真、大彩留你同住的好意。福州街 20 号虽然人多，但门户谨严，下人可靠，是很大的便利。住在人太少的地方，我总有点替你不放心。现在总是"安全第一"。

儿子与曾小姐的事，我自己觉得总算是尽了一点心力，可惜我的力量有限。这事我总记在心上，遇有机会，再替他们设法。

今天过神户，我没有上岸。明天到横滨，我也想不上岸去了。

祝你安好，一切保重！请你问台北许多朋友好。

卅八，四月八日早晨

这封信是在船上写的,九日晚上又加写了下面一小段:

> 今天到横滨,写了一封信,想托人带到东京去向中国代表团的朋友们(吴文藻夫妇,吴半农夫妇等)告罪,说明不上岸的原因。不料吴半农来到码头接朋友,见了我,硬拉我到东京去谈了半天,吃了一顿中国饭,才回到船上。晚八点开船走了。

十七日再补写一段:

> 四月十六日到檀香山,上岸去了七、八个钟头。报馆派人上船来给我照相,下午晚报就登出来了,寄给你看看。看了之后,请将剪报给孟真、大彩看看。
>
> 这十八天,睡觉都睡不好,吃安眠药也睡不好。还是台北那几天睡的最好了。

二十六日又加一段:

> 四月廿一早八点到旧金山,元任夫妇来接船,见着不少朋友。
>
> 这几天国内消息很惊人,故此信留了几天才寄出。曾发一电给孟真,报告我到了。我今天往东方去,明天(廿七)可到纽约。十分想念你们!
>
> 适之,四月廿六早

船行海上,胡适回想这五年来,一心研究《水经注》,竟无积蓄,让冬秀老年流离失所,不免觉得愧对老妻。看他留在上海的部分衣物,已是破烂不堪,冬秀的干女儿打算拿去捐给别人。可以想见胡适 1946 年回国以后的生活,并不宽裕。"儿子与曾小姐的事"指的是祖望与曾淑昭的婚事,他们两人是 1949 年 10 月 1 日在泰国曼谷完婚的。

暂寓纽约

1949 年 4 月 27 日,胡适回到了纽约东 81 街 104 号寓所,距他 1946 年 6 月 5 日离开纽约,不到三年。但中国在这段短短的时间里,"换了人间"。成千上万的中国人在大革命的洪流里,一夕之间,家破人亡。国事家事,无一堪问。三年前,胡适回国,出长北大,颇想有一番作为,将北大办成全国学术中心。1947 年 9 月发表《争取学术独立的十年计划》,正是在这一构想上写成的。而今莫说学术独立了,就连个人的居留都成了问题。真可以说,前途茫茫,不知去向何处!

1949 年 5 月 29 日,胡适到达纽约后一个月零两天,写了一封九页的长信给冬秀,详细说明自己护照和签证的问题:

冬秀:

你的(一)(二)(三)号信都收到了。

我四月廿一日到旧金山,廿七日到纽约。一个月以来,我已出门四次。有一次飞行,颇受辛苦,晚上睡不[着]觉,似有一种"心痛警报"。五月十九日,请医生做仔细诊察,详细报告须六月一日始可看见;但据口头报告,并无根本不好的现状,身体还算很不坏。(在船上最后第二天,称得体重 148 磅;五月十九日称得 144 磅,减重是好现状。)

你三次信上都说起你要来美国同住。这件事,其实我早就记在心里了。今年正月里,我回到南京,叶公超兄同我说起护照事,我说,"我做驻美大使时,出门演讲赴会至少二百次,从没有带一个秘书或随员,替国家省了不少金钱。但我现在是六十岁的人了,又曾生过心脏病,我不能不带个人帮帮我的忙。我本想请徐大春跟我去,但陈光甫先生很器重他,我不应该破坏他的前途。所以我想叫我的儿子祖望跟我去,可以帮帮我,照应我。"

叶公超先生第二天对我老实说:"祖望的事,我一定帮忙。但他不能同你一块出去。你叫他请天元公司呈请工商部,工商部批准了,外交部才可以发护照。我一定帮忙。"

他又对我说,"王雪艇的护照,请你带去,亲自交给他。请你带口信给他,王太太的护照,部里不能发。"这句口信,我明白了,后来我也对你说过。

当我在南京时,我还不知道连我自己的护照还有问题。叶次长有一次对我说,"美国有些大学很盼望胡适先生去讲学,美国大使馆曾说,最好是有几个大学打电报来请胡适先生去做客座教授。"我说,"我不能叫他们来请我。我并不想到外国去教书讲学。"叶君说(后来别人也说):"你不用管,司徒大使自己去办。"我当时没有懂得这句话,就没有说下去了。

后来一月卅一日,外交部上海办事处打电话来说,可以去美国领事馆办护照签字手续了。我去了不到二十分钟,就办完了。

后来我注意到我的护照是外交护照,期限是三年,而领事馆给的是普通签证,期限为十二个月。我想,也许这是因为我曾表示不愿意用外交护照罢?

后来我到金山,移民局的人说,他只有权签六个月,故又改成六个月,到本年"十月二十日"期满。我当时也不曾明白,还只当作一种官样文章。前几天看见刘瑞恒大夫的护照,入口时,移民局签字时,把他的护照注明本年"六月十二日"期满。我看见了刘先生的护照,才恍然大悟我自己的护照从三年改为一年,又从一年改为六个月,都不是偶然的形式,都是因为护照紧缩的政策。

二月底,司徒大使写信给我,说,"柯尔盖特大学有电报来,要请你去讲学。但我现在还等候哈佛大学的回信。"我读了此信,才知道司徒大使当真打电报去叫几个美国大学来请我,其中一个是柯尔盖特,一个是哈佛。此事甚使我感觉为难,所以我没有回他的信。

四月里,我船过檀香山,收到美国大使馆寄来一信,拆开看时,原来是转加州大学校长的一封信,也是盼望我去讲学的。这一定也是司徒先生叫他们写来的信。

我当时还不曾完全明白这里面的意思。我还想,这也许是司徒先生对我个人的好意,他大概希望我多到几个大学去讲讲。

直到五月初,我收到柯尔盖特大学校长的信,里面附有他和美国大使往来的函电，我才知道美国大使请各大学校长来电请我讲学，原来是因为"要使使领馆方面有个理由可以签发我的护照"（原文是"to justify visa"，这话很不容易翻成中国话。你可以请毛公解释。）护照是一月卅一日签发了，但司徒先生到二月、三月里还在那儿寻求"理由"来补说明！

直到我前几天看见了刘瑞恒大夫的护照，我才明白护照的困难是真的。

前几天收到祖望的信，他说："我在广州问过叶次长关于妈妈去美国的可能性。他说，当初你请护照时，他们曾经征求过美国大使馆对于全家出国的意见。那时大使馆就表示不能同意，因此只发了你一个人的护照。在这种情势之下，他认为外交部不能发给妈妈护照。"

祖望又说："我又问他，假使妈妈在台北和美国领事馆商量，而领事馆表示同意时，护照是否能发？他认为此事的可能性不大，因为大使馆已表示过不同意在先。"

我现在知道，这不是对我一人一家的。护照签证之变严，目的是要拒绝宋子文、孔令侃、陈立夫等人来美国。但我因此受累了。我既不做大使，又不曾在美国寻得职业，故与其他官员出国同科，故司徒大使要自动的请几个大学来电报请我，才使他们签证为合格。（我若负有外交任务，或政治任务，如甘介侯之行，也许不会有如此麻烦。）

我收到你的第（一）（二）两信之后，就想你出国的问题。我也请教过几位朋友。因为你的事，和我的去留问题有关，我得弄明白我自己究竟作何计划。

第一个问题是，我自己打算在外国住下去做"白俄"吗？若在从前，国家还有点面子，我们学者在外国教书并不丢人。这一年以来，就不同了。这四十日以来，就更不同了。（我的护照还有问题，将来也许还有问题。这件事不是小事，是一个警告。）

我从前对你说过，"留得青山在，不怕没柴烧"。青山是国家。国家倒霉的时候，我们都跟着倒霉了。将来在外国做"白俄"，这个日子不好过。

所以我在五月二十二日发一电报给祖望说："汇六百美金给妈，我当设法还你。请告妈在台候我秋间回国。"

这个电报的意思是：

（1）先汇点钱给你，丽门的四百元有收条在祖望处，故加汇六百元，凑足千元，让你可以租点小房子分居。

（2）此地无法直汇美金给你，故要祖望拨钱给你，由我还他。

（3）要你知道我现在决定不在美国久住，也许秋季归国。你若租得小房，我可以同你住。

租房分住的话，电文中没有说明白。但我对刘瑞恒说了，他是五月廿三日飞到的，我在廿三晚见他。他说，"胡太太应该租小房分住，但一千美金不够。我家背后有所小房子可顶，如有一千二百美金，就可以顶下了。"我将来要同他细谈在台北租小房的问题，也许他可以带点钱给你。（我也托大春代我想法，由上海银行汇点钱给你，能多汇更好。）

关于我回国的事，我还没决定先到何地。当然先飞香港，也许先到内地去看看。此时不能预先决定，当与孟真、子水诸人商量后再定。

此信可与孟真、子水、思亮诸人看看。我的护照满期是十月二十日。如有合式（适）小房，价不太贵，望早留意租顶，我是能吃苦的，不必大房子。

祝你好。祝大家好。

适之

卅八年五月廿九日

写成之时已是五月卅夜了

胡适在这封信中，真是不厌其详地说明他在申请护照和签证时所遭遇的种种问题，他希望冬秀能了解：他之所以不带她来美，不但受限于中美两国当时在护照和签证上的紧缩，同时也关系到他的出处和经济能力。此时无论如何都不具备带冬秀来美的条件。这件事，胡适在1949年5月22日给赵元任的信中，也曾提及，并说，"我如何能叫冬秀明白此点？心境之恶劣，此亦是一个原因。"[7]

至于去留出处的问题，由于新任行政院长阎锡山在1949年6月12日，在事先未征得胡适同意的情况下，发表胡适为外交部长。叶公超、董显光为次长。胡

---

⑦　《胡适全集》第25册，第407页。

适力辞外长的信,收在胡颂平所编《胡适之先生年谱长篇》中,可以覆案。[8] 他为这件事写了一封信给江冬秀,这封信远比正式的辞函生动详细:

冬秀:

我托刘瑞恒先生带给大春美金二千元的汇票一纸。我要你能收到美金,故托大春代为设法。刘先生自己只准带五百元,故他不能带现款给你。

去年孙科组阁,曾要我做外交部长,我坚决辞了。此次阎锡山先生组阁,事前未得我同意,竟先发表了我的外交部长。六月十二日我在康南耳(康奈尔)大学,远在乡间,始得合众社电话报告,我说,事前无所知,至今未得正式通知,消息大概不确。但我在乡间(赴我们同班毕业三十五年的纪念会)的休假日从此不得清闲了。

十四日早晨回到纽约,始得读阎先生六月十二日的电报,我同时也收到别位朋友的电报,劝我不要即日坚辞,以免拆新阁的台。

我在十四日正午出门看人,即发心脏病一次。下午请医生来验看,那时心脏早已复原了,血压也不太低。睡了半天,我觉得完全好了。你读了此一段,千万不要着急。

但这是一个警报。我是一个无能的人,遇事就发愁发急,故前年十二月十九、二十两日连发老病两次,也是因为政府在十二月十六夜提议要我改行,要我再去做大使。(十一年前得心脏病,是在十二月四日,在我到华盛顿之后两个月,也可以说是发急的结果。)

我想了几天,到六月二十一日,没有同朋友商量,就打电报给阎先生,把此事坚决辞了。到今天已是第四天,我想此事大概没有问题了。即使还有麻烦,我决心不干是不变的。

我还是决定要回国,所以有五、六个大学请我教书,我都没有接受。我的护照是十月二十的期限,我也没有去办展限事。

我自己深切明白自己是个无能的人,但总有一些人梦想我能做别人不

---

[8] 胡颂平《胡适之先生年谱长篇》,第 2095—2096 页。

能做的奇迹。徽州俗话说："做戏无法,出个菩萨",正是这种梦想。

医生说我的心脏并不显出扩大的情形,牙齿也去看过一次,费了半个下午,大概还得去一两次。

只是睡觉不好,常常要用安眠药。

曾小姐要的证件,都给办了。

祝你们好。特别盼望你保重。

此信可与孟真、泽涵、子水看看。

适之

卅八,六,廿四上午

国民党每在走投无路之时想到胡适,1947 年 3 月间,蒋介石力邀胡适加入国府委员,正是同一把戏。国民党的这一做法,让我想起,傅斯年在力劝胡适万不可加入国府委员的一封信上所用的一个比喻:让胡适加入国民党政府,无非是"大粪堆上,插一朵花"。这真是很生动的比喻了。⑨ 阎锡山在 1949 年 6 月,国民党穷途末路之时,任命胡适为外交部长,并不让他及时发表不就的申明,难怪胡适要急出病来了。

就现存的信看来,胡适几乎有半年的时间,没写信给冬秀。在这半年的时间里,国民政府彻底溃败,撤退到了台湾,共产党在 10 月 1 日宣告中华人民共和国的成立。在家庭方面,祖望和曾淑昭 10 月在曼谷结了婚,冬秀也离开了台北,去了曼谷,但婆媳之间并不融洽,祖望急于把母亲送到美国去。局势的急转直下,加上家庭情况的改变,逼得胡适不得不考虑留在美国教书。他在 1949 年 10 月 6 日,写给罗家伦的信里说:"我来此邦已半年,日夜焦虑,而一筹莫展!活了五十八岁,不曾尝过这样苦心境!"⑩ 一个"不可救药的乐观主义者",此时竟也愁眉苦脸了。

在一封 1949 年 12 月 7 日给冬秀的信里,他提到了护照展期,打算开始在美国找教书工作:

---

⑨ 《傅斯年致胡适》,《胡适来往书信选》第 3 册,香港中华书局,1983 年,第 192 页。
⑩ 胡适《致罗家伦》,《全集》第 25 册,第 420 页。

胡适演讲之神情

冬秀：

你到曼谷的电报和信，我都收到了。

我真对不住你！这一夏天，竟没有回答你第八、九、十等号信。原因是，你的问题，我一时想不出解决的办法。我至今还是暂住的护照，转了一期，可以住到四月廿日。

我上个月写信给祖望大致说，为了妈妈的事，我怕不能不就教书的事。我现在正想法子。要先决定了在一处教书，写书，然后可以出门到加拿大一次，改换护照的身份。

此事不很容易，因为种种手续，需要一点筹画，计算。当时是人请我，我没有就。现在是我要人请我，所以不很容易。何况在国家最倒霉的时候！何况我又是最不愿意求人的人！但我要你明白，我一定十分注意这件事。

你的第十二号信，我仔细读了，我完全明白。我完全同情。其实我早就明白了，但我没有法子写信告诉你。

阮太太还没有来看我。

谢谢你寄生日礼来给我做生日！你今年六十岁生日，我不能在你身边，十分不好过！我寄一张百元支票给你，支票上写的是祖望的名字，可叫他去换成美钞，让你自己去买点日用东西，算是我送你的生日礼。

前年你的生日，我飞回去，赶上你的中西历合璧的生日。去年我们在患难中同过生日。今年又分开了。我敬祝你身体康健，无忧无虑，不气不恼，平安快乐！（按：在这段的上方，胡适加了一句话：我祝我们明年同过生日时，一切都比今天好多多了！）

适之
卅八，十二，七早

自从前年十二月廿日到今天，我居然没有开纸烟戒！

协和医院大夫来信，说小三仍住在江家，但没有事做。

我剪下北平《人民日报》（八月廿九）一段，可见江宝苍家被没收了。

我的身体不大好。十月中有两次发病，故十一月十九日，我出门去玩了十五六天，十一月中只发病一次。

适之

在离乱中，胡适还耿耿以未能为冬秀庆生感到不安，是很见夫妻情深的。

半个月之后，1949 年 12 月 23 日，胡适写了一封信给赵元任，提到冬秀去曼谷，和他自己找工作的事，可以补充上引这封信的不足：

现在冬秀到了曼谷，看看儿子媳妇（祖望 Oct.1. 在曼谷结婚了），但她的意思很不愿意久居曼谷。（媳妇是曾淑昭女士，金女大毕业，四川人，我和冬秀都见过。）她也不愿回台北去。因此，我不能不重新考虑我的教书问题。

…………

从前冬秀在台北，我总劝她不要轻易离开台北。我寄了一点钱去，劝她自己"顶"一所小房住。但此次她既去曼谷（Bangkok），很感觉新时代的"婆婆"不应该久居，叫新时代的"媳妇"生厌。（她的信很婉转，但她去了十五

343

天,就感觉不能久居了!)所以我要托元任为我仔细想想。曼谷的事还牵涉到暹罗是否会承认中共政权的问题,又牵涉到暹罗本身是否安全的问题,所以我颇忧虑。[11]

胡适在信中托赵元任为他打听加州大学教职的情形。

1950年2月11日,胡适有信给冬秀,可以看出婆媳之间的冲突已经非常严重了:

冬秀:

　　谢谢你的十三号信、十四号信。谢谢你托阮太太带来的两件长衫。阮太太走后,我打开衣包,忍不住伤心。我一定宝贵这两件衣服。

　　今天早上,祖望来了一个英文电报,说,"妈妈事事干涉,实难相处。很想送妈到你处,或送到香港,或送到台湾。急待回电。"

　　我看了电报,又气又急。我回了一电,说,"从我的三千元支票里,拨一千元给妈妈,使她可以离开你家,暂时分住,等我接她来。"

　　去年三月,祖望要我留一张支票给淑昭,数目是三千元,预备万一要避难到美国留学,可以给美国领事馆验看支票,不至于受留难。

　　这张支票,去年九月里淑昭已取出了。她此时不到美国留学,所以我电报上说,"拨一千元给妈妈。"

　　今天我另寄一张五百元的支票给你,可叫祖望取出交给你。

　　你要租房子单住,可托沈君怡兄或吴亦飞兄(吴名尚鹰),千万不可随便托人。有事时,可将实话告诉君怡,请他帮忙。

　　你十四号信上说,"照现在每月开支总要四五百美金。"我不知道曼谷生活程度有如此之贵。所以我劝你去请君怡或吴亦飞帮忙,不要租太贵的房子。

　　我的存款(旧存款)到去年我来时,止剩五百多元了。我带来的钱,总

---

⑪　胡适《致赵元任夫妇》,《全集》第25册,第421—422页。

数止有一万八千元。此中，我留给淑昭三千元，寄台湾给你两千元，还了祖望七百五十元。这就近六千元了。

我在这九个月里，没有教书，没有外出讲演，止收了几百元的讲演费。所以我此时存钱不多，只能先寄五百元给你，另外叫祖望拨一千元给你。

我把泽涵的信三封细细看过，很感觉兴趣。（上次剪报有江宝苍家抄家的事。泽涵信上没有提及。）

我自己的事，赵元任兄曾为我设法探问。但在学年中间，没有大学可以容易聘请新教员。不得已时，我可以另寻别的事，如专做研究，写书之类。

总之，我要你放心。我确是在这里设法。（赵元任太太太乐观，要替我寻一所房子，就在他家隔壁。我请元任先探问我教书的事，再寻房子，不迟。）

我没有多写信，真对不住你。以后我要多写信。

老实说，信真难写。

儿子十二月十九日有长信给我，我几次想写信，总写不成。

祝你好，祝你早日搬出。

适之

卅九年二月十一日

三天后，二月十四日，胡适又为同一件事，写信给冬秀：

冬秀：

十一日的信写好了，我想放在桌子上，隔两三天，再寄出。

昨夜（十三）收到你的十五号信，没有日子，但信里说，"昨天三号已经搬进去了"，可知信是二月四号寄的。

奇怪的很，你二月三日已搬出去住了，为什么祖望十日还打电报来要把妈妈送走呢？

你现在租的房子太贵，怕有缓急时不容易支持。所以我劝你托沈君怡兄帮忙，也许可以寻得比较不贵的房子。

　　附上短信,可以交给君怡。领事馆的信,下次寄给你,我得先把我的护照再展六个月的期限(四月二十日起)。

适之

　　这封短信是附在十一日的信中,同时付邮的。信寄到"曼谷纱厂"(The Bangkok Cotton Mills, Ltd.),由祖望转交。此时祖望在曼谷纱厂任总工程师。曼谷纱厂是当时纺织大王荣德生的幼子荣研仁1949年创立的。荣研仁与祖望早年在上海认识,并同在美国留学。信中多次提到的沈君怡(1901—1980),原名景清,后改名怡,字君怡,浙江嘉兴人,时任联合国亚洲暨远东经济委员会防洪局局长。他是陶孟和的小舅子。[12]

　　1950年4月3日胡适在给沈君怡的信中提到,他是如何决定在美国暂住下来的,"我去年秋就不愿意久留,特别是虑美政府也许承认中共的政权,那时我如何能住下去? 今年(按:1950)一月十四日,美国宣布撤退中共区域内的一切美国领馆人员以后,我才敢悬断,美国在最近一年或一年半以内,大概不会承认中共政权。"他是在这个基础上,才打算一时之间不离开美国。[13]

　　1950年4月21日,胡适有信给冬秀,通知她赴美签证已办好:

　　冬秀:

　　四月四日的长信,始终没有写完,后来(四月六日)我病了,就写不下去了。

　　我的病是大肠发炎,故下肚作痛,手摸着很痛,泻肚多次,——每天十二三次,泻不清楚,——人工灌肠两次。医生说是大肠发炎,吃了一星期的药,现在肚皮全部摸着没有痛的地方了,完全好了。

　　我四月四日写了一封长信给沈君怡先生,附有文件,请他给你解说,你看见了吗? 那封信说我的护照身份更改详情,可以供他参考。

　　四月八日夜,我打一电报给君怡,说:"非正式听说美国务院已有训令

---

⑫　参看《胡适全集》第25册,第429页注。
⑬　同上。

给美国驻曼谷大使馆签发胡太太的护照。请君怡与谢大使帮忙。"

　　四月十三日我才知道美国务院的电报是四月十日发出的。国务院开账单来收去"四元一角四分"的电报费，可见电报确已发了！（大使馆替我付款的公函副本，昨天寄到了。）我盼望你此时已得到护照签证了。

　　胡适在美居留的身份问题，一直要到 1950 年 5 月间，普林斯顿大学（Princeton University）请他当葛斯德东方图书馆馆长职务并以相当于正教授的职称（Fellow of the University Library and Curator of the Gest Oriental Library with Rank of Full Professor）聘任，才得到解决。[14]

　　我看到上引的这封信似为残本。江冬秀在得到护照签证后，并未立即赴美，而是绕道香港搭伴同行。胡适在 1950 年 6 月 9 日致沈君怡的信中说："她（按：冬秀）五月十日飞到香港，玩了近二十天，卅日搭伴飞美，在金山又玩了七天，今午（六月九日）才飞到纽约。"[15]冬秀到美之后，自然就不用书信往返了。就现存的档案来看，有整八年的时间没有家书。但胡适这八年的私人生活，也还可以从他的日记以及他给别人的信件中，看出一个大概。1950 年 10 月 2 日，胡适在给赵元任的信中恳求他不要寄原版的《四部丛刊》来，因为家中既无放置的地方，也无整理的人手。很透漏了一些他当时的生活情况：

　　　　冬秀对于书架，绝对不感兴趣，他绝对不能帮我的忙。……我现在的情形很像一个 baby-sitter，困难万分。……我是最怕人多的，最怕热闹的，最怕琐碎麻烦的。现在我才知道，这个小小 apartment 若要弄的洁净，必须我自己动手扫地，抹桌子，重洗玻璃杯，化冰箱的冰，洗客人留下烟头烟灰堆满的 ashtray。……只有一位老太太，每星期二来做六点钟的工，但家中若没有人对于清洁有兴趣，有指示能力，用人当然要躲懒的。[16]

[14]　参看胡适《致袁同礼》《致赵元任夫妇》，《胡适全集》第 25 册，第 437—441 页。关于胡适与葛斯德东方图书馆的关系，参看周质平《胡适的暗淡岁月》，在《胡适与韦莲司：深情五十年》台北联经出版事业公司1998 年版，第 193—219 页；北京大学出版社 1998 年版，第 205—234 页。
[15]　《胡适全集》第 25 册，第 448 页。
[16]　《胡适全集》第 25 册，第 452 页。

在这段话里很可以看出胡适二十世纪五十年代在纽约生活的拮据和朴素。当然,其中也有少许对冬秀的失望。1951 年 3 月 29 日,胡适在给赵元任夫人杨步伟的信中,讲到过去两年的生活,"一切都如噩梦!"⑰

1949 年在胡适一生中是个转折点。从他 1917 年回国,32 年来,他始终是中国学术界的中心人物。1949 年之后,胡适在中国的地位渐渐地由中心转向边缘。二十世纪五十年代所掀起的胡适思想批判,虽曾影响全国,但那毕竟是以胡适来作为"反面教材"进行的,这和当年开风气之先的胡适,当然不可同日而语。就胡适个人生命而言,1949 年,他 58 岁,距他逝世,还有 12 年,胡适是在颠沛流离之中进入了他的晚年。

【周质平　普林斯顿大学东亚文明系教授】
原文刊于《中国文化》2006 年 01 期

---

⑰ 《胡适全集》第 25 册,第 465 页。

胡适和国民党的一段纠纷

杨天石

有一段时期,胡适和国民党的关系很紧张,其发端与冲突经过,表现出近代中国独特的社会现象与文化现象。

一、发端

1929 年 3 月,国民党召开第三次全国代表大会,上海特别市代表陈德征向会议提出《严厉处置反革命分子案》,内称:"反革命分子包含共产党、国家主义者、第三党及一切违反三民主义之分子,此等分子之危害党国,已成为社会一致公认之事实,吾人应认定对反革命分子应不犹疑地予以严厉处置。"陈德征抱怨过去处置"反革命分子",均以移解法院为唯一办法;而法院又"碍于法例之拘束",常以"证据不足"为词,加以宽纵。他建议党部直接干预。提案说:

> 凡经省及特别市党部出面证明为反革命分子者,法院或其他法定之受理机关应以反革命罪处分之;如不服得上诉,惟上级法院或其他上级法定之

受理机关,如得中央党部之书面证明,即当驳斥之。①

这就是说,国民党省市党部有权确定谁是反革命,只需一纸"书面证明",即使"证据不足",法院也必须遵命治罪。胡适反对这种以党代法的意见。3月26日,即陈德征提案见报的当日,胡适即致函南京国民政府司法院长王宠惠说:

> 先生是研究法律的专门学者,对于此种提议,不知作何感想? 在世界法制史上,不知哪一世纪哪一个文明民族曾经有这样一种办法,笔之于书,立为制度的吗? 我的浅陋寡闻,今日读各报的专电,真有闻所未闻之感。中国国民党有这样党员,创此新制,大足夸耀于全世界了。②

胡适讽刺说,审判既不须经过法庭,处刑又何必劳动法庭,不如拘捕、审问、定罪、处刑、执行,"皆归党部",完全"无须法律","无须政府","岂不更直截了当吗"?

除致函王宠惠外,胡适又将该函送给国闻通信社,要求转送各报发表。29日,国闻通信社复函胡适,告以各报均未见刊出,听说已被检查者扣去,将原稿退给了胡适。③ 此事本来已经终结,不料4月1日,上海《民国日报》却出现了陈德征的短文《匕首》,中云:

> 不懂得党,不要瞎充内行,讲党记;不懂得主义,不要自以为是,对于主义,瞎费平章;不懂得法律,更不要冒充学者,来称道法治。在以中国国民党治中国的今日,老实说,一切国家底最高根本法,都是根据于总理主要的遗教,违反总理遗教,便是违反法律,违反法律,便要处以国法,这是一定的道理,不容胡说博士来胡说的。④

1928年8月,国民党五中全会宣布开始训政。1929年3月,国民党第三次全国

---

① 上海《民国日报》,1929年3月26日。
② 《胡适日记》(未刊,以下均同),1929年3月26日。
③ 胡适存国闻通信社来信,见《胡适日记》,以下凡未注出处者,均同。
④ 胡适存剪报。

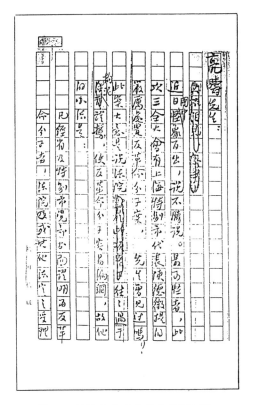

图一　胡适致王宠惠函手迹(局部)

代表大会通过决议,以孙中山所著《三民主义》《五权宪法》《建国方略》《建国大纲》及《地方自治开始实行法》,"为训政时期中华民国最高之根本法"。决议宣称:"吾党同志之努力,一以总理全部之遗教为准则","总理遗教,不特已成为中华民国所由创造之先天的宪法,且应以此为中华民国由训政时期达于宪政时期根本法之原则。"⑤陈德征文中所称:"一切国家底最高根本法,都是根据于总理主要的遗教",即本于该项决议。陈德征由此进一步推论:违反孙中山的"遗教"就是违反法律,便要处以国法。文末所说"胡说博士"隐指胡适。胡适读了之后,激愤地在日记中写道:"我的文章没处发表,而陈德征的反响却登出来了。"⑥

同年4月20日,南京国民政府发布命令,声称:

---

⑤　荣孟源主编:《中国国民党历次代表大会及中央全会资料》,光明日报出版社1985年版,第654—656页。

⑥　《胡适日记》,1929年4月1日。

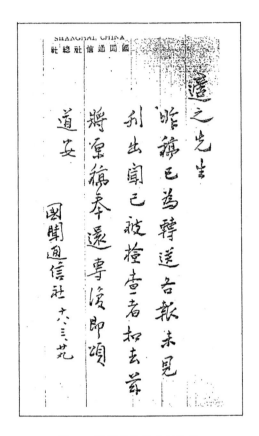

图二　国闻通信社致胡适函

　　世界各国人权,均受法律之保障,当此训政开始,法治基础亟宜确立。凡在中华民国法权管辖之内,无论个人或团体均不得以非法行为侵害他人身体自由及财产,违者即依法严行惩办不贷。[⑦]

胡适认为这道命令令人失望,于5月6日写成《人权与约法》一文,向南京国民政府质疑。他批评该项命令说:(1)"自由"究竟是哪几种自由?财产究竟受怎样的保障,没有明确规定。(2)命令所禁止的只是"个人或团体",而并不曾提及政

---

⑦　《国民政府公报》第147号,1929年4月23日。

府机关。他说:"个人或团体固然不得以非法行为侵害他人身体自由及财产,但今日我们最感觉痛苦的是种种政府机关或假借政府与党部的机关侵害人民的身体自由及财产。"(3)所谓"依法"是依什么法? 他说:"我们就不知道今日有何种法律可以保障人民的人权。"胡适指斥当时的国民党当局说:

> 无论什么人,只须贴上"反动分子""土豪劣绅""反革命""共党嫌疑"等等招牌,便都没有人权的保障。身体可以受侮辱,自由可以完全被剥夺,财产可以任意宰割,都不是"非法行为"了。⑧

文中,胡适并以致王宠惠函被扣一事为例说:"这封信是我亲自负责署名的,我不知道一个公民为什么不可以负责发表对于国家问题的讨论?"此外,胡适还引证了当时人权无保障的其他两个例子:安徽大学某校长因在语言上挺撞蒋介石,被拘禁多日,其家人亲友只能到处奔走求情,而不能到任何法院去控告"蒋主席";唐山商人杨润普被当地驻军一百五十二旅指为收买枪支,擅自抓去审问,刑讯逼供,经全市罢市后才释放。胡适提出:如果真要保障人权,确立法治基础,第一件应该制定一个中华民国的宪法,至少,至少,也应该制定所谓训政时期的约法。他说:

> 我们要一个约法来规定政府的权限,过此权限,便是"非法行为"。我们要一个约法来规定人民的"身体、自由及财产"的保障,有侵犯这法定的人权的,无论是一百五十二旅的连长或国民政府的主席,人民都可以控告,都得受法律的制裁。⑨

控告"一百五十二旅的连长",也许没有什么了不起,但是,胡适认为,也可以控告并依法制裁"国民政府的主席",在中国历史上,这就不能不是石破天惊之语了。

---

⑧ 《新月》2卷2号。
⑨ 《新月》2卷2号。

文末,胡适呼吁"快快制定约法以确定法治基础","快快制定约法以保障人权"。该文旋即在《新月》2卷2号上发表。

二、胡适对孙中山和国民党的批评

胡适的《人权与约法》发表后,立则引起了广泛的注意。一些朋友担心胡适吃亏,劝他罢手。6月2日,张元济致函胡适说:

> 先生写了信给王博士,又把信稿送给国闻通信社,又被什么检查者看见,我只怕这《新月》里雪林女士所说的那猛虎大吼一声,做一个跳掷的姿势,张牙舞爪,直向你扑来,你那一枝毛锥子,比不上陆放翁的长矛,又他不住。古人道:"邦无道,其默足以容。"这句话原不是对共和国民说的,但是我觉得我们共和国国民的面具很新,他几千年的老客气摆脱不掉,所以他几千年的话还是有用的。[10]

次日,张元济再次致函胡适,进一步补充说:

> 现在街上有一群疯狗在那里乱咬人,避的避,逃的逃,忽然间有个人出来打这些疯狗,哪有个不赞叹他呢!但是要防着,不要没有打死疯狗,反被他咬了一口,岂不是将来反少了一个打狗的人。[11]

但是,胡适不怕被"咬",他以"少一事不如多一事"[12]的态度,又撰文提出:"不但政府的权限要受约法制裁,党的权限也要受约法的制裁。"他说:

---

[10]　胡适存信稿。
[11]　胡适存信稿。
[12]　《胡适日记》,1929年5月6日。

　　如果党不受约法的制裁,那就是一国之中仍有特殊阶级超出法律制裁之外,那还成"法治"吗? 其实今日所谓"党治",说也可怜,哪里是"党治"? 只是"军人治党"而已。⑬

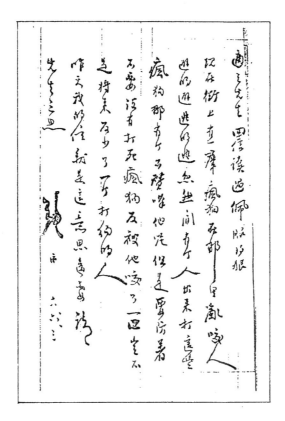

图三　张元济致胡适函

胡适的这些话,锋芒所向,触及了国民党长期标榜的"以党治国"的根本方针。

　　不仅如此,胡适又进一步把批评的矛头指向孙中山思想。

　　长期以来,孙中山一直将建设程序分为军政、训政、宪政三个时期,所谓训政时期,又称过渡时期。1923 年以前,孙中山始终主张训政时期要有一个约法来"规定人民之权利与义务,与革命政府之统治权",但是,在 1924 年的《建国大

⑬　《人权与约法》的讨论,《新月》2 卷 4 号。

纲》里,孙中山却没有再提起约法,也没有规定训政时期的年限。在《人权与约法》一文中,胡适对这一现象作过解释,认为这不过是一种偶然的遗漏。他说:《建国大纲》不过是孙中山先生一时想到的一个方案,并不是应有尽有的,遗漏的东西多着呢! 但是,胡适在进一步研究之后,却于 7 月 20 日写成《我们什么时候才可以有宪法》一文,质疑《建国大纲》。胡适认为:民国十三年的孙中山已不是十三年以前的孙中山,他的《建国大纲》简直是完全取消他以前所主张的"约法之治"了,不但训政时期没有约法,直到宪政开始时也还没有宪法。据胡适分析,孙中山之所以一再延迟宪政时期,其原因在于孙中山认为,中国人民知识程度不足,需要训练。胡适批评孙中山说:"人民初参政的时期,错误总不能免的,但我们不可因人民程度不够便不许他们参政。人民参政并不须多大的专门知识,他们需要的是参政的经验。民治主义的根本观念是承认普通民众的常识是根本可信任的。'三个臭皮匠,胜过一个诸葛亮。'这便是民权主义的根据。"胡适由此进一步指出,人民固然需要训练,党国诸公也同样需要训练,他说:

　　宪法的大功用不但在于规定人民的权利,更重要的是规定政府各机关的权限。立一个根本大法,使政府的各机关不得逾越他们的法定权限,使他们不得侵犯人民的权利,——这才是民主政治的训练。程度幼稚的民族,人民固然需要训练,政府也需要训练。人民需要"入塾读书",然而蒋介石先生、冯玉祥先生,以至许多长衫同志和小同志,生平不曾梦见共和政体是什么样子的,也不可不早日"入塾读书"罢!

　　人民需要的训练是宪法之下的公民生活,政府与党部诸公需要的训练是宪法之下的法治生活。"先知先觉"的政府诸公必须自己先用宪法来训练自己,裁制自己,然后可以希望训练国民走上共和的大路。不然,则口口声声说"训政",而自己所行所为皆不足为训。小民虽愚,岂易欺哉![14]

―――――――――――

[14] 《人权与约法》的讨论,《新月》2 卷 4 号。

胡适力图说明,"宪法之下正可以做训道人民的工作",批评孙中山的"根本大错误在于误认宪法不能与训政同时并立"。他要求南京国民政府迅速制定宪法。文末,胡适说:

> 我们不信无宪法可以训政;无宪法的训政只是专制。我们深信只有实行宪政的政府才配训政。

孙中山在他的遗嘱中曾经要求:"务须依照余所著《建国方略》《建国大纲》《三民主义》及《第一次全国代表大会宣言》继续努力,以求贯彻。"国民党第三次全国代表大会更将《建国大纲》及军政、训政、宪政三大程序宣布为"中华民国不可逾越的宪典"。⑮ 胡适质疑《建国大纲》,不仅是对孙中山思想的批评,也是对国民党第三次全国代表大会的决议和南京国民政府既定国策的批评。

同时,胡适又发表《知难,行亦不易》一文,批评孙中山的"知难行易"学说。胡适认为,这一学说有积极方面和消极方面。就积极方面说,它是一种很有力的革命哲学,可以鼓舞人们不怕艰难,勇往进取,北伐胜利即其功效。但是,这一学说又存在着两大"根本错误",其一是把知、行分得太分明。他说:

> 中山的本意只要教人尊重先知先觉,教人服从领袖,但他的话很多语病,不知不觉把"知""行"分做两件事,分作两种人做的两类的事,这是很不幸的。因为绝大部分的知识是不能同"行"分离的,尤其是社会科学的知识。这绝大部分的知识都是从实际经验(行)上得来:知一点,行一点;行一点,更知一点,——越行越知,越知越行,方才有这点子知识。三家村的豆腐公也不是完全没有知识;他做豆腐的知识比我们大学博士高明的多多。⑯

胡适指出,孙中山志在领导革命,自任知难,而勉人以行易,其结果是:"一班当

---

⑮ 荣孟源主编:《中国国民党历次代表大会及中央全会资料》,光明日报出版社 1985 年版,第 654—656 页。
⑯ 《吴淞月刊》第 2 期,又见《新月》2 卷 4 号。

权执政的人也就借'行易知难'的招牌，以为知识之事已有先总理担任做了，政治社会的精义都已包罗在《三民主义》《建国方略》等书之中，中国人民只有服从，更无疑义，更无批评辩论的余地了。于是他们掮着'训政'的招牌，背着'共信'的名义，钳制一切言论出版的自由，不容有丝毫异己的议论。知难既有先总理任之，行易又有党国大同志任之，舆论自然可以取消了。"⑰

胡适批评孙中山"知难行易"学说的第二个"根本错误"是不懂得：知固是难，行也不易。他以医学为例，说明读了许多生理学、解剖学、化学、微菌学、药学，并算不得医生，只有从临床的经验上得来的学问与技术才算是真正的知识。一个人，熟读了六七年书，拿着羊皮纸的文凭，而不能诊断，不能施手术，不能疗治，才知道知固然难，行也大不易。由此，胡适进一步批评当时纨绔子弟办交通、顽固书生办考试、当火头出身的办财政、旧式官僚办卫生等现象。他说：

> 今日最大的危险是当国的人不明白他们干的是一件绝大繁难的事。以一班没有现代学术训练的人，统治一个没有现代物质基础的大国家，天下的事有比这个更繁难的吗？要把这件大事办好，没有别的法子，只有充分请教专家，充分运用科学。然而"行易"之说可以作一班不学无术的军人政客的护身符！⑱

胡适这里就将南京国民政府的衮衮诸公都骂进去了。

一波未平，一波又起。10 月 10 日，国民党中央宣传部部长叶楚伧在《浙江民报》发表文章，其中有"中国本来是由美德筑成的黄金世界"一语，胡适认为这句话"最可以代表国民党的昏愦"，如果三百年前的中国真是如此美好，那么我们还做什么新文化运动呢？我们何不老老实实地提倡复古，回到"觉罗皇帝"以前就是了。11 月 19 日凌晨，胡适写成《新文化运动与国民党》一文，宣告"叶部长"在思想上是一个反动分子，他所代表的思想是反动的思想。文章进一步分析南京国民政府建立后的文化政策，从维持古文、骈文寿命，压制思想言论自由，

---

⑰ 《吴淞月刊》第 2 期，又见《新月》2 卷 4 号。
⑱ 《吴淞月刊》第 2 期，又见《新月》2 卷 4 号。

高唱"抵制文化侵略",提倡旧文化等方面,论证"国民党是反动的"。他说:

> 　　上帝可以否认,而孙中山不许批评。礼拜可以不做,而总理遗嘱不可不
> 读,纪念周不可不做。一个学者编了一部历史教科书,里面对于三皇五帝表
> 示了一点怀疑,便引起了国民政府诸公的义愤,便有戴季陶先生主张要罚商
> 务印书馆一百万元! 一百万元虽然从宽豁免了,但这一部很好的历史教科
> 书,曹锟、吴佩孚所不曾禁止的,终于不准发行了![19]

文章进一步分析了国民党和孙中山的文化思想,认为他们"自始便含有保守的
性质"。孙中山曾经有过"欧洲的新文化都是我们中国几千年前的旧东西"一类
说法,胡适在详加摘引之后评论说:

> 　　这种说法,在中山先生当时不过是随便说说,而后来三民主义成为一党
> 的经典,这种一时的议论便很可以助长顽固思想,养成夸大狂的心理,而阻
> 碍新思想的传播。[20]

胡适认为:1919 年"五四运动"以后,国民党接受过新文化运动的影响,但是,
1927 年以来,"钟摆又回到极右一边","国民党中的守旧势力都一一活动起
来"。他说:现在国民党所以大失人心,一半固然因为政治上的设施不能满足人
民期望,一半却是因为思想的僵化,不能吸引前进的思想界的同情。胡适要求:
(1)废止一切"鬼话文"的公文、法令,改用国语;(2)通令全国日报,新闻论说一
律改用白话;(3)废止一切钳制思想言论自由的命令、制度、机关;(4)取消统一
思想与党化教育的迷梦;(5)至少至少,学学专制帝王,时时下个求直言的诏令。
　　同日,胡适在梁实秋陪同下,以上文为内容在暨南大学作了讲演。讲毕,文
学院长陈钟凡对胡适吐舌说:"了不得! 比上两回的文章更厉害了! 我劝先生

---

⑲ 《新月》2 卷 6、7 号合刊。
⑳ 《新月》2 卷 6、7 号合刊。

不要发表,且等等看!"㉑但是,胡适仍然将该文在《新月》二卷六、七号合刊上发表了。其后,胡适又以同样题目在光华大学作了讲演。㉒

12月,胡适将他自己和罗隆基、梁实秋等人的文章结集为《人权论集》,计收胡适《人权与约法》《我们什么时候才可有宪法》、罗隆基《论人权》、梁实秋《论思想统一》、罗隆基《告压迫言论自由者》、胡适《新文化运动与国民党》《知难,行亦不易》、罗隆基《专家政治》、胡适《名教》等文。13日,胡适为这个集子写了篇小序,中云:

> 我们所要建立的是批评国民党的自由和批评孙中山的自由。上帝我们尚且可以批评,何况国民党与孙中山!㉓

文中,胡适在引用了周栎园《书影》里的一则"鹦鹉救火"的故事后说:

> 今日正是大火的时候,我们骨头烧成灰终究是中国人,实在不忍袖手旁观。我们明知小小的翅膀上滴下的水点未必能救火,我们不过尽我们的一点微弱的力量,减少良心上的一点谴责而已。

三、国民党的反应

胡适的言论引起了国民党方面的强烈反应。

1929年8月10日,上海市第三区党部召开全区代表大会,提出临时动议一项,认为胡适"十余年来,非惟思想没有进境,抑且以头脑之顽旧迷惑青年",呈请市执委会转呈中央,咨请国民政府,令饬教育部,撤去其中国公学校长一职并

㉑ 《胡适日记》,1929年11月19日。
㉒ 《光华大学大事系年录》,《光华大学十周纪念册》,第30页。
㉓ 《人权论集》。

予以惩处,决议通过。㉔ 24 日,国民党上海特别市执行委员会开会,陈德征等出席,决定将第三区党部的决议转呈中央。呈文说:"查胡适近年以来刊发言论,每多悖谬","足以引起人民对于政府恶感或轻视之影响","为政府计,为学校计,胡适殊不能使之再长中国公学。而为纠绳学者发言计,又不能不予以相当之惩处。"㉕28 日,再次开会,通过宣传部的提案:"中国公学校长胡适,公然侮辱本党总理,并诋毁本党主义,背叛政府,煽惑民众,应请中央转令国府严于惩办。"㉖接着,北平、天津、青岛各地的国民党党部和部分党员纷纷表态,响应上海市党部的要求,北平市黄汝翼等人的呈文并将胡适和共产党联系起来,呈文称:

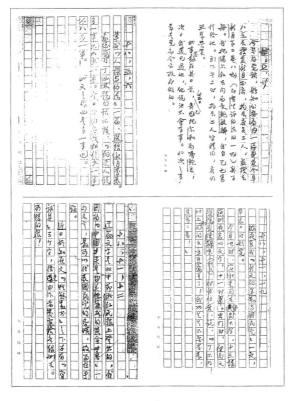

图四 胡适未刊日记

㉔ 上海《民国日报》,1929 年 8 月 13 日;参见胡适存《教育部训令》。

㉕ 同上,1929 年 8 月 25 日;参见胡适存《教育部训令》。

㉖ 同上,1929 年 8 月 29 日。

　　当此各反动派伺机活动,共产党文艺政策高唱入云之时,该胡适原为一
丧行文人,其背景如何,吾人虽不得而知,然其冀图解我共信,摇我党基之企
谋,固已昭然若揭,若不从严惩处,势必遗患无穷。㉗

其中,态度最严厉的要数青岛市执委会,除指责胡适"摇动革命信仰","影响党
国初基"外,竟要求将胡适"逮捕解京,予以惩处"。㉘

　　9月,国民党中央常务委员会将上海特别市执行委员会的呈文交给中央训
练部。21日,中央训练部致函南京国民政府,内称:

　　查胡适近年来言论确有不合,如最近《新月》杂志发表之《人权与约法》
《我们什么时候才可以有宪法》及《知难,行亦不易》等篇,不谙国内社会实
际情况,误解本党党义及总理学说,并溢出讨论范围,放言高论。

呈文在表示"本党党义博大精深,自不厌党内外人士反复研究讨论"之后,接着
指责说:

　　胡适身居大学校长,不但误解党义,且逾越学术研究范围,任意攻击,其
影响所及,既失大学校长尊严,并易使社会缺乏定见之人民对党政生不良印
象,自不能不予以纠正,以昭警戒。㉙

中央训练部要求国民政府转饬教育部,警告胡适,同时通饬全国大学校长,切实
督率教职员,精研党义,以免再有类似现象发生。不久,国民党中央就规定,各级
学校职员每天至少须有半小时自修研究《孙文学说》等"党义"。9月25日,国民
政府行政院转饬教育部。10月4日,教育部部长蒋梦麟训令胡适:"该校长言论
不合,奉令警告。"㉚

㉗　胡适存剪报。
㉘　胡适存剪报。
㉙　《教育部训令》。
㉚　《教育部训令》。

在教育部警告令发表前后,上海《民国日报》、南京《中央日报》等并发表了一批文章,对胡适进行批判。这些文章在同年 11 月由上海光明书局结集,出版了一本《评胡适反党义近著》。综观这些文章,其论点大略不出以下数点:

(1)指责胡适动机恶劣,态度狂妄。张振之撰文称:"孙先生的学说与主义是最完备、最准确的真理,是领导革命的最高原则,我们只有坚确地信仰,不能丝毫怀疑。"③他批评胡适说:"胡先生在文章中所表现出来的态度,不仅攻击孙文学说,而且想修正孙文学说,我们除佩服胡先生的妄诞以外,几乎无话可以形容了。"③张文并指责胡适,"感情用事,毫无理性已达极点"。

(2)指责胡适照搬西方理论,迷信西方民主。陶其情在该书序文中说:

> 欧美政治潮流的趋势,便以人权做中心,由人权而民权。这种人权的民权,正是民治主义的真义所在,乃虚伪的不普遍的民权,建筑在各个个人自私自利的人权上。资产阶级暨特殊阶级,为着自家人权的发展,势必行其侵略主义或操纵主义,法律为其护符,政治为其转移,便造成种种人为的不平等,还谈什么真正的民权呢? 大多数民众既已得不到民权,处在不平等地位,更谈什么人权呢?

陶其情宣称:只有中国国民党的"民权","以大多数民众做中心",才是真正的"民权";胡适学着"立宪派的论调","泥于民治主义的见解",不过是一种"洋八股"的精神罢了。有的文章更批评胡适,"到了欧美,只看见坐汽车、住洋房的人们生活享受愉快","没有看见工厂里面做资本家奴隶的工人"。③

(3)指责胡适破坏"中心",破坏"统一",造成思想与社会的混乱。文章说:

> 现在除了三民主义、孙文学说可以为中国社会中心以外,别无他种可以为中国社会之中心。③

---

③ 《再论知难行易的根本问题》,《评胡适反党义近著》,第 72—73 页。
③ 《知难行易的根本问题》,同上书,第 7 页。
③ 《评胡适反党义近著》,第 90 页。
③ 同上书,第 77 页。

还有的文章说：

> 我们相信，中国的统治，是需要国民党的统治；救中国的主义，是需要三民主义。㉟

基于上述观点，他们认为胡适的文章只能引起"更大的混乱"，"更大的纠纷"，"中国社会将从此失去其重心，而陷于万劫不复之地"㊱。有的文章更由此进一步指责胡适"深中共产党、改组派及帝国主义者反宣传之毒"㊲，"为帝国主义与奸商张目，蹈卖国汉奸之所为"。㊳

此外，还有的文章认为，当时"政局初定，人心浮动"，对于人民之自由"稍加限制"，以至采取"相当压制、防制"手段，都是必要的。文章说：

> 我们现虽跻入训政时期，然外有赤白帝国主义之勾诱，内有共产党与其他反动分子之隐伏，则政府取无形戒严的状态以制裁此辈之活动，实非常必要。㊴

他们逐一反驳胡适所举的国民党违反人权的几个例子，认为都是合理的。关于安徽大学某校长事，文章说："胡适既谓该大学校长挺撞蒋主席，则被拘禁数天亦宜。"关于胡适致王宠惠函各报均不能发表事，文章说："与其公开后而引起不良之影响，要不如予以扣留以减少无谓之纠纷。"如此等等。㊵

批判之外，国民党当局又进一步采取行政措施。

1930 年 1 月 20 日，上海特别市党部宣传部开会，陈德征主席，认为新月书店出版的《新月》月刊刊登胡适诋毁本党言论，"兹又故态复萌，实属不法已极"，决

㉟　《评胡适反党义近著》，第 143 页。
㊱　同上书，第 123 页。
㊲　同上书，第 132 页。
㊳　同上书，第 130 页。
㊴　同上书，第 131—132 页。
㊵　同上书，第 131—132 页。

议查封新月书店,同时呈请市执委会,转呈中央,褫夺胡适公权,严行通缉,使在党政府下不得活动。[41] 不久,国民党中央宣传部密令上海市党部,声称"《新月》第2卷第6、7期载有胡适《新文化运动与国民党》、罗隆基《告压迫言论自由者》二文,诋諆本党,肆行反动,应由该部密查当地各书店,有无该书出售,若有发现,即行没收焚毁"[42]。5月3日,国民党中宣部又下令查禁上海现代书局出版的《大众文艺新兴文学专号》与新月书店出版的《人权论集》。[43]

胡适对国民党的批判、警告、禁令一概采取蔑视态度。他逐一将有关消息、文章剪存,并批上"上海的舆论家真是可怜""这样不通的文章,也要登在党报上丢丑"等字。[44] 1929年10月7日,他将教育部的警告令退还蒋梦麟,附函列举部令所引公文的种种矛盾,纠正了其中两个错别字。胡适并说:"这件事完全是我个人的事,我做了三篇文字,用的是我自己的姓名,与中国公学何干!"[45]1930年2月15日,胡适读到新月书店送来的上海市党部宣传部的密令,中有中央宣传部"没收焚毁"《新月》第6、7期的密令。胡适在日记中写道:"密令而这样公开,真是妙不可言! 此令是犯法的,我不能不取法律手续对付他们。"[46]16日,胡适找到徐士浩律师,徐认为"没有受理的法庭"。当晚,胡适与郑天锡、刘崇佑二人商谈,刘表示可以起诉,于是,胡适决意起诉。[47]

然而,胡适最终没有起诉。

四、自由主义者的赞誉和革命论者的不满

胡适对孙中山和国民党的批评文章发表以后,国内外报刊纷纷介绍、转载。它为胡适赢得了大量社会赞誉,但是,也有一部分人表示不满。

---

[41] 《时事新报》,1930年1月20日。

[42] 胡适存《国民党上海特别市执行委员会宣传部令》,未刊,中国社会科学院近代史研究所藏。

[43] 胡适存《中国国民党上海特别市第四区执行委员会训令》,未刊,中国社会科学院近代史研究所藏。

[44] 《胡适日记》,1929年8月27日,参见胡适存剪报。

[45] 胡适致蒋梦麟函。

[46] 《胡适日记》,1930年2月15日。

[47] 同上,1930年2月16日。

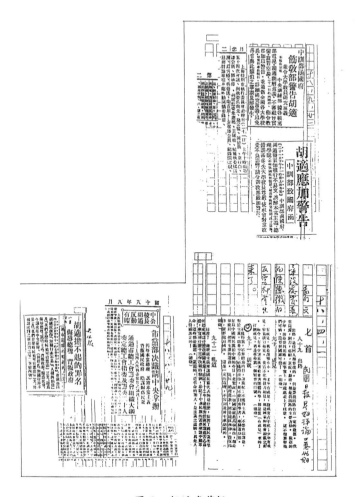

图五　胡适存剪报

　　赞誉者大多是和胡适怀有同样自由主义观点的知识分子。6月10日,蔡元培致函胡适,肯定他的《人权与约法》一文"振聩发聋"。[48] 9月10日,张謇的儿子南通大学校长张孝若写了一首诗给胡适,诗云:

　　　　许久不相见,异常想念你。我昨读你文,浩然气满纸。义正词自严,鞭辟真入里。中山即再生,定说你有理。他们那懂得? 反放无的矢。一党说

────────────

[48] 《胡适来往书信选》(上),中华书局,1979年,第515页。

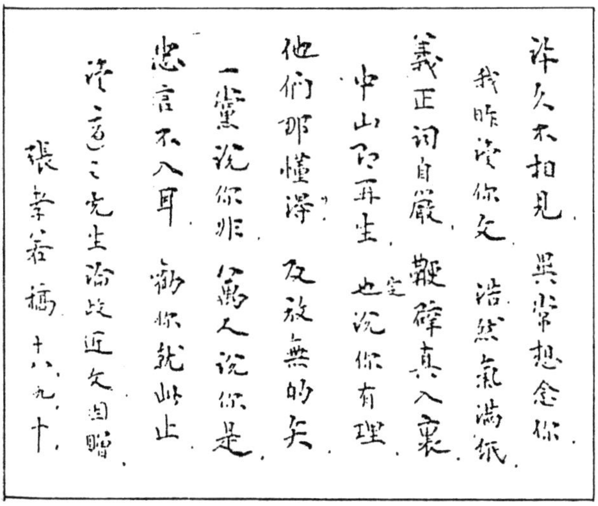

图六 张孝若赠胡适诗

你非,万人说你是。忠言不入耳,劝你就此止。

——《读适之先生论政近文因赠》⑭

张孝若的这首诗高度肯定了胡适的文章和精神,誉为浩然正气,鞭辟入里。"一党说你非,万人说你是"云云,明确地划出国民党"一党"和"万人"的不同是非界限。

和张孝若同样高度评价胡适文章的还有张元济。1930 年 5 月 3 日,他致函胡适说:

> 承赐《新月》一册,大作一首,真人人之所欲言而不能言者。当日连读两过,家中妇孺亦非终卷不能释手。苦口婆心的是有功世道文章。安得世人日书万卷读万遍也。⑮

唐朝的韩愈为了歌颂平定藩镇叛乱的业绩,写过一篇《平淮西碑》,诗人李商隐

---

⑭ 胡适存来信。
⑮ 胡适存来信。

曾表示"愿书万本诵万过";张元济此函,赞美胡适言"人人之所欲言而不能言者",希望"世人日书万卷读万遍",隐约地将胡适比作韩愈。

当时像张孝若、张元济一样对胡适击节称叹的颇不乏人。《光报》有一篇文章说:"胡以不党之学者自居,而社会亦以是称之。故'胡说'一出,遂大得社会之同情,尤其智识阶级,大为称快。"[51]这确是事实。原北大学生胡梦秋致函胡适说:

> 《申报》的记载,《人权与约法》的大著已有单行本了! 在我们追佩着法国卢梭的《民约论》时,又于言论界得到一个卢梭第二的伟作。[52]

高梦旦的哥哥写信给高梦旦说:

> 自梁任公以后可以胡先生首屈一指。不特文笔纵横,一往无敌,而威武不屈,胆略过人。[53]

这位作者由于佩服胡适的勇敢,居然"拟上胡先生谥号,称之为龙胆公,取赵子龙一身都是胆之义"。继此函之后,高凤池致书高梦旦说:

> 承赐胡君所著之书两册,甚感。谢谢。揭奸诛恶,大有董狐直笔气概,读之如炎暑饮冰,沁人肺腑,既爽快,又警惕,一种爱国热忱与直言之胆魄,令人起敬不已。尤可重者,胡君心细思密,每着眼在人所忽而不经意处,不愧一时才子。[54]

把胡适喻为中国古代的"良史"董狐,也是一种极度的推崇。同函又说:

---

[51] 《光报》第3期。
[52] 胡适存来件,其中,胡梦秋函存中国社会科学院近代史研究所。
[53] 胡适存来件。
[54] 同上。

> 言者谆谆,听者藐藐,刚愎之政府,肆行其矛盾自利政策,不加以反革命罪名,亦云幸矣。

确实,当时很多人都为胡适捏着一把汗,写了那样激烈的文字,却只得着一纸"警告令",真是"亦云幸矣"!

对胡适文章表示不满的大都是社会革命论者。1929 年 6 月,《白话三日刊》发表过一篇《争自由与胡适的胡说》,中云:

> 什么自由和法权,并不是没有,只是我们穷苦的人们没有罢了。胡适之不曾分开来说,以为他们也可以拿自由和法权给我们,所以他起先虽然愤愤不平,结果只好跪地求饶了。老实告诉你罢,现时固然没有约法,但是,假使由他们定出来,也决不会对于民众有利的(于胡适之这一等人或者是有利的)。我们革命的民众决不会向统治者要求颁布什么约法,请他们保障什么人权。我们只有向着敌人猛攻,以取得我们的法,我们的权,和我们的自由! 胡适之的口号与要求,无裨于实际,只有帮助统治者缓和民众斗争的作用。我们必须排斥这种哀求敌人的投机的理论。[55]

以向敌人"猛攻"为唯一的斗争手段,将胡适的有关文章斥之为"帮助统治者缓和民众斗争"的"投机理论",完全是二三十年代左派的口吻。

与上文观点相近的是《自由》杂志发表的一篇文章,中云:

> 民权与约法是"争"出来的,不是"求"出来的;是用铁和血所换来的,不是用请愿的方式所能得到的,何况事实上连请愿都不可能呢! 我们倘若真正想要民权与约法,现在只有一条路,就是大踏步走过来,加入全国革命的组织,以铁和血的力量,去打倒一党专制的国民党,打倒袁世凯第二的蒋中正。[56]

---

[55] 《白话三日刊》,1979 年 6 月 6 日。
[56] 《自由》第 1 期。

反对一切合法斗争,主张诉之于"铁和血",显然,这是主张暴力革命的宣言。

五、质问胡汉民

在国民党元老中,胡汉民一直以孙中山思想的捍卫者自居。胡适批评孙中山的军政、训政、宪政三大程序和"知难行易"学说,要求南京国民政府迅速制定宪法,自然不为胡汉民所喜。当时,他担任立法院长。1929 年 9 月,他先后在立法院及国民党中央党部发表演说,阐述"知难行易"等有关理论,批评胡适,他说:

> 人民不知如何运用参政权,宪法岂不是假的,故训政乃〈必〉要的,殊不知我们现在已有宪法,总理的一切遗教就是成文的宪法。三全大会已经确定并分期实施训政工作,如再要另外一个宪法,岂非怪事!民元时代,因不遵守总理训政方案,已误国家。总理著的《孙文学说》,至今尚有人怀疑。足见一般人是爱假的,不要真实的。⑰

胡汉民的这段话,处处针对胡适,只是没有点名而已。

1930 年 11 月,胡汉民在立法院再次发表讲话,中云:

> 最近见到中国有一位切求自由的哲学博士在《伦敦泰晤士报》上发表一篇长长的论文,认为废除不平等条约不是中国的急切要求。

胡汉民由此批判说:

> 在他个人无论是想借此取得帝国主义者的赞助和荣宠,或发挥他"遇

---

⑰ 胡适存剪报。

见溥仪称皇上"的自由,然而影响所及,究竟又如何呢? 此其居心之险恶,行为之卑劣,真可以"不与共中国"了。⑧

胡汉民这里所说"中国有一位切求自由的哲学博士",明眼人一看便知道指的是胡适。"居心之险恶","不与共中国"云云,批判十分严厉。

对于 1929 年 9 月的讲话,胡适未加理睬;这一次,胡适忍不住了。11 月 25 日,他致函胡汉民,中云:

> 这一段文字很像是暗指着我说的,我知道先生自己不会看《太晤士报》(即《泰晤士报》),必定有人对先生这样说,我盼望先生请这个人指出我在那一天的《伦敦泰晤士报》上发表过何种长长的文章或短短的文章,其中有这样一句"居心险恶,行为卑劣"的话。倘蒙这个人把原来的报纸剪下寄给我看看,我格外感谢。⑨

12 月 10 日,胡适再次致函胡汉民,要求他"务必拨出几分钟的工夫,令秘书处给我一个答复"。信中,胡适强调说:"先生既认这句话犯了'可以不与共中国'的大罪,便不应该不答复我的请问。"⑩

胡适从未在《伦敦泰晤士报》发表过胡汉民所指责的那一类文章,所以胡汉民当然指不出哪一天,更无从把报纸剪下来寄给胡适。12 月 9 日,即胡适发出第二封信的前一日,胡汉民的"随从秘书处"复函胡适,说明原委,原来是:胡汉民的一位"熟谙英文"的朋友说过:当中国要求撤废领事裁判权的照会到达英国时,《伦敦泰晤士报》曾引述"中国某哲学博士"的言论,说明"中国司法与政治种种不善",以此"反证中国政府要求撤销领事裁判权之无当"云云。胡汉民认为"某哲学博士"的言论竟成为帝国主义者维护在华利益的借口,足以证明当时"极端言论自由者"的过错,因此在谈所谓"言论自由"时"纵论及之"。复函并称

---

⑧ 上海《民国日报》,1930 年 11 月 22 日。
⑨ 《胡适来往书信选》(中),第 32—33 页。
⑩ 同上,第 34—35 页。

胡汉民"始终不欲举著论者之姓名,殆亦朱子'必求其人以实之,则凿矣'之意欤?"⑥

胡汉民"随从秘书处"的这封信实际上承认胡汉民的指责没有根据,但又声称胡适的言论"竟为帝国主义者维护其在华特权之借口",而且引朱熹的话,讥刺胡适,当然不能使胡适满意,由于《大公报》的胡政之在一篇访问胡汉民的文章中有同样的记载,因此,胡适又于12月21日致函胡政之,询问胡汉民在谈话时,是否曾明确地说到自己的姓名,信中,胡适说:"请你看一个被诬蔑的同宗小弟弟的面上,把当日的真相告诉我。"⑥25日,胡政之复函胡适,证实胡汉民谈话时,确曾指明胡适。胡政之并告诉胡适,21日来函受过北平公安局的检查,函面上留有检查图记,希望他注意。⑥

胡适自认受了"诬蔑",按照他的可以控告国民政府主席的理论,他完全可以控告胡汉民这位立法院长,然而,他没有采取任何行动。尽管他对国民党仍然有种种不满,但是,他的态度却逐渐软化了。

六、调解罗隆基案

在批评国民党问题上,罗隆基是胡适的战友。从1929年4月出版的《新月》2卷2号起,罗隆基连续发表了《专家政治》《告压迫言论自由者》《论人权》《我对于党务上的尽情批评》《我们要什么样的政治制度》等文。罗隆基并不像胡适那样把矛头指向孙中山,相反,他却在某些地方以阐发孙中山思想的形式做文章,但是,他对国民党的批评仍然是相当显豁、激烈的,例如《我对于党务上的尽情批评》一文就说:

> 国民党天天拿民主、民权来训导我们小百姓,同时又拿专制独裁来做政

---

⑥ 《胡适来往书信选》,第34页。

⑥ 同上,第35页。

⑥ 同上,第36—37页。

治上的榜样。天天要小百姓看民治的标语,喊民权的口号,同时又要我们受专制独裁的统治。⑥

国民党不能容忍胡适的批评,当然也不能容忍罗隆基的批评。1930年10月,国民党上海第八区党部向上海警备司令部控告罗隆基:"言论反动","侮辱总理",并称罗是"国家主义的领袖",有"共产党嫌疑"云云。11月4日,罗隆基在中国公学被捕,书包、身体,从内衣到外套,从帽到袜,都被搜查。同日,罗隆基被保释。事后,罗隆基立即写了《我的被捕经过与反感》一文,向社会披露有关事实。文中,罗隆基激烈地抨击了国民党的"党治"。他说:"这段小故事,是很简单的,然而又是很严重的。在一个野蛮到今日中国这个地步的国家,我上面的那段故事是许多小市民很通常的经验。"罗隆基认为:"一切罪孽,都在整个的制度;一切责任,都在政府和党魁。"⑥当时,罗在上海光华大学任教授,讲授政治学,南京国民政府教育部即以"言论谬妄,迭次公然诋毁本党"为理由,要求该校解除罗隆基的教职。

事关自己的同志和言论自由的原则,因此胡适不能不出面干预。但是,他这一次的做法不同了——不再写文章诉诸舆论,而是走上层路线,疏通化解。

当时,陈布雷任南京国民政府教育部次长(部长蒋介石兼),胡适便托和陈有关系的经济学家金井羊去游说,告以"此事实开政府直接罢免大学教授之端,此端一开,不但不足以整饬学风,将引起无穷学潮",劝陈"息事宁人"。胡并称,必要时,他将亲赴南京一行。⑥但是,陈布雷坚决不同意收回成命。1931年1月15日,胡适致函陈布雷,声言罗隆基所作文字,并无"恶意"的诋毁,只有善意的忠告;《新月》杂志对舆论界的贡献在于用真姓名发表负责任的文字,党部与政府认为有不当之处,可以用书面驳辩,认为有干法律,可向法庭控诉,法律以外的干涉只足以开恶例,贻讥世界。胡适并称:

---

⑥ 《新月》2卷8号。

⑥ 《新月》3卷3号。

⑥ 胡适致陈布雷函,未刊。

　　此类负责的言论,无论在任何文明国家中,皆宜任其自由发表,不可加以压迫。若政府不许人民用真姓名负责发表言论,则人民必走向匿名攻讦或阴谋叛逆之路上去。[67]

信中,胡适并以美国哈佛大学和五四前的北大为例,说明"在大学以内,凡不犯法的言论,皆宜有自由发表的机会,在大学以外,凡个人负责发表的言论,不当影响他在校内的教授的职务。"胡适称:"此事在大部或以为是关系一个人的小问题,然在我们书生眼里,则是一个绝重要的'原则'问题。"17日,陈布雷复函胡适,声称对他的意见"殊未能苟同","此事部中既决定者,当不能变更",但陈布雷表示,便中当将胡函转呈蒋介石。对胡适提到的"原则"问题,陈布雷邀请胡适到南京一谈,"若能谈出一个初步的共同认识来,亦为甚所希望的事"。[68] 18日,胡适在日记中写道:"人言布雷固执,果然。"[69]同日,胡适将《新月》2卷及3卷已出的三期各两份托金井羊带给陈布雷及蒋介石。在致陈布雷信中,胡适说:

　　望先生们能腾出一部分时间,稍稍浏览这几期的言论,该"没收焚毁"(中宣部密令中语),或该坐监枪毙,我们都愿意负责任。但不读我们的文字而但凭无知党员的报告便滥用政府的威力来压迫我们,终不能叫我们心服。[70]

此信金井羊认为过于强硬,未带。

　　19日,胡适在罗隆基家中与潘光旦、王造时、全增嘏、董仕坚等人商议,胡适提出三条办法:(一)先由教育部承认"我们的原则",后由光华大学校长张寿镛去呈文,请教育部自己转圜,然后罗隆基辞职;(二)教育部已说不通了,可由张寿镛发表一个谈话,说他不能执行部令,如此,罗隆基也可辞职;(三)教育部与张寿镛皆不依此"原则",则由罗隆基自己抗议,声明为顾全光华大学而去。[71] 同

---

[67] 胡适致陈布雷函,未刊。
[68] 《陈布雷复胡适函》,未刊。
[69] 《胡适日记》,1931年1月18日。
[70] 《胡适来往书信选》(中),第40页。
[71] 《胡适日记》,1931年1月19日。

日,张寿镛拟具了一份给蒋介石的密呈,中云:

> 罗隆基在《新月》杂志发表言论,意在主张人权,间有批评党治之语,其措词容有未当,惟其言论均由个人负责署名,纯粹以公民资格发抒意见,并非以光华教员资格教授学生。今自奉部电遵照后,教员群起恐慌,以为学术自由将从此打破,议论稍有不合,必将蹈此覆辙,人人自危,此非国家之福也。[72]

呈文强调罗隆基意在"匡救阙失",要求蒋介石"爱惜士类","稍予矜念"。此呈经胡适修改并经罗隆基同意后发出。二人约定,此呈经蒋介石批准后即发表,发表后罗隆基即辞职。当时,金井羊仍然要求胡适去南京与陈布雷谈话,胡则要金转告陈,共同的认识必须有两点:(一)负责的言论绝对自由;(二)友意的批评,政府应完全承认。无此二项,没有"共同认识"的可能。[73]

在与胡适等商谈之后,张寿镛见到了蒋介石。蒋问:"罗隆基这人究竟怎么样?"张答:"一介书生,想做文章,出点风头,而其心无他。"蒋再问:"可以引为同调吗?"张感到气氛转变了,连答:"可以!可以!"21日,张寿镛向胡适转述了这次会见的经过,胡适听了之后,忍不住笑出声来,说:"话不是这样说的,这不是同调的问题,是政府能否容忍异己的问题。"[74]胡适劝张寿镛将呈文抄给罗隆基,劝罗辞职,并请罗声明:反对政府的"原则",但不愿使光华大学为难。

实际上,胡适选择了一种不使南京国民政府"为难"的办法。

七、胡适逐渐和国民党接近

尽管胡适激烈地批评国民党,然而,他并不反对国民党,当他写作《人权与

---

⑫ 胡适存抄件,未刊。
⑬ 《胡适日记》,1931年1月19日。
⑭ 同上,1931年1月22日。

约法》等文章时，就同时保持着和国民党要员宋子文等人的密切联系。胡适在日记中曾说："我们的态度是'修正'的态度：我们不问谁在台上，只希望做点补偏救弊的工作。补得一分是一分，救得一弊是一利。"⑦⑤胡适对孙中山思想和国民党的批评，其实只是一种"补偏救弊"。这一点，国民党上海特别市党部的执行委员们糊涂，而有些读者却是清楚的。例如，有一位山东读者就致函胡适说：

> 我要向党国的忠实同志进一忠告：《人权论集》不但不是要加害于党国的宣传品，依我看，倒能帮助党国根基的永固。因为此书把党国不自觉的错处，都历历指出，党国能幡然改悟，再不致惹民众的抱怨，可以有甚么危害？所以不但不必禁售，非党员固当各具一本，即党员亦应手置一编，以自策励。⑦⑥

这位读者显然要比国民党的党国要员们高明。还有一位外国人在《星期字林报》上发表文章说："一个政府与其把胡适抓起来，不如听听他的劝告。"⑦⑦这位外国人也比国民党的党国要员们高明。

大概蒋介石多少懂得这一点，所以尽管上海等地方党部一再呼吁严惩以至通缉胡适，但蒋介石却在 1931 年任命胡适为财政委员会委员。他询问张寿镛，罗隆基这样的人是否可以引为"同调"，这句话虽然被胡适讥笑为"话不是这样说的"，但至少表示出，他企图将罗隆基一类人收为己用。

大概胡适也看出了蒋介石这一点，所以 1932 年 11 月，他在武汉将自己做的一本《淮南王书》送给蒋介石，希望他从中悟出治国之道和"做领袖的绝大本领"来。⑦⑧1934 年 4 月，又托蒋廷黻带信给蒋介石，劝他"全力去做自己权限以内的事"，而当蒋介石接纳了胡适的某些意见时，胡适就认为蒋介石"不是不能改过的人，只可惜他没有诤友肯时时指摘他的过举"。⑦⑨

---

⑦⑤ 《胡适日记》，1931 年 1 月 22 日。
⑦⑥ 胡适存来信，未刊，中国社会科学院近代史研究所藏。
⑦⑦ 胡适存剪报。
⑦⑧ 《胡适日记》，1932 年 11 月 29 日。
⑦⑨ 同上，1934 年 4 月 4 日、4 月 10 日。

此后,胡适和国民党就逐渐接近起来。

【校后记】 笔者写作本文时,所据《胡适日记》为美国哥伦比亚大学图书馆所藏缩微胶卷;校对此文时,台湾远流出版公司已经出版了影印本《胡适日记》。特此说明。

【杨天石 中国社会科学院荣誉学部委员,近代史研究所研究员】

原文刊于《中国文化》1991 年 01 期

孤独的启蒙者

吴宓的文化个性及其历史命运

徐葆耕

　　也许是对先生坎坷一生有了些了解的缘故,反观先生青年时代的照片总觉得有些悲剧气质:背脊过于挺直,连脖颈都是挺直的,加上那古板方正的面孔,严肃执着的眼神,令人想起"挠挠者易折"那句老话。1931 年,默存先生曾致函吴宓,谓其具有亚里士多德所论之悲剧主角资格。吴先生将这一评断写入《吴宓诗集》自注(见卷十三,第 29 页),似可理解为默然接受。郑朝宗先生在回忆录中也说:"吴先生向来以古希腊悲剧英雄自比,认为一生常受命运女神的摆弄。"(《随笔》)可见先生确有悲剧角色的"角色意识"。郑先生回忆录中的话,大约是指个人感情生活和事业上的诸事不顺遂,故像俄狄浦斯那样结果与初衷相悖。而吴宓的对悲剧角色的"自我意识"比这还更深更广些。他在上述自注中推崇 Scott 著《Unity of Homer》一书中的第七章,称该章"以海克多(hector)为'道德之英雄'解释悲剧主角之义最精"。海克多(现通译赫克托尔)是《荷马史诗》中所写的特洛伊城的英勇保卫者。他明知命运险恶仍一往无前。他具有舍弃个人幸福(娇妻,爱子)而为城邦殉身的"责任意识",故 Scott 称其为"道德之英雄"。作为罗马人的祖先,海克多的精神是典型的罗马悲剧英雄的精神。统观先生一生为民族文化复兴而呕心沥血的历史,特别是在"文化大革命"的险恶环境中不畏抛出自己的头颅捍卫民族文化精魂的气概,确乎与海克多神似。所不同的,海克多以高超的武艺保卫城邦和人民,吴宓却是凭借文化武器,"以天道启悟人生"。作为一个希腊式的悲剧角色,他是一位殉情者;作为一个罗马式的悲剧角色,他是一位殉道者。

真像是命运女神的故意安排,吴宓呱呱坠地时就得了一个带有救世意味的名字:玉衡。这个名字出典是"在璇玑玉衡,以齐七政。"(《书·舜典》)按《辞海》解释,"玉衡"为古代观测天象仪器上的部件。若据《尚书·大传》,"七政"为春、夏、秋、冬、天文、地理、人道。那"玉衡"的任务就大得无所不包了。吴宓十五而知天命,在一首诗中有"禄禄居民上,出言乃失衡"之句,可见已将求"衡"视为己任。此处的"衡"同天文、地理无关,而是匡世济民的真理。民族的灾难催促少年早熟。深切的忧患和焦灼,是本世纪初一代学子的普遍情结。但具有诗人气质的吴宓,他的忧愤和苦闷就更深更广。当他十七岁,徜徉于清华学校的藤影荷声之间时,就已"痴念常悬万古愁"。将亿万斯年的大愁大苦都放在自己的心上,不可谓不"痴",而明知是"痴",却仍要继续"痴"下去,这是吴宓对自己悲剧性命运的最初解悟。雨果说,诗人常把自己视为耶稣,要把全人类的苦难都担在自己肩上,仿佛在为全世界受苦。而对如此沉重的情感痛苦,有的诗人会用幽默嘲讽来缓解,有的会用相对主义来超脱,还有的干脆用享乐主义麻醉自己,而吴宓都不能,他是无可解脱者。刚强自信,执着至于迂的"秦国人"的乡土性格使他的诗形成沉重朴拙的风格,像他的家乡附近出土的秦代兵马俑,即使游山玩水之诗也渗透着感时伤国的血泪情丝。白屋诗人吴芳吉评他的诗是"以其质朴不免束缚于文而不能空灵耳"。芳吉作为挚友力主吴宓去浪游巴山蜀水,以获得李白式登仙般的飞扬感。但是,秦国人终究是秦国人。随着年龄的增长,他的诗日益圆熟,但"痴念常悬万古愁"的"耶稣气质"始终没有淡化,执着近于迂的沉重感也没有消失。超脱飘逸的诗不能说没有,但为数寥寥。至于幽默和俏皮,除了仿萨克雷的《吴宓先生之烦恼》中有"钓得金鳌又脱钩"等句外,几近于无。"耶稣气质"同认真执着的风格相结合,构成吴宓文化个性的基础,是理解他全部人生的钥匙。

吴宓的这种文化个性,如果同当时反传统的文化潮流相结合,他就会成为陈独秀、鲁迅的忠实部下和冲锋陷阵的盟友。然而,诗人的天赋加上从小受到的良好的汉文化教育,及"幼多清福,无坎坷之患"的生活环境,使得那幼小的心灵心甘情愿地被华夏传统文化的精品——古典诗词的魅力所捕获。对传统的深爱几化为他的生命本体意识,以至于我们在他毕生的撰述中都很难找到一句对儒家文化的贬抑之词。但是,面对金瓯破碎,国弱民贫的现实,对传统的挚爱不能不转化为对传统所面临的危机的焦灼。这种危机感达到了相当悲观的程度,但他深压在心底,只是偶有流露:在十五岁时写的《二月二日三原县城观放烟火》云:"添花乍绽千层锦,结局终余一寸灰;莫便兴衰伤时事,虚空楼阁易崩溃。"(《吴宓诗集》卷一,第2页)这首诗令人想起《红楼梦》中除夕夜燃放爆竹时的薛宝钗等人的诗句。不知十五岁的吴宓是否已读过红楼,但确已读过梁启超等人忧国启道的文字。同年所写的《陕西梦传奇》中竟有"金瓯残缺力难挽,警遒笔待将民梦唤,使自由文明灿烂"。将"自由文明"视为奋斗理想,显然已偏离传统轨道,而向西方文化倾斜。次年(1910)五月,他剪了辫子,这在地处僻隅的陕西可算激进,同年还写下了"堪笑井蛙言大海,愿从赤骥走风尘"的豪句,这是赠给一位留日青年的诗,全诗表明他已准备跳出传统之"井",走向世界的"大海"。也许正是这种愿望,促使他赴考清华留美预备学校。当他以优异成绩走进清华园后,他的诗反而不似过去那么昂扬,进清华前曰:"雕虫非我愿。"进清华后却说:"自愧学雕虫,于世更无补。"那种"问志敢请缨"的豪情逐渐被无可奈何的悲哀所代替。这种变化不是由于诗人的斗志衰颓,而是出于对自己所面临的艰巨任务有了比少年时代远为深刻的认识。正像哈姆雷特在父王死后意识到自己担负着"重整乾坤"的重任后所发出的哀叹一样。这不是英雄气短,而是走向深沉。一个饱受欺凌的民族往往有着格外敏感的自尊,而在这种自尊的底层又是深刻的自卑意识。将传统视为生命的吴宓无论如何不肯卷入激进民主派对传统文化的抨击,但又苦于找不到支柱以维系将倾的大厦,因此"热肠频洒伤时泪,妙手难施救国方"。也就是说,他也意识到,单凭传统文化已难于救国,而将其摒弃又绝不甘心。这种两难处境煎熬着青年吴宓的心灵。

几乎是意外的惊喜,吴宓的两难心态在美国哈佛得到解脱。来到西方的吴宓发现:"西方古典文化的处境并不比中国好。"资本主义经济的发展导致人的急剧商品化,道德沦丧,人欲横流,文化衰颓,灵魂孤苦,"譬之栋折榱崩,石飞瓦散而风雨飘摇无栖身之所。"（《安诺德之诗》,《学衡》第十四期）而在此"危系一发"的艰难时刻,作为蜚声欧美的新人文主义大师白璧德(I.Babbitt)高度肯定中国传统文化的主体——孔子学说,并把它视为拯救挪亚方舟沉落的一剂良药。几乎被本国激进派扫进垃圾堆里的孔儒学说却被西方慧眼发现了价值,吴宓的惊喜是难以用语言形容的。他在一篇文章中曾表示对白璧德大师"心悦诚服"（《学衡》第三期,第2页）。其实这四个字很难把吴宓的心情道尽。这犹如在狂涛怒吼的茫茫大海上,两只即将倾覆的孤舟之间的相互发现:白璧德发现了东方的孔子,而东方的吴宓发现西方的白璧德。吴宓慨叹说:"中西文化在今实有共休戚,同存亡之形势矣!"一种中西文化之间"同病相怜"或者说"同仇敌忾"的心态使吴宓对中西文化不取褒一贬一的态度,而希望两只危舟携手救亡,共力图存。这种内在情感力量一直隐蔽地支配着吴宓的理性思考,在学昭老师保存的吴宓先生《文学与人生》的讲稿中,我们看到一张如下的简图:

世界四大宗传
The 4 Great Tradition

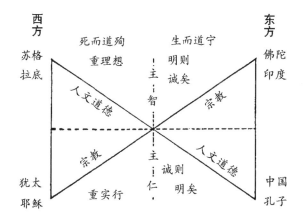

这张简图精要地概括了人类古代文化的主要精华,并且揭示了被高山大川阻隔开来的民族独立创造的文化之间的内在联系,在宗教与道德、理想与实行、仁与智、诚与明之间的互补。这四大宗传犹如四根支柱撑起世界文明大厦。中国的孔子学说是这一大厦不可缺少的支柱,而离开其他支柱它又无力独撑。这一潜心研究的成果帮助吴宓克服了少年时代就隐遁于内心的对汉文化的危机感,同时又使自己的文化观从民族的提升为世界的,从世界大文化的系统中重新发现了孔子学说的价值。

众所周知,在中西文化史上历来都有"片面掘进派",他们认为文化的发展必须以彻底否定现存文化为新文化开路,如西方浪漫派对新古典主义,中国五四时代激进派对传统文化的彻底否定态度。吴宓通过对文化发展历史的宏观研究,提出如下看法:"孟子曰,天下之生久矣,一治一乱,斯宾塞谓世事如钟摆。古语云物极必反,而西国史家谓一部西洋史只是自由与权威的(或解放与规律)二者相互循环替代之过程。按文学史上实迹亦正如此。一国之文学枯燥平淡无生气久之必来解放发扬之运动。其弊则流于粗犷散乱紊乱无归,于此而整理收束之运动又不得不起。此二种运动方向相反如寒来与暑往,形迹上似此推彼倒,互相破坏,实则相资相成,去其瑕垢而存其精华。读史者放眼千古,统计其全盘因果,则谓二者同为深宏之建树,其事业与成绩皆长赫然存立而不磨。"(《马勒尔白逝世三百周年纪念》,载于《大公报》副刊)这段论述揭示了文化发展长河中乱与治、破与立、创造与模仿、积累与更新之间的辩证关系。文化发展规律同政治斗争规律有所不同,政治斗争往往是一个阶级吃掉一个阶级或两败俱伤,同归于尽,而文化斗争则是各种文化流派在相激相荡中相融相汇。在历史发展的一定时期内,"片面的激进"是历史的必然。但历史用片面性为自己开路之后又无情地抛弃它们。吴宓在三十年代写下的这段论述,较之二十年代初的《论新文化运动》显得视野开阔,避免了单纯强调模仿、治、立而反对创造、破、乱的偏执。这种对文化发展历史规律的深刻把握使他在三四十年代的教学和研究工作中善于在相互对立的思潮、流派中发现它们的互补,审慎地吸取各自的有用之物,做到"一"与"多"的辩证统一。

然而刚从哈佛归国时的青年吴宓却没有这么成熟。"苦练金丹经九转,偶凭凤慧照深幽。"自认为已经掌握了救世金丹的吴宓在当时可以说是雄心勃勃,信心百倍的。他担任《学衡》的主编,同梅光迪、胡先骕等树起"论究学术,阐求真理,昌明国粹,融化新知"的大旗,但是,刊物没出几期就遭到猛烈抨击。这里涉及吴宓本人的主要是对文言文的态度问题,但就情感层次而言,是民族自尊意识与自卑意识的混合冲动。正像他后来所述及的:"文言之堕废乃吾侪所认为国家民族全体永久最不幸之事,亦宓个人情感中最悲伤最痛苦之事。"(《空轩诗话》,见《吴宓诗集》卷末)就观点而书,吴宓的偏激是显然的。胡适、鲁迅都指出过古代汉语语法的不严密及其对中国人思维的非科学性的消极影响,五四时代提倡的白话文无疑对于解放思想有巨大意义。但是,如果我们再回到理论层面上,吴宓的观点又是值得注意的。当代的许多汉语专家都指出,古汉语不仅具有直观性、形象性的特点,而且它的"非逻辑性"正为人类的模糊意识即"不可言说性"提供了一种表意工具。特别是古汉语在古典诗词中所显示出来的优点,几乎是无可替代的。因此,古汉语不可废止。另外,吴宓对于白话文也不是一概贬谪的态度,《学衡》杂志曾发表过白话文小说。吴宓同新诗人徐志摩两情甚笃,徐去世时,吴宓的挽诗中还有"依新依旧共诗神"之句和"异道同悲"的慨叹。然而所有这些,在富有感情色彩的论战过程中都变得模糊不清。吴宓等人的失败是惨重的。这不仅是由于教育界和广大学生的支持使白话文繁盛起来,而且是从此吴宓被抛出反帝反封建的文化主流之外。吴宓的脸上被对方抹上一层喜剧性的油彩,成了一个食古不化、阻遏新知的冬烘形象。

吴宓曾经不无悲哀地解释说:"世之毁宓誉宓者,恒指宓为儒教孔子之徒,以维护中国旧礼教为职志,不知宓所资感发和奋斗之力量,实来自西方。质言之,宓爱读柏拉图语录及《新约圣经》,宓看明希腊哲学和基督教为西洋文化之二大源泉,及西洋一切理想事业之原动力。而宓亲受白璧德师及穆尔先生,亦可云宓会直接继承西洋之道统,而吸收其中心精神。宓持此所得区区以归,故更能了解中国文化之优点与孔子之崇高中正。"(《吴宓诗集》卷末,第162页)

近来,有些学者并无贬义地将吴宓列入"文化保守主义"行列。这似不确。按照史华慈(B.Schwarz)的提法,保守主义的特征之一是民族主义,是以民族传统文化为中心。吴宓尽管具有强烈的民族自尊感和对传统文化的"捍卫意识",但仔细检视他的文化思想体系就会发现,他对中国传统文化的认同多在与西方文化相通的部分和表述形式方面。就其内涵而言,更多的是西方古典主义和十九世纪浪漫主义,在这二者之间又以古典主义为理性支撑,以浪漫主义为情感补充。

吴宓在进行世界各种不同文化之间的整合时,存在着一个事实上的筛选过程。但涉及对儒学说的筛选时,他顽强地保持口头上的缄默而在实际上悄悄进行。例如,作为中国儒学之核心的"三纲"(君为臣纲、父为子纲、夫为妻纲)在吴宓的"世界大文化"体系中就没有位置,而且可以用吴宓全部撰述证明他的思想是同"三纲"相悖的,但他却绝不公开讨伐"三纲"。更有意味的是在整合过程中的"偷换"——就像但丁的《神曲》在基督教"三界"框架中悄悄塞入人本主义内容一样——吴宓在使用儒家学说的用语时置换了它们的部分内容。例如,儒家主张"修身",作为"内圣"之学它是服从于"外王"(封建主义的治国平天下)即维护封建的国家统治。据此要求提出的"修身"内容则是具有封建之"礼"等压抑人性的内容,甚至"存天理,灭人欲"。显然,儒家的"修身"是没有个体的独立位置的,吴宓高举"修身"的旗帜,但其"修身"的内容却不同:"凡古今中外之人,其生活及事业,皆有外阳(功业,道德,思想,责任)和内阴(生活,婚姻,恋爱,情感)之二方面,而诗人文人尤为显著。表里如一乃为真诚。性智相融乃为正道。阴阳合济乃为幸福。窥此二者之全,乃为真知。由此二方面竭力帮助,乃为真爱。"在这里,重要的不仅在于其修身的内容与儒家有所不同,而且在于其修身的出发点不是某种外在的需要,而在于人自身,在于人的幸福和至爱,在于人的全面健康发展,这种关于"人"的理想显然更接近西方启蒙时代的模式。吴宓的思想是以人为主体的思想,他认为在艺术中"表现自我是唯一之要事",诗歌可以抒发"浪漫之情感"和"现代人心理",如枯索悲苦,迷离惝恍,想象沉湮,意志僵萎,摧挫凝沮,萎歇颓废,均应表现。总之,人自身内心世界的丰富性都是文字驰骤的领域,吴宓认为,个体的自由、健康、全面的发展是第一位的,是立国治邦之本。

但吴宓反对西方的放荡恣肆的个人主义和非理性主义。他接受白璧德的人性二重性,认为人有两个"自我":粗浅暴厉,任性纵情,类似动物原人之"自我"与深思明辨,笃志力行之道德"自我"。人需要"克己复礼",以后一"自我"克服前一"自我",才能达到崇伟之"仁"的境界。这里的"仁"不仅是儒家的"泛爱众",而且推广为与宇宙精神相往来而不傲睨于万物的至为博大精妙的宗教境界。吴宓把人生观由低到高分为三界:物界(动物本能)、人界(自我意识)、天界(天人合一)。这一界说与黑格尔关于人的精神生活发展的三个阶段类似。黑格尔认为，第一阶段是"自然存在"，其性本恶与禽兽无异；第二阶段是"超自然存在"，人只顾追求一己私欲或殊相而离开"共体"成为个体的人；第三阶段是超出小我的个别性而达到与普通性的统一，即与自然界复归为一。将吴宓的"物、人、天"与黑格尔的"三个阶段"作一比较，明显地看出它们的相似之点。而经过吴宓筛选和创造性转化了的孔儒学说注进了西方血液从而显露出了新的生机。

吴宓文化体系中的西方特质突出地表现在对宗教和女人的态度上。应该说，中国古典主义文化和西方古典文化在对待国家、民族、君主的忠诚意识，在人际关系上的道德主义和在形式（包括礼仪）上对典雅、严整的要求上有许多相似之处，把它们截然分开是不可能的。但在对待宗教和女人的态度上却鲜明地反映出中西古典文化的差别。这种差别是如此之大，以至于一位日本学者认为，理解西方人对待宗教和女人的态度是了解西方文化的两个不可逾越的鸿沟。在中国的传统文化中，宗教观念淡薄，至于儒家更是"不语焉鬼神"，而西方有长达千年之久的基督教统治的历史，宗教崇拜直到今日还是西方文化的重要特质。由对圣母马利亚的崇拜而发展起来的女性崇拜又是宗教崇拜中不可分离的一部分。宗教崇拜、女性崇拜和艺术崇拜，在西方文化中是同一件事情。应该说，在近代中国数以百万计的学者中间真正领悟这一西方文化精髓的人是为数不多的，吴宓却是其中的一个。他自称"笃信上帝"，但不是中世纪的耶和华，而是更近于爱因斯坦所崇拜的那种对宇宙力量的神秘体验。爱因斯坦说："我们认识到有某种我们不能洞察的东西存在，感觉到那种只能以其最原始的形式为我们感受到的最深奥的理性和最灿烂的美——正是这种认识和这种感情构成了真正的宗教感情；在这个意义上，而且也只有在这个意义上，我才是一个具有深挚宗教感情的人。"由于吴宓研究过佛教，在他的诗歌里常使用佛教语汇来表述他的宗教感情，在这些诗歌里常流露出"色即是空"的虚无主义思想。但在另外一些献给他所尊崇的女性，特别是写给他所深爱的女子"东方海伦"的情诗里，表现出强烈的女性崇拜意识。在这些诗里，"东方海伦"之具体"能指"已变得不重要，而重要的在于这一符号的"所指"。吴宓明确地说："以所爱女子为理想寄托。""宇宙一玄谜，呜呼海伦身。"（《海伦曲》，《吴宓诗集》卷十三）吴宓诗中的"东方海伦"远不只是一个姣好的女子，而是宇宙中无限美好与神秘的一个象征。她是同"上帝"合而为一的,就像但丁心目中的贝德丽采或彼特拉克诗中的"圣母劳拉"。

在阅读吴宓那些献给女人的诗时,人们会觉得有"两个吴宓":在思想文化观念上非常"守旧"与"古板"的吴宓和在情感生活中非常"浪漫"的吴宓。这似乎是一种性格上的不和谐。这种"不和谐"使我们联想到一位欧洲的文化伟人,那就是写作《浮士德》时的歌德。其时的歌德似乎也是矛盾的,分裂的:政治上对封建王朝的屈从;思想上对启蒙理性的崇拜;文学上对感伤的浪漫主义的否定;个人感情生活中的自由放任——年过花甲依然向青年女子献上一首首求爱的诗。这种"分裂",一方面反映了歌德在思想气质方面的对立因素(如恩格斯早已揭示过的),另一方面也表现了资产阶级启蒙时代对于理性与情感这对矛盾的态度。十八世纪的启蒙学者,如狄德罗等都是既尊崇理性又重视情感的。具有严正的理性的社会、道德秩序和情感、意志的充分自由的有机结合成为资产阶级启蒙运动所追求的人文思想。而吴宓在思想主张与个人情感生活上的"矛盾",如果从西方启蒙思想的角度来审视,它们不仅不矛盾,而且是不可分割的两个方面。友人徐际恒诗中称吴宓"道心重系千钧发,情网柔牵万缕丝"可谓准确地勾勒出吴宓内心世界的主要之点和理想追求。在吴宓看来,"道"与"情"是不可分割的两方面。他对所钟爱、所友善的女人表达的那些情感是美好的,无可非议的。

在中国漫长的封建时代里占统治地位的文化观念是不承认女子的平等地位,也不承认男女相爱的天赋权利的。女人的最高品质是三从四德,从一而终;男人可以三妻六妾,但又提倡糟糠之妻不下堂。作为这种没有爱情基础的家庭的补充是卖淫,即使当时被视为品德高贵的文人(如白居易)也以狎妓为雅。中国古典诗歌中,献给爱妻的情诗极少,赠给青楼女子的艳词却很丰富。这种畸形的男女关系,由于年深日久已沉淀于中国人的文化心理结构的深层。五四时代的先进智识者会为女性的独立和在爱情的基础上建立家庭而呐喊,对封建传统发动猛烈抨击,关于"娜拉及其出走"的讨论是启蒙运动的重要内容,但令人深思的是,当需要采取实际行动时,这些勇敢的先驱者们都是相当谨慎的:胡适同他那包办成婚的小脚妻子过了一辈子,鲁迅在同许广平结合后迟迟不解除与朱姓女子的婚约,他们都深知,爱情与婚姻这是人类情感领域最敏感的"致命点",它凝聚着人类一切情感关系和道德关系,一着失慎就可能误入"雷区",导致一系列的情感痛苦和道德上的身败名裂。而吴宓却踩上了这个"地雷"。尽管他写给女人的诗比但丁、彼特拉克的不知谨慎多少倍,却依然惹起纷纷扬扬的大波。吴宓作为一个醉心于向女人献媚的浪漫诗人成了小报上的热门话题,连那些经常出入妓院的文人墨客都认为自己有权利嘲笑几声。吴宓在《新爱篇》中慨叹自己的处境曰:"恋爱自由行者众,几人一贯明体用。美德尽作口头禅,真情翻遭掌中弄。"在中国,事业上的失败者有人同情,"道德上"的反叛者却要粉身碎骨。如果吴宓不去公开发表他的爱情诗也无妨,吴宓的"迂"就在于他的座右铭:"真诚不苟。"(见《大公报》)他认为:"道德乃真切之情志,恋爱亦人格之表现。予于德业,少有成就。于恋爱生活尤感痛苦失败空虚,然予力主真诚,绝恶伪善,自能负责,不恤人言。"竟将自己平生所遇女子,按情感性质、程度分类,列出清单公之于世。这种做法,在当时可谓绝无仅有。在西方则与写《忏悔录》时的卢梭庶几相近。哲学家休谟谈到卢梭的惊人的坦诚时说:"他好像这样一个人:这人不仅剥掉了衣服,而且剥掉皮肤,在这种情况下被赶出去和猛烈的暴风雨进行搏斗。"(转引自罗素:《西方哲学史》下,第 232 页)当一个社会走向没落和崩溃时,伪善是一种不可缺少的面具。西方的许多思想家和艺术家,从卢梭到拜伦,从普希金到托尔斯泰,都是以不计毁誉的坦诚来撕破这层沉重的面纱,以暴露出社会本体的丑陋。这是以名誉为武器和代价的战斗,是对付伪善的唯一有效的战法。别林斯基说:"击中伪善这多头毒蛇的人是伟大的。"而以自己的名誉作牺牲去拼搏的人更是伟大的。金克木先生在《次韵奉和吴雨僧先生独游西山灵光寺》中叹曰:"不辞毁谤入风尘,如此京华曾几人。"对吴宓情感生活的道德评价尽可不同,但这种坦诚的本身就具有反封建的启蒙意义。

这一道喜剧油彩比上一道抹得更滑稽。然而这些油彩就像抹在堂·吉诃德身上的油彩一样,"它越是令人发笑,就越使人难过"。因为恰恰是"这位英雄是主持正义的"(英诗人拜伦语)。这位学者兼诗人,回顾自己从十五岁起下决心:"填海苦效精卫志,感时血泪化杜鹃。"二十多年来未有一时一刻敢懈怠,对人但有爱恕,对事黾勉竭力,对一己之享乐则牺牲无怨,但结果却是"情道两伤余谤毁"，"鹃血啼干人共笑"，更深悲者是至亲好友都不予理解，以至"愁极竟无人可语"。极度的孤独感使吴宓从古典主义的蜗壳里将触角伸向现代主义。吴宓曾说有三首诗足以代表他的人生观，其一为《操舟》，诗曰："操舟入海苦难航，云雾波涛没晓光。右转左倾失路准，前推后挽许身藏。回头未必即逢岸，触石斯须便覆亡。万里行来仍旧处，圆天低盖水中央。"这个"操舟人"使我们联想起存在主义者加缪所阐释的西西弗斯：一个推石上山，一个操舟下海；一个将巨石推上山复又滚回原来处，一个摇小舟荡波万里又归回旧地；历史循环论分别得到不同的形象表现；不同的形象表现同样揭示了人生的荒诞，对"存在"的意义提出质询。吴宓对西方最富孤独感的诗人安诺德作过深入研究并自比为："我是东方安诺德。"但他与安诺德不同处在于，吴宓在中国佛道文化的虚静境界中获得暂时的解脱，表现这种解脱的《孤危》是吴宓诗中最富形而上色彩的好诗之一："孤危渐觉天心近，寂寞才窥人事真。动植飞潜各有性，悲欢得失自从因。尽施无极成痴爱，食苦味甘成皆仁。闻道已迟行日短，辨事何意迹同泯。"（《吴宓诗集》卷十三，第 13 页）或在老庄相对主义中获得慰解："成败等齐观，苦乐共欣赏。"

但是，正像吴宓先生常自诩为《红楼梦》中的妙玉那样："云空未必空。"爱情，友情，对待传统文化与华夏热土的深情，情情不泯。他不可能在虚静中流连忘返，也不会像周作人那样用自嘲来求得解脱。他只能像恩·卡西尔说的那样，做一个"文化动物"——在学习和创造文化的活动中感受自我的存在。在振奋时，他"埋头书卷寻真道"；颓唐时，"慰我生涯幸有书"，文化化为血肉之躯、生命的最高意义。在新中国成立以后，他会极其真挚地批判"封建主义文化和西方资产阶级文化"对自己的影响，表示要"彻底决裂"。但当毛主席的《关于正确处理人民内部矛盾的问题》发表时，他又情不自禁地执笔为文，着重阐述毛泽东思想与中国传统文化之间的联系。在指出毛主席讲话中广征博引古代名著的特点后，热情洋溢地写道："这类千百部的旧书皆是中华民族遗产之精华，我人民祖先丰富的经验与智慧之宝库，是人人所当吸收利用的，而若不读书，但凭个人生活之直接体验，断不能十分了解中国人民的心理和其潜在的能力。"还说："我认为：马列主义的原理（根本义）在中国的旧书和西洋古典哲学中，亦可寻找得出，要当披沙拣金，好好地采集融炼，好好地结合。"（《重庆日报》1957 年 5 月 24 日）

笔者不准备在这里剖析上述观点的是非,使人感到兴趣的是:二三十年代吴宓所宣传的对古典文化的尊崇、不同形态的文化的可继承性、可融和性等观点到了五十年代,经过"思想改造"运动的"批判","决裂"之后,又几乎全部复活了。吴宓在五十年代初对自己的"批判"是绝对真诚的,但只是理性的批判,沉积于意识底层的"生命本体"几乎没有触动,一旦受到毛主席讲话的诱发,又淋漓酣畅地表现出来了。当文化一旦转化为生命意识本身,它就与生命同在,只要生命一息尚存,文化就活着。当"四人帮"如一匹匹驽马在文化园圃里肆意践踏时,已被迫害致残的吴宓忍无可忍。在他们抛出"批孔"阴谋时,吴宓宣称:"宁可杀头,也不批孔。"因此而被戴上"现行反革命"帽子也傲然无悔。一种文化的存在价值往往是要人们用鲜血和生命来论证。而只有那些视文化如同生命的人,才肯为文化抛出自己的头颅。据说,在当时,全国文化界只有三个人公开反对批孔。他们是孤独的,然而正如易卜生所曾说过的:"世界最强有力的就是那个最孤独的人。"

"而立之年"的吴宓就已两鬓斑白,在这一年他曾痛心疾首地写下如下文字:"苦吾中华古国,竟不能比于希腊罗马之以学术文艺影响全世后来,且不能经于意大利爱尔兰之得其道以复兴,此其摧心丧志真无穷也。"这段肺腑之言道出了吴宓毕生的雄心壮志。正像欧洲人在古希腊文明中注入人文主义血液而创造了灿烂的文艺复兴一样,吴宓力求在中国传统文化中注入"新来之俊思"而创造东方的文艺复兴。当然,正像我们前面已经论到的,吴宓的思想并没有超出资产阶级的范畴。在思想观念上同时代之间的错位,是吴宓之悲剧的根本所在。但作为《学衡》主编和大学教授,他毕竟在反帝反封建的文化斗争中做了大量的启蒙工作。由于这些工作属于整个世界反对资本主义物化和非理性化斗争的一部分,因而具有世界性意义。吴宓和他的同道们对于人和自然、人和社会、人和人、仁和智、理想和情感等方面的辩证论述较其他非理性的学派更接近马克思主义关于未来人的理想。过去,我们习惯于骄傲地宣称,我们已经全部超越了传统,一切旧文化似已成庸赘之物。但是,"文化大革命"浩劫之后,我们终于看到了文化大厦栋折榱崩的苦涩。在现代化大潮冲击下,失去理想的人们正在被拜金主义浪潮席卷而去。我们从来没有像今天这样痛苦地意识到:对文化的彻底否定就意味着民族的灭亡,意味着人倒退为畜。对于猪来说,粪便里的珍珠并不比粪便可贵。而对于人来说,只有把全人类一切有用的文化瑰宝——摄取过来才能拯救人类自己。而这摄取又是一个多么艰辛的再创造的过程。正是在这样的反省中,几被历史埋没的这位孤独的启蒙学者才重新引起人们的注视。

【徐葆耕　清华大学中文系教授】

原文刊于《中国文化》1991 年 02 期

傅斯年早期的"造社会"论

从两份未刊残稿谈起

王汎森

　　傅斯年在"五四"前后将近一年间,曾断断续续地讨论到"社会",而且他在这个时期提到社会时,常加引号,以表示他不是在表达一种泛泛的概念。但是由于傅斯年"社会"方面的文字或是未收入全集,或是仍属手稿,故未被充分讨论,本文正是这一方面的尝试。

　　谈傅斯年的社会观,不能不谈晚清以来的社会有机体论,所以本文便由晚清以来群学与社会观念中的有机体论开始。

一、清末的社会有机体论

　　清末西方的挑战使得全中国的政治运作重心起了改变。政治的重心不再只是对内管理全国,如果只是这样,则所有力量须唯中央的力量马首是瞻,或者最好是除了中央,全国皆无力量。但是西方挑战使得政治重心变成是如何使全国每一分子充分发挥其力量,并将此所有力量尽量统合在一起,以增加国家总体力量。

　　人们开始思索这样一个问题:广泛的人民参与是对国家力量的损耗还是增

强？过去不少人认为"民可使由之，不可使知之"，或"防民如川"，认为百姓有权即代表中央权威的削弱，可是清末知识分子却发现国家力量的计算是整体的。人们发现，政府尤其是在中枢掌政的人，或是军队，并不是国家力量的主要来源，全体人民才是。一个国家不能仰赖几个人或几十个人，必须是每一个"国民"或"公民"皆发挥其力量才行。故须仔细考虑如何动员全体人民的力量，培植人民的智力与体力，以增加国力的总和。因此出现了两种追求：

（1）将人民从原有的限制中解放出来并启蒙他们，使每个分子自由地发挥最大力量。

（2）造"社会"，将每一个分子组织起来，使得社会不再是一盘散沙，而是有组织、有力量的"有机体"。

这时候英国社会学家斯宾塞（Herbert Spencer）的社会有机体论乃成了使"部分"与"整体"形成有机联结的理论基础。而社会有机体论与晚清以来流行的"群"与"社会"有密切的关系。

一八八七年黄遵宪在《日本国志》中早已提到"社会"一词，不过当时并未引起注意。"群"学则主要是经严复的引介而流行，[1]而后来"社会"一词的流行，主要是因日本思想大量介绍到中国的缘故。由于这两个名词几乎同时出现，观念的差异很不易说，所以有说群即社会，[2]也有说"社会者，有法之群也"。[3]

"群"与"社会"都指一种产生集体力量的组织，但并非集体主义。由于它们都是想在旧的亲缘组织外，引起一种横向的联系，所以对于传统的个人与个人关系，群体与个人关系的组合方式都特别注意，这也就是他们一再提到的人与人之间的"钩锁"；譬如，"公德"即是他们所特别提倡的一种维系各分子的新道德规范。[4]

"群"学之形成与达尔文进化论分不开，达尔文进化论进入东亚社会（及其

---

[1] 梁启超对"群"学传播贡献甚大，见 Hao Chang, *Liang Ch'i-ch'ao and Intellectual Transition in China'* (Cambridge, Harvard Univ. Press, 1971) 中对此问题之精彩论述，见该书第 95—100 页、第 105—106 页等。

[2] 汪荣宝：《新尔雅·释群》，转引自陈旭麓《戊戌时期维新派的社会观——群学》，收于龚书铎编《近代中国与近代文化》，湖南人民出版社，1988 年，第 390 页。

[3] 严复译：《群学肄言》，商务印书馆，无出版年代，《译余赘语》，第 2 页。

[4] 《新民说》，台北中华书局，1978 年，第 15 页。

他西欧国家,如法国),是以激进、冲垮旧文明为特征的。可是它有其他的侧面,譬如成为鼓励集体主义的护身符。在严译《天演论》中,严复不断地用"群"字,而且一再强调"物竞天择,适者生存"是以"群"而不是以个人为单位进行的,如果整个国群在竞争中落了下风,则群中之个人亦将受其害。所以必须尽其可能动员国群内所有力量来参与竞争,而集体主义被认为是凝聚力量的最好手段。这一以"群"为单位而不是以个人为单位的观念也曾在日本思想界起过决定性作用。⑤

前面已提到过,"群"与"社会"皆受社会有机体论的影响。西方社会有机论的思想来源甚长,但作为一种学说体系则产生于十九世纪下半叶,其中对中国产生重大影响的,是英国的斯宾塞。斯氏用生物进化论解释社会现象,认为社会与国家是和生物一样由简单到复杂、不断进化的有机体。社会具有三大器官系统,从事生产者相当于营养系统,商业、银行、运输业等于生物体的分配、循环系统,管理机构和政府等于神经系统。社会整体的性质乃依其各分子或各细胞的品质而决定。每一部分都是一小型社会或有机体,而各部分间均相互依赖。⑥

在严复的《原强》一文及所译《群学肄言》中,对生机论运用很广。严书中处处可见"么匿"(unit)及"拓都"(total),或晶体与矿物,细胞与动植物的比喻。这些观念及比喻此后皆反复出现在各种讨论中国社会建构的理论中。⑦ 而且也与地方自治论等主张由下而上的政治理论相结合。如《江苏》这份杂志在最开始便主张以乡治作为基础来谈"群",并与江苏的地方自治运动融合。又由于"群"学与社会有机体论,除强调各分子自由发展其力量外,又强调各分子间能紧密结合在一起,为了达成这一点,各分子之间必须"通情",故主张设议院、商会、学会,以议院通上下之情、以商会通商人之情、以学会通士人之情。此外,也必须练习遵守"群"的公共规范。

---

⑤ 日本对达尔文学说的介绍比中国早了将近二十年,后来成为东京大学校长的加藤弘之是主将。加藤因为强调物竞天择是以国群为单位,大力鼓吹集体主义,成为军国主义的一个前导。

⑥ 可参考张瑞德:《严复对斯宾塞社会有机论的介绍和曲解》,载《大陆杂志》57:4,第34—36页。

⑦ 譬如,《新民说》,第152页。不过社会有机论主张渐变不主突变,故在清末民初政治中常被拿来作为保守的根据。严复因主有机体论,而有机只能渐变,不易突变,所以符合保守派如袁世凯之胃口。参考嵇文甫《谈严几道》,见《嵇文甫文集》(中),河南人民出版社1990年版,第66—67页。

　　"群"与"社会"虽然几乎同时出现,但两个观念有一更迭期。大体上从甲午之后到义和团运动之间是"群"流行的时期,此后有一段时间,"群"与"社会"交迭使用;大致要到辛亥革命前四五年,"社会"一词才渐流行。

　　甲午之后,许多新知识分子想超越传统亲缘限制去团结同志,形成自动自发的社会群众团体以传播启蒙思想或发起救国行动,最后则想建立现代的国家。"群"有各种不同的性质,如士群(学会)、商群(公司)、国群(议院),不过,甲午战争后士人最热衷的还是"士群"(学会),所以康有为说"开风气,开知识,非合大群不可"。而此处的合群基本上是指开各种学会。在甲午战争之后两年,便有人说"中国近两年风气骤开,颇赖学会之力"。⑧ 学会有各种性质,有以政治为主,有以学术性为主,也有以改革风俗、提倡社会新风气为主。当时中国大大小小的学会有上千个,足见其势之盛了。

　　义和团运动则迫使人们更加发现晚清以来的社会有机体论有其现实的意义。拳民的无知,使得人们更加了解社会中各个分子如果不健全,国家仍然是无救的,所以当时盛极一时的下层启蒙运动的一个理论基础便是社会有机论,⑨改造民族当先改造它的分子——国民。这也使得人们在谈群学时,注意力得以逐渐由上转下,由士大夫转到群众组织。不过他们仍未有将政治与社会分开成两个范畴的想法。

　　值得注意的是,在这一段"群"与"社会"交迭使用的时期,许多人不清楚它们的分别何在。1902年《新民丛报》第十一号"问答"一栏,编者便这样回答一位深为"群"与"社会"混用所困的读者:

> 　　社会者,日人翻译英文 society 之语,中国或译之为群,此处所谓社会,即人群之义耳,……本报或用群字,或用社会字,随笔所之,不能划一,致淆耳目……然社会二字,他日亦必通行于中国无疑矣。⑩

---

⑧　康有为:《康南海自编年谱》,见《戊戌变法》(四),上海神州国光社,1955年,第133页。梁启超:《戊戌政变记》,见《戊戌变法》(四),第10页。

⑨　李孝悌:《清末的下层社会启蒙运动》,台北"中研院"近代史研究所,1992年,第12页。

⑩　《新民丛报》,第十一号(1902年6月),第2页。

三年后,也就是 1905 年时,当《新民丛报》的"新释名"栏解释"社会"这个名词时,概念便更为清楚了。编者并且清楚了解"群"之一字不足举"社会"之全义。他足足花了三页说明"社会"的定义:"社会者,有机体也","社会属于有机体,凡有机体之物其全体与其各部分协力分劳乃能成长……凡有机体必有生殖有成长有代谢机能,而社会皆备之"。"社会者有意识者也"——"盖社会以人为其分子,众人意识之协合统一,即社会之意识也"。⑪ 由此可知,当时人们已开始了解"社会"是比"人群"更深刻的东西。它所强调的是一种以自觉的努力,组合部分与全体的基础性、自发性社会组织工作。而且也开始认识到中国是一"无社会"的国家。1904 年,《东方杂志》第十期的《社说》上有可轩所撰《国耻篇》,说中国"无社会",说"社会者以其能保公共之利益也。有公益者为社会,无公益者非社会"。⑫

康有为与梁启超,而不是严复,对造"社会"说有重要的开始之功。他们的文字大多出现在 1902 年以后,康有为把自己家乡的乡自治传统,以及他对西洋政治的了解,及他在欧洲各国游历的见闻糅合起来,于 1902 年写成了《公民自治篇》,这篇长文中很积极地提倡要"造公民"。这个名词大概是当时中国首次出现的。

康氏心目中的"公民"是"人人有议政之权,人人有爱国之责,故命之曰公民"。所以国家的事不再全凭政府一二人的力量,而是靠广大的"公民","故昔者之国,争在一君一相一将之才,今者之才,争在举国之民之才气心识"。可见康氏"造公民"的主要思想动机还是为了强国——"夫欧美、日本各国之立公民也,使人人视国为己,而人人公讲其利害而公议之……故其爱国之心独切"。他感叹"万国皆有公民,吾国独无公民",所以即使中国一君一相一将之才可以与他国相敌,但论全国公民之力量,则远逊于他国,这正是近代中国不足以与西人相对抗之由。

外国的基层有社会组织的自治力量也是他一再称举的。他说近代中国以举国之力尚无法做到的政制,在西方一个乡镇中便全都具有了。西方"一乡所有

---

⑪ 《新民丛报》第三年第二号(1905 年),第 1—3 页。
⑫ 《东方杂志》第十期(1904 年),第 225 页。

之政,其繁密纤悉,精详琐细,几同小国之体"。他又问,"各国何以能然? 盖皆听民自举人而治之"⑬,而不是像中国"官代民治,而不听民自治"。⑭

康有为认为公民国家是善良政治的最佳客观保障。他说期待仁君行仁政是没有保障的。因为我们不知道何时会诞生一位仁君,而且即使代代皆出圣贤行仁政,也比不上公民政体。⑮ 中国人民总是期待在地方上有循吏治民,但是康有为说,中国历史上循吏只是偶一有之,可是西方公民政体之下,因为有客观体制的保证,循吏是随处可见的。⑯

他也回过头来发掘中国内部中乡自治的传统,并一再提出"南海同人局"为例。这个"同人局"值得将来深入研究。依康有为描述,该局治下凡三十六乡,男女约五万,有局长二人,以进士、举人、诸生充之。乡人有讼,断于局长。局勇有二十人,由类似警官的人统之,有书记一人,司令一人。康有为说广东到处有这类组织,如九江的同人局,统男女三十余万人,有的地方则统数千人,组织大多相似。⑰康氏想以此证明公民自治是中国所已有,但是他也强调,"南海同人局"不是真正的公民政体,因为"国家未为定制,而议员局长不由民举,故时有世家巨绅盘踞武断之弊,而小民蒙压制愚抑之害不得伸"。⑱ 他认为如果国家有公民之制,则这些弊害都能免除。

梁启超"社会"思想主要以《新民说》为代表,对后来人的影响非常大。这是康有为所不能比的。《新民说》与康有为的《公民自治篇》都写于同一年(《新民说》也始于 1902 年),看不出明显的承袭痕迹。不过康、梁师弟二人俱是广东人,而且故乡都有乡自治的成规,所以他们同时阐发此义,必有乡土经验的根源,并将之与西方理论相融合在一起。他感叹中国从事"社会方面的工作空无人焉",以至于数年中"不能组织一合式有机(社会),完全秩序,顺理发达之政

---

⑬　康有为:《公民自治篇》,《辛亥革命前十年间时论选集》(第一卷上册),生活·读书·新知三联书店,1977 年,第 179 页。
⑭　同上,第 180 页。
⑮　同上,第 179 页。
⑯　同上,第 182 页。
⑰　同上,第 182 页。
⑱　同上,第 182 页。

府"⑲。此处所谓"有机"即"社会有机体"之简称。梁氏主张这个有机体的建立是要先经过对旧组织的一番破坏⑳,并重新以"人为"构作("其机体全由人为发达"㉑),而且要从"小"的基层"自治"作起,才可能好——"一省、一府、一州、一县、一乡、一市、一公司、一学校,莫不俨然具有一国之形……而国家者,不过省、府、州、县、乡、市、公司、学校之放大影片也。故于其小焉者能自治,则于其大焉者举而措之矣"。㉒

梁启超与康有为一样,也大谈他故乡的叠绳堂、江南会、耆老会等乡自治组织。㉓ 梁父曾任叠绳堂值理三十余年,在一个江南会中兼任值理亦二三十年,梁启超说"启超幼时,正是吾乡乡自治最美满时代"。"此种乡自治,除纳钱粮外,几与地方官全无交涉,以极自然的互助精神,作简单合理之组织。"梁氏并拿它来与清末以来"官办的自治"作对比,认为前者优而后者劣。

"五四"之前,人们因目睹民初腐败黑暗的政治,而对革命彻底失望。既然政治没有希望,不如将全部注意力放在政治以外的文化和社会工作上。最明显的变化是梁启超。他比著《新民说》时代更加强调"社会"建设的重要。民国四年,他自述己见说"吾以二十年来几度之阅历,吾深觉政治之基础恒在社会"。说"吾方欲稍辍其积年无用之政谈而大致意于社会事业",并感叹"举全国聪明才智之士悉辍集于政界,而社会方面空无人焉"。㉔ 梁虽有此认识,但主要活动仍在政治方面,如参与讨袁及护国之役,后并入段祺瑞内阁。㉕ 当时知识界兴起了两种思想,第一是厌弃政治㉖,第二是倾全力改造社会的论点逐渐兴起。但年轻一代与前一代的群学家有一个相当大的不同点:他们相当清楚中国民间原有许多社会组织,却对这些组织显然不满意。譬如,由宗族或乡绅组成的育婴堂、

---

⑲ 康有为:《公民自治篇》,《辛亥革命前十年间时论选集》(第一卷上册),生活·读书·新知三联书店,1977年,第150页。

⑳ 《新民说》,台北中华书局,1978年,第61页。

㉑ 同上,第131页。

㉒ 同上,第54页。

㉓ 梁启超:《中国文化史》,台北中华书局,1958年,第58—60页。

㉔ 以上分别见于《吾今后所以报国者》,《饮冰室全集》12册,第51—54页。及《作官与谋生》,载《饮冰室全集》12册,第45—51页。

㉕ 关于梁氏此时之政治活动,参张朋园:《梁启超与民国政治》,台北食货出版社,1981年,第64—184页。

㉖ Chow Tse-tsung,*The May Fouth Movement* (Cambridge, Harvard Univ.Press, 1960), pp.51、57.

恤嫠会、旌节堂等，甚至于工商行会、公所都是他们所不能满意的。他们了解这些组织的存在，却又坚决主张中国无"社会"，那么他们并不认为传统社会组织符合其"社会"之标准。这有两个原因：第一，它们不是超缘的，不是非个人化的（impersonal）的，第二，它们不是像结晶体般联结成一种力量，只是随需要而结合的松散组织。同时，他们也不再谈传统的乡自治，因为他们不流连传统中国的思想与社会，也不认为"乡自治"是真正的理想境界，所以他们大胆地说出"造社会"。在主张"造社会"的时候，他们与康有为等人不同。康、梁等人虽然把政治与社会分开，但并不认为两者是对抗的，可是不少年轻一辈在谈"造社会"时不但把两者分开，而且认为两者在相当程度上是相对抗的。他们还特别强调，"造社会"的工作是要落到年轻人的肩膀上。将中国无"社会"现象及"造社会"的需要说得最直接而清楚的是"五四"健将傅斯年。

二、傅斯年的"造社会"论

"五四"运动前三个月，傅斯年在《新潮》一卷二号（民国八年二月一日）中写了一篇短文《社会——群众》，在这篇文章中，傅说："中国一般的社会，有社会实际的绝少，大多数的社会，不过是群众罢了。凡名称其实的社会——有能力的社会，有机体的社会——总要有个细密的组织，健全的活动力。……一个中国人所成就的，竟有时不敌一个西洋人，这固然有许多缘故：也因为西洋人所凭托的社会，是健全的，所以个人的能力，有机会发展，中国人所凭托的社会，只是群众，只是有名无实，所以个人的能力，就无从发展。"[27]这里呼吁中国的"群众"要结晶成有机体，才能发挥力量，仍是晚清以来社会有机体论的想法。

傅氏又说："先把政治上的社会做个例：一个官署，全是'乌合之众'，所做的事，不过是'照例'的办法，纸面上的文章，何尝有活动力？何尝有组织？不过是无机体罢咧！至于官署以外，官吏所组织的团体，除去做些破坏的事情，不生产

㉗ 《社会——群众》，《傅斯年全集》，台北联经出版事业公司，1980年，第1578页。

的事情、不道德的事情,也就没别事做了。只好称他群众了。又如工商界的组织,虽然比政界稍好些,然而同业的人,集成的'行',多半没能力的。又如近来产生的工商会,比起西洋的来,能力也算薄弱多了。这仍然是社会其名,群众其实。至于乡下的老百姓,更是散沙,更少社会的集合;看起中国农民,全没自治力,就可知道他们止有群众生活。"㉘由这段引文可以看到他对中国各级所谓的"组织",是看成互相之间没有任何联结与钩锁的"无机体"。连当时最有活力的学生组织在他看来也是一样的:

> 说到学生的生活,也是群众的,不是社会的。就以北京各高级学校而论,学生自动的组织,能有几个? 有精神的生活,能有多少?㉙

傅氏随时把"群众"与"社会"对举,前者是无机体,是一袋马铃薯,而后者是一有机体。"有机体"式的组织必须是自发自动的,而且遵守许多共许的规则和纪律,这些规则纪律并不使人舒服;至于"群众",则只是将人聚拢在一起而已——傅氏说:"总而言之,中国人有群众无社会,并且欢喜群众的生活,不欢喜社会的生活。觉得群众的生活舒服,社会的生活不舒服。"㉚傅斯年还要人们分别"社会上之秩序"与"社会内之秩序"之不同,前者是任何专制政体都可做到的,而后者却需要社会内形成规则与纪律才能保持:

> "社会上之秩序"和"社会内之秩序"很有分别。前者谓社会面上的安宁,后者谓社会组织上的系统。二名虽差在一个字上,却不可把两种秩序混为一谈呢。所以当袁世凯当国时代,处处都是死气,大家虽还说他能保持社会的秩序。但是这表面上的秩序,尚是第二层紧要,比不上社会内的秩序关系重大。㉛

㉘ 《社会——群众》,《傅斯年全集》,台北联经出版事业公司,1980 年,第 1578—1579 页。
㉙ 同上,第 1579 页。
㉚ 同上。
㉛ 同上,第 1579—1580 页。

以上是傅氏在"五四"前不久所写的。接着我要以"五四"以后傅斯年的三篇未收在《傅斯年全集》中的文字,来讨论他后来的社会观点。

第一篇文字是《时代与曙光与危机》。它写在新潮的稿纸上,共有十六页,约一万字,从文气看来,似乎已经写完,却始终未曾发表。由于这份稿件原来夹杂在历史语言研究所的公文档案中,没有档号,所以过去并未曾被发现。从文章的口气看来,此文必定写在"五四运动"以后几个月间,从文中有"记者这次乡居和劳动者和农民交接一番"看来,此文应是傅斯年从北大毕业,等候前往英国留学的期间,一度返山东省亲之后所写。这篇文章与傅先生在"五四"前后一些零零散散的有关"社会"的言论有其联系性,但所述更有系统。文中对发生在几个月前的"五四运动"的社会意义有所反省,也对"社会"作为一个新范畴在当时中国政治发展的地位作一分析。由于这篇遗稿未曾刊布,所以我在此便尽可能多加摘引。

傅斯年对当时中国的传统社会组织非常悲观,说"以前的世代,社会的旧组织死了,所以没有维系与发展社会的中心能力,所以社会上有个散而且滞的共同现象。"他认为"五四运动"打开了这个僵局——"从五月四日以后,中国算有了'社会'了。""直到了这番的无领袖,不用手段的不计结果的五四运动,才算真社会运动,才算把处置社会的真方法觉悟了。以后若抱这个头绪,而以坚强的觉悟做根基,更须加上一番知识的大扩充,做下去便可渡过现状的难关了。"

在这篇文章中,他首先将"有机体"社会与"机械"的社会相对立。合理的社会是有机体社会,而当时的中国是机械般的社会,那是被两千年的专制历史陶铸而成的。专制的时代把人民下层的自治精神全部扼杀,所以像一堆沙抟不成一块黏土。在这个前提下,傅斯年将"封建"与"专制"作了对立性的评价。不过他所谓的封建,是西方中古或日本德川时代以前的 feudal polity 之意:

> 封建诚然不是一个好制度,却还存着几分少数人自治的精神,不至于把黏土变成沙漠,把生长体变成机械,把社会的发育换作牛马群的训练。

对于顾亭林的封建论,他表示相当同情,甚至认为土司也比专制好:

土司还比专制好,土司纵不能帮助社会的滋长,也还不至于把社会变成散沙一般的群众。在专制之下只有个个人,没有什么叫作"公"的,所以在个人责任心之外,不负个社会的责任心,原是当然。所以中国的社会大半是机械似的,不能自生自长自转自动,一切全由外力。

傅斯年也强调社会手段与政治手段的不同。他谈改造社会时,将海通以来中国人的"觉悟"分成四个阶段:"第一层是国力的觉悟。第二层是政治的觉悟。现在是文化的觉悟,将来是社会的觉悟。"认为以社会手段进行社会改革是必定要走的路,这是一种自下而上的、以社会力量培养政治的改革。他说:

我说句鲁莽的话的,凡相信改造是自上而下的,就是以政治的力量改社会,都不免有几分专制的臭味;凡相信改造是自下而上的,就是以社会的培养促进政治,才算有彻底的觉悟。

又说:

请看中国人崇拜政治的心理,可以知道他还不忘专制了。他总希望大人物出来,有所凭借而去转移社会,仿佛看得改造像运机器一般,而与培植树木发展体力的办法远。

在看清近代中国的四个阶段的发展将以造就有机社会为最终目标时,他还有一层体悟。即这四个阶段的进程不可以跳跃前进,而是必须循序而来的:

兼程并进的进取,何尝不是中国此刻所要求的,不过,分别看来,快走则可,隔着个墙跳过去,则不能。我以前很觉得跳墙的进取最便当,现在才知道社会的进化不能不受自然律的管辖,从甲级转到乙级,必须甲阶级试验失败了,试验他的人感觉着不彻底不圆满了。然后进入乙级,乙级的动作方有魄力,否则乙级建立在空中,力量必然薄弱。

此外,傅斯年在这篇文章中认为当时中国的社会是"两截的":城市社会与乡村社会之间互不接触,没有任何流通的管道。故社会改造也要"两截"的,对于农民:"只要帮助他们维持和发展他们固有的自治的意义,再灌上最小限度的智识,以发展他们的经济状况为唯一目的,就够了。"所以此后改造社会的工作,主要是针对城市社会而发。一方面要使城市社会和农民生活相接触,另一方面要在大城市中将各种职业形成的各类社会互相联络起来,"造出一个团结的组织,又就着这组织活动去"。

另外,他提出培养"社会的了解"与"社会的责任心"。在社会的了解方面,"譬如我们知道中国人——和世界的人——所受的苦痛和压迫,根本上由于这个资本私有的制度,要是想好非达到资本公有的目的不可,并且还要知道从旧状态到新状态应该怎样办去。"至于社会责任心,他说近代中国:

> 睁着眼睛看人卖国乱政,涂炭地方,破坏代议制,绝了中华民族一线不断的人格,不过是长吁短叹而已,顾着身家,怕着势力,一丝也不动……袁世凯就利用这个缺点演了一出大悲剧,其结果这缺点更膨胀了,就有了现在的局面。可是在这样一个时代之内,这局面是不能常的,所以才有了五四以后的几个社会运动。五四运动可以说是社会责任心的新发明,……现在这个时代的第一曙光,还不在智觉的开展,就在这个。

而最终的目标是要把"以前的加入世界团体是国家的",改变成"以后要是社会的"加入世界。

除了《时代与曙光与危机》外,我还在史语所的公文档案中发现傅斯年的另一份未刊稿,无档号,题为《欧游途中随感录》,写在四页白纸上。只完成了"(一)北京上海道中"一小节。从题目可以推测它是一九一九年十二月二十六日傅氏离开北京到上海途中所写,所以文中有"舟中写下,自然没有顾及文学的工夫"一语。这一节文字较《时代与曙光与危机》一文稍晚,基本上也在反省"社

会"的问题,但是着重在强调"个人运动"在"造社会"运动中的地位。此处我将征引两段原文:

> 社会是生成的,不是无端创作的,所以为谋长久永安不腐败的社会,改善当自改善个人始,若忘了个人,就是一时改的好了,久后恐不免发生复旧的运动。

他又强调:

> 我并不是说群众运动不好,五四以后青年对于社会责任心 social responsibility 何尝不是群众运动,群众运动是民治国家所刻刻不可少的,但不要忘改造社会并不专靠群众运动,个人运动更是要紧。

值得注意的是,这个时期的傅斯年在相当程度上受到《新潮》社的指导老师李大钊所鼓吹社会主义革命的影响。这除了可以从早先在《新潮》上发表的《社会革命——俄国式的革命》这一篇短文中看出外,也可以从《曙光》一稿中所强调的,中国人和世界的人所受的苦痛压迫,根本上由于资本私有制度,并想达到"资本公有的目的"等话中看出。不过,整体看来,他只捡拾一些零星观念,而且这一类观点在留学欧洲后便不再出现过。根据傅氏北大同学毛以亨的回忆,傅氏曾"自幸"不曾参加北大的社会主义研究会,[32]如果对这一句话稍作推敲,可以推断傅斯年在"五四"前后曾经一度被社会主义革命的观念所吸引。

到英国留学,见过西方社会的实况后,傅氏于民国九年七月三日的《晨报》副刊发表寄自伦敦的《青年的两件事业》一文。这篇文章分正、续两篇,为《傅斯年全集》所漏收。虽然是刊于该年七月,但文章实际上写于当年"五四"后一天。傅斯年出国后发表的第一篇文章竟然也是谈"造社会",足见他心中关怀重心之所在。这篇文字中意味深长地说:

---

③②　毛以亨:《关于傅斯年的一封信》,《天文台》,1951 年 1 月 2 日、4 日。

> 社会是个人造成的,个人的内心就是一个小社会。所以改造社会的方法第一步是改造自己。③

青年改造好自己之后必须担负"无中生有的造社会"的责任——"请问现在这个社会,向我们青年所要求的事业,是否和'这样的民国'的分量相等? 恐怕要重无数倍吧? 但请问这个时候的青年,和那个时候的青年努力的分量差多少? 事业加重了,努力也要加重的,那个时候的事业是什么? 是革索虏的命,现在的事业是什么? 是无中生有的造社会。这两件事的难易可以不假思索而下一判断的。"③④他说明所谓"无中生有造社会"是:

> 看来好像一句很奇怪的话。我须加以解说。请问中国有没有社会? 假使中国有社会,决不会社会一声不响,听政府胡为,等学生出来号呼。假使中国有社会,决不会没有舆论去监督政府。假使中国有社会,决不会糟到这个样子。中国只有个人,一堆的人,而无社会,无有组织的社会,所以到现在不论什么事,都觉得无从办起。③⑤

这里有现代相当强调"社会"与"政府"相对抗的意思。因为中国没有有组织的社会,所以无法监督制衡政府;因为只有一堆人而无社会,所以任何事皆觉无从办起。他又分析社会无组织之因说:

> 但中国今日何以竟成没有社会的状态?
> 难道中国这个民族就是一个没有组织力的民族吗? 我们就历史上看起,这也有个缘故。当年中国政治的组织,中心于专制的朝廷,而文化的组织,中心于科举,一切社会都受这两件事的支配。在这两件事下面,组织力只能发展到这个地方,专制是和社会力不能并存的,所以专制存在一天,必

---

③ 《晨报》,民国九年七月三日,第七版。
③④ 同上。
③⑤ 同上。

尽力破坏社会力。科举更使人在思想上不为组织力的要求,也不能为组织
力的要求,所以造成现在这个一团散沙的状态。㊱

专制与社会力不能并存的看法与晚清的知识分子有沿承性。不过科举妨碍社会
之形成这一点,则是傅氏首先说的。在《晨报》副刊七月五日所刊该文的续篇
中,开头第一句便是:"无中生有的去替中国造有组织的社会,是青年的第一事
业。"而无中生有地"造",必须造成个人之间像结晶体般的黏合性:

> 所谓造有组织的社会,一面是养成"社会责任心",一面是"个人间的黏
> 结性",养成对于公众的情义与见识与担当。总而言之,先作零零碎碎的新
> 团结,在这新团结中,试验社会的伦理,就以这社会的伦理,去粘这散了板的
> 中华民国。㊲

从黏合一个一个小团体,并形成团体内的伦理与纪律,到最后"粘这散了板的中
华民国",这乃是严复以来社会有机体论的发展。

三、余论

此处要接着说"五四"后毛泽东的社会观。我们可以看出毛泽东受梁启超
《新民说》的影响,同时也有与傅斯年中国无社会论相似的论点。

梁启超《新民说》中主张打破中国文化的世界主义观念,树立国家主义观
念,将中国看作是世界各国中之一国。接着又从国家主义中导出自治、自立的竞
争观念,又由竞争观念导出国民观念,并认为阻碍以上种种追求的是"家族"。
毛在《湘江评论》中也批评中国数千年来只知有家族,不知有国家,只知有群体,
不知有个人,说中国不是一个国家组织,而是一个家庭组织,在《反对统一》这篇

㊱ 《晨报》,民国九年七月三日,第七版。
㊲ 《晨报》,民国九年七月五日,第五版。

文章中说:"这四千年文明古国,简直等于没有国,国只是一个空架子,其门面全没有什么东西。"等他说社会时,便有与不久前傅斯年所写几篇文章相似的成分了——"说人民罢,人民只是散的,一盘散沙,实在形容得真冤枉,中国人生息了四千多年,不知干什么去了?一点没有组织,一个有组织的社会看不见,一块有组织的地方看不见。"[38]

毛泽东在一九二○年初期热心于湖南自治运动,甚至将之提高到一种非办不可,"一抓就灵"的高度,好像只要地方政府一成立,便可以解决所有问题。他似乎感到,必须有一种脱离中央统一的地方性自治力量,才能摆脱大一统"一锅煮"的困局。这是当时人脱离中央专制势力之要求的一环。在《反对统一》一文中,他认为政府的力量是不够的,还必须靠"社会",靠下层组织,他说:

> 中国的事,不是统一能够办得好的,到现在算是大明白了。中国也不是全无热心国事的人。这些热心国事的人,也不是全然没有知识和能力。然而办不好者,中国之大、太没有基础、太没有下层组织。在沙渚上建筑层楼、不待建成,便要倾倒了。中国二十四朝,算是二十四个建在沙渚上的楼,个个要倾倒,就是因为个个没基础。四千年的中国只是一个空架子,多少政治家的经营,多少学者的论究,都只在一个空架子上面描写,每朝有几十年几百年的太平,全靠住一个条件得来,就是杀人多,流血多。人口少了,不相杀了,就太平了,全不靠有真实的基础。[39]

这一段话中,一再说中国太没有下层组织,又强调过去二三千年"多少政治家的经营,多少学者的论究,是只在一个空架子上面描写",也就是说他们全未在社会组织上用心。好似清末今文家康有为抹杀两千年来经学传统,毛泽东在此处则一笔打翻两千来政治思想与政治行动的重心,认为专在"空架子的上面"描摹,而未在架子的基础上用心,所以全无"真实的基础"。他归结说是因为有"中国"这个空名而妨碍了真正"国"的形成,因而接着说:中国的统一是吃亏的,故

---

[38] 《反对统一》,《时事新报》1920年10月10日,收在《毛泽东早期文稿》,湖南出版社,1990年,第530页。
[39] 同上。

"现在唯一救济的方法,就在解散中国,反对统一","我只为要建设一个将来的真中国,其手段便要打破现在的假中国。"⑩

在这篇文章中,毛泽东也和傅斯年一样,显示出晚清以来流行的社会有机体论之影响,他说:

> 有小的细胞才有大的有机体,有分子的各个才有团体。⑪

而"小的细胞"在这里便指各省自治,将小细胞弄健全了,再结合成一有机体,所以说"我觉得中国现在的政府,竟如清末一样,国人对之,不要望他改良,要望他越糟越坏。我看此际尚未坏到极处,我们不能用自力加增其坏度,却尽可不必替他减少坏度"⑫。他以有机体论为其湖南自治主张找到根据,"胡适之先生有二十年不谈政治的主张,我现在主张二十年不谈中央政治,各省人用全力注意到自己的省,采省门罗主义,各省关上各省的大门,大门以外,一概不理"⑬。

值得注意的是,"五四"一代知识分子则逐渐地把"造社会"的思想与社会革命,尤其是俄国革命联想在一起。譬如傅斯年的《社会革命——俄国式的革命》一文⑭,便很模糊笼统地将他造社会的理想与俄国革命思想联想在一起。创造有组织的社会的理想也与二十年代流行于各地的小型社团及新村主义有相当密切的关系。我们同时也可以发现"群"与"社会"皆显示出集体主义及创造"公共领域"(public sphere)两种倾向。这两种倾向常呈互相拉锯之势,不过后来的发展总是集体主义彻底压倒了对"公共领域"的追求。

【王汎森 台湾"中研院"院士,历史语言研究所特聘研究员】

原文刊于《中国文化》1996 年 02 期

---

⑩ 《反对统一》,《时事新报》1920 年 10 月 10 日,收在《毛泽东早期文稿》,湖南出版社,1990 年,第 531 页。

⑪ 同上。

⑫ 同上,第 532—533 页。

⑬ 同上,第 533 页。

⑭ 此文未收入《傅斯年全集》,原刊于《新潮》一卷一号(民国八年),第 128—129 页。

傅钟五十五响

傅斯年先生在台湾大学

刘广定

引　言

　　傅斯年先生,字孟真。民国纪元前十六年(1896)三月二十六日生于山东省聊城县。民国二年入北京大学预科,八年毕业于北京大学中国文学门,是当时提倡新文化的先锋,也是"五四运动"学生领袖之一。考取山东省官费赴欧洲留学,1920年起先后在伦敦大学和柏林大学研习。民国十六年(1927)回国任中山大学文科学长。翌年积极筹划及负责创建"中研院"历史语言研究所,任所长以迄谢世。抗日战争时期曾任国民参政会的参政员,胜利后代理北京大学校长(1945—1946)。1947年夏赴美疗养,1948年10月返国。1949年1月20日任台湾大学(以下简称"台大")校长,"就职之后,处理校务,无间朝夕,体力不支,而前在美国治疗之效果,遂因此而丧失无遗。1950年12月20日在省参议会答复参议员询问后,猝患脑溢血,急救无效,于是夜11时22分与世长辞。"[1]

　　中国近代史上,傅先生不仅是少有的大学问家和教育家,也是极富行政能力

---

[1]　那廉君《傅故校长事略》,《台湾大学校刊》第101期,1951年1月8日。

的实行家。关于其为人,胡适之先生曾在台大 1952 年出版的《傅孟真先生集》〔同见台北联经出版事业公司 1980 年出版的《傅斯年全集》(以下简称"台北版")〕的序中说:

> 孟真是人间一个最稀有的天才。他的记忆力最强,理解力也最强。他能做最细密的绣花针工夫,他又有最大胆的大刀阔斧本领。他是最能做学问的学人,同时他又是最能办事、最有组织才干的天生领袖人物。他的情感是最有热力,往往带有爆炸性的,同时他又是最温柔、最有条理的一个可爱可亲的人。这都是人世最难得合并在一个人身上的才性,而我们的孟真确能一身兼有这些最难兼有的品性与才能。

可惜这样一位难得的人才在世却还不足五十五年,真可说是"大造无情夺此公"。[②] 傅先生担任台大校长仅 23 个月,但台大校园里有他的墓园——傅园,有每天指引学生作息时间的"傅钟",而台大的校训是他在四周年校庆时所表达对学生的期望,也可见台大对傅先生贡献的感恩与追思了。他逝世周年日,坐落在台大校园的新纪念钟鸣五十五响,护送他的灵灰安息斯土。

傅先生逝世后,台湾与海外有不少人写了许多纪念文字与研究著作,并出版《傅斯年全集》"台北版"。大陆在改革开放后,也出版了不少有关的专书和文章。湖南教育出版社增添许多"台北版"未收的资料,2003 年编成了一部新的七卷本《傅斯年全集》,惜仍不全。

拾遗的经过

笔者是 1956 年 9 月考进台大的,当时除了知道傅园和傅钟是纪念已故傅斯年校长的,还听说大一国文的教材一学期《史记》、一学期《孟子》乃傅校长早年

---

② 傅先生逝世后,台大化学系潘贯教授曾赋"悼念傅校长"七律三首,此为第一首之末句。

所规定,其他就没什么了。但读研究所时及就业后,业余以读书遣日,阅及一些傅先生的著作和旁人所写有关傅先生的文章,才渐渐认识其伟大之处。后遂刻意寻找有关书文阅读,以期对傅先生有更多的认识。千禧年(2000)应邀参加高雄科学工艺博物馆所举办纪念李约瑟百年诞辰的"科技史国际学术研讨会",为撰写论文而发现李约瑟巨著《中国之科学与文明》(*Science and Civilisation in China*,或译《中国科学技术史》)成书之初期得到傅先生很大的帮助,两人之交往也未受各种相关传记作者的青睐。因此前后写过《傅斯年与李约瑟之友谊与学术交流》③《李约瑟〈中国之科学与文明〉的促成者——傅斯年》④《傅斯年1946的一篇佚文——"送李约瑟博士返英国"》⑤三篇文以为补佚。

本世纪之初,笔者为其他目的而查阅民初北京著名的《晨报》,发现民国八年(1919)有两篇傅先生的"投书"及一篇关于傅先生的报道,向未见他人有言及者。然傅先生赴欧之前接受《晨报》之聘为"驻英特派员",民国九年(1920)七八月曾发表过《青年的两件事业》等四篇报道。王汎森《傅斯年:中国近代历史与政治中的个体生命》英文版(2000)⑥、"湖南版"《傅斯年全集》第一卷(2003)均有载。唯不知何故,民国八年(1919)傅先生在《晨报》所写有关高等教育及未来志趣等文,两书均付阙如!笔者乃发表了《傅斯年早年遗珍》⑦,并开始留意傅先生是否还有其他佚文。

台大为纪念傅校长逝世六十周年,2010年8月曾举办"傅斯年学术思想的传统与现代研讨会",笔者应邀发表论文。于撰写《傅斯年先生早年对"通识"与"科学"的认识》一文时⑧,发现必须读过傅先生"早年遗珍",才能更了解他在《新潮》和《新青年》等所发表之言论。因而想起傅先生之史学乃重视史料完整性之史学,曾提出影响深远之"上穷碧落下黄泉,动手动脚找东西"原则。又赵

---

③ 研讨会笔者发表之论文,后载《东西方科学文化之桥——李约瑟研究》2003年号,科学出版社,第44—48页。

④ 《历史月刊》2000年12月号,第119—123页,又载《世界汉学》第2期,2003年,第130—133页。

⑤ 《科学文化评论》第6卷第1期,2009年,第68—72页。

⑥ 台北联经出版事业公司2013年出版此书中译本。

⑦ 先发表于《历史月刊》2007年7月号,第110—115页;又补充发表于《中国文化》2008年秋季号,第161—172页。

⑧ 研讨会笔者发表之论文,载《通识在线》第32期,2011年,第39—42页。

元任在纪念陈寅恪先生的一篇文章里说:

> 寅恪总是说你不把基本的资料弄清楚了,就急着要论微言大义,所得的结论还是不可靠的。⑨

这真是最正确的科学方法——凭证据说话。若想正确了解某一人或某一事,则务必尽量搜集相关资料。故笔者不辞简陋,续加搜罗,总共获得傅先生到台湾前之遗珍八件⑩,以及莅台后的二十六件。⑪ 借这二十六件遗珍之助,对于傅先生在台湾之各种作为,确可了解更深。

史料之重要

现举一说明。前引王汎森之专著中有一段说:"傅斯年也预想到台大可能终于会被本土化(nativized)。他坚持给予台湾省籍学生特别的关照,并送他们到国外学习。"⑫然所谓"本土化"似与傅先生之思想相悖,王汎森之依据是彭明敏在《自由的滋味》一书所述:

> 这时,台大来了一位新校长,傅斯年;他是一位开明的自由主义者,虽然有时做事显得相当专横。他立刻察觉到台湾和台湾人环境很特殊。他公开宣称,他相信台大最后有一天应由台湾人来管理,而他这个信念成为他的基本政策。他不但设法网罗台湾籍教授,并且努力培养已在大学里的年轻台湾人。⑬

---

⑨ 《谈陈寅恪》,台北传记文学出版社,1970 年,第 27 页。
⑩ 王志刚、马亮宽主编《傅斯年学术思想的传统与现代》,天津人民出版社,2011 年,第 466—485 页。
⑪ 这二十六件遗珍系陆续获得,曾于《传记文学》2013 年五月号(第 32—42 页)发表十件,十二月号(第 128—134 页)发表八件。
⑫ 王汎森《傅斯年:中国近代历史与政治中的个体生命》英文版(Cambridge University Press, 2000)第 189 页;中译本(联经出版公司,2013)第 241 页。
⑬ 彭明敏《自由的滋味》,彭明敏文教基金会,1995 年,第 86 页。

但其中所谓"他相信台大最后有一天应由台湾人来管理",只是彭明敏的想法,并不合于事实。盖傅校长在1950年的一次校务会议中对办理中基会资助台大教员出国进修事的报告说:

> ……因祖国人士自抗战以来,出国进修之机会多得多(此就一般言,个人自各有不同),而台籍同人独少,此为不可忽略者。且本校办理此事,并无泛泛为国家培植人才之公心,乃是单独为台大培植教员之私意。台籍人士大体说来,将来留台大之可能性较多,今如一视同仁,犹之以同一国文英文之标准责之于中学生,恰如庄子所谓"以不平平,其平也不平"。⑭

故那一年入选中基会资助赴美之五位教员中四位是台湾省籍,两位毕业生都是台湾籍。他又在《泛说台湾大学》一文中说:

> ……台大自去年至今年,办过选送教员和毕业生出国研究一事,先后用各种方法选送过十四人,内十三人为台籍。因感于台籍教育人士在过去较少机会赴欧美进修,为本校培植教员。使将来可久留台湾起见,所以使台籍者获得优先之机会。但这个办法,将来要逐步改变的。⑮

都很清楚说明优先选送台湾籍教员和毕业生,是对台湾同胞日据时期受到歧视之补救,也表达对台湾省籍人士将来可能久留台湾,有助于台大发展之期望。

再者,傅斯年校长临终前在台湾省参议会中请参议员鼓励台湾女子升大学和鼓励台湾学生多研读文科,加强对政治的兴趣⑯,以去除日据时期轻视女子之陋俗及限制殖民地青年发展之劣政。故知傅校长是从教育的观点特别照顾曾受日本殖民压抑之台湾省籍青年,而非其他原因。王汎森可能因未见过上述三件傅校长之遗珍,误信彭明敏一厢情愿的说法。也由此可知史料之重要,更令人钦

---

⑭ 《台湾大学校刊》第66期,1939年5月1日。又见拙作《从胡适的一封信看傅斯年苦心经营台湾大学之例》,《胡适研究通讯》2014年第1期,出版中。

⑮ 《新生的台湾》,1950年10月25日,"台湾新生报特刊",第73—74页。

⑯ 《新生报》1950年12月21日。

佩陈、傅两位大师之卓见。

傅校长在台湾的一些贡献

傅先生任校长差一个月才满两年,但已将日本帝国主义者以殖民与"南进"为目的之日制帝国大学转变成以发扬中国和世界文化、教育青年为目的之中国公立大学;建立风气和制度,奠定发展基础。其效率与成就,真是无可伦比。他在就职前即公开说:

> 余办学态度是"开诚心,布公道"六个字。希望人人合作,共同努力,求安定和进步,使其成为一个理想大学,诸君必能相信余决不以敷衍态度办理台大。……目前最大困难为经费与宿舍问题,故余接事台大,最初一个月将致力于总务方面。至教务方面工作,在二个月后始能着手改革。[17]

果然他在三个月内,已争取到修缮房舍、兴建教室与学生宿舍的经费;弄清楚台大繁杂待解的主要问题,于第一次校务会议提出七大项"本校初步中心工作"之施政计划,目标在建立制度,改善教学,充实图书期刊,增设教室与学生实习室;研究设备则先充实少数当下财力人力所能担负者。重在表现实事求是,重视教育之原则。他又公开表示支持魏火曜院长,整顿缺失很多的附设医院。[18] 一年半后不但计划大部分完成,还将招生事务做到绝对的公正与公平,杜绝请托;也建立了审慎的教师聘任制度,重订严格的学则;并认真匡正学校行政之积弊,使台大面目一新。

傅校长治校坦诚公开,勇于负责。初到任即办理教授、副教授薪资之调整,1949 年 5 月 7 日发布办法,详细述说原委,且声明"办理此事,其决定及责任在

---

⑰ 《新生报》1949 年 1 月 20 日。

⑱ 参阅拙作《鞠躬尽瘁 死而后已——傅斯年校长与台大》,《传记文学》2014 年,出版中。

斯年一人"。[19] 他也听纳学生意见,妥为改进,绝不敷衍了事。据当时任化学系助教的罗铜壁先生告知:由于总务处采购手续缓慢,化学系曾因药品未到而不得不暂停学生的某些化学实验,学生向校长抱怨后,傅校长为免影响学生之学习,而特准以后由化学系自行采购药品,故不再有暂停学生实验之弊。[20]

傅校长为了尽可能不让学生失学,于办理1950学年度招生时,甘冒不韪而一再延期发榜,并优待台籍考生入学。他曾向省参议员报告说:

> 台大因为体念台籍学生国文程度较差,所以每人总分都加十分,因此在原来合格者之外,台籍学生又增加了六十四名。如此比例来说,台籍学生报名率占百分之四十二,录取率却占百分之四十六,实已优厚得多。至说学生招得太少,在台大立场,认为今年招收八百余人,已嫌太多。并且录取标准也一再降低,实在只能做到这种地步。[21]

又说:

> 今年招收学生够水准者仅三百多人,但题目也较去年困难,只好放宽标准。最初由三百人,降低水准收五百人,再降低收七百人,而至八百人,最后只录取了八百六十四人。[22]

学生程度虽普遍降低,但校方采取加强教导及认真执行学则办法,因而许多学生努力向学。据报载:

> 台湾大学校长傅斯年氏,于该校成立五周年校庆前夕,答复记者询问其感想特称:"这一年来,台大是否在进步中,留待社会人士作公正的批评,但

[19] 《台湾大学校刊》第30期,1949年5月20日。
[20] 2014年2月15日罗教授与笔者之谈话。
[21] 《公论报》1950年9月10日。
[22] 《新生报》1950年9月10日。

有一点值得告慰社会的,是台大学生研究学术风气浓厚。"他说:"每到晚上,大多数学生排队进入图书馆自修,这种向学的精神,使我感到台大学生是在发挥教育的功能。"㉓

办教育这样才算是成功。

他的另一德政是一直极力为家境清寒或只身在台学生争取公费与奖学金,解决学生膳宿问题。他对学生的爱护和关心,由《傅故校长哀挽录》中之相关纪念文可见一斑。1949 年 4 月 6 日发生军队不经法律程序径入校园逮捕学生的"四六事件",傅斯年校长极度不满,向警备副司令彭孟缉提出三个条件:一、速办速决;二、军警不得开枪,避免流血事件;三、被捕的台大学生,先送法院,受冤者,尽快释放。㉔ 据当时一位曾被捕的学生许嘉芠于 1996 年 10 月某日受访时说:

傅校长对于不在警总预拟名单上而被拘捕、但后来审讯后饬回的学生相当照顾。叫我们去校长室,一人给我们一百块,带我们去吃面线,说:"你们台籍学生,台北随便找

歸骨於田橫之島　傅斯年

㉓ 《公论报》1950 年 11 月 15 日。
㉔ 俞大彩《忆孟真》,《傅斯年全集》(台北版)第七卷,第 233—247 页。

也可以住,所以宿舍都给大陆流亡过来的第一优先,你们暂时忍耐,宿舍我渐渐盖……"㉕

傅校长个人虽然反共,但他对不反共的师生仍一视同仁。"四六事件"之后,协助一些只身在台而愿回大陆的,于是年5月20日政府颁布戒严令前,安全离开台湾。

曾任台湾省主席、后任行政院长的陈诚先生和傅斯年先生私交甚笃。1950年8月,政府调整军公教人员待遇,实施实物配给制度。傅先生曾于7月8日致陈诚一长函,对此案压低公教待遇有所批评和建议,政府因而进行了部分修正,充分说明他并非只关心台大和教育,还表现了对整个台湾社会广大群众的关怀。陈诚的回忆录里说:"斯年的急公好义的精神,至今读之,犹觉跃然纸上。"又说:"假使斯年多活几年,对于我当有更多的匡正,这四年行政院长做下来,也许比现在还能有一点成绩。"㉖可以看出傅校长有影响执政者的能力,对台湾社会的发展曾起到一些未为人知的正面作用。1950年底与1951年初,台湾省举办第一届县市长及议员选举,原为官派但表现甚佳的台北市市长吴三连辞职参加竞选,傅校长曾撰赞词表示支持,㉗也显示他对庶民生活及地方自治政策之关心。

大星殒殁

傅先生在台湾大学校长任内,夙夜匪懈,戮力从公,还须参加许多校外的活动,以及应付各种责难或攻讦。因此高血压复发,1950年夏又患胆结石。12月中曾向当初劝说他出任台大校长的朱家骅抱怨说,"你把我害了,台大的事真多,我吃不消,我的命欲断送在台大了。"㉘不料一语成谶而数日后大星殒殁!

㉕ 《台大"四六"事件考察》报告(校内文件),1997年6月7日,第46页。
㉖ 《陈诚先生回忆录——建设台湾(上)》,国史馆2005年,第449—452页。
㉗ 待发表。
㉘ 朱家骅:《悼亡友傅孟真先生》,《台湾大学校刊》第101期,1951年1月8日。

傅校长逝后,治丧委员会与家属协议,在台大校门旁植物园内建一纪念碑亭,于傅先生逝世周年日安葬傅先生骨灰。之后植物系有位柏铨先生致中文系毛子水先生一函,建议铸钟一座纪念傅故校长。他说:"傅先生一生努力于攻击顽劣及唤起国家之正义,今以此钟继续发扬之,呼唤后世学子继续为自由为正义努力上进。"㉙消息传出后,兵工署表示将铸赠"高二呎,直径二呎五吋,重五百磅"纪念铜钟一具给台大。㉚

1951 年 11 月 27 日,"傅斯年先生逝世周年纪念筹备委员会"第一次会议决定:

> (一)十二月廿日举行安葬典礼,不另举行纪念会。以后每年傅先生诞辰,由"中央研究院"及台湾大学举行纪念会。
>
> (二)十二月廿日上午九时由台大学生代联会新旧主席及傅先生侄、公子二位轮流捧灵骨由家中步行出发,送葬亲友随后,经新生南路,入台大正门,至墓园后方以台大校旗盖覆,十时安葬,鸣爆并敲纪念钟五十五响(敲钟事须先向地方当局及防空司令部取得联络),安葬之后,即举行公祭。公祭时间,自午前十时至十二时止。公祭次序,第一为家属,第二为本会,第三为"中央研究院"及台湾大学,以后为临时参加之团体及个人。均由家属答谢,下午自由祭奠,由本会派人照料。
>
> (三)安葬典礼除傅先生逝世时所组织之治丧委员会委员外不另发通知,仅在报纸刊登启事,并说明不受挽幛一类之吊唁品。……㉛

第二次会议又建议将安葬傅故校长之台大植物园定名为"傅园",为台大第178 次行政会议通过此项建议。㉜ 自此之后,台大校园内有了"傅园",也有了"傅钟"(傅故校长纪念钟)。钟敲五十五响,是纪念傅故校长在世五十五年,也是唯一有意义的,且有文字纪录的钟响数。

㉙《台湾大学校刊》第 103 期,1951 年 1 月 22 日。

㉚《中央日报》1951 年 4 月 24 日。

㉛《台湾大学校刊》第 146 期,1951 年 12 月 10 日。

㉜《台湾大学校刊》第 147 期,1951 年 12 月 20 日。

傅钟五十五响之后

1951 年 12 月 20 日,在简单而隆重的安葬仪式中,纪念钟五十五响后,一代大学者、大教育家傅斯年校长从此安息于他鞠躬尽瘁以致身殉的台大校园内,应了他"归骨于田横之岛"的心愿。傅故校长虽在台大任职仅 23 个月,但给台大奠下基础之贡献是永远的;他从民国七年(1918)投入"新文化运动"以迄辞世只约有 33 年,但他对近代中国教育、学术及文化的影响也是永远的,都不会随五十五响钟声消散而去。唯因有关傅先生的资料搜集尚不完整,对他的认识未能全面。笔者不揣寡陋,简述一些傅先生在台湾的贡献,并希以拙文,抛砖引玉。期望不久之后有"完整版"的《傅斯年全集》和更详尽的有关"傅斯年研究"可以问世。是为祷。

【刘广定　台湾大学名誉教授】
原文刊于《中国文化》2014 年 01 期

听鲁迅谈他的杂文言说环境、方式与命运

钱理群

　　本讲所要讨论的,是"作为杂文家的鲁迅"。这是一个很大的题目,我们只能大题小做:从一个特定的角度来谈。于是,就想起了鲁迅的一个感慨:"前进的青年,似乎谁都没有注意到现在对于言论的迫压,也是很令人觉得诧异的。"在他看来,评论者如果不了解作者的言说环境,就不能批评他的写作,"即使批评了,也很难中肯",由此而发出了他的忠告:"我以为要论作家的作品,必须兼想到周围的情形。"①我在看当下许多人对鲁迅杂文,特别是他的后期杂文的种种批评时,常常要想起鲁迅的这一忠告。我想我们还是不要忙着做居高临下的,事后诸葛亮的批评,不妨先听听鲁迅的申说:他的言说环境,他的言说方式、策略,以及他的言说命运,等等。听完了,我们再来发表自己的评论也不迟。我所依据的材料,就是鲁迅为他最后十年所写的杂文集所写的序言、后记,以及有关文章。

---

① 《〈且介亭杂文二集〉后记》,《鲁迅全集》6 卷,人民文学出版社,2005 年,第 466 页、第 479 页、第 466—467 页。

"我们活在这样的地方，我们活在这样的时代"②

鲁迅最后十年的开端:1927 年至 1929 年,写了两本杂文集:《而已集》和《三闲集》。他在《〈三闲集〉序言》里,这样谈到他这一时期的言说与写作:

> 我先编集一九二八至一九二九年写的文字,篇数少得很。
>
> 这两年正是我极少写稿,没处投稿的时期,我是二七年被血吓得目瞪口呆,离开广东的,那些吞吞吐吐,没有胆子直说的话,都载在《而已集》里。但我到了上海,却遇见文豪们笔尖的围剿了,创造社,太阳社,"正人君子"们的新月社中人都说我不好。
>
> 自己编着的《语丝》,实乃无权,至于别处,则我的文章一向是被"挤"才有的,而目下正在"剿",我投进去干什么呢。所以只写了很少的一点东西。③

鲁迅又是"运交华盖"了:这才是开始。

到 1930 年,"期刊是渐渐的少见,有些是不能按时出版了,大约是受了逐日加紧的压迫。《语丝》和《奔流》则常遭邮局的扣留,地方的禁止,到底也还是敷衍不下去",鲁迅所能投稿的,"就只剩下一个《萌芽》,而出到五期,也被禁止了":这一年就只做了收在《二心集》内不到十篇的短评。

重要的是,面对这样的"逐日加紧的压迫",鲁迅内心的感受和反应。他的直感是:在中国,"连摆这'象牙之塔'的处所已经没有了",此后自己这样的知识分子大概只有居住在"和现在江北穷人手搭的草棚相仿"的"蜗牛庐"里,"少出,少动,无衣,无食,无言":"这样下去,中国的没有文艺,是一定的。"④

②　《〈且介亭杂文〉附记》,《鲁迅全集》6 卷,人民文学出版社,2005 年,第 221 页。
③　《〈三闲集〉序言》,《鲁迅全集》4 卷,人民文学出版社,2005 年,第 4 页。
④　《〈二心集〉序言》,《鲁迅全集》4 卷,人民文学出版社,2005 年,第 193 页。

1931 年 2 月,年轻的共产党人柔石、殷夫、冯铿、李伟森、胡也频被国民党当局秘密杀害。他们都是左翼作家联盟的成员,是很有成就的诗人、小说家,其中柔石和殷夫,更是和鲁迅有着亲密接触的朋友。"忍看朋辈成新鬼,怒向刀丛觅小诗。吟罢低眉无写处,月光如水照缁衣",在客栈避难的鲁迅,再一次感到:思想言论"禁锢得比罐头还严密"。他悲愤地写道:三十年中,"目睹许多青年的血,层层淤积起来,将我埋得不能呼吸,我只能用这样的笔墨,写几句文章,算是从泥土中挖一个小孔,自己苟延残喘,这是怎样的世界呢。"⑤

在为 1932 年至 1933 年间的杂文集《南腔北调集》所写的《题记》里,鲁迅又谈到自己写作的困境:"《语丝》早经停刊,没有了任意说话的地方,打杂的笔墨,是也得给各个编辑设身处地想一想的,于是文章也就不能划一不二,可说之处说一点,不能说时便罢休。"⑥

这里谈到的"给各个编辑设身处地地想",正是统治者的株连术的效应:有时当局不直接惩罚作者,而只追究编辑的责任,这反而逼得作者下笔时不得不多所顾虑,以免累及他人:这都是具有中国特色的控制法术。

从 1933 年 1 月开始,鲁迅为《申报》副刊《自由谈》写杂文。鲁迅说:"我知道《自由谈》并非同人杂志,'自由'更当然不过是一句反话,我决不想在这上面去驰骋的",之所以投稿,除了为了朋友的交情,"也还是由于自己的老脾气":想"给寂寞者以呐喊"。最初平均每月八九篇,但到五月初,竟接连的不能发表了。鲁迅说:"我想,这是因为其时讳言时事而我的文字却常不免涉及时事的缘故。"⑦

在《〈伪自由书〉后记》里,鲁迅进一步揭示了背后的黑幕种种:先是有人造谣,说鲁迅与茅盾"以《申报·自由谈》为地盘",发动左翼文化运动,《自由谈》编者黎烈文已加入左联;继而左翼作家丁玲、潘梓年于 5 月 14 日被捕,于是谣言蜂起,恐吓信满天飞,还有人打听鲁迅的住址。5 月 25 日,《自由谈》编者终于刊出这样的启事:"这年头,说话难,摇笔杆尤难","若必论长议短,妄谈大事,则塞之

---

⑤ 《为了忘却的记念》,《鲁迅全集》4 卷,人民文学出版社,2005 年,第 501 页,第 502 页。
⑥ 《〈南腔北调集〉题记》,《鲁迅全集》4 卷,人民文学出版社,2005 年,第 427 页。
⑦ 《〈伪自由书〉前记》,《鲁迅全集》5 卷,人民文学出版社,2005 年,第 4 页,第 5 页。

字篓既有所不忍,布之报端又有所不能,陷编者于两难之境",因此"吁请海内文豪,从兹多谈风月,少发牢骚"。在这样的情况下,鲁迅文章自然就发不出了。

事情并没有就此结束:6 月 18 日,中国民权保障同盟副会长杨杏佛遭国民党特务暗杀,作为民权保障同盟执行委员的鲁迅的生命也受到了威胁。接着就有人造谣,称内山书店的老板内山完造"是替日本政府做侦探",和内山有密切来往的鲁迅自然就"变成日本的间接间谍"了:这背后的杀机是非常明显的。⑧顺便说一点:最近几年,又有人四处传言内山完造是日本特务,并直指鲁迅为"汉奸",总是有人不择手段地想置民族最优秀的儿子于死地:这是什么样的中国"特殊国情"?!

鲁迅说,在"受了压迫之后",从 1933 年 6 月起,"另用各种笔名,障住了编辑先生和检查老爷的眼睛",陆续在《自由谈》上发表了六十多篇杂文,因此得以编成《准风月谈》一书。但"不久就又蒙一些很有'灵感'的'文学家'吹嘘,有无法隐瞒之势","于是不及半年,就得着更厉害的压迫了,敷衍到十一月初,只好停笔,证明了我的笔墨,实在敌不过那些带着假面,从指挥刀下挺身而出的英雄"。

这里所说的"更厉害的压迫",是指 1933 年 11 月 12 日,早晨九时许,一群暴徒以"影界铲共同志会"的名义,将艺华影片公司捣毁;十一时许,又有一"怪客"突然来到良友图书公司,"手持铁锤击碎玻璃窗,扬长而去"。接着各书店、报馆就接到盖着"长条紫色的木印"的警告信,称"敝会激于爱护民族国家心切,并不忍文化界与思想界为共党所利用,因有警告赤色电影大本营——艺华公司之行动。现为贯彻此项任务计,拟对于文化界来一清算,除对于良友图书公司给予一初步的警告外,于所有各书局各刊物均已有精密之调查","特严重警告":"对于赤色作家所作文字","一律不得刊行,登载,发行。如有不遵,我们必以较对付艺华及良友公司更激烈更彻底的手段对付你们,决不宽假"!语气之严厉与说到做到,显然大有来头:至少得到官方的支持或默许。而鲁迅正列"赤色作家"

---

⑧ 《〈伪自由书〉后记》,《鲁迅全集》5 卷,人民文学出版社,2005 年,第 168 页、第 170 页、第 169 页、第 172 页、第 177 页、第 179 页。

之首,鲁迅说:我"还是莫害他人,放下笔,静静地看一回把戏罢。"⑨

如鲁迅所说:"一群流氓,几支手枪",是不能"治国平天下"的;⑩而且也吓不倒"真的知识阶级",因为他们是"不顾利害"的。⑪鲁迅在稍事休息以后,就从1934 年开始,继续用笔名给《自由谈》投稿,"一面又扩大了范围,给《中华日报》的副刊《动向》,小品文半月刊《太白》之类,也间或写几篇同样的文字",到 1934 年年底就积有文章九十七篇之多。

1935 年底鲁迅将其编成两本杂文集:《花边文学》和《且介亭杂文》。在《花边文学》序言里又有了这样的总结:"今年一年中,我所投稿的《自由谈》和《动向》,都停刊了;《太白》也不出了。我曾经想过:凡是我寄文稿的,只寄开初的一两期还不妨,假使接连不断,它就总归活不久。于是从今年起,我就不大做这样的短文",希望刊物"尽可能的长生"。⑫

而在《且介亭杂文》的《附记》里,鲁迅又将他的文章发表时被删节、改动之处,一一列出,并说"这是'中央宣传部书报检查委员会'的政绩"。⑬ 按,其准确名称应是:"国民党中央宣传委员会图书杂志审查委员会",于 1934 年 6 月在上海成立。而在此之前,即 1934 年 3 月,就发生过国民党上海市党部"奉中央党部电令,派员至各新书店,查禁书籍至百四十九种之多,牵涉书店二十五家"的事件。鲁迅将报纸上透露的被禁书目抄录在他后来所写的《〈且介亭杂文二集〉后记》里,以"立此存照"。今天自然就成为极可贵的历史资料,可惜很少有人注意,有的人还采取视而不见的态度,仿佛在国民党"党国"治下,中国作家享有充分"自由",这里所说报刊审查、查禁图书之事从未发生过。——不过,这已是后话,今天暂且不谈。还是回到 1934 年的历史情境中,于是,我们注意到,鲁迅最后十年所翻译的著作,如《毁灭》《艺术论》等,以及他所写的杂文集《而已集》《三闲集》《二心集》《伪自由书》等都在查禁之列,几乎无一幸免。被禁书的罪名

---

⑨ 《〈准风月谈〉后记》,《鲁迅全集》5 卷,人民文学出版社,2005 年,第 402 页、第 415 页、第 417 页、第 419 页、第 420 页。

⑩ 《〈伪自由书〉后记》,《鲁迅全集》5 卷,人民文学出版社,2005 年,第 172 页。

⑪ 《关于知识阶级》,《鲁迅全集》8 卷,人民文学出版社,2005 年,第 226 页。

⑫ 《〈花边文学〉序言》,《鲁迅全集》5 卷,人民文学出版社,2005 年,第 437 页、第 439 页。

⑬ 《〈且介亭杂文〉附记》,《鲁迅全集》6 卷,人民文学出版社,2005 年,第 219 页。

是:"宣传普罗文艺,介绍普罗文学理论,或新俄作品","挑拨阶级斗争,诋毁党国当局,含有不正确意识"。⑭

而在报刊审查制度下,即使有幸允许发表或出版,也是"这么说不可以,那么说又不成功,而且删掉的地方,还不许留下空隙,要接起来,使作者自己来负吞吞吐吐,不知所云的责任":这真是鲁迅说的"明诛暗杀"了。⑮

到1935年,查禁愈加严厉。这年5月,发生了所谓"《闲话皇帝》事件":这月出版的上海《新生》周刊第二卷第十五期发表易水(艾寒松)的《闲话皇帝》一文,泛论古今中外的君主制度,涉及日本天皇,当时日本驻上海总理事以"侮辱天皇,妨害邦交"为名提出抗议。因为"友邦人士"发了话,"党国"就紧张起来,鲁迅描述说:"那雷厉风行的办法,比对于'反动文字'还要严:立刻该报禁售,该社封门,编辑者杜重远自认该稿未经审查,判处徒刑,不准上诉的了,却又革掉了七位审查官,一面又往书店里大搜涉及日本的旧书,墙壁上贴满了'敦睦邦交'的告示。"

这显然是"杀一儆百"。而在审查官被革,官家的书报检查处不知所往之后,出版商们反而如"失了依靠"而惶惶不可终日,自律更严。鲁迅因此说:"现在的书报,倘不是先行接洽,特准激昂(按:'特准激昂'是一个深刻的观察与概括,可以说明某些中国特色的文化现象),就只好一味含胡,但求无过,除此之外,是依然会有先前一样的危险,挨到木棍,撕去照会的。"⑯鲁迅说,检查官不见了以后,唯一的"好处"是,"日报上被删之处"(这当然都是日报编辑和主编自行删除的),"也好像可以留着空白(术语谓之'开天窗')了"。⑰ 不过,这样的"开天窗",毕竟有伤观瞻,而且留下检查的痕迹,是有点太老实了。此后就成熟了,照样删改(说不定变本加厉了),却不开天窗,也就仿佛没有删改,作者也享受了充分的"言论自由"了。

但鲁迅在1935年12月31日,将他这一年所写的杂文编成《且介亭杂文二

---

⑭ 《〈且介亭杂文二集〉后记》,《鲁迅全集》6卷,人民文学出版社,2005年,第467页、第470页、第471页、第472页、第474页。

⑮ 《〈花边文学〉序言》,《鲁迅全集》5卷,人民文学出版社,2005年,第438页。

⑯ 《〈且介亭杂文二集〉后记》,《鲁迅全集》6卷,人民文学出版社,2005年,第478页。

⑰ 《〈花边文学〉序言》,《鲁迅全集》5卷,人民文学出版社,2005年,第438页。

集》,并写《序言》时,仍说出了真实:"在今年,为了内心的冷静和外力的迫压,我几乎不谈国事了,偶尔触着的几篇,如《什么是讽刺》,如《从帮忙到扯淡》,也无一不被禁止。"他还不忘补充一句:"别的作者的遭遇,大约也是如此的罢。"⑱在"1935 年 12 月 31 日夜半至 1 月 1 日晨,写迄"的《后记》里,他依然说明:"凡在刊物上发表之作,上半年也都经过官厅的检查,大约总不免有些删削",并且说:"我在这一年中,日报上并没有投稿。凡是发表的,自然是含胡的居多。这是戴着枷锁的跳舞,当然只足发笑的。但在我自己,却是一个纪念……"⑲

《后记》里的这最后一句话多少有些悲怆的气息。这或许是一个不祥的预兆。这是鲁迅最后一本自己亲手编定的杂文集。此后的《且介亭杂文末编》和《附集》编入了他 1936 年所写的杂文,是鲁迅去世后由夫人许广平在朋友们的协助下编成的。我们再也听不到鲁迅关于他这大半年的写作的任何叙说了。但我们仍然注意到,在收入《且介亭杂文末编》的《我要骗人》(题目就很触目惊心)里的话:现在"还不是披沥真实的心的时光",我们依然无法"用了笔,舌","彼此看见和了解真实的心"。他因此说:"这是可以悲哀的。一面写着漫无条理的文章,一面又觉得对不起热心的读者了。"⑳这生命最后阶段由于言说的困境造成的对读者的内疚之感,是具有一种震撼力的。

"我们活在这样的地方,我们活在这样的时代"。

武力征伐与文力征伐

以上所说,都是鲁迅说的统治者的"文艺上的暗杀政策",㉑或推行书报检查制度,或封杀刊物,或实行书禁,或直接迫害作者(从判刑、枪杀到暗杀),或雇佣流氓捣毁书店、报馆,造谣,恐吓……这样的专制国家体制的权力压迫,是一种

---

⑱ 《〈且介亭杂文二集〉序言》,《鲁迅全集》6 卷,人民文学出版社,2005 年,第 225 页。
⑲ 《〈且介亭杂文二集〉后记》,《鲁迅全集》6 卷,人民文学出版社,2005 年,第 463 页、第 479 页。
⑳ 《我要骗人》,《鲁迅全集》6 卷,人民文学出版社,2005 年,第 506—507 页。
㉑ 《〈且介亭杂文〉附记》,《鲁迅全集》6 卷,人民文学出版社,2005 年,第 220 页。

"武力征伐",是典型的因言说、写作而治罪的"文字狱"。鲁迅晚年一再谈到清王朝的文字狱,统治者的文艺政策,文化统制,提倡写中国的"文祸史",[22]绝不是偶然的:他自己的杂文写作,特别是最后十年的杂文写作,就是"文祸史"的最新记录;他说之所以要将杂文编辑成集,就是为了"(保)存这个文网史上极有价值的故实"。[23]

鲁迅说:"经验使我知道,我在受着武力征伐的时候,是同时一定要得到文力征伐的。"[24]

这是一个重要的提示:统治者的文化统制,是一定要有"文人"即所谓"知识分子"充当"帮闲""帮忙"与"帮凶",才得以产生效果:"文祸史"从来是"武力"与"文力"合力的结果。也就是说,鲁迅这样的批判的知识分子——鲁迅多次说过,杂文这种文体的基本功能就是进行"社会批评"和"文明批评","对于有害的事物,立刻给以反响或抗争",而且"战斗一定有倾向",[25]所以他的杂文写作是基于"批判的知识分子"的立场的;而他所面对的,不仅是统治者的高压,政治权力的迫害,更是作为自己同类的"文人"("知识分子")的围剿。我们甚至可以这样说,尽管批判知识分子和统治者的矛盾是主要的,基本的,但或许只有在和其他知识分子的矛盾、冲突,处于被围剿状态中,才能真正揭示批判知识分子的真实处境及其言说的困境。

我们前面已经提及,鲁迅说他一到上海,就陷入"文豪们的笔尖的围剿"中。而他首先提出的"文豪",就是新月派的"正人君子"。我们这里不可能全面讨论鲁迅与新月派的论战,只能在我们今天的讲题的范围内谈一点。新月派文人主要是学院里,拥有话语权力,并自命"社会精英",具有自由主义倾向的知识分子。他们在文艺上主张"为艺术而艺术",追求高雅、平正的贵族化的艺术趣味;因此,在他们看来,以社会批判为己任,并具有强烈的草根气息的杂文,是非文学,不入流的。同时他们又主张维护秩序,强调建设性,因而对"不满意现状"的鲁迅式的杂文家,是特别"不满意"的。鲁迅的老对手梁实秋就公开指责说:"有

㉒　参看《买〈小学大全〉记》《病后杂谈》《病后杂谈之余》(均收《且介亭杂文》)。

㉓　《〈准风月谈〉前记》,《鲁迅全集》5卷,人民文学出版社,2005年,第200页。

㉔　《〈准风月谈〉后记》,《鲁迅全集》5卷,人民文学出版社,2005年,第420页。

㉕　《〈且介亭杂文〉序言》,《鲁迅全集》6卷,人民文学出版社,2005年,第3页。

一种人(显然指鲁迅,又不点名:这样的'君子'风度,正是鲁迅最为反感的),只是一味地'不满于现状',今天说这里有毛病,明天说那里有毛病,有数不清的毛病,于是也有无穷尽的杂感。"㉖可以说,梁实秋这样的新月派文人,和永远站在平民这一边,永远不满足现状,因而是永远的批判者的鲁迅这样的知识分子之间,是存在着根本的分歧的。问题是,梁实秋们以"高尚的文学楼台"的把门人和既成秩序(从文学秩序到社会秩序)的维护者自居,禁止"不满意现状"的杂文的"侵入",这样的话语霸权和居高临下的贵族式的精英姿态,就使得鲁迅产生一种被压迫感,他之所以作出格外激烈的反应,原因即在于此。对鲁迅来说,这首先是一个争取话语权、生存权的问题。

更值得注意的是,当有人指责鲁迅加入左翼作家联盟,成为左翼知识分子(在我看来,"左翼知识分子"与前述"批判知识分子"是同义的)为"投降",并称其为"贰臣",鲁迅作出了异乎寻常的反应,除了将自己的杂文集干脆命名为《二心集》外,还说了下面这段话:

> 去年偶然看到了几篇梅林格(按:此人为德国的马克思主义的历史学家和文艺批评家)的论文,大意是说,在坏了下去的旧社会里,倘有人怀一点不同的意见,有一点携贰的心思,是一定要大吃其苦的。而攻击陷害得最凶的,则是这人的同阶级的人物。他们以为这是最可恶的叛徒,比异阶级的奴隶造反还要可恶,所以一定要除掉他。我才知道,古今中外,无不如此。㉗

从这一角度看,鲁迅就其出身、教养而言,他和新月派的教授,是属于同一阶级的,他原来也是学院里的知识分子,在整个中国社会结构里,鲁迅也属于精英阶层。鲁迅早就说他是"从旧垒中来",但又"反戈一击",是"不三不四的作者"。也就是说,他对自己的"中间物"的历史角色所处的多少有些尴尬的历史地位,是有着清醒的认识的:㉘他来自"旧垒",自然不能为新社会、新营垒所接受;但他

㉖ 梁实秋:《"不满意于现状",便怎样呢?》,载 1929 年 10 月《新月》第 2 卷 8 号。

㉗ 《〈二心集〉序言》,《鲁迅全集》4 卷,人民文学出版社,2005 年,第 195 页。

㉘ 《写在〈坟〉后面》,《鲁迅全集》1 卷,人民文学出版社,2005 年,第 302 页。

又"反戈一击",旧社会、旧营垒当然更不相容。

从新月派的文人的立场上看,鲁迅身为学者、教授,却不肯摆学者、教授架子,还要"跳到半空中骂人"(这是新月派文人中另一员大将陈源骂鲁迅的话),是"斯文扫地","不成体统",有了这样的异类,他们在校园、学界里的一统天下,就被打破了,秩序也被破坏了。更重要的是,鲁迅这样的"叛徒",居然得到学生、读者的欢迎,这就构成了一个威胁:鲁迅的独立姿态与巨大影响,也让他们感到尴尬,至少再要摆学者、教授架子就不那么容易了:这都是鲁迅的"可恶罪","所以一定要除掉他"。

几乎是命中注定,围剿鲁迅的,还有一彪"文豪",这就是鲁迅在《〈三闲集〉序言》里和新月派文人同时提到的太阳社、创造社的英雄们。他们是以"新兴无产阶级"的代表自居的,在他们的逻辑里,鲁迅既"从旧垒中来",就必然是"封建余孽"或"没落者",而鲁迅学者、文人的生活方式,"它所矜持着的是闲暇,闲暇,第三个闲暇",而"有闲即是有钱",自然属于统治阶级集团,他的一切批判、反叛,都必然是一种欺骗,因此也就特别危险,特别可恶,于是,给鲁迅加上可怕的罪名,"后来竟被判为主张杀青年的棒喝主义者(即法西斯)了"。鲁迅一眼看穿:"无产阶级是不会有这样的锻炼周纳法的",他们的"代表"身份是可疑的,"新"的外衣下仍是"旧"的躯壳。㉙ 鲁迅后来著文揭露他们不过是"非革命的急进革命论者"。㉚ 他也照样干脆把自己的杂文集命名为《三闲集》:我就是"闲暇,闲暇,第三个闲暇",又怎么样呢?

鲁迅曾经形象地描绘说,在中国文坛里,"向南摆两把虎皮交椅","一个右执'新月',一个左执'太阳'"。㉛ 他们的面前,都闪动着"鲁迅"这个"黑色魔鬼"似的阴影;鲁迅自己也只得两面作战了。

但鲁迅没有想到,他还会遭遇到另一种"文人",即所谓"小报文人":那是一个泥潭,陷入其间,是非常可怕的。

而且这是和他的言说方式的选择是直接相关的。我曾经说过,杂文是一种

㉙ 《〈三闲集〉序言》,《鲁迅全集》4卷,人民文学出版社,2005年,第4页、第6页。

㉚ 《非革命的急进革命论者》,《鲁迅全集》4卷,人民文学出版社,2005年,第231页。

㉛ 《"硬译"与"文学的阶级性"》,《鲁迅全集》4卷,人民文学出版社,2005年,第212页。

报刊写作，鲁迅"正是通过报刊与他所生活的时代，中国以及世界的社会、思想、文化现实发生有机联系：他通过报刊最迅速地接纳瞬息万变的时代信息，并迅速作出政治的、社会历史的、伦理道德的、审美的评价与判断；用杂文的形式作出自己的反应，借助于传媒的影响而伸入现代生活的各个领域；并最及时地得到生活的回响与社会的反馈。报刊写作，不仅是使鲁迅最终找到了最适合于他自己的写作方式，创造了属于他的文体——杂文，而且在一定意义上，甚至成为他的生命存在方式。"㉜现在，需要补充的是，这是一把双刃剑：当鲁迅选择报刊这样的现代媒体作为他的言说阵地时，他也必然深受其伤害。

这是由具有中国特色的媒体的特点决定的。在因著名电影演员阮玲玉自杀而写的《论"人言可畏"》一文里，鲁迅对三十年代的中国报刊有过这样的描述和分析：

> 现在的报章之不能像个报章，是真的；评论的不能逞心而谈，失了威力，也是真的，明眼人决不会过分的责备新闻记者。但是，新闻的威力其实是并未全盘坠地的，它对甲无损，对乙却会有伤；对强者它是弱者，但对更弱者它却还是强者，所以有时虽然吞声忍气，有时仍可以耀武扬威。

鲁迅的深刻之处，在于他把新闻媒体置于中国社会的等级结构中，发现了它的双重性：对在它之上的"强者"（从最高统治者到各级官僚、各级检查官），它是"弱者"，只能"吞声忍气"，显出"奴性"；但对在其下的"弱者"（没有任何话语权的"下等华人"、妇女、儿童，等等），它又是"强者"，可以"耀武扬威"，显出"主子性"：这就是"往来主奴之界"。

鲁迅还要追问：中国新闻媒体最喜欢或最擅长向怎样的"弱者"发威？其背后的社会根源与动因是什么？于是就有了一段精彩的剖析："于是阮玲玉之流，就成了发扬余威的好材料了，因为她颇有名，却无力。小市民总爱听人们的丑闻，尤其是有些熟识的人的丑闻"，"阮玲玉正在现身银幕，是一个大家认识的

㉜ 钱理群：《"其中有时代的眉目"——读〈伪自由书〉〈准风月谈〉〈花边文学〉里的杂文》，《鲁迅作品十五讲》，北京大学出版社，2003年，第238页。

人,因此她更是给报章凑热闹的好材料,至少可以增加一点销场"。为了满足读者的小市民趣味,记者不惜用"轻薄"文字,"故意张扬,特别渲染",而且"摇笔即来,不假思索","不会想到这也是玩弄着女性",会"使她受伤"。而"无拳无勇如阮玲玉,可就做了吃苦的材料了","设身处地的想一想罢,那么,大概就会知道阮玲玉的以为'人言可畏',是真的,或人的以为她的自杀,和新闻记事有关,也是真的。"㉝

"颇有名,却无力"的"公众人物",就这样成了中国媒体祭坛上的牺牲品:这是鲁迅的一大发现。最值得注意的有两点。一是这样的精神迫害是以市民阶层作为自己的社会基础的:这些现代都市的阿Q们需要借此满足自己的精神"优胜"的需求,或寻求刺激,缓解心灵的空虚与无聊。因此,这是媒体和公众的合谋,这就是"人言可畏"的意思:它是另一种形式的群体"杀人"。同时,这也是出于"增加点销场"的需求,如鲁迅所说,借名人大加炒作,"使刊物暂时化为战场,热闹一通",㉞商运也就自然亨通。可以说,正是商业的动机,使媒体不惜以阮玲玉这样的弱者的血来牟利,这里所遵循的,正是赤裸裸的资本法则:在中国的新闻媒体里,鲁迅又看到了"吃人肉的筵席"的延续!

不幸的是,鲁迅自己也成了这样的媒体筵席上的牺牲品:鲁迅在阮玲玉身上,显然看到了自己。而且鲁迅这样的公众人物,作为一个批判的知识分子,他和体制、统治者之间的紧张关系,就使他具有阮玲玉这样的银幕明星不可能有的政治效应;但他的反叛姿态也会给市民读者以某种刺激(想想小市民对揭露官场黑幕的作品的强烈兴趣吧),在媒体看来,这也是一种商业效应。这正是媒体的任务:它要把鲁迅这样的批判知识分子打造成政治明星,成为"看客"(在中国,是从来不缺少这样的"看客"的)们"看"的对象。这正是鲁迅最为恐惧的:他早就说过,"群众,——尤其是中国的,——永远是戏剧的看客",㉟看客的可怕在于,它把一切正义的反抗、严肃的工作,全都在"哈哈一笑"中变成戏剧表演。中国媒体所制造的"看客效应",正是将公众人物的"政治效应"与"商业效应"高度

㉝ 《论"人言可畏"》,《鲁迅全集》6卷,人民文学出版社,2005年,第343—344页、第345页。

㉞ 《〈伪自由书〉后记》,《鲁迅全集》5卷,人民文学出版社,2005年,第190页。

㉟ 《娜拉走后怎样》,《鲁迅全集》1卷,人民文学出版社,2005年,第170页。

整合,使其达于极致。而这对鲁迅这样的批判的知识分子,恰恰是最致命的。因为它不但将批判的意义消解,更是触及了批判知识分子和群众的关系这一最敏感也最要害的问题。鲁迅多次谈到先驱者"要救群众,而反被群众所迫害"的悲剧,㊱这几乎成了他的许多作品的母题,也是他的一个心理情结,现在,竟成了他的现实处境,所引起的愤激、无奈与痛苦,是可以想见的。

我们前面所说的"小报文人"就是在这样的环境、背景之下应运而生的。鲁迅有一篇文章,说三十年代中国,特别在上海,最重要的一个文化现象就是"沉滓的泛起":"用棍子搅了一下停滞多年的池塘,各种古的沉滓,新的沉滓,就都翻着筋斗漂上来,在水面上转一个身,来显示自己的存在了。"㊲他还说:"这些原是上海滩上久已沉沉浮浮的流尸,本来散见于各处的,但经风浪一吹,就飘集一处,形成一个堆积,又因为各个本身的腐烂,就发出较浓厚的恶臭来了。"这就是所谓"流尸文学"吧。鲁迅说:"流尸文学仍将于流氓政治同在。"㊳

这又是一个非常深刻的概括:这是"古的沉滓",它带有中国传统的恶臭;又是"新的沉滓",散发着现代商业社会的腐烂气息;同时还是"上海滩"文化的产物。鲁迅后来专门作了一个演讲,题目就是《上海文艺之一瞥》,其中心意思,就是说这类上海滩上的流尸、沉滓,是中国传统文化和西方文化中最恶俗部分的恶性嫁接,其最基本的特点,就是"才子加流氓",而他们正是和"流氓政治"合谋的。现在,他们嗅到新闻媒体是一个可以谋取政治与商业利益的新的"人肉筵席",于是如苍蝇般堆积于上海各个报刊:这就是所谓"小报文人"。他们本是来吮血的,自然要视在报刊上坚持战斗的鲁迅为异类、天敌;而鲁迅身上巨大的政治、商业效应,更激发了他们的嗜血欲望,于是纷纷向鲁迅扑去……

因此,我们就可以理解,鲁迅几乎在他的每一篇杂文集的序言和后记里,都要以很大的篇幅,谈到他和这些上海滩的小报文人的纠缠。应该说,他因此受到的伤害,是空前的,超乎寻常的,极端琐细,而又没完没了。陷于其间,鲁迅只能"横战",随时都要应对不知从哪里射来的冷箭(鲁迅说:"冷箭是上海'作家'的

㊱ 《两地书·四》,《鲁迅全集》11 卷,人民文学出版社,2005 年,第 20 页。

㊲ 《沉滓的泛起》,《鲁迅全集》4 卷,人民文学出版社,2005 年,第 331 页。

㊳ 《"民族主义文学"的任务和运命》,《鲁迅全集》4 卷,人民文学出版社,2005 年,第 320 页。

特产"[39]）：真是苦极了。我们本准备作详尽的具体梳理，以显示鲁迅受伤之深，但限于时间与篇幅，就只能说到这里了。有兴趣的朋友可以自己去读，特别是《伪自由书》《准风月谈》《且介亭杂文二集》的《后记》，都是上万言，而且都是一气写成，有时竟写了一个通宵，鲁迅有意识地留下了大量的历史现场资料，今天读起来却有惊心动魄之感：真不知道鲁迅面临这么多的明枪暗箭，是怎样挺过来的。鲁迅在《〈准风月谈〉后记》里，这样写道："文坛上的事件还多得很：献检查之秘计，施离析之奇策，起谣诼兮中权，藏真实兮心曲，立降幡于往年，温故交于今日……还是真的带住罢，写到我的背脊已经觉得有些痛楚的时候了！"[40]可以感到，鲁迅为对付这些和"武力征伐"相配合的"文力征伐"，心理的，以及体力的支付实在是超负荷的，他的生命就是这样地一点一点地耗尽了……

不准通，不敢通，不愿通，不肯通与力争通

问题是，面对这样严峻的言说环境，知识分子做出怎样的选择。

我们先一起来读鲁迅的一篇杂文：《不通两种》。

鲁迅在 1932 年 10 月 31 日的《大晚报》上读到一篇关于农村社会风潮的报道，题目是《乡民二度兴风作浪》，读着读着就糊涂起来，一直到第二年的 2 月 3 日还没有想明白，只得写成篇杂文，捎带发表一点感想。引起疑惑的是这段文字：

> （乡民）陈友亮见官方军警中，有携手枪之刘金发，竟欲夺刘之手枪，当被子弹出膛，饮弹而毙，警察队亦开空枪一排，乡民始后退。……

鲁迅感到"最古怪的是子弹竟被写得好像活物，会自己飞出膛来似的。但

㊴ 《360525 致时玳》，《鲁迅全集》14 卷，人民文学出版社，2005 年，第 104 页。

㊵ 《〈准风月谈〉后记》，《鲁迅全集》5 卷，人民文学出版社，2005 年，第 431 页。

因此而累得下文的'亦'字也不通了。必须将上文改作'当被击毙',才妥。倘要保存上文,则将末两句改为'警察队空枪亦一齐发声,乡民始后退',这才铢两悉称,和军警都毫无关系。——虽然文理总未免有点稀奇"。

显然,这里的文句的"不通",不是"作者本来就没有通",而是鲁迅所说的,"本可以通,而因了种种关系,不敢通,或不愿通的"。

为什么"不敢通"或"不愿通"? 鲁迅没有说破,但读者心里明白:明明是"官方军警"开枪打死了乡民,却要掩盖这一血腥的事实,甚至归罪于乡民,于是就出现了这"不通"的句子。

鲁迅注意到:"现在,这样的稀奇文章,常常在刊物上出现。"这就反映了中国言论的一个根本问题:作者连如实地反映事实,通顺地表达自己的权利都没有,常陷入"不准通",因而就"不敢通"的尴尬。——这其实就是我们在前面所讲的言说困境。

而鲁迅还要追问:中国的作者,知识分子,面对这样的思想禁锢、言论不自由的状况,采取什么态度?

鲁迅说:"头等聪明人不谈这些,就成了'为艺术而艺术'家;次等聪明人竭力用种种法,来粉饰这不通,就成了'民族主义文学'者,但两者是都属于自己'不愿通',即'不肯通'这一类里的。"④

这是典型的鲁迅思维与笔法:他抓住一个"不通",就使各种人的立场毕现,并照出其灵魂:

"不准通"——这是"官"的立场。

"不敢通"——这是"奴隶"。

"不愿通""不肯通"——这是"奴才"的态度。他们都是"聪明人"。

也还有另外的选择——

"力争通"——这就是鲁迅在《无声的中国》里所说的:"说些较真的话,发些较真的声音。"②这大概就是"傻子"了。

这是在不自由中争自由,努力走出奴隶时代的"人"的挣扎。

④ 《不通两种》,《鲁迅全集》5卷,人民文学出版社,2005年,第22页、第23页。
② 《无声的中国》,《鲁迅全集》4卷,人民文学出版社,2005年,第15页。

南腔北调·奴隶文章·地摊图书

我们很容易就注意到：鲁迅"人"的立场是坚定的；但他对自己的言说的预期却是低调的。也就是说，他坚持独立的自由言说，但他又不断质疑自己的言说：他对在不自由的体制下，反抗者的自由言说的限度与缺憾，有着极为清醒和冷静的估计。同时他也深知自己的言说的真正意义所在，自有一种自尊与自重。

他因此对自己的杂文有三个命名，可惜至今无人注意：我们实在太粗心了。

鲁迅有一本杂文集，题目就叫：《南腔北调集》。在《题记》里，他谈到曾有人（大概也是"小报文人"）写《作家素描》，说鲁迅"极喜欢演说，但讲话的时候是口吃的，至于用语，则是南腔北调"。鲁迅对此评论说："前两点我很惊奇，后一点可是十分佩服了。真的，我不会说绵软的苏白，不会打响亮的京腔，不入调，不入流，实在是南腔北调。"[43]

"不入调，不入流"，这其实正是抓住了鲁迅杂文的一个基本特征：它根底上就是非主流的，边缘的，异类的，反体制的。批判的知识分子的言说是必然如此的。这是鲁迅的自觉选择。在经过和现代评论派论战以后，他早已宣布要和学院派的知识分子分道扬镳："也有人劝我不要做这样的短评。那好意，我是很感激的，而且也并非不知道创作之可贵。然而要做这样的东西的时候，恐怕也还要做这样的东西，我以为如果艺术之宫里有这么麻烦的禁令，倒不如不进去；还是站在沙漠上，看看飞沙走石，乐则大笑，悲则大叫，愤则大骂，即使被沙砾打得遍身粗糙，头破血流，而时时抚摩自己的凝血，觉得若有花纹，也未必不及跟着中国的文士们去陪莎士比亚吃黄油面包之有趣。"[44]可以说，鲁迅在二十年代末，离开大学校园，来到上海，选择报刊独立撰稿人的身份，并且以杂文作为他的主要写作文体，就是自觉地远离主流，将自己的写作与言说边缘化的。

而且他是把这样的选择坚持到底的。1935年底，国内新闻界纷纷致电国民

---

[43] 《〈南腔北调集〉题记》，《鲁迅全集》4卷，人民文学出版社，2005年，第427页。
[44] 《〈华盖集〉题记》，《鲁迅全集》3卷，人民文学出版社，2005年，第4页。

党政府,要求"保障正当舆论"。要求保障舆论自由,鲁迅当然不会反对:早在1932 年他就在答杂志社问的时候,明确提出:"第一步要努力争取言论的自由。"[45]但"正当舆论"的提法,却引起了他的警觉:这实际上是试图把舆论自由限制在体制允许的范围内,是"跪着的造反"。这自然是自觉站在体制外的鲁迅所不能接受的。他在《且介亭杂文二集》的序言里,针锋相对地表示:"我的不正当的舆论,却如国土一样,仍在日即于沦亡,但是我不求保护。"[46]自命"不正当",且"不求保护",这正是一个拒绝收编的真正独立的立场。

其实鲁迅杂文的边缘性、反体制性,不只是一种言说立场与姿态,是同时表现在他的杂文思维与杂文语言上的。我在《适合自己的文体——鲁迅杂文论》里,就分析了鲁迅杂文思维的"非规范化","常在常规思维路线之外,另辟蹊径",以及其杂文语言的"反规范","仿佛故意破坏语法规则,违反常规用法,制造一种不和谐的拗体,以打破语言对思想的束缚,同时取得荒诞、奇峻的美学效果"。[47]——这也是"不入调,不入流"的。

鲁迅对他的杂文,还有两个看似矛盾,却很值得琢磨的说法。他在《三闲集》序言的一开头,就下了一个定义:"短短的批评,纵意而谈,就是所谓'杂感'者。"这确实说得很精当,堪称经典,其中"纵意而谈"自然是关键。但他紧接着又说自己的杂文里多有"吞吞吐吐,没有胆子直说的话"。[48] 这里显然存在着一个追求和追求的实现的限度之间的矛盾。实际上,杂文正是一种在不自由的环境下,争取自由言说,而终于不自由的文体。

这里,大有深意,琢磨透了,大有利于理解中国国情下的文学,思想与文化。

这首先就是要正视"不自由"。这也非同小可:这是区分"奴隶"和"奴才"的关键。鲁迅有言:

> 自己明知道是奴隶,打熬着,并且不平着,挣扎着,一面"意图"挣脱以至实行挣脱的,即使暂时失败,还是套上了镣铐罢,他却不过是单单的奴隶。

㊺ 《答中学生杂志社问》,《鲁迅全集》4 卷,人民文学出版社,2005 年,第 372 页。
㊻ 《〈且介亭杂文二集〉序言》,《鲁迅全集》6 卷,人民文学出版社,2005 年,第 225—226 页。
㊼ 钱理群:《适合自己的文体——鲁迅杂文论》,《走进当代的鲁迅》,北京大学出版社,1999 年。
㊽ 《〈三闲集〉序言》,《鲁迅全集》4 卷,人民文学出版社,2005 年,第 3 页、第 4 页。

如果从奴隶生活中寻出"美"来,赞叹,抚摩,陶醉,那可简直是万劫不复的奴才了。

鲁迅说:"就因为奴群中有这一点差别,所以使社会有平安和不安的差别,而在文学上,就分明的显现了麻醉的和战斗的不同。"[49]

可惜的是,从过去到现在,都有人不断地"从奴隶生活中寻出'美'来",只要主子稍稍放松手里的缰索,他们就宣布自己已经获得了自由。

因此,在我们中国,承认"不自由",也需要勇气。

鲁迅又有了沉痛之言:

在这种明诛暗杀之下,能够苟延残喘,和读者相见的,那么,非奴隶文章是什么呢?

我曾经和几个朋友闲谈。一个朋友说:现在的文章,是不会有骨气的了,譬如向一种日报上的副刊去投稿罢,副刊编辑先抽去几根骨头,总编辑又抽去几根骨头,检查官又抽去几根骨头,剩下来还有什么呢? 我说:我是自己先抽去了几根骨头的,否则,连"剩下来"的也不剩。所以,那时发表出来的文章,有被抽四次的可能。

因此除了官准的有骨气的文章之外,读者也只能看看没有骨气的文章。[50]

这是一个必须面对的现实:我们"实行挣脱"了,但"还是套上了镣铐",而且我们只能继续"戴着镣铐跳舞"。于是,就有了这样的自我命名:"奴隶文章","伪自由书"。

这是一个时代之重。这更是一种清醒,难得的清醒。

有了这难得的清醒,就有了写作策略的选择:"可说之处说一点,不能说之

---

[49] 《漫与》,《鲁迅全集》4 卷,人民文学出版社,2005 年,第 604 页。

[50] 《〈花边文学〉序言》,《鲁迅全集》5 卷,人民文学出版社,2005 年,第 438 页。

处便罢休。"鲁迅说:"我也毫不强横。"⑤

这看起来是消极的,也确实有几分被动与无奈。但消极中有积极,被动中也有主动。

在鲁迅这里,界限是很清楚的:正视现实,并不等于"随顺"现实,不作反抗和挣扎。⑤ 但同时需要讲求战法和策略。

鲁迅说,"对于社会的战斗,我是并不挺身而出的",他主张"打壕堑战"。⑤

首先要懂得并善于保护自己。这背后有两个理念:一是"战士的生命是宝贵的",不肯"虚掷生命",是为了长期的战斗;二是要深知自己的对手,"中国多暗箭",赤膊上阵是要吃亏的。⑤

还要懂得必要的妥协,走迂回的路,有勇有谋。有这样一件事:一批山西的年轻的木刻家成立了"榴花社",鲁迅给他们提供的意见是:"新文艺之在太原,还在开垦时代,作品似以浅显为宜,也不要激烈,这是必须察看环境和时候的。别处不明情形,或者要评为灰色也难说,但可以置之不理,万勿贪一种虚名,而反致不能出版。战斗当首先守住营垒,若专一冲锋,而反遭覆灭,乃无谋之勇,非真勇也。"⑤

当然,妥协也是有限度的。因此,鲁迅又说:"恐怕也有时会遇到非短兵相接不可的,这时候,没有法子,就短兵相接。"⑤

这里,还有一个故事。鲁迅在发表了我们在前面引述过的《不通两种》以后,一位勇士就打上门来,指责鲁迅的文章"装腔作势,吞吞吐吐,打这么许多弯儿"。鲁迅在回应中一语中的:"说话弯曲不得,(这)也是十足的官话。植物被压在石头底下,只好弯曲的生长,这时俨然自傲的是石头。"这恐怕还暗含阴谋:引你直言,激你说过头话,正好提供封杀的口实。——鲁迅说,"我也毫不强横",他是绝不会上当的。

---

⑤ 《〈南腔北调集〉题记》,《鲁迅全集》4 卷,人民文学出版社,2005 年,第 427 页。
⑤ 《两地书·六》,《鲁迅全集》11 卷,人民文学出版社,2005 年,第 26 页。
⑤ 《两地书·二》,《鲁迅全集》11 卷,人民文学出版社,2005 年,第 16 页。
⑤ 《空地》,《鲁迅全集》3 卷,人民文学出版社,2005 年,第 298 页。
⑤ 《330620 致榴花社》,《鲁迅全集》12 卷,人民文学出版社,2005 年,第 409 页。
⑤ 《两地书·二》,《鲁迅全集》11 卷,人民文学出版社,2005 年,第 16 页。

鲁迅还说了一句:"现在只有我的'装腔作势,吞吞吐吐'的文章,倒正是这社会的产物"。[57] 由此形成的是鲁迅杂文(甚至是鲁迅全部作品)的特殊风格及对读者的特殊要求。我在《与鲁迅相遇》一书中曾将其概括为"在显、隐,露、蔽之间"表达自己,并有这样的分析,"鲁迅作品中有显露出来的,也有遮蔽起来的,他真实的思想就实现在显隐露蔽之间。一个会看他的作品的读者,就能够从浮在水平线上面的部分看到隐藏在下面的部分,而下面的部分很可能是更重要的部分",他的言说"有说与不说,明说与暗说,正说与反说,详说与略说,言里和言外,言与意之分,区分是非常复杂的。某种程度上这是一个语言的迷宫,要真实地贴近他很困难,但是我们正是要在这样的困难中去努力贴近他,在显隐露蔽之间去体会他的真意"。[58] ——而这本身,就是很有魅力的。

因此,作为批判知识分子、左翼知识分子的鲁迅,他的作品并没有许多左翼作家(特别是中国的左翼作家)通常有的英雄气:他早就说过,"我决不是一个振臂一呼应者云集的英雄",[59]他也不是冲锋陷阵的革命勇士。他更是以平常心来看待与对待他的杂文写作的。

他说:杂文作者(当然首先是他自己)写杂文,和"农夫耕田,泥匠打墙"是一样的:

> 我知道中国的这几年的杂文作者,他的作文,却没有一个想到"文学概论"的规定,或者希图文学史上的位置的,他以为非这样写不可,他就这样写,因为他只知道这样的写起来,于大家有益。农夫耕田,泥匠打墙,他只为了米麦可吃,房屋可住,自己也因此有益之事,得一点不亏心的糊口之资,历史上有没有"乡下人列传"或"泥水匠列传",他向来就并没有想到。[60]

他也把自己的杂文看成是"地摊"上的"瓦碟":

---

[57] 《不通两种》附录,《鲁迅全集》5卷,人民文学出版社,2005年,第23页、第26页。
[58] 钱理群:《与鲁迅相遇》,生活·读书·新知三联书店,2003年,第127页。
[59] 《〈呐喊〉自序》,《鲁迅全集》1卷,人民文学出版社,2005年,第439页。
[60] 《徐懋庸作〈打杂集〉序》,《鲁迅全集》6卷,人民文学出版社,2005年,第300页。

当然不敢说是诗史,其中有时代的眉目,也不是英雄们的八宝箱,一朝打开,便见光辉灿烂。我只在深夜的街头摆着一个地摊,所有的无非几个小钉,几个瓦碟,但也希望,并且相信有些人会从中寻出合乎他的用处的东西。⑥

他还说:

我愿意我的东西躺在小摊上,被愿看的买去,却不愿受正人君子的赏识。世上爱牡丹的或者是最多,但也有喜欢曼陀罗花或无名花草的。⑥

我说过,这可能有鲁迅当年在北京的厂甸和宣武门外西小市书摊上淘书的记忆,⑥我们也仿佛真的看见:在摩肩接踵的小市,穿着灰色的旧棉袍的鲁迅,在地摊上静静等候"愿看"的普通读者将他的书买去的情景。那是非常动人的。

因此,鲁迅是把他的杂文集的读者预设为别有眼光的"'拾荒'的人们"的,希望他们"还能从中捡出东西来","我因此相信这书的暂时的生存,并且作为集印的缘故"。⑥

而且又有了这样的感慨,"而现在又很少有肯低下他仰视莎士比亚,托尔斯泰的尊脸来,看看暗中,写它几句的作者。因此更使我要保存我的杂感,而且它也因此能够生存","呜呼,'世无英雄,遂使竖子成名',这是为我自己和中国的文坛,都应该悲愤的"。⑥

鲁迅的真正知音,是那些在地下,在暗中,默默拓荒、拾荒的人们。鲁迅的杂文,是为他们而写的,也因他们而获得了自己的真正价值和无尽的生命活力。

批判的知识分子和社会底层有着天然的联系,他们从大地吸取营养,他们的精神产物也要回归大地:这都十分自然,也十分平常。

---

⑥　《〈且介亭杂文〉序言》,《鲁迅全集》6卷,人民文学出版社,2005年,第4页。
⑥　《厦门通信》,《鲁迅全集》3卷,人民文学出版社,2005年,第388页。
⑥　参看钱理群:《鲁迅和北京、上海的故事(上篇)》,载《鲁迅研究月刊》2006年5期。
⑥　《〈准风月谈〉前记》,《鲁迅全集》5卷,人民文学出版社,2005年,第200页。
⑥　《〈准风月谈〉后记》,《鲁迅全集》5卷,人民文学出版社,2005年,第431页。

"钻文网"种种

但真要求生存,还得学会"钻文网":⑥这是鲁迅向中国的杂文作者提出的历史任务。他自己就是一个先行实验者。

这里,有一个故事。前面我们已经提到,在武力征伐和文力征伐下,《自由谈》的编辑发出了"吁请海内文豪,从兹多谈风月"的启事。据鲁迅说,这"很使老牌风月文豪摇头晃脑的高兴了一阵,讲冷话的也有,说俏皮话的也有,连只会做'文探'的叭儿们也翘起了它尊贵的尾巴"。但鲁迅却提醒说:"谈风云的人,风月也谈得,谈风月就谈风月罢,虽然仍旧不能正如尊意。"他指出,"想从一个题目限制了作家,其实是不能够的","'月白风清,如此良夜何?'好的,风雅之至,举手赞成,但同是涉及风月的'月黑杀人夜,风高放火天'呢,这不明明是一联古诗么?"⑥

于是,就有了鲁迅的杂文集《准风月谈》:在"不准谈风云"的政治压力下,明说风花雪月而暗谈政治风云,这其实也就是"钻文网"。对于一个有着自由心灵,并具有创造力的作者,限制、封闭只能相对有效,总能找到统治的缝隙,发出某种异样的声音:这也是现代报刊"丛林"里的"游击战"。⑥

我们且看鲁迅如何灵活作战吧。

首先是化用各种笔名,以"障住编辑先生和检查老爷的眼睛"。关于鲁迅在他后期杂文中所使用的笔名,许广平写有《略谈鲁迅先生的笔名》,有详尽的考察。这里抄录几段:《伪自由书》里"用得最多的是何家干三个字。取这名时,无非是因为姓何的最普通,家字排也甚多见,如家栋、家驹,若何作谁解,就是'谁家做'的,就更有意思了"。此外,在《花边文学》里用的"赵令仪""黄凯音""张

---

⑥ 《两地书·一〇》有这样的话:"政府似乎已在张起压制言论的网来,那么,又须准备'钻网'的法子。"《鲁迅全集》11卷,人民文学出版社,2005年,第41页。

⑥ 《〈准风月谈〉前记》,人民文学出版社,2005年,第199页。

⑥ 这是借用汪晖在《死火重温》里的说法,他说的是"现代都市丛林"里的"游击战"。《死火重温》,人民文学出版社,2000年,第427页。

沛"等,也都和"何家干"一样,"盖取其通俗,以掩耳目"。还有一类,如《准风月谈》里的"丰之余",是针对前面说到的太阳社、创造社的英雄们"说他是'封建余孽'而起的名字","隋洛文",是"堕落文人"演化而来,"不用说是为了1930年国民党浙江省党部呈请通缉'堕落文人鲁迅'而起的了":鲁迅显然是希图借这样别有深意的笔名,将那段文化围剿的历史留下一个印记;但因已经经过变形,也容易"蒙混过关"。还有像《夜颂》《秋夜纪游》《谈蝙蝠》诸篇用"游光"这样的笔名,显然是要和文题和文章内容中的"夜"取得一种和谐,显示某种"诗意",也易造成"远离政治"的假象,又暗含着自己的现实感受。——可以看出,鲁迅的笔名,都是用心良苦:既要隐蔽,以掩耳目,又要曲折地透露(或暗示)某些方面的真实。

我们前面已经说到,鲁迅许多杂文在报刊上公开发表时都有删节,这是无法逃避的文字之灾。但当时的国民党当局对发行量与影响力都不如报刊的书籍的检查,相对要疏松一些。

鲁迅就利用这样的缝隙,在将杂文汇集成书时,就有意"将刊登时被删改的文字大概补上去了,而且旁加黑点,以清眉目"。[69] 于是,当时以及今天的读者,就有幸从鲁迅编的杂文集里读到了遭枪毙而又被抢救出来的文字,这里不妨抄一两段:

> 如果大家来相帮,那就有"反帝"的嫌疑了,"反帝"原未为中国所禁止的,然而要预防"反动分子乘机捣乱",所以结果还是免不了"踢"和"推"……(《踢》)[70]
>
> 倘使对于黑暗的主力,不置一辞,不发一矢,而但向"弱者"唠叨不已,则纵使他如何义形于色,我也不能不说——我真也忍不住了——他其实乃是杀人者的帮凶而已。(《论秦理斋夫人事》)[71]

---

[69] 《〈准风月谈〉前记》,《鲁迅全集》5卷,人民文学出版社,2005年,第200页。
[70] 《踢》,《鲁迅全集》5卷,人民文学出版社,2005年,第261页。
[71] 《论秦理斋夫人事》,《鲁迅全集》5卷,人民文学出版社,2005年,第509页。

鲁迅未加一字,读者已经明白:在三十年代中国,是既不准谈"反帝",也不准说"帮凶"的。

读鲁迅后期杂文集,很容易就注意到一个现象:除"序言"(或称"题记""前记")外,常有"后记",有的长达万言以上,被称为一条大"尾巴"。当时就有人评论说,鲁迅印行杂文集的本意,"完全是为了一条尾巴"。这可能不确切,鲁迅自己也不承认;但刻意为之,却是真的。鲁迅自己就说:"我的杂文,所写的常是一鼻,一嘴,一毛,但合起来,已几乎是或一形象的全体,不加什么原也过得去的了。但画上一条尾巴,却见得更加完全。"[72]可见,鲁迅追求的是全书的整体性,及所造成的整体效应。在一篇一篇的写作中,鲁迅东画"一鼻",西画"一嘴",其实玩的是"遮眼法",不让审查者(无论是编辑,还是检查官)完全摸清他的意图;而现在成了书,他就要通过这样的整体安排,特别是"前记"与"后记",引导读者在文与文的关系中去领悟隐蔽其后的东西。而"后记"又特别大量抄录、补叙了每篇杂文引发的纠纷的有关文章,有的论争文章则直接置于文后,如鲁迅自己说,这是为了"照见时事",也就是引导读者进入历史情境,由一个一个的小环境观照整体的时代大环境,由对一个一个具体问题的反省引向时代大问题的整体性的批判性审视。

而最后,鲁迅还要给他的杂文集取一个独特而传神的书名,以"画龙点睛"。因此,我们几乎可以根据他的书名而勾画出一幅二十世纪三十年代杂文家鲁迅的生存图景:他是在"且介亭"(半租界)里,怀着对同阶级的"二心",背着革命文学家赐予的"三闲"罪名,以不入调,不入流的"南腔北调",写着"伪自由书",因禁论国事风云而作"准风月谈",却被同一营垒的青年战友讥为"花边文学"。——鲁迅杂文写作的言说环境,言说方式和命运,尽在其中:这正是我们今天的讲题内容的高度浓缩。

我的这个冗长的报告应该结束了。

但,还有点"余论",算是今天演讲的一个小结吧。

---

[72] 《〈准风月谈〉后记》,《鲁迅全集》5 卷,人民文学出版社,2005 年,第 402—403 页。

聊存一时之风尚

我在读鲁迅作为独立撰稿人,在报刊上发表的杂文,以及他为杂文集所写的前言、后记时,一直想着一个问题:鲁迅是怎样看待他的报刊写作的? 他有着怎样的自我身份、角色的预设?

我之所以提出这样的问题,是因为不同的人对报刊写作是有着不同的期待的,其背后又有对自我角色的期待的不同。比如说,许多人都认为,报刊是公共舆论,它有着巨大的社会影响力:既可以教育、引导民众,又可以监督政府,影响决策。这大概是一种公论与共识,大学新闻系的学生学习的新闻理论教科书也都是这么说的。我想,在鲁迅同时代的胡适这样的知识分子,也是这么想这么做的:他们以学问家、舆论家的身份创办《独立评论》,并且有明确的角色预设:要当民众的"导师",政府的"诤友",而最终的指向,是充当"国师"。

但,鲁迅却没有这样的雄心壮志。他从来不相信教科书上的高论,他死死抓住的是中国国情,而且死死认准两条:一是中国"当局"的治国理念与实践里,舆论只是被操纵、利用的统治工具,所谓"公共舆论"是不存在,也不允许存在的。"奴隶只能奉行,不许言议;评论固然不可,妄自颂扬也不可,这就是'思不出其位'。譬如说:主子,您这袍角有些儿破了,拖下去怕更要破烂,还是补一补好。进言者自以为在尽忠,而其实是犯了罪,因为另有准其讲这样的话的人在,不是谁都可以说的。一乱说,便是'越俎代谋',当然'罪有应得'。倘自以为是'忠而获咎',那不过是自己糊涂"。[73] 其二,中国的国民也是从来不受影响的,"是弹琴人么,别人的心上也须有弦索,才会出声;是发声器么,别人也必须是发声器,才会共鸣。中国人都有些不很像,所以不会相干"。[74]

因此,在鲁迅看来,"导师""国师"云云,都近乎痴人说梦,并有自欺欺人之嫌。他在报刊上写杂文,不过是"捣乱"。用学术的语言说,是要"在不自由的时

---

[73] 《隔膜》,《鲁迅全集》6卷,人民文学出版社,2005年,第45页。
[74] 《随感录·五十九"圣武"》,《鲁迅全集》1卷,人民文学出版社,2005年,第371页。

代,展现永不屈服的自由意志,和不可遏止的自由生命的存在"。用画家陈丹青的说法,是摆出一副"非常不买账,又非常无所谓"的样子:"还有我呢","我就这样,你能怎么样?!"用鲁迅自己的话来说,就是:"天下不舒服的人们多着,而有些人却一心一意在专造给自己舒服的世界。这是不能如此便宜的,也给他们放一点可恶的东西在眼前,使他有时小不舒服,知道原来自己的世界也不容易十分美满",⑦⑤"你要那样,我偏要这样是有的;偏不遵命,偏不磕头是有的;偏要在庄严高尚的假面上拨它一拨也是有的,此外却毫无什么大举。名副其实,'杂感'而已。"⑦⑥

这就是鲁迅报刊杂文写作的自我身份与角色认定:做既定秩序(政治、社会、思想、文化、学术、文学、语言的既定秩序)的捣乱者,作"绝望的反抗"。

因此,他对自己写作的效应是不抱希望的。他和传统的、现代的中国文人都不同,从不将写作神圣化,"毫无什么大举":他确实这么看。

但他又是十分认真地对待他的报刊杂文写作。

于是,我们注意到了在他的杂文集的"序言"和"后记"里,处处充满着一种历史感。

他这样看自己的杂文的意义:"聊存一时之风尚耳",⑦⑦"借此存留一点遗闻逸事,以中国之大,世变之亟,恐怕也未必就算太多了罢。"⑦⑧

有意思的是,鲁迅特别强调,必须把他的杂文和论战对手的文章对照起来看,才能显示其意义。因此,他的杂文集里总是尽可能地同时附录对手的文字:他所看重的仍然是历史的保存价值。他提醒读者注意:对手的文字,除了"峨冠博带的礼堂上的阳面的大文",更有"阴面的战法的五花八门",而且"这些方法一时恐怕不会失传",⑦⑨对后来者就有了警戒的意义。于是,就有这样的预言:"战斗正未有穷期,老谱将不断袭用,对于别人的攻击,想来也还要用这一类的方法,但自然要改变了所攻击的人名。将来的战斗的青年,倘在类似的境遇中,

⑦⑤ 《〈坟〉题记》,《鲁迅全集》1 卷,人民文学出版社,2005 年,第 4 页。
⑦⑥ 《〈华盖集续编〉小引》,《鲁迅全集》3 卷,人民文学出版社,2005 年,第 195 页。
⑦⑦ 《〈且介亭杂文〉附记》,《鲁迅全集》6 卷,人民文学出版社,2005 年,第 219 页。
⑦⑧ 《〈南腔北调集〉题记》,《鲁迅全集》4 卷,人民文学出版社,2005 年,第 428 页。
⑦⑨ 《〈三闲集〉序言》,《鲁迅全集》4 卷,人民文学出版社,2005 年,第 4—5 页。

能偶然看见这记录,我想是能开颜一笑,更明白所谓敌人者是怎样的东西的。"⑧

不知道在座的朋友,听到鲁迅的这一预言,有什么感觉。我的心情沉重而复杂:我们正是鲁迅所瞩望的"将来"者,而且我们也确实生活在和鲁迅"类似的境遇"中。看见了在鲁迅杂文里保存的当年的"记录"以后,或许我们真能如鲁迅期待的那样"开颜一笑":"所谓敌人者"竟是几十年毫无长进;但这历史的循环,却使我们感到某种残酷和荒诞,而且我们还要和鲁迅当年那样,继续作绝望的挣扎与抗争。

但却因此更理解了鲁迅,想起了他晚年的一段自白:

> 自问数十年来,于自己保存之外,也时时想到中国,想到将来,愿为大家出一点微力。⑧

这也是对他的杂文(那是他的生命的结晶)最好的注解。

2006 年 8 月 30 日至 9 月 4 日

【钱理群　北京大学中文系教授】
原文刊于《中国文化》2006 年 02 期

---

⑧　《〈伪自由书〉后记》,《鲁迅全集》5 卷,人民文学出版社,2005 年,第 191 页。
⑧　《340522 致杨霁云》,《鲁迅全集》13 卷,人民文学出版社,2005 年,第 113 页。

《故事新编》：时间与叙述

黄子平

【内容提要】《故事新编》正如《朝花夕拾》，是鲁迅为解决"个人时间"与"历史时间"之紧张关系而进行的静夜挣扎。他那"放在引号中叙述"的基本策略在此书中有更精彩的表演。由《补天》到《铸剑》到《奔月》，他最终择定了"油滑"的即"混淆古今"的叙述方式，使来自文献与当代的众多引语在同一作品空间中同质地发声，从而将"过去"的故事、"未来"的阐释纳入他写作的"现在"，以反抗那个话语秩序分崩离析的时代里讲故事者的悲喜剧命运。

一

许多书，"成对儿"地阅读时，可以开启思路。

鲁迅曾说过他的文章题目喜作"对子"，如《偶成》对《漫与》，《重三感旧》对《双十怀古》等等。书名亦如是，《呐喊》对《彷徨》，《三闲集》对《两地书》，《伪自由书》对《准风月谈》。当然，书名儿对上的，内容不一定就"成双"。不过，倘把《朝花夕拾》和《故事新编》相参互校地读，或许是个"有生产效益"的阅读策略。

证明这两本书在鲁迅的创作意图中即已"配套成龙"并不太困难，但多少费点笔墨,因为这意图是"过程性"的。简言之,《朝花夕拾》里十篇回忆性散文,陆续刊于《莽原》杂志时,取的总题目是叫《旧事重提》的,编定集子时易为现在这个书名。而《补天》原以《不周山》为题孤零零地编入《呐喊》时,则被青年批评家成仿吾在一篇少年气盛的文章中敏锐地指出了它与《呐喊》其余作品的异质性。① 鲁迅在《故事新编》的序言里说,为向成氏回敬"当头一棒",就在《呐喊》印行第二版时将这一篇删除,使集子里只剩下了"庸俗"而不再有"佳作"。其实这"第二版"是成仿吾文章发表六年之后,《呐喊》已是第十三次印刷。《铸剑》(原题《眉间尺》)和《奔月》写成并发表亦已有三年。因此这删除是为了"敲"成氏的说法不能信以为真,毋宁说是因为此时《不周山》已不再孤零零,另一部集子成形的意图应已凝定。《眉间尺》发表于《莽原》半月刊第二卷第八、九期,正与作者编定《朝花夕拾》同时,鲁迅给这篇小说加的副标题是"新编的故事之一"。不妨说,《旧事重提》之易名为《朝花夕拾》乃是为了出让给未来的历史小说集。《故事新编》的序言说:"一九二六年的秋天,一个人住在厦门的石屋里,对着大海,翻着古书,四近无生人气,心里空空洞洞。……这时我不愿意想到目前;于是回忆在心里出土了,写了十篇《朝花夕拾》,并且仍旧拾取古代的传说之类,预备足成八则《故事新篇》"。这里仍有与实际不符的话,《朝花夕拾》的前五篇其实是在北平时写的,序言里当然不必交代得如此清楚,这并不重要。重要的是创作这两本书的共同心境、"古书"与"回忆"在那段时空里的共生状态。石屋、大海、四近无生人气、心里空空洞洞,这段话用极具象征性的词语陈述了一个孤独沉寂的写作境况。作者用"拾取"这同一动作程序处理"回忆"和"传说",从而将两本近乎相似却又明显不同的书纳入这同一境况之中。

　　"旧事"与"故事"的区别是这两本书的根本区别。"旧事"乃个人亲历之事,回忆以成散文;"故事"采自古书,演义而成小说。"旧事"较完整地埋藏在作者记忆之中,"出土"之后便可陆续抄下,或如朝花坠地,夕晚拾之,色香虽异而形神俱在。"故事"则散见于典籍之中,断简残编,如碎锦梦丝,除非重加编织爬梳,不成片段。然而,细究起来,这里仍有种种难以擘画撕掳的含糊之处。

---

① 成仿吾:《〈呐喊〉的评论》,《创造季刊》第二卷第二期,1924 年 1 月。

个人亲历之事决非"完整"地存留于记忆之中,淡忘了的、无法记起、不愿记起、无从记起之事必占多数。回忆亦是选择和编排。为回忆而回忆的事是没有的,旧事重提必是为了镜照现在,即所谓"怀着对未来的期待将过去收纳于现在"。一旦为了解释当前,而将旧事反复重提,使之成为现实的一项注解,旧事也就"故事化"、"寓言化"了。鲁迅在《呐喊·序》和《朝花夕拾·藤野先生》里都提到的"幻灯事件"即属此例。后人(尤其是作《鲁迅传》的后人)实际上已将《朝花夕拾》读成了由十个片断组成的、关于少年周树人的一部"成长小说",并纳入作为新时代"圣人"的大故事之中,反复加以重编了。

从另一个角度看,则《故事新编》,中,鲁迅已将其亲历之"旧事"乃至"新事"(如高长虹事、顾颉刚事)毫无顾忌地编织入内,却仍然认定其小说既非"斥人"亦非"自况"之作。理由是全然正确的:真人真事一经写入小说,便已脱离原型,"故事化"了也。依据创作心理学,则作者在将神话、传说和史实"演义"成小说时,必经他在心中"搬演"即"亲历"一番,所谓"对镜画马"是也,画中人马互渗,而传统与作家的互渗则不仅仅局限在其作品之中,更根本的是,作家在写作之前,就已生存于他意欲重编的故事之中。在《朝花夕拾》这部我们读成的"成长小说"中,少年周树人的道路上,"人和书"几乎是"成对儿"地出现的:长妈妈和《山海经》,"一位长辈"和《二十四孝图》,父亲和《鉴略》("粤自盘古,生于太荒,首出御世,肇开混茫"),三味书屋中的先生同学和《论语》《周易》《尚书》《幼学琼林》,南京的师生和《天演论》,藤野先生和解剖学讲义。人生的一部分(或大部分)乃是由各式各样的"故事本文"构成的,那么,重构历史、诠释传统、新编故事,亦正如个人性的回忆一般,乃是为了理解现在和未来,理解自我,理解生命的意义和人的生存处境了。《朝花夕拾》的小引里说:"我有一时,曾经屡次忆起儿时在故乡所吃的蔬菜:菱角、罗汉豆、茭白、香瓜。凡这些,都是极其鲜美可口的;都曾是使我思乡的蛊惑。后来,我在久别之后尝到了,也不过如此;惟独在记忆上,还有旧来的意味留存。他们也许要哄骗我一生,使我时时反顾。"这话的意思可分作两层,一是记忆中的事物当或有所变异,二是即便如此,记忆仍极可珍贵。前者说明了"旧事"之"故事化"的不可免,后者却证明了记忆之于我们不在其"真"("哄骗"),而在其"意味"。因此,将这段话移用于《故事新编》作譬,也

是适宜的。神话、传说和史实，何尝不是一民族魂系故乡的"蛊惑"，时时激活
"寻根"或"刨坟"的热忱。别无选择地身处故事之中的新编故事者，为自我、为
人群、为后人而俯身拾取远古的"朝花"，亦可视为作者在那石屋静夜中的又一
挣扎了。

二

将《朝花夕拾》和《故事新编》"成对儿"地阅读，正如它们的书名中已然昭示
的，"时间"和"叙述"是贯穿它们的两大"聚焦点"：朝、夕、故、新，时间也；拾取、
编排，叙述也。展开点说就是，作者以"叙述"（写作）来探询或试图解决"个人时
间"与"历史时间"之间的紧张关系。在某种程度上，也可以说，这是理解鲁迅全
部作品的一个关键。在这一"探询"（话语实践）中，构成鲁迅"内在声音"的那些
主题因子(爱，牺牲，希望，绝望，死，复仇，沉默，愤怒)，得以逐一展现。

《故事新编》与鲁迅其他作品的一大不同之处，在于其创作时间的跨度相当
大，"足足有十三年"。这是作者自写《狂人日记》到与世长辞的整个写作生涯十
八年中的十三年。这本书的创作伴随作者辗转于北京、厦门、广州、上海，时光的
流逝不能不对之具有颇为重要的意义。其中的后四篇是鲁迅在逝世的前一年的
一两个月内一气呵成地写完或整理完的，表现出其晚年为做完长期未竟之事而
付出的非凡努力。令人立即想起题在《彷徨》扉页上的那八句《离骚》："朝发轫
于苍梧兮，夕余至乎县圃；欲少留此灵琐兮，日忽忽其将暮。吾令羲和弭节兮，望
崦嵫而勿迫；路漫漫其修远兮，吾将上下而求索。"鲁迅在《故事新编》的单行本
上修改了初期两篇小说的标题(《不周山》《眉间尺》分别改为《补天》《铸剑》)，
把各篇标题统一成同样语法结构的两个字，使这本书显出与众不同的整齐。从
这些细节也可看出作者在生命的最后阶段倾注心力的情景。

但是，正如《故事新编》的日译者木山英雄注意到的，集内的各篇不以执笔
的先后为序，而以题材的时代为序。这在鲁迅作品集中，又是一大破例。鲁迅在
编定自己的集子时，向来注重执笔的先后顺序。木山先生认为，"之所以如此，

除这种方法是最自然、最随便的缘故之外,与他希冀记录性地保存自己坚强地负载着大变革时期时代精神的生活轨迹之想法也有着密切的关系。"正如鲁迅在《坟》的后记里所记述的那样:"我的生命的一部分,就这样地用去了,也就是做了这样的工作。"那么,何以《故事新编》采取了截然不同的编排方法呢?木山先生推测道:"这从作者本人所说的'神话,传说及史实的演义'之特殊内容而言,虽然可说也是最自然、最随便的,但似乎不可否认此种方法反映着作者的其他某种匠心。"②何种匠心?木山先生除了肯定这种编排是"更积极的"方法外,并未详加解说。

篇目的编排是作品最直观的"叙述梗概"。在时间顺序上不以个人的写作日期为主,而向着作品的题材时序一方倾斜。似乎表明需要这种"最自然最随便"的编年史式外观,为作品的历史可信性提供保证。甚至在《起死》这篇取材于寓言的闹剧小品中,滑稽角色庄周先生也像煞有介事地考证出那汉子死于五百多年前的纣王时代。将故事定位于历史时间的坐标上,再配以前述各篇标题的整齐划一,这"编年史式外观"已俨然成形。但外观也只不过是外观而已。作者顽强地视作品为一己生命的消逝与纪念的想法并未因此甘心隐退于目录之后。鲁迅不仅在序言中详述了前几篇的写作始末和全书创作的时间跨度,而且在各篇篇末都附有执笔日期(其中《铸剑》一篇发表于《莽原》时未署日期,收入集子时就补记了一个,却与《鲁迅日记》所记不符)。读者,比如木山英雄,就可以依据这些日期,编排出了以写作时间为序的、与原目录不同的一个目录。

至此,"叙述时间"与"所叙时间"、个人性的生命时间与文献性的历史时间、写作的主观实践性与历史的客观真实性之间,暗含的种种内在冲突和张力,已昭然凸显。一旦从篇目的安排进入各篇的叙述,对编年史时间的屈从便立即被证明只是一种策略。作者在历史可信性的外观掩护下突袭了历史。当读者在最瑰丽奇幻的神话传说中都读到个人恩怨的唐突穿插时,作者抒情性主观性的个人时间不仅从历史时间中奔涌而出,而且与后者在"新编"中等值化了。《故事新编》正如《朝花夕拾》,既是作者反抗死亡、战取时间的话语实践的记录,又是他

---

② 木山英雄:《〈故事新编〉译后解说》,原收日译二十卷本《鲁迅全集》第三卷,中译者刘金才、刘生社,载《鲁迅研究动态》1988 年第 11 期。

作为写作主体询唤历史、与之对话的一种努力。

三

写作：消耗生命以反抗绝望和虚空。鲁迅在他的作品集的题记或后记中，反复表达这一主题。如《华盖集·题记》："我的生命，至少是一部分的生命，已经耗费在写这些无聊的东西中，而我所获得的，乃是我自己的灵魂的荒凉和粗糙。但是我并不惧惮这些，也不想遮盖这些，而且实在有些爱他们了，因为这是我转辗而生活于风沙中的瘢痕。"

写作与死亡的关系，古人已多有探讨。《一千零一夜》的聪明的女主角，以讲故事来推延死期。中国古人则视"立言"为"三不朽"之一。当代作家却将写作看作与生命的牺牲密不可分，作品是作者的"谋杀犯"，叙述剥夺了叙述者的时间，叙述者在他的叙述游戏中扮演了一个死者的角色。鲁迅并不"惧惮"这些，因为死亡是生命的反证。《野草·题辞》表述得更有哲理性："过去的生命已经死亡。我对于这死亡有大欢喜，因为我借此知道它曾经存活。死亡的生命已经朽腐。我对于这朽腐有大欢喜，因为我借此知道它还非空虚。"面对死亡的自觉使作者意识到了自己的时间性和历史性，并进一步意识到作品的时间性和历史性。作品与作者一样是历史的"中间物"，死亡和死亡后的朽腐是必然的命运。然而鲁迅以佛家语"大欢喜"来面对这命运：死亡和朽腐都不可怕，可怕的是不死或死而"不朽"，成为活死人、僵尸或偶象。野草本由"委弃在地面上"的"生命的泥"而生，它"吸取露，吸取水，吸取陈死人的血和肉"而夺得自身的生存，它是为反抗这地面而生，可是地面对野草的报复是以之作为自己的"装饰"。鲁迅憎恶这一更可怕的命运，如何逃避自己的"叙述"被纳入或新或旧或似新却旧的"伟大故事"（Grand Story）中去重编的命运呢？《补天》，如鲁迅自己所解说的，是"取了茀罗特说，来解释创造——人和文学的——的缘起"。③ 论者大都注

---

③ 《故事新编·序言》，《鲁迅全集》第二卷，第341页。

意到了"人的创造",却几乎完全忽略了"文学的创造"。女娲和人的关系,正是作者与作品的关系。女娲成了一切创造者(包括文学的创作者)的象征。鲁迅"创造"了一个关于"创造"的故事,这故事遂成为一个"自我指涉"的叙述。叙述过程与叙述话语完全相容,叙述变成舞蹈,舞者与舞无法分清。因此,鲁迅中途停笔去看日报,"不幸"看见了对《蕙的风》的"含泪的批评","止不住有一个古衣冠的小丈夫,在女娲的两腿之间出现",这件事是非常自然的——过程之进入话语是不由自主的。鲁迅说,"这就是从认真陷入了油滑的开端。"一个"陷"字和"滑"字,都说明了这种"不由自主"状态。这更证明了女娲的"创造"即"创作",一种面对批评的创作,其行为具有"本文性"。耐人寻味的是,鲁迅自述的"从认真陷入了油滑"的写作过程,亦绝类女娲之先"抟黄土"而后"引绳于泥中":《不周山》的后半是很草率的,决不能称为佳作。"作品对作者的"谋杀"有时会来自意想之外的方向。

从"人的创造"的角度读《补天》,可能读出鲁迅对"末人"的厌恶和绝望,从"文学的创造"的角度,则可读出关于生命与写作,作者与作品的关系的抒情性嘲讽性哲理思考。女娲的"作品"在她身边打圈,"渐渐的走得远,说得多了,伊也渐渐的懂不得,只觉得耳朵边满是嘈杂的嚷,嚷得颇有些头昏"。作品与作者的异化和疏离;在天地分崩之后,有更详尽的描写。"先前所做的小东西"身上已挂着铁片或布片了,赤身裸体的女娲与他们作了一系列无效的"扳谈","古衣冠的小丈夫"只是其中一例。自然秩序的倾覆中是一片符号的混乱,"学仙"(长生、不朽),"躬行天讨"(权力、暴力、战争),"失德蔑礼败度"(道德、刑罚、禁忌),一切与自然的创造相悖的话语使得女娲只有"不再开口"。倘若我们将《补天》读作那一代写作者在天崩地裂中弥合文化断层的伟大劳作的寓言,则他们以及他们的写作的命运是悲剧性的。这悲剧不仅在于耗尽生命去补天,而且在于耗尽生命之后,作品的异化和疏离将表现得更为荒诞。不妨读读《补天》的尾声。

尾声写了女娲死后的两件事。一是禁军杀到了她的尸体旁,选择"最膏腴"之处扎了寨,又"突然变了口风,说惟有他们是女娲的嫡派",旗子上的蝌蚪字也敢写作"女娲氏之肠"了。一是关于"仙山"的"要闻",如何由老道士传给了徒子徒孙,秦皇汉武都找寻,却无影无踪。这两件事都可以从"阐释学"的角度读,一是关于阐释权的争夺或占有,一是关于"要闻"之讹变("大约巨鳌们是并没有懂得女娲的话的,那时不过偶而凑巧的点了点头。模模糊糊的背了一程之后,大家便走散去睡觉,仙山也就跟着沉下了……")。我们可以从尾声中读出两层意思,首先是创造者、作者的悲剧命运("我播下了龙种,收获了跳蚤"),未见阐释,只见阐释权的争夺和占有,即使有阐释,当时的"要闻"便已非真实、多讹错。更深一层的意思却使作者的悲剧性命运得到喜剧性补偿,一旦故事的阐释行为被事先编入故事时,后世的阐释者便无法逃脱故事对他的永恒嘲讽。作者死了,作者"死后"已失去对作品的控制,作品却代替他向"谬托知己"而争正统的阐释者实施报复。任何盗墓者都将冒被墓道中的暗箭射杀的危险。《野草》的题辞中说,过去的生命死亡和朽腐时,"我坦然,欣然,我将大笑,我将歌唱"。《补天》的尾声中,分明回响着作者恶意的胜利的笑声和歌声。这是野草对以它为装饰的地面的最后报复。

这样,《补天》成为一则寓言,它叙述了话语秩序分崩离析的年代,创造者牺牲个人的生命时间向历史时间实施复仇,而终至无所逃于历史性的悲喜剧命运的故事。它写作于一九二二年,孤零零地附在《呐喊》的卷末,成为与那集子中的各篇风格迥异的一个"尾声",却又成了象征作者此前此后的全部写作生涯的一个"预言"。当它进入《故事新编》的卷首时,又可读作这部集子的一个"提纲"。

四

也许没有一个时代,像鲁迅所处的那个时代,如此强烈地感受到"传统"与"现代"、"个人"与"历史"之间的紧张关系。这紧张,不仅仅在于它们之间的激烈冲突,而且在于它们的密不可分。急于摆脱却又苦于无法摆脱的,是面对传统的现代人。被身不由己地卷入却又试图超越地审视的,是历史旋涡中的知识分子个体。从某种角度上亦可以说,很难想象有哪一个时代,如同鲁迅所处的时代,这样鲜明地将此种紧张关系集中体现为语言的冲突、叙述的冲突。这不单单指"白话文运动"。旧的"伟大故事"崩散了,碎片在人们脚下四处漂移;新的"伟大故事"远未成形,素材和伪素材如大风沙扑面而至。那一代写作者既参与摧毁了旧的"伟大故事",从包围他们的碎片和素材中重编新故事的使命,亦别无选择地落到他们肩上。鲁迅的独特之处和深刻之处仅仅在于:首先,他比别人都更充分地把这一"叙述使命"与个人的生命体验融为一体,从而借此在语言异化和历史困厄的双重危机中,探询生命的意义和人类生存的境况。叙述成为静议中的一种挣扎,成为"明知前路是坟而仍是走"的话语实践。其次,他比别人都更充分地领悟了那一时代的思想和要求,又同时对这一时代要求及其体现者的命运抱有最深刻的怀疑,其写作动力仅仅来自对这怀疑的怀疑和对绝望的绝望。由此,亦生发出鲁迅在那个时代的叙述者中独树一帜的"叙述策略"。

那一时代的叙述总战略是颠覆诸如"古/今""文言/白话""士大夫/平民""儒道/佛墨""尊/卑""正史/野史"等等既定秩序,其参照系则是来自西方的人道主义、实用主义、安那其主义、达尔文主义、新古典主义、布尔什维克主义等互相冲突抵牾的现代思想。鲁迅的叙述从战略方向上说与那个时代的几代知识分子是基本一致的。比如《补天》中所显示的,便是取弗洛伊德学说重构古代神话,从而摧毁了主要来自"黄老"的汉代意识形态对原始神话的异化陈述。然而,对"叙述"的叙述却显示出了鲁迅在一般叙述战略方向下独特的"叙述自觉"和具体的"叙述策略",这自觉和策略是与鲁迅"反抗绝望"的人生哲学和历史观密不可分的。在《补天》中,叙述过程与叙述话语融为一体,写作生涯("中途停了笔去看日报"、个人性的生命时间)亦被织入故事之中而具有了"本文性",成为可以"拾取"和重编、需要诠解和驳诘的一种话语,进入作品空间中去与时间长河中的其他话语对话或对抗。作者现在的叙述就和文献中过去的叙述以及阐释者未来的叙述在这空间中一齐发声,它们不等值却同质,共同构成了一个如俄国学者巴赫金所说的"众声喧哗"的、拉伯雷式的"狂欢节"世界。④ 简单化地加以概括,我想说鲁迅的基本叙述策略是"放在引号中叙述"的策略,简称为"引语

---

④ 参看 M.M.Bakhtin, Problems of Dostoevsky's Poetics, ed. & trans. Emerson (Min neapolis:Minesota UP. 1984)。

叙述"的策略。这一策略在鲁迅不同体裁的作品中有各种不同形式的具体运用。在他的杂文中，鲁迅自由地大量地采用古典引文和报章杂志的摘引，加以引申和嘲弄，有时讽刺性地与另一些从西方科学、哲学、艺术和文学领域转引过来的材料共存并举，有时则把旁征博引的范围扩展到书信、戏剧或电影中的台词、传闻，甚至非正式的谈话。而某些"小杂感"式的格言警句则好像是专门为重复援引而精心写作的，鲁迅本人就一再援引自己的某些格言，这些格言召唤出一个个自我分裂的悖论式意象（"为了忘却的记念"或"唯黑暗和虚无为实有"），这些精警短小的句式具有独断般的总结性力量，却又因其自我分裂而永远重新开始。格言家对结构的天赋敏感使他借助相悖的词语的压缩表达，显示出情境和观念的对称性、对抗性和互补性（试想想我们开头论述的"对联思维"）。⑤ 在鲁迅的散文诗《野草》中，内心分裂和搏斗的复杂叙述经常被放在以"梦"为标记的引号中（"我梦见自己在冰山间奔驰"，"我梦见自己在隘巷中行走"，"我梦见自己正和墓碣对立"，甚至"我梦见自己在做梦"）。庄子式的寓言正如尼采式的格言，其简短的形式提供了"可援引性"。在回忆性散文《朝花夕拾》中，大量采自古书、译书、外文书和"现代评论派"的言论穿插在这一"成长小说"的十个片段中，兴犹未尽，他在后记中又加进不少插图和对插图的解说。《呐喊》《彷徨》中"引语叙述"的策略运用极为复杂。第一人称的叙述者无疑已标示了故事是由某人眼中看到并由他讲述的（酒店小伙计讲孔乙己，"新党"讲祥林嫂等等），他看到的并非全部真相，更可怕的现实在"引号"外延伸，补充、纠正、反驳、嘲讽着"引号"内的叙述。《在酒楼上》《孤独者》中的"我"，更以"听众"的角色确证了吕纬甫、魏连殳的叙述的"引语性"。为了引起读者对叙述本身的注意，有时对叙述的文体加以强调，如狂人用白话文写的日记被置入以文言文写的"小序"这一引号之中，涓生的"手记"亦正如"日记"被援引撮录而成小说。正文基本上是第三人称全知叙述的《阿Q正传》，首章"序"却引入作传者的第一人称叙述，遂把全篇置入引号。这个亦庄亦谐的"序"着重讨论了阿Q的行状之难以纳入传统文体（"小传""别传""列传"等等）来讲述的困境，充分表露了叙述的自觉性和策

---

⑤ 参看李欧梵《来自铁屋的呼声》（Voices from the Iron House：a Study of Lu Xun），以及苏珊·桑塔格《写作本身：论罗兰·巴尔特》。

略性,既是对过往叙述策略(名目、成规、惯例)的亵渎和嘲弄,又强调了一种全新的叙述策略的出现和采用。以第三人称叙述的《药》《风波》《明天》《示众》等篇中,这一策略的运用主要体现为将重大情节置入后景,而把"看客们"对故事的评论置于被舞台灯光照亮的前景。故事在"鲁镇""未庄"的"舆论"中被引述(如《药》中:"'阿义可怜——疯话,简直是发了疯了'。花白胡子恍然大悟似的说。")这些错杂的评论互为引语又被小说着意加以援引,其中正显现着社会的"病苦",人的悲剧命运及人们对悲剧的无聊和麻木——更深的悲剧,如同我们在讨论《补天》的"尾声"时所看到的那样。就此而言,《补天》之置于《呐喊》卷末倒并不怎么"孤零零",置于《故事新编》的卷首时却表明了两部作品集在叙述策略方面的相通之处。

叙述及其所产生的本文不是一个固定的实体,而是一种运动,一种生产和转换过程,是根据或违反一定的法则而形成的。策略这个术语意味着,一方面强调了本文或话语间的对抗性特点,不论有意无意,它们总是反对和抑制某些意识形态性话语,维护和张扬另一些话语;另一方面,这个术语强调了其设计性特点,它们并不意味着真理和终极目的,而只是人为的计策和操作;最后,这个词还暗示了,任何本文或话语都不是已经完成了的,作为策略,它们永远要求人们去实践。对抗性、设计性和未完成性,正与鲁迅的历史"中间物"思想、"反抗绝望"的人生哲学、重构(解构与"对解构的解构")历史传统和文学传统的创作设想等等完全合拍。"引语叙述"揭示了"发声者"的存在及其存在的历史性(即意识形态性、局限性、未完成性和可阐释性),引导读者不单注意此发声者"讲了什么",而且注意"谁在讲"——"社会历史文化网络中的谁在讲",这个"谁"不是某一个具体的人,而是网络中的某个"位置"。鲁迅所加的引号把话语从那具体的某人那里夺走,还它以某个"位置"在发声的真实状态。更进一步,"引语叙述"提醒读者注意话语的人为性,即用何种文体何种口吻何种语法叙述,注意其中一整套叙述规则的采用或拒绝。话语之间的对话或对抗不仅在其叙述内容,而且是叙述方式的对话或冲突。最后,"引语叙述"暴露了自身的策略性,不打自招地拒绝不偏不依的、盖棺定论的、自然的、天经地义的伪装,拒绝"权威""导师"之类庸俗的"纸冠",以便为自己保留嘲讽一切引语(包括自己的引语)的自由。

《故事新编》，由于它的特殊题材，由于它的叙述时间与所叙时间之间的巨大裂痕，由于它所援引的引语的片断性、矛盾性和多重复杂性，由于新文学的体裁规范对一个天才小说家的巨大压力，由于它与作者从童年直到生命的最后阶段的时间相关性，它成为鲁迅在那个天崩地裂的时代里运用上述叙述策略的最奇特的表演。正如我们将要看到的，这一运用也不是既定程序的机械实施，而是作者与他的题材的一系列搏斗，是一种旷日持久的实践。

五

在某些方面，《故事新编》的序言与《阿Q正传》的第一章具有相同的功能。除了将第三人称叙述的"正文"置入第一人称叙述的"引号"之外，序言同样着重讨论了作者面对的叙述困难。与《阿Q正传》嘲弄中国古典的史传叙述成规形成对照的是，这回的嘲弄对象却是"文学概论"之类。在生命的最后阶段，已开始模式化的文学结构对鲁迅的压力无形增大，他一方面认真考虑创作"长篇小说"的可能性，另一方面又不遗余力地替处于边缘的简短形式（"杂文""连环图画""短篇小说"）争取生存的权利。一九三六年一月，《出关》几乎与单行本出版的同时发表在《海燕》杂志上（集子的后半部的五篇中唯一在刊物发表者），读者的强烈反应反证了"久矣不作小说"的作者面对的来自读者期待的压力。作者对"文学概论"的嘲弄为自己保留了灵活地突破文体常规的自由。木山英雄注意到："作者在序中几度流露出对'油滑'表示反省的话。然而实际上这种手法贯穿着《故事新编》的全部作品。关于此书，作者在书信中除说'油滑'之外，还多次自我评说是'玩笑'，'稍许游戏''游戏之作'等等。令人感到，这与其说是作者表示谦虚，毋庸说是在提醒人们对这一点引起注意。其中也许还包含着鲁迅在创作方法上的自负……"⑥鲁迅用嘲弄叙述常规的方式强调了自己对叙述困难的独特解决，这种强调仍然是以嘲讽的方式表达的。于是，他对困难的解决

---

⑥ 木山英雄：《〈故事新编〉译后解说》，原收日译二十卷本《鲁迅全集》第三卷，中译者刘金才、刘生社，载《鲁迅研究动态》1988年第11期。

却给后世研究者的叙述造成了困难——详尽讲述绵延半个世纪的《故事新编》的故事"应是另一篇论文的任务,这里只想指出,以蔑视叙述常规的方式引起对作者独特的叙述策略加以注意,确实成功地使《故事新编》成为后人不断援引的话语。"未来",就这样被一种"油滑策略"与"过去"一道收纳进写作小说时的"现在"之中。

鲁迅曾细心地区分过"历史小说"与"历史的小说"的不同。[7] 在他的小说史研究中,又比较过"讲史小说"中《东周列国志》和《三国演义》两类叙述策略的优劣。[8] 鲁迅本人较倾向于"历史的小说"和《三国演义》式的写法,即不为史实所"拘牵",又能将古代的故事"注进新生命去","与现代人生出干系来"。然而,在《故事新编》的序言里,他似乎又比较看重"博考文献,言必有据"的"教授小说",说"至于只取一点因由,随意点染,铺成一篇,倒无需怎样的手腕",并且,"自家有病自家知"地举《不周山》为后者之例。这里仍有蓄意回敬成仿吾"当头一棒"的因素,似不宜过分信以为真。但成仿吾在那篇《〈呐喊〉的评论》中嘉许《不周山》,是说它表明作者从"平生拘守着写实的门户""进而入纯文艺的宫廷",与《端午节》之被首肯一样,其"表现的方法恰与我的几个朋友的作风相同"。[9] 鲁迅显然不愿意认同创造社的浪漫主义叙述策略,进那"有许多麻烦"的"文艺之宫"去受罪。后世研究者常举郭沫若的历史小说来作比较。《豕蹄》是几乎紧步《故事新编》后尘,以同样规模出版单行本的历史小说集。其中与鲁迅的《出关》取同一素材的《函谷关》,写出了关的老子不久拎着自己吃光了肉的黑牛尾巴返回,为在赤日炎炎流沙中无为哲学的欺骗性被揭露而滔滔不绝地作自我批评。这一叙述策略全然牺牲古人的历史性,用单方面的独白取代了、拒绝了与历史的对话。鲁迅"如鱼饮水,冷暖自知",反复申说《不周山》创作过程中因"随意点染"而"陷入油滑",应当说是诚恳地指出了"表现的"策略中包含的危险性的。

---

⑦ 鲁迅《译文序跋集·〈罗生门〉译者附记》。

⑧ 《中国小说史略·元明传来之讲史(下)》:"或总揽全史(《二十四史通俗演义》),或订补旧文(两汉两晋隋唐等),然大抵效《三国志演义》而不及,虽其上者,亦复拘牵史实,袭用陈言,故既拙于措辞,又颇惮于叙事,蔡奡《东周列国志读法》云:'若说是正经书,却毕竟是小说样子,……但要说他是小说,他却件件从经传上来'。本以美之,而讲史之病亦在此。"

⑨ 成仿吾:《〈呐喊〉的评论》,《创造季刊》第二卷第二期,1924 年 1 月。

其实,鲁迅在他的小说史研究中已指出了"讲史小说"的两难处境:"据旧史则难于抒写,杂虚辞复易滋混淆。"⑩两种途径都可能"将古人写得更死",或使古人僵硬于史料之中,或用强加的"当代意识"杀死古人。当然,小说史研究得出的结论,毕竟不如自家创作实践中的甘苦来得亲切。

《不周山》写作过程中产生的"油滑",细究起来,会怀疑作者纯为"敲"成仿吾而自责过苛。"含泪的批评家"来到女娲的两腿之间,作者毕竟精心地给他穿戴了古衣冠,亦未曾将其批评《蕙的风》的原话照数移入小说,而是转换成《尚书》式文体,使之与其余身挂铁片或布片的小东西的口吻一致。真是"自家有病自家知",读者并未觉得这里有什么结构上的唐突崩坏,鲁迅本人也说过:"这些处所,除了自己,大概没有人会觉到的。"⑪但鲁迅显然已经"真当回事儿",认真考虑如何避免"油滑"的问题。四年后创作的《铸剑》似乎便是一种刻意的反拨,决心在这一篇中实现《补天》中被中途毁坏了的"结构的宏大"。鲁迅对《铸剑》是颇有点另眼相看的,除曾编入《自选集》外,还多次在书信中提及创作的"认真"——说《故事新编》中,"除《铸剑》外,都不免油滑",⑫说这篇所据的文献材料,"是只给铺排,没有改动的",⑬说"《故事新编》中的《铸剑》确是写得较为认真"。⑭爱与牺牲与复仇,本是鲁迅深思熟虑且激情贯注的主题。《铸剑》悲壮凄厉,一气呵成,艺术上的"完整"是集子中少见的,以致强调《故事新编》的独创性和现代性的研究者,直感到它是《故事新编》中"最不《故事新编》"的作品。⑮但《铸剑》并不能对"油滑"完全免疫。故事刚开始不久,就说眉间尺"近来很有点不大喜欢红鼻子的人"。中间又有"干瘪脸的少年","扭住了眉间尺的衣领,不肯放手,说被他压坏了贵重的丹田,必须保险,倘若不到八十岁便死掉了,就得抵命"。其后,主要角色黑色人又说出"仗义,同情,……都成了放鬼债的资本"这种颇具"当代意识"的言语来。作者如此认真,对史料只给铺排,不加改动,对

---

⑩ 《中国小说史略·元明传来之讲史(上)》。

⑪ 《南腔北调集·我怎么做起小说来》。

⑫ 《致黎烈文》,鲁迅书信集(下),第 1134 页。

⑬ 《致徐懋庸》,鲁迅书信集(下),第 1146 页。

⑭ 《致增田涉》,鲁迅书信集(下),第 88 页。

⑮ 陈平原《鲁迅的〈故事新编〉与布莱希特的"史诗戏剧"》,《在东西方文化碰撞中》,浙江文艺出版社,1987 年。

"油滑"严加防范,然仍不免一"杂虚辞",就生"混淆",叙述的困难并未得到根本解决。看来,"油滑"与历史小说具有某种"先天的"相关性。

前面论述过《补天》创作过程中"陷入油滑"的"不由自主性"。研究者多以现实战斗的需要来为之辩解或谅解,其实,"叙述时间"难以防范地渗入"所叙时间",并不只限于对现实社会有战斗热情的作者,从根本上说,当代语言对古代故事的不可避免的甚至是必要的"污染",已注定了古今渗透的必然,现代阐释学理论称之为"视界交融"。当代语言对古代题材的这种"污染",可分叙事和对话两部分来讨论。在广义的"历史小说"中,叙事语言的文体选择比较好办,读者都明白是当代人将古代事讲给当代人听,用现代语言叙事可以通融,双方的阅读契约一开始就可达成,叙述者只需严格注意布景、道具的时间性就行,别让卓文君坐在椅子上说话。⑯ 比较难办的是小说中的对话。小说(尤其是"现实主义小说")中最"现实主义"的部分非对话莫属。环境、人物外貌、心理、动作等等,都得经由非语言向语言的转换过程才能进入小说,而对话却是以语言"模仿"语言,直接进入同质的小说本文之中。有个精彩的比喻,说小说中的对话,有点像超现实主义绘画中,用油彩绘就的海滩上粘以真实的贝壳。因此,小说的似真性在很大程度上依赖于对话的再现性(口吻、词汇、社会方言、与语境的相容等等),一句虚假的对白就足以将精心营建的似真性氛围破坏殆尽。而仅凭对话的再现就足以支撑一个逼真的场面,如鲁迅对巴尔扎克的某些小说对话的赞赏所指出的那样。那么,历史小说中的人物用何种语体对话呢? 古代口语于今已只剩片断资料,难以想象;用现代口语吗? 一旦读者读到曹操对华陀说:"绝对不行!"之类也不以为忤时,这一通融已无意中证明了"现实主义"的历史小说只不过是"文学概论"们建构的一个文学神话,历史小说的"假定性""表现性""寓言性"已昭然若揭。

《补天》中对叙事语言和对话语言的设计其实是颇具匠心的。女娲的内心独白和与"小东西"们的对话都使用简单的现代口语。第三人称的叙事语言是遮掩了"发声处"的语言,女娲作为"无起源的起源",其"口吻"与叙事语言取同

---

⑯ 参看钱锺书:《管锥编》第四册,论"目代错乱",第1299—1305页。

一时态是合理的。《补天》既写"人的起源"又写"文学的起源"，那么"语言的起源"亦是题中应有之义。女娲"第一回在天地间看见的笑"，作者用拉丁字母标出其声音："Uvu, Ahaha!"待到"末人"们向她申请"仙药"或叙述部落战争史的时候，《尚书》式文体就出现了。唯一"说"现代口语的，又不过是女娲问话的"回声"，只能使她倒抽一口冷气。语言的异化同时也是人的异化，"末人"们与自然的创造的这种疏离，使作者得以让他们径直使用古代文献的书面语言说话，与女娲的"自然的"口吻形成对照。《铸剑》中人物的对话亦与其叙事语言的风格一致，同为"五四时代"之"白话"。鲁迅的策略是使传说更加彻底地"传说化"；不单指其中奇幻瑰丽凄迷气氛的营造，而且是巧妙地抹去素材中与特定历史人物的联系，如不说"楚王"而只说"太王"或"国王"，不说"干将莫邪"而只说"雌剑雄剑"。这样，故事的时代性就被抽象为一个年代不明的"古代"，读者亦无法计较其间人物口语之是否与史相合了。然而，当出现诸如"保险""资本"这类明显的"工业社会"词汇，或"红鼻子"这类与作者生平密切相关的事典时，较专业的读者仍能觉察古今混淆的"油滑"。

紧接《铸剑》之后创作的《奔月》，似乎表明鲁迅在前两篇中暗含的两种叙述策略间终于做出了抉择，即不但不避"油滑"，而且以攻为守地尽量发挥"油滑"所带来的叙述自由和灵活性。古代人物放心大胆地用现代口语对话，不仅是"若以老人自居，是思想的堕落""有人说老爷还是一个战士""有时看去简直好像艺术家"之类直接采自当代文坛的"明枪暗箭"，而且在"太太""老太太"一类的称谓，以及"太太没到姚家去打牌"这一类涉及"布景，道具"方面的"时代错乱"，一概在这以攻为守的写法中迸放异彩。所谓"坦白从宽"，自首可以"减等发落"，一旦看透"油滑"与历史小说的"先天相关性"，就不再对之退避三舍，而是将计就计地将其蕴含的优越性发挥得淋漓尽致。关键仅仅在于，将"油滑"如实地看作"油滑"，决不可硬将喜剧冒充正剧。《奔月》的文风为之一新，分明是《故事新编》基本叙述策略的确立。此后的几篇，历史人物（孔、老、墨、公输般等）的对话基本依据文献译成白话，而"穿插性人物"则未卜先知地大谈"莎士比亚""OK！""为艺术而艺术""优待老作家""来笃话啥西，俺实直头听弗懂""自杀是弱者的行为"了。连带着叙事语言，也放手写入"大学""幼稚园""时装表演""募捐救国队"等"布景"方面,"警笛""警棍"等道具方面的现代事物。至于"古代范围"内的时代混淆,如《理水》中的大员们将一千三百多年后孔子对禹的评论拿来大谈"三年无改于父之道",《采薇》中小穷奇用七百多年后孟子称赞伯夷叔齐的话与夷齐当面恭维等等,就更不在话下了。

研究者充分地将这一古今杂陈的写法与鲁迅的"历史观"相联系。鲁迅对"停滞""循环""瓦砾场上修补老例"有着异乎寻常深切的体验:"中国社会上的状态,简直是将几十世纪缩在一时,自油松片以至电灯,自独轮车以至飞机,自标枪以至机关炮,自不许妄谈法理以至护法,自'食肉寝皮'的吃人思想以至人道主义,自迎尸拜蛇以至美育代宗教,都摩肩挨背的存在。这许多事物挤在一处,正如我辈约了燧人氏以前的古人,拼开饭店一般,即使竭力调和,也只能煮个半熟……"⑰倘若从作者与他的特殊素材之间的"搏斗"这一角度,讨论如何以"叙述"来征服"时间",则应该看到,从古书上采来的那些材料,大半就已经是"故事"的新编了,如上述孔子论禹和孟子论夷齐,其时间跨度便已极大——严格地依据编年史坐标"现实主义"地组织这些材料只能是一种奢想。一旦我们将所谓"史实"看成只是引号中对事件的叙述而不是历史本身,将它们处理成"传闻"或"报道"就是最适宜的了。《故事新编》中凡是将事件置于幕后而将史料看作"传闻"而嘲讽性地引用者,其效果都极好,如《理水》中关于禹如何治水的传闻,《采薇》中关于武王伐纣的互相矛盾的报道。正如我们曾经在《呐喊》《彷徨》中读到的,故事几乎只起到"布置舞台"的作用,灯光照亮的是置于前景的那些"舆论"。当我们读到《采薇》结尾处首阳村众人对夷齐死因的讨论时(耐人寻味的是全都有文献上的依据!),极易想起"鲁镇""未庄"上类似的舆论。不是故事,而是古代引语与当代引语在同一作品空间中的并置,揭示了社会文化历史网络中众多的"发声位置",它们不仅是历时性的,而且是共时性地标志了民族的"病苦",人们将在众多引语的冲突面前认出自己所处的那个"位置",无所逃遁,而"疗救"的可能性或将由此产生。

---

⑰《热风·随感录五十四》。

六

鲁迅在给日本人增田涉的信中谈到《铸剑》写得较认真，"但是出处忘记了，因为是取材于幼时读过的书，我想也许是在《吴越春秋》或《越绝书》里面。日本的《支那童话集》之类也有，记得是看见过的"。⑱ 这段话再一次使我们将《故事新编》与《朝花夕拾》联系起来。其实，"回忆"的气氛几乎浸润鲁迅包括小说、散文、散文诗、书信、杂感的大部分作品。那是游子的乡愁，是对时间之谜的索解，是有限的个体生命向身前身后的"无限"的质询。在《故事新编》中，小说家"玩弄时间"的精彩表演开解了更多的可能性：古今杂陈，混淆历史与小说与杂文的分界，将滑稽与深刻无与伦比地结合起来，用对古人"不诚敬"的方式使之活泼（试想：被研究者当作"中国的脊梁"之象征的禹、墨身上的滑稽细节），以及将一切都打上引号加以推敲和嘲讽的策略。这样，我们就读出了一个新编的故事，关于在写作中消耗生命以反抗死亡的故事，关于寻求整合时代错乱的叙述策略的故事，关于讲故事者与他的故事相搏斗的故事，关于用叙述来征服过去、现在和未来的故事，一个处于"未完成状态"、仍将讲述下去的故事。

1989 年 12 月 28 日写毕于蔚秀园

附记：谨以此文纪念一位新近逝世的前辈学者，十年前曾旁听他给研究生讲"《故事新编》散论"，记忆犹新，无限感慨。

【黄子平　北京大学中文系讲师】
原文刊于《中国文化》1990 年 01 期

---

⑱ 《致增田涉》，鲁迅书信集（下），第 88 页。

鲁迅对中国小说史的诠释个案研究

"小说文学"学科建立的精神史

龚鹏程

一、知识结构的缺陷

1925 年 1 月,北京《京报》副刊征求青年必读书目与青年爱读书目各十部,邀社会名流提供目录。胡适等人都交卷了,唯独鲁迅作答时发了一通牢骚,曰:"青年必读书,从来没有留心过,所以现在说不出。……我以为要少看或者竟不看中国书,多看外国书。"此语可见其性情,但谁都知道那是故意这么说的激矫语。因为鲁迅自己的中国书就看得很不少。①

研究或崇拜鲁迅的人,对于鲁迅读书之多之勤,当然更是知之甚稔。早在1979 年厦门大学中文系就编了一本《鲁迅论中国古典文学》的书,福建人民出版社出版。把鲁迅著作中涉及且有评议的古代著作开列出来,以示鲁迅对中国古代典籍熟习的程度。书名叫《鲁迅论古典文学》,可是也包括了《诗经》《易经》《论语》《老子》等周秦诸子、《史记》《吴越春秋》等史书,大抵可以看出鲁迅所阅读的古书范围。最近,长江文艺出版社 2004 年也出版了何锡章《鲁迅读书记》,

---

① 详见何锡章《鲁迅读书记》,长江文艺出版社,2004 年,第 74 页之评述。

详述鲁迅如何读书。除外国书外，中国书部分，讲的大约与厦大所编那本书的范围相近。

那个范围确实非常可观。令人见之，殆有望洋之叹，因为鲁迅确实是阅读范围广泛。而若再考虑到他除了文献书本子以外，还摩挲金石、版刻、图录等等，那更要令人赞叹不置了。

可是天下书本子之多，真是浩如烟海。每个人因其精力与兴趣之限，均仅能择选某一小领域去读。也因此，看那些某某名家读书目录之类书，更该注意的，或许不是他都读了什么，而是那些他所没读、没涉猎过的广大领域。因为那些领域造成了他知识结构上的缺口。他在这些领域的无知，必然影响到整个生命的发展和知识判断。

例如鲁迅是反礼教的，对宋明理学夙无好评。而事实上，他于宋明理学相关书籍恰好就读得极少，缺乏相关知识，故也不能讨论那些哲学问题。这也许是因性气不近，所以看着讨厌，读不下去。但也就因没有深究，读不下去，所以不甚了解。两者其实是彼此关联的。一方说它没啥价值时，另一方或许也同样嗤笑你根本不懂。

鲁迅于子部之学，除了宋明理学少下功夫外，诸子九流及佛道二教，实亦瞆瞆。他在 1914 至 1916 年间，曾大量读佛书，但限于时代，《大藏经》并没机会看。因此所读其实甚为零碎，既不成系统，也仅是整个佛教文献中小小一部分。[②] 道教，他就更无知了。那个时代，他前辈大概只有刘师培读过《道藏》，同辈大约是陈垣。连陈寅恪都是喜欢谈道教而实际上并没读过什么道经的，因此并不能以此苛责鲁迅。[③] 不过，他未读过什么道书，却对道教肆其恶评，反对他的人当然也就不会服气。

经学史学之情况大抵相仿，可勿赘叙。单就集部，或更仅就文学说，问题也一样。例如他论文学，绝少谈及词曲，为什么？因为平时就少涉猎，在其知识结

② 见《鲁迅回忆录 · 北京时期的读书生活》，转引自何锡章：《鲁迅读书记》，长江文艺出版社，2004 年，第 51 页。

③ 陈寅恪对道教研究颇有贡献，但主要是史学、史事的进路，于道教、道派、道书之情况并不清楚，其中发生错误处，原因亦皆在此。详龚鹏程《陈寅恪的道教研究》，收入《道教新论》二集，南华管理学院，1998 年。

构中,对此终觉隔膜。

在前文所举《鲁迅论中国古典文学》一书中,隋唐五代都分开列了鲁迅评述过的作家作品是:骆宾王、张说、杜甫、李白、李贺、钱起、李商隐、罗隐、皮日休、陆龟蒙、张泌、韦庄等;宋元有沈括、苏轼及《太平广记》《癸辛杂识》等,可见所读集中于诗和传奇部分。他另编有《唐宋传奇集》,自己又能作诗,因此为何读书及议论会集中于诗与传奇,不难理解。可是,唐宋文学内容丰富,仅仅读此,或仅论议及此,岂非甚偏? 词曲没谈到,古文似乎也不入法眼,不欲品裁;唐宋的骈文,亦即六四,更是不在其意识之内。④

鲁迅是位文学史家,并不只是一位随兴读书的作家而已。⑤ 若仅是个人阅读,当然勿需求全责备,因为谁也看不全、谁都只能择性气相近的东西看。但文学史家在论列文学史的发展变迁轨迹时、在讨论文学大趋势时,总揽全局实在就非常重要了。古来论文,为何常由文体论开始? 如挚虞《文章流别》、刘勰《文心雕龙》,都先做各个文体的综述,再讲其流变、明其神理,就是因为要论文学之大势,势必如此。鲁迅自己在写《中国小说史略》时亦是如此。像清代,他就分拟晋唐小说、讽刺小说、人情小说、才学小说、狭邪小说、侠义小说、谴责小说各类,一一论叙。不能说因不喜欢狭邪小说就不看或不论。然而,鲁迅不只写《小说史略》,他还写《汉文学史纲要》之类文章;论小说之价值时,也总不免需要与其他文类做个比较,或做些彼此关系的研究。这时,他偏畸的阅读习惯就可能会误了事。比方一位只读绝句、也只知绝句的人,要来谈中国诗;一位只读过六朝诗的人,要来谈中国诗史,那是谁也知道会讲不好的。

我们看鲁迅论文学时,绝少比较各体文,也绝少参会着讲。那就是因为他其实并没有参会或比较的知识基础,故亦无此视域,放过了许多可以比较或参会的论题。连诗与小说之间,亦是如此。像白居易《长恨歌》与陈鸿《长恨歌传》,陈寅恪处理起来就明显是从诗与传的关系着手,鲁迅则切开,只谈《长恨歌传》,不论诗

---

④ 鲁迅对宋元明清诗也不熟。他的知识结构主要是六朝与唐代诗文史事,故于诗仅涉六朝唐代藩篱,而文章又不近六朝之骈俪而多有取于六朝之散体。这里面,可以看到章太炎的影响。讲"五朝学"的章太炎,对唐宋以降之诗、六朝以后之文,唐以下之学,也是既不熟悉,亦予摒斥的。

⑤ 见陈平原《作为文学史家的鲁迅》,收入《鲁迅报告》,新世界出版社,2004 年,文中谈到鲁迅晚年曾再三表示想写一部中国文学史。该文也从文学史家的角度去看鲁迅。

歌。元稹的《莺莺传》,宋元以后,衍为词、衍为曲,鲁迅也不做比较性的讨论。

然而,缺乏这样的能力或视域,就是光做小说研究也是做不好的。

举个例子。鲁迅《小说史略》第二十四篇谈清代人情小说,只讲了一本《红楼梦》。清代岂无其他人情小说乎? 当然不,而是鲁迅在此忘了做些比较。

而他论《红楼》又怎么论呢? 一叙其内容大要;二述历来索隐本事诸说;三据胡适考证,定其为曹雪芹自传;四论后四十回乃高鹗所续,采俞平伯说;五述其他各种续书。云其优点,则仅云:"全书所写,虽不外悲喜之情、聚散之迹,而人物事故,则摆脱旧套,与在先之人情小说甚不同"。后来在《中国小说的历史的变迁》一文中,论《红楼梦》之价值,也只说:"其要点在于敢如实描写,并无讳饰,和从前的小说叙好人完全是好,坏人完全是坏的,大不相同。"其余大抵与《小说史略》一致。

这样论《红楼》的好处,其实连跟清代许多笔记比,都大感逊色。而且它的比较意识也很薄弱,仅拿《红楼》跟"在先的人情小说"比,不知其"悲喜之情,聚散之迹"便值得拿来与古来写此题材、具此主题之作品相比,以特见《红楼》之奇;又不知持与其他文类,如王实甫《西厢记》、汤显祖《牡丹亭》比,以见其渊源影响、传移变化之妙;就是跟从前的人情小说比,也不仅只有写实手法胜于往昔可说,像《红楼》与《金瓶梅》之间,便尽多比较之题目可做,而鲁迅皆轻轻放掉了。以致一部《小说史略》在说到"在中国小说中,实在是不可多得的"这本小说时,竟只能如斯云云,无法深入讨论,连它与历来才子佳人小说究竟如何不同,亦未比较言明。

顺着这个线索看,我们就会发现:鲁迅谈小说史,缺点之一,正是切开了整体文学史,孤立地谈小说。在谈小说时,往往也是孤立地谈那一类小说。

二、由说唱到说

孤陋的论者,自然喜欢孤立地论事,而鲁迅孤立论小说之另一现象,则是把说唱的传统整体切割变造为一个单线的小说史。

依鲁迅之见，小说史是由汉人小说而六朝之志人志怪，而唐传奇；而宋传奇、宋志怪、宋话本；而元明讲史、神魔、人情、拟宋话本；而清小说。这条线，总的源头，是六朝之志人与志怪。后世，宋代"志怪与传奇文""话本"两章，指的就是宋代如何分承此二支线。明代小说，分"神魔小说""人情小说"，也还是分承此二支线。清代，凡六章，先叙"拟晋唐小说及其支流"，讲志怪一系，末尾说："王韬志异而鬼事渐少"，于是下接论讽刺、人情、才学、狭邪、侠义公案、谴责诸小说，合为志人一路。依然是志人志怪二支，且把源头仍推本于晋唐。

小说推源于晋唐，在传奇或文言笔记方面，固然不难论说；在宋元话本、明人拟话本，乃至章回白话小说那方面，却不甚好讲。因为大家都知道，那些东西与六朝志人志怪颇不相同，与唐传奇也很不一样。故有不少人从六朝与唐代文人传统以外去找渊源。敦煌变文，就是一个大家认为颇与后世说话有关的物事。论者疑心宋人之话本小说即由变文讲经演变而来。

鲁迅其实知道这中间的问题，也明白大家的想法，但他怎么做呢？他也谈了敦煌的《唐太宗入冥记》《孝子董永传》《秋胡小说》《目连入地狱故事》等。但一云："惜未能目睹，无以知其与后来小说之关联"；二则把这类东西并称为"俗文体故事"，完全不用"变文""俗讲"等名义。连目连变等本名为变的东西，也改称为："俗文《维摩》《法华》等经及《释迦八相成道记》《目连入地狱故事》"。⑥ 三、更将宋人通俗小说之源，拉到唐代杂戏的"市人小说"，撇开了它与讲经、变文的关系。

他这么做，不只是撇开了变文的问题，实亦规避了一个中国小说明显的特

---

⑥ 鲁迅这么做，是学术犯规的。变文的名义，当然颇有争论，但迄今学界大体仍以变文总称这批敦煌文献，项楚《敦煌变文选注》前言就认为变文一名，不能用其他名称代替。1989 年，巴蜀书社。潘重规先生所编《敦煌变文集新书》卷一为押座文，卷二讲经文，卷三为太子成道变文、八相变、破魔变文、降魔变文等，卷四为目连变文，卷五为伍子胥变文、孟姜女变文、董永变文、李陵变文、汉将王陵变等。也是以变文一辞，总摄上述押座文、讲经文、变、变文等。书名的变文是总称，是广义的变文；卷内的变与变文是狭义的变文。周绍良曾主张狭义的认定方式，谓只有题目叫变，且以"若为陈说""道何言语"为讲唱交替过渡辞者，方为变文。见其《敦煌文学作品选》代序，1987 年，北京中华书局。而无论是狭义或广义，变文一辞都是不能避着不用的。鲁迅把明明写着变文题目的东西，硬要改称为俗文、故事，正透露着他内心不乐意承认他们跟小说的关系那个秘密。借口无法目睹而不愿承认，也同样出于这种心理。此乃推托搪塞之词。当时对敦煌变文的讨论已多，资料并不难获取，就算撰写《小说史略》时还对之无法掌握，此后几十年，于此书屡屡修订，而为什么对敦煌材料就总不肯"目睹"？就说原件难以览致，研究敦煌的人，也没有人人都非看了原卷才能讨论变文问题的道理。故吾人对此游辞，当观其所蔽。

征：韵散间杂。

为什么研究小说的人会想去敦煌变文中找渊源？就是因为宋代以后，被称为小说的那种东西，常是韵散间杂的，跟西方散文式小说颇不相同。其散体的部分，用说来表现；韵体的部分，则是用来唱的。自《大唐三藏取经诗话》起，如《金瓶梅词话》者，所在多有，体例兼有诗词与话。一般章回小说，以散体叙事，引诗赋为证为赞，也是定式。而这种体制，郑振铎等人就认为是来自变文的。

迩来也有不少学者觉得此体亦未必源于变文，或纵使变文有此体式，亦未必就是源头，其源头更不一定来自印度或佛经，而是中国古代已有的办法。例如诗赋之赋就是不歌而诵的，辞赋则是在结尾系上乱辞的，史赞也是以散文叙述而以韵文作赞，这些都可能是唐代变文与宋元以后小说韵散间杂形式的远源。[7] 但无论其来历如何，韵散间杂的小说形式，表明了中国小说的特征乃是说唱文学，整个小说均应放在这个说唱传统中去理解。

正如讨论变文的中国血缘那些文章所示，说唱传统源远流长，唐代以前便有不少例证。唐代俗讲变文多属说唱。就是传奇，如《长恨歌》与《长恨歌传》合起来成一整体，也显示着说唱的性质。宋代吴自牧《梦粱录》卷二十所载："说话者，谓之舌辩，虽有四家数，各有门庭"的说话，就包括"谈经"。依唐代俗讲佛经之例观之，其为说唱，是无可疑的。《都城记胜》把小说分为三，一曰银字儿，当亦是持乐器唱说烟粉灵怪。

在这些说唱里面，有偏于乐曲的，有偏于诗赞的，渐渐发展，而或于唱的多些，或于说的多些。但总体说来，是说与唱并不截分的。如杂剧，一般都称为"曲"，可是唱曲就与说白合在一块儿。这是中国戏曲的特点。欧洲戏剧便与此迥异，唱就只是唱，说白就只是说白。1700 年左右法国马若瑟翻译元杂剧《赵氏

---

⑦ 变文的来源，向达《唐代俗讲考》认为出于南朝之清商曲，但郑振铎《中国俗文学史》、周一良《续唐代俗讲考》、孙楷第《读变文》等都主张源于印度或源于佛经文学。相关论述，见周绍良、白化文编《敦煌变文论录》，1982 年，上海古籍出版社。近年反对它源于印度者渐多，可见程毅中《敦煌俗赋的渊源及其与变文之关系》，《文学遗产》，1989 年第一期；牛龙菲《中国韵散相间、兼说兼唱之文体的来源：且谈变文之变》，第一届中国吐鲁番敦煌学会论文，1983 年 8 月号《敦煌学辑刊》；牛龙菲《经说、经传、经变：再说变文之变》，1985 年，同上年会论文；以及伏俊琏《上古时期看图讲诵与变文的起源》。台湾简宗梧《试论唐赋之发展及其特色》，1992 年，第二届唐代学术研讨会论文；《俗赋与讲经变文关系之考察》，1996 年，第三届论文，亦可察看。

孤儿》时，就只以对白为主，不译曲子，只注明谁在唱歌。十八世纪中叶，法人阿尔央斯首先提出对该剧的批评，也说："欧洲人有许多戏是唱的，可是那里面完全没有说白，反之，说白的戏就完全没有歌唱。……我觉得歌唱和说白不应这样奇怪的纠缠在一起。"⑧可见当时异文化交流，欧洲人立刻感觉到这是中国戏曲的特点。二十世纪德国布莱希特取法中国戏，所编《高加索灰阑记》之类，其特点也表现在让演员又说又唱等方面。⑨ 在中国戏曲中，基本情况正是又说又唱，乐曲系的，以曲牌为主，如元杂剧、明传奇、昆曲，以唱为主，以说为辅。诗赞系的，以板腔为主，如梆子、单弦、鼓书等，以说为主。就是以口白为主的相声，也还是"说、学、逗、唱"结合着的。小说呢，情况一样。名为诗话词话，内中东一段"有诗赞曰"，西一段"后人有赋形容"，同样是说中带唱的。这种情形，唐代已然，赵璘《因话录》角部载："有文淑僧者，公为聚众谈说，假托经纶，所言无非淫秽鄙亵之事。……教坊效其声调，以为歌曲。"此即说话中之谈经或说诨经。名为"谈说"，而显然有唱，故教坊才能效之以为歌曲。明刊《说唱词话》中《新刊全相说唱张文贵传》看来是传记，却也是唱曲，上卷结尾处云："前本词文唱了毕，听唱后来事缘因"，便说明了它的性质。

鲁迅论小说，把所有名为词话的东西几乎全都撇开了，连《大唐三藏取经诗话》，他也刻意采用日本德富苏峰成篑堂藏的本子，因为只有那个本子叫作《取经记》。⑩ 这与他把《伍子胥变文》《目连变》《维摩诘经菩萨品变文》等都改称为"俗文""故事"一样，乃刻意为之。因为自己不懂，就扫而弃之，情形与上文我们看到他论宋明理学、论佛道教等等的例子，也完全相同。⑪

可是小说与戏曲的关系，焉能如此切割得开来？它们本是一个大传统中的

---

⑧ 详见陈伟《西方人眼中的中国戏剧艺术》第二章，上海教育出版社，2004 年，第 64 页。

⑨ 同上，第一章，第 21—55 页。

⑩ 目前学界基本上均采用《大唐三藏取经诗话》这个称呼。此一称呼其实在鲁迅之前已定，王国维等人就这样用。鲁迅刻意不如此用，反而显示了他的心态和用意。而此《诗话》中以诗代话之形式，与唐五代变文相同，见曹炳建《也谈大唐三藏取经诗话的成书年代》，《河南大学学报》1995 年第 2 期。

⑪ 这样说，完全没有以此污损其人格之意。要知道，这是人在处理知识、判断事物时的常态。《礼记》里记载孔门弟子们对许多事都有不同的看法，原因就在于他们彼此听到老师说的话不同，无法衡断何者为是时，就只好"各尊所闻"。此为一种状况。每个人实际上都是各尊所闻，是以其所读所见来论事析理、判断是非然否的。另一种各尊所闻，则是尊大其所闻。对于不曾闻知之事理，就抑沮或鄙夷之，大概每个人也都是如此的。

同体共生关系,切开来以后的小说史,谈《三国》而不说三国戏,谈《水浒》也不说水浒戏,谈《西游记》仍不说西游戏,谈《红楼》还是不说它跟戏曲的关系。论渊源、说成书经过、讲故事演变、评主题、衡艺术,能说得清楚吗?鲁迅《中国小说史略》优点固多,然此正为其膏肓之所在。⑫

如其书第十七篇《明代之神魔小说》中专论《西游记》,一辨作者,二说结构,三述其描写孙悟空与二郎神斗法、过火焰山斗法等事,四言其中颇存诙谐。如此而已,实在太简。而谈及它与戏曲的关系,则仅有一句:"于西游故事,亦采《西游记杂剧》"。在上一篇论《西游记》时,鲁迅倒是说了:"金人院本亦有《唐三藏》,元杂剧有吴昌龄《唐三藏西天取经》,一名《西游记》,今有日本盐谷温校印本,其中收孙悟空加戒箍、沙僧、猪八戒、红孩儿、铁扇公主等皆已见,似取经故事,自唐宋以至宋元,乃渐渐演成神异,且能有条贯,小说家因亦得取为纪传也。"这看起来仿佛已经照顾到小说与戏曲的关系了,其实不然。一、鲁迅对那些杂剧可能根本没看,或只粗瞄一过,否则他就不会把盐谷温校印的那本《西游记杂剧》误认是吴昌龄的。吴氏所作《唐三藏西天取经》杂剧,仅存二折,而盐谷温所校印的,乃是杨讷所作之杂剧。二、《西游记》故事"第一个来源是玄奘本传里的记载,第二个来源是南宋或元初的《唐三藏取经诗话》和金元戏剧里的唐三藏西天取经故事",乃胡适《西游记考证》里的考据。鲁迅不过征引胡适之说而已,并没添加什么。论小说与戏曲的关系,也停留在这种材料来源的考索上。三、若鲁迅看过《西游记》杂剧,就知它与小说颇有不同,如孙悟空自称通天大圣、齐天大圣是他大哥。也就是说,小说和杂剧之编者在编叙时,各有匠心,而鲁迅未予比较。齐天大圣之名,早见于话本《陈巡检梅岭失妻记》,此篇年代也许

---

⑫ 在鲁迅之前,像他经常引用其书的钱静芳《小说丛考》,1916 年;蒋瑞藻《小说考证》,1919 年(蒋氏于1922 再出《拾遗》,1924 年复出《续编》则在鲁迅写《小说史略》之后),都是书名叫小说考,而内容兼括小说戏剧的。钱氏书包含论戏曲八十三篇。蒋氏书,1923 年郑振铎更在《小说月报》七月号上发表《关于中国戏剧研究的书籍》一文,介绍了三十种研究戏剧必看的书,其中就包含蒋氏书,足证其中论戏剧者颇具分量。为什么这些小说考都兼括着小说与戏剧呢?不是由于研究中国小说,本就不可以跟戏剧分开来吗?但鲁迅却是硬予析分的。据 1926 年北新出版社所刊鲁迅《小说旧文钞》的自序说:"昔常治理小说,于其史实,有所钩稽。时蒋氏瑞藻《小说考证》已版行,取以检寻,颇获裨助。独惜其并以传奇,未曾理析;校以原本,文句又时有异同。于是……辄复别行移写。"可见鲁迅把小说跟剧戏传奇析分开来是有意为之,且自以为是胜于蒋瑞藻之处。我也承认他如此作,影响深远,一个独立的文字的系统"小说"文类,乃终于与戏剧文类分立,迄今文学史或文坛创作,几乎都受其影响。但此不足贵,恰好就是可悲之处。原先那血缘关系紧密的传统,遂因此而解释得面目全非了。

可疑，但元末明初《西游记平话》亦有"老猴精，号齐天大圣"之语，此类材料来源，鲁迅亦未多加考察，故知他自己做的故事来源考证并不多，起码不如他在六朝小说及唐宋传奇方面考证精审。⑬ 四、以上讨论，都是就"小说"与"戏剧"之关系说，这已是把两者先切开了，成为两件事，而后再来寻求二者间的关系。这并不符合古代中国小说戏剧之实况。古代小说戏剧并不是这样的关系。那是种什么样的关系呢？

大陆在八十年代发现的"万历二年正月十三日抄立"《迎神赛社礼节传簿四十曲宫调》中，正戏有"唐僧西天取经舞"，供盏队戏有"目连救母"、哑队戏有"唐僧西天取经"。唐僧戏和目连戏如此这般凑在一块儿，并非罕见之例，许多地方戏都有这种现象。如川剧四十八本目连连台戏，即包括《佛儿卷》一本、《西游记》四本、《观音》三本、《封神》十二本等，其中《西游记》四本九十七折。江西南戏目连，共七本，含《梁武帝》一本、《目连救母》三本、《西游》三本、《岳飞》二本。《西游》一本中有魏徵斩龙王、唐太宗游地府及玄奘西天取经诸部分。泉州提线木偶戏《目连救母》，同样由李世民游地府、三藏取经、目连救母三大段构成。可见西游故事常并入目连戏中演出。⑭

因目连是入地府救母，因此在戏中插入由变文《唐太宗入冥记》衍来的这种地府故事是可以理解的。可是三藏取经部分，却与入冥无关，何以并入？原因在于这两部戏在情节人物及戏剧效果上长期共生。例如目连西行出家求道，在变文中仅有两句话，到了郑之珍《劝善记》时就占了第二本的一半。其中才女试节、遣将擒猿、白猿开路、挑经挑母、过黑松林、过寒冰池、过火焰山、过烂沙河、见佛团圆等，均与《西游记》相仿佛。因此不少人认为"唐三藏、孙悟空、猪八戒、沙和尚、白龙马等妖魔人物的最初形象就集中表现在这批目连戏中"，但也有人认为应该是反过来的。⑮ 殊不知彼此乃是共生互长的关系。目连"神通第一，三明六通具解，身超罗汉"（目连缘起）"可以飞腾虚空，作十八变"，详见目连以神力

---

⑬ 台静农《鲁迅先生整理中国古文学之成绩》，对于鲁迅在考订上的贡献，有详尽的讨论，原在 1968 年 11 月《理论与现实》一卷三期，收入陈子善编《龙坡论学集》，辽宁教育出版社，2000 年。

⑭ 如注⑮引刘祯书，就认为玄奘西天取经故事对目连戏颇有影响。正反论述皆见该书。

⑮ 收入《中华戏曲》第三辑，1987 年。地方戏的情况，详刘祯《中国民间目连文化》，巴蜀书社，1997 年，第十章《目连与小说西游记》。

降化梵志、现二神力降二龙王、迁无热池现金翅鸟诸节,《经律异相》卷十四。他手持的锡杖"能除三灾和八难",振锡摇动时"鬼神当即倒如麻,白汗交流如雨湿,昏迷不觉自嘘嗟"(大目乾连冥间救母变文)。锡杖又能化作铁龙。西游故事中,孙悟空具七十二变神通,手持如意金箍棒伏魔降妖,正与之相似。敦煌讲经文《四兽因缘》又谓:"尔时如来告诸大众:彼时鸟者,即我身是;兔是舍利;猕猴是大目乾连,白象即今阿难是"。目连本是猕猴,日连故事及戏剧,跟西游故事及戏剧相因相承,不就是非常自然的事了吗?若把小说看成独立一个系统,就绝对不能看见其间复杂的关系,不但会把《西游记》跟目连戏割开,连西游戏也会跟《西游记》分开,仅就《西游记》论西游,顶多提一下《西游记》材料的来源罢了。⑯ 其他各本小说,情况也都是如此,详细说起来很费事,就不再深谈了。

总之,我们要注意到中国小说与戏剧均与西方不同。中国戏剧,现在把它推源于汉代百戏、唐代参军戏、宋代踏摇娘等等,或牵联于歌舞巫傩之脉络,均是仅得一偏。⑰ 因为中国的戏,不只是刘师培《原戏》所说:"歌舞并言",更是王国维所说:"合言语、动作、歌唱,以演一故事"(《宋元戏曲考》)。可是像百戏、参军戏、踏摇娘之类表演艺术,叙事能力都很差,要不没有叙事情节,要不情节结构极为简单,和古希腊、古印度的戏不可同日而语。由唐宋这样的戏,到元杂剧,情况非常不同。至少元剧在四折一本的长度方面,就足与西方戏剧相提并论;现存南戏剧本《张协状元》也长达五三出。叙事能力明显超过唐代参军戏及歌舞巫傩甚多。这种叙事能力,未必即由说书人或小说写作方面借来,但应注意到唐宋元

---

⑯ 此处其实不只在谈小说的故事来源,在敷演故事、情节结构,乃至编制续篇方面,都具有共生关系,由小说发展而成的戏,性质也就像那些续书一样。

⑰ 田仲一成《中国戏剧史》反对王国维以降,由宫廷俳优、歌舞、说唱论戏剧渊源的做法,主张从祭祀仪式探脉络(2002 年,北京广播学院出版社,云贵彬、于允译)。但迎神礼仪的庆祝剧、追傩礼仪的角抵戏、孤魂祭祀的镇魂剧,虽被他称为剧,实仅为歌舞仪式,或只能称为小说短剧,叙事能力很薄弱。据田仲一成说,早期神巫对舞对歌的歌剧形式,在宋金以后,因向世俗化演变,才逐渐转化为重视故事内容、以科白为中心的戏剧(见其书序论)。但其所谓世俗化,不足以解释其叙事能力何以增强。古代的巫傩歌舞,同样是在民间进行的,何以叙事性薄弱?可见巫傩仪式、歌舞艺术、汉唐舞乐等虽可能都是金元戏剧的远源,但戏剧叙事性在宋金元明大增,却与小说相关,只从戏剧这一线去看,是无法明白此理的。

之间小说与戏剧在"叙事美学"的发展上长期处于相浃相揉、相承相因的关系。⑱
同理,在西方,像《董永变文》这类纯韵文的体裁,可称为 ballad;纯散文的《舜子变文》这类故事,可称为 story。一般称为小说的 novel,指的也是散文体。可是中国不但有《伍子胥变文》这样的韵散相间体,还有一大批说唱词话、弹词、宝卷,以及杂诗夹词附赞的小说,乃至还有以骈体文写的小说。而小说作者,因体制相涉,叙事又同,亦常兼体互用,如冯梦龙既编《三言》,又刻《墨憨斋传奇定本十种》;凌濛初二刻《拍案惊奇》,则自序云:"偶戏取古今所闻,一二奇局可记者,演而成说……得四十种",但内中实是三十九卷小说故事,一卷《宋公明闹元宵杂剧》。足见凌氏刻"演而成说"的故事时,亦并不将戏剧与小说严格划开。

凡此等等,都说明了像鲁迅那样,用一种西方小说式的文体观念,加上个人阅读上的局限与偏执,硬要区分小说和戏剧,对小说史的解释,并非好事。许多问题会看不清楚,对中国小说特质之掌握,亦不准确。⑲

三、由说到文

不甚理会中国小说在说唱传统中之性质,甚至刻意切割小说与戏剧传奇,虽肇因于鲁迅对于词曲戏剧的不熟稔,但亦可充分显示着鲁迅的小说观。那是一种文学的,或者说是文人的小说观。小说不再是与乐曲诗赞时相混淆的文体,只

---

⑱ 日比科夫斯基《南宋早期南戏》即认为戏剧的产生,需要表演艺术与叙事文学之结合,故他由长度、结构、情节组织安排等方面,论述南戏是受到白话叙事小说影响才形成的。其说在戏剧界颇有争议,因为一般相信南戏源于温州一带的民间歌舞、小戏(详见《国外古典戏曲研究》,孙歌、陈燕谷、李逸津著,江苏教育出版社,2000 年)。日比科夫斯基关于南戏这个具体戏种的起源之论断,也许有问题,但他所指出的那个原则是对的。民间歌舞与小戏,主要是表演艺术,叙事能力有限。那种敷演长故事的能力,并不来自歌舞巫仪和乐曲偈颂之类传统。何况,《元典章》刑部十九《禁散乐词传》条有云:"顺天路东鹿县头店,见人家内自搬词传,动乐饮酒。……本司看辞,除系籍正色乐人外,其余农民市户、良家子弟,若有不务本业、习学散乐、搬说词话人等,并行禁约"。在这里,动乐的乐人"搬说词话"或"搬词传"云云,都显示了演戏的说与传性质,这都不属音乐范围,而是重视其叙事语言性质的。这种说故事或传述故事的性质,一直表现在"传奇"这个名目上。小说则相对地称为"演",如演义、演为故事等语,皆告诉我们:小说叙事故事,须如演剧,令人如亲见目睹,栩栩如生;戏剧演唱,则须传说故事。

⑲ 鲁迅《中国小说的历史的变迁》第一讲就把诗歌跟小说分开,说:"诗歌是韵文,从劳动时发生的。小说是散文,从休息时发生的。"这其实是个西方的观念。

说不唱,就连说也渐渐不说了,只是书写。在同时代的文学史家中,鲁迅是最注重作品的"文采与意想"的。他认为唐传奇好就好在"叙述宛转,文辞华艳",多"幻设"与"藻绘"。而宋人喜"参以舆地志语",篇末垂诚时又"增其严冷",不免枯燥无味。对"诰诫连篇,喧而夺主",或者"徒作谯诃之文,转无感人之力"的作品,鲁迅深恶痛绝。……鲁迅虽没有直接表态赞同阮元或刘师培的"文章辨体",不过衡文格外注重"藻韵"……以是否有文采,作为评判作家在文学史上地位的重要依据。这是陈平原《作为文学史家的鲁迅》一文的论断。他说得没错,鲁迅衡文说史,主要是谈文人的文学性书写。

《小说史略》第四篇是"今所见汉人小说"。第五六篇是"六朝之鬼神志怪书",均把小说的写作群体归于方士与文人,但评价则薄方士而欣赏文人。如云《神异经》《十洲记》虽伪作,然"辞意新异,齐梁文人亦往往引为故实。《神异经》固亦神仙家言,然文思较深茂,盖文人之为"。又云《汉武故事》中"虽多神仙怪异之言,而颇不信方士,文亦简雅,当是文人所为"。于《西京杂记》则称:"黄省曾序言,大约有四:则猥琐可略,闲漫无归,与夫杳昧而无凭,触忌而须讳者。然此乃判以史裁,若论文学,则此在古小说中,固亦意绪秀异,文笔可观者也"(均见第四篇)。第五篇又说:魏晋以来,渐译佛典,天竺故事亦流传于人间,文人喜其颖异,于有意无意中用之云云,亦仍是将主要写作者归为方士与文士两大类,评骘则抑方士之浮诞而喜文士之秀异。

第七篇述《世说新语》及其前后志人小说,就更进而舍去方士,专论文人写作了。称赞《世说》"记言则玄远冷俊,记行则高简瑰奇"。第八篇论唐传奇,又再进一层,说它们"叙述宛转,文辞华艳,与六朝之粗陈梗概者较,演进之迹甚明""传奇者流,源盖出于志怪,然施之藻绘,扩其波澜,故所成就乃大异……大归则究在文采与意想"。第十篇则说传奇作者"李公佐李朝威辈,仅在显扬笔妙",又说聂隐娘故事等"迄今犹为所谓文人者所乐道也"。写作群体是文人,传述团体也是文人,文人之作,遂以作意好奇为高、以藻绘华艳为美。

第十一篇薄宋代志怪与传奇,则云"其文平实简率,既失六朝志怪之古质,复无唐人传奇之缠绵"。但其中仍有佳作,如《大业拾遗记》"文笔明丽,情致亦时有绰约可观览者"。评价之标准,主要仍在文采。

以上重点在文人创作,但宋代市人说话兴起,情况颇不相同,还能以文采论之吗?是的。鲁迅对宋元以降之小说史,依然是采取这种观点去评论。例如第十三篇比较《错斩崔宁》《冯玉梅团圆》和《宣和遗事》,谓前两篇"传自专家,谈吐如流,通篇相称,殊非《宣和遗事》所能及。盖《宣和遗事》虽亦有词有说……形式仅存,而精采遂逊,文辞又多非己出,不足以云创作也"。第十四篇云《全相三国志平话》立意与《五代史平话》无异,惟"文笔则远不逮",又说《隋唐演义》"文笔乃纯如明季时风,浮艳在肤,沉着不足,罗氏(贯中)轨范,殆已荡然"。十五篇,则谓七十回本《水浒》"字句亦小有佳处"。《荡寇志》:"书中造事行文,有时几欲摩前传之垒,采录影像,亦有罗施所未识者,在纠缠旧作之同类小说中,盖差为佼佼者矣。"

由这些评语看,鲁迅对于从说话发展来的白话小说,显然仍是就其文采衡估甲乙。且不只如此,他还暗暗地把这个起于唐代"说古今惊听之事"的口说传统,逐渐拉回文字传统中。

宋元以后这些小说,乃是在说唱传统中发展起来的,已详上文。鲁迅虽于唱那一部分,颇不理解、亦无认同,但在第十二篇中仍将宋人通俗小说之源推溯于唐人说话。"说话者,谓之说古今惊听之事",既是鲁迅自己的定义,可见他是明白此类小说并不属于文的系统,而应归于说的脉络。然而,他一来是用"底本"说,把口传的转为文字的,谓:"说话之事,虽在说话人各运匠心,随时生发,而仍有底本以作凭依,是为话本"。在此,话本已非说话,而是文书。因此亦可由文辞予以讨论其优劣。这个底本说,影响深远。近年学界大多已知他所依据的《京本通俗小说》乃是伪作,话本应该也不是说话人的底本,可是对于鲁迅之所以要将话本视为说话人之底本的用意,尚不明了。

其次,是鲁迅直接说"平话"就是"以俚语著书,叙述故事""即今所谓白话小说者是也"(均见十三篇)。白话小说,乃是文,不是话。且此说根本抛开了说话人说话的问题,迳指其为著书,连"底本说"也不用了。故《宣和遗事》之作,"乃由作者掇拾故书,益以小说,补缀联属,勉成一书",《大唐三藏取经记》也一样。它们本身虽文字粗略不足观,但已是由语而文了,因此他说:"说话消亡,而话本终蜕为著作,则又赖此等为其枢纽而已"(十三篇)。说话消亡、话本蜕为著作,他讲得多么清楚呀！

可是这还不够，鲁迅更要把元明白话小说之源，说成是本来就出自书传。十五篇考《水浒》成书之经历，云宋江等聚啸泊之事，"宋末已有传写之书。《宣和遗事》由钞撮旧籍而成，故前集中之梁山泊聚义始末，或亦为当时所传写者之一种"。其后，"或虽已有种种书本，而失之简略，或多舛连，于是又复有人起而荟萃取舍之，缀为巨帙，使较有条理，可观览，是为后来之大部《水浒传》"。

这样的论述，实在有趣！他明知宋朝时"宋江事见于街谈巷语"（龚圣《宋江三十六人赞·自序》），虽亦有"高如李嵩辈传写"其事，但他偏只就传写这一面立论，把更多谈说其事的街谈巷语摒之不顾。元人杂剧唱演其事者，现在知道的，也还有二十多种，他亦不管，只去说那传写的"种种书本"，岂非有趣？至于高如李嵩之传写，高如是谁，不可考；李嵩则是画家，为画院待诏李从训之养子，工山水、道释、人物，于光宗、宁宗、理宗三朝亦任画院待诏。故其所传写者，必是"传移摹写"之画，而不是什么小说故事传记。鲁迅对美术史夙有究心，不可能不知道李嵩是何许人，可是他却贪着那"传写"二字，顺着去讲《水浒传》如何生成于这一个大书写传统中，这不是心有萦注，所以才在论述上取了巧吗？

所以到了十六篇，这个书写的传统，就又回归到文人团体手上了。他说明代神魔小说："凡所敷叙，又非宋以来道士造作之谈，但为人民闾巷间意，芜杂浅陋，率无可观。然其力之及于人心者甚大。又或有文人起而结集润色之，则亦为鸿篇巨制之胚胎也。"在上一篇论《水浒》时，只说"又复有人起而荟粹取舍之"，这儿就明说了是"文人"。于是下一篇论《西游记》的作者，便说那乃是"有明一代淮郡诗人之冠"的吴承恩。接着说《金瓶梅》作者不知为谁，或云为王世贞或云乃唐顺之。"明末，则宋市人小说之流复起"，而作者亦皆文人，如冯梦龙、凌濛初等，其所作，如《西湖二集》，亦是"发挥文士不得志之恨者""大为寒士吐气"。市人小说尚且如此，拟晋唐小说就更是如此了。他认为明末风气"文人虽素与小说无缘者，亦每为异人侠客童奴以至虎狗虫蚁作传，置之集中。盖传奇风韵，明末实弥漫天下，至易代不改"，也就是整个文人团体都喜欢从事传奇的写作，文人不只是传其风韵的继承者和发扬者，才学小说、狭邪小说、人情小说、讽刺小说的作者群也都是文人。

唯一的例外,是侠义小说。鲁迅曰:"《三侠五义》及其续书,绘声状物,甚有平话气息。……文康习闻说书,拟其口吻,于是《儿女英雄传》遂亦特有'演说'流风。是侠义小说之在清,正接宋人话本正脉,固平民文学之历七百年而再兴者也。"侠义小说是唯一接续宋人话本的类型,可知鲁迅认为其他小说之创作群体俱是文人。而就是这唯一之正脉,其存在亦有赖文人。怎么说? 一是赖文人为之订正润色。凡未经文人修润的,鲁迅都斥为拙劣荒率,评价极低。二是文人拟作,如文康之《儿女英雄传》,虽具演说流风,毕竟出于文人手笔。三则是因文人所作小说已太多,这类小说才能生存,所谓:"值世间方饱于妖异之说、脂粉之谈,而此遂以粗豪脱略见长,于说部中露头角也。"吃惯了珍馐,偶吃野菜也不错,其生存之逻辑,鲁迅以为即在于此。可是不管怎么说,如此得以生存的东西,价值总是有限的。清代兴起的侠义小说流风,鲁迅评价并不高,谓:《儿女英雄传》以下诸"拟作及续书,且多恶滥,而此道又衰落"(均见廿七篇)。

综合以上所述,我们可以看到鲁迅对中国小说写作群的勾勒,前期是方士与文士,后期是民间与文人。但早期方士(含佛道人士)所作,文采固不佳,意想亦陋;后期民间说话,迅即销亡,小说之作,仍赖文士。于是文人成为整个小说史的主干,他们所作的小说,当然便是文字书写体系中之一部分,其评价标准,主要也还是看它的文字好不好。

《小说史略》中对小说的文字功夫,讨论极多,如谓《孽海花》"描写当能近实,而形容时复过度,亦失自然。盖尚增饰而贱白描,当日之作风固如是矣";其他黑幕小说,"徒作谯诃之文,转无感人之力。……又或有谩骂之志而无抒写之才";《二十年目睹之怪现状》"描写失之张皇,时或伤于溢恶,言违真实,则感人之力顿违";总评谴责小说,则谓其"辞气浮露,笔无藏锋"(廿八篇)。又赞《海上花列传》:"写照传神,属辞比事,点缀渲染,跃跃如生",而批评其他狭邪小说:"大都巧为罗织,故作已甚之词,冀震眢世间耳目,终未有如《海上花列传》之平淡而近自然者"(廿六篇)。

详看这些评语,我们就会发现它确实是一位作家写的小说史。里面对于"如何描写"着墨甚多,金针度人,不乏甘苦之谈。比起一般只从主题意识、社会背景、渊源影响论小说史者,确实掌握了文学的特性,不愧为小说之史。

以往的研究者常会误以为鲁迅评小说之标准,在于"文采与意想",文采谓形式,意想指内容主题。其实鲁迅衡文,非采此法。文采才是最主要的。有文采,意想亦佳,固善;就是主题思想不庄不端,甚至毫无足取,只要文采动人,仍然是好的。例证随处都是。

比如《海上花列传》欲訾倡女之无深情,他觉得是"责善于非所",但文章甚佳。《镜花缘》对社会制度的批评以及它的理想,鲁迅也觉得它"仍多迂拘",但建议不必管这些,"不如作诙谐观,反有启颜之效",视为俳谐文字,聊取怡情。《蟫史》徒取奇崛而无深意,可是鲁迅也说它:"以其文体为他人所未识,足称独步。"《燕山外史》事殊庸陋,不过一切才子佳人小说之滥套,鲁迅却云此书"殆缘转折尚多,足以示行文手腕"。他又说:"《金瓶梅》作者能文,故虽间杂猥词,而其他佳处自在,至于末流,则着意所写,专在性交……其尤下者意欲媟语,而未能文。"论《西游补》时,也认为作者意想未奇,"主眼所在,仅如时流""惟以造事遣辞,则丰赡多姿,恍忽善幻,奇突之处,时足惊人,间以俳谐,亦常俊绝,殊非同时作手所敢望也……"

这类评价,抄不胜抄,态度都很明确:主题或思想纵令陈腐迂拘,甚或错误如董说,或所写过于淫秽如《金瓶梅》,都不打紧,重点是文字怎么样。

这种态度,又不只表现在上述诸评价语中,更表现在它整个论述形态上。例如《水浒传》的主题意识,自来争论不休,到底水泊诸人是"忠义"还是盗匪?该书主旨是赞美官逼民反、替天行道;抑或要招安、要惩戒、要奸渠魁首,乃是《水浒》研究上的大问题。可是鲁迅这本书完全不涉及这个主题意识的争论,全篇只就几个不同版本做比较,云百回本"于文辞大有增删,几乎改观,除去恶诗,增益骈文,描写亦愈入细微",百二十四回本"文词脱略,往往难读",百二十回本"字句稍有更定,诗词文较多",百十五回本"文词塞拙,体制纷纭,中间诗歌,亦多鄙俗",七十回本"字句亦小有佳处"等等。金圣叹腰斩《水浒》,导致主题意识上产生重大变化,他也没什么讨论。同样复杂的是《红楼梦》。此书主题意识也引起过绝大争议,而鲁迅对此,一笔扫开,只说此书主题老套:"全书所写,虽不外悲喜之情,聚散之迹";其所以颖异者,在其写实笔法:"叙述皆存真,闻见悉所亲历。正因写实,转成新鲜。"这些都是由于他评论小说时较看重文字艺术,而不甚重意识内容所致。

四、由文到文学

鲁迅评小说、论小说史，长处在此，短处也在此。

长处说过了，这种评述角度可掌握文学作品的文学性，不至于把小说史讲成思想史或社会史。这种长处，恰好与当时论小说的考据风气不同。考据，是会把小说史讲成文献史的。

蔡元培在《鲁迅先生全集序》中曾说："鲁迅先生本受清代学者的濡染，所以他杂集会稽郡故书、校《嵇康集》、辑谢承《后汉书》、编汉碑帖、六朝墓志目录、六朝造像目录等，完全用清儒家法。惟彼又深研科学、酷爱美术，故不为清儒所囿，而又有他的发展，例如科学小说的翻译《中国小说史略》《小说旧闻钞》《唐宋传奇集》等，已打破清儒轻视小说之习惯。"⑳

把鲁迅用清人辑佚考证之法治小说，归功于他"深研科学"，当然是附会之谈，显示了那个时代的风气。跟胡适考证小说而谓其为科学方法，具科学精神相似。于今观之，殊不足为凭。同时，如此推崇鲁迅，似乎又太不注意时代风气的问题。因为在鲁迅之前，用清儒考证之法，施诸小说戏曲者，实已甚夥。鲁迅书中所引钱静芳、蒋瑞藻、孟森、王国维、罗振玉、吴梅，乃至胡适、俞平伯之史料考证，便是明证。因此可说材料之辑比与史事作者之考索，正是当时通行之法，鲁迅自己治小说，主要亦用此法。《古小说钩沉》《唐宋传奇集》《小说旧闻钞》，均为其具体业绩。可是这种考据方法或许具有科学性，却未必能发觉小说的文学性，说不出它的艺术价值。考据所处理的，只是小说作为史料或文献的部分，并

---

⑳ 近人喜欢强调这一点，说小说本是古代不登大雅之堂的物事，鲁迅才予以正视，并以古人治经之法治之。鲁迅本人也就有此误解，《小说史略》廿五篇云："雍乾以来，江南士人慑于文学之祸，因避史事不道，折而考证经子，以至于小学，若艺术之微，亦所不废。惟语必征实，忌为空谈，博识之风，于是亦盛。逮风气既成，则学者之面目亦自具。小说乃道听途说者之所造，史以为无可观，故亦不屑道也"。这是误解。以为清人治经史考证之学，故不屑于小说幽渺之谈，说这些话的人，都忘了"红学"是什么时候的人提倡起来的，小说考证之风在清朝又已经有多么盛。别的不说，鲁迅参考的那本蒋瑞藻的书，名称不就叫《小说考证》吗？他另外参考过的钱静芳、胡适等人之书，又有哪一本不是考证？

不是他作为一个文学文本的存在。鲁迅同辈人，受其时代风气之影响，看鲁迅治小说史之功绩，大体均只就其整齐放失旧闻、拾遗补缺，和考证作者、版本流传这些方面去推崇。周作人《关于鲁迅》、赵景深《中国小说史家的鲁迅》、郑振铎《鲁迅先生的治学精神》《鲁迅的辑佚工作》等均是如此。而这些，恰好非鲁迅治小说史之真正精彩或真精神所在，乃是把文学研究搞成了文献研究。

鲁迅之异于或优于当时治小说史诸家者，当亦在此。其说《阅微草堂笔记》尚质黜华，追踪晋宋，叙述雍容淡雅、天趣盎然。谓《醒世恒言·陈多寿生死夫妇》述二人订婚诸节，皆不务妆点，而情态反而如画；《拍案惊奇》叙述平板，引证贪率，不能及此；评《儿女英雄传》十三妹，云此殆作者欲使英雄儿女之概备于一身而意造之人物，然因此性格失常，言动绝异，矫揉之态，触目皆是。又比较宋明话本云：宋市人小说主意在述市井间事，用以娱心，明人拟作，末流乃诰诫连篇，且多艳称荣遇，故形式仅存而精神迥异等，皆文章家言，无关考据，且考也考不出。文献式的小说史研究，主要用于残佚的文献、不清楚的版本流传状况、有疑问的作者、小说素材的来源、作品与外在史事的关联等处，也就是小说的写作史、编纂史和流传史。但对于作者和作品并无太多疑问，且为人所经见习惯之小说，这套方法就无用武之地了。也就是说，大部分的小说，在阅读或理解时，并不需要考证。[21] 同时，考证文章，看来甚见功力，但大多与文本的审美效能关系不大。例如小朋友们爱看《西游记》、爱听西游故事，这种喜欢，都与他知不知道作者是吴承恩无关，乃是文字描写叙事带来的魅力，造就的娱心移情效果。鲁迅要谈的小说，大部分并无考证问题，考证也不能说明为什么《聊斋》比同类拟传奇体小说好。要说明这些小说的性质与价值，当然就应采取考据以外的方法，针对它的人物塑造、情节安排、描写能力、叙事技巧、辞藻运用等属于"文学性"的部分去说。此即鲁迅之长。小说家说小说史，跟从事文献考证的学者不同之处，就在这儿。而这一点，正与他将小说视为文人的文学性书写息息相关。那么，为何此一优点同时又是缺点呢？

道理非常简单：文学性的认定，缺乏本质性的判定。对于什么样的状况更具

㉑　另详龚鹏程《中国小说史论》，台湾学生书局，2003 年，中国小说研究的方法问题。

有文学艺术价值，见仁见智，从而其说解也就只能表示其审美趣味，并不能视为那就是该作品之属性；用以衡较优劣高下，那就更难据以为定论了。举例而言：鲁迅比较宋市人小说与明人拟作，说宋人意在述市井，明人形式仅存而意趣迥异，举《醉醒石》等为证，看起来仿佛煞有介事。但我们知道：所谓宋代话本或市人小说，世无存本，现在所能看到的，其实只是明人的本子。鲁迅所据以比较，说它如何如何好的宋人作品者，刚好就是个假古董，《京本通俗小说》，其年代可能要迟至清末民初呢。把这么晚的东西，拿来视为宋时物，且因之云其如何如何好，这件事，就显示了他由文学性来进行评论的"戏论"性质。而且，许多人根本就怀疑宋元有话本这回事。如增田涉《论话本的定义：关于话本定义的思考》，谓话本之名义，犹如话柄，即故事之意，并不是什么说话人的本子。敦煌的《韩擒虎话本》便是韩擒虎故事。日里见敬《关于清平山堂〈六十家小说〉：〈宝文堂书目〉所录话本小说新探》及《从清平山堂〈六十家小说〉版面特征探讨话本及白话文的渊源》诸文，则说明过去的研究者常没把故事内容和小说文本分开来，所以看见文献记载宋人有明人小说中的故事，就以为宋代即已有了那个话本；其实今所指为宋代话本者，均是明人作品。宋元若如彼等所云，根本没有话本，鲁迅那样的比较，不是很可笑吗？这类情况，比比皆是。论《西游记》，大赞其"讽刺揶揄则取当时世态，加以铺张描写"，称其八十一难"构思之幻""又作者秉性复善谐剧，故虽述变幻恍惚知识，亦每杂解颐之言"，各个举例而说。这不过是因为相信了胡适的考证，认定作者乃是吴承恩，而《淮安府志》中又说了吴氏"复善谐剧"，故他便就此说其文学性而已。假若其作者如近来学界所云，并非吴承恩，则此类说解，岂非亦成戏论？同理，鲁迅说《红楼梦》的价值，其"要点在敢于如实描写，并无讳饰"（《中国小说的历史的变迁》），"叙述皆存真，闻见悉所亲历"。也是因为相信了胡适、俞平伯的考证，认定了曹雪芹就是作者，且作品就是他的自传，所以一力强调它具有文学的写实价值与性质。设若小说并非曹雪芹所作，此等文学性之指认，亦将落空。主张小说研究应以考据为基础的朋友，看见这些例子，大概会很高兴，以为此类事例证明了考据十分重要，须站在考据的"基础"上，讨论文学的艺术性才不会落空。这就想岔了。考据从来就不是基础，因为文章的艺术性往往就是人们用来考证的线索。主张《红楼梦》后四十回非原本所有,乃高鹗等伪续的人,不就常用文章风格前后不同、艺术手法优劣悬殊、文采意象高下难符等文学性的"证据",来作为考证的依据吗? 这时,文学性,岂不又成了考证的基础? 可是,恰好在这种情况中,我们最能辨识文学性指认的虚妄性质。它有点像《列子》说的那个故事:有人丢了斧头,疑心是邻居窃盗的,于是仔细观察,果然邻居处处显得神情诡异、做贼心虚的样子。过了几天,发现斧头原来夹在门后面,并未失去,再看邻人,就也不再觉得他有什么异状了。主张《红楼梦》后四十回非原作,跟认为后四十回绝非后人所能续的,都在讨论文学风格。但一边必说它坏,如何如何差劲,如何如何有文学艺术上的瑕疵:一边则必说它跟前八十回没啥不同,好一样好,坏也一样坏。前一阵营,不乏小说家,如林语堂、张爱玲,后一阵营也不乏文学家,如高阳和晚年的俞平伯。同样是文学家论文,也都就其艺术性立说,而其参商,乃至于此。为什么? 不就因为文学性云者并无本质性的东西可以认定吗? 历史上,不乏原先并不被视为文学文本者,到某个时代某个特殊的读者手上,忽然被读出文学性来,忽然变成了文学文本的例子。像《诗经》,在大部分时代,就不是文学性的存在,非文学文本。宋朝以后,才有人呼吁:"诗须是作诗读"。上一个诗字指《诗经》,下一个诗字指文学性的诗。诗作诗读,是与汉人"以诗为谏书"迥异的。《诗经》尚且如此,《尚书》《左传》乃至反对文学的《墨子》,在明清也颇有人以文学角度去读它、评点它,于是也读出了它们丰富的文学性。在《墨子》《韩非子》《左传》《史记》被读出许多文学性之后,我们常认为那些文学性原本就是这些书所具有的,是它们本身便有此性质。可是,若他们果真本身就具此性质,何以在那么长的时间中未被指认出来,又何以迄今仍有许多人读它的时候并不视其为文学文本,许多文学史著里也未必纳入它们? 可见一个文本是否具有文学性,或有什么样的文学性,有时并不取决于文本自身之性质,而来自读者以文学眼光去看他,故仁者见之谓仁,智者见之谓智。不同的时代,文学观不同,该文本被指认的文学性,同时也会发生变化。

五、由文学到小说文学

作品的文学性、艺术价值，既常是由读者读出来的，则由《小说史略》中如何评述作品，也就可以看出评述者鲁迅的文学眼光。

那个眼光，简单讲，就是文人心态及文人审美观。陈平原说得对：三十年代有些左翼学者受唯物史观影响，突出经济关系和阶级矛盾，如阿英的《晚清小说史》和谭丕模的《中国文学史纲》……鲁迅的思路不一样，文学史极少涉及生产方式和生产关系，关注的是一个时代的思想文化氛围和士人心态。……在《中国小说史略》中，大抵每一篇第一段都是关于文化思潮的描述，寥寥数百字，最见功力。目的是为解释"文艺"提供"世情"。只是这世情往往围绕文人的命运、心态、习俗来展开。……这一文学史研究思路，到撰写《魏晋风度及文章与药与酒之关系》得到了更充分的体现。鲁迅"倾向于借士人心态来理解和把握文学史进程"，表明了他看历史，特别是文学史，主要是观察文人团体的心态与活动。而为什么他会如此看文学史呢？则是因为他本身就抱持着一种文人的心态及审美观使然。

我曾一再指出："五四"新文学运动，表面上推倒了文的传统，白话取得了全面优势，但实际上这个话乃是文中之话，故所建立的，不是个语的传统，而仍是文，是对文另一种形态的强化与巩固。以小说为例，"五四"以后的小说论者，所欣赏的都是文人小说家（scholar-novelist）而非民间说话传统，所偏爱的小说，也仍以文采可观者为主。这些论者，在理念上固然高唱文学从民间来、鼓励研究民间通俗文学，可是在文学品味上却很难认同平民文学。早期的话本，出于市井，固然可由其历史性质而尊崇之，可是明清以后，评价就困难了。迄今为止，那些职业说书人或编书人，如罗贯中、熊大木、天花藏主人等，不但还不甚了解其年齿爵里，其小说史地位更是远不如吴承恩、董说、夏敬渠、吴敬梓、李汝珍和曹雪芹这些文人小说家。批评者所喜爱的，乃是脱离民间说唱传统，成为表达作者作为一个文人或知识分子之情操、趣味及理念的作品。这些作品，文字当然远较民间说话传统更"文",也趋近书写传统而远离说与唱的表演。其内容则远较民间说唱传统"雅",较接近文人的世界观,因此它也比民间文学更易博得文人的称赏。[22]

这段话,在鲁迅身上完全适用,而且鲁迅恰好便是这一现象的代表人物。

早在冯梦龙撰写《古今小说序》时,便曾讨论过这个"文/言"之分。他说:明代的"演义"往往有过于宋人者,"而或以为恨乏唐人风致,谬矣!"他认为:"唐人选言,入于文心",诉诸的是文字上的感染力;宋以后的小说,则"谐于里耳",故不能以乏唐人风致为病;且因世上文心少而里耳多,所以谐于里耳反而是优点,影响力会大于文人文学。冯梦龙之所以如此说,之所以能发现宋以后演义小说之优点,反驳时人(当时文人)对它的恶评,就是因为他有另一副眼目,能见着民间说唱谐于里耳者的好处。

鲁迅也明白这"文心"与"里耳"之分,故《小说史略》廿七篇云:"明季以来,世目《三国》《水浒》《西游》《金瓶梅》为四大奇书,居说部上首。比清中叶中,《红楼梦》盛行,遂夺《三国》之席,而尤见称文人。惟细民所嗜,则仍在《三国》《水浒》"。一种是见称于文人的,一种是细民所嗜的,两者显分畛域。但鲁迅自己呢?他站在哪一边?

鲁迅跟冯梦龙的不同,在此就显出来了。四大奇书中,"尤见称"者,当然还是文人喜欢的《红楼梦》。不惟欣赏其"文章的旖旎和缠绵",更强调所写即作者个人之遭遇,表达了他个人的心情。其次是《西游记》。此书本是历来民间讲说西行取经故事的集编和改写,向来也一样"谐于里耳"、为"细民所嗜",但鲁迅刻意将它与民间说唱脱钩,先说它是吴承恩这位"淮郡诗人之冠"的文人所做,次说他敏慧淹雅,取材于西游故事、唐人传奇及当时世态,但"加以铺张描写,几乎改观";再则说其中寓有玩世不恭之意,乃作者秉性使然。于是《西游记》便与《红楼梦》一样,都属于文人小说了。

《三国》《水浒》这些细民所嗜的小说,鲁迅则没什么好评。十四篇论《三国》但云:据旧史,即难于描写,杂虚评,复易滋混淆。故明谢肇淛既以为"太实即近

---

[22] 详龚鹏程《清代的侠义小说》,收入《侠的精神文化史论》,风云时代出版社,2004年;《传统与反传统:论晚清到五四的文化变迁》,收入《近代思想史散论》,东大图书公司,1991年。

腐",清章学诚又病其"七实三虚,惑于观者"也。至于写人,亦颇有失,以致欲显刘备之长厚而似伪,状诸葛之多智而近妖。后来在《中国小说的历史的变迁》"论其书之优劣"时,也举了三个缺点:容易招人误会、描写过实、文章和主意不能符合。优点则只有一点点儿:描写关羽还不错。《水浒》则连这一点好话,鲁迅也没说。第十五篇论其书,只道其版本,谈六个本子的不同,并从文字上论其优劣而已。

其他细民所嗜的小说,自然评价还要更低于《三国》《水浒》。如云《包公案》文意甚拙,乃仅识文字者所为;《三侠五义》构设事端,颇伤稚弱;《小五义》荒略殊甚;《彭公案》等,字句拙劣,几不成文;《施公案》等,历经众手,共成恶书。《中国小说的历史的演变》说得更刻薄:"大抵千篇一律,语多不通。我们对此,无多批评,只是觉得作者和看者,都能够如此之不惮烦,也算是一种奇迹罢了!"在那篇讲辞的序文中,鲁迅说中国小说未必表现着进化的历程,因为"甚而至于原始人民的思想手段的糟粕都还在。今天所讲,就不想理会这些糟粕。虽然,它还是很受社会欢迎"。这番话,便显示鲁迅对于"细民所嗜"之物,内心实多不以为然,《小说史略》及这篇讲辞,虽然语多保留,不愿深谈,但好憎之情,毕竟掩藏不住。上面举的那些话,足资证明。料想他为了写小说史而不得不读、不得不一一论列这些作品时,实在深感痛苦,毫无读小说时的愉悦之感。他说民间欢迎的东西,内中往往还保留着原始的糟粕。小说史的原始时期,就是神话和古老巷议街谈的阶段了。可是鲁迅却说古小说之巷议街谈,"并无现在所谓小说之价值";神话则仿佛人类儿童期,若不进步,只信神话可就糟了。如此评价,对尔后生于市井,亦流行于市井,仍具神怪迷信及巷议街谈性质的演义评话,又怎瞧得上眼?又何况,鲁迅是要改造国民性的,老百姓灵魂内里,自有许多他认为的糟粕,需要他清除。论小说,他当然也就不可能站在细民所嗜的那一边。

但为什么鲁迅会有这样的小说观,或许更要从他小说观本身去找答案。浦安迪(A.H.Plaks)《中西长篇小说类型再考》中说:novel 是西方叙事传统里的新产儿,其名称即含有新颖性(novelty)。欧洲其他语言,称长篇小说为 roman,这说明它从 prose romance(散文传奇)发展而来。史诗、传奇和长篇小说,这三者可以纳入一个完整的叙事传统。但就社会和文化背景而言,长篇小说的诞生,与都市化、商业化、工业革命、教育和印刷术普及有关。正如伊恩·瓦特在《长篇小说的兴起》所描述的那样,这些因素相互结合,巩固了欧洲近代早期的中产阶级文化;小说即生于其间。中国的白话小说,也有个类似的产生环境。中国白话小说写富商、写将领、写盗匪、写流浪者,还模仿市井瓦舍说书人的措辞,以致人们相信这就是真正的大众文学,至少也是新兴的中产阶级文学,不同于士大夫阶层所欣赏的古诗文。但中国古代那些伟大的长篇小说,并不就是"通俗的"反文化(counter-culture)作品,而是明清文人精神文明主体中的重要文献,它们的语言也并不就是普通的口语,而是一种将文言措辞和市井俗语熔为一炉的新文学语言。明清两代小说大家,多半被公认为是擅写各种文言体裁的名家,正如乔叟、薄伽丘、但丁、弥尔顿既是用本民族语言叙事的先驱者,又是伟大的拉丁语作家。因此,在中国和欧洲,长篇小说文体形式的出现,肯定都跟造就大批读者大众的深入而广泛的文化传播有关。但仔细研究东西方的作品后,就会发现,二者又跟上层文化传统中精妙的机智和透辟的眼光有更为密切的关系,而跟民间文学的知识面和审美观的关系不大。㉓ 浦安迪后来在《论中国的叙事文学》一文中又补充说道:用西方 narrative(叙事文)一词来描述中国小说,其实十分困难,因为中国的传统历来默认在修史与虚构之间互有相通之处,例如传、志、记这些体裁,都包含着史著与小说,书目上有其含混性,不易断然划分。故而,西方有一条由史诗到传奇,再到长篇小说的发展脉络,在中国则不同,虚构叙述与历史叙述不分。㉔

　　浦安迪这两篇文章,一重中西"小说"之同,由其兴生之条件及其内涵说;一重其异,由其文类性质说。两文均很有意思,可借来观察鲁迅的小说观。

　　由后一篇文章所说来看,鲁迅论中国小说,正是由西方的叙事文那个脉络来看,西方由史诗到传奇再到长篇小说,中国也就由神话到志怪传奇再到小说。而标示着小说真正形成,则是从历史到虚构,唐朝与其以前相比,"演进之迹甚明,而尤显者乃在是时期则始有意为小说"(第八篇)。对其后世,不能守住这个性

㉓　林夕译,收入周发祥编《中外比较文学译文集》,中国文联出版公司,1988 年。原载香港《新亚学术集刊》1978 年创刊号。

㉔　见浦安迪《中国叙事文学》,香港,1977 年。

质,反而倒回去,混杂于历史的《三国演义》之类作品,也即是他在《中国小说的历史变迁》中说的:"中国进化的情形,却有两种特别的现象,一种是新的来了好久,而旧的又回复过来,即是反复;一种是新的来了好久之后,而旧的并不废去,即是羼杂",他便深表不以为然。㉕

这就是不了解中国叙事文学另有其与西方不同之脉络与性质了。中国小说之虚实问题也不能这样谈。例如说唐人"作意好奇""尽幻设语",可是唐人所写的传奇《谢小娥》《李公佐》,不也都被收入正史中去吗?小说向来被认为是稗官野史之统绪,正点明了它与史传的血缘关系。鲁迅却偏不由这个脉络去说,反而说那些街谈巷语并无现在小说之价值,所以他另觅了一个本源,谓源于神话与传说(见第二篇)。

摆脱稗官野史这个传统,同时也就摆脱了民间性。这方面,又与浦安迪前一篇文章所说的问题相关:西方的小说,虽兴起于工业革命时代,巩固了中产阶级文化,但一来中产阶级的文化与市井细民文化并非同一的;二则欧洲这些长篇小说"又跟上层文化传统中精妙的机智和透辟的眼光,有更密切的关系,而跟民间文学的知识面和审美关系不大"。鲁迅的小说观,既是采用着那西方的小说观念,自然也就保持着那种知识感和审美观,与民间文学颇有距离了。

当时西方小说又只是散文体故事形式,只是写来给人读的。所以鲁迅也就不能理会中国细民所嗜,谐于里耳者那些演与唱的部分了。中国小说到清末,都仍是小说戏曲互文或交杂或共生的情况,所以敦广瑞序《永庆升平》云:"余少游四海,常听评词,演《永庆升平》一书……咸丰年间有姜振名先生,乃评谈古今之人,尝演说此书,未能有人刊刻,流传于世,余长听哈辅源先生演说,熟记在心。闲暇之时,录成四卷"。永庆升平,本未有书,而他所谓其人"演说此书"之云,显见它本是一口传文学,后来才笔录成文,情况与《三侠五义》相同。中国社会,文盲众多,细民所嗜者,常不在看而在讲和演,因此其"读者群"与西方小说的中产阶级群体并不一致,故不能仅从阅读文本的书写状况讨论之。鲁迅以西衡中,遂

㉕ 鲁迅甚至根本不赞成讲史这一"类型",因此第十五篇说:"若说是正经书,却毕竟是小说样子;但要说它是小说,他却件件从经传上来"等语,"讲史之病亦在此"。在论志怪那一类时,则说:"当宋之初,志怪又欲以可信见长,而此道于是不复振也"。也是不赞成采历史性写法的。

未能注意及此。

另外,毕晓普(J. L. Bishop)曾谈到中国小说一个重要特征,就是由西方人看来,那种"情节上非均一的和插曲的性质(the heterogeneous and episodic quality of plot),这也是使西方最感困惑的地方"。⑳

非均一性(亦作 heterogeneity)是指事物的"异类混合"的特质,用来指中国小说题材不纯、手法不一、语言杂合的性质。在介绍中国长篇小说的若干特点时,刘若愚说:就题材、文体、表达方式、语言媒介和文学风格而言,中国传统的"长篇小说"是非均一性的。在同一作品里,我们会发现严肃成分和滑稽成分、崇高成分和可笑成分、尚实倾向和想象之物、散文和诗歌、文言和口语。一部历史小说或许引入神怪因素,或许宣讲儒家伦理;一部豪侠传奇或许混有恶汉冒险的故事;一部佛教寓言(allegory)或许包含对社会的讥讽;而一部表面看来描写家庭的小说,或许被置入神话框架中。在语言方面,一些作品使用笔法简洁的文言文,但对话中夹有更口语化的措辞;一些作品虽使用白话来叙述故事,但也常常借助诗歌、骈文来描述、评论,更不用说还有大量别有他用的诗、词、曲、柬札之类的文字。

刘若愚认为:中国小说的这种非均一性,表现出了小说作者迷恋于捕捉整个人生,捕捉它所有的方方面面的,即善的、恶的、喜的、悲的、美的、丑的以及失调的、荒诞的。因此这种性质不应该视为艺术上的缺点,而应该目为生机勃勃的标志。㉗

但毕晓普认为:中国小说这个特点源于说书。它以史书、佛老、文言杂著,甚至民间传说为题材,以故意耸人听闻(sensationalism)为指导原则,不管是神怪、凶杀还是色情,皆如此。说书人运用想象来丰富原始资料,直至使人觉得不可信之事听来似乎合情入理。一些特殊的叙事技巧,如以开场白联缀关乎主题的逸事和诗词,以诗词进行评论、证实或延宕高潮、增添文采,允许叙事者直接介入故事,用对话推展故事情节,说书人如演戏般区分着各种不同的口吻,人物动作描

㉖ 毕文原载《远东季刊》,十五卷,1956 年。转引自周发祥《西方的中国小说文体研究:关于小说文体的辨析》,http://www.gouxue.com/xueren/sinology/wenzhang/xfdzgxs.htm。

㉗ 见刘若愚《中国文学艺术的基础》,同上注。

写细腻,情节长短有所限制等等,无不适应着说书艺术的需要。

普实克则觉得这是因中西方史著传统不同之故。他对中国和西方整个历史和文学著作的结撰原则做了比较,并认为双方有着明显的不同。他说,古希腊历史学家,如希罗多德、修昔底德等人,十分重视历史事件的前后顺序和内在关联,叙史时借鉴史诗的写法,力求把事件写成均一之流(homogeneous stream)。而中国的历史学家则不然,其史著无论是编年体(如《左传》)还是纪传体(如《史记》)皆无意创造一个首尾衔接的完整故事,自然谈不上"均一之流"。他们处理史料时,或平行罗列,分条叙说,或先写要事,事入专类。中国的文学创作也有这种倾向,据实修传也好,抒情叙事也好,每每把选来的典型事件,分门别类,各自连缀成篇。明清小说也可找到这样的例子。

夏志清则说:西方读者因受福楼拜和詹姆斯的小说和理论的哺养,才期待一种前后一致的叙事角度(即"视点")、一种巨匠所构想的完整统一的生活印象、一种与作者叙事心态完全谐和的个人风格,而不愿看到令人分神的直接说教、闲话冗笔或插曲连缀。不过,西方把严肃的小说创作视为一种艺术只是晚近的事,既不能以此要求中国古代小说,似乎也不能说西方从古就是均一的,中国从古就非均一。[28]

但不管如何,由非均一性这个特点来看,鲁迅的小说观点显然就是不在意也不认同非均一性的。除了对个别小说之评述,足以表现此一态度外,最重要的,就是他替每部小说定了性。例如神魔小说、人情小说、讽刺小说、狭邪小说、侠义小说、谴责小说等。定出这些类型,在近代学术史上意义重大,已有许多学者对它表示赞叹推崇。但定出这些类型也是危险的,因为在中国,许多小说都很难说它就只属于某一类。《红楼梦》真只是人情小说吗? 为何不能算是讽刺或神魔小说?

---

[28]　普实克《中国和西方的历史与史法》,夏志清《中国古典小说》,同上注。

六、诠释与发展之辩证

本文从鲁迅的知识结构谈起,重新探究鲁迅小说研究中的盲点。当然并不能全面显示鲁迅学问上的问题,只是说明了鲁迅在建构中国小说史、诠释中国小说时,他的角度、观点、局限及其相关值得讨论之处。

鲁迅这种"赏其文章"的小说观,既本于其魏晋文学修养、对唐传奇的欣赏,也本于他得诸西方的小说认识,以致将小说之"说",重新建构成为"文学"史。这个新史述,与中国小说的性质和身世,均有捍隔弗契之虞。今日吾人重新勘考鲁迅诠释小说史之史,当注意这个经验个案所给予吾人之教训。

但我的意思并不只是要揭鲁迅之短,拨乱反正。对历史的诠释,其实并无定解或确解,只能是在不同诠释间相互印诠、相互诘难、相互竞争中看出所谓的历史真相。因此我说鲁迅如何不确不足,不符中国小说实况云云,实际上乃是以我的诠释去质询鲁迅而已。

可是我又为什么要去质询鲁迅呢? 同样地,旨不在与鲁迅为雠,而是要借着说明鲁迅的"洞见"与"不见",来说明近代由鲁迅建立的中国小说史基本论述模型的性质。这个论述模型,经鲁迅建立后,透过"中国小说史"这个学科的建置,和鲁迅《中国小说史略》的典范地位,迅速成为文学系所师生和小说研究者的共识,形成了八十多年的小说文学学科。这个学科的所有精神内涵,几乎都可由鲁迅身上找到根源。鲁迅对中国小说史的诠释,也许有我上文所述之各种问题,但也正因他这有问题的诠释,才开展了近代小说的文学研究。诠释了古的,所以开展了新的;诠释之误失,反而成了开展之基础。这种辩证的关系,岂不足资玩味吗?

【龚鹏程　台湾佛光大学创校校长,山东大学文学院教授】

原文刊于《中国文化》2006 年 01 期

向低处、广处看

周作人的文艺文化结构观

舒　芜

【内容提要】本文分析了周作人的一个观点:把文艺看作文化的一部分。周作人认为:文化是一座大三角塔,文艺(和学术)只是顶端部分,其低处广处则是种种人文民俗现象,并包括原始文化的遗迹。文艺本身又是一座小三角塔,纯文学只是顶端部分,其低处广处则是民间文学,并包括原始文学的遗迹。周作人主张:应该尽量向低处广处看,应该从种种杂文学和人文民俗现象中,广泛了解"平凡的人道"。本文指出:周作人这种文艺文化结构观,有助于打破狭隘的"纯文学"观念,而且有民主主义的意义。但是,周作人对群众的愚昧看得过于绝对,他的向低处广处看的观点,实际上是"天地不仁,以万物为刍狗"的观点,他只是居高临下地向低处广处看,并未亲身下到低处广处来,所以看不到"平凡的人道"自我升华为"超绝的人道"的可能性。

一

中国新文学运动以前,周作人已经进行了多年的文学活动,主要是翻译外国小说。到了新文学运动起来,他成了这个运动的第一批代表人物之一,继续翻译了大量外国小说。他还以新文学理论家的身份出现,他的名文《人的文学》里面,所举的正面反面的例子,除了一条是《笑林广记》外,全是中外古今的小说。可见,直到那时,他认为文学里面,最重要的是小说。这是和同时的新的文学观念相一致的。中国旧时以文章诗词为文学的最上乘,小说被贬为末流、未入流。至清末维新运动,梁启超发表《小说与群治之关系》,宣布了全新的观念:"小说为文学之最上乘也。"新文学运动继承和发展了这个新观念,鲁迅的小说《狂人日记》成了中国新文学创作的第一个胜利,新文学史的第一个里程碑,从此,小说在新文学中的"最上乘"的地位一直没有动摇。所以说周作人从清末开始文学活动直到参加新文学运动之初,翻译和理论上一直把小说放在第一位,都是和当时的新的文学观念相一致的。

但是,周作人的第一部文集《自己的园地》,这是被阿英誉为"确立了中国新文学批评的础石"的①,里面谈小说的却非常之少。书中连序言共收文章六十篇,只有5篇是评论中外小说和小说家的,此外谈的尽是神话、传说、童话、歌谣、小诗、日本的"川柳"、寓书、儿童剧、谜语、日记、科学散文等等。后来,周作人终身爱谈这些,再加上尺牍、家训、游记、笑话、滑稽文学,……尤其是随笔和笔记,总之都是所谓"杂文学",这是相对于一般认为只有小说新诗是"纯文学"来说的。新文学运动以来,大作家当中,周作人这样长时期热心于各种杂文学(包括民间文学通俗文学)者,似乎还没有第二个。

不仅如此,周作人还对文学以外的许多人文民俗现象,如礼仪、风俗、宗教、迷信、妖术、医药等等,以及人类以外的动物生活,有着浓厚的持久的兴趣。他总结平生的杂学,在文学以外,还举出神话学、文化人类学、儿童学、性心理学、乡土研究、风俗志、医学、生物学这许多部门,他都广泛涉猎,而以文学为中心加以融会贯通。② 新文学运动以来,大作家当中,其兴趣越出文学范围之外如此之广,而这一切都帮助了他的文学成就者,周作人以外似乎也没有第二个。

不仅如此,平生翻译了那么多的外国小说的周作人,晚年却宣布道:"我于

---

① 阿英:《周作人的小品文》,转引自陶明志编《周作人论》。
② 见周作人:《苦口甘口·我的杂学》。以下凡举周作人著译,均略去著译者姓名。

外国小说戏曲一向是茫然的。"③这又还不限于外国小说,他干脆说:"老实说,我是不大喜欢小说的,或者因为是不懂所以不爱,也未可知。"④他自称自幼至老,搜书看书一贯有一套"非正宗的别择法",他归纳为八大类,举了许多书为例,却没有一部文学书(只举了一部《诗经》,单独作一类),即没有任何一部文章诗词的专集或总集,也没有任何一部中外古今的小说。⑤ 事实上,周作人的丰富的藏书当中,小说何尝真是稀少? 他一部不举,不过表明他的一种态度罢了。他说因为不懂才不爱,当然只是谦辞,他的不爱实在是有一套理论根据,后面将会说到。

与此相并,还有一个情况:周作人本来是中国新诗运动的先驱之一,他的长诗《小河》,被胡适推为"新诗中的第一首杰作"⑥,或如另一位论者所说,有了《小河》,"新诗乃正式成立"⑦,后来,他又发表了许多旧体诗,现在有《知堂杂诗抄》一集,可以说是旧体的新诗,是新诗运动的继续。他在新诗运动之初,还发表过许多新诗理论上有影响的主张。但又正是这位诗人周作人,后来,只要一谈到诗,就赶快声明一句,"诗我是不懂""我是不懂诗的",次数之多,举不胜举。

总而言之,后期的周作人,差不多完全否定了小说和诗,只看重杂文学(包括民间文学和通俗文学),看重文学以外的许多人文民俗科学知识,这与同时的那种只看重纯文学,尤其是看重小说新诗的一般文学观念比较起来,就有很大不同了。周作人这种独特的文艺观是怎样形成的? 它的理论根据是什么? 这就是本文所要研究的问题。

二

首先,我们具体地看一看,周作人究竟喜欢哪些杂文学? 喜欢它的什么? 也不可能一一都说到,只挑选最有典型意义的来看看。

---

③ 《知堂集外文·亦报随笔·英文与美文》。
④ 《立春以前·明治文学之追忆》。
⑤ 见《苦口甘口·我的杂学三》。
⑥ 胡适:《谈新诗——八年来一件大事》。
⑦ 愚庵:北社《新诗年选》中的评语,转引自朱自清《中国新文学大系·诗集·选诗杂记》。

（1）神话、传说。周作人认为，神话直接表现初民的生之愿望，以及由生之愿望而来的万物有灵论、灵魂鬼怪、生殖崇拜等等观念。他说："民生之初，事莫切于自保。饮食以保生时之存在，妃偶以保身后之存在，更以种种求保身后之存在。人观于自然之神化，影响及其身命，或间接及其衣食之资，莫不畏敬，因生崇拜。又观于睡梦形影，生老病死之不测，因生灵魂之信仰。人鬼物魅，悉从此出。生殖崇拜，亦自成立。岁举春祭，以祈人畜禾稼之长养。由是数者，错综杂和而成原始思考，神话传说，因亦无不留其痕迹，一一可按。"⑧

（2）童话、儿歌。周作人认为，童话、儿歌中含原人思想，可见古今人情。他说："儿童的精神生活本与原人相似，他的文学是儿歌童话，内容形式不但多与原人的文学相同，而且有许多还是原始社会的遗物，常含有野蛮或荒唐的思想。"⑨"那些离奇思想与古怪习俗实现起来一定极不能堪，但在民谣童话以及古记录上看来，想象古今人情之同或异，另有一番意思。"⑩

（3）笑话、滑稽故事。周作人认为，笑话中可见人民的感情与生活。他说："与歌谣故事谚语相同，笑话是人民所感的表示，凡生活情形，风土习惯，性情好恶，皆自然流露，而尤为直切透彻，此正是民俗学中的第三类好材料也。"⑪他举出一些笑话为例，说明其中可见旧时男子对于女人缠小脚的嗜好，又一些例子可见南方民间风俗之一斑，如换灰、卖粪之类，"此种小事从来文人学士素不屑记，除了贾思勰、郝懿行这几位，但这都是北方学者，编笑话者多系南人，大抵缺少这种朴实的学风，而无意中却在这里保留下好些风俗琐事，大是可喜的事"⑫。笑话和滑稽故事里，常有粗俗不雅的成分，以及其他不合于道德的成分，周作人认为都不足为病，他说："他们的粗俗不雅至少还是壮健的，与早熟或老衰的那种病的佻荡不同——他们的是所谓拉勃来派的（Rabelaisian），这是我所以觉得还有价值的地方。从道德方面讲，这故事里的确含有好些不可为训的分子，如第七篇里那样无理由地捉弄人，即其一例。然而我们要知道，老百姓的思想还有好些

---

⑧ 《欧洲文学史》第一卷第一章"起源"。
⑨ 《艺术与生活·儿童的文学》。
⑩ 《谈龙集·海外民歌译序》。
⑪ 《苦茶庵笑话选·序》。
⑫ 《苦茶庵笑话选·序》。

和野蛮人相像,他们相信力就是理,无论用了体力智力或魔力,只要能得到胜利,即是英雄,对于愚笨孱弱的失败者没有什么同情,这只要检查中外的童话传说就可知道。"⑬

(4)寓言。周作人认为,寓言本身是动物故事,古寓言中的教训则可见人民生活的辛苦。他翻译了《伊索寓言》,他指出,伊索寓书写作时间可考者,最早是公元前八世纪,晚的则已到了四世纪,"这所表现的前后时间不算不长,社会情状也有改变,可是人民的生活还是差不多一样,一样地辛苦,暗淡,不安定。因此不但故事的空气是一致,就是在后世若干年间,这些故事与教训还是为世人所理解尊重,实在是不足怪的。我们从这里可以看到些古来的动物故事,像一切民间文艺一样,经了时代的淘汰而留存下来,又在所含的教训上可以想见那时苦辛的人生的影子,也是一件很有价值的贵重的资料"⑭。

(5)风土记、岁时记之类。周作人认为,岁时节令的活动中,最能看出普通人对人对神对自然的心态。他说:"我们对于岁时土俗为什么很感到兴趣,这原因很简单,就为的是我们这平凡生活里的小小变化。人民的历史本来是日用人事的连续,而天文地理与物候的推移影响到人文上,便生出种种花样来,大抵主意在于实用,但其对于季节的反应原是一样的。……在这上面再加上地方的色彩,更是复杂多趣,我们看到某处的土俗,与故乡或同或异,都觉得有意味,异可资比较,同则别有亲近之感。"⑮他说,他小时候在家里看了十几年的祭灶、祀神、祭祖、拜岁、迎春、扫墓之类的时节活动,"对于鬼神与人的接待,节候之变换,风物之欣赏,人事与自然各方面之了解,都由此得到启示,至今还是于我很有用处,许多岁时记与新年杂咏之类的书我也还是爱读不置"⑯。有一本小书《一岁货声》(近人闲园鞠农氏著),记录一年中北京市上叫卖的各种词句与声音,周作人极为喜欢,他赞美道:"著者自序称可以辨乡味,知勤苦,纪风土,存节令,此书真实不虚,若更为补充一句,则当云可以察知民间生活之一切,盖挑担推车设摊赶集的一切物品半系平民日用所必需,其闲食玩艺的一部分亦多是一般妇孺的照

---

⑬ 《知堂序跋·〈徐文长的故事〉小引及其他》。
⑭ 译本《伊索寓言·关于〈伊索寓言〉》。
⑮ 《夜读抄·〈清嘉录〉》。
⑯ 《立春以前·立春以前》。

顾,阔人们的享用那都在大铺子里,在这里是找不到一二的。我读这本小书,深深感到北京生活的风趣,因为这是平民生活,所以当然没有什么富丽,但是却也不寒伧,自有其一种富厚温润的空气。"⑰

以上略举几种周作人所爱重的杂文学。以下再看看他所爱重的其他艺术。

(6)民间戏曲。周作人十分欣赏他故乡绍兴地方戏目连戏中的诙谐与讽刺。例如张蛮打爹一场,爹逃到台口说白云:"现今人心大变,从前我打爹的时候,爹逃了也就算了,现在却还要追着打哩!"又如某人挑水一场,诉说云:"当初说好了一担十六文,不知怎么变成一文十六担了。"周作人认为:……这些都"显得壮健而明朗,虽然人民一直过着阴暗的生活,却保留着他们的弹力。这些都不能随便说是低级趣味,观众听了哈哈一笑,却是感到一点苦味,留下在心头的"⑱。还有绍兴大戏里的女吊,周作人老年还回忆道:"她只是红衫粉面,披着黑发,走到台前,将头发往后一摔,高叫一声,阿呀苦呀天呀!我相信看的听的人这时无不觉得心里一抽,在这一声里差不多把千百年来妇人女子所受的冤苦都迸叫了出来了。大戏已经没有了吧,这悲苦的印象却还留在我的心上,现在回想起来,重新感觉民间艺人能力的伟大,他用简单直截的表现,胜过许多文人的冗长庸俗的教示。"⑲

(7)民间版画。周作人十分倾倒于日本江户时代的民间版画浮世绘,认为它好就好在"由与虫豸同样的平民之手制作于日光晒不到的小胡同的杂院里"(永井荷风语),用了精工的技艺,画妓女,画戏子,画市井风俗,别无什么抽象的寓意,只是以悲哀的色彩,画出这些底层平民的平常生活来。周作人歌颂浮世绘的画工们,说他们应该归入日本历史上的贤哲一类,"要找出日本民族的代表来问问他们的悲欢苦乐,则还该到小胡同大杂院去找,浮世绘工亦是其一"⑳。周作人认为:"中国清末上海报纸上流行画家吴友如的画,其中心人物事件如黄包车翻倒,车上的女客滚下地来之类,大抵无甚意义,加上一些低级趣味的题词更是无聊。倒是画上的背景如马路风景的一角之类,有如一小幅风俗画,多少年过

---

⑰ 《夜读抄·一岁货声》。
⑱ 《知堂集外文·亦报随笔·目连戏的情景》。
⑲ 《知堂集外文·亦报随笔·旧戏的印象(二)》。
⑳ 《瓜豆集·谈日本文化书(其二)》。

去以后看了还有意思。"㉑

综观以上所述,可知周作人喜欢种种杂文学和民间艺术,都是为了它们能直接表现最普通的人的最普通的生活和感情,其中的核心是生之愿望,由是而有种种取舍迎拒,喜怒哀乐。无论初民的野蛮,后来的文明,人情并不相远,民间生活的辛苦暗淡其实是千年如一日,蛮风的遗迹在民间生活与小儿生活中长期存在,这些都可以从杂文学与民间艺术中清楚地看到。

三

我们再来看看周作人对一些人文民俗现象为什么感到兴趣。

(1)民间迷信与宗教。周作人认为,迷信与宗教中,可以看到小民对现世如何绝望,如何呼号求脱。日本作家永井荷风说:他喜欢小胡同里的淫祠,例如对那大黑天要供双叉的梦葡,对欢喜天要用油炸的馒头,对稻荷神要奉献油豆腐,等等,"天真烂漫的而又那么鄙陋的此等愚民的习惯,……常常无限地使我的心感到慰安。这并不单是说好玩。在那道理上议论上都无可说的荒唐可笑的地方,细细地想时却正感着一种悲哀似的莫名其妙的心情也"㉒。周作人完全同意地译引了这段话。他认为:"假使是民间的俗信,例如什么神什么鬼什么禁忌,那各有社会文化背景,值得了解与探讨。"㉓他自己对此的了解与探讨,有一个好例。清代民间长期流行一种宗教红阳教,官府目为"邪教",然而严禁不止,其教信仰"无生老母",有八字真言曰"真空家乡,无生父母",其经文有云:

> 无生母,在家乡,想起婴儿泪汪汪。传书寄信还家罢,休在苦海只顾贪。
>
> 无生母,龙华会,久等儿孙。叫声儿,叫声女,满眼垂泪。有双亲,叫破口,谁肯应承。

㉑　见《知堂集外文·亦报随笔·吴友如的画》。

㉒　《苦竹杂记·岭南杂事诗抄》中译引。

㉓　《知堂集外文·亦报随笔·读旧书(二)》。

全是如此鄙俚可笑。周作人却看出很深的很严肃的内容。他指出："虽标称空无,实在即全是痴,这似是大毛病,不过他的力量我想也却在此处。经里说无生老母是人类的始祖,东土人民都是她的儿女,只因失乡迷路,流落在外,现在如能接收她的书信或答应她的呼唤,便可转回家乡到老母身边去,绅士淑女们听了当然只觉得好笑,可是在一般劳苦的男妇,眼看着挣扎到头没有出路,正如亚跛公长老的妻发配到西伯利亚去,途中问长老说,我们的苦难要到什么时候才完呢,忽然听见这么一种福音,这是多么大的一个安慰。不但他们自己是皇胎儿女,而且老母还那么泪汪汪的想念,一声儿一声女的叫唤着,怎不令人感到兴奋感激,仿佛得到安心立命的地方。"[24]"单就这老母来看,孤独忧愁,想念着她的儿女,这与穷困无聊,奔走到她身边去的无知男妇,一样的可以同情。"[25]周作人指出,这些经文虽被官府斥为"邪经",其实"盖因绝望现世,呼号求脱之词,与《刘香宝卷》等正是一例,可为民众生活的好资料,……粗鄙而亦诚实亦悲哀"[26]。这里提到的《刘香女宝卷》,是旧时佛教通俗讲唱之一,为许多民间妇女所信奉,其文词亦甚俚浅,周作人却有专文加以论析,指出它表现了一种暗淡阴沉、凄惨抑郁的很可怜的"女人佛教人生观","最能说出她们在礼教以及宗教下的所受一切痛苦,而其解脱方法则是出家修行",此世以尼庵为归宿,希望修到来世以至七世以至"五百劫"之后能够转生男身。[27]

(2)鬼的迷信。周作人认为,鬼的迷信生于死的恐惧,正是生的愿望的反面。他有许多文章谈鬼,最有代表性的一段话云:"我不信鬼,而喜欢知道鬼的事情,此是一大矛盾也。虽然,我不相信人死为鬼,却相信鬼后有人,我不懂什么是二气之良能,但鬼为生人喜惧愿望之投影则当不谬也。……常人更执着于生存,对于自己及所亲之翳然而灭,不能信亦不愿信其灭也,故种种设想,以为必继续存在,其存在之状况则因人民地方以至各自的好恶而稍稍殊异,无所作为而自然流露,我们听人说鬼实即等于听其谈心矣,盖有鬼论者忧患的人生之鸦片烟,人对于最大的悲哀与恐惧之无可奈何的慰藉,'风流士女可以续未了之缘,壮烈

㉔ 《知堂乙酉文编·无生老母的信息》。
㉕ 《知堂乙酉文编·无生老母的信息》。
㉖ 《知堂集外文·亦报随笔·朱天君》。
㉗ 《瓜豆集·刘香女》。

英雄则曰二十年后又是一条好汉,相信唯物论的便有祸了',如精神倔强的人麻醉药不灵,只好醒着割肉。关公刮骨固属英武,然实亦冤苦,非凡人所能堪受,则其乞救于吗啡者多,无足怪也。"㉘他还指出,鬼的迷信里有"平常不易知道的人情"㉙,"我确信这样虚幻的迷信里也自有美与善的分子存在"㉚。

（3）岁时节令及其他民间迷信。周作人看重岁时节令的意见,已见前面关于风土记岁时记那一条,那是说关于岁时节令的记载,同时也就是关于岁时节令活动本身。至于民间迷信传说,例如明末无名氏的《如梦录》,记录汴梁鼎盛时情景,本来还记了很多有趣的传说,如繁台为龙撮去半截,吹台是一妇人首帕包土一抛所成,北关王赴临埠集卖泥马,相国寺金刚被咬脐郎缢死在臂膊上,唬金刚黑夜逃出北门,诸如此类,后来有个整理者认为"鄙俚荒诞",全给删去了。周作人说:"这实在是很可惜的。那些贵重的传说资料可以说是虽百金亦不易的,本已好好地记录在书本上了,却无端地被一刀削掉,真真是暴殄天物。"㉛又如旧时北京小儿洗三,稳婆所唱送床公床母的咒语云:

床母床母本姓李,吴家的小孩交给你,摔了碰了不依你。

周作人很欣赏这个咒语,说道:"从前东坡奉命作祭床公床母文,不知道怎么写好,未免为老婆子所笑了。"㉜

（4）平民日常普通生活。周作人说:"我们所要知道的是平常人的平常事,有如邻人在院子里吃晚饭,走过时招呼一下,顺便一看那些小菜,那倒是很有兴味的。人与事既是平常,其普遍性亦更大,若是写的诚实亲切,虽然原是甲与甲家的琐事,却也即是平民生活的片段,一样的值得注意。"㉝鲁迅的小说《风波》里,就有好些乡村民俗的材料,例如水乡农家夏天在门前土场上吃晚饭的情景等

㉘ 《夜读抄·鬼的生长》。
㉙ 《苦竹杂记·说鬼》。
㉚ 《雨天的书·喑辞》。
㉛ 《苦竹杂记·如梦录》。参看《药堂语堂语录·如梦录》。
㉜ 《知堂集外文·亦报随笔·洗三的咒语》。
㉝ 《知堂集外文·亦报随笔·琐事难写》。

等,周作人特别提醒读者注意。㉞

综观以上所述,可知周作人对种种人文民俗现象之所以感兴趣,也是为了从中看出普通人的普通生活和感情,有时,例如,从死的恐怖和鬼的迷信中反倒更清楚地看出生的愿望之强烈。周作人说:"不佞读书甚杂,大抵以想知道平凡的人道为中心,这些杂览多不过是敲门之砖,但是对于各个的砖也常有些爱看,……我喜欢知道动物生活,两性关系,原始文明,道德变迁这些闲事,觉得青年们如懂得些也是好事情,有点功夫便来拉扯的说一点。"㉟这"平凡的人道"几个字拈出来很重要,这就是他要从一切杂文学、一切人文民俗现象中去了解去体味的东西。他对动物生活感到兴趣,仍然是为了借此知道平凡的人道。他谈到法布耳的《昆虫记》时说:"他不去做解剖和分类的工夫(普通的昆虫学里已经说得够多了),却用了观察与试验的方法,实地地记录昆虫的生活现象,本能和习性之不可思议的神妙与愚蒙。我们看了小说戏剧中所描写的同类的运命,受得深切的铭感,现在见了昆虫界的这些悲喜剧,仿佛是听说远亲——的确是很远的远亲——的消息,正是一样迫切的动心,令人想起种种事情来。"㊱

四

以上大略地看了周作人为什么对杂文学和人文民俗现象特感兴趣,现在我们再来看看反面——他不喜欢什么?

大家都知道,周作人爱看笔记、写笔记,但是他并不是一切笔记都喜欢,相反地,他指出,中国历代的笔记,大半数不足观。他认为,笔记这种体裁,本宜于记述琐屑:"然而笔记大半数又是正统的,典章,科甲,诗话,忠孝节烈,神怪报应,讲来讲去只此几种,有时候翻了二十本书结果仍然是一无所得。我不知道何以大家多不喜欢记录关于社会生活自然名物的事,总是念念不忘名教,虽短书小册

㉞ 《鲁迅小说里的人物·〈呐喊〉衍义·三〇民俗资料》。

㉟ 《书房一角·原序》。

㊱ 《自己的园地·法布耳的〈昆虫记〉》。

亦复如是,正如种树卖柑之中亦必寄托治道,这岂非古文的流毒直渗进小说杂家里去了么?"㊲

中国文人一向不注意记录儿童和妇女的生活,周作人对此特别不满。他说:"中国的读书人太是正经了,他们受了封建礼教传统的束缚,处处只考虑君父特权的利益,别的关于人民小孩和妇女的细事便都不在眼里,那有闲工夫来记录他呢?"㊳周作人最喜欢《诗经》中《国风》部分,但是他遗憾地指出:《国风》中也未说及儿童;后来浩瀚的诗篇中,只有一首左思的《娇女诗》和一首路德廷的《孩儿诗》确是记录儿童生活的佳作,还有偶然一两句如"稚子敲针作钓钩""闲看儿童捉柳花"之类,此外就没有什么了。㊴关于妇女方面,沦落到最底层的青楼女子,中国倒是有些记录,清人王韬曾搜了十种左右编为《艳史丛编》。周作人指出:那些都是从嫖客方面,写他们如何享乐偎红倚翠,如何夸称艳福之类,至于写到妓女生活的,仍是表面部分为嫖客所见到的而已,"这种书本来应该一面是艳史一面也是痛史,在中国却仍不免终是片面的,于此亦可见士大夫的势力之大了"㊵。

中国宋以后文人画盛行,周作人对此也很不满。他认为:文人的南宗画,"他把握住了风雅的一面,却将人生那平凡而实在的方面忽视了,不会记录下来。我们说别姬,却不知道秦末的衣服的样子,说鸿门宴,也不知道汉初酒席的格式"㊶。周作人多次指出:古代普通人的吃饭穿衣,农夫的农具,渔夫的渔具,百工的工具,士子的文具等等,都没有画家把它们好好地画下来。周作人指出:这种忽视,是由于我们自古有"玩物丧志"之戒,而这种训诫实是礼教和道学的产物。㊷

前面已经说过,周作人后来根本不喜欢小说,而他的不喜欢有一套理论,现在就来看看他的理论。他说:"我读小说大抵是当作文章去看,所以有些不大像

㊲ 《苦茶随笔·洗斋病学草》。
㊳ 《知堂集外文·亦报随笔·风俗的记录》。
㊴ 见《知堂集外文·亦报随笔·古诗里的儿童》。
㊵ 《知堂集外文·亦报随笔·艳史丛编》。
㊶ 《知堂集外文·亦报随笔·作画难》。
㊷ 见《知堂集外文·亦报随笔·绿珠坠楼》。

小说的,随笔风的小说,我倒颇觉得有意思,其有结构有波澜的,仿佛是依照着美国版的小说作法而做出来的东西,反有点不耐烦看,似乎是安排下好的西洋景来等我们去做呆鸟,看了欢喜得出神。"㊽这就是说,小说里面,除了不大像小说的小说而外,都是有意做作安排出来,把读者当呆鸟哄了来看西洋景的。这似乎只是不满意小说的艺术加工,希望文学作品写得自然些,其实并不仅仅是如此。他称赞废名(冯文炳)的小说时说:"他所描写的不是什么人悲剧大喜剧,只是平凡人的平凡生活——这却正是现实,——特别的光明与黑暗固然也是现实之一部。但这尽可以不去写他,倘若自己不会感到欲写的必要,更不必说如没有这种经验。……冯君所写多是乡村的儿女翁媪的事,这便因为他所见的人生是这一部分,——其实这一部分未始不足以代表全体:一个失恋的姑娘之沉默的受苦未必比蓬发熏香,着小蛮靴,胸前挂鸡心宝石的女郎因为相思而长吁短叹,寻死觅活,为不悲哀,或没有意思。"㊸可见周作人是认为:生活里面本来就没有那么多真正的大悲剧大喜剧,有之也多只是装腔作调、夸张扮演出来的,并不足以代表生活的全体,小说却多去描写那些,所以他不喜欢了。日本柳田国男说:"想要想象古昔普通人的心情,引起同情来,除了读小说之外没有别的方法。就是我们一生里的事件,假如写成小说,那么或者有点希望使得后世的人知道。可是向来的小说都非奇拔不可,非有勇敢的努力的事迹不可。人爱他的妻子这种现象是平凡至极的,同别的道德不一样,也不要良心的指导,也不用什么修养或勉强。不,这简直不是道德什么那样了不起的东西。的确,这感情是真诚的,是强的,但因为太平常了,一点都不被人所珍重。说这样的话,就是亲友也会要发笑。所以虽然是男子也要哭出来的大事件,几亿的故人都不会在社会上留下一片记录。"㊹周作人译引了这段话,表示同感,认为这里面包孕着深厚的意义。这里说的生活中的"奇拔"的东西和"勇敢的努力",比之大悲喜剧本来还稍为平凡些,而从来的小说表现了这些,便引起柳田国男的也是周作人的不满,可知他们追求生活的最平凡方面是多么彻底了。

㊽ 《立春以前·明治文学之追忆》。

㊸ 《谈龙集·竹林的故事序》。

㊹ 《苦竹杂记·幼小者之声》译引。

周作人后来为什么反复声明不懂诗的原因,他没有正面说明过,但是我们可以从侧面窥见一点。歌德把他的自传题为《真实与诗》,周作人对此会多次讽刺。例如他在《知堂回想录·后序》里,便有大段的讽刺,简直把这里的"诗"等同于"说诳""说假话""讲造话""架空""粉饰",声称自己所写只有"真实"没有"诗"。由此可以窥知,他不喜欢向来的诗,大概同不喜欢向来的小说的原因差不多。

综观以上所述,可知周作人所不喜欢的文学艺术,就是他认为能够表现而不表现,以及根本不适宜表现普通人的平凡生活和感情的文学艺术。

五

周作人如此热心要知道的"平凡的人道",就是存在于普通人的平凡生活与感情,特别是"生之愿望",这样说起来虽然简单,其实并不简单。在这方面,周作人有一套文化观,这就是他的独特的文艺观的理论根据。

周作人这方面的理论,可以概括为一句话:把文艺作为文化的一部分来看。他说:"在我觉得文学的全部好像一座山的样子,可以将它画作山似的一种图式":

"我们现在偏重的纯粹文学,只是在这山顶上的一小部分。实则文学和政治经济一样,是整个文化的一部分,是一层层累积起来的。我们必须拿它当作文化的一种去研究,必须注意到它的全体,只是山顶上的一部分是不够用的。"㊻他

㊻ 《新文学的源流》第一讲"文学的范围"。

又把整个国民文化比作"一座三角塔",认为学术与艺术只是它的"顶点"部分。[47]
我们也可以仿他的样子画一个图:

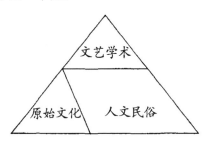

这两个图一画出来,就暗示出一个意思:要尽量往低处看,往广处看。周作人那样重视杂文学和民间文学,那样重视人文民俗现象和原始文化现象,就是往低处看往广处看的体现。

周作人认为,文化的结构,决定了它的低处广处最有势力,最不可忽视。他说:"从前我说文化大抵只以学术与艺文为限,现在觉得这是不对的。学术文艺固然是文化的最高代表,而低的部分在社会上却很有势力,少数人的思想虽是合理,而多数人却也就是实力。所以我们对于文化似乎不能单以文人学者为对象,更得放大范围来看才是。"[48]

文化的低处广处,就是礼仪风俗宗教信仰等等。周作人说:"古今文学美术之菁华,总是一时的少数的表现,持与现实对照,往往不独不能疏通证明,或者反有抵牾亦未可知,如以礼仪风俗为中心,求得其自然与人生观,更进而了解其宗教情绪,那么这便有六七分光,对于这国的事情可以有懂得的希望了。"[49]周作人认为:对一国一民族的文化研究,只有深入到他们的民间宗教,方能如一把万应钥匙开一切锁一样,适用于其全部国民性,既适用于圣智贤哲,也适用于"英雄"无赖。[50]

周作人提出一个"文化的全体的平均成绩"的概念。他说:"研究中国文化,从代表的最高成绩看去固然是一种看法,但如从全体的平均成绩着眼,所见应比

---

[47] 《谈虎集上卷·拜脚商兑》。
[48] 见《风雨谈·日本管窥之三》。
[49] 《药味集·缘日》。
[50] 见《过去的工作·过去的工作》。

较地更近于真相。"[51]这似乎也还承认从最高成绩看去不失为一种看法,似乎所谓"全体的平均数"就是把最高成绩和最低成绩相加然后除之,其实不然。我们仔细看一下,就知道周作人的看法非常悲观,他认为,文化的最高成绩,对于一国一民族的全体,其实毫无作用,研究文化时根本可以不计在内,所谓"平均数"其实只是最低数。

有两位英国学者的文化悲观论,对周作人特别有影响。一位是陀生,他说:

> 希腊国民看到许多哲学者的升降,但总只是抓住他们世袭的宗教。柏拉图与亚里士多德,什诺与伊壁鸠鲁的学说,在希腊人民上面,正如没有这一回事一般。[52]

一位是斯宾塞,他说:

> 宣传了爱之宗教将近二千年之后,憎之宗教还是很占势力。欧洲住着二万万的外道,假装着基督教徒,如有人愿望他们照着他们的教旨行事,反要被他们所辱骂。[53]

周作人多次把这些话应用到中国来。1924年他就说:"希腊有过苏格拉底,印度有过释迦,中国有过孔老,但是在现今的本国人民中间他们可以说是等于未曾有过。"[54]1925年他又说:"我们自称以儒教立国的中华实际上还是在崇拜那正流行于东北亚洲的萨满教。有人背诵孔孟,有人注释老庄,但他们(孔老们)对于中国国民实在等于不会有过这个人。海面的波浪是在走动,海底的水却千年如故。"[55]1932年他又提起:"记得有一位英国学者,曾到希腊去过,回来后他向人说,希腊民间的风俗习惯,还都十分鄙陋,据他看来,在希腊是不会发生过苏格拉

[51] 《看云集·拥护〈达生篇〉》等。
[52] 《谈虎集下卷·新希腊与中国》译引,以后又多次引录。
[53] 《雨天的书·教训之无用》译引,以后又多次引录。
[54] 《雨天的书·教训之无用》。
[55] 《自己的园地·回丧与买水》。

底、亚里士多德诸人一样。他们的哲学只有一般研究学问的人们知道，对于一般国民是没有任何影响的。在中国，情形也是这样，影响中国社会的力量最大的，不是孔子和老子，不是纯粹文学，而是道教（不是老庄的道家）和通俗文学。”(56) 1937年他把这个看法应用于日本文化，认为日本的上层思想界容纳有中国的儒家、印度的佛教、西洋的哲学科学，但是，支配日本国民的思想感情的一直是从南洋来的神道教，“少数的贤哲有时能够脱离了，或把它醇化些，可是不能动得他分毫”(57)。1944年，他又一次引录了陀生和斯宾塞的那两段话，认为圣贤教训之无用无力，古今中外无不如此，无可如何，得出一个彻底悲观的结论道：“好思想写在书本上，一点儿都未实现过，坏事情在人间全已做了，书本上记着一小部分。”(58)

我们看了周作人如此悲观的论调，可以了解他从全文化来看文艺时，为什么那样强调向低处广处看：原来他是因为十分轻蔑那些低处广处的东西，才十分重视它们；重视的是它们反映了一种最愚昧最顽强最不可改变的力量。

周作人先前也曾抱着对群众的信心，做了许多启蒙工作。1918年，他提出“平民文学”的口号，相信平民的生活、思想、趣味可以提高，创造出“普通与真挚”的文学来。(59) 1922年，他开始修改主张，认为对平民不能用平民的精神来提高，而要用贵族的精神来提高；因为平民的精神只要求“有限的平凡的存在”，贵族的精神才要求“无限的超越的存在”；平民的精神只是“求生意志”，贵族的精神才是“求胜意志”。他转而提倡“以平民的精神为基调，再加以贵族的洗礼”的文学，提倡“平民的贵族化，凡人的超人化”(60)。这已经显露出对平民的悲观，但是还相信平民有接受“贵族精神的洗礼”的可能。到了1924年，他写了《教训之无用》(61)一文，虽然只是六百来字的短文，意义却十分严重，他在这里郑重宣布了对群众的绝望。既然任何先知圣哲的教训对群众全都无用，所以平民永远只能

(56) 《中国新文学的源流》第一讲“文学之诸问题”。
(57) 《知堂乙酉文编·日本管窥之四》。
(58) 《苦口甘口·灯下读书论》。
(59) 见《艺术与生活·平民的文学》。
(60) 见《自己的园地·贵族的与平民的》。
(61) 收入《雨天的书》。

"求生"，不会去"求胜"；永远只会要求"有限的平凡的存在"，不会去求"无限的超越的存在"；永远只会是凡人，不会成超人。他后来说的以"生之愿望"为核心的"平凡的人道"，就是这个意思。他还没有完全绝望之前，还提倡"平民的贵族化，凡人的超人化"之时，会发出警告道："凡人如不想化为超人，便要化为末人了。"那么，绝望之后，他眼里的平民，当然只有化为末人的一条路。

所以，周作人所想要知道的"平凡的人道"，换句话说，就是"末人"之道。他自己清楚地表明道："我所想知道一点的都是关于野蛮人的事，一是古野蛮，二是小野蛮，三是'文明'的野蛮。"[62]他认为：人世只有愚昧和狂妄，永远只是如此，所以人生是"虚空的虚空"，"话虽如此，对于虚空的唯一的办法其实还只有虚空之追迹，而对于狂妄与愚昧之察明乃是这虚无的世间第一有趣味的事"。"察明同类之狂妄和愚昧，与思索个人之老死病苦，一样是伟大的事业"，他说这是"憎恶之极反而喜欢"[63]。这句话最能说明他对文学和文化的低处广处的爱好的感情实质了。他对人生形成这种看法，抱有这样感情之后，在文学中最不喜欢小说与诗，便是自然之势，可以说是爱而不得，反而不喜欢，因为从来的小说与诗，多少总是追求着人生中不平凡的东西，他也曾追求过，后来却认为那是并不存在的。

六

但是，周作人又很矛盾。他谈了多年的悲观论，谈了多年的群众之不可教训与圣哲之孤独寂寞之后，一个时期又很乐观，说："读书明理的士人固然懂得更多，就是目不识一丁字，并未读过一句圣贤书的老百姓也都明了，待人接物自有礼法，无不合于圣贤之道。我说可以乐观，其原因即在于此。中国人民思想本于儒家，最高的代表自然是孔子，但是其理并不是因为孔子创立儒家，设教传道，所以如此，毋宁倒是反过来说，因为孔子是我们中国人，所以他代表中国思想的极

---

[62] 《读虎集下卷·拈阄》。
[63] 《看云集·伟大的捕风》。

顶，即集其大成也。”“这不是圣贤所发起，逐渐教化及于众人，乃是倒了过去，由众人而及于贤哲，更益臻于推广的。”(64)照这样说，圣贤与众人之间并无隔阂了，这同圣贤与群众毫无关系之说不是正相矛盾么，是不是对群众的看法有了改变呢？不是。他说得很清楚：“从浅处说这是根据于生物的求生本能，但因此其根本也就够深了，再从高处说，使物我各得其所，是圣人之用心，却也正是匹夫匹妇所能着力。”(65)原来。圣人之用心，圣贤之大道，根柢上仍然是“求生本能”，这一点还是没有改变的。

原来，对民生疾苦（特别是妇女儿童的疾苦）的关心，先觉者的社会责任感，一直萦绕在周作人的思想里。他对群众绝望之后，大谈“教训之无用”，大谈文学无用论，实是半真半假，有故为愤激之词的一面。另一面是他仍在寻求救民疾苦的方法，终于就寻出了“使物我各得其所”的“圣人之用心”。圣人俯察下情，看见芸芸众生，为了饮食男女，不尽的饥寒愁怨，圣人曲加体察，求得了体民之情遂民之欲的至当不可易之道，这就是所谓“圣人之用心”(66)。少数圣贤在上面，广大愚民在下面；愚民心里没有圣贤，圣贤心里满装着愚民；圣贤深知愚民“求生”的辛苦，也深知他们只会“求生”，永不会“求胜”，不必徒劳地去施以“贵族精神的洗礼”，只要想方设法满足他们“求生”的愿望就成了：这就是周作人心目中的世界结构。

这个世界结构，有相应的文化和文学结构。一方面，正如有芸芸众生存在，供圣贤俯察取资一样，周作人明知他那么看重的杂文学和人文民俗知识之中，有许多只能有文化资料的作用。解放初期，文艺批评上曾经反对描写身边琐事，周作人委婉地表示了不同的看法道：“但是我想这也以文学作品为主，若是平常小文章，如笔记随笔之流，本与小说不同，不列在文艺之内，而且原以识小为职，固然有时也不妨大发议论，但其主要的还是在记述个人的见闻，不怕琐屑，只要真实，不人云亦云，他的价值就有了。这不是作品，只是资料，有如竹头木屑似的，用得着的挑去还可以造船，不用时放着也无害处。我相信古人的许多正经著作

(64) 《苦口甘口·中国的思想问题》。
(65) 《苦口甘口·中国的思想问题》。
(66) 见《如堂乙酉文编·古文与理学》。

会得过时,将被废置;他们的笔记杂书却仍将留存,供后人查考。"⑥⑦而另一方面,又正如人世高处有圣贤存在,周作人心目中有一种最高的文艺,就是小品文。1930年他说过:"小品文是文学发达的极致","小品文则在个人的文学之尖端,是言志的散文,它集合叙事说理抒情的成分,都浸在自己的性情里。用了适宜的手法调理起来,所以是近代文学的一个潮头"⑥⑧。这个看法他一直未变。他后来反复说明,好的小品文无非是能曲尽人情物理,而所谓人情物理其实也就是普通人的生活与感情中所含的平凡的人道。可知,他提倡的琐事笔记,就是为那样的小品文提供竹头木屑的。这样,在文艺和文化的三角塔里,高踞顶端的是作为"文艺发达的极致"的小品文,它俯瞰下面的杂文学和人文民俗知识,不管它们如何芜杂鄙陋,只要能反映出芸芸众生的鄙细隐曲之情,供小品文创作的资料就够了。那些送床母咒语、无生老母经文、《刘香女宝卷》之类,难道周作人当真都看作是了不起的文学作品?其实也只当作是资料罢了。这样的文艺和文化的结构观,真有些"天地不仁,以万物为刍狗;圣人不仁,以百姓为刍狗"的味道。

周作人这样的文艺结构观,当然同一般的文艺观念相去甚远。他之所以自1925年起,再三声明自己不懂文学,不是文学家,要将"文学家"的招牌摘下,将"文学小店"关门歇业,这是原因之一。他意识到,他是在同整个文学界论争,他只有同一切文学家划清界限,才能够坚持自己的文学观念。这样一来,周作人就自陷于窘境,正如鲁迅所指出的:"于是他只好说现在已经下掉了文人的招牌。然而,招牌一下,文学观也就没有了根据,失去了靠山。"⑥⑨

七

周作人把全文化看作一座大三角塔,文艺(和学术)只是其顶端部分,文艺本身又是一座小三角塔,纯文学只是其顶端部分,这本来是对的。他主张,对于

---

⑥⑦ 《知堂集外文·亦报随笔·关于身边琐事》。
⑥⑧ 《看云集·〈冰雪小品选〉序》。
⑥⑨ 鲁迅:《集外集拾遗·势所必至,理有固然》。

小三角塔和大三角塔,都要注重其低处广处,这也是对的。这不仅有助于打破狭隘封闭的文艺观,而且有着民主主义的意义。他说:"我的本意实在是想引诱他们,我老实地说引诱,进到民俗研究方面去,……请他把史学的兴趣放到低的广的方面来,从读杂书的时候起离开了廊庙朝廷,多注意田野坊巷的事,渐与田夫野老相接触,从事于国民生活之史的研究,虽是寂寞的学问,却于中国有重大的意义。"[70]这是就史学说的,其道理与文学艺术是相通的。现在我们常说,最高真理代表了最大多数人的利益,就这个意义来说,周作人主张体民之情遂民之欲,也有可取。那么,他的文艺观又为什么会有"圣人不仁,以百姓为刍狗"的味道,他又为什么自陷于要下掉文学家招牌的窘境呢?

关键在于,周作人后来把群众的愚昧夸大了,看成永远绝对无可改变的了。特别是,他只看到"教训之无用",没有看到群众的自我教育,不相信群众自我教育的最有效的方式,是自己起来斗争。大家常说鲁迅的"哀其不幸,怒其不争",周作人缺少的就是"怒其不争",他对于人民只是"哀其不幸,鄙其愚昧"。他赞扬种种鄙陋荒诞的民间文学民间宗教民间迷信之中的平凡的人情时,也只是"恕其愚昧","恕"的骨子里还是"鄙"。他的向低处广处看,是自己站在回绝的高处看,不是亲身下到低处广处来看。所以他看不见群众的斗争和觉醒的深刻过程,不能够"于无声处听惊雷"。而小说诗歌特别是近代小说,往往正是表现无声之中的惊雷,表现凡人灵魂深处的骚动震撼的,所以他就不喜欢了。他当然没有说过要取消小说新诗的存在,但在他后来的文学观念里,分明不把小说新诗考虑进去,于是,本来足以开拓眼界的文艺文化观,反使他的眼界缩小了。

周作人提倡的小品文,的确是重要的文学品种。好的小品文,即如周作人自己小品文,的确能表现很丰富很深刻的人情物理。但是,整个文艺的阵容中,只由小品文一家挂帅,毕竟是不够的。迄今为止的文学史上,表现一代人的生活,集中一代人的思想感情,毕竟还是长篇小说和长诗,有人称之为"重武器",大概是事实。越是优秀的小说长诗,越是植根于广泛的生活、植根于普通的人民,而又用了高超的艺术,写出人之中怎样有大写的"人",人怎样能成为大写的

---

[70] 《立春以前·十堂笔谈·风土志》。

"人"。它本身就是一座下广上尖的三角塔。它的上尖的部分在文艺文化的顶端,它的下广的部分比什么都透明地反映出整个文化的最下最广处,即普通人的生活感情。按照把文艺看作文化之一部分的要求,本来就应该这样来看小说和诗,把它看作最能连接文艺文化三角塔的顶端与底层的环节,而对一切杂文学和人文民俗现象的重视,都应是围绕这个环节,而不是排斥它。周作人却由于对群众的绝望,对人之成为大写的"人"的绝望,恰恰否认了小说和诗是这样的环节,他眼中的文艺文化三角塔的顶端与底层实际上连接不起来,上面孤零零的一个小品文,下面一大堆半成品和材料而已。他的"文化的全体"观,实际上又使他看不到文学文化的全体。

我们对于人类摆脱愚昧的进程,也就是文化的进程,完全不抱简单的乐观,但是坚信它的无限可能性存在于艰难曲折之中。一个时期内的文化能由低而高地生成一个三角塔,其内部是植物似的由根干而枝梢的有机结构,这就证明它的全体在历史的长河中有无限发展的可能。如果我们能这样克服周作人的文艺文化观的缺点,我们就能发扬它的长处,既从全文化来看文学,充分重视其低处广处,又仍然把文学的主体(首先是小说诗歌)放在主体的地位,而又与狭隘封闭的"纯文学"观念迥然不同。

1991 年 1 月 8 日

【舒　芜　中国社会科学院研究员】

原文刊于《中国文化》1991 年 02 期

丰子恺画周作人儿童杂事诗笺释

钟叔河

丰子恺先生逝世十多年了,有幸看过《瞻瞻的梦》和《阿宝两只脚,桌子四只脚》这些充满童趣的画幅的我,在饱尝成人的苦辛之后,回想起当年画家赐予的那份欢喜,仍禁不住从心底泛起一股感激的温情。

丰氏之画有如其文,亦如其人,平淡而不掩温腴,拙讷而内涵智慧,在天真烂漫的童心中,含蓄着对过去、现在和未来世的深刻的同情和理解。他是一位佛教信者,从不讳言佛家思想对自己文学艺术生活的影响;故能悲天悯人,于弱小者反复眷顾。他喜以儿童为题材,他的画也真能得到儿童的喜欢,这一点是我胆敢以五十五年前幼稚园小朋友的资格来保证的。

因为收集周作人旧作的关系,我发现了丰氏 1950 年 2—5 月为周作人《儿童杂事诗》所作的数十幅插图,是罕为人知的。诗是周作人 1947—1948 年在南京老虎桥监狱中所写。1950 年春,周氏已从监狱出来,寄居上海,没有生活来源,偶得当时一张四开小报《亦报》的编者唐大郎照顾,将这七十二首专写绍兴儿童生活和儿童故事的风俗诗在报上连载,署名"东郭生"。丰子恺先生这时在上海文化界已被安排在相当高的地位上,但他出于对艺术对儿童的挚爱以及和周作人的友谊,仍以浓厚的兴趣为这些诗画了六十九幅插图(有三首诗未画,《亦报》登载时有诗无图)。作画用的是丰氏自制的"缘缘堂画笺",每幅画都署上了"子恺画"或"子恺"。

这的确是一套堪称双绝的"诗画配"。1950年的小报,至今尚在人间的,已成吉光片羽,谁都难得有此眼福了。我保存的一套,是周作人自己留下于1963年寄赠的,有的画面亦觉溇漫,已从上海唯一收有《亦报》残本的地方补得配齐。后来香港卢玮銮小姐亦曾将复制品一套交郑子瑜先生寄下,但画面更不清爽,可能是由于辗转复印的缘故罢。卢小姐与周氏素昧平生,亦能保存此诗此画,可见天壤之间,自有识者,一代才人的经意之作,毕竟不是汴梁城里卖宝刀人手中的刀也。

我拟将丰画周诗精印成为一册,以广流传。所缺三幅,亦已请毕克官先生补画。插图本缘诗而作,或写诗意,或画故事,自不能不与诗合观,方显璧合珠联之妙。周作人的诗,看似浅明,但均有背景,又多涉及地方名物、旧时风俗和本人经历,有时且意在言外,必须与他写的别的文章参看,才能互相发明,对插图的欣赏也才能恰到好处。故不揣冒昧,略加笺释,以期于今之读者稍有帮助。

（一）茯苓糕

夏日食物一

早市离家二里遥,
携篮赶上大云桥。
今朝不吃麻花粥,
荷叶包来茯苓糕。

〔原注〕苓俗语读作上声,但单呼茯苓时则又仍作平声读也。

〔笺释〕这首诗是周作人对儿时绍兴生活的回忆。早市指早晨的菜市,《亦报随笔·三顿饭》写绍兴人"早上吃饭,须得买菜做菜,菜市很早,去买的也非早不可,城内早市匆忙的情形为别处所少见,隔了一条江的杭州便不如此"。第一二两句写自己被大人差遣去早市买菜,这在《知堂回想录·二六》中有很生动的记录,特别说明了"早市是在大云桥地方,离东昌坊口〔按即周家所在地〕虽不很

远,也大约有二里左右的路吧",还讲到自己"带着几个装菜的'苗篮',挤在鱼摊菜担中间"的苦况,这份烦恼只有靠麻花粥来缓解了。

绍兴的麻花即油炸鬼,通称油条。《苦竹杂记·谈油炸鬼》云:"乡间制麻花不曰店而曰摊,盖大抵简陋,只两高凳架木板,于其上和面搓条,傍一炉可烙烧饼,一油锅炸麻花。……麻花摊在早上也兼卖粥,米粒少而汁厚,或谓其加小粉,亦未知真假。平常粥价一碗三文,麻花一股二文,客取麻花折断放碗内,令盛粥其上,……代价一共只要五文钱,名曰麻花粥。"

茯苓糕是绍兴早市上叫卖的点心,为"潮糕"之一种,馅含茯苓,切成一寸见方,四面露馅,上面加盖红色印记。潮糕云者,即此糕要吃新鲜,保持潮湿,制成后多覆以湿布,一上午即卖完,但又是凉的,故畅销于夏日也。《药味集·卖糖》云:"早上别有卖印糕者,糕上有红色吉利语,此外如蔡糖糕、茯苓糕、桂花糕等亦具备,呼声则仅云卖糕荷,其用处似在供大人们做早点心吃。"这里特别点明是供大人们买吃的。《越谚》卷中饮食门记印糕云:"米粉为方形,上印彩粉文字,配馒头送喜寿礼。"至少在小孩心目中,这糕比麻花粥还要珍重一些。三四两句,正好刻画出舍鱼而取熊掌的心情,虽然最多得到一两文钱的享受罢了。插图专取小儿仰望茯苓糕的神态,十分有趣。

(二)老鼠做亲

花纸二

老鼠今朝也做亲,

灯笼火把闹盈门。

新娘照例红衣裤,

翘起胡须十许根。

〔原注〕老鼠成亲花纸,仪仗舆从悉如人间世。

〔笺释〕绍兴人把年画叫作花纸。老鼠做亲是流传很广的童话,也是绍兴花纸常用的题材,周作人兄弟儿时都喜欢看的。鲁迅在《朝花夕拾·猫狗鼠》中写道:"我的床前,就贴着两张花纸,一是'八戒招赘',满纸长嘴大耳,我以为不甚雅观。别的一张'老鼠成亲'却很可爱,自新郎新妇,以至傧相宾客执事,没有一个不是尖腮细腿,像煞读书人的,但穿的都是红衫绿裤。"周作人《苦茶随笔·画廊集序》也说:"我个人总还是喜欢那旧式的花纸的,花纸之中我又喜欢'老鼠嫁女',其次才是'八大锤'。"

周作人的这点爱好一直保持下来,《书房一角·看书余记》第二十六则《记嫁鼠词》，抄录了《蜕稿》中《嫁鼠词》的警句："好合定知时在子，以履为车鼠子迎，鼠妇新来拜鼠姑，鼠姑却立拱而谢。"又摘抄王衍梅《鼠嫁词》句："啾啾唧唧数聘钱，香车飞驾雕梁边。娇羞蟏镜一相照，不许灯花窥并肩。"云："此与以履为车纯是童话意境，在诗文中殊不易见到。鼠嫁女也是有趣的民间俗信，小时候曾见有花纸画此情景，很受小儿女的欢迎，不知现今还有否也。"

（三）一颗星

歌谣一

夏夜星光特地明，
儿歌唧哳剧堪听。
爬墙蛞蚁寻常有，
踏杀绵羊出事情。

〔原注〕儿歌《一颗星》最通行，前后趁韵；接续而成，绝无情理，而转换迅速，深惬童心。末曰："蛞蚁会爬墙，踏杀两只大绵羊。"末句有各种异说，此为其雅驯者也。

〔笺释〕《越谚》卷上孩语孺歌之谚第十七：一颗（原注：平声）星，注云："相传嘉庆时,召越人之部书者,外人混称,辄问此谚,其真者必笑曰,童习语也,诵之如流。"歌词全文云:"一颗星,隔棂灯。两颗星,加油明。油瓶漏,好炒豆。炒得三颗乌焦豆,拨隔壁妈妈搭癞头。癞头臭,加乌豆。乌豆香,加辣姜。辣姜辣,加水獭。水獭尾巴长,加姨娘。姨娘耳朵聋,加裁缝。裁缝手脚慢,加只雁。雁会飞,加只鸡。鸡会啼,加蜈蚁。蜈蚁会爬墙,禽得小老鼠僦娘。"所谓末句有各种异说,这就是不雅驯的一种。小孩在家中唱蜈蚁会爬墙当然是"寻常有",但接下去若不是踏杀绵羊就会"出事情"也就是遭斥责了,这便是三四两句的本事。蜈读若呼,《越谚》卷中虫豸部:"蜈蚁:呼义,蚁也。"

这《一颗星》是周作人兄弟们儿时爱唱的歌。戊戌年六岁的四弟椿寿病夭后,周作人作了一首诗注明"为四弟作也",是他最早创作的一首七绝,诗云:"空庭寂寞伴青灯,倍觉凄其感不胜。犹忆当年丹桂下,凭栏听唱一颗星。"颗字放在这里,的确是作平声读的。

关于"前后趁韵,接续而成,绝无情理,而转换迅速,深惬童心"的儿歌,《自己的园地·歌谣》说儿歌可分作事物歌和游戏歌两项,"游戏的确起源于先民的仪式,游戏时选定担任苦役的人,常用一种完全没有意思的歌词,这便称作抉择歌(Countingout Song),也属游戏歌项下;还有一种只用作歌唱,虽亦没有意思而各句尚相连贯者,那是趁韵的滑稽歌,当属于第一项了"。《一颗星》虽"各句尚相连贯",但"绝无情理",最后谁当小老鼠,便是抉择的结果,所以还是一首游戏歌。插图中男女小孩排坐,有大人挥扇谛听,正写一二两句情景,末句肯定是踏杀两只大绵羊的了。

(四)活无常

鬼物二

目连大戏看连场,
扮出强梁有五伤。
小鬼鬼王都看厌,
赏心只有活无常。

〔原注〕目连及大戏中,演活无常均极滑稽之趣,即迎神赛会时亦如此,故小儿辈甚喜之。

〔笺释〕《谈龙集·谈目连戏》:"吾乡有一种民众戏剧,名目连戏,或称曰'目连救母'。每到夏天,城坊乡村醵资演戏,以敬鬼神,禳灾厉,并以自娱乐。所演之戏有徽班、乱弹高调等本地班,有'大戏',有目连戏。末后一种为纯民众的,所演只有一出戏,即'目连救母',所用言语系道地土话,所着服装皆极简陋陈旧,故俗称衣冠不整为'目连行头';演戏的人皆非职业的优伶,大抵系水村的农夫,也有木工瓦匠舟子轿夫之流混杂其中,临时组织成班,到了秋风起时,便即解散,各做自己的事去了。"

观鱼著《回忆鲁迅房族和社会环境三十五年间(1902—1936)的演变》页二六七:"木(目)莲、大戏都是鲁迅所最欣赏的戏剧,辛亥革命后被禁止,以后也无形消灭。……大戏和目莲是同一类型的戏剧,所不同的是大戏由堕民扮演,目莲由农民演出;目莲仅限演'目莲救母'的一剧,不及其他,大戏是可以演出一切性质类似的戏。……(大戏和目莲的特点之一)是:在剧幕的间隙中,扮演出应有尽有的冤鬼由鬼王押在后面一个个紧跟着绕场一周而进……"

　　鲁迅在《朝花夕拾·无常》对这些鬼物的描写是："鬼卒和鬼王是红红绿绿的衣裳,赤着脚,蓝脸,上面又画些鱼鳞……鬼卒拿着钢叉,叉环振得琅琅地响。"鬼卒,即诗中的小鬼,它们总是跟着鬼王的。至于所谓"五伤",即范寅《越谚》卷中鬼怪部记录的五伤鬾(鬼),是遭刀兵横死者的鬼魂,故"扮出强梁"模样也。

　　第四句是全诗的重点,也是插图的主题,最好的仍为鲁迅的描写:"至于我们——我相信:我和许多人——所最愿意看的,却在活无常。他不但活泼而诙谐,单是那浑身雪白这一点,在红红绿绿中就有鹤立鸡群之概。只要望见一顶白纸的高帽子和他手里的破芭蕉扇的影子,大家就都有些紧张,而且高兴起来了。"周作人《药堂杂文·关于祭神迎会》,也说活无常"白衣高冠草鞋,持破芭蕉扇",且有家属,"其一曰活无常嫂嫂,白衣敷脂粉,为一年轻女人,其二曰阿领,云是拖油瓶也,即再醮妇前夫之子,而其衣服容貌乃与活无常一律,但年岁小耳。此一行即不在街心演作追逐,只迤逦走过,亦令观者不禁失笑,老百姓的诙谐亦正于此可见。"

　　丰子恺所画的"活无常",不着白而着黑,手里拿的东西也是勾魂牌而非破芭蕉扇,这也是有根据的。《朝花夕拾·后记》说:"我调查一切无常的画像之后,却恐慌起来了,因为书上的'活无常'是花袍,纱帽,背后插刀;而拿算盘,戴高帽子的却是'死有分'!"死有分一称阴无常,活无常则又称阳无常,阴黑阳白盖常规也。丰子恺籍贯桐乡,和绍兴隔了府,风俗打扮亦容有不同,但他画出了无常高冠吐舌迤逦走过,旁观的小孩们一个个都笑得合不拢嘴,总算把"赏心只有活无常"的热闹气氛表达出来了。

【钟叔河　湖南省出版局编审,"走向世界丛书"主编】

原文刊于《中国文化》1989 年 01 期

中国新文学的第一篇小说《大公子》

从陈衡哲的《一日》谈起

李西亭

所谓"中国新文学第一篇小说"是指由中国人执笔,舍弃文言而使用白话写出来的有人物、有情节、有结构,在时间上是最早的小说。

有人说,"中国新文学的第一个女作家是陈衡哲,她以白话文从事文学创作之早,整个'五四'文坛,很少有人能相比。海外文学史家司马长风曾写道:'中国现代第一个拿起笔来写(白话)小说的作家是鲁迅,第二个就是陈衡哲。'她写的《一日》,发表于 1917 年,是文学革命初期的一篇白话小说,《小雨点》也是《新青年》时期最早的小说。所以胡适感叹道:'当我们还在讨论新文学问题的时候,莎菲(陈衡哲)却已开始用白话做文学了'。"(仁惠摘《文摘周报》,见 1983 年 3 月 9 日《羊城晚报》)

《现代文坛偶拾》一书的著作者倪墨炎先生虽不大同意"中国新文学的第一篇(白话)小说是陈衡哲的《一日》"的结论,但他还是认为,陈衡哲女士"是我国新文学初期(用白话)写小说和散文的第一个女作家"。(见《现代文坛偶拾》第 17 页《陈衡哲的诗作》,学林出版社,1985 年)

陈女士的《一日》,是不是中国新文学的第一篇白话小说呢?倪墨炎先生曾对此作过详尽的改证。1984 年 4 月,他在《陈衡哲的〈一日〉》中写道:

发表在 1918 年 5 月的《新青年》上鲁迅的《狂人日记》，是我国现代小说的第一块基石。但是，近年来海外有人认为中国新文学第一篇（白话）小说应是陈衡哲的《一日》。关于这个问题，我们来看看《一日》是怎样的作品。

陈衡哲的《一日》，发表于 1917 年在美国出版的《留美学生季报》上，写的是美国一所女子大学学生从早晨到晚上的日常生活。主要事情是：早晨同学们紧张起床，赶去吃早饭；上课时，米尔博士举行了一个小测验；中午，贝田留在图书馆里，不去吃中饭；下午下课后，班长玛及在寝室温习功课，被教务长叫去，许多美国学生围着中国留学生张女士询问中国风俗；青年会向大学募捐；同学们议论爱玛要去法国留学；等等。

这些事情，按时间先后记述，没有内在联系。整个作品没有贯穿始终的情节，也没有较为集中描写的人物。它显然是一篇记事而不是小说。《一日》后来被收入陈衡哲的小说集《小雨点》，1928 年由新日书店出版。这本集子里每篇小说之前，作者都写有按语。《一日》的按语是"这篇写的是美国女子大学的新生，在寄宿舍中一日间的琐屑生活情形。它既无结构，亦无目的，所以算是一种白描，不能算为小说。但它的描写是很忠诚的，又因为它是我初次的人情描写，所以觉得应该把它保存起来。"

任叔永（作者丈夫）在为《小雨点》写的序言中也说，"这篇东西，叙的是学校里一天的生活，不过略具轮廓，几乎不能算是小说"。可见《一日》实际上是一篇散文，不能说它是"中国现代第一篇（白话）小说"。

大家知道，中国现代新小说有一个重要标志：是用白话文创作的。《一日》用的却是半文半白的文字。《小雨点》后来改由商务印书馆出版，所收小说有了变动，但仍是十篇。陈衡哲在《改版自序》中说，"在这十篇之中，有九篇是完全用白话写的；只有《一日》中仍时时有文言痕迹的存在"。可见在语言文字上，《一日》也不是用白话文写作的现代小说的开创者。（见《现代文坛偶拾》第 10—12 页）

从倪先生上述这一大段文章中，可知陈衡哲女士于 1917 年发表的《一日》，并不是中国新文学的第一篇白话小说,而陈衡哲女士也不能算作中国新文学第一个创作者。

笔者认为中国新文学第一个创作者应是刘韵琴女士;而她于1915年9月写的纪实短篇《大公子》①,应是中国新文学第一篇白话小说。

刘韵琴(1884—1945),江苏兴化县人。1884年(光绪十年),出生在一个学术、文艺气息十分浓厚的家庭里,清末著名文学家;父亲刘展程(1846—1888),光绪元年举人;母亲许氏(约1848—1910),江苏泰州人,亦读书识字。韵琴的叔父刘遵程,是个秀才。长兄刘增诜(约1876—约1902),字益峰,次兄刘祥诜(1879—1926),字仲云,两位兄长均能诗词。

"九岁能诗,及笄文名藉甚"(兴化任瘦卿女士语)的刘韵琴,为了逃避不如意的家庭生活,1903年,毅然与丈夫分道扬镳只身赴上海某女子学校(据说是神州女校)任国语教师。1908年,24岁的刘韵琴从上海独自仗剑赴马来西亚的马六甲华侨女子学校任校长。1911年,辛亥革命胜利后不久即归国,仍至沪任教。

她为了寻求救国真理,1913年的深秋,赴日本留学;1915年春,归国后被上海中国新报馆聘为新闻记者。她在当记者期间,从1915年9月到1916年上半年,不到一年的时间里,除写了若干篇散文、笔记、诗词外,先生还写了旨在揭露、抨击袁世凯及其主要帮凶罪恶的短篇小说共十四篇,其中《大公子》(纪实)、《商人忿》(滑稽)、《痴人梦》(滑稽)、《奇臭》(怪异)、《行路难》(时事)、《烛奸》(时事)、《望帝魂》(滑稽)、《皇祸》(滑稽)等八篇是用白话写成的小说。

当时,中国新报馆记者江西南康陈宋广先生(1878—1932)在《韵琴杂著·陈序》中曾赞扬刘韵琴女士道:

> 吾国女界能以文字托业于新闻,影响政局,启迪人群者,当推刘女士韵琴始矣。

> 予于乙(1915年)、丙(1916年)之交,得读所为文,深韪之,人亦以为罕

---

① "大公子",指袁世凯的长子袁克定。袁世凯的女儿袁静雪,1963年在《我的父亲袁世凯从总统到皇帝梦的幻灭》一文中回忆说:"在我们家中,最热衷于(恢复帝制)这件事的是大哥(克定)。他之所以这样热衷,是为了要当太子,要做'嗣皇帝'。他虽然残废,却还是野心勃勃。"(见《八十三天皇帝梦》)

也。既出《杂著》一集,诗词多美感。小说笔记之属,则抨击帝制,警惕国人,庄谐杂作,惩劝并施,不求艰深而意自远。夫以一弱女子而能于春容吟咏外,举不律与欺罔一世之奸人袁世凯(1859—1916)抗,卒能合国人之血泪以倾之,其事诚难而其文弥足贵矣。可不敬哉!(民国南康县志有《陈荣广传》)

1916年(民国五年)旧历八月二十日,位于上海福州路110号的上海泰东图书局曾出版过刘韵琴的著作《韵琴杂著》(那年她才32岁),笔者在新中国成立初期在汉口交通路旧书摊上用四角钱购得一本,此书已成为孤本。

此书除湖南督军谭延闿题写书名之外,还有湖南平江尚恺然(即《江湖奇侠传》的作者,笔名不肖生)和湖南善化罗良鉴(光绪二十九年进士)分别为题“横扫千人军”或“文章慧业”。

《韵琴杂著》内收诗词104首,散文17篇,短篇小说14篇(其中8篇是白话小说),传奇(戏曲)1篇,笔记9篇。小说中包括白话小说《大公子》。

《大公子》是一个具有4466字的纪实短篇白话小说,它写一个在两年前被逐出北京的戴姓议员,卖掉家产,请客送礼,想走袁大公子(克定)的“后门”,妄图挤进为恢复帝制而日夜策划的“筹安会”,梦想到时候捞个一官半职好享荣华富贵。谁知道那位袁大公子吃了酒不肯帮忙,结果落得个“偷鸡不着失了米”,气得“竟寻短见一命呜呼死了,真是饶你青云有路,输他黄土无情。大公子日夜与(名妓)汪凌波行乐,那里知道你们不顾性命的拥护帝制呢”。

现将《大公子》的全文抄录如下,以飨读者:

我于今想写一桩事,提起笔来忽然发生一种感想。在未写之前,不能不对看官们说几句闲话。因为从来做小说的人,都喜欢说谎话,无端捏造这些奇离古怪的事出来,把看的人当小孩子玩弄。我幼年的时候,看小说入迷,就是上过他们的当。近来的小说家,兼带着营业性质,更争新辟异的,不知说到那儿去了。一般看者,亦司空见惯,知道说谎话是小说家的惯技,都别具一副眼光。任您说得天花乱坠,他尽是存着心看变把戏儿似的看着消遣,那里有什么真心去看,像我幼年的时候看得入迷的呢?所以近来的小说,对于世道人心上,是绝对不能关系的。我于今想写的事,既不能脱小说家的范围。又安能使读者不存着变把戏儿似的心思来看呢!岂不辜负了我一片稗官纪实的苦心吗?我可先对读者发个天诛地灭的誓,我这小说,不是捏造出来的,不是有营业性质的,是要使我们中华民国的国民,知道于今政界种种的黑暗事实,都是由这万恶的政府酝酿出来的。我绝对认为于人心世道上有绝大关系,决非浪费笔墨供人玩笑。本意已明,便叙实事:

安徽某县,有一个二年前被逐出京的国会议员,姓戴,名字却忘记了。当被逐时,原亦没有什么,只因见机不敏,转舵不快。正在依违两可的时候,险些儿名入乱党,弄了多少手脚,才免了大逆不道,通电缉拿的花样。虽是如此,在北京总是站脚不住,只好狼狈回籍。心中常觉闷闷不乐。但是一时间也寻不着出头的机会。及听得北京发起了什么"求暗会"②,他便乐不可支,暗道:"这千载一时的机会,岂可错过!"便和他妻子商量道:

"于今有些大人物,想学黄袍加身的故事,拥立一个新皇帝。我前在北京的时候,已得了些影儿,不过因当时国民党的气焰还盛,有些顾忌,不敢将这意思露了出来,近来将那些人杀的杀了,逃的逃到外国去了。料到没有人敢出来反对,故拿钱出来叫羊肚③等,办一个叫作求暗会。听说各省将军巡按使,都哑口无言,这皇帝想必有几分光了。我不趁这时候出来,捞一官半职回来圣坛封荫你们,更待何时。只是我此刻到北京去,比不得从前当议员的,每月有几百块钱薪水供我挥霍,今则一个钱一个钱都要拿出血本来的。可惜我那卖票的钱,津贴的钱,近来坐吃山空都吃光了,一时间到那里去寻一笔大本钱做运动费呢?若是赤手空拳地跑去,可不是白丢了路费吗!欲待不去,坐失了这飞黄腾达的机会,岂不大大的可惜!我特意和你商量,想将祖上遗下的产业,卖了去做此本。你的意思以为何知?"

他妻子道:"只要您拿得稳,这一去必能发达,就将产业卖了,死钱能变

② "求暗会",指筹安会。骨干有杨度、孙毓筠等六人。此会于1915年8月23日在北京成立,系袁世凯恢复帝制的御用团体。
③ "羊肚",指杨度(1874—1931)。

作活钱用,还有什么不好。不过怕你见得到做不到,弄到后来偷鸡不着倒失了一撮米,那就真犯不着。"

戴议员听得他妻子也愿意将产业出卖,便笑道:"我与你为夫妇多年,你还信我的手腕不过。不是我说一句夸口的话,我一到北京,定然是求暗会一员健将,大公子必然器重我的。我恁仗着这一条三寸不烂之舌,一管五寸生花之笔,怕不能替求暗会增长势力吗!将来九重真龙出世,论功行赏,岂能少我!"

他妻子听了便摇头道:"我不信!我不信!你真有了这本事,为什么解散国会的时候,你吓得那么样呢!"

戴议员着急道:"你妇女们真是没有见识,那时候国民党的势力岂小吗,叫我敢得罪那一边呢!骑着两头马,自然是走一天还在原处,能够干净脱身,不曾入名乱党,就算是我有手腕。我此刻去,是认定了路数,那怕你走得慢,没有倒退回来的道理。并且求暗会开张未久,信用未孚,各界的要人,虽不敢公然反对,但怀疑的亦必不少。我换着个议员资格,求暗会不欢迎我,待欢迎谁呢!我是拿得千妥万妥,才肯这么去做。不然,我又不疯了,为什么平白的倒贴血本,山遥水远的去巴结人呢!"

他妻子听他说得如此如彼,便点头叹口气道:"俗话说得好'燕子望亮处飞',向上总是好的。我虽是妇女们,这点见识倒有。"夫妻二人商议已定,立时将祖业出卖,不到半月工夫,将祖宗辛勤积下来的东西卖了个精光。也不知受了人家多少克扣,他夫妻因有很大的希望在后面,也懒得去锱铢计较。总共得了三千多块钱。戴议员匆匆忙忙携了这宗款子,一直跑到北京。那时羊肚同齐复疏④,正是到天津去请梁阮公⑤出山的时候。求暗会门面,并不十分热闹。戴议员远来凑趣,不待说是十分欢迎。入了会才知道这求暗会不是为拥立大公子老头儿⑥做皇帝而设的,乃是请做太上皇,拥立大公子的;不过老头儿愿意这么办罢了。又打听得红将军进京的时候,心中很不

---

④ "齐复疏",指齐燮元(1879—1946)。
⑤ "梁阮公",指梁启超(1873—1929)。
⑥ "老头儿",指袁世凯。

以求暗会为然。对老头儿说:"现在时机未熟,不能骤更国体。"当时老头儿没有话说,只点点头叫红将军去与求暗会发起人商量。红将军那里把这些人看在眼内,有什么商量,立刻回到南边,打了个电报来,仍是主张须候时机成熟。后来有人去游说,才打了个赞成电报,却并不理会求暗会,显然与求暗会作对,求暗会也没有法子。戴议员一一都听在耳内,心中好不疑惑道:

"我在安徽时候,听得'求暗会'三字,气焰还了得,照这样看来,势力也不过如此!"过了一日,羊肚同齐复疏从天津回来。戴议员见羊肚满肚皮的不高兴,知道是碰了钉子,不便当面动问,辗转从齐复疏跟前打听,始知羊肚同齐复疏到天津后,即直向阮公家中而来。阮公知其来意,假称有病不能见客。羊肚再三请见,阮公不得已见之。谈及变更国体事情,羊肚称奉老头儿的密旨,欲求阮公回京帮忙,作一二篇主张帝制文章鼓吹鼓吹。阮公不但不肯作文,且说出许多反对的话来。羊肚与齐复疏两人空走一趟,大失所望;所以回到北京满肚皮的不快活。戴议员得此消息,不觉吃惊,口与心商量道:

"求暗会的领袖亲身到津,尚求不得一个梁阮公,更有什么势力可恃呢!我在求暗会恐终是一个记名的会员,像这样的求发达,岂不是缘木求鱼吗!须得想个法子,直接去巴结大公子才好。只是堂高帘远,我这种资格,想去见见他,谈何容易!"心中想来想去,虽想出几处门路,争奈没有力量去走。恰好有两个求暗会的会员,也是携带巨款来京运动的。虽在求暗会记了名,深恐跟着这样不生不死的求暗会弄去,弄不出什么大出息来。久有意想直接巴结大公子,只愁不得门路。戴议员与他二人本来相好,探出他们的心事,便与合伙商议巴结的方法。戴议员尝自诩为足智多谋,便道:

"要巴结大公子,除非先使大公子知道你我的名字,并知道你我主张帝制的诚意,然后接他吃酒。他若肯赏脸,以后的事情就好办了。"

二人道:"手续是不错,只是我们的名字,怎能使他知道呢?"

戴议员道:"那却不难,不过须得一宗很大的费用,我要有多钱,久已办了。"

二人道:"共需多少才够用呢? 我们三个摊派着用,还怕不够吗?"

戴议员想了一想道:"三人凑了拢来,得一万块洋钱。请一次酒,大约可以敷衍;只是先要二三千块钱的铺设费,才能讲到接他。"

二人道:"怎么又要这许多的铺设费?可是要另备一种仪器?"

戴议员摇头道:"你我都没有大公子的面,大公子知道你我是谁?敢冒昧说到接他吃酒吗?于今且将我们的款子凑齐了,再托人在大公子跟前说情。只这托人一事,就很不容易。现在能和大公子说话的人很少,要大公子信用的尤为难得。我心中却有个人,只怕会他不着。会着了他,若肯替我们去说,不但大公子不能不来,并且以后还可得多少的好处。"二人忙问是谁,有这样大的势力?

戴议员道:"就是从前做过驻英某公使的夫人,民国元年在上海静安寺路,同他丈夫住了不到几个月工夫,用掉了七十多万,因见丈夫供给不起,跑到北京再树艳帜的汪凌玻姑娘⑦。他和大公子最好。便是庆余堂的花隐仙⑧也不及他的资格。他没有一天不会见大公子。能得他向大公子将我三个人的名字说出来,三个人的诚意表出来,比什么的效力还大呢!"

二人欢喜道:"你可认识他,先带我们拜识拜识也好。"

戴议员道:"我能认识他就好了;不认识他,才说要三千元的铺设费。"

二人道:"你打算怎样的铺设呢?"

戴议员道:"我想先接古局长吃酒,求他设法。他在汪凌玻跟前还算有点资格。有他去说,再办两三千元的礼物送去。料想汪凌玻决无不尽力之理。"

二人点头道:"只要于我们的事情有益,便多费两三千块钱也属有限。三人分派起来,每人还不过千元,算得什么!就是这般决议罢。好在他们现在事少,我们请孙小猴⑨代邀他到六国饭店,酒席间叫条子时,古局长⑩不用说是叫汪凌玻的。我们可将意思先对古局长说明,托他转达,再去办一件貂

---

⑦ "汪凌玻",生平不详。

⑧ "花隐仙",指花元春,北京名妓。蔡东藩《民国通俗演义》五十二回:花元春"是袁大公子的禁脔,花界请愿团的首领"。

⑨ "孙小猴",指孙毓筠(1872—1924)。

⑩ "古局长",指顾鳌。

皮外套,一个钻石戒指。这两件东西,价值总在三千元以内,也托古局长转送。他应允了,收了我们的礼物,我们再当面和他说,求他趁大公子欢喜的时候,将我们主张帝制如何的热诚说出来,定要求大公子赏脸,到六国饭店来吃我们一顿酒。至于时间,随大公子高兴几时便是几时。”

戴议员点头道:“不错!……不错!只是今天来不及了,我们且将礼物办好,着人定好房间,明日再和小猴去邀老古。”三人计划已定,各人分途去做。第二日果然照前所议的,办得一丝不错。只可惜他们费了一千七百多元,买了一个钻石戒指;一千二百元买了一件貂皮外套,满意想讨汪凌玻的欢心,那晓得汪凌玻接了,连正眼也不瞧,回头望着跟她的娘姨道:

“你多久就想买个戒指,既承他们费事,我横竖用不着,搁在箱子里面也白放着,就给你罢。这件外套倒好,留给老太太去用。”戴议员等在一边看了,不住地点头叹息。暗想:“怪不得人家说‘大公子有皇帝气焰’,他一个相好的婊子,就如此了不得,莫说能巴结大公子,只要能巴结上了汪凌玻,一生的衣食,还吃着得尽吗!”

且不言三人胡思乱想。他们这一次费了三千块钱,只得了汪凌玻一句“你们预备接大公子就是”的话,三人欢欢喜喜的谢了又谢。过了几日,还没有一点儿消息。戴议员不觉焦急起来,请古局长去汪凌玻处打听,才知道大公子近来与二公子⑪反目,大不高兴。一切应酬,都是懒洋洋的,所以汪凌玻没有信回。戴议员等无法,只得静候。又过了几日,忽来一个人,传汪凌玻的命,说“大公子已允明日到六国饭店受宴,你们赶急准备”。三人听了,又是欢喜,又是慌乱:喜的是“大公子居然肯赏脸,给我们的面子不小”;慌的是“大公子不久即当居九五之尊,不知道此刻宜用什么礼节才妥”,深恐繁简不当,致取罪戾。连忙到老古家商量。好一个古鳖,极有见识,说道:

“礼节倒可不必研究,仍以常礼为妥;特别礼节,非是不能得大公子的欢心,奈于事实上,尚有些不便。因为有一派老军官,一心一意拥戴老头儿,故特别礼节决不相宜。明日的酒定了什么时分?”

---

⑪ “二公子”,指袁克文。

　　戴议员道："汪凌玻没有说时间。"

　　古鳖道："这么办呢，你不是要包一天一晚的特别房间吗？"

　　戴议员踌躇道："没有法子，只得包一天一夜罢。"

　　古鳖道："你预备了多少赏钱？大公子赴宴，照例每人要赏一百元。跟的人少，还易打发；若人多了，这笔巨款，须要早些预备。"

　　戴议员道："那都预备好了，明日就请你和小猴来陪。"古鳖答应了，戴议员回来，与二人说明，当晚着人到六国饭店定了特别房间。次日八点钟，三人齐到该处，诚惶诚恐的恭候，直到午后四点钟，汪凌玻才来。三人接了，感谢不尽的说了些好话。汪凌玻说："大公子即刻就来。"戴议员忙打电话给孙、古二人，请他们快来。不一时都到了。屏声气又等了一小时的光景，忽听得下面人群嘈杂。孙小猴即先站起道：

　　"来了！……来了！我们迎上去！"于是都起身迎到门口。只见大公子昂头天外，空着便服大摇大摆而来。后来跟着一大群锦衣华饰的标致青年。汪凌玻笑嘻嘻的正待说话，大公子已走拢来，拉了她的手，用英语问道：

　　"你来了多久了？"汪凌玻也用英语答了。二人携着手，行到厅上同坐上了。大公子掉转脸来，见戴议员三人行礼，才笑着略点点头，望着古鳖道：

　　"你也太糊涂了，明知道我不得空，叫他们费这些事干什么？办了什么好的，拿出来吃了罢！"说完，又和汪凌玻用英语说话去了。戴议员等一面命人开发赏封，一面请大众入席。那知道大公子今日出门，上上下下足带了二百多人。三人仅凑得一万元，那里够得开销？把个戴议员急得什么似的。三人都托人四处挪借，幸而神通广大，借了两万元。开销之后，还剩六千多块钱作酒席费。三人才将赏钱弄清楚，正待陪大公子多殷勤一番。忽然一个军官进来，在大门口对大公子行了一个立正举手礼。大公子问有什么事，那军官忙将一封电报双手递给大公子。大公子看了即起身告别，众人都面面相觑，不敢动问。戴议员等更不敢挽留，只得一同送至门外，望着大公子跨着摩托车，呜……呜的跑了，才各回席。汪凌玻不待终席也跑了。古、孙二人勉强终了席才走。结账时将六千多元给了，还差三千元。一时间那里凑得出来，只好讲人情记了账。

回寓后,三人心中越想越懊悔,不到几日,各债主都连翩踵门追讨,将一个足智多谋的戴议员逼得一筹莫展。不知怎的一时神经昏乱。竟寻短见,一命呜呼死了!真是饶你青云有路,输他黄土无情。大公子日夜与汪凌玻行乐,那里知道你们不顾性命的拥设帝制呢?!哈……哈!我将这千真万确的事写出来,给那些七颠八倒的人看了,怕他们不说我一个女子,也喜欢造谣言,恐人家,还要用种种的话来掩饰吗!

【李西亭　中华诗词学会会员】

原文刊于《中国文化》2002 年 Z1 期

抗战时期国民党对
北平文教界的组织活动

桑　兵

　　抗日战争时期,故都北平的政治形势错综复杂,国内外多种势力互相角逐。由于政治中心南迁后,国民党和国民政府的党政军机构相继离去,北平依然保持着传统的学术文化中心的地位,文教界对于社会各界有着相当广泛的影响力,因而各方均重视争取和利用学人,进而直接或间接地影响社会,左右政局。南京的国民政府和国民党,在政治权力鞭长莫及的情况下,尤其想借助学人的力量,抵抗日寇,打击汉奸,排斥中共,扼制地方,巩固中央。关于这一问题的相关研究,主要集中于"七七"事变前知识界的对日态度及其分歧变化,且多取材于《独立评论》《国闻周报》《东方杂志》《大公报》等报刊的公开文字。① 近年来,随着海内外学人对台北"中研院"近代史研究所藏朱家骅档案的利用逐渐增多,国民党和南京国民政府对于北平文教界暗中的组织联络及其在抗战爆发后的延续活动

---

　　① 参见邵铭煌:《抗战前北方学人与〈独立评论〉》(1932—1937》,台北政治大学历史研究所硕士论文,1979年6月;李盈慧:《抗战前三种刊物对中日问题言论之分析——〈东方杂志〉、〈国闻周报〉、〈独立评论〉之比较研究》,台北,政治大学历史研究所硕士论文,1983年6月;李云汉:《抗战前中国知识分子的救国运动——民国二十年至二十六年》,徐复观等著《知识分子与中国》,台北,时报出版社1980年8月,第387—415页;杨奎松:《七七事变前部分中间派知识分子抗日主张的异同与变化》,《抗日战争研究》1992年第2期,第70—91页;蒋永敬:《胡适与汪精卫对中日问题之讨论》《胡适的和战论》,均载蒋永敬:《抗战史论》,台北东大图书公司1995年;[韩]车雄焕:《战前平津地区知识分子对日本侵华反应之研究:1931—1937》,台北,政治大学历史研究所博士论文,1996年3月。

陆续进入研究者的视野。② 只是相对于事实本身与资料的留存,还有许多层面未经揭示。以朱家骅档案为基本,参照其他相关资料,可以进一步探究国民党和南京国民政府如何通过争取有影响力的学人巩固和扩张其在故都的势力,以图实现其整体的战略目标及政治目的。同时也可以透视中国学人在国家民族大义、党派政见分歧与学术自由独立之间平衡取舍的态度倾向。

一、指导平津新闻

国民政府移都南京,有着多重考虑,其主要目的,当然在于避开日本对华北的巨大压力,争取缓冲的空间,建构一个主义、一个政府、一个领袖的政治格局,以应付内外交困的局面。但是这样一来,在政治和军事上,南京政府对华北无法实施有效的直接控制。在思想文化方面,国民党急于扭转"五四"以来不破不立的革命与自由的风气,回归稳定的传统,以利于政权的稳固与思想的控制,这与"五四"新文化运动以来北京学术文化界的追求发生尖锐对立。国民党和南京国民政府推行的党化教育以及思想钳制政策,一直遭到北平文教界学人的抵制,而南京政府或明或暗地扶植中央大学以取代北京大学的地位,进而影响全国风气的做法,更引起政见各异的北方学人的强烈不满。③ 因此,尽管国民党与北京大学乃至整个北平文教界新派师生的渊源不浅,双方的关系还是相当疏离甚至时而紧张。

1936 年夏,北方局势日趋复杂。日本企图策划北方数省脱离中央政府,成立特殊局面,以便逐渐侵略。其时河北一带由宋哲元部二十九军驻防,一切地方行政,概归宋氏主持,对日折冲,亦由宋氏就地应付。国民政府鉴于国力未充,实

---

② 参见王晴佳:《学潮与教授:抗战前后政治与学术互动的一个考察》,《历史研究》2005 年第 4 期,第 25—48 页;王奇生:《战时大学校园中的国民党:以西南联大为中心》,《历史研究》2006 年第 4 期,第 125—147 页。本文的资料收集,得到台北"中研院"近代史所潘光哲博士的帮助,谨致谢忱。

③ "'北平为中国文化中心'一说,是非且不论,北平之有学术空气,他处无之,乃是实在。今华北局面不可测知,而东南物力所集,如不成一文化中心,即不有学术空气,成何国家? 此一责任,中央大学无能为也。洋泾滨尤无能为也,如欲有之,非自研究院启发不可。"1933 年 6 月(?)傅斯年致丁文江。台北"中研院"历史语言研究所所藏傅斯年档案。

行"安内攘外"政策,对北方情形,暂时隐忍,不肯加强政治压力,只从教育文化方面,培植舆论,以为将来抗敌之准备。

6月13日,时任"中研院"总干事的朱家骅电告燕京大学教授顾颉刚:"中央拟派兄就近秘密主持指导平津新闻,倘荷同意,即将公事与办法寄上,并酌定经费。此事兄任颇宜,时间亦不甚费,乞勿却。"④顾颉刚与朱家骅均出身北京大学,二十世纪二十年代在中山大学任教时又得到主持校务的后者的知遇,且因古史辨的引人注目在学术文化教育界声望已高,并勇于任事。"九·一八"事变后,燕京大学成立中国教职员抗日会,顾颉刚担任宣传干事,以出版大鼓书词对民众进行宣传,并成立了三户书社。后因抗日会无力资助,转向南京国民政府教育部长王世杰求援,并应后者要求于1933年10月改名为"通俗读物编刊社",脱离燕京大学抗日会而独立,宗旨也有所调整,"目标除提倡民族精神外,尤注意于国民道德之培养及现代常识之灌输,盖救国大业固非但恃血气之勇若义和团者所可胜任。"该社面向民众的宣传活动渐引起国民党的注意,以为社中人都是共产党,陈立夫以此为由欲将其封禁。顾颉刚为此于1936年1月带了该社出版物前往南京,向时任交通部长的朱家骅求援,后者表示支持,并乘机动员顾颉刚加入国民党。顾氏为了社务,只得同意,风波遂告平息。⑤

由于上述因缘,顾颉刚接到朱家骅来电,复电允诺。朱家骅遂与国民党中央政治委员会秘书长叶楚伧磋商,规定经常研究费每月五千元,开办费一千五百元,请顾颉刚在北平筹办新闻事业。7月3日,顾颉刚与傅斯年一同南下,到南京面见朱家骅、叶楚伧,商议通俗读物工作,并作通俗读物计划书,拟定下年度下层工作计划。该社由顾颉刚、徐炳昶任正副社长,王守真任总编辑并主持日常工作,赵纪彬任编辑,李一非任总务主任,一年之内工作人员增至四十人。⑥10月5、7日,顾颉刚两度致函朱家骅并报告工作进展:已组织通俗读物编刊社,发行《民众周报》和《大众知识》二种期刊,编印丛书如通俗剧本、鼓词唱本,旨在启迪民智,宣扬爱国思想。此外还印刷连环图画,与山东省教育厅合作,编印《求生

④ 《与顾颉刚商洽北平新闻事业》,台北"中研院"近代史研究所藏朱家骅档案,此为综合整理的文字,保留相关函电多通。此节凡未注明者,均出自该文。
⑤ 顾潮:《历劫终教志不灰——我的父亲顾颉刚》,华东师范大学出版社,1997年,第152—157页。
⑥ 顾潮编著:《顾颉刚年谱》,中国社会科学出版社,1993年,第255页。

之路》月刊,与《晨报》合作,在该报发刊"生活与教育",并调查培训北平市的评书和鼓词艺人,希望深入民间,广事宣传。

从上述渊源看,朱家骅与顾颉刚表面的一拍即合,背后其实各有所求。关于此事原委,朱家骅档案所藏《与顾颉刚商洽北平新闻事业》的编纂者主要从对日方面立论,强调"激发爱国情绪""唤起民族意识",其实事情显然并非如此单纯。该文称由朱家骅推荐顾颉刚在北平举办新闻事业,但据前引朱家骅的电报,派人主持其事应为国民党中央政治委员会的旨意。其时朱家骅刚好因汪精卫内阁辞职而失去交通部长的职位,接任因丁文江逝世而空缺的"中研院"总干事一职。[7]根据相关资料,可能的情形是,动议应为叶楚伧,选择顾颉刚则由朱家骅提议。而主要目的,决不单单在于对日准备。朱家骅和叶楚伧看过顾颉刚的来函及工作报告,对其进展成绩甚为满意,10月12日朱家骅复函道:

> "成舍我君事据云伊为联络《世界日报》起见,曾与谈起对于北平教育之沟通与青年思想之问题,拟请兄与孟真兄稍为帮忙,并未提及经费。或请迳函子公,设法补救。此事弟处甚为秘密,从未告任何人,甚至院中会计主任,亦仅办领款汇款等手续,未知其他底蕴,并祈严守秘密为荷。对左倾分子之工作,应请十分注意,随时纠正其思想与言行,使入正轨,免为所乘,而致妨碍工作之进行。闻河北省内有天主教徒七十万之众,为该教在中国势力最巨之区,宜设法深入工作,使有民族观念,效忠国家。廿九军士兵颇具国家观念,应设法更增强之;对宋及其他高级将领,亦须妥为联络,促其拥护中央,使知统一与救国关系。以上各点,均关重要,至祈随时注意及之。"

解读是函,有四点值得特别注意:其一,国民党中央注意与北平教育界之沟通及青年思想之问题,重要的考虑是随时纠正左倾分子的思想言行,使教育界和青年的思想言行进入正轨,以免受左倾分子的影响,其背景当与1935年的"一二·九运动"关系密切。其二,宣传的重心,是强调统一与国家的关系,所谓效

---

⑦ 胡颂平著:《朱家骅年谱》,台北传记文学出版社1969年版,第37—38页。

忠国家,增强国家观念,无疑包含具有民族观念,更重要的则是拥护党国一体的中央。其三,此时朱家骅的正式职务虽然是"中研院"总干事,资助的领款汇款等手续也由该院的行政部门经手,但这既非该院的管辖范围,也不是朱家骅的个人行为,国民党中央政治委员会秘书长叶楚伧始终介入,其间朱家骅又一度兼代该秘书长之职,[8]则应视为国民党中央的秘密安排。其四,除教育界和青年外,天主教徒、军队的士兵和将领也是工作的对象,则颇有为国民党中央在华北秘密代言的意味。

1936 年 12 月西安事变发生,顾颉刚 14 日即来函报告北平人士对事变的态度,对于张学良的"不顾大局,肆意妄行"表示"曷胜伤痛"。据称北平同人主张四点:(1)希望政府以政治手段解决,勿遽讨伐,俾蒋介石安全。(2)希望中枢充实,即使蒋不能遽复自由,亦可维护国家之统一,并照蒋原定计划进行。(3)绥远战事仍须由中央主持,勿以此次事变,致懈军心,且表示政府彻底抗敌之决心,借以间执任意批评者之口。(4)华北地方当局环境不同,因之态度未能一致,政府应竭力消除隔阂,俾其能彻底拥护中央。朱家骅于 19 日复函表示,西安事变影响国家民族前途极大,北平人士主张的前两点,"须于坚决迅速方法之下行之,方能有效,否则特增危险,国家前途,亦将不堪设想。后两点原系中央一贯之政策,日来中央态度极为明显,决不因西安事变而有所改动。"这时朱家骅已在蒋介石的一再催促下就任浙江省主席,暂时仍兼"中研院"总干事,所以他一面对通俗读物社的各种刊物风行一时表示大为快慰,一方面告以"此事仍由'中研院'王君办理,下次到京当再与叶先生切商之",并特别强调:"此次张逆叛变,受人民阵线活动之影响亦多,此辈邪说,北方所闻较多,年来赤匪之祸,人民生命财产之损失,已不计其数,仅江西一省人口减少八百余万,全国当在二千万人以上,此为我人所不可忘者。切望兄等特别注意,严加驳斥,以正视听。"

朱家骅专门叮嘱其注意反共一节,除了贯彻行动的初衷以及西安事变的前车之鉴,多少也是在暗示或提醒顾颉刚,因为顾氏的宣传等活动,在得到中央党部的资助后大有起色,在他本人眼中以及事实上固然相当成功,但在某些国民党

---

⑧ 胡颂平著:《朱家骅年谱》,第 38 页。

人尤其是与朱家骅明争暗斗的二陈兄弟看来,却是偏离了轨道,中央党部接获控告呈文达数十起之多,指责其接近冀察当局,所编《大众知识》,用红色封面,内容杂左倾言论。朱家骅和叶楚伧对此也颇觉难以处置,遂由中央党部函达顾颉刚,嘱其申复理由。为了具体了解顾颉刚工作的实况,朱家骅乃乘傅斯年北上之便,托其就地考察。1937 年 1 月 7 日朱家骅致函陈布雷:"西安事起,除即分电各地教育界友人力主正义,扩大宣传,以领导青年外,并以平津关系特别重要,再请'中研院'历史语言研究所所长傅斯年兄北上,因顾颉刚兄主办之通俗读物有《大众知识》期刊一种,其名称与封面颜色,弟早觉不妥,曾迭函促其注意,严防为左倾分子所利用。此次乘傅君北上之便,托其注意与颉刚兄再言之。顷得傅兄来函及颉刚兄托其带来函各一件,另纸抄奉察阅。⑨ 就此推勘,颉刚究属文人,容易受欺,心尚无他,除电约其南来详谈外,复函请楚伧先生从速选派妥人前往辅助,因此公疏于防范,不得不有人帮忙。前曾迭陈楚伧先生,伊已有意派朱云光兄,顷又函请楚公即派朱前往。论颉刚学术及品格,确为不可多得之士,予以维护,妥为任使,国家必可有相当收获。傅、顾两函述北方情形,殊关重要,拟请于便中将两函及弟之处理经过转陈委座为荷。"

《大众知识》的实际主持人为吴世昌,编辑有连士升、郑侃嬞、杨缤、张秀亚等。1937 年 1 月 8 日,顾颉刚遵照朱家骅的指示,亲自前往南京将出版物交有关部门审查,并进行申辩。12 日,顾颉刚再度致函朱家骅解释一切:自去年遵嘱从事北方活动以来,已造成一种势力,学生及民众竭诚表示爱慕之忱,而攻击者大至,一方面北平教育界对宋哲元颇无好感,误会联络冀察当局使之勿脱离中央为顾氏个人活动,流言交集,一方面《大众知识》编辑人急于吸收青年,杂有左倾之语,无以自解。拟具将来工作方针四项:(1)二十九军中下级军官及士兵抗日意识至浓,故通俗读物社所编抗日唱本能在该军内推行,此实造成精神防线之唯一机会,不应放过。此后拟减少与冀察当局之接近,只在抗日一点上往来,因读物销入军队,非得长官谅解不可。(2)刊物方面,已切嘱编辑人郑重登载,《大众

---

⑨ 1937 年 1 月 3 日傅斯年致函蒋梦麟、胡适、周炳琳:"昨日下午五时到京,……我这次到北平,想不惹得人疑神疑鬼,其实还是上次往保定之故事,一人做一人的主意,是临时高兴,既不是有何等使命,尤不作侦探也。"欧阳哲生编《傅斯年全集》第七卷,湖南教育出版社 2003 年版,第 159 页。

知识》之红色封面已更换,编辑人员亦当改组,撰稿者拟改以各校法学院教授为主体,而将青年作品减少,确保此后不再有左倾色彩。(3)减少与青年接近。(4)对中央方面,应多事联络,凡中央派至北平工作者,拟一一与之识面,有疑难事,与之商量,一切工作,俱与公开;对中央之报告,每周发一次;中央对其工作如有意见,祈随时宣示。

对于顾颉刚的解释和改进意见,朱家骅表示满意,希望其实行第四项,令一切传言,不攻自破;严密注意第二项,"确遵主义,不涉其他思想,则接近青年,实属必要。青年为国家基干,导之于正,党国前途,得以利赖。中央所期望于学术界诸先进,关于此点,实较授予其他知识技能为尤切也。至与冀察当局往来,初非招谤之原因,要点只在误会左倾耳。弟与楚伧先生同感困难,亦在此点。"并要顾颉刚"有暇莅杭一谈"。此事的交涉清楚地显示,在对日及地方势力等多种因素考虑中,国民党中央和国民政府最为关注的还是与左倾争夺青年。

不过,在青年普遍左倾,且对国民党和国民政府缺乏信任和信心的情况下,要想通过导入拥护中央的正轨来激发民族意识,多少有些不切实际甚至南辕北辙。顾颉刚的宣传鼓动工作短期内收效显著,重要原因正是顺应了左倾青年的热情。当国民党和国民政府发觉无法二者兼得时,宁可因噎废食。据说"此事经各方磋商,金主暂时结束,由中央党部函达顾氏,停发工作经费"。这与朱家骅的态度大相径庭。前后如此反复,很可能是因为惊动了最高当局,由最高领袖做出与主其事者不同的决断而后者只能执行。

顾颉刚对于这样的结果,自然不满,于2月4日致函朱家骅,表示惋惜之外,请求补发积欠的工作经费。若党部不能即发,祈暂由"中研院"垫付。这一要求,让已经离开"中研院"的朱家骅多少有些难堪,他于2月6日复函道:"特殊工作费事,前接中执会财务处来函,要求更换正式收据,已复请径行接洽,届时正式收据送来时,即将"中研院"所出者注销。请即与王毅侯先生接洽为荷。至十二月、一月份经费,楚伧先生既经允发,当可即寄。顷又致函催讯,请其早予拨给。前王毅侯先生言,当党部于归还垫款时,曾向伊声明,此款已停,故此时纵再嘱拨垫,恐伊亦未必照办也。总之,此事结果如是,殊为可惜,实非意料所及,徒使兄增加困难,方寸至为不安,负兄实甚,殊觉无颜以对,心有余而力不足,徒唤奈何而已。北平各国立大学,年来主持正义,领导宣传,殊可佩仰,尤以北大同人努力奋斗,更属得力。惟燕京以环境特殊,致兄之处境,较梦麟、适之诸先生,困难尤甚,自属实情。为执事素抱热忱,且精力弥漫,夙夜匪懈,仍盼与教育界诸同仁同心协力,在共同主义之下,为中央继续努力,以应付华北之危局,国家幸甚,民族幸甚。"

此事虽然终止,朱家骅与顾颉刚乃至通俗读物编刊社的关系并未结束。抗战爆发后,通俗读物编刊社辗转于西北西南各省,除继续编辑抗战读物、绘制抗战画册外,与全国文协合办通俗文艺讲习会两期,组织本社巡行工作团,演唱本社新词,参加后方勤务政治部工作,担任伤兵民众宣传与教育。然而,自迁到重庆后,因教育部补助数目过小,印刷困难,经费支绌,所有编成抗战读物画册150余种,先后交由合作机关印行,运送到渝者寥寥。为此,1939年1月6日,该社研究部主任赵纪彬持顾颉刚函前往拜会朱家骅,以后者"扶植本社历有年所"而寻求支持,因朱家骅外出,未能见面。次日该社专函报告社务近况。朱家骅乃另行约期与赵会晤。⑩ 此后朱家骅对顾颉刚仍然有所倚重。

二、华北文化教育协会

抗战爆发后,持续不断的战乱和迁徙,破坏了原有的政治生态,表面统一的局面被打破,不同政权的辖区内各派势力的争夺更形激烈。当国民政府和国民党在重庆稳定下来之时,就开始关注沦陷区文教界学人的动向,尤其是学人比较集中的北平以及还是孤岛的上海两地,希望在这些地区恢复和发展党务。其目的一是避免学人为日伪所拉拢利诱,二是防止学人倒向左翼,保持国民党和国民政府正统对于学人及青年的影响力。

民国以来,北平文史学界与日本的关系持久而复杂。尽管英美留学生后来居上,留日学人在北京(平)学术界教育界一直扮演要角。加上中日两国学人不

---

⑩ 1939年1月7日通俗读物编刊社致朱家骅函。

断互访学习考察,尤其是二十世纪二十年代以后,所谓对支文化事业展开,北京一度是其规划中文科研究所的建所之地。后来虽然未能实现,改到日本本土,可是在北平还保留了东方文化事业委员会的图书馆。由桥川时雄等人主持的《续修四库全书提要》,先后撰著提要和负责整理的学人多达八十五人,以平津一带学人为主。⑪ 中日学人之间的密切交往,在中日两国的冲突对立日益加剧以及日本对华北的侵略逐渐加深的背景下,产生了错综复杂的影响。民族大义与学术无国界形成相当程度的紧张。如何处理正常学术交往与坚持民族气节的关系,成为北平学人两难的抉择。

早在 1932 年 10 月,部分学人运动将北平设为"文化城","平日最反对外国人"的北京大学的马衡等人还前往南京游说,傅斯年等即表示不赞成,称此"实为中国读书人惭愧也",虽不便公开反对,还是私下劝告,并向南京方面表达反对意见。⑫《塘沽协定》签订后,傅斯年不惜与赞成妥协的胡适断交,坚决反对对日妥协。1935 年冬,土肥原来北平,勾结萧振瀛等汉奸,制造其所谓华北特殊化。彼时中央军与党部撤去久矣,据说胡适等人奋臂一呼,平津教育界立刻组织起来以抵抗之,卒使奸谋未遂,为国长城,直到"七七"。⑬

稍后,东方文化事业委员会的桥川时雄主持的《续修四库全书提要》开始运作,"北平盛传北平图书馆诸公皆与东方有撰稿之关系,议论纷纷"。袁同礼深以为虑,询问傅斯年如何了了此一事。傅建议"莫妙于分头一谈,以前不必说,以后不再作"。于是二人乃分别一一访谈,"反转陈说,几至零涕,幸承诸位友人不弃,终于意见一致"。问及此事如何发生,则皆谓自王重民始,又多谓自王重民介绍,于是傅斯年再三托袁同礼函劝王重民早日结束。北平学人参与日本方面的《续修四库全书提要》,有的不过是为了生活,傅斯年等人知道"此事本非大事也",所以坚决反对中国学人参与,就大局看,是因为"坐失四省,不能无所感动,而日本人又好以此标榜,故或以不作为是"。据说"当时有一位友人询陈寅恪先

---

⑪ 参见山根幸夫:《近代中日关系的研究——对华文化事业为中心》,东京女子大学东洋史研究室,1980 年,第 15—16 页。

⑫ 1932 年 10 月 12 日傅斯年致蔡元培等〔抄件〕,台北"中研院"历史语言研究所傅斯年档案。

⑬ 1945 年 8 月 17 日傅斯年致蒋介石函。关于胡适的态度及表现,马叙伦《我在六十岁以前》的记述有所不同(北京:生活·读书·新知三联书店,1983 年,第 103—105 页)。

生以此事之可作否。寅恪先生云,如以为可以公开,则作之;如不以为,则不可作也。"傅斯年深感此言恰如事理之平。就个人看,王重民的学问、声闻,后来必有大进于实务学术之进步,"而贻人以此小口实,则万万不值"。所以傅斯年有分外之关心。⑭

"七七"事变后,虽然大批学人辗转迁徙到大后方,仍有不少人为了各种原因滞留故都。迫于时势,加上战前与日本的种种渊源,不可避免地产生分化,甚至有人附逆,参与各种伪组织的活动。日本方面,随着战线的延伸,必须维持后方治安,消弭中国人的所谓赤化思想和排日思想,需要武力以外的文教协助。1938 年 8 月,日本动员了代表该国现代文化的一流人士三十余名组成代表团来到北平,成员包括酒井正忠(伯爵,贵族院议员,帝国农会长)、庆松胜左卫门(前东京大学教授,药学博士)、宇野哲人(东大名誉教授,文学博士)、羽田亨(京都大学教授,文学博士)、杉森孝次郎(早稻田大学教授)、赤间信义(日华学会理事)、森岛库太(京都大学名誉教授,医学博士)、鹈泽总明(前明治大学校长,法学博士)、安藤广太郎(农事试验场长,农学博士)、小林澄兄(庆应大学文学部长,文学博士)、盐谷温(东京大学教授,文学博士)、常盘大定(文学博士)、正木直彦(东京美术学校名誉教授)、伊东忠太(东京大学名誉教授,工学博士)、松本文三郎(京都大学名誉教授,文学博士)、森田实(前神宫皇学馆长,中央大学预科长),中井猛之进(东京大学教授,东大附属植物园长,理学博士)、北岛多一(庆应大学医学部长,北里研究所长,医学博士)、原田淑人(东京大学教授)、平贺让(东京大学名誉教授,工学博士)、松村松年(北海道帝国大学名誉教授,理学农学博士)、林春雄(东京大学名誉教授,医学博士)、宫川米次(东京大学教授,传研所长,医学博士)、小山松吉(法政大学校长)、桥本传左卫门(京都大学教授,农学博士)、林毅陆(东亚同文会理事,法学博士)、增田胤次(东京大学教授,医学博士)、加藤武夫(东京大学教授,理学博士)、长谷部言人(东北帝国大学教授,医学博士)、岛峰彻(东京高齿校长,医学博士)、那须浩(东京大学教授,农学博士)、永井潜(东京大学名誉教授,医学博士)、岩住良治(东京大学名誉教

授,农学博士)、江角金五郎(华北产业科学研究所长)、小柳司气太(国学院大学教授,文学博士)、宇田尚(东京女齿校长)。

8月30日,在中南海怀仁堂举行了所谓"东亚文化协议会"成立典礼及第一次大会,中方出席者有王克敏、汤尔和、何其巩、周作人、夏莲君、王谟、鲍鉴清、庞敦敏、黎世衡、文访苏、文元模、张恺、张鼎勋、李泰棻、阮尚介、陶尚铭、徐佛苏、王家驹、张大千、吴家驹、许修直、梁亚平、马邻翼、张心沛、孙人和、钱稻孙、缪斌、余晋龢、钱桐、朱华、宋介、柯政和、陈垣、傅增湘、邢端。该会宣言号称要中日两国人士"以传统之明伦亲仁为本,撷西学之萃以资利用厚生,庶几蔚为更进一层之新东亚文化",其规定又以中日文化提携振兴东亚文教为目的,实则得到日本军部的一致支持,目的显然在于建立和稳固军事统治。[15]

三个月后的1938年12月1日,东亚文化协议会又在东京大学安田讲堂举行第二次大会,伪临时政府教育部长、议政委员会委员长汤尔和率二十一名协议员前往参加,会议除增加评议员、理事、正副部长等职员外,还设立总务、文学、法经学、医学、农学、理工学等部,决议两国学术机关密切联络提携,予以适当的组织形式;协同调查研究中国教育机关的创设扩充;恢复东方文化事业委员会;设立北京自然科学研究所等。这次会议的背景是日本急于恢复占领区的治安,以配合广东、武汉的战事,并将对中国的态度由单纯破坏的"长期膺惩"转变为"长期建设",以建立稳固的殖民统治。[16] 文教工作自然成为重点。

为了改变不利局面,国民党通过潜伏在北平的党务人员争取由沈兼士出面,进行组织联络。1939年8月18日,国民党天津党部王若僖(化名吴世仁)致电中央党部,转达北平市党部高挺秀关于北平市党务文教青年工作的报告,其中第一条就是:"沈兼士、张怀、英千里、张重一诸教授前曾以友谊关系密切联络,协助文教青年工作。近将尊电转告沈先生后,工作关系愈益紧密。顷与沈先生协商,拟罗致辅仁、燕京、中法诸校教授及北平市中小学忠实教职员,组织文教团体,由沈先生主持,由挺秀任日常事务,以推广工作。关于工作方针、工作用费及中央通信办法,祈指示遵行。"为了训练青年及文化工作人员,举沈兼士、张怀、

---

⑮ 法本义弘:《东亚文化协议会设立の意义》,《支那文化杂考》,东京国民社1943年版,第229—237页。
⑯ 同上,第247—255页。

英千里商定,由辅仁大学以训练伪教士为名,收纳各中央机关反法团保送学生四十名,普通教育功课由该校教授担任,思想指导及技术训练由高挺秀担任,秘密实行,一年为期,毕业后分派各地。[17]

北平沦陷后,沈兼士受教育部委托维护辅仁大学校务,滞留北平,与同仁辅仁大学秘书兼附中主任英千里、辅仁大学教育学院院长张怀等秘密组织"炎社",取顾炎武的炎,以示抗日。[18] 朱家骅指示平津党部协商呈核有关事宜。9月17日,王若僖电告结果,"沈兼士先生为网罗人才,增厚力量,平津应为一体,须密切联系,以利工作。"初步计划为:

1.组织:(1)定名为华北文化教育协会。(2)干部委员十五人,北平九人,天津六人,会设北平,津立分会。(3)内部分高等、中等、初等、社会教育四组。

2.工作:(1)吸收思想纯正之各级学校教职员及文化机关工作人员,预计半年内可发展至三百名。(2)平津各办中心小学两处,中学一处,以收容教导各方救国工作同志之子弟为主要任务。(3)救济平津各校院及文教机关坚贞不附逆之高级人员,以介绍工作为主,津贴为辅。(4)选派忠实同志参加伪教育机关,从事破坏扰乱工作。(5)输送忠实青年参加游击区及后方工作。

3.费用:(1)会务每月五百元。(2)被困文教界同志临时救济费每月一千五百元。(3)中心中小学津贴每月一千元,中学生一百名,每人每月四元,小学生三百名,每人每月二元。中央党部很快于9月23日第六十一次党务委员会会议通过,朱家骅批示由沈兼士负责办理,积极进行,但须注意严防共产党与人民阵线分子混入。[19]

华北文教协会立案后,天津方面进展顺利,依照总会规定,于1939年12月17日正式成立分会,委员6人,为赵伯陶(化名郭若泉,亦化名元正之)、路秀三(化名李茂林)、伍克潜(化名吴蒿斋)、刘迺仁(化名金友仁)、贺翊新(化名田天池)、徐石公(化名钟灵生),推赵伯陶为主席委员,路秀三为书记,分调查、救济、教育、宣传四组,由委员兼任各组组长,具体为:路兼调查,徐兼救济,伍兼教育,

---

⑰ 朱家骅档案 301-01-06-202《文教协会卷》。英千里,原档多处又作(或改为)蔡千里。

⑱ 葛信益:《沈兼士传略》,晋阳学刊编辑部编《中国现代社会科学家传略》第5辑,山西人民出版社,1985年,第112页。

⑲ 抄1939年9月17日吴世仁篠电。朱家骅档案文教协会卷。另参《华北文化教育协会概况》。

贺兼宣传,均无薪酬。每月经费,与平方商定,各一千五百元。⑳

北平总会的成立,却一波三折。此事发端,高挺秀等人似乎并未与沈兼士充分协商,甚至事先可能并未得到后者的同意。1940 年 1 月 5 日,高挺秀(化名乔翔远)电告朱家骅文协经费收到,"当商承沈先生努力工作,虽环境日艰,计划尚可逐渐实行"。其时北平日伪拘捕文化界人士多名,虽因证据不足、牵连太广、缺少补充等因素,旋捕旋释,毕竟造成人心动荡。加上北平与会者多系现任教职员,所以文教协会与国民政府教育部驻平负责人联络问题,拟在保持秘密之下谋取协商,以免泄漏人名,伤害与会学者生命。1 月 25、26 日,高挺秀接连致电朱家骅,告以收到华北文教协会经费,已向沈兼士报告经过,商讨进行。"不意有人闻悉本会名称及负责人姓氏,遂妄加意会,函知平方某等局外人,风声宣泄,甚至自称委员,径向沈先生接洽。先生以身处沦陷区域,现任教职,殊觉不安,乃不愿有所组织,只嘱职每周会谈一次,相机量力,有所贡献。……今津方分会业已成立,平方尚未正式组织,而抗日遗族子女、优秀青年学生及文教界不屈不淫保持气节之士,亟须救济,事实又不容陷于停止。经职再三向沈先生劝驾,先生以爱国确有热忱,而现实环境不能不顾虑,再与诸关系方面分别研商,一部主张详为斯种工作实迫切需要,中央决不能因人事而牵动功令,应另推委员代理,大胆做去,以副中央之期望;一部主张则认为事已被泄,危险莫测,应及早解消组织,停领经费,以息风声,及相继工作另起炉灶。处此情形之下,职对经费既不愿自为支配,工作亦不敢贸然推动,究宜如何办理之处,用特电恳训示祗遵。"高挺秀又提出,为了保证沈兼士的安全,"可否由部长直接函沈先生一部高教工作职秘密供其驱使,一者避免电经津方,被局外人宣传,碍及沈先生安全,一者隐合沈先生另起炉灶之意。至于文协会则再补充一二新人,仍继续工作,为国建树广泛力量,形势变化,自可减少注意矣"。㉑

朱家骅接电,觉得事有蹊跷,指示查明详情并电示高挺秀:"文教协会前据吴电,由韩季通先生主持,而兄任日常事务,此间会议时,将原电传观,因中央同

---

⑳ 1940 年 1 月 27 日郭若泉致叶楚伧朱家骅养电。

㉑ 1940 年 1 月 25、26 日乔翔远致朱家骅有电、宥电。

志多稔韩先生,闻其愿出来主持,均极钦佩,此项经费始获通过。此次又何以遽尔移交?查该会既归韩先生主持,则平津两地委员人选及经费支配诸大端,均应由渠决定,为顾虑环境计,可请其稍敛形迹,总持大纲,而责成其他忠实有为之同志分头执行。所陈派员代理及解消组织,均非办法。盖一易人则与中央诸同志原意相违,恐有异议,且文化教育界工作,须得学术上极有声望之人领导之方能推动。"并要求用款须按原定方针,不能挪移;对青年学生应以正义感召,多做人格熏陶,若专恃金钞张罗,不但无以持久,反为青年所鄙视。又专电沈兼士:"平津为旧日文化中心,敌伪诱胁方急,青年学子,万不可无人领导。会事务请积极进行,此间诸同志企仰正殷。"②

沈兼士托人带给朱家骅的两封信,说明了出现周折的原因,一封写于1月10日,函谓:"1.开学后曾送一批毕业生南下服务。在校内创刊两种杂志,以资联络。2.暑假内中外神父及学生均有被捕者,校中被监视侦探极严,近两月来外间被破获之机关者多,故计划颇难运行。3.乔君前曾嘱组织一具体机关,一时甚不易办到。理由已告乔君,请其转达。4.鄙意仍与去年所上之书相同,尽国民之本分,尽可能之范围,为国家效力,不预受任何名义及任何报酬,保持独立自动的活动。5.此间风传天津有人组织一华北文化教育协会,由弟领衔,承受中央经费每月三千元。此事弟绝未与闻。近来竟有人(不止一次)到校及舍下询问此事者,燕大同人亦有传说此事者。两月前曾托乔君赴津调查,并声明不愿参加之意见。唯近来风传更甚,颇觉不妥,极盼尊处能为一查。6.乔君已两月余未晤,不知目下是否仍在平?弟意直接通讯最好,否则须由一固定而且缜密之人转达亦可,但决不愿与团体发生关系。此种不得已之苦衷,乞谅之。"

是函待发之际,高挺秀从石家庄回平,沈兼士和张怀等即约与晤谈,了解情况后,沈兼士再附一函:"1.闻乔君之报告,始知华文会之经过,极佩盛意。唯本弟前信之原则,及现在北平之环境,与乔君及英、张二君仔细商酌,均认为华文会现在平已有满城风雨之势,决不能利用之以资活动。2.弟等仍本前议,进行一切,而不参与津局。因顾虑环境,瞻望前途,苟不如此,将来恐一事无成,而有绝

---

② 1940年1月31日朱家骅致乔翔远电。韩季通即沈兼士。

大之危险。3.弟等不须有组织,只拟相机量力,随时有所贡献。至相当时期,自当报告(或由乔君,或直接)。4.经费一层,现在无此需要。将来如有事业需费时,自当直接请款。五、如有赐件,请勿由津转此(直接来函亦极不妥),由于主教设法交西友代递最妥。"㉓

在高挺秀的劝说协商和朱家骅的慰藉之下,沈兼士终于同意出山,北平方面重新部署,沈兼士化名章毓庵(分用则毓指沈,章指张怀,庵指英千里),高挺秀新改化名葛方(分用则葛指高挺秀,方指施天牟)。要求朱家骅介绍平方电台关系,或建立专用电台;在平方不能直接通电之前,请朱家骅直接赐下专用密码交沈兼士。㉔ 3月,沈兼士致电朱家骅,表示华北文教工作若准备计划得当,自能生效,"然一切工作总以各方严守机密为不可缺之条件,前者文协事已由津方泄漏,传播平方,以至外人竟有以文协与弟名作为谈资新闻。于此险象环生之下,弟等自无法担任。此后因葛君之尽力与弟等熟商,弟为工作便利及安全起见,须改变方法,兹将鄙见列下:1.文协名称已公开,弟等处此环境,不有此名义,实际亦能便于工作。2.平津两方精神虽属一致者,工作则宜分行。故此后平方之事不须令津方与闻,且中央必须备有与平方直接秘密通信办法,方敢负责进行工作。3.在中央未能直接与平方通信而须借用津方转达消息之前,请勿明提弟等之事。4.为防止耳目补救善后起见,中央似可对津方声言弟等已不就文协事。"㉕ 朱家骅同意遵照办理,电告天津方面沈兼士不愿主持,会务另简委员接办。㉖ 并再度致电沈兼士:"近岁文教界思想庞杂,久不闻名节之重,幽燕一隅为旧日文化中心,士风隆替,所关非细,领导□流,策动抗战,紧先生是赖。"㉗

北平党部电台遭到破坏后,与重庆方面的联络须由天津代行,不利于保密,沈兼士坚持与中央直接联系,主要是为了保障安全,便于开展工作。在文协领导下,重新组织了原来青建社中对于学术意趣浓厚及实地从事教育工作者。㉘ 经

㉓ 1940年1月10日、11日秉禾致朱家骅。秉禾为沈兼士化名,于主教为于斌(野声)。

㉔ 1940年2月11日乔翔远致朱家骅电。

㉕ 1940年3月8日章毓庵致朱家骅江电。

㉖ 1940年3月11日朱家骅致元正之、章毓庵电。

㉗ 1940年5月8日朱家骅复沈兼士电。

㉘ 1940年3月7日葛方致朱家骅虞电。

此一番折腾,北平文协总会实际上并未正式成立,因此再度引起纠纷。此事背后,可以看出平津国民党各方机构争权夺利的影子。5月15日,文协天津分会以"平津两会积极推动,需款甚殷"为名,催拨三、四月经费,并报告该分会成立以来工作概况,据称成果有如下五项:1.救济津贴:各级学校中抗日遗族子弟及思想纯正学行优良的贫寒学生,分别为工商学院八名,每人月给十五元,中学生二十九名,每人月给五元,小学生三十八名,每人月给二元;酌送文教界坚苦贞守贫居不与敌伪合作之士奖慰金,"以示中央顾念之意,并激励其节操",被资助者有前天津教育局长邓庆澜,津市立师范校长李审侯,北洋工学院教授张毓恂、弓[?]广奎,河北省立女师学院训育主任赵子丰,河北省立商职学校训育主任李柳范。2.输送青年(共三人)及教授(北京师大杨宗翰)到后方读书工作,补助其旅费。3.华北党政军联合办事处接办匪时小学一处,天津分会每月补助一千元,作为中心小学。4.派员赴河北省内地之县份,在教育界发展优秀分子,以乡村小学为枢纽,宣传中央意旨,增强民族抗战意识,已有基点二十处。5.敌特务机关唆使伪新民会在天津租界内组织和平兴亚救国会,文协天津分会分别联络有力量之学校,务使消极的不合作,颇有效果。㉙

朱家骅接电,颇感疑惑,既然已向天津方面声明沈兼士不参与此事,北平总会既未成立,天津分会则无从谈起,何谓平津两会积极推动?恰好此时中央秘书处接到4月28日北平市党部来电,指文协会一事为"借名义以便私图",并提出该党部"原设有文教委员会,除派执委一员为中心委员外,请教育界名流之爱国分子担任委员,共策进行,以往工作尚著成绩,如再增加相当之经费,其发展可以预期",要求停发文教协会之款补助文教委员会。据说教育部所派之平市教育督导员亦赞同此举,愿加入该会担任委员,共同负责。㉚而教育部方面也接到派驻华北战区督导教育人员报告,希望文教协会与之密切联系,统一步调,推进战区教育事业。教育部遂行文中央秘书处,要求指定机要人员常川与该部会商此事。㉛中央秘书处鉴于文教协会的成立及经费独立"已引起党部本身之分化与

㉙ 1940年4月15日郭若泉致朱家骅叶、楚伧删电。
㉚ 中央秘书处抄北平市党部卯俭电(1940年4月28日)。
㉛ 中央秘书处抄教育部函(1940年5月11日)。

攻讦,似应设法调整,以免酝酿更大之危机。按教育部既有推进战区教育文化之整个方案,且派有专人在彼主持,华北文化教育协会之工作推进,似可划交教育部督导,以免机关林立,统属不明,事倍功半,而款归虚縻。至中央核定之经费,拟即停止,由教育部所派督导人员依据实际情形及需要数目,另拟预算,呈请教育部拨发。"此事在朱家骅任内核准,秘书长叶楚伧遂请其设法查明文教协会工作状况以及沈兼士是否实际主持其事,并征询关于教育部华北督导员与该会联络的意见。[32]

后来中央秘书处、组织部与教育部协商结果,教育部表示有统一指导的必要,唯战区情形与平时不同,指导方式需按实际情况而定,最好每半月或一月由主持方面派专人会谈一次,交换情报,再确定以后动向。此法实行一段时间,因会谈者对华北情形及文教协会渊源不甚了解,效果不佳。组织部秘书沙孟海鉴于北平总会迄未建立,天津分会便成似是而非,建议若有适当人选,可将分会划出独立办理或改归联处负责;另外平津两市党部教育会与文教协会职权冲突,应有所指示。[33]

其时,天津方面再度报告平津文协会工作实情,据称"北平文协工作,对外扬言停动,实际经沈公决定,津方只与职(按即赵伯陶)发生联系,并守秘密。津方同志咸认沈公已不负责矣。每月经费由职密转乔同志,所有中央汇款办法,曾经职与王任远同志商妥,由青年团关系方面汇转,并请秘书处与沈公定有密码,一切不经津市党部转也。此皆为便利沈公,以免稍有泄露。顷乔同志又来津,沈公嘱征询津方工作情形,以期一致。此平津文协会工作之实情"。[34] 朱家骅接到各方面的不同信息,对文教协会的实情进一步怀疑,于是密电该会发起人王若僖,询问详情,以便决定是否继续拨款,并考虑改换天津分会负责人。王若僖在该会发起之际一度失去自由,接电后报告:"查文协成立后,复生即无法照管,致有纠纷,其主持人或有不善处置之处。惟文协工作自属重要,今后似可令平津市党部负监督之责。……查文协各委均系一时之选,惜因由乔、郭所招致,实际上

㉜ 抄中央秘书处会计、机要处签呈(1940 年 5 月 14 日);1940 年 5 月 22 日叶楚伧致朱家骅函。

㉝ 1940 年 8 月 16 日沙孟海致朱家骅函。

㉞ 1940 年 8 月 11 日郭若泉致朱家骅真电。

各委均不甚负责。此后拟请由公直接委派津分会人选",并对天津分会人事提出具体意见。㉟ 中央组织部随即按照这些意见对天津分会进行改组,由贺翊新为主任委员,赵伯陶为副主任委员,教育部督导员郝任夫增补为委员兼秘书。

北平方面,9月初沈兼士、高挺秀、张怀、英千里等人联名提交工作报告、预决算以及计划,据称:"1.同志原有之组织,其工作因去夏某校中外教职员被捕;2.南下学生被捕;3.平津中央机关迭被破坏,不得不取奠定基础相机复进政策。今春葛君转达尊意,当时因津方举措失慎,消息致被泄露,弟等力不从心,未能遵命办理,至为歉仄。后由葛君与弟等再四会商,并电得公同意,脱离津方,另组进行。……半年以来,渐告成熟。暑前三青突被破获多人,又不得不暂行停顿。现在风声仍甚紧急,开学后当再徐图进展,此经过之大略也。"交通线问题,"凡通讯及汇款仍非经由津方不可,实感不便,且有危险性"。日前英千里赴沪成立联络处,将来寄款便利,随时直接通讯则尚无办法。北平总会暂以委员会为首脑机关,下设干事及工作员,委员四人:沈兼士、张怀、英千里、高挺秀,沈兼士为主席,高挺秀为常务,负责计划主持及推进一切工作。干事承委员之命,执行各项工作,由四名干事分任联络消息及文书、事务及会计、组织青年团体、驻沪联络等。担任干事的有郝德元、常惠和葛信益。㊱ 工作员辅佐干事,分任各项事务,共二人,一任收支,一任交通。该会"以联络操守忠贞之士,网罗有志青年为主旨",从事下列活动:1.组织学术团体,已成立中国语文学研究会(沈兼士主持,联络国学家及优秀学生,研究中国固有文化,借以引起国家民族思想,并坚定其自信力)、中小教育研究会(由张怀及外围同志余君主持,联络教育学者及中小学教员,研究建国教育方法,逐步实验,以抵制奴化教育)、文艺社(由英千里主持,为使青年得有正当读物,在辅仁大学名义掩护下发行刊物二种,一为纯文艺刊物,即《辅仁文苑》,已出四期,一为综合刊物,即《辅仁生活月刊》,已出八期)。2.利用临时集会,进行宣传,已举办美术展览会、摄影展览会和辅仁大学校友返校节。3.组织青年团体,以操控各大学、中学及破坏敌伪各团体,已成立清俭学社(即青年建国学社)、亭林学社,前者由高挺秀负责,就原有团体改组,高任书记,下设

㉟ 1940年9月5日于复生致朱家骅歌电。于复生即王若僐新的化名。

㊱ 北京辅仁大学校友会编《北京辅仁大学校史》,中国社会出版社2005年版,第40页。

社务、事务、助理,成立集体单位五,树立个人中轴七,具体活动为破坏敌伪青年党,调查自学会,输送有志青年南下,指导中学生升学,调查敌国内情形及协力外围之学术团体等。后者由华奇负责,自去年开始活动,主要工作为联络北平三校同志组织团体,介绍人才南下服务,利用实验室制造特种药品。

该会于本年寒假接办北京学校,"1.因奴化教育于血气未定之小学生最有危险,思有以救济之。2.利用之以为工作之总机关,即以本会委员加入该校校董会,为推动工作之主干,由干事担任总务和教员,造成便利工作之环境。3.借以联络各中小学,扩张抵制奴化教育之工作效能"。已联络九所中小学,其中乡村小学尤为直接有关。此外,该会还随时调查操守忠贞思想纯正的教员、学生、公务员等,予以介绍职业,补助前往西南西北大后方服务就学的旅费生活费等救助。至于今后计划,该会除继续进行上述各项工作外,为加强效能,拟开展如下工作:1.调查登记在平各项专门人才,报请中央征用,一面密切联络,促使自动南去服务国家,一面代筹南行路线或资助旅费。2.扩大青年救济及组织训练,养成抗战建国之有用人才,免被敌伪收买利用。3.建立学术报国阵线,于各大学选定思想纯正、资望隆重之学者,聘为委员,建立中轴,分头联络同志,加以组织,鼓吹学术报国,造成普遍风气。4.搜集沦陷区之新闻,调制有关本会工作的各项统计表,以备研究运用。5.宣传敌人阴谋及酷虐行为,唤起一般民众之敌忾意识。㊲

10月,国民党北平党部电台恢复,负责的苏麟阁(化名赵志诚)受托了解文教协会详情,向朱家骅报告:"自职到平后,即与沈兼士见面入手,所有经费,均已收到。惟因为慎秘计而免去横的关系,对外竭力否认,并曾托司徒雷登、德领事及在沪托人共三次报告,近又托德领诺尔曼带去之工作报告,想造诣垂察。嗣后凡关华北文教协会之电,均由职台代发,取得相当联系,请释念。并将调查平津文协情形陈述如左:1.华北文教协会,平为总会,津系分会,平津以沈为主任委员,高挺秀为常委,英千里、王之相、张怀为委员,以青建学社及亭林学社作该会之外围组织,每社约纯洁之会员五六十人,青建学社由高负责,亭林学社由祝福祥负责,更办有小学二处,工作颇活跃。津会先由赵伯陶任主委,因赵与王乙青

㊲　1940年9月5日沈兼士等致朱家骅函。

及沈同志均有相当交谊,工作联系颇佳。自由贺翊新负责后,沈同志为自身安全计,在技术方面不愿与津文协再生联系,同时津会及教部工作人员均思把持华北文协会,而要求加入,并流言钧座只认私人而不认组织之蜚语。恳钧座分别指示,责以事有专责,不得干涉攫夺。华北文协之事,令其自行向外发展,免去内部摩擦,俾沈同志仍可安心进行工作。2.沈同志决免去横的关系,愿直接受钧座之领导,以免自身发生危险,有碍工作。3.华北文协之经费原为三千元,平津各千五百元。现为秘密计,请各别分寄。4.本年下年度北平文协之预决算,沈同志要求平市每月增为三千元,俾便贴补平市之贫苦学生,而求工作进展。5.现国币在华北跌价尤甚,贴水事亦恳钧座担负此项损失。"[38]朱家骅接报,认为"华北文协工作,北平较天津为重要",将天津分会预算减为每月一千元,北平则加到二千五百元,[39]并且不顾天津方面的不满和中央财政的困难,坚持要有关方面设法满足。可见其对北平文教界工作的极端重视。

三、组织文史杂志

经过上述调整,华北文教协会的发展进入相对稳定期,但是平津两地国民党及国民政府机关的关系以及地下工作的保密规则仍然未得到适当处理。1941年春,北平市国民党党部改组,英千里等人因为要改就党部书记,退出文协,北平文协总会不得不再度进行调整。为此,高挺秀潜赴重庆汇报,沈兼士则致函朱家骅,并提出会务报告,函谓:"平市改组,耿、英两君之新任务,因津方传播,此间局外人已有所闻,而各同人探询消息。褚君顷与弟等商酌再四,觉处此艰危环境,原来之行医计划,非变更不可。现正设法另立社会基础,俟成功后,即当进行一切。……再英君前请尊处电津,宣布彼已辞职,藉获掩护,乞速饬办。董洗凡

㊳ 1940 年 10 月 23 日赵志诚致朱家骅梗电。
㊴ 1940 年 11 月 18 日朱家骅致中央秘书处。

君经弟邀请,已允加入本会工作,化名丁伯强,拟请予以文委名义,俾便合作。"⑩
朱家骅同意沈兼士所请各项,并批示复电:"平市文教工作重要,务请设法大规
模扩充。"⑪

4月7日,朱家骅再度致电沈兼士和褚成猷:"平市为昔日文化中心,沦陷以
还,学人志士仍多息影其间,敌伪注意诱胁,不遗余力,浸渐移变,不无可虑。故
我方文教工作较之其他省市尤关重要。现任或曾任各级学校教员及毕业肄业学
生,爱国家爱民族之心人皆有之,启迪联系及如何发挥其力量,以为他日收复失
土张本,正有待于诸君子之继续筹划进行,北望燕云,神与俱驰。"

朱家骅连番催促,并非一般的鼓励督促,而是迫切希望北平方面于短期内有
大动作。由于未见北平文协回复,4月25日,朱家骅再发一电,除了表彰北平文
教协会在沈兼士领导下"收效及宏"外,主要是提出:"兹为加强工作起见,拟在
平出版文史杂志或文艺刊物,以吸收第一流作家,使其能掌握华北文坛,隐约之
间,灌输民族意识,暗示本党主义,并另出版一普通周刊,以吸引青年作家与优秀
学生之稿件。拟请兄负责筹备,拟就预算,即行开办。"

以创办刊物的方式影响战时文教界学人和青年,并非由北平开始。一年前,
在上海时任暨南大学校长的何炳松接到中央视导学校党务"网罗人才,补助生
活于学术商榷"的指示⑫,"日夕考虑推进工作问题,深觉在此间推进党务,既不
能公开活动,而文教界中人又非仅口舌讨论或酒食酬应所能摇动,或改变其立
场,加以此间文教专家亦不尽均在各校任事,联络更难普遍。故愚以为谋党务之
发展,莫先于文教界同人精神之联系。而精神之联系方法固多,然莫要于学术问
题之讨论。而以创刊一种标准较高、内容较富之月刊为其主要之重心。在专家
方面,既得有发表研究心得之机会,又复可借优厚之稿费,以补助其艰困之生活。
而在主办人方面,亦可收联络感情、网罗各科专家之明效。刊物本身如果标准甚
高,亦大足贡献于吾国学术之进步,间接并可转移全国学者及青年学子之趋向。

---

⑩ 1941年3月31日沈兼士致朱家骅。工作报告原拟托比利时使馆书记官带去,因其有难色,另寄。褚
君,褚成猷,重庆派赴北平工作者,化名徐敬仁。董洗凡,辅仁大学经济学教授。
⑪ 1941年4月2日朱家骅复沈兼士。
⑫ 1940年6月3日朱家骅致叶楚伧函。

吾党如欲在文教界谋长足之进步，似以印行有价值之刊物为目前要图之一。近代《财政评论》之印行在学术界颇占地位，隐然成为吾国财政学界之重镇，即其明验。以往吾党亦常化巨大之经费印行各种定期刊物矣，然成效不著，盖主持者过重于宣传，与研究学术异趣，故不为时贤所重。且因初无永久计画，往往虎头蛇尾，所谓乘兴而来，兴尽即返也。此外，并因内容文字多属空洞无物之作品，无法引起青年之兴趣，更无望获得国人之高重。吾人若果发行刊物，必尽力矫正以往之缺点，为吾党树一文教界之新帜。"

根据自己的认识和以往主办销量达五万份的《教育杂志》的经验，何炳松提议创办《中国学报》月刊，取其范围较广，"且暗示党国主办之意"；以社会科学为主；每期二十万字；编辑七至九人，以住在上海者为限，特约编辑一百至一百二十人，延聘国内各科专家担任，每期版权页上全体列名，以示负责而资号召。如此，"将来学校党务之推进，或能收事半功倍之效"。[43] 次日何炳松再函朱家骅，告以"伪方近已出有一种专门研究学术之月刊，表面上不谈政治，想借以引诱各科专家代为撰稿，稿费闻极优厚"。有鉴于此，他认为办刊一事更有考虑价值，并拟请朱家骅、陈立夫、王世杰三人为名誉编辑。[44]

朱家骅接函，于6月3日转告何炳松来函的大意于叶楚伧，认为"此项建议如能推行卓有成效，既符政府收罗人力之本旨，且于研究学术之中推行党务，可使国内优秀分子悉心内向，无异充实本党之力量，兼能为党树一文教界之新帜"。叶楚伧对办刊一事深表赞同，但鉴于国民党中央财务状况无法拨款，宣传部方面亦有困难，希望与教育部陈立夫协商解决。[45] 朱家骅认为："该刊之发行，事关主义之阐扬，以与异党斗争，在今日之上海，实属特别需要。得柏丞兄主持，当必有成绩可期。最好能在战地经费节余项下指拨一款，较为妥善，且得以从速进行。"[46] 由于1940年度战区经费预算分配无余，不能按月拨款，遂在1939年度该项经费节余项下一次性拨款四万元。[47]

[43] 1940年4月26日何炳松致朱家骅函。
[44] 1940年4月27日何炳松致朱家骅函。
[45] 1940年6月5日叶楚伧致朱家骅函。
[46] 1940年6月11日叶楚伧致朱家骅函。
[47] 1940年6月18日叶楚伧致朱家骅函；1940年6月25日中央执行委员会秘书处会计处致朱家骅函。

　　该刊实际创办时,定名为《学林》,"出版以来,颇得国内专家之合作与青年读者之欢迎",坚持一年左右,何炳松请求继续拨款两万,否则结束。因为据说"内地同志中对此事颇有微词","为避免误会计,似以早日告一段落为佳也。他日交通较便,时局较定时再行续办,确足谋联络文教界同志之感情,提高学术研究之兴趣也。唯自《学林》印行以来,国内能文之士(北平、昆明、重庆诸地均有授稿人),确获得不少生活上之补助。如予停刊,似宜别求简便救济之办法"。何炳松的提议是:每月筹一二万元的款,收购国内专家之专著,俟时局大定后为之印行,似亦网罗人才之一道。此外,何炳松还通过朱家骅获得特别讲座津贴两万余元,设立学术讲座,延聘滞留上海的学者,新的学年将至,也希望继续获得资助,即使款项减半,"亦勉可补助一部分值得优礼之贤士"。⑱

　　此时内地文教界人士对羁留孤岛的国立大学不及早内迁啧有烦言,以为在此任事者为苟且偷安之辈。实则何炳松等人每学期都呈文要求内迁,教育部鉴于在孤岛的其他国立机关风雨飘摇、朝不保夕,只有国立院校尚在埋头挣扎,要求其坚守岗位,不允任意撤退。面对内地同行的误解,尽管对于办刊物和学术讲座,何炳松都做了结束的准备,他还是强调:"自《学林》与讲座两事实行以来,本党在此间文教界之信誉似颇有所增进,将来公开整理学校党务时,必可较能顺利进行。盖精神上既获得联络,则形式上将不成问题也。唯以往本党行事,每每举棋不定,随作随辍。不特旁观者为之失望,即身负工作之责者,亦不免因之灰心,见有应为之事亦不敢毅然自任。故愚以为如《学林》之印行,不特不宜中止,且如上海局势不变,并宜扩大积极进行。"⑲

　　这样的方式在大后方也予以采用。1941 年 1 月,国民党中央党部拟在重庆创办一份文史半月刊,发表学术论文,"以左右一时风气"。时任中央组织部长的朱家骅再次想起顾颉刚,商得叶楚伧同意,拟聘顾到重庆主持其事,每月经费五千元。⑳ 开始顾颉刚以夫妇二人身体欠佳、主持齐鲁大学国学研究所无法脱

---

⑱　关于学术讲座一事,参见王晴佳:《学潮与教授:抗战前后政治与学术互动的一个考察》,《历史研究》2005 年第 4 期,第 25—48 页。款项来源本来是教育部,实际由朱家骅垫付。

⑲　1941 年 4 月 25 日何炳松(化名何如茂)致朱家骅函。

⑳　1941 年 1 月 7 日朱家骅致顾颉刚函。

身以及少有可用人才为由,要求延迟半年再说。[51] 后因朱家骅一再坚持,顾颉刚又与萧一山商议,"中国各种学术俱有学会,惟史学会尚付阙如,拟即着手组织,俾作文史半月刊之后援"。请朱家骅协助,并希望能在成都进行编辑事务,以利用当地人才集中、图书丰富之便。[52] 朱家骅对于组织史学会以作《文史》半月刊后援一事深表赞同,力助其成;而编辑地点,因《文史》半月刊由中央党部主办,则坚持要顾颉刚"常川驻渝,襄助一切"。[53]

后来顾颉刚果然到重庆主办《文史》,先任副社长(社长为叶楚伧),再接任主编。社中职员先后有杨效曾、吴锡泽、顾良、魏建猷、周春元、史念海等。只是再度遇上类似的麻烦,1942 年 2 月,有党务人员指控"奸党吴锡泽等,竟利用《文史》杂志社为掩护机关,建立组织。该吴虽身为《文史》社编辑,近乘该社社长顾颉刚先生离渝期间,大肆活动,往返于沙磁路上(该社现在柏溪),匆忙异常,所做何事,自不难明了。请再派人彻查,速作断然处置,以免患生肘腋。闻《文史》社系由部座扶植而立,今竟被奸党利用,殊觉痛心"。[54] 后来证明,吴系"被人诬告为跨党分子,经先生(案即朱家骅)查知其枉,令其到部供职,以资洗刷。当于四月中到部"。[55] 后来国民党以该杂志无关于主义宣传,加上战时财政困难,物价飞涨,一直不能足额支持,靠顾颉刚个人苦撑,根本起不到预期的作用。1944年 4 月,国民党党政考核会即拟停发经费,1945 年 1 月,中央党部终于停止财政支持。[56]

上海、重庆的成效,令朱家骅等人对北平的期待更加迫切,可是北平方面对于中央的提议和再三催促,迟迟没有反应。6 月 3 日,朱家骅复电北平:"至文化工作,应积极进行,全力以赴。请办刊物二种,已详前电,希即照办。提倡民族思想,暗示党义,转移文风,创造新精神,至要。"6 月 7 日,朱家骅请秘书室沙孟海发电北平方面催问,并于 6 月 9 日致电天津转沈兼士,"盼将筹办详情电示为

---

[51] 1941 年 1 月 11 日顾颉刚致朱家骅函。
[52] 1941 年 2 月 25 日顾颉刚致朱家骅函。
[53] 1941 年 3 月 1 日朱家骅致顾颉刚函。
[54] 张效之致朱家骅函。
[55] 1943 年 3 月 1 日顾颉刚致朱家骅函。
[56] 顾潮编著:《顾颉刚年谱》,第 318、320 页。

荷"。6月10日,沈兼士等提出新的工作概况报告,"(甲)人事,曾聘委员二人,丁伯强主持敌伪内线及交通工作,景鲁生主持乡镇教育救济及培植抗敌师资等工作;更换工作员一人,应灵另就他业,改派庄友霖补充,活动学术团体均有进展。1.中国语整会会员增加学术讲演,每月两次,刊有讲演集。2.中小教员会联络同志多人,作种种调查及准备,并拟办夏令师资讲习会。3.文艺社原办刊物,继续发行,文艺刊物已出七期,约八百份,编辑人七名,综合刊物已出十五期,约千余份,编辑人十一名。青年团体:1.清俭学社年来损失甚重,现拟暂维现状,徐谋开展,详情请葛同志面陈。2.亭林学社,除联络三大学同志外,现更联络中学教员,组织团体,资助计划外围同志赴渝服务。有二同志去冬被捕,后陆续释放。(乙)机关:1.北京高校仍为掩护办公及集合同志机关。2.乡村小学为乡教中轴及同志避难机关。3.驻沪联络处仍由王佩斋主持。4.天津新设交通站。5.小学中轴现已树立,中学中轴正进行中。(丙)辅助救济:1.资助同志及外围同志数人赴渝。2.馈贻在渝同志及外围忠贞同志家属子女。"[57]但仍然未对创办文史杂志一事作出答复。

平渝双方沟通不畅的情况持续到6月30日,北平方面才正面回复,沈兼士等人的来电称:"文史杂志及普通刊物均须经敌伪注册,始克发行。刻正觅取路线,一候获得认许,即行拟具预算及计划电请核夺。兹为充实人才,促进会务,拟增李霁野君,化名朱耀祖,为本会委员,李君专攻文学,曾充津女师院英文系主任,现为辅大教授,此次参加本会,拟出任以出版之计划及推进工作。"朱家骅立即批示:"请从速筹办。现上海有何柏丞兄主办之《学林》,此间则有《文史》半月刊,下月起由顾颉刚兄接办,渝、沪、平三地有此有利刊物互相密切联系,提倡民族复兴,阐扬本党主义,转移文风,纠正青年思想,以立建国之基础,关系国家民族之前途殊巨。"[58]并于7月2日复电,希望能于最短期内使之实现。

稍后,北平文教协会拟就《以文史杂志社为中心联系华北沦陷区忠贞学者办法》。[59]按照这一办法,沦陷区忠贞之文教学者分为两类,"一类是既富有国家

㊄⑦　1941 年 6 月 10 日章毓庵致朱家骅辰电。
㊄⑧　1941 年 6 月 30 日致朱家骅电。
㊄⑨　高挺秀致沙秘书函。

民族意识,崇信中央政府,且已参加本党或同情本党者,一类是虽富有国家民族意识,而对于本党与异党持骑墙态度,或对本党持怀疑观念者。前项学者已由华北文协取得联系,参加工作,或正在设法联系,后项学者则因须保持文协机密,拟不请其参加文协工作,而以文史杂志社为中心联系之,由增加其与中央之关系逐渐劝变其思想态度"。《文史》杂志社由纯正学者主持,国民党"应派一与学术界接近之忠实同志参加社中,巧妙运用学术思想之探讨研究,逐渐使与文史有关之学者信仰本党主义,成为本党忠实同志"。聘请华北沦陷区忠贞学者为该社特约编辑,以北平文协总会为介引联转机构,《文史》杂志社对所聘特约编辑可由北平文协转达意示,所有应聘特约编辑,如对文史有所贡献,可由北平文协设法转来。特约编辑为无给职,如对学术或抗建工作确有贡献,而生活确极困苦者,可酌予不定期救济金,由北平文协转送。《文史》杂志托商务印书馆每期寄往平津分馆代售,并电令平津文协于书到时购买若干份,分送各大学及图书馆,"以广传布而暗系人心"。拟聘为特约编辑的有原俄文法专校校长王之相,原北京师范大学史学系主任王桐龄等。不过,从目前资料看,该杂志并未实际刊行。

太平洋战争爆发前后,北平形势日见险恶。先是英千里被告密遭日方逮捕,囚禁三个月,后来据说又有人在敌伪报纸上发表消息,说闻沈兼士将办一国学刊物,李霁野将办一新文学刊物,收登社会上家居不出的人士的稿件,稿酬甚丰,经费据云系有固定来源。等于是变相向敌伪告密。[60] 1942 年 4 月初,北平方面突然来电告急:"此间环境日恶,敌方传将不利于弟,马君被逮后,已虞牵累,加之辅大经费告竭,敌伪乘虚侵入,将成事实。弟唯有先机出走,现拟协同文协总干事苏民赴渝,面陈一切,并报告各项工作及将来计划。"[61]朱家骅对此有些意外,复电表示:"北方电讯阻绝已有数月,日内甫通。兄来渝甚好。辅大经费中央决可补助,在美捐款亦当设法使转渝寄平,敌伪借此企图侵入,仍希设法力拒为盼。"实际上很不情愿放弃好不容易建立起来的沦陷区组织联络系统,"兄来渝甚好"一句,底稿是"自无不可",难以割舍之情溢于言表。[62] 4 月 11 日,朱家骅

⑥⓪　沈萃、沈泰、沈节、沈兑:《记先父兼士先生抗战期间二三事》,《沈兼士先生诞辰一百周年纪念论文集》,第 29 页。
⑥①　1942 年 4 月 6 日章毓庵致朱家骅寅电。
⑥②　1942 年 4 月 7 日朱家骅复章毓庵电。

再电沈兼士:"辅大款事已电宋、胡两兄代收汇渝转平,中央补助款可即汇发。北方工作因电台及其他关系窒碍丛生,又来电仅收到十之一二,致莫明实况,使各同志增加困难。顷平津同志到此者日多,真像已明,决彻底整顿,由部另设电台,布置交通网,妥觅汇兑路线,务实工作得以加强,诸同志亦可安心服务。过去工作技术不够,危险至多,此后必须避免横的联系,化整为零,分别负责,文教会及刊物应独立活动,仍由兄全权办理,密作党部外围,与其他单位绝对隔绝,已嘱徐敬仁兄切实遵照。渠即将启程,五月底可到平。兄如不能继续安居时,宜及时离开。"⑬

在极其困难危险的条件下,沈兼士又坚持了半年多,直到 1942 年 12 月 16 日,在被列入黑名单、敌宪即将实施抓捕的情况下,沈兼士才微服离平潜往后方。是月 30 日,日军宪兵果然实施逮捕,沈兼士幸免于难。此后,华北文教协会其他成员继续坚持活动。据说最盛时会员达数百人,并以辅仁大学校友会为联系,在开封、济南、太原等地设立分会。1944 年 3 月 11 日、21 日,日本宪兵大举搜捕抗日组织人员,华北文教协会负责人及成员英千里、张怀、董洗凡、葛信益、叶德禄、赵光贤、孙硕人、孙金铭、欧阳湘、左宗纶等数十人先后被捕入狱。⑭遭此重创,华北文教协会遂告瓦解。

综观抗战时期国民党在北平古都文教界活动的成败,除了客观条件的局限,主观立意与具体做法不无可议之处。面对外来强敌,国民党的民族大义仍然以中央统一和本党主义为基准,至少难辞狭隘之责。在这样的眼光之下,无论战前还是战时,工作的用力不免常常偏离轨道。对外如此,内部亦然。国民党内派系众多,尽管当事人公开否认,实际上不仅存在,而且盘根错节,严重影响国民党的决策与执行。本出同源的朱家骅与二陈,轮流执掌组织部和教育部,各有人脉,互相拆台,北平尤为双方争夺的重点,暗地的角力持续到战后(关于双方在文教界的矛盾与斗争,另文详论)。国民党和国民政府在沦陷区设有不少机构,可惜彼此不能配合,反而相互掣肘,平津两地的党部,即一直无法协调,加上敌后工作

---

⑬ 电稿文字有所出入。
⑭ 葛信益:《沈兼士传略》、马英林:《邪正古来观大节,是非死后有公言》,均见《沈兼士先生诞辰一百周年纪念论文集》,第 6、10 页;北京辅仁大学校友会编《北京辅仁大学校史》,第 740 页。

者缺乏必要训练,组织、联络等方面屡屡不守严格的保密规则,使得华北文教协会窒碍丛生,迭陷危境,并最终失败,令沈兼士等人的长期努力付诸东流。滞留北平的文教界人士失去主心骨,迫于生活和时势,不免动摇依附。战后国民政府在处分北平伪文教机构及其人员时采取强硬政策,固然义正词严,追根溯源,当也难辞其咎。

【桑　兵　浙江大学人文学院文科资深教授】
原文刊于《中国文化》2007 年 01 期

一士谔谔，胜于千夫诺诺

高二适与兰亭论辩（附年谱）

尹树人

司马迁的《史记·商君列传》中有这么一段话："千羊之皮，不如一狐之腋；千人之诺诺，不如一士之谔谔。武王谔谔以昌，殷纣墨墨（默默）以亡。"说的是三种表现：谔谔，直言争辩；诺诺，卑恭顺从；默默，沉默不语。1965年，郭沫若的《由王谢墓志的出土论到兰亭序的真伪》一文发表后，知识界的反应多为诺诺或者默默，高二适则率先表示谔谔，奋然提笔，写出《兰亭序的真伪驳议》一文，向郭沫若发起挑战。

不甘作寒蝉

郭沫若的文章应该算是一篇有关文物考古和书法史的学术文章，文章袭用了清代李文田等人的观点和当时发现的地下文物资料，对号称"古今第一法帖""天下第一行书"的兰亭序来了个大翻案，说是王羲之的兰亭序帖皆伪，是后人依托所为。

郭老惯写翻案文章，本无足奇。奇的是这篇文章的发表方式，以及文中提到的两位当代政治人物——康生和陈伯达。郭文先载于专业性的刊物《文物》六月号，后又于 1965 年 6 月 10 日、11 日转载于非专业性的报纸《光明日报》上。文章引用了陈伯达提供的重要学术资料，征引了康生关于王羲之书法的观点。

有过多次学术争论演化为政治批判的经历后，知识界许多人早已是噤若寒蝉，而两位政界权威的参与和支持，更加使人感受到郭沫若文章的分量和威力。于是，诺诺或默默者众多，亦是很自然的。

高二适敢于谔谔，他在自己的文章中不仅驳郭沫若，还点了康生的名。他的精神和勇气，赢得了世人的赞誉。然而，在这赞誉声中还有不少误解。例如，曾有文章说"高二适对当时的政治显得相当'陌生'。常言道'无知者无畏'，他不知道或未领略过政治的厉害，所以才不怕政治有可能带来的种种后果。"（见《兰亭学探要》，毛万宝著，安徽教育出版社，2011）其实这是对高二适的误解，他对这场论辩可能的政治后果是有清醒的认识的。

几年前，有一批高二适致章士钊先生的信函被发现，其中有若干即写于所谓"兰亭论辩"[①]展开之时，内中不少信息透露出，高二适和章士钊对当时的政治并不陌生。例如，在信中高二适表示"惟前途有否，以论学为重，一时得失为轻"，"适人微言轻，知文坛有人把持，顾为书艺兴废，不甘作寒蝉，所以才求公将鄙文呈献政府，冀待采纳，非有他望也。"（见《高二适手札典藏版》，江苏美术出版社，2013）

高二适在信函中还对当时文化界的一些现状深感痛心。"国人懦弱，今尚

畏一种高位人而自卑,不为千秋公论,斯可戒也。""夫己氏为当今国士、天下士而厚诬古人蔑视来者至于此极,适真有创巨痛深之思。""抑再有陈者:今世为学,少有发明,浅见谀词,蜚声坛坫,适诚中心耻之。"(见《高二适手札典藏版》)

从高二适这批信函中,人们可以看到对现状的不满和对国人的批评。他明知自己人微言轻,却仍以论学为重,为了书艺兴废,以一时得失为轻,置前途有否于不顾,敢于公开反对那位厚诬古人蔑视来者的所谓"国士""天下士"。在许多人噤若寒蝉之际,高二适却"不甘作寒蝉",发出嘶哑的鸣叫。面对这些信件,我们怎么能说他"无知者无畏"呢?

有意思的是,在当今新版的有关当年兰亭论辩的资料中,高二适的文章则一字未动,原文照排。而郭沫若的文章则遭多处删削改动,原先重点段落中陈伯达和康生两人的名字已经不见踪影,而以"有人"代替,让今人无法完整理解当年的政治环境。

笔墨官司,有比无好

高二适

当年,高二适的文章写成之后却无处发表,只得寻求谊兼师友的章士钊先生帮忙,也亏得章士钊与毛泽东的特殊情谊,终于获得"笔墨官司,有比无好"的"最高指示",于是,《兰亭序真伪驳议》全文先后发表在《光明日报》和《文物》上,享受了与郭沫若文章同等的待遇。这样的发表方式,还引起两场误会。

第一场误会是章士钊误以为郭沫若很有度量,竟然将高文在《文物》上影印发表。而郭沫若却对《光明日报》记者说:"高二适的文稿,《光明日报》不加修改,《文物》影印发表，是'示众'，可是读者未必了解，高二适他们也许以为太看重他们的书法哩。"［见《办〈光明日报〉十年自述（1957—1967）》，穆欣，中共党史出版社，1994］

第二场误会则是发生在康生、陈伯达之间。据说当时康生不在北京，《红旗》总编陈伯达代管文化工作。陈看到毛泽东给郭沫若的信后，就指示发表高二适的手迹。康生回到北京，对陈的做法很不满意。陈说：今后不再管文化部的事了。［见《办〈光明日报〉十年自述（1957—1967）》］

可以说，没有毛泽东的最高指示，高二适的文章肯定发表不了，所谓"兰亭论辩"肯定也辩不起来。高二适的文章发表于1965年7月，已是"文革"前夕。当年11月，姚文元的《评海瑞罢官》发表，敲响了"文革"的开场锣，论辩只不过延续了半年左右，就基本熄火了。及至1972年，郭沫若又就新疆出土的晋人写本《三国志》残卷，前话重提，重申七八年前关于兰亭序真伪问题上的观点。当时，高二适曾撰文予以反驳，可惜此时已无机缘再得最高指示的支持，文章自然无从发表。郭沫若这回只是唱了一出独角戏，而高先生的这篇写于1972年10月的文章，直到他去世后的1982年，才以《兰亭序真伪之再驳议》为标题发表在《书法研究》第一期上。由此可见，没有最高领袖的最高指示，根本不可能出现所谓"兰亭论辩"，笔墨官司根本打不起来。而真正的笔墨官司，又岂能只靠最高指示的支持。

高文公开发表以后，毛泽东一直关注着这场论辩。1965年8月，在一次接见部队干部的会议上，他曾关切地询问参加接见的康生："郭老的兰亭序官司打得怎样了？能不能打赢？"康生立即转告郭沫若，郭立即寄呈自己两篇反驳高二适的文章的清样给毛泽东。毛泽东在给郭的回信中说："8月17日信及大作两篇清样，均已接读。文章极好。特别是找出赵之谦骂皇帝一段有力。看来，过分崇拜帝王将相在现代还不乏其人，有所批评，即成为'非圣无法'，是要准备对付的。"［见《办〈光明日报〉十年自述（1957—1967）》］

郭沫若两篇文章之一是《〈驳议〉的商讨》，文中引证清人赵之谦批评唐太宗推重二王书法的一段话，也就是毛泽东说的"找出赵之谦骂皇帝一段有力"。郭沫若在文章中揶揄高二适："与赵之谦的'妄言'相比，高先生的〈驳议〉却是在绝对信仰唐太宗及其群臣。""高先生之信仰唐太宗,似乎比唐初群臣有过之而无不及了。"郭沫若已经把高二适作为"过分崇拜帝王将相者在现代还不乏其人"中的第一人予以认真对付了,得到了"文章极好"的评价。

《〈驳议〉的商讨》见报后,高二适在致章士钊的信函中曾予评论:"郭文未肯休止,可谓都在兰亭真伪本题之外,他不信晋书(唐太宗)又引用之,也不全信李文田(前言欣赏),既用赵之谦一妄人(越缦堂评赵)的诽谤帖学,又加自明误解赵魏汪客甫题跋。要唐文皇学马列,引我主席词语压人。"(见《高二适手札典藏版》)最后一句话是指郭沫若文中引用了"唐宗宋祖,稍逊风骚"八个字。

高二适还在信中表示:"他既称'商讨',适就该作《读〈驳议的商讨〉再驳议》以反击之,且要叫他撤销(是他开场语)那种说法,在中国文化界谢罪。"在另两封信中,高二适说:"兹适答郭老文已成矣,分三节,计万余字。""十二日寄呈答驳议的商讨一稿"。(见《高二适手札典藏版》)

遗憾的是,高二适先生这篇万余字的答郭文不仅未能发表,至今仍然下落不明。

康生组织围攻

为了打赢这场笔墨官司,康生可谓竭尽全力,亲自组织围攻高二适,支持郭沫若。

上海博物馆副馆长汪庆正回忆:高二适的《驳议》一出,康生即授意组织文章,支持郭老。北京虽然写了几篇,都不满意,特别是对赵万里的文章有意见,说他只写了巴掌大的文章。于是又派人来上海,请徐森玉写文章。当时徐为国务院古籍整理三人领导小组成员,上海博物馆馆长,古文物鉴定大权威。当时徐森玉、谢稚柳和汪庆正三人在一个办公室办公,三人讨论认为支持郭老容易,驳倒高二适难。最后由汪庆正为徐森玉代笔写了一篇绕圈子的文章,既支持郭老又避开和高二适辩论。汪庆正还说:"写这种文章何其难也,才一夜白了少年头。"(见《回眸"兰亭论辨"》,郑重,《文汇报》1998年11月26日)黄苗子也透露一个内幕：当时的历史博物馆馆长龙潜十分起劲，写的文章发表在报上，杀气腾腾，后听阿英说，这是代表康生的论调。这位龙潜就是《陈寅恪最后的二十年》中提到的那位中山大学党委书记，他撰写的文章题目叫《揭开兰亭序帖迷信的外衣》，发表在当年第 10 期《文物》上。赵万里的《从字体上试论兰亭序的真伪》和徐森玉的《兰亭序真伪的我见》都发表于第 11 期《文物》。（见《"兰亭论辨"是怎样的"笔墨官司"》，纪红，《书屋》2001 年第 1 期）

在致章士钊的那批信函中，高二适先生多次提及康生所组织的这些文章，并曾撰文予以反驳，尤其是反驳徐森玉的文章，更是与章士钊在信中详加讨论。高二适在信中说："适敢狂言，本文公表后，即再出个千千万万的郭、徐二公，也无置喙余地！"（见《高二适手札典藏版》）

同样令人遗憾的是，高二适先生的这些文字也都是下落不明。

在被组织动员写文章围攻高二适的人中，最有趣的当属启功。关于此事，启功自称是被拉了壮丁。在《启功口述历史》中，启功回忆了阿英受郭沫若之托动员启功写文章支持郭的全过程，本文不再赘言。值得一说的是，启功在"文革"结束后自编文集《启功丛稿》的前言中有一段话："昔郑板桥自叙其诗钞有言：'死后有托名翻版，将平日无聊应酬之作，改窜阑入，吾必为厉鬼，以击其脑。'夫有鬼无鬼，为变为厉，俱非吾之所知；唯欲借此申明，凡拙作零篇，昔已刊而今不取者，皆属无聊之作耳。"启功的那篇《兰亭的迷信应当破除》没有收入《丛稿》。显然，启功已将之列为无聊之作，并为自己的违心之作而痛悔。

《兰亭论辨》的判决

近年来，不少学者都在研究"兰亭论辩"是怎样一场笔墨官司。例如，《人民政协报》的纪红就提出："既称'官司'，就应当有'官司'的基本特点：论辩双方地位平等，都可以依据事实为自己的论点作充分自由的辩护，胜负则由读者来裁决。而且'笔墨官司'还不同于真正的法律官司，双方尽可以坚持自己的观点，并不存在由于'终审裁决'带来的'强制执行'。这样的'笔墨官司'正是中国知识分子梦寐以求的局面：在争鸣中尽享自由思想、增进学术的乐趣。"

当年的"兰亭论辨"，当然不可能出现这样的局面。所以，高二适的第一篇文章艰难发表，遭到围攻以后的反驳文章则无从发表。穆欣在《办〈光明日报〉十年自述》曾详细地介绍了"兰亭论辨"的情况。他说到当时章士钊也有文章想拿出来，但是由于同郭沫若常见面，怕伤感情，另一个原因是，听到一些风声，感到此事一下又卷进了政治旋涡，于是警觉起来，这个问题不单纯是学术问题了。章士钊的秘书王益知刚给《光明日报》寄上一份稿子：《兰亭序真伪辩》，不几日又给报社连打两个电话索回原稿，且从此没有下文。穆欣估计，"该同这里所说的'风声'不无关系吧"。

在那"突出政治"的年代里，一切学术问题都逃避不了政治化的解读。文物出版社1973年编辑而直到1977年10月才出版发行的《兰亭论辨》文集，可以算得上是对这场笔墨官司所作的"政治判决"。

《兰亭论辨》共收入18篇文章，上编15篇文章，即郭沫若以及与之观点一致

高二适

的文章;下编仅 3 篇文章,即高二适、章士钊和商承祚三人。郭沫若一边的文章,郭沫若自己就占了 6 篇,近一半。还有至少 4 篇是康生或郭沫若组织别人写的。这本文集存在着严重的取舍不当的问题,它不能客观反映兰亭论辩的真实情况。例如,学者唐风和严北溟都有文章反对郭沫若的意见,而且极具代表性。而这样的编辑取舍方式,不过是为了证明该文集出版说明中的"报刊上发表了不少文章,多数文章赞成郭沫若同志的意见,支持他以辨证唯物主义的批判态度推翻历代帝王重臣的评定"这段话而已。难怪有人讽刺道:如果真理能够争取少数服从多数的方式取得胜利的话,郭沫若一派轻而易举大获全胜,因为这是 15 比 3 的压倒性胜利。

《兰亭论辩》的"出版说明"中最耐人寻味的是这样一句话:"应当指出,这种争论反映了唯物史观同唯心史观的斗争。"

这句话出自毛泽东关于"兰亭论辩"这场笔墨官司的另一封信。众所周知,"笔墨官司,有比无好",这是毛泽东接到章士钊 1965 年 7 月 16 日关于高二适《驳议》一文的推荐信后写给郭沫若的信中的话。该信写于 7 月 18 日,同一天,毛泽东还先写了一封给章士钊的信。信的后半部分谈"兰亭论辩":"又高先生评郭文已读过……但争论是应该有的,我当劝说郭老、康生、陈伯达诸同志赞成高二适一文公诸世。"而信的前半部分则是谈章士钊晚年的大作《柳文指要》。毛泽东直言不讳地指出《柳文指要》存在问题,而"大问题是唯物史观问题,即主要是阶级斗争问题",还说,"嗣后历史学者可能批评你这一点,请你要有精神准备,不怕人家批评"。

章士钊除了在 7 月 16 日的推荐信中高度评价高二适的书法成就外,他还在《柳文指要》中,多处采用高二适的文章并赞赏高二适的学术水平,引为知己与同道。毛泽东是审读过《柳文指要》的,章士钊的大问题,又何尝不是高二适的大问题,"即主要是阶级斗争问题"。

平心而论,1973 年正当"文革"进行时,《兰亭论辩》的"出版说明"所作的"政治判决",应当说已经是很客气的了。

二十世纪九十年代,有人写文章回眸"兰亭论辩"时,写到高二适看到《兰亭论辩》的"出版前言"时,"有些愤愤地说:'看来,我是唯心主义了!'"这情景虽绘声绘色,但纯属想象,因为《兰亭论辨》虽编于1973年"文革"之中,但其出版发行却在1977年10月,而高二适已于当年3月15日病归道山了。

关于这场"笔墨官司"的动因究竟如何,当然还有许多问题值得研究,所以有文章说兰亭论辨是"迷雾重重"。但从《广东商报》上署名"岳子"的题为《一场波及刘少奇和毛泽东的兰亭序真伪之争》一文(昆明《滇池晨报》1998年10月17日转载),我们却看到一种独特的说法:"1964—1965年间,刘少奇同志请著名画家黄胄在家里教画。交谈中,少奇同志开始注意到中国书法问题。后来在一次会议上,讲到应当继承传统文化中的精华时,谈到了中国历史上的书圣王羲之,并说,他留下了最宝贵的墨迹是兰亭序。据说,康生、陈伯达听了很反感,认为:他怎么也谈起了兰亭序? 他懂什么兰亭序? 于是找到郭沫若,叫郭老写篇文章,就说兰亭序不是王羲之的!"

资料来源似欠稽考,权当茶余饭后的谈助吧。

巍然一硕书

高二适撰写《兰亭序的真伪驳议》时的身份是江苏省文史馆馆员,而他所挑战的对象却都是一些"大人物"。章士钊在呈送毛泽东的信中是这样介绍这位"小人物"的:"兹有读者江南高生二适,巍然一硕书也。""硕书"一词出自柳宗元的文集。章士钊在他的《柳文指要》中解释"硕书"即"大书家也"。"巍然",按《汉语大字典》的解释,是"高大雄伟貌","亦形容名次等级高"。"巍然一硕书",就是"顶级大书家"。我们知道,毛泽东本人就是一位大书家,章士钊对高二适敢作如此评价,绝对不是常见的恭维客套,更不是那种满天飞的纸糊的高帽,绝对是这位老人郑重其事的发自内心的看法。

今日,高二适的书法艺术,连同他的人品和学问,受到了越来越多的宠爱与推重,南京和姜堰先后建立了两座高二适纪念馆。尤其值得一提的是,《兰亭序真伪之再驳议》原稿由高二适子女捐赠给南京求雨山的高二适纪念馆后,已经被评定为"一级文物"。由此不得不令人想起,那件曾由《文物》影印公布的第一篇《驳议》的手稿，可惜现在不知尚在何处漂流。

在高二适的《再驳议》这篇文章中，有一句极为精辟的话，值得我们仔细回味："夫逸少（王羲之）书名之在吾土，大有日月经天、江河行地之势，固无须谁毁之与谁誉之！"今天王羲之及其兰亭序在中国书法史上的地位，经历过那场"论辩"之后，似乎更加牢固了，我们不能不佩服高二适的坚定信念。

高二适在他读的《杜诗镜铨》上，有一段批语："吾尝谓中国文化史中有三大宝物，即史迁之文、右军之书、杜陵之诗是也。"在给章士钊的一封信中，高二适更是自承：对于兰亭序真伪的争论，"适于此不发则已，一发则不能收，心头热血举非凡俗所堪解。此如适读龙川文、杜陵诗，临习王右军，胸中都有一种性灵所云神交造化者是也。"而在他所临习的《十七帖》，更有一段石破天惊的题跋："二适，右军以后一人而已。右军以前无二适，右军以后乃有二适，固皆得其所也。"这段话坦承自己就是王羲之的传人，充满了自信，同时也非常谦卑地指出没有王羲之就没有高二适。

对宝物，既热爱又敬畏；对继承，既谦恭又自信，这就是高二适对中国文化优秀传统所取的态度。回顾兰亭论辨，千万不要忘记这些！

2014 年 3 月 21 日修改于金陵台城

【尹树人　高二适先生之婿，中国书法家协会会员】

原文刊于《中国文化》2014 年 02 期

五十七年前的一桩冤案

同人刊物《当代英雄》筹办记往

严家炎

1956年,仿佛是个没有寒冬而只有暖春的年份。

正是这一年,由中宣部部长陆定一倡议,中共中央经政治局扩大会议讨论,同意在文艺与学术领域实施"百花齐放,百家争鸣"的方针。毛泽东4月28日在总结讲话中说:"'百花齐放,百家争鸣'我看应该成为我们的方针。艺术问题上百花齐放,学术问题上百家争鸣。'百花齐放'是群众中间提出来的,不晓得是谁提出来的。……'百家争鸣',这是两千年前就有的事:讲学术,这种学术可以讲,那种学术也可以讲,不要拿一种学术压倒一切。你讲的如果是真理,信的人势必就会越来越多。"(《毛泽东文集》第七卷,第54—55页)此事一经报道,给整个文艺界、学术界和广大青年作者带来巨大鼓舞。

此年9月,中共第八次代表大会在北京举行。八大报告指出:在我国,官僚买办资产阶级、地主阶级已经消灭,民族资产阶级作为阶级正在消灭的过程中,暴风骤雨式的群众阶级斗争已经结束。大会通过的决议还宣告:"我国无产阶级同资产阶级之间的矛盾已经基本解决,几千年的阶级剥削制度的历史已经基本结束。""国内主要矛盾,已经是人民对于建立先进的工业国的要求同落后的农业国的现实之间的矛盾,已经是人民对经济文化迅速发展的需要同当前经济文化不能满足人民需要的状况之间的矛盾。"这个决议是包括毛泽东在内的全体代表一致通过的,理应得到贯彻执行。

同年 11 月,中宣部还召开全国文学期刊编辑会议。周扬在作总结发言时,明确提出"同人刊物也可以办"的主张。参加这次文学期刊编辑会议的人员可能不是很多,但会议的精神同样也逐步传开,令人振奋。

正是在这一背景下,1957 年 5 月前后,北京和南京两地的青年文化人,才会不约而同地各自筹办起同人刊物来。

北京的同人刊物,就在北大中文系的部分青年教师、进修教师和高年级研究生中酝酿。邀集的成员共有八人,发起者是教师党支部书记乐黛云和进修教师、研究生党支部书记刘群(《人民日报》来北大进修人员),其他六人分别为裴家麟、褚斌杰、金申熊(金开诚)、沈玉成、傅璇琮(均为青年教师)、谭令仰(四年级研究生)。他们在当时都是思想活跃、才识兼备的优秀青年骨干。在 5 月 16 日这天,他们举行了第一次筹备会议,将自己的刊物正式命名为《当代英雄》(借用俄国作家莱蒙托夫一部长篇小说的名称),同时还商讨了经费和刊物前一两期的稿源,初步落实了部分稿件的题目和作者,像谭令仰计划写一篇有关文艺的普及和提高而又颇具新意的理论文章,刘群打算写部队题材的一个副师级干部腐化堕落的小说等等。会后,大家很热心地分头出动募集经费。乐黛云、裴家麟负责去找王瑶教授募捐。不料王先生得知后,当即严肃地告诫他们马上停止,认为同人刊物的事"万不可行"。(当时毛泽东已在 5 月 15 日写了《事情正在起变化》一文,实施"引蛇出洞"的"阳谋")于是,到 5 月 20 日八人第二次开会时,乐黛云转述了王瑶先生的劝告。经众人商量讨论,大家采纳了王先生的意见,决定停止《当代英雄》的活动。

南京的同人刊物《探求者》是高晓声、陈椿年、陆文夫、艾煊、叶至诚、方之等七人发起的。由于事前准备工作做得比较充分,他们决定在 1957 年 6 月 6 日就让文学月刊社正式开张。《发刊词》等均已写好,"章程"和"启示"也在准备中。他们主张文学要勇于破除条条框框,大胆干预生活。然而,不等刊物出版,政治局候补委员康生竟已作出"《探求者》是反党集团"的批示,致使此刊"胎死腹中"。8 月上中旬,江苏省文联召开批判大会,批斗《探求者》成员。七人中有三人被划为"右派"。

那么,北京的《当代英雄》自5月20日停止活动后,其成员能否就此平安度日,命运比《探求者》成员或可稍好呢?并非如此。实际情形恰好相反:《当代英雄》内部的八人,到1957年年底、1958年年初,全部被划为"右派分子",所占比例是百分之一百,较《探求者》更惨。

这里有个最重要的背景:北京大学的核心领导在1957年10月被奉命更换。原党委书记、1927年入党的江隆基行事稳重,与校长马寅初的关系也很和谐。但在高层主政者心目中,他却被认为是"右倾",因而被调往兰州大学。接替者是粗犷泼辣、颇有大刀阔斧之风的铁道部副部长陆平。他到任后,即大抓反"右派"斗争,深挖细查,要求不漏一个。(北京大学所划"右派分子"比例有人说是6%,其实还要超过这个比例的。)对"同人刊物"这类带点团体性的问题,尤其不肯放过。这就是《当代英雄》同人们自1957年11月起被严格审查,终于全划成"右派"的原因。

我可以说一件自己经历的事作为佐证。大概在1957年12月初的一天,中文系党总支干事蔡明辉来通知我,要我当晚八点到党总支参加一个会议。我奉命去后,才知道这是讨论同人刊物《当代英雄》的会议,由新任总支书记蓝芸夫主持。据说这个会议此前已经举行过一次,原任党总支书记孙觉已讲了她反对将刘群等划为"右派"的意见,今晚是第二次讨论了,要我这个对刘群有所了解的普通党员也来说点意见。我于是将刘群在5月份非常辛苦地办《浪淘沙》积极反右的情况作了客观介绍,待总支委员们没有新的问题发问时,我就先离开了会场。再过一星期左右,在《当代英雄》即将被宣布为"右派小集团"之前的半小时,孙觉和蓝芸夫两人又在文史楼的过道中发生大声争吵,而蓝芸夫则显然是受到新任校党委所任命和支持的。

最后,我想就文学上的同人刊物问题说点我个人的看法。

从"五四"到1949年的三十年历史进程中,中国的同人刊物曾经是相当多的。它们随相关社团的出现而兴起,又随相关社团的解散而消失。同人刊物在突破平庸、鼓励创新方面确实发挥了重要作用。以《新青年》这个刊物为例,它最初由陈独秀个人编辑,到1918年,北京大学的一批教师如胡适、钱玄同、沈尹默、刘半农、周作人、李大钊等参加进来,共同讨论,轮流编辑,就成了同人刊物。

鲁迅的《狂人日记》《孔乙己》，沈尹默的《月夜》《三弦》，胡适的《蝴蝶》《湖上》，周作人的《小河》等，便都是那两三年发表在该刊上的作品。到后来，《新青年》编辑部随陈独秀南迁上海，1923 年在瞿秋白主持下，又改成季刊，那就完全成了共产党的机关刊物。可见，在同人刊物与非同人刊物之间，确实存在着不同的界线，但不一定相互完全对立，在一定的条件下还可以相互转化。1949 年以后，新中国并未立法规定禁止办同人刊物。周扬作为中宣部常务副部长，还在 1956 年11 月宣布了"同人刊物也可以办"的原则，亦未把同人刊物与非同人刊物置于相互对立的境地。因此，像康生那样不等《探求者》印出，就先验地宣布它的"反党"罪名，或者像北大有些人那样，将早已自行停止活动的《当代英雄》同人们全部打成右派，令其长期遭受政治上的歧视与迫害，都只能是一种主观、荒唐和毫无人性的错误行为。

2014 年 9 月 18 日写毕

【严家炎　北京大学中文系资深教授】
原文刊于《中国文化》2014 年 02 期

世界文化对话中的中国现代保守主义

乐黛云

十八世纪末，十九世纪初，保守主义、自由主义、激进主义作为一个不可分离的整体出现在西方。正是对法国大革命的不同反应构成了这种一分为三的局面，这种分野一直继续到今天。从长远历史发展来看，保守主义意味着维护历史形成的、代表着连续性和稳定性的事物；保守主义者认为长期延续成长、积淀下来的人类的理性和智慧远胜于个人在存在瞬间的偶然创造，因此不相信未经试验的革新。他们主张在原有基础上的渐进和改良，不承认断裂、跃进和突变，曾为马克思主义者的德国著名知识社会学家卡尔·曼海姆（Karl Mannheim）认为保守主义曾对"社会的历史成长的理念"，做出过很大贡献。[①] 事实上，保守主义、自由主义、激进主义三者往往在同一框架中运作，试图从不同途径解决同一问题，它们在同一层面上构成的张力和冲突正是推动历史前进的重要契机。保守主义的思想言行构成了历史的一部分，要完整地了解历史，不能不对保守主义作一番认真的研究。

二十世纪初勃兴于中国的新文化运动与世界文化思潮紧相交织，成为二十世纪世界文化对话的一个重要组成部分，自然也出现了保守主义、自由主义、激进主义这样的三位一体。以李大钊、陈独秀为代表的激进派尊崇马克思，以胡适

---

① 卡尔·曼海姆：《论保守思想》，《社会学与社会心理学论文集》，伦敦出版社，1969 年，第 74—164 页。

574

等为代表的自由派找到了杜威、罗素，以《学衡》杂志为代表的现代保守主义者则服膺新人文主义宗师白璧德。他们思考和企图解决的问题大体相同（如何对待传统，如何引介西方，如何建设新文化等），而又都同样带着中国文化启蒙运动的特色。这些特色大体表现为：第一，带有强烈的民族主义热情，振兴民族，救亡图存成为压倒一切的动机。激进派的否定传统、保守派的固守传统都是首先出于这一考虑；第二，因此，中国的文化启蒙与西方的启蒙运动不同，后者首先肯定个人的价值，强调要有健全的个人，才有健全的社会；前者却首先要求社会变革，先要有合理的社会，才会有个人的作为。激进派强调革命，鲁迅等人强调改造国民性，保守派强调重建"国魂"，都不是以个人为本位。第三，中国的文化启蒙在很大程度上是在国际帝国主义的压迫下产生的，相对来说并非内部酝酿成熟的产物，因此缺乏内在的思想准备。无论激进派、自由派、保守派都不曾产生足以代表自己民族，并可独立自成体系，无愧于世界启蒙大师的伟大人物。第四，中国启蒙运动发生在第一次世界大战引起的西方衰敝时期，西方文明的矛盾和弱点已暴露无遗，中国的激进派、自由派和保守派都向西方寻求真理，但都想绕开这些矛盾和弱点。激进派的反对资本主义，自由派提倡"好人政府"和整理国故，保守派倡导的东西文化结合，都与这一意向有关。

总之，在五四新文化运动中，保守派和自由派、激进派一样，思考着同样的问题，具有共同的特点，实际上三派共同构成了二十世纪初期的中国文化启蒙。过去我们对从严复、林纾到《国故》《学衡》的中国保守主义研究得很不够，往往因他们和激进派与自由派的一些争论，把他们置于整个文化启蒙运动的对立面而抹杀了他们对中国文化启蒙的重要贡献。本文试图在世界文化对话的广阔背景上，首先对中国现代保守主义的代表《学衡》杂志作一些探讨，以补过去之不足。

《学衡》杂志创刊于1922年1月。这时，五四新文化运动已告一段落，人们开始回顾和检讨这一运动的得失。《学衡》杂志本身就是对五四新文化运动最切近的反思的产物。《学衡》自1922—1926年按月正规出版，出到第60期，以后时断时续直到1933年第79期终刊。为《学衡》撰稿者不下百人，但真正有影响，足可称为灵魂和核心的则是吴宓（1894—1978）、梅光迪（1890—1945）、胡先骕（1894—1968）、汤用彤（1893—1964）、柳诒徵（1880—1956）。吴宓1917年从清华学校赴美留学,1921年获哈佛大学文学硕士学位,回国后,应梅光迪之邀,任教于南京的东南大学;梅光迪21岁以庚款赴美,1919年获哈佛大学硕士学位,1920年返国,1921年出任东南大学西洋文学系主任;胡先骕原是植物学家,曾在美国加州大学伯克利分校就学,回国后又赴哈佛大学进修人文学科;汤用彤1918年赴美,1922年获哈佛大学哲学硕士学位,同年回国后任东南大学哲学系教授。以上四位都曾受到当时哈佛大学比较文学系教授、新人文主义大师白璧德(Irving Babbit)的深刻影响。柳诒徵则为历史学家,曾在江阴南菁书院、南京钟山书院受业,后尝游学日本,著有《中国文化史》等。围绕这一核心,经常在《学衡》发表文章的还有王国维(20篇),东南大学的景昌极(23篇)和缪凤林(24篇),留美学生张荫麟(14篇)和郭斌龢(8篇),留法学生李思纯(3篇),也有国学保存会会员林损(12篇)等。

《学衡》核心人物大多出身名门,又都曾留学国外,对西方文化有较深认识,回国后又大都在大学任职,出生年龄则大体在1890年前后。无论从家庭出身、年龄结构、求学经历、社会地位等方面来分析,以《学衡》为中心的这批知识分子和五四新文化运动领导人李大钊、陈独秀、胡适、鲁迅等都相去不远。他们在同一层面上考虑问题,这并不奇怪,但何以又选择了不同的途径呢?

原因恐怕不能简单归结为接触面不同,因而所受影响不同,例如,梅光迪原就读于芝加哥西北大学,所读的书不少,但恰是读了白璧德的《现代法国批评大家》一书后,就大为叹服,"遂入哈佛大学,以白璧德为师"。[2] 吴宓原来也是在维金尼亚大学就读,因慕白璧德,受梅光迪之邀,转入哈佛的;汤用彤原在汉姆林大学学哲学,后来转入哈佛大学,专修佛教与梵文、巴利文,这显然也是受了白璧德的吸引,因为白璧德一向重视并钻研佛教,又精通梵文、巴利文,并一向强调中国人应特别重视研究印度文明,由此可见首先并不是白璧德塑造了《学衡》诸人的思想,而是某些已初步形成的想法使他们主动选择了白璧德。

白璧德所倡导的新人文主义是二十世纪现代保守主义的核心。白璧德首先强调人文主义(Humanism)与人道主义(Humanitarianism)根本不同,后者指"表

---

② 《梅光迪文录》,第26页。

同情于全人类","以泛爱人类代替一切道德",前者则强调人之所以为人的规范和德性,强调使人不同于禽兽的自觉的"一身德业之完善",反对放任自然,如希腊的盖留斯早就界定:"Humanitas(人文)一字被人谬用以指泛爱,即希腊人所谓博爱(Philanthropy)。实则此字含有规训与纪律之义,非可以泛指群众,仅少数入选者可以当之。"③白璧德的主张实际是对于科学与民主潮流的一种反拨。他认为十六世纪以来,培根创始的科学主义发展为视人为物,泯没人性,急功近利的功利主义;十八世纪卢骚(即卢梭,下同——编者注)提倡的泛情主义演变为放纵不羁的浪漫主义和不加选择的人道主义。这两种倾向蔓延扩张使人类愈来愈失去自制能力和精神中心,只知追求物欲而无暇顾及内心道德修养。长此以往"人类将自真正文明,下堕于机械的野蛮",白璧德认为当时已到了"人文主义与功利及感情主义正将决最后之胜负",④而这场决战将影响人类发展的全局。

为战胜"科学主义"导致的功利物欲,新人文主义强调人类社会除"物质之律"外,更重要的是"人事之律"。二十世纪以来,"人事之律受科学物质之凌逼",使人类沦为物的奴隶,丧失真正的人性,"今欲使之返本为人,则当复昌明'人事之律',此二十世纪应尽之天职"。这种"人事之律"为人类长期历史经验和智慧锤炼积淀而成,是一种超越的人性的表征。白璧德认为人类须常以超越日常生活之上之完善之观念自律。苟一日无此,则将由理智之城下堕于纵性任欲之野蛮生活。

为抵制不加规范、任性纵欲的卢骚式的感情主义,人文主义强调实行"人文教育,即教人以所以为人之道",这种教育"不必复古,而当求真正之新;不必谨守成说,恪遵前例,但当问吾说之是否合乎经验及事实。不必强立宗教,以为统一归纳之术,但当使凡人皆知为人之正道;仍当行个人主义,但当纠正之,改良之,使其完美无疵"。⑤白璧德将人生境界分为神性、人性、兽性三等,神性高不可攀,兽性放纵本能,沉溺于物欲。人性则是每一个人经过努力都可以达到的,但若放弃教育和规范,听任自然,人性就会沦为兽性。因此最重要的是用"一切

③ 《白璧德释人文主义》,《学衡》第 34 期。
④ 白璧德:《中西人文教育说》,胡先骕译,《学衡》第 8 期。
⑤ 《白璧德中西人文教育说·吴宓附识》,《学衡》第 3 期。

时代共通的智慧"来丰富自己,鼓舞向善的意志而对自我进行"克制",以便从一个"较低的自我"达到一个"较高的自我"以保持并提高人性。

由于白璧德用以规范人性的是全人类共同创造的普遍性永久价值,因此,能从世界文化汇通的高度来讨论传统问题。他认为,中国文化传统与西方文化传统"在人文方面,尤能互为表里,形成我们可谓之集成的智慧的东西"。他指出孔子的"克己复礼为仁"和自亚里士多德及其他希腊哲人以降的西方人文主义者是一致的,"凡能接受人文主义的纪律的,必趋于孔子所谓的君子或亚里士多德所谓的"持身端严者"。他又认为"佛教的本来形式特别接近我所谓的现代精神,也便是实证与批评的精神"。因此,他"年轻时曾用功研读梵文和巴利文,以求能在本源上了解佛家佛法"。他希望中国也有人研究巴利文,"不仅是为了了解过去的中国各方面,也为了发现如何能使这一古老信仰仍为一股活的力量,对现代产生影响"。他主张在中国学府"应把《论语》与亚里士多德的伦理学合并讲授";在西方学府"也应该有学者,最好是中国学者来教授中国历史与道德哲学",这正是"促进东西方知识界领袖间的了解的重要手段"。他甚至希望能促成一个"人文国际",以便在西方创始一个人文主义运动,而在中国开展一个"以扬弃儒家思想里千百年来累积的学院与形式主义的因素为特质"的"新儒家运动"。⑥

应该说《学衡》诸人是很自觉地将新人文主义理论运用于中国实际的,梅光迪明确指出"在许多基本观念及见解上,美国的人文主义运动乃是中国人文主义运动的思想泉源及动力",⑦又说:"(白璧德的著作)对我来说是一个崭新的世界,更是一个被赋予新意义的旧世界"。⑧吴宓也说:"受教于白璧德及穆尔先生,亦可云:曾间接承继西洋之道统而吸收其中心精神。宓持此所得之区区以归,故更能了解中国文化之优点与孔子之崇高中正。"⑨正是由于吴宓、梅光迪等人吸收了这些新的因素,以中国文化作为参与世界文化对话的一个方面,他们与

---

⑥ 本段引文皆出自《白璧德中西人文教育说》,原载《学衡》第 3 期,胡先骕译。此处引文出自侯健新译,见《从文学革命到革命文学》,第 267—268 页。

⑦ 《梅光迪文录》,第 26 页。

⑧ 《梅光迪文录》,第 10 页。

⑨ 吴宓:《空轩诗话》,《雨僧诗文集》,第 454 页。

激进派和自由派的论辩也就与过去的传统保守主义不同,而带有了现代的、国际的性质。

例如在对待传统问题上,《学衡》首先提出了反对进化论"新必胜于旧,现在必胜于过去"的观点,他们认为人文科学与自然科学不同,不能完全以进化论为依据。《学衡》重要成员,留法学生李思纯援引当代德国哲学家斯宾格勒在《西土沉沦论》(现译《西方的没落》)中阐明的理论,提出斯宾格勒的四阶段文化发展模式——"生"、"住"(稳定、发展)、"异"(吸收他种文化而变异)、"灭(衰亡)同样适用于中国,以说明今天的文化不一定就必然优于过去的文化。[10]吴宓更明确地指出:"物质科学,以积累而成,故其发达也,循直线以进,愈久愈详,愈晚出愈精妙。然人事之学,如历史、政治、文章、美术等,则或系于社会之实境,或由于个人之天才,其发达也,无一定之轨辙,故后来者不必居上,晚出者不必胜前。因之,若论人事之学则尤当分别研究,不能以'新'夺理也。"[11]因此,他强调"并览古今"而反对局限于"新"。

根据新人文主义理论,《学衡》派认为历史有"变"有"常","常"就是经过多次考验而在经验中积累起来的真理,这种真理不但万古常新而且具有普遍性世界意义。早在1917年,当梅光迪就读于美国哈佛大学时,他就曾关于这个问题和胡适进行过激烈辩论。胡适曾从进化论出发,认为人类的历史就是弃旧图新的历史,梅光迪却认为历史应是人类求不变价值的纪录。他说:"我们今天所要的是世界性观念,能够不仅与任一时代的精神相合,而且与一切时代的精神相合。我们必须理解,拥有通过时间考验的一切真善美的东西,然后才能应付当前与未来的生活。这样一来,历史便成为活的力量。也只有这样,我们才有希望达到某种肯定的标准,用以衡量人类的价值标准,判断真伪与辨别基本的与暂时性的东西。"[12]吴宓在他那篇《中国的新与旧》中也谈到类似的观点并强调"只有找出中华民族文化传统中普遍有效和亘古常存的东西,才能重建我们民族

---

[10] 李思纯:《论文化》,《学衡》第2期。

[11] 吴宓:《论新文化运动》,《学衡》第4期。

[12] 梅光迪:《我们这一代的任务》,《中国学生》月刊,1917年1月,第12卷3期;译文见侯健著《从革命文学到文学革命》,第61页。

的自尊"。[13]

不难看出,《学衡》与五四前的国粹派已有显著不同:国粹派强调"保存国粹",重点在"保存"。严复追求的是"保持吾国四五千载圣圣相传之纲纪彝伦、道德文章于不坠"。[14] 林纾也以"存此一线之伦纪于宇宙之间"为己任。[15] 如上所述,《学衡》强调的却是发展。《学衡》的宗旨是"论究学术,阐求真理,昌明国粹,融化新知,以中正之眼光,行批评之职事"[16],目的不只是"保存国粹",而是"阐求真理";方法也不是固守旧物而是批评和融化新知,这就是发展。《学衡》派突破一国局限,追求了解和拥有世界一切真善美的东西,就更不是国粹派所能企及的了。

在引介西学方面,《学衡》杂志标举两项标准,这就是梅光迪所说的:"其一是被引进之本体有正当之价值,而此价值当取决于少数贤哲,不当以众人之好尚为依归;其二是被引进的学说必须适用于中国,即与中国固有文化之精神不相背驰;或为中国向所缺乏,而可截长以补短者,或能救中国之弊而有助于革新改进者。"[17]从第一点出发,《学衡》派特别强调对西方学说进行比较全面系统的研究,然后慎重择取。若无广博精粹之研究,就会"知之甚浅,所取尤谬",结果只能是"厚诬欧化","行其伪学"。因此,梅光迪尖锐抨击当时"丛书杂志之多而且易,如地菌野草",有些人"西文字义未解,亦贸然操翻译之业,讹误潦乱,尽失作者原意,又独取流行作品,遗真正名著于不顾,至于撼拾剿袭……西洋学术之厄运,未有甚于在今日中国者"。[18]

从第二点出发,《学衡》引进西学,首先强调其与中国传统精神契合的部分。他们认为真正属于真善美的东西必然"超越东西界限,而含有普遍永久的性质"。因此,对于西方文化正如对于东方文化一样,必须摒除那些"根据于西洋特殊之历史、民性、风俗、习尚,成为解决一时一地之问题而发"的部分。[19] 而寻

---

[13] 吴宓:《中国的新与旧》,《中国学生》月刊1921年1月第16卷3期。
[14] 王蘧希:《严几道年谱》,民国元年条。
[15] 林纾:《腐解》,见《畏庐三集》。
[16] 《学衡杂志简章》,见《学衡》每期卷首。
[17] 梅光迪:《现今西洋人文主义》,《学衡》第8期。
[18] 梅光迪:《论今日吾国学术界之需要》,《学衡》第4期。
[19] 梅光迪:《现今西洋人文主义》,《学衡》第8期。

求具有普遍性、永久性的"真正的"西方文化。这种西方文化不仅不违背中国传统文化而且会促进后者的发扬光大。正是在这意义上，胡先骕提出"欲以欧西文化之眼光，将吾国旧学重新估值"[20]。以此为基础再引进中国缺乏的和能救中国之弊而有助于改革的西方思潮。

《学衡》的以上主张显然突破了传统保守主义"中学为体、西学为用"的模式。严复虽曾提出"中学有中学之体用，西学有西学之体用，分之则并立，合之则两亡"[21]。西方以"自由为体，民主为用"，合之中国则"民智既不足以举之，而民力民德又弗足以举其事"，因此不可能"中体西用"[22]。但他用来代替"体用之说"的"标本之说"也并未真正超越"体用"的范畴，他说："标者何？收大权，炼军实，如俄国所为是已，至于其本，则亦于民智、民力、民德三者加之而已"[23]。仍然是"体"和"用"的关系。林纾也曾大力提倡西学，但其目的则是维护中学。他强调的是"外国不知孔孟，然崇仁、仗义、矢信、尚智、守礼，五常之道，未尝悖也"。既然"西人为有父矣，西人不尽不孝矣"，因此，"西学可以学矣"[24]。

直到《学衡》杂志诸人才真正提出"世界将来之文化，必东西文化之精髓而杂糅之"[25]。也就是说这是一种"超越东西界限而含有普遍永久价值"的文化。正如吴宓所说："中国之文化以孔教为中枢，以佛教为辅翼；西洋之文化以希腊罗马之文章哲理与耶教融合孕育而成。今欲造成新文化……则当以以上所信之四者，首当着重研究，方为正道"[26]。在这样的基础上产生出来的新文化既不同于原来的东方或西方文化，又保存着原来东西方文化各自的特点。这就是吴芳吉所强调的"复古固为无用，欧化亦属徒劳，不有创新，终难继起。然而创新之道，乃在复古欧化之外"[27]。这才真正超越了"体用"的模式。

总而言之，《学衡》派在继承传统问题上以反对进化论，同激进派和自由派

[20] 胡先骕：《论批评家之责任》，《学衡》第 3 期
[21] 《严复集》第三册，中华书局，1986 年，第 560 页。
[22] 同上书，第一册，第 11—15 页。
[23] 同上书，第一册，第 14 页。
[24] 林纾：《致蔡鹤乡太史书》，见《英太子火山报仇录序》。
[25] 胡稷咸：《批评态度的精神改造运动》，《学衡》第 75 期。
[26] 吴宓：《论新文化运动》，《学衡》第 4 期。
[27] 吴方吉：《再论吾人眼中的新旧文学观》，《学衡》第 21 期。

相对峙,同时以强调变化和发展超越了旧保守主义;在引介西学方面则以全面考察,取我所需和抛弃长期纠缠不清的"体用"框架而独树一帜。《学衡》派选择了这样一条现代保守主义之路并不是偶然的,首先这和当时的世界文化形势有关。第一次世界大战造成了西方社会普遍的沮丧和衰落。斯宾格勒的《西方的衰落》一书(1918年第1卷出版)宣布了欧洲中心论的破灭,引起了人们对非欧文化的广泛兴趣,人们开始感到中国传统文化对世界具有了新的意义。梁启超的《欧游心影录》(1919年3月在《时事新报》连载)进一步加强了这种印象。《学衡》主将之一柳诒徵提出了"中学西被"的问题。他认为"交通的进步渐合世界若一国"。由于西方人感到吸取他种文化的需求,而中国人也认识到提高国际地位"除金钱、武力外,尚有文化一途"。中国文化的"西被"已提到日程上来。㉘当然这并不是说"间闻二三数西人称美亚洲文化,或且集团体研究,不问其持论是否深得东方精神,研究者的旨意何在,遂欣然相告,谓欧美文化迅即败坏,亚洲文化将取而代之"。㉙然而在西方人看来,中国文化毕竟已成世界文化的一个组成部分,而这又在一定程度上反激起中国人深入研究中国文化的意愿则是事实。

另一方面,《学衡》杂志出现于五四新文化运动高潮将近三年之后。在检讨和反省的过程中,人们开始感到文化发展总是渐变的,正如吴宓所说"举凡典章文物,理论学术,均就已有者层层改变递嬗而为新,未有无因而立者"。㉚这就需要用新的建树来替代过时的、应淘汰的旧物,而这个过程又有赖于较长时间的新旧并存,以供比较、试验、选择。猛然宣布对某种文化的禁制,往往会造成梅光迪所说的"以暴易暴",并不一定能达到建设新文化的目的。因此,《学衡》派不同意自由派的"弃旧图新",更不同意激进派的"破旧立新",而认同于以"存旧立新","推陈出新"或"层层递嬗而为新"相号召的新人文主义。

另外,也许还应提到一点,《学衡》派诸人与政治保守派不同,他们是真正的文化保守主义者,他们绝不维护社会现状,也不想托古改制,而以文化启蒙为改造社会的唯一途径,这使他们和风云突变的政治运动保持了一段"知识分子的

㉘ 柳诒徵:《中国文化西被之商榷》,《学衡》第27期。

㉙ 汤用彤:《评近人之文化研究》,《学衡》第12期。

㉚ 吴宓:《论新文化运动》,《学衡》第4期。

距离",他们以追求绝对真理为己任,鄙弃"顺应时代潮流",反对"窥时俯仰""与世浮沉"。认为"真正豪杰之士"倒是"每喜逆流而行"。[31] 当激进派投入革命,自由派鼓吹"好人政府"时,《学衡》派诸公却始终坚持在文化教育岗位上,也许对于人文教育的看重与执着也正是他们汇入世界现代保守主义潮流的另一个原因。

五四新文化运动已经过去七十年,《学衡》派当年发出的声音实在微乎其微,但在世界文化对话的交响中,它毕竟发出了自己独特的声音,那是中国的声音,也是五四新文化运动的声音。当人们大谈文化断裂,全盘西化或保古守旧,"体用情结"时,是否也应参照一下《学衡》杂志,这一远非和谐,然而独特的音响?

【乐黛云　中国现代文学学者,北京大学中文系教授】

原文刊于《中国文化》1989 年 01 期

---

[31]　梅光迪:《评今人提倡学术之方法》,《学衡》第 2 期。

熊十力"本体—宇宙论"诸范畴阐要

郭齐勇

一、坚实的形上基础与能动的哲学性格

现代中国哲学家罕有谈宇宙论者,熊十力则是一个例外。但熊先生的宇宙论不是一般的宇宙论,而是"本体—宇宙论"。

所谓"本体—宇宙论",是穷究宇宙本源、本根、本质的宇宙论,又是探讨宇宙发生、发展、变化的本体论。熊氏哲学的特点之一,是不离宇宙谈本体,不离本体谈宇宙。所谓"本体",是生灭变动的宇宙之"体";所谓"宇宙",是依本体而现起的"用",即本体的大化流行。

陈荣捷曾经指出,熊十力系统地建立了完整的哲学体系,重建了新儒学,并且"赋予(宋明)唯心主义新儒学以一种更坚实的形上学基础和更能动的性格"。"熊十力从佛学中所获益的与其说是唯心主义,不如说是瞬息变化的概念。他把这运用于《周易》的生生不息的学说,并予以强化。这个能动的变化的观念,在新儒学,特别是在王阳明那里,已经是显著的。但是,熊十力却为之提供了一

个形上学的基础。"①牟宗三说,《新唯识论》"融摄孟子、陆王与《易经》而为一,以《易经》开扩孟子,复以孟子陆王心学收摄《易经》,直探造化之本,露无我无人之法体"。② 贺麟早就指出,熊十力先生"对陆王本心之学,发挥为绝对的本体,且本翕辟之说,而发展设施为宇宙论,用性智实证以发挥陆之反省本心,王之致良知……为陆王心学之精微化系统化最独创之集大成者"。③ 以上诸说把握了熊氏活用思想资源的特点。

熊十力"本体—宇宙论",是以他所了解的西方哲学的本体—宇宙论和印度佛教哲学的本体—宇宙论作为参照和反衬的。

就西方哲学而言,他认为,亚里士多德、斯宾诺莎的实体学说,黑格尔的"绝对精神",都有作为外缘的、离开主体客观独存的实体,或超越于主体和客体之外的"第一因""主宰者",君临万物之上的造物主、神天、上帝。这种实体,是如如不动、绝对静止的。

就佛教哲学来说,熊氏指出:"佛氏谈本体,只是空寂,不涉生化;只是无为,不许说无为而无不为;只是不生灭,不许书生……详核佛氏根本大义,却是体用条然各别……此盖出世法之根本错误。"④比较儒佛本体论的差异,熊氏认为,两者天壤悬隔处在于,佛家证会到的本体是空寂的。"佛家观空虽妙而不免耽空,归寂虽是而不免滞寂。夫滞寂则不悟生生之盛,耽空则不识化化之妙。此佛家者流,所以谈体而遗用也。儒者便不如是……故善观空者,于空而知化,以其不耽空故;妙悟寂者,于寂而识仁,以其不滞寂故。我们于儒家所宗主的《大易》一书便知他们儒家特别在生生化化不息真机处发挥……《大易》只从生化处愿空寂,此其妙也。佛家不免耽空滞寂,故乃违逆生化而不自知。""佛家于性体之空寂方面,确是有所证会。但因有耽空滞寂的意思,所以不悟生化。或者,他们(佛家)并非不悟生化,而只是欲逆生化,以实现其出世的思想。"⑤

正是基于对西学和佛学"本体—宇宙论"之缺陷的这种批评,熊十力赋予宋

---

① 陈荣捷:《中国哲学资料书》第43章,普林斯顿大学出版社1973年第4版。
② 牟宗三:《我与熊十力先生》,《生命的奋进》,香港《百姓》半月刊丛书部,1985年11月再版。
③ 贺麟:《当代中国哲学》,胜利出版公司,1947年1月初版。
④ 《印行十力丛书记》,《新唯识论》语体本,卷上,1947年湖北版,第4页。
⑤ 《新唯识论》语体本,卷中,第24—26页。

明新儒学以一种更坚实的形上学基础和更能动的性格。在这里,他特别强调"生化",强调生生不息,大化流行。

熊十力认为,"生化"是本体所蕴含的不容已之真几,是宇宙万变不息的原动力。就本体或性体的基本属性来说,它当然是空寂的,因为它不等同于具体的现象,离开了一切染污。"生化的本体,元自空寂。其生也,本无生;其化也,本无化。因为生化的力用才起时即便谢灭⋯⋯生化之妙,好像电光的一闪一闪,是刹那刹那、新新而起,也就是刹那刹那,毕竟空,无所有。所以说,生本无生,化本不化。然而,无生之生,不化之化,却是刹那刹那,新新而起,宛然相续流。"⑥在他看来,这不是一种物质的力量,不是一种持续的生力之流,也不宜从生化的结果即各种物化的现象形态中加以推测。创生实体的这种功用是时时突发的。

也就是说,生命本体或心性本体是活泼泼的具有内在动力的本体,其变动不居、流行不息的特征和能动的、创造自然和文化的功能,绝非静止的、"耽空滞寂"的自然本体或绝对精神之本体所能比拟,同时又不是柏格森的生命冲动所能取代的,因为柏氏之冲动只是本能、习气,是盲目的,它不是生命的本质、自觉的本心和道德自我的力量。

熊先生驳唯识、论体用、衍乾坤,所为何事?依我看,最根本的是张大生命本体,肯定人的主体性的意义,弘扬道德主体的价值。这在他的本体—宇宙论中表现为高扬本体的能动性和生化功能。他用了许多对范畴,如:体—用、翕—辟、乾—坤、心—境、理—气、天—人,等等,从不同侧面来证明这一点。

二、论"体—用"

熊氏哲学的根本问题即是体用问题。他说,如果透悟体用义,即于宇宙人生诸大问题,豁然了解,无复凝滞。中国传统哲学的"体""用"范畴,近似于印度佛家的"法性""法相"范畴,也近似于西方哲学的"实体""现象"范畴。但笔者认

---

⑥ 《新唯识论》语体本,卷中,第28页。

为,中国哲学,尤其是熊氏哲学之"体""用"范畴的特殊性在于,以存在为"体",以功能为"用"。"体"既是"本体"同时又是"主体","用"既是"现象"同时又是"功用"。在西方哲学中,"实体"与"主体"是不同的两个概念,"现象"与"功能"亦是不同的两个概念。中国哲学范畴涵盖面广,分疏性差,即于此可以得到印证。

把握熊氏体用论的要点其实并不难。首先,不应把本体视作一恒常的事物。本体是实有的,然而却无方所、无形象。如老子所言,"玄之又玄,众妙之门"。本体是至神的,然而并不是有意志的上帝或人格神在那里宰制、造作。不能认为宇宙有一个不变不动者为万变不居者之依据。因此,本体自身,即是显为变动不居的现象,离开变动不居的现象即无本体。其次,本体没有内外、主客之分,不能承认有离开心体、性体而外在的本体。"吾人如自识本体,便见得自己兀是官天地、府万物,更无内外二界对峙。斯理也,自吾人言之如是,自一微尘言之亦然。一切物,皆从其本体而言,都无内外。"⑦再次,不能把"用"看作是实在性或固定性的东西:

> 用者,作用或功用之谓。这种作用或功用的本身只是一种动势(亦名势用),而不是具有实在性或固定性的东西。易言之,用是根本没有自性。如果用有自性,他就是独立存在的实有的东西,就不可于用之外再找什么本体。

> 体者,对用而得名。但体是举其自身全现为分殊的大用。所以,说他是用的本体,绝不是超脱于用之外而独存的东西。因为体就是用底本体,所以不可离用去觅体。⑧

> 因为体是要显现为无量无边的功用的,用是有相状诈现的,是千差万别的。所以,体不可说,而用却可说。用就是体的显现,体就是用的体,无体即无用,离用元无体。所以,从用上解析明白,即可以显示用的本体。简单言之,我们可就大用流行、诈现千差万别的法相上来作精密的解析,便见得大

---

⑦ 《十力语要初续》,台北乐天出版社,1971年,第8页。

⑧ 《新唯识论》语体本,卷中,第1页,卷上,第45页。

用流行不住,都无实物。即于此,知道他只是真实的显现。(此中真实一词即谓本体……)易言之,我们即于无量的分殊的功用上,直见为——都是真实的显发而不容已。⑨

熊氏把一切物质现象和精神现象都看成本体的功用、本心的显发。他认为,离开了"用",即离开了本体的流行和作为本体之显现的万事万物,便无法透识本体。当然,他的错误在于否定了万事万物的客观实在性。他常常使用佛家惯用的绳麻之喻,说明"即用显体"。他说,绳子没有自体,不是独立的实在的物事,而只是麻的显现、麻的一团功用。我们即于绳子的相状,直见它是麻。因此他把现象说成是"诈现"的。

熊氏的本体学说,不仅重视立心性之本体,尤其重视开本心之大用。熊十力哲学本体论强调了"健动之力"和"致用之道",坚持"由用知体","即用显体",以此彰显本体(本心、仁体)是唯一真实的存在,最高的存在,是人类文化与自然宇宙之生生不息的本质和终极根源。

熊氏本体论,首先肯定本体的唯一性,其次肯定本体的能动性和变易性,再次肯定本体与功能的一致性。熊氏认为,所有的物理现象、心理现象,都是没有自性、没有实体的,人们不过是将这些假象执着为真实存在。在他看来,真实存在的只有一个本体——它既是宇宙的心,又是物各具的心,既是本体,又是主体;既是宇宙万象的本原,又是人们反求自识的绝对真理。但这个本体与现象不是隔碍的,本体显现为大用,本体不在现象之外或现象之上,就在生生化化的物事之中。本体最重要的特征是"无不为""变易""生化"。"本体"范畴同时就是"功能"范畴、"现象"范畴,不能在功能或现象之外另求本体。体用之间,形上形下之间,理气之间,没有谁先谁后的问题(无论是逻辑上的还是时间上的)。《新唯识论》是在肯定本体真实的前提下,来承认物理世界、现象界、经验界或所谓日常生活之宇宙的。所有这些,都是仁心本体大化流行的显现。没有它们,亦无从彰显本体。

---

⑨ 《新唯识论》语体本,卷中,第 1 页,卷上,第 45 页。

熊氏说"即用显体""体用不二"之论是"自家体贴出来的",并自诩这一理论克服了西洋、印度哲学视本体超脱于现象界之上或隐于现象界之背后的迷谬,纠正了多重本体或体用割裂的毛病。熊先生自谓:"潜思十余年,而后悟即体即用、即流行即主宰、即现象即真实、即变即不变、即动即不动、即生灭即不生灭,是故即体而言用在体,即用而书体在用。""夫体之为名,待用而彰;无用即体不立,无体即用不成。体者,一真绝待之称;用者,万变无穷之目。"⑩这就是说,良知是吾人与天地万物所同具的本体,天地万物是良知的发用流行。"一真湛寂"就是"大用流行";"大用流行"元是"一真湛寂"。抹杀了天地万物,也就是抹杀了能够显现出天地万物之"本心"的功能,那么,这唯一的本体也就只能束之高阁,形同死物。熊十力愈是要突出一元实体的包容性和真实性,便愈要强调它的生灭变化的功能,这就使得他的哲学在唯心主义的前提下,在一定程度上容纳了客观物质世界的存在、发展及其规律的内容,尽管他把客观世界说成是依俗谛而假为施设的。

熊十力以《易》《庸》形上学的模型,以阳明、船山二王之学的体用观,以大乘起信论"一心开二门"、天台宗"圆融三谛"和华严宗"一即一切、一切即一"的思辨模式,甚至袭用其"水波"之喻,说明本体不是共相,不是宇宙万有的总计、总和或总相,而是宇宙万有的法性。他认为现象世界里每一事物都是"本心"之全体,这主要还是华严宗的理路。每一物(现象)都以一元(本体)之全体为其所自有,而不仅仅占有全体之一分,犹如每一个水波都是整个大海的显现。本体是体与用的统一、无待与有待的统一、不易与变易的统一、主宰与流行的统一、主体与客体的统一、本质与现象的统一、整体与过程的统一、绝对与相对的统一。熊氏哲学本体论的最高范畴充满着活力,具有最大的功能。不唯如此,这个"创生实体"充满着人性,具有人格特征,是理论理性、实践理性和情感的统一。由此观之,价值真正之终极根源只在每个人的本心,只要除去私欲、小我的束缚或知见的掩蔽,圆满自足的生命本性或宇宙的心(亦是一一物各具的心,亦是个体的心或个体的理性)就具有极大的创造性,足以创造和改变世界。

---

⑩ 《十力语要》卷一,1947年湖北版,第29页;《论体相》,《思想与时代》1942年第12期。

三、说"翕—辟"

熊氏从本体论上说心物都不实在,然从大用流行上,从宇宙论和人生论的角度假立翕辟。"以本体之流行,现似一翕一辟、相反而成化,此谓之变,亦谓之用。"[11]

熊氏之"本体"或"实体"内部隐含着矛盾与张力(如心与物,生命、精神与物质、能力),两极对待,蕴伏运动之机,反而相成,才有了宇宙的发展变化。本体同时具有两重功能,一为翕、一为辟。"翕"是摄聚成物的能力,由于它的积极收凝而建立物质世界;"辟"是与"翕"同时而起的另一种势用,刚健自胜,不肯物化,却能化物,能运用并主宰翕。实体正是依赖着一翕一辟的相反相成而流行不息的。翕势凝敛而成物,因此翕即是物;辟势恒开发而不失其本体之健,因此辟即是心。翕(物)、辟(心)是同一功能的两个方面,浑一而不可分割。这两种势能、两种活力相互作用,流行不已。但这两方面不是平列的,辟包含着翕,翕从属于辟。辟势遍涵一切物而无所不包,遍在一切物而无所不入。"翕和辟本非异体,只是势用之有分殊而已。辟必待翕而后得所运用,翕必待辟而后见为流行、识有主宰。"[12]

熊氏认为,吾与宇宙同一大生命,自家生命即是宇宙本体。因此,所谓"辟"即是生命,即是心灵,生化不息,能量无限,恒创恒新,自本自根。要之,本体不是一个僵死的东西,而是一个生生化化的东西。就它的这一本性,我们称本体为"恒转"或"功能"或"大用"。这"大用"实是由相反相成的两种势能、两种活力相互作用而成。一翕一辟,刹那不住地顿变,展现了万殊的大用。翕辟是本体内部蕴含着的生生不息的内在矛盾和动力。在这一对矛盾中,辟势(或心力)主导着翕势(或物质)。"用不孤行,必有一翕一辟。翕势收凝,现起物质宇宙,万象森然。辟势开发,浑全无畛,至健不坠,是乃无定在而无所不在,包乎翕或一切物

---

[11] 《十力语要初续》,第8页。
[12] 《新唯识论》语体本,卷上,第60页。

之外,彻乎翕或一切物之中,能使翕随己转,保合太和。辟势不敢其实体之德,故可于此而识本体。余尝云即用明体者,其义在斯。"⑬看来,把握即用明体的关键,在于肯定辟(心)势主导翕(物)势。翕辟开阖的世界是"本心"的发用,而在一定意义上可以说辟也是体,但不可说翕亦是体。

四、衍"乾—坤"

乾为生命、心灵,具有刚健、生生、升进、炤明的特征,能够了别物、改造物、主导物而不受物之蔽。坤为物质、能力,具有柔顺、迷暗的特性,顺承生命心灵之主导。"生命心灵之力,一方能裁成天地、变化万物,一方能裁成自己、变化自己。如自植物,至高级动物,上极乎人类,生命心灵常以自力裁成自己,常以自力变化自己。""人之生也,禀乾以成其性,禀坤以成其形。阴阳性异而乾坤非两物。性异者,以其本是一元实体内部含载之复杂性故;非两物者,乾坤之实体是一故。"⑭

"乾—坤",范畴与"翕—辟""心—物"范畴等质等价。依据熊氏思路,本体或实体内部是复杂的而不是单纯的,其中既有物质性又有精神性。他说,如果实体或本体内部没有物质性与精神性的矛盾,如何得起变动、成功用呢? 他认为,宇宙万物是发展不已的全体,从物质层发展到机体层,从植物机体到低等动物机体到高等动物机体到人类机体层,宇宙演进的动因乃在于实体(或本体)内部蕴含着乾坤(或翕辟)的矛盾。

从一定意义上,我们可以说熊先生是一位"物活论者"或"泛心论者"。他认为有形的宇宙的生成变化,一方面是实体的物质性的势能和功用发展的必然结果,另一方面又是实体的精神性的势能和功用主宰、指导前者的必然结果。这两方面缺一不可,交织上升。就像植物从种子到生根、发芽,到枝叶繁茂、开花结果一样,种子内在地蕴含着自身发展的多重属性。在这一过程中有天时、土壤等外

---

⑬ 《体用论》,上海龙门书局,1958年,第14—15页。
⑭ 《乾坤衍》,台湾学生书局,1983年,影印4版,第241—242页。

缘的作用,但从根源性上来看,主要是种子内部早就具备了心灵、生命与物质、能力的矛盾。从宇宙肇始,便不是唯有物质而无生命心灵的。无形无象的精神或生命之流默运其间,至健无息,不断地冲破物质层的锢闭,才有宇宙世界从无机到有机、从低级到高级的发展,才产生出聪明睿智之人类。在宇宙的发展长河中,乾或辟之发展,由潜而现,由隐之显。要之,精神或生命之流,总是斡运乎无量物质世界,一步二步破除物势之锢闭和迷暗,于是才有了人类;人类自身的发展史,亦是精神生命与物质生命相辅相成、相互矛盾、斗争的历史。精神生命既裁成天地又裁成自己。

> 至精之运、生命之流,无定在而无所不在。毕竟一步一步破物质之锢闭,而有生机体出现。自植物而低等动物,以至高等动物,上极乎聪明睿智之人类。伟哉宇宙,赫然贞观贞明。《易大传》所以赞扬至精之运与生命之流者,庶几尽其蕴矣。乾为生命和精神,坤为物质和能力。宇宙万有,只是此两方面。何可否认?乾之发展,由潜而现,由隐而显,乾卦明示此义。[15]
>
> 物界由质碍层而忽有生机体层出现,此绝非偶然之事。实由辟之潜势阴帅乎质碍层中,卒使物界之组织由粗大而益趋分化,由简单而益趋复杂,由重浊而益趋微妙。生机体层之组织所以迥异乎质碍层者,益阳明、刚健之大力斡运不竭所致。深于观化者,当悟斯趣也。夫辟之运乎物,自质碍层迄生机体层,逐渐转物,以自显其胜用。盖从微至著、从隐之显,其势沛然莫御。及至人类机体层,则辟势发扬盛大,殆乎造极。人类之资地与权能,号为官天地府万物而莫与匹者,正以吾人机体是辟势高度发展之所在。是故从宇宙全体之发展而观,阳明、刚健之辟,一步一步破物质之锢闭,而复其炤明主动之贞常性,明明不是偶然。[16]

这就是熊十力的宇宙发生论和宇宙发展观。

---

⑮ 《乾坤衍》,台湾学生书局,1983 年,影印 4 版,第 248—249 页。

⑯ 《体用论》,上海龙门书局,1958 年,第 13—14 页。

五、训"心—境"

熊氏认为没有离心独在的境,心与境是相互对立又相互联系着的一个系统。他强调,并不是没有境,而只是没有离开主体、离开主体意识的境。《新论》:"虽不许有离心独在的境,却不谓境无,只以境与识不可分为二片而已。然心的方面,对境名能;境的方面,对心便为所。如此,则境毕竟是从属于心的。"[⑰]他认为,"心和境本是具有内在矛盾的发展底整体","是不可分的整体之两方面……能谓心,所谓境。心能了别境,且能改造境的,故说心名能;境但是心之所了别的,且随心转的,故说境名所。唯识的旨趣,是把境来从属于心,即显心是运用一切境而为其主宰的,是独立的,是不役于境的。"[⑱]在这个方面,熊氏与旧唯识学并没有区别。

他认为,"妄执的心"或"取境的识"也是没有自体的,也不是独立的实在的东西。他把客观外在的境,以及与境相对的"认识之心",都说成是没有自体的。从真谛来说,"认识之心"与"认识对象"都不是真实存在的,是"毕竟空""无所有"的。从俗谛来说,"认识之心"与"认识对象"又是唯一真实的本体的显现,亦是存在着的,但这都是假象,我们不能执着于此。熊氏"境论"中的心境两个侧面都是他的"生命本体"或"创生实体"的表现或展开,都是"用"而不是"体"。把握住这一点,十分重要。

然就心—境关系而论,熊氏认为认识起因于具有自我意识的主体,因而把主客体同一的基点放在主体一边,以主统客。按照宋明理学特别是陆王心学的观法,我的身以迄日月大地乃至他心,都是不能离开我的视觉、触觉和情思而与"心"同体之"境"。按照佛教唯识学的观法,"摄所归能""会物归己",主体的自我意识是认识活动的主宰和源泉。与唯识学不同的是,熊氏强调了自我意识的综合统一功能,认为客体的建构、认识的发生不是源于分散的诸识,而是源于认

---

⑰ 《新唯识论》语体本,卷上,第48页。
⑱ 《新唯识论》语体本,卷上,第20页。

识心之综合统一功能;他又强调,建构起来的客体与主体之间组成为一个矛盾的整体,从而有了发展着的认识系统。他对主体的能动认识功能的肯定是有意义和价值的,但他过分夸大了主体对于客体的规定和创造,相对忽视了主体本身亦是被客体所规定和制约的。

熊十力主客体一致的心境统一论仍落脚在道德理性上。他非常推崇《中庸》的"合内外之道也,故时措之宜也",并发挥说:"世间以为心是内在的,一切物是外界独存的,因此将自家整个的生命,无端划分内外,并且将心力全向外倾,追求种种的境。愈追求,愈无餍足。其心日习于逐物,卒至完全物化,而无所谓心。这样,便消失了本来的生命,真是人生的悲哀咧!如果知道境和心是浑然不可分的整体,那就把世间所计为内外分离的合而为一了。"

由此,"物我之间,一多相融,虽肇始万变,不可为首,而因应随时,自非无主,用物而不滞于物,所以说无不宜。"[19]这仍然是说,万变不穷,并不是有一个人格神那样的创造主;主体和主宰力是生命本体,有此则能创造万能、因应万物而不被物化。

六、辨"理—气"

熊先生把"理—气"范畴纳入"体—用"系统中,作出了有别于宋明诸儒的、别开生面的阐释。他认为:"理和气是不可截然分为二片的。理之一词是体和用之通称,气之一词但从用上立名,气即是用。"[20]他不同意把"理"看作是"气"上的条理、法则,认为这种看法视"气"为实在或实有,而视"理"为空洞的形式。他指出,"理"才是真实的存在,"气"只是一种生生的"动势"或"胜能",是"运而无所积"的。"气"即是"用",不具有实体、实在的性质。那么,为什么说"理"是"体用之通称"呢?"因为就体而言,此体元是寂然无相而现似翕辟万象,即众理灿然已具,故此体亦名为理。又体之为言,是万化之原,万物之本,万理之所会

---

⑲ 《新唯识论》语体本,卷上,第22、23页。
⑳ 《新唯识论》语体本,卷中,第65页。

归,故应说为真理,亦名实理,也可说是究极的道理。就用而言,翕辟妙用,诈现众相,即此众相秩然有则,灵通无滞,亦名为理。即相即理故,或相即是理故。前所云理,当体受称,是谓一本,实含万殊;后所云理,依用立名,是谓万殊,还归一本。理虽说二,要自不一不异。体用义别故,故不一;即用即体故,故不异。"㉑

可知,"理—气"范畴,在熊氏看来,与"体—用"范畴基本等质。"体用不二"即"理气一体"。"理"是一种终极存在,而不是"气"之上或"气"之外的形式;"气"是"理"的发用流行,而不是"理"的质料或挂搭处。熊氏在《新唯识论》卷中"后记"里,在"释体用""释体常义"之后,专门"释理",在卷下"成物"章,则进一步申论"理体"与"用相"之关系。

> 若如我义,心物根本不二,就玄学上说,心物实皆依真理之流行而得名……所谓理者,一方面,理即心,吾与阳明同;一方面,理亦即物,吾更申阳明所未尽者。程子曰"理在物",科学家实同此意,如此,则先肯定实物,再于物上说有个理,是乃歧物与理为二也。自吾言之,物之成为如是之物,即理也,不可将物与理分开。……伊川云:"冲莫无朕,万象森然已具。"以吾义通之,"冲莫无朕"说为一理,"万象森然",不可徒作气来会。当知万象森然即是无量无边的众理,秩然散著也;冲莫无朕,而万象已具,是一理含无量理,故言体而用在。又当知,万象森然,仍即冲莫无朕,故言用而体在。是无量理本一理也,一为无量,无量为一。宇宙人生真蕴,如是而已,妙极。㉒

> 理之现为相,不待别立材质而与之合。如果把理说为一种空洞的形式或法式,则必需于理之外,更建立一种气为材质,而理乃与之搭合以成物。如此,似未免戏论。宋儒言理气,已有未尽善处。后人遂有以气为材质,而理别为法式,遂成种种支离之论。今在本论所谓理者,既是实体,所以不须别找材质。理体渊然空寂。空故神,寂故化。神化者,翕辟相互而呈材,生减流行不已,而造化之情可见。是故材质者,理之流行所必有之势也,其情之至盛而不匮故也材呈,故谓之相,故曰理之现相,不待别立材质而与之合,

---

㉑《新唯识论》语体本,卷中,第65页。
㉒《新唯识论》语体本,卷中,第88页,卷下之二,第58、59页。

以其为至实而非"无"故也。(世之以"共相"言理者,只是空洞的形式,即等于"无")㉓。

宋儒说理不离乎气,亦不杂乎气,是直以理气为两物,但以不离不杂,明其关系耳。此说已甚误。明儒则或以气为实在的物事,而以理为气之条理,则理且无实,益成谬论。后之谈理气者,其支离又不可究诘。余以为理者,斥体立名,至真至实。理之流行,斯名为用,亦可云气。故气者理之显现,而理者气之本体也。焉得判之为二乎?㉔

在理气关系上,熊氏既不同意程朱判理气为二物的"不离不杂"之说,又批评了王船山的"天下唯器"论和气一元论;既不同意亚里士多德的形式质料说,又批评了冯友兰、金岳霖的共相殊相观。他强调"理体与用相,不可分为二界",即以其"体用不二"论涵盖或取代理气关系说。体用关系能否取代理气关系,尚需深入探究。但从熊氏关于理气关系的论证上,我们可知,他企图用一元唯心主义的心性本体涵盖一切,说明一切,只承认"本心"之体的唯一性、真实性、能动性、整全性和潜在的完满性,不肯承认在此之外,别有动力,别有材质,别有作用。动力来自"本心",材质亦不过是"理体"的流行与变现。他说"理体"不是空洞的形式,即是说"理体"是实体,能化生万物,"理体"即"用相",不是在"用相"之外别有"理体"。理即气,气即理。理气不二。犹如艮卦与兑卦不二,前者表示潜藏不动的理,后者表示流行条畅的理,后者是前者的大用流行。

熊氏理气论的"本体—宇宙论"意义在于,不承认有这样一个共相(条理、法式、轨范、形式),"离开现实界之特殊物事而自存于真际界",即反对将真际界与现实界、形上与形下、"物自体"与现象、彼岸与此岸瓜分豆剖,截然二之。其实,"气一元论"也反对这种分割,而主张以气为本体解释宇宙;"理一元论"无法解释生动活泼的宇宙,借助于气或质料,以便使理有挂搭之处。熊氏以"心一元论"的体用论和理气论说明世界,其中的理论悖谬,我们在另文还要分析。

㉓ 《新唯识论》语体本,卷中,第88页,卷下之二,第58、59页。
㉔ 《新唯识论》语体本卷中,第88页,卷下之二,第58、59页。

七、释"天—人"

熊氏"本体—宇宙论"反对在变动的宇宙万物之外去寻求"能变者",反对离开人去寻求天的变化,始则以生命本体作为万化之源、万有之基,继则指出这一"创生实体"就是"心力",就是人的能动性和创造力。熊氏"本体—宇宙论"所强调的"变",是改造物质世界和改造社会。他认为,具有创造世界功能的,不是什么不死的灵魂或超然的上帝,而是活泼泼的主观精神。吾人一切以自力创造,有能力,有权威,是自己和世界的主人。因此,熊氏认为,维护"人道之尊",必须破除出世或遁世思想,批判宿命论,自强不息,积极入世。这既是对刚健天道的回应,又是对人的价值和存在根据的肯定。《中庸》讲"道不远人",王船山讲"依人建极",熊先生以人文的自觉,突出了人文世界和人文价值。

熊十力说:"天行健,明宇宙大生命常创进而无穷也,新新而不竭也。君子以自强不息,明天德在人,而人以自力显发之,以成人之能也。"否则,"人将耽虚溺寂,以为享受自足,而忽视现实生活,不能强进智力以裁成天地,辅相万物,备物致用,以与民群共趋于富有日新之盛德大业。""识得孔氏意识,便悟得人生有无上的崇高的价值,无限的丰富的意义,尤其是对于世界,不会有空幻的感想而自有改造的勇气。"[25]熊十力以这种自觉的人本主义精神,强调以"人道"统摄"天道",珍视人的价值,高扬活生生的生命力量,提倡刚健进取的人生态度。他修正并发挥了《论》《孟》《易》《庸》形上学"修人道以证天道""明天道以弘人道"的基本思想。他说:

> 孔子曰:"人能弘道,非道弘人。"(言人能弘大其道,道不能弘大吾人。道者,即本体或真性之称。真性虽是吾人所固有,而吾人恒迷执小己以障蔽之,则真性虽自存,却不能使吾人弘大。必吾人内省,而自识本来面目,存养

㉕　《读经示要》,上海正中书局,1949年,卷三,第43页;《新唯识论》语体本,卷上,第82页。

而扩充之,则日用云为之际,皆是真性炽然流行,是则人能弘大其道。)斯义广大渊微至极。其否认有超越吾人与天地万物而独尊之神道,使神道不复能统治吾人。哲学精神,至此完全脱去宗教尽净,遂令人道天道融合为一,不可于人之外觅天也。㉖

至此,我们可以看到熊氏"本体—宇宙论"的落脚之处。一方面,熊氏认为,通过内在于人的本心、本性("仁心"或"明德"之体),即人的精神生命与道德意识的运动或感通,人的生命与宇宙大生命能够回复成一体。但是,人之生命与宇宙大生命回复成一体的中间环节是"用",也即是工夫,即是道德实践。熊氏强调的是道德实践与道德根据——良知、仁心的一致,工夫与本体的一致,外王与内圣的一致。

另一方面,熊氏"本体—宇宙论"又不完全等同于孟子—陆王的"心本论"或道德扩充论。尽管他在一定层面上把宇宙本体(或实体)内化为心性本体,并对"天人合一""浑然与天地万物同体"的人生境界作了本体论的亦即是"道德形上学"的论证,但同时,由于近代思想的影响和他本人的民主革命实践的体验,他没有把实践仅仅局限在修身养性的范围之内。他切身体验到革故鼎新和变化日新的氛围,因此,他认定,只有在变革现实即改造自然和社会的活动中,在比道德实践宽阔得多的社会实践中,才能彻见真实的本体——这一本体既是宇宙万物的本源,又是人之所以为人的真宰。他通过"体—用""翕—辟""乾—坤""心—境""理—气""天—人"诸范畴斥而相融的关系,同时也对这种社会实践作了本体论的论证。因此,在一定意义上,熊氏的"本体—宇宙论"具有实践本体论的含义,强调本体与工夫的辩证统一。尽管其本体是心灵生命或自然合目的性的"至善",但它是依靠人及其实践才得以实现出来的。熊氏关于世界意义和人类存在意义的终极思考,特别是透过"体用不二"理论间架的形上论证,高扬了人的主体性和创造性,具有积极的意义。

正如周辅成先生所说:"熊先生的天人不二论,大大提高了人在宇宙中的尊

㉖ 《原儒》,上海龙门书局,1956年,上卷,第3页。

严和地位……大大表扬了宇宙中个性、个体的重要;还不只此,他是用这些道理来讲清楚:人是小宇宙,精神(乾)必然会起主动作用;人之所以为人,也因为人有这个主动能力。熊先生也因为见到这点,所以觉得宇宙在'变',但'变'决不会回头、退步、向下,它只有向前、向上开展。宇宙如此,人生也如此。这种宇宙人生观点,是乐观的,向前看的。这个观点,讲出了几千年中华民族得以愈来愈文明、愈进步的原因。具有这种健全的宇宙人生观的民族,是所向无敌的,即使有失败,但终必成功。"㉗

以上我们论选了熊氏"境论"的基本范畴。其中,以"体—用"为核心;就"体"而书,有"天(道)"与"人(道)";就"用"而言,有"翕—辟""乾—坤""心—境";就"体—用"而言,有"理—气";而以"体用不二"相贯通。这几对范畴的逻辑关系,略见下图:

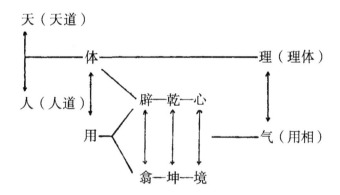

总之,熊十力哲学的中心范畴是"本心""仁体",范畴体系围绕"体与用"而展开。他的本体,不是僵死、机械、外在、无根的"自然本体",不是君临于宇宙万象和人类生活之外之上、与人的活动脱节的、虚构的"精神本体"或所谓的"超绝本体",而是现实、能动、刚健、有活力的人类"生命本体"。此体即是本体即是主体即是现象即是功能。"体用不二"模型将宇宙人生打成一片,合天地万物于一体,强调了人之生命与宇宙大生命的有机、动态的整合,进而认定生生不息、翕辟开阖的宇宙本原,即是吾人之真性,即人之所以为人之真宰。

㉗ 周辅成:《熊先生的人格和哲学体系不朽》,《回忆熊十力》,湖北人民出版社 1989 年版,第 135 页。

熊氏借鉴船山哲学，"尊生以箴寂灭，明有以反空无，主动以起颓废，率性以一情欲"，通过"举体成用""称体起用""立体开用""由用愿体"的论证，突出了生命本体的实有性、能动性、流衍性，使之成为一切文化活动、一切文化成果、一切文化价值的真实的根源。熊氏以这种方式探讨了人的本体论的地位和关于最高存在的思想，以人文主义的自觉，维护了"人道之尊"，高扬了人的主体性和创造性，肯定了现世的、刚健进取的人生态度。这就把中国传统本体论与西方前现代哲学本体论所强调的"存在"之静止的自立性和"存在"高居于超越界，与表象世界截然二分的思想模式的差异更加凸显出来。

熊氏哲学在外王学上继承谭嗣同、章太炎的理路，结合自己亲身参加辛亥革命的实践体验，借助心学和佛学，彰显个性、能动性和自由，强调"依自不依他"，主张舍故趋新、不守故常，努力从传统思想资源里寻找"科学、民主、革命、社会主义"的根芽。

熊氏形上学的路数，大体上是孟子—陆王的路数，同时综合了佛学的变化观、周易哲学的"生生不已"之论，把客体面的"大化流行"，基建于主体面的"日新其德"。他的哲学洋溢着勃勃生机。他虽然也间接地受到柏格森、倭铿哲学的影响，但严厉批判西方生命哲学把本能、欲望、冲动等与形骸俱始的习气看成是生命力的本质。熊氏挺立人的道德主体，强调自我本然的道德心性（良知）的自我觉醒和自家体贴的个人生命体验，将文化生命或精神生命实存地投射或推扩到天地万物中去。熊氏借助他学到的唯识学和因明学，以缜密的理性思辨，对实存的本体论及其所导致的宇宙论观点作了系统的论证。通过对熊氏六对范畴的评述，本文大体上阐明了熊十力"本体—宇宙论"的要点。

【郭齐勇　武汉大学哲学学院教授】

原文刊于《中国文化》1991 年 02 期

钱穆与中西思想文化比较

"历史主义"论释

陈启云

　　1995 年 8 月,在台北市立图书馆举办的钱穆先生百年冥寿纪念专题讲演《钱穆师与思想文化史学》里,我提到钱师学术业绩中最重要的是他对思想文化——尤其是中华思想文化的精粹特色及其在人类文化史中的定位——的探究。[①] 事过八年,我希望值此机会,对这个命题再作反思,并补充一些论点。

一

　　钱师的学术思想,融合"汉学"和"宋学",贯通经、史、子、集四部,是中华国学的超绝典范,论者已多。从现代的学术思想来看:

> 先生的学术是由哲理思考开始,也是在哲理思考里终结(包括钱师在世关于"天人合一"的一番话)。而先生对历史文化研究的特色,则是在其与哲理思考的扣紧。

[①] 《钱穆师与"思想文化史学"》,台北市立图书馆 1995 年 8 月印发单行本。收入《钱穆先生纪念馆馆刊》第三、四期(1995—1996)。

史学是先生学问的基础,文化是其宏观视野,思想是其核心关注……或者可以说:他个人的关怀在思想;他对外在世界的关怀在文化;而他对学问的关怀在史学……先生著述中最有分量、最有系统的是史学,但先生并不局限于"史学"而治史……甚至可以说,史学并不是先生的终极关怀;先生的内在关怀在哲理,外在关怀在文化——现实的世界,当前的文化。②

这是钱师的学术思想最独特、最受世人(包括西方学人)注意,也最受过去国内主流学界(尤其主流史学中人)所非议的地方。③ 国内主流史学对钱师的批评主要是:(1)钱师在抗日战争爆发以后所表现的民族主义爱国激情,有违现代科学注重的客观理性立场;(2)钱师综合汉学宋学,贯通经史子集四部,融合哲学与史学的学风,有违现代科学分科专业和实证主义只谈问题不谈主义,只研究具体事物,不谈大理论,甚至只找史料,不谈史学的主张;(3)钱师不但分析讨论文化和哲学的大问题,还议论比较中、西文化的更大论题,由于钱师未到过西方留学,因此逾越了学养能力的限度。

由于上述(3)是一个具体真实而严苛的批评,须要首先讨论。我在1995年的专题讨论中,曾经指出钱师讨论哲理、文化、历史和中西文化比较的文字,有很多和同时或晚出西方当代专家学者的观点和立场契合互应、甚或一致的。例如钱师于《文化学大义》(1950),第一讲中开宗明义地说:

今天的中国问题,乃至世界问题,并不仅是一个军事的、经济的、政治的或是外交的问题,而已是一个整个世界的文化问题。一切问题都从文化问题产生,也都该从文化问题来求解决。(第1页)

(文化)第三(最高)阶层……在求把握人类内心更深、更大的共同要

---

② 陈启云(1984.8),第2—4页;(1995),第116—117页。

③ 王晴佳《钱穆与科学史学之离合关系,1926—1950》,《纪念钱穆先生逝世十周年国际学术研讨会论文集》(台湾大学中国文学系编印,2001年),认为早年钱氏深受国内学术主流领袖胡适、傅斯年等人的敬重,但抗日战争激发钱氏民族主义爱国思想,是双方离异的主因。这说法不错,但深受后现代主义者过于注重浮面表象及政治情境,因而忽略了学术思想的深层因素。本人认为钱师与傅氏交恶的原因在二者对"历史主义""史学研究"观点的不同,论见下文。

求；使你心我心，千万年前的心与千万年后的心，心心相印融成一片。（第22页）

而联合国"教育科学文化组织"（UNESCO）自成立以来即开始筹划撰写的《人类科学与文化发展史》（UNESCO, *History of Mankind：Cultural and Scientific Development*，原名 *A History of the Scientific and Cultural Development of Mankind*，Vol.1, New York,1963），这一聚集世界各主要国家史学精英，历时二十多年始完成的联合国教科文宝典中的第一卷，教科文组织秘书长在 1962 年所撰的"前言"中，即谓：

> 本书的原则性先决的理念（a priori postulate），亦即联合国教科文组织本身建立的基本前提，为此一信念：即国际关系终极之实质并不只由政治及经济因素所决定，而更确定地源出自心灵之能量与需求。
>
> 文化和科学事实，无论其内涵、方法、主因、借口或背景为何，基本上都是人与人相关互应的思想。
>
> 本书简称为人类科学文化发展史，严格地说，是叙述无数世代人们个别与集体意识构建的人类人性人文。或更准确地说，人类以意识塑成自己的人性人文——亦即人类经验的普遍共通处——人类对人的普遍性的意识（the Consciousness of the Universal in man）。④

此"前言"与受国内史学主流质疑的钱师文字互相吻合之处尚多。这部世界史学精英联手的巨著第一卷第一部分的"目录"，和钱师在二十世纪四十年代撰作的《中国文化史导论》（1948）的"目录"有百分之七十以上是相同或相通的。

---

④ 陈启云（1995），第 122—123 页；陈启云《竹企思想文化丛书·总序》（1997），又刊武汉大学《人文论丛》（1998 卷），引 UNESCO, *History of Mankind*, Vol.1, pp.xii-xiii。

二

钱师在《中国文化史导论·弁言》中写道：

> 中国文化问题，实非仅属一哲学问题，而应为一历史问题。中国文化表现在中国已往全部历史过程中。除却历史无从谈文化，我们应从全部历史之客观方面，来指陈中国文化之真相。（第5页）

这是西方近代"历史主义"思想和史学的要旨。二十世纪六十年代在美国发生"汉学"和"社会科学"的长期论战；重要的一次讨论是1964年"亚洲学会"（Association for Asian Studies）在华盛顿举行的第16次年会的特别讨论会；论文发表在《亚洲学报》（*Journal of Asian Studies*）23:4（August 1964）。其中讨论会主席Rhoads Murphy在"综合报告"中指出"史学"是研究中国问题的最重要基础；不管个人所受的是哪种社会科学训练，和采用的方法和态度是什么，他必须在基本上是一个"比较文化史学者"（Comparative cultural historian）。这说法比上引钱师所论晚了十五年。此论集中第二篇论文，Mary Wright的《中国历史和历史专业》（Chinese History and The Historical Vocation），第三篇论文，William Skinner的《中国研究对社会科学的贡献是什么?》（What the study of China Can Do for Social Sciences?），及第五篇论文，Frederic Mote的《汉学的统整性》（The Case for the Integrity of Sinology），都指出"科际整合"的重要性。钱师融合汉宋，贯通四部的国学，自是其最佳的典范。[5]

---

⑤　陈启云：《谈历史研究》，《思与言》第5卷2期（1967·7）。

三

1993 年,美国政治学家亨廷顿发表了惊动世界各国的"文明(文化)冲突论"。他认为资本主义和共产主义这两种"现代意识形态"的冲突已成过去,即将来临的是"文明(或文化)冲突的时代",而这文明(文化),如伊斯兰教文明、儒家文明、基督教文明等,乃以各个文明的历史文化传统为核心;现代科技乃至社会经济只是外壳。亨廷顿这一想法,比上述钱师对"文化学"和"文化史"的说法晚了半个世纪。⑥ 亨廷顿的"文明冲突论"颇受世人非议,甚至被认为是英美和伊斯兰教国家冲突(包括布什父子两次对伊拉克作战)的祸首。但他以社会科学大师的地位转而注重人文精神和文化传统对现代文明的重要性,是他受世人注目的地方,而他对英美与伊斯兰教国家的冲突,亦不失为先见之明(或预言自我应验 self-fulfilling prophecy)。当然,他的"文明冲突论"和上引钱师和"联合国教科文组织"的"文化、文明融合观"是很强烈的对比。(联合国对美国 2003 年伊拉克战争的强烈反对;和美国多年来脱离 UNESCO,直至 2003 年 9 月伊拉克战后维和失利,乃由小布什夫人亲赴巴黎 UNESCO 总部言好,是有思想文化根源线索的。)

至于上述钱师对当代"文化危机"的指责,和他对民族主义爱国激情的体认,更是近年"后现代主义"各种支派(包括加达默尔 Hans-Georg Gadamer 的"诠释学")的主题论旨。但钱师的激情并不影响他"从全部历史之客观方面来指陈中国文化之真相"的立场(上引),这是钱师的"历史主义"与近年"后现代主义"者最不同的地方。在《文化学大义》第八章"世界文化之远景"中,钱师写道:

　　西方文化之重更新生,势必引出此两百年来西方向外侵略帝国主义与殖民政策之转向与停止。……而世界其他各民族,凡属从前有历史有文化

---

⑥ 陈启云(1998),第 423 页。

传统的,亦可回头得一反省,得一苏息复生之机……自己充实,各自求其文化之新生。……将来之新世界,将以各地之文化新生,代替以往之西方文明之传播。(第83页)

这和西方20世纪中叶渐渐出现,而在八九十年代盛行的"文化批评""多元文化论""后殖民地文化论"等"后现代主义"流派,可以说是东西映照。⑦

四

上面列举钱师与西方现代历史文化观点和立场参同映照的具体文字,属于表层的实证,主要针对国内实证科学主义主流史学的看法和近年"后现代主义"对表(象)(叙)述文本(representation,narrative,text)的专注,并非钱师学术之深层意旨。以下将就钱师与西方思想文化的深层脉络略作分析比较。

真理最高的境界和人心最深的层次,有如陆象山所说:

人心至灵,此理至明;人皆有是心,心皆具是理。

是则:

东海有圣人出焉,此心同也,此理同也;西海有圣人出焉,此心同也,此理同也。⑧

这与上引钱师所说的"你心,我心……心心相印,融成一片"和联合国教科文组织《人类科学与文化发展史》所称"无数世代……人类经验的普遍共通

---

⑦ 陈启云(1995),第119页;又《文化传统与现代认知:历史主义与经典诠释》,《求是、求真、永葆学术青春》(河南人民出版社,2001年),第42—48、50—59页。

⑧ 《陆象山先生全集》(四部备要本),卷二二《杂说》及卷三六《年谱》引。

处……人类对人的普遍性的意识",亦是古今中外契合一致的。这一崇高理想,在近代文明悲剧以及反映此悲剧意识的"后现代主义"冲击之下,已面临几遭没顶的危机。

从近代文化思想着眼,钱师与西方学术发展大趋势的交集,主要是"历史主义"。人类的思想学术大别可分为两类:一类是论析抽象普遍不变的道理的哲学;一类是论述具体、特殊、变动的现象的广义史学。前者可称为"理本";后者所论述的现象是由人的感官在特定时空里所感知的,因此可称为"人本"。西方研究中国科学史的宗师李约瑟(Joseph Needham)说:"在中国传统文化中,历史是万学之母后。"[9]比较起来,在西方传统学术中,哲学则是万学之母。不过自笛卡儿(Rene Descartes,1596—1650)、康德(Immanuel Kant,1724—1804)、黑格尔(G.W.F.Hegel,1770—1831)、孔德(Auguste Comte,1798—1857)、马克思(Karl Marx,1818—1883)、弗洛伊德(Sigmund Freud,1856—1939)乃至"存在主义"以来,哲理在西方的绝对权威已是江河日下。晚近的"后现代主义"鼓吹颠覆理性,加达默尔(Hans-Georg Gadamer)主张"人文诠释"(Hermeneutics),哈贝马斯(Jurgen Habermas)提议"沟通情境",都是从"理本"转向"人本"的立场。但在骨子里,他们仍然以西方"理本"底线把"人本"范畴化。在西方比较稳健地代表"人本"历史思维立场的是19世纪末20世纪初兴起的"历史主义"。[10]

"历史主义"的基本想法是:人的文化的一切内容(人文),包括人的思想、行为的本质、目的、意义、效应、价值和限度等等,都是在人的特定时间和空间中产生而存在的:历史的产品和历史的存在。因此都要在历史中去理解。这和上(二)所引钱师的说法是完全一致的。这种想法,看起来简单,却是在西方现代文化中兴起的"现代文化意识"。[11]

古希腊重视的是永恒的普遍真理,而人生则是变动不居和个别特殊的现象,因此认为从历史中不能得到真理知识。柏拉图以"洞穴"为喻(原典见《理想共

---

[9] Joseph Needham, *Time and Eastern Man* (Royal Anthropological Institute of Great Britain and Ireland,1965),p.9.

[10] 陈启云(2001.9),第42—54页。

[11] 这是 William Dilthey(1833—1911),Ernst Troeltsch(1865—1923),Benedetto Croce(1866—1952),Friedrich Meinecke(1862—1954),Karl Mannheim(1893—1947)的共同观点,Leonard Krieger et al ed.,"Essays on Historicism",History and Theory 14:4,Beiheft 14(1975),13,15—16.

和国》Republic，Ⅶ)，把认知者比喻为身处黑暗洞穴中的人，自小被枷锁束缚，只能面对洞底，无法转身朝外。人背向的洞口，是光线(理)的来源。在洞中的人只能看见光源在洞底所投射的各种影子——"现象"。人对这些影子习惯了，对这些"现象"有相当可靠的认识(经验知识)。这些知识使人们可以有效地在所处的洞穴中生活运作。但一旦被束缚于洞中的人，能解放束缚，超身洞穴之外，看到真正的光明世界——真理，这对他们原来在洞中的经验，是何等强烈的对比！因此，西方传统哲学认为人亲身经历所见所闻的知识——历史——是幽暗的、不完整、不清晰的；而人的感官接触不到而只能用理性去推断的知识——哲学——才是超越人生局限的真理。所以古典希腊是从哲理观念而不是从历史去理解人生和人的一切(文化)的。

在欧洲中世纪，"神学"取代了"哲学"的主导地位，上帝成为超越的真理和终极的观念之化身。在基督教义中，自上帝创造人，置之乐园，后来人误食禁果而被驱出乐园，置身尘世，在历史洞穴中历经甘苦经验，终于觉悟而回归上帝，最后世界毁灭(历史终结)——此乃一切人的共同命运历程，也是神学所规范的历史。这是从宗教理念去理解人生和人的世界。

在近代，西方思想文化经过两千多年的历史验证，人们觉悟到属于上帝的永恒、终极的真理，不是人类理性所能达到的；人所能做到的，只是不断地在追求真理的经验过程中继续地改进其探索真理的态度和方法(历史经验)。借用柏拉图的"洞穴"喻言："洞穴"之外的大光明世界不是人的世界；人类如果忠实地面对自己的存在本质和处境，他便应该了解和承认人的认知只能在幽暗的"洞穴"中进行，这是"人(生)文(化)·历史"的真实本相。[12]

黑格尔的历史哲学，其视野从永恒的理念范畴转到变化多端的历史领域；在历史变化中，上帝的神性(绝对理性)经由人的相对理性精神的发展而落实。[13]在黑格尔眼中，人虽然是历史的主体，但却只是展现"绝对理性"的工具。因此有人认为"历史主义"的产生，主要是针对黑格尔把人作为理性工具的哲学，而

---

[12] 陈启云：《历史与文化、思想与哲学——人文学理论反思》，《中国文哲研究通讯》四卷三期(1994)，第14—22页．George Huppert, "The Renaissance Background of Historicism," History and Theory 5 (1966), 46—60。

[13] Ernst Breisach, Historiography(University of Chicago Press, 1994), pp.199, 231-232.

要把人的属性完全回到人的世界(全史)中去了解。⑭ 这一趋势分为二大支流：一是号称科学(唯物)史观的马克思主义史学，一是务实的兰克史学。⑮ 兰克认为必须从人的世界、人的完全所作所为(历史文化)去了解真实的人和人的一切。因此有必要收集和面对关于人一切所作所为的实证(史料)，求得对人全部历史文化的了解(全体的人：个人、人群、民族，和全部文化)；由于"全史"内容庞杂，所以实际上这种工作需要分段分部进行——断代史、专史和专题研究。⑯ 但目的是要了解一时代文化的整体；而代表这整体的是这时代的总体精神意识——"时代思潮·时代精神"。因此，兰克的史学由"史料"开始，但以思想(包括宗教精神)的理解为最高阶次。⑰

同样地着眼于对人类过去全部历史文化的了解，马克思把内容庞杂的人类历史文化分层架构为：(一)基层文化(1.自然环境、物质条件；2.生产活动、生产关系；3.生产组织、社会)；(二)上层文化(4.政治权力、政府组织；5.思想、学术、文艺、精神信仰)。马克思的基层文化决定上层文化的观念虽为非马克思主义者所非议，但他从组织架构(structure)来综观历史文化，则是与非马克思主义之社会科学同步契合的。波普和傅斯年心目中的"历史主义"和"兰克史学"即是典型。⑱ 钱师的早期论议参见《湖上闲思录》(1948年序)"斗争与仁慈"篇。

由于"兰克史学"和"历史主义"着眼的是实在的人的经验世界，是人的感官

---

⑭ Leopold von Ranke, A History of England Principally in the Seventeenth Century, English tr. (Oxford-Macmillan, 1909), "Introduction" by E. Armstrong.. Ernst Breisach, (1994), pp. 193–195, 199, 231–233. Maurizio Ferraris, History of Hermeneutics(New Jersey：Humanities Press, 1996), pp.106–108.

⑮ 严格地说，把"历史主义"提为学术专名的是曼尼克(Frederic Meinecke, Entstehung des Historicismus), James W.Thompson, The History of Historical Writing, Vol.2(New York：Macmillan 1942), p.132.

⑯ 兰克的研究, Histories of the Latin and Germanic Nations, 1494—1514 (1824), History of the Popes in the 16th and 17th Centuries (1834—1836), History of the Reformation in Germany (1839—1847), French History Principally in the 16th and 17th Centuries (1852—1856), History of England, Principally in the 17th Century(1859—1868) 都是断代史，专史，兰克八十岁以后才著通史。Thompson (1942), pp. 168–181. Trygre R. Tholfsen, Historical Thinking (New York：Harper and Row, 1967), p.159.

⑰ Tholfsen(1967), pp.157–183.

⑱ Karl Popper, The Poverty of Historicism (New York：Harper and Row, 1957). Robert C. Tucker, Philosophy & Myth in Karl Marx (Cambridge University Press, 1961；New Brunswick, NJ：Transaction Publishers, 2001). Chi-yun Chen, "Disparity and Continuum between Ancient Classics and Contemporary Culture：A Historicist Review," Journal of Humanities East/West(National Central University, Taiwan) 18(1998), 126—129.详论见下文，六。

知觉可以认知证实的事物,因此,它和"科学·实证主义"(Positivism)在现代文化中有密切的关系,甚至有人把二者混为一谈。⑲

五

从上述西方思想文化深层脉络而言,傅斯年在二十世纪二十年代中期以来,提倡"兰克史学",一方面制衡同属西方近代"历史主义"的"马克思史学",另一方面回归中国传统中"万学之母后"的"史学",是特具慧眼的。不过傅氏所提倡之"史料即史学"的立场,就上述"兰克史学"而言固是一偏,对中国传统史学及"历史主义"思维方式,亦是一偏。

广义的"史学"在中国文化传统的重要性是极明确的。从传说所云:在上古没有文字时代,人们便"结绳以记事"(《周易正义》,及《老子》第八十章),殷商卜辞上对年月日等行事时间的关注,中国过去数千年史料(包括近年的考古发现)之丰富和史书体裁之多元多样而整饰,在人类文化传统中高居首位是无疑义的。⑳

从"六经皆史"(章学诚《文史通义·易教上》)和"诸子……皆……六经之支与流裔"(《汉书·艺文志·诸子略》)的观念而言,"历史主义"更是传统中国思维方式的底蕴——过去称为"事理之学"。太史公司马迁在《史记·太史公自序》中,述壶遂问:"昔孔子何为而作《春秋》哉?"史公作答,引孔子曰:"我欲载之空言,不如见之于行事之深切著明也。"章学诚在《文史通义》首章把此语普遍化为"古人未尝离事而言理",并作为"六经皆史"说的要旨。"事理"融合"事实"与"义理(哲理)",亦即广义的"史学"和"哲学",这也是近代西方"历史主义"的

---

⑲ Ferraris(1996),pp.95-109;Leonard Krieger,Ranke:The Meaning of History (University of Chicago Press,1977),p.354.

⑳ Chi-yun Chen,"Immanental Human-beings in Transcendent Time-Epistemological Basis of Pristine Chinese Historical Consciousness"("中国历史思维中的时间观念国际研究会"论文,2000年5月26—28日,台北,待刊);高专诚中译《中国古代历史意识中的人和时》,《开放时代》(2002.3)。

要旨(近代西方"历史主义"包括"历史知识论"哲学和专业历史研究)。[21]

钱师在《两汉经学今古文平议》中十分称赞章氏之说,但对章氏"六经皆先王之政典"的说法严加批评。因为据章氏的说法,"六经"皆"史",皆古代"官书",亦即古人留下的"史料"而已。[22] 钱师以"春秋义理"为例,认为六经所本在古代"官书",亦即古人留下关于古代的"史事、史实"的"史料",但在撰写时,已是撰者"据事言理"("见之于行事")的心血结晶;后世学者研读、理解和诠释"经书",更是据事(故)而求理(解)的功夫;而不只是收集、整理、考证"史料"而已。"事理"和"义理"关注的是认知的立场和理论,与西方知识论哲学理论相当。关于这方面的问题,我近年写了一些析论的文章。[23]

"知识论"是西方哲学(尤其是近代西方哲学)的核心。作为"西方现代文化意识"的"历史主义"是历史"知识论"哲学(由于要与传统哲学划清界限,或别名"理论")。"后现代主义"更是一种激烈的"知识论"(如 Karl Mannheim 的"知识社会学"和 Michel Foucault 的"知识考古学")。近代西方对中华思想文化有两个影响重大的理论:①中国思想传统缺乏"知识论"的关注;②中国文化传统没有"真理"观念,因此中国没有哲学。从二十世纪八十年代初至九十年代初,我与西方学者对这些问题不断地论辩,因而对这些问题的论析投入了不少关注。这说明了我自 1994 年以来在台湾清华大学教古代中国思想史很重视中华传统思想的"知识论"基点、"真理"内涵和"历史知识理论"等哲学性问题的原因。[24]其实,早在 1939 年抗日战争的时候,钱师于所写的《国史大纲·引言》中,开张明义便是以"历史知识理论"为讨论主题。钱师六十多年前所论,对当下中国史学尚有重要意义。

---

[21] 陈启云(2001.9),及《汉初"子学没落、儒学独尊"的思想史底蕴》,《"中研院"中国文哲研究集刊》,第二十二期(2003.3),第 136—154 页。

[22] 钱穆:《两汉经学今古文平议》(东大,1983),第 168—231、235—236、240、267—271 页。

[23] 见陈启云(2003.3)所注书目。

[24] Chi-yun Chen, "Chinese Language and Truth: A Critique of Chad Hansen's Analysis", Chinese Culture 31:2 (1990), 53—80; cited and commented by Heiner Roetz, "Validity in Chou Thought: On Chad Hansen and the Pragmatic Turn in Sinology", Ch.4, in Hans Lenk and Gregor Paul ed., Epistemological Issues in Classical Chinese Philosophy (State University of New York Press, 1993). 陈启云《中国古代思想文化的历史论析》,(北京大学出版社,2001)第 1, 4 章;又《追求"道·真理"》,《杰出学者给年轻学子的 67 封信》,李远哲、萧新煌主编,(台北天下远见,2003 年),第 25 页。

在西方,"历史主义"是"后现代主义"的源头,因而钱师的"历史主义"意旨也和后出的"后现代主义"的一些观点有不少交集。由于"后现代主义"在当代是很重要和很有争议性的问题,下文借此略作分析。㉕

六

最近遇到一位以色列学者,讨论他翻译的钱师《湖上闲思录》(1948 年原序,1958 年初版跋,台北:东大 1984 年版),因此重读此书,发觉其中所论有很多与近年(1948 年原序之后三四十年)"后现代主义"者的论说相近之处。如书中《人文与自然》篇论人文与科学威权的对抗,《精神与物质》篇论"语境""文本"与"表象",《城市与乡村》篇对"后现代文明"的批评。《历史与神》篇论"历史"与"记忆"中说:

> 历史只是人的记忆……,然而历史则决不再演。人生刻刻翻新……任何一种经验,当其再经验时,也必然成为一新经验……我们今日再记忆到孔子……决非真是孔子当日之所记忆与经验之原相,然而不妨其为是对于孔子之再记忆与再经验。

这已是由"历史主义"导入"新历史主义"(和福柯的"知识考古")的源头了。㉖ 同书《实质与影像》篇,评"强力"(后现代主义所谓的"霸权")和"表象":

> 人生……不能不依随着一种强力。……强力虽紧随着生命之本身,到

㉕ 美国 University of California libraries,Melvyl 网络系统查询 keyword:"postmodernism"有关著作共有 13,093 种(每年约 130~430 种);但 2002—2003 年只有 237 种。热潮暂见消退。

㉖ 陈启云(2001.9).Jorn Rusen,"Historical Enlightenment in the Light of Postmodernism:History in the Age of the New "Unintelligibility,"History and Memory 1:1 (1989), 109—131;Andrea Fontana",Postmodernism in the Social Sciences,Ch.1, in David R.Dickens and Andrea Fontana ed.,Postmodernism and Social Inquiry,(New York:Guilford,1994).

底强力并不即是生命。……没有强力,不能行动,不能说话,但强力并非即
是行动与说话的实质。生命如身,强力如影。影不离身,但身不是影。

不幸而人类误认影像为实质……遂有金钱的崇拜,权势的攘夺,这里更
没有生命之内容与实质,只有生命的架子与影像……

资本主义……拜金……帝国主义……夸权慕势……是一个无本身的假
影像。

"霸权"(power situation,hegemony)与"表象"(representation,image)是"后现
代主义"对"后现代文化"批评的重要语汇。

七

"历史主义"对"后现代主义"源头的作用有二:一是"知识论·方法论",二
是"文化批评"。在"知识论·方法论"上,历史主义者和历史学家本着对于"普
遍、绝对、永恒"的真理范畴和知识霸权的怀疑,认为人的知识是由个别的人(包
括历史认知者本身)作为认知的主体,在具体特殊的认知情境中,受到各种外力
作用的影响而建构的产品。这些外力不限于马克思特指的纯由经济利益决定的
阶级统治权力,而是多元多样的复杂情况。因此,

(1)对一种知识的理解,必须回归到认知的主体所处的复杂情境中去考量。

(2)响应上述柏拉图的"洞穴说",历史主义者或历史学家了解到历史知识
不可能是绝对正确和完整的"真理",而大都是个别、片面、破碎、不完全可靠的。

但正因如此,人们更要:

(3-a)正视本身的主观偏见而力求客观,并尽量避免或减少外在现实权力
和利害关系考量对认知的歪曲作用——辩证地应对上述(1);

(4-a)体认了历史知识的破碎、片面和不可靠,而继续力求增进其多元多方
多样性以探求其完整性、体系性和可靠性(20世纪初美国的"杜威实验主义"和
德国法兰克福批判学派是重要代表)——辩证地应对上述(2)。

这是历史主义对人本"知识论"和人文历史学的定义。

过激的"后现代主义"知识论继承了上述历史主义(1)和(2)的观点,但却把这些观点范畴化、约化和绝对化。因此认为:

(3-b)人作为认知的主体必然而且只能是"主观的",不能是"客观的";[27]

(3-c)这主体主观又与外在"权力情境"如"影随身"密不可分;[28]

(4-b)因此一切知识的"论述"(Discourse)和著述(Text),都只是各说各话,客观知识不可能成立,更不要说真理了;[29]

(4-c)从绝对主体主观的立场来说,认知只能在"当下"进行(presence),过去(历史)是不存在的,只能存在于当下认知主体的"记忆",而对过去(历史)的知识只是一种"虚构"(fiction, fabrication),尤其是体系完整的"大历史"(History)和延绵不断的"文化本质"(essence)更只能是一种"虚构"。[30]

这种范畴化、极端化的"知识论"在人文历史实况中是充满矛盾的。例如,加达默尔认为认知者必然是"文化人",必定带有文化(主观)成见;但却不能容忍带有"科学客观"文化成见者的认知;他抨击"历史主义"乃至一切方法论,但自己却沿用历史叙述方法。如果一切知识都是片面主观的"意见·表述",则

---

[27] 德国诠释学的伽德玛(Gadamer)是典型,析论见陈启云(2001·9),第45—52页. Jonathan Ara ed., After Foulcault: Humanistic Knowledge, Postmodern Challenges (Rutgers University Press); Horace L. Fairlamb, Critical Conditions: Postmodernity and the Question of Foundations (Cambridge University Pres, 1994). 西方汉学家对"后现代主义"理论的初步反应,见"Symposium: Theory and Practice in Modern Chinese History Research: Paradigmic Issues in Chinese Studies, V", Modern China 24:2April 1998)。

[28] 对各种后现代主义的批判,见 New Literary Theory 学报中的多种论文,如 Vol.28:1(Winter 1997)中,Terry Eggleton, "The Contradictions of Postmodernism", Jerry Aline Fieger, "Postmodern Perspective: The Paranoid Eye". 站在史学立场,对后现代主义历史理论的强力批判,见 Robert Eric Frykenberg, History and Belief: The Foundation of Historical Understanding (Cambridge, UK: Wm. B. Eerdmans, 1996). 极端的批判,见 Paul R. Gross and Norman Levitt, Higher Superstition: The Academic Left and Its Quarrels with Science (Johns Hopkins University Press, 1994, 1998), Ch.4. 陈瑞麟、薛清江中译《高级迷信》(台北新新闻文化, 2001年)。

[29] Frykenberg (1996), pp.278-336. 陆建德:《破碎思想体系的残编》,北京大学出版社 2001 年版,第 169—187、335—384 页。

[30] Robert F. Berkhofer, jr., Beyond the Great Story: History as Text and Discourse (Harvard/Belknap Press, 1995); Keith Jenkins, On What is History? (London: Routledge, 1995). Keith Windschuttle, The Killing of History: How Literary Critics and Social Theorists are Murdering our Past (New York: The Free Press, 1996); 陆建德(2001),第 309—334 页,评 Edward Said 的东方主义。

"后现代主义"的观点也只能是一种片面主观的"意见·表述"。㉛

至于"知识"与"权力"的关系(包括福柯的"知识考古学"),后现代主义用"广义的权力不平衡境况"取替了马克思主义单一的"经济利益·阶级统治",是继承曼海姆(Karl Mannheim,1893—1947)"知识社会学"的新义。㉜ 但"广义的权力境况"仍有所偏而未能全面顾及认知主体所处身的复杂多元的情境,例如Thomas Kuhn 提出决定科学知识的"时代模式"(Paradigm),虽然也有强力的作用,但它的本质和建构主要是一时代之"文化共识";此共识至少部分是"内发"的,但对各个不同"权力境况"中人却有共同的属性。上述钱师在《湖上闲思录·实质与影像》中的"强力"观念,则包括了"内发"的与"共通"的属性。因为钱师是站稳在"人本·人文"的立场而思考的。西方历史主义的基本出发点是反对"绝对范畴化"的思维知识,而部分极端的后现代主义者重新回到"绝对范畴化"的思维,是基本的矛盾。㉝

八

后现代主义者最亮丽的成就是运用了历史主义的"知识论·方法论"——上述(1)与(2),以

(3-d)对晚期资本主义社会和"后现代文化"的观察分析和批判,

㉛ 陈启云(2001·9),第 45—52 页.Frykenberg (1996),pp.23-61.David Lowenthal,The Past is A Foreign Country (Cambridge University Press,1986); Frank Ankersmit, "Can We Experience the Past ?" in Rolf Torstendahl and Irmline Veit-Brause ed.,History-Making:The Intellectual and Social Formation of A Discipline (Kungl. Vitterhets Historie och Antikvitets Akademian:Konferenser 37,Stockholm,1996).

㉜ Karl Mannhelm, Ideology and Utopia:An Introduction to the Sociology of Knowledge (1929,1936);Felix Gilbert,History:Politics or Culture? Reflections on Ranke and Burckhardt (Princeton University Press,1990); Michael Kelly ed.,Critique and Power:Recasting the Foucault/Habermas Debate (MIT Press1994). Ragnar Bjork, "Scholarship and Politics:History in Politics and Historians as Politicians,"in Torsentendahl and Veit-Brause (1996).Adam Katz,Postmodernism and the Politics of Culture(Boulder,Co.:Westview Press,2000).

㉝ Thomas S. Kuhn, The Structure of Scientific Revolution (University of Chicago Press,1970).David Hollinger, "T.S.Kuhn's Theory of Science and Its Implication for History", American Historical Review 78(1973),370—393.后现代主义者把历史情境范畴化的倾向见 Quentin Skinner ed.,The Return of the Grand Theory in the Human Sciences (Cambridge University Press,1985),王绍光等中译,《人文科学中大理论的复归》(1991 年).

(4-d)而描述出此社会个别成员的疏离,整个社会广义性的权力不平衡和文化现象的支离破碎的实况。

由于

(3-e)"文化媒介"技术的高度发达,"媒介"掩盖了"实质·本体",

(4-e)人们不再能认知"实质·本体",而只能认知由媒介体(包括政治宣传,但更广泛的是商业广告、包装宣传)所呈现的"表象",包括文化人和知识人所书写的"表述"(presentation,representation)——钱师《湖上闲思录·实质与影像》所论列的"影像"。

可能是由于过度投入而引致走火入魔,后现代主义者把他们批评的对象"后现代文化"(已然的 postmodernity)转入为批评者的主体理念"后现代主义"(必然和应然的 postmodernism)。㉞

从古典哲学和现代主义的分析建构以至"后现代主义"的否定论述,我们可以把人对客体世界(包括自然与人文)的认知分为若干层面:古典哲学认为人凭借理性可以获得和申述关于实存世界的真理。这信念已被自笛卡儿或康德以来的现代主义及人文历史主义所动摇,而成为"知识论"的争议问题。但不论争议的焦点是在(A)—(B)—(C)—(D)的"本体论/目的论"问题,或(i)—(ii),(ii)—(iii),(iii)—(vi)的"认知"层次,现代主义及历史主义虽然承认其立足点是比较表层的场境(i/D),但其关注及议论点则是比较深层的实况,即人可否及如何由(i/D)达到(ii/C),由(ii/C)达到(iii/B),和由(iii/B)达到(vi/A)。如果假定是可能的话,则进入"方法论"的探讨;如果假定是不可能,则此关注仍代表了人本认知的主观念头和理想,是所谓"高山仰止……虽不能至,心向往之"。这主观念头和理想是人类认知的原动力。㉟"后现代主义"者把他们所批评的"后现代文化"的疏离、隔绝的现象,范畴化为"后现代主义知识论",把人的认知——思想、学术、知识、文化——约化、局限停留在(i)—(ii)表层。这种约化的学理根源是现代主义极端化的"科学主义·行为主义",其要点是:(a)只有人

㉞ Steven Papson, "The Postmodernism that Failed", Ch.10, in David R. Dickens and Andrea Fontana (1994), pp.155,176–180;224 ff.陆建德(2001)。

㉟ Chi-yun Chen, (1990),53—80;cited and commented by Heiner Roetz, Ch.4 in Hans Lenk and Gregor Paul (1993).

能用感官证实的事物才是实存的,才能是科学研究的对象和立论的证据;(b)思想、理性等心理内涵不是人能看得见听得到的,人能看到听到的是人的"行为",因此心理学术研究的不能是人的"心理",而只是人的行为。"后现代主义"全力攻击"现代主义",但其立论基础却是最极端的"现代主义·科学主义·行为主义",这更是一大矛盾。㊱

(i)	文字记述(文本)	(D)
(ii)	语言表达(语境)	(C)
(iii)	人心认知(意识)	(B)
(vi)	实存世界(物自身)	(A)

表层 ─── 深层

"后现代主义"的又一源头是继承了"历史主义"的"知识论"立场和运用历史学的研究方法去研究艺术和文学——"新历史主义"艺文研究。艺术和文学主要是一种"呈现"和"表述"的创作。至少它的具体存在离不开"呈现"和"表述"。艺术和文学研究受到"历史主义"的引领,开始怀疑西方古典美学所关注的"本质之美"的本质(essence),而着眼于艺术和文学创造的具体情境(文化内涵·社会背景),而发展为"文化研究·文化批评"。其所研究的其实已经不是"艺术批判、文学批评",而是"社会史""文化史"了。㊲ 因为这些发展的源头是"历史主义",而其成果也主要是"历史研究"的成果,这些支流不免回归主流,而冲击到"历史主义"和"历史学"本身,因此产生了历史研究的"新历史主义"。"新历史主义"怀疑历史知识对"过去"本身实质认知的可能性,认为历史知识不再

㊱　Wayne Gabardi,Negotiating Postmodernism (University of Minnesota Press,2001),p.xvii-xxiii,4-7.

㊲　David Dickens and Andrea Fontana,"Postmodernism in the Social Sciences", Ch. 1, in Dickens and Fontana (1994),pp.1-2.在中国艺术史中始作俑者是 Hung Wu, The Wu-liang Shrine:The Ideology of Early Chinese Pictorial Art (Stanford University Press, 1989)与 Martin J.Powers,Art and Political Expression in Early China (Yale University Press,1991).陆建德(2001)。

是对过去的知识,而只是一种当下表述的文字和论说(text,discourse)。[38]

"后现代主义·新历史主义"者指出历史家的叙述和文学家的创作在文本属性上相同,因此认为一切历史对过去的"重构"都是文学创作式的"虚构"。[39]就二者的客体形象而言,这似乎言之成理。但历史叙述和文学创作在文本上有不少微妙的差别,最重要的是二者在主体主观上的重要差异。历史学家所关注的是"过去",并且相信"过去"是可以"重构"的,因此其努力的方向是重构、描述"过去"。文学家所关注的可能是"过去",但更可能是"当下",而其努力的方向是当下创造性的虚构。倡言一切历史叙述都是"虚构","后现代主义·新历史主义"者完全抹杀了二者在主体立场上的重大差异,这对强调人的主体主观性的"后现代主义·新历史主义"者而言,是严重的自相矛盾。[40] 可能有鉴于这一自相矛盾的严重性,"后现代主义·新历史主义"者转而强调"作者已死、文本至

[38] Hans Kellner, Language and Historical Representation: Getting the Story Crooked (University of Wisconsin Press, 1989); "History is the books that people write and call histories", in Ewa Domanska ed., Encounters (University of Virginia Press, 1998). David Harlan, "Intellectual History and the Return of Literature", American Historical Review 94: 1 (June 1989), 581—609, and Joyce Appleby, "One Good Turn Deserves Another: Moving beyond the Lingustic: A Response to David Harlan", American Historical Review 94: 2 (December 1989), 1326—1332. Brook Thomas, The New Historicism and Other Old-fashioned Topics (Princeton University Press, 1991).

[39] Jean-Francois Lyotard, The Postmodern Condition: A Report on Knowledge, English tr. By Geoff Bennington and Brian Massumo, Manchester, 1984; also "Answering the Question: What is Postmodernism", Ch. 5, in David R. Dickens and Andrea Fontana (1994); Hayden White, The Content of the Form: Narrative Discourse and Historical Representation (Johns Hopkins University Press, 1987), Tropics of Discourse (Johns Hopkins University Press, 1978), and Metahistory (Johns Hopkins University Press, 1973). For critiques, "Metahistory: Six Critiques" (History and Theory 19: 4, Beihheft 19 (1980); Fred Weinstein, History and Theory after the Fall: Essay on Interpretation (University of Chicago Press, 1990); Robert Demark et al, World System History: The Social Science of Long-term Change, (London: Routledge, 2000); Robert J. Antonio and Douglas Kellner in Dickens and Fontana (1994). Renato Rosldo, Culture and Truth: The Remaking of Social Analysis (Boston: Beacon Press, 1993). Frank Ankersmit, "Can We Experience the Past?" in Torsentendahl and Veit-Brause (1996).

[40] Georg G. Iggers, "As historians we should fight against the instrumentation of histor", in Ewa Domanska (1998). Jorn Rusen (1989), 109—131; and "There is a lot of open future in the past," in Ewa Domanska (1998), and Studies in Metahistory (Pretoria: Human Science Research Council, 1993). Risieri Frondizi, "Are History and Truth Incompatible?" and Richard Mckeon, "History and Philosophy, Art, and Science, Validity and Truth", in Hans-Georg Gadamer ed., Truth and History (Hague: Martinus Nijhoff, 1972). F. R. Ankersmit, "Historiography and Postmodernism", History and Theory 28: 2 (1989), 137—153; "Historiography and Postmodernism: Reconsiderations", History and Theory 29: 3 (1990), 263—274; "Historicism: An Attempt at Synthesis," with Comments from Georg G. Iggers and response, History and Theory 34: 3 (1995); and "What I am dreaming of is a historical theory that will concentrate on the notion of historical experience", with bibliographical reference, in Ewa Domanska (1998).

上"（见前论"文本表述认知的层次"）。不过,根据这一说法,不同的读者对历史叙述的"文本"可能有不同的主观感受,其中有人会把它当作文艺作品去欣赏,但也有不少人,尤其是关注过去历史的人,认真把它当作历史叙述来体认。"后现代主义·新历史主义"者一方面主张主体多元化,开放文化多样化,但却否定历史类型的读者的主观感受和另类认知,又是自相矛盾。"后现代主义"者攻击大原理(Essentialism)、大历史(History with a capitalized H),但其本身却以范畴化约化的"文本""语境""权力立场"等观点,全面批判科学、艺术、文学和历史,亦是一大矛盾。[41]

如上所论,"后现代主义"的"知识论.方法论"源头是"历史主义·历史学(1)与(2)",但却忽视或否定了"历史主义·历史学"应对(1)、(2)的"主体论"(3-a)和"客体论"(4-a)立场,而发展为极端而自相矛盾的(3-b)(3-c)(3-d)(3-e)(4-b)(4-c)(4-d)(4-e)。这也是西方"后现代文化"破碎支离的一种现象——理论与实践的疏离,已然、存在、现实,和必然、应然、价值、理想的杂烩。

比较起来,钱师本着中国"事理之学"的传统(比对后现代主义激烈的反传统),融合汉学(历史)宋学(哲学)的学术理论和实践(比对后现代主义的割裂疏离),契合了作为西方现代文化意识的"历史主义"立场,并对西方"后现代文化"和"后现代主义"可能出现的危机提出预警,至为难能可贵。从稳健的人本"历史主义"观点而言,在人的主体主观立场上,主体对过去的"记忆"(历史)是真实存在不可否定的认知;以人在"当下"的情境与语境来说,主体和客体应对的实质也是真实存在不可否定的;而这种实质存在的底层(深层)意义(如前表所列人对客体世界的认知层面,i—ii—iii—vi)也是必然存在不可否定的;否定了这本质意义,便否定了人本意义。"国史体系""文化精粹"和延绵不断的"传统本质"(essence),这是钱师至为关注,而为"后现代主义"所离易的论旨。

在上述 1960 年美国"亚洲学会"关于"汉学与社会科学"的论战中,哈佛大学的史华慈(Benjamin Schwartz)在《社会科学方法的迷信》(The Fetish of the "Disciplines")一文里的结论是:

---

[41] Skinner(1985).

　　无论一个人所受的是哪一种学科方法的训练,他本人的文化修养越广博深厚,则越能在那种方法上发挥他一切的智能。无论这些智能是不是由那种特殊学科训练上得来的,它(指由文化修养而得来的智能)都可以使一个人的说话有分量,有价值。反之,由一个修养浅薄、目光短狭的人,机械地应用一种孤立的学科方法,常常会产生浅陋的,甚至荒谬的结果。㊷

对钱师的学术修养和其对西方思想文化的理解,这应该是很恰当的注释。

【陈启云　美国加州大学圣巴巴拉分校终身荣誉教授,

台湾清华大学商银荣誉讲座教授】

原文刊于《中国文化》2004 年 01 期

㊷　陈启云(2001·9),第 45—47 页。

忽忆垂青农圃道　学人特地报恩来

杨联陞与钱穆的学术交往

蒋　力

　　钱穆先生(1895—1990)，字宾四，他是在台湾去世的。从台北外双溪的素书楼迁出不过三个多月，他就走到了生命的终点。

　　"钱穆先生的中国学术思想史研究博大精深，并世无人能出其右。像这样的《提纲》，胡适之先生恐怕是写不出来的。"这是杨联陞读过钱先生关于《朱子新学案》的"提纲"后对他和钱穆共同的学生余英时讲的。

　　钱穆先生身后，由"钱宾四先生全集编辑委员会"整理编辑出版的《钱宾四先生全集》共计三编，最后一本名为《素书楼馀渖》。此书中，收入了他给胡适、杨联陞、徐复观、余英时、严耕望等人的书信，其中数量最多的是他给杨联陞的信。内容大多是论学，涉及《论语新解》《朱子新学案》和许多古籍，还有关于写书、读书、买书的事。显然，这四十通，还不是他写给杨联陞的全部信函。如果将钱穆先生与杨联陞往还的信函辑于一处，似也可以编成《论学谈诗二十年——胡适、杨联陞往来书札》那样一本学人通信集的。

　　全集是先在中国台湾出版，2011年才有九州出版社在其基础上的新校版发行于内地。而注意到这批书信并著文专门予以评介的，似乎只有一人，他就是钱穆先生的次子钱行(笔名毕明迩)。他的相关文字，目前只能在网上读到，没有收入他的《思亲补读录》一书。

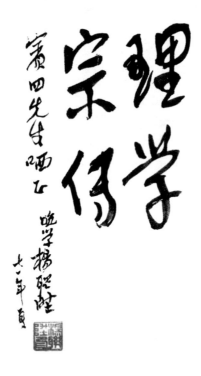

两位前辈相继故于 1990 年,迄今也已二十多年了。在没有发现杨联陞致钱穆的信函之前,我只能凭钱穆致杨联陞的这四十通书信、《师友杂忆》和余英时、严耕望等人的文章,及杨家纪念册中的文字,勾勒出杨、钱交往三十载的一个大致脉络。某日,与商务印书馆的友人、《东汉的豪族》一书的责任编辑朱绛君小叙,说到此为我撰写《杨联陞别传》的遗憾之一。朱君说,不妨与台湾素书楼基金会联系一下,看看那里是否能找到什么线索,他为我介绍的人叫秦照芬。邮件发去不久,即接到秦女士回音,说没见到杨先生的信,但有杨先生某年(1982)写给钱先生的一张卡片,上书"理学宗传"四字,她扫描发给了我。我以为这条线索至此已无希望了,没想到时隔近年后,又接到秦女士的邮件,她竟然找到了保存在素书楼基金会的二十余封杨联陞致钱穆的信,问我是否还需要。当然求之不得,我立即回复致谢。她无偿为我扫描了已发现的全部信函,使我的勾勒有了转向叙述的依据。值此杨联陞诞辰百年之际,我编辑的《汉学书评》(杨联陞中英文书评汇集)一书已在商务印书馆发稿,但我却没有能按计划完成《杨联陞别传》的写作及《杨联陞书信集》的编辑工作。后两事都有难度,自然影响进度,但在 2014 这个于杨联陞来讲确实特殊的年份里,我的确想为之奉献一点自己(也是他的后人)的研究成果,以为纪念。恰在此时,看到近期《中国文化》目录,其中有缪钺致刘永济先生信函二十通。缪彦威先生是杨联陞的妻舅、我的舅公,他的书信集,由其后人、我的表弟缪元朗君编就,亦经我推荐给商务印书馆出版。而远在九十年代,周一良先生悼念杨联陞的第一篇文章也是在《中国文化》刊发的,这自然与《中国文化》的创办人、主编刘梦溪先生不无关系。想到自己若干年前曾与梦溪先生有短暂交往,我斗胆致函,略述原委,竟很快就接到他的电话,并表示了他对这组信函的极大兴趣和期望——择要发表,可配发照片、信函扫描件及文章。感于梦溪先生的大度和理解,我整理了杨联陞致钱穆先生信函十余通,并附拙文——实为《杨联陞别传》之一节,交付《中国文化》补白,亦了一己心愿。

　　杨联陞在清华大学读书时,曾去北大旁听钱穆先生的中国通史课和孟森先生的明清史课,"对钱先生全史在胸的气概甚为心折"(余英时语),那大约是在 1936 年前后。由于钱穆先生的通史课是北大文学院新生的必修课,还有文学院高年级的学生、其他学院的学生和其他诸校的学生来旁听,所以每堂课上都有近三百人,甚至有些人只能站着听课。钱穆先生不会认得当年的每一位学生,直到 1960 年他客座耶鲁、顺便到哈佛大学讲学时,才知道杨联陞也是当年那些学生中的一个。在哈佛,他看到杨联陞办公室的书架上有他的两本书,一本是抗战期间在重庆出版的《国史大纲》,另一本是当年通史课上发给学生的参考资料。杨联陞把那本《国史大纲》送给了钱穆先生,因为彼时钱穆先生手边已没有这本书了。

　　杨联陞与钱穆先生长达三十余年的学术交往,从 1957 年前后开始,逐步深入,其中包括他对香港新亚书院的关注。1955 年 10 月,从香港新亚远赴美国深造、时为"哈佛燕京访问学人"的余英时,与董同龢、邢慕寰先生一起拜访了杨联陞。他后来给钱穆先生的信中,附带汇报了他和杨联陞晤谈的情况。钱穆先生很快回信,告诉余英时:"杨君治经济史有年,弟能常与接触,定可有益。"1955 年《新亚学报》创刊出版,杨联陞在《哈佛亚洲学报》上撰文推荐,着重介绍了钱穆先生在发刊词中论考据与义理不可偏废的观念。

1957 年，杨联陞受哈佛燕京社委托，到日本和中国的香港、台湾等地，落实申请哈燕社研究计划的补助一事。6 月，先到日本，帮社会学家裴约翰教授成立日本的东亚研究会；7 月，到台北，请李济、沈刚伯等先生成立同样的研究会。8 月，到香港，邀请钱穆、罗香林两位先生加入。在香港，杨联陞初谒钱穆先生于新亚。后来他回忆那次见面的经历时说：

> ……特蒙青眼。新亚时在农圃道，附近平房尚多。陈伯庄先生是宾四先生的学侣兼棋友，宾四先生带我步行奉访，还要走过一段颇有野趣的农圃，大约是菜畦，今日恐无痕迹了。
>
> 那一次只同伯庄先生下了两盘棋，分先互胜，宾四先生观棋不语。听说两位先生棋力相当。我当时已有日本棋院业余初段免状，1962 年在京都支部以二段格与京大几位教授对垒，三胜一负，见《京都新闻》。以后因血压高不敢用心，棋力大退。

《素书楼馀渖》中致杨联陞的四十通书信，最早的一通写于 1959 年 5 月 19 日。那一年里，杨联陞的身体状况不算很好，心境也不甚佳。幸有家人、友人关心一如既往，对他不无安慰。那年 4 月 21 日，他在日记中记下"枕上口占"诗：

> 天上浮云相掩映，人间好友互扶擎。
> 依然无恙康桥柳，珍重春光莫远行。

诗是病后写的。一年后，杨联陞特意书之，悬于自家壁上。

钱穆此信开篇即很客气，先道"昨奉损书，欣悉尊体康复，甚以为慰"。说过耶鲁大学邀请讲学的事后，又道："足下能得一年休息，此大佳事，更望宽拓心胸，必使日常能有镜空潭澄之一境，此于身心皆有大益，幸勿忽过，匆匆不尽。"

"损书"一词，现已很少使用，是称别人来信的敬辞。钱穆先生长杨联陞近二十岁，且为师长，此等细节可见他的人品，亦可证明两人之间的关系。

10 月，钱穆接杨联陞信，希望得到他的著作数种。钱穆在 10 月 29 日的回信中道"久疏音闻，然未尝不以先生之体况为念"。他向杨联陞推荐习练太极拳以健身，并介绍了自己的体会。

12 月 21 日，杨联陞致函钱穆——"宾四先生"，他的信，一直是这样称呼钱穆先生，也一直自称"晚学"的。他告诉钱先生，自己这个学期休假，但还为学生看了几篇论文，因此重读或者读书若干种，最后说"三合操已多间断，亦拟恢复"。

1960 年 1 月 11 日，钱穆赴美启程前七天，致信杨联陞通报行程，而后毫不隐瞒地道出自己的想法："此下当择一清闲之境，将平素胸中蓄积，再能写成几部有系统之著作，以追赎此一段时间内学业荒废之内疚心情，则个人之一生亦庶可谓有始有卒，恃兄相知，故敢率吐所怀，想不因以见哂也。"身在香港的钱穆，已把远在哈佛的杨联陞视为相知了。

在美国耶鲁大学访问、讲学期间，钱穆应哈佛燕京社邀请，到哈佛作专题学术演讲，题为《人与学》。杨联陞是介绍人兼翻译。他回忆了当年在北大听钱先生通史课的盛况，还特意向听众介绍钱先生是当代硕果仅存的少数大师之一。当时钱穆先生正在撰写《论语新解》，所以他的演讲皆从《论语》中发挥，且以欧阳修为例，说明中国学术传统以"人"为中心，欧阳修一人即兼通经、史、子、集，与西方重专门学术不同。

5 月 1 日、6 月 27 日，杨联陞在自家两次宴请钱穆先生，作陪者包括时居康桥的洪业（煨莲）、李田意、瞿同祖、余英时等人。在杨家的纪念册上，洪先生留言曰：一九六〇劳动节日，幸与联陞、宛君兄嫂欢迎宾四先生及夫人旅游剑桥盛会，惜内人以在舍久候修理火炉工友不克来耳。钱穆先生写道：本日和杨莲生先生、余英时弟及内人同下四人棋，此为平生之第一次。而后是余英时先生的笔迹：承莲生师及师母之约，教陪欢迎宾四师及师母之盛筵，一局未终，继之薄酌微曛，盖旅美以来鲜有之乐也。余因代父母陪宴，所食过平时之倍，诗思遂尽为之驱尽，谨书实况以代之，以博诸师长一笑之耳。钱、杨二位与余英时的师生情，英时先生在几篇文章中都有述及，然这段闲话，是他的文章中未提到的，似也不算题外话。1961 年 1 月 17 日，杨联陞致钱穆信函曰："先生到美东讲学，晚学得以屡侍清游,多聆教益,至以为幸。"此时,从新亚到哈佛的访问学者,除余英时外,又来了一位陈启云,杨联陞时常可从他们那里得知钱穆及新亚的近况。他在信中善意提醒了向哈燕社推荐学人时要注意的一些问题。

1962 年 4 月,杨联陞在巴黎法兰西学院演讲结束后,飞经香港赴日本京都大学讲学。在香港,他逗留了一日,宿于钱穆先生在沙田西林寺附近的寓所"和风台"。谈到已经完稿的《论语新解》时,钱穆先生嘱托杨联陞去日本时代他购日人研究《论语》的著作,以便《论语新解》的定稿。杨联陞也对此稿谈了一点意见。很快,钱穆先生就收到杨联陞从京都寄来的两种《论语》研究专著。他在 11 月 21 日给杨联陞的信中写道:"足下在港,对此稿所批示各点,亦经逐条考虑,启示良多,中有多九公亦曾讲到'吾与点也'一节,阅之甚感兴趣,惟懒于翻检原书,因遗书京都,问其在哪一回中,俾易索得,或此函未蒙阅及,便中仍希惠示。"

《论语新解》出版后,钱穆先生忘了要给杨联陞寄书,他在 1964 年 9 月 29 日给杨联陞的信中道"可见穆此一段时间内之心情杂乱之一斑"。这封信里,钱穆先生说了他获准休假,准备以三年的时间撰写《朱子新学案》。他询问杨联陞可否在美介绍一个基金会,以便从那里申请补助。他的要求不高,"按月三到四千港币,即可满足"。他还希望杨联陞能帮他考虑甚至物色新亚院长的新人选。

钱穆先生不了解的一点是,美国的基金会也好,哈燕社也罢,都是不面向私人提供补助的,杨联陞回信告诉了他这点,钱先生 10 月 24 日复函道:"穆前函所以提及私人之请求,因误谓此事易得眉目。今读来信,此念已息。"又道:"关于有意撰述《朱子新学案》一节,多蒙奖饰,不胜感奋。……以吾兄相许,故率抒其意,甚望有以教进之。……刻下正细读《语类》《文集》……"

10 月 28 日,杨联陞致函钱穆先生,告之收到大著《论语新解》,并就新亚院长候选人一事,推荐了数位在美中国学人,依次为:陈荣捷、施友忠、邓嗣禹、李田意、刘子健和胡昌度。他说这些人的特点是兼具学问优长、有行政能力、经验与兴趣,而又精力充沛。对其朱子研究,杨联陞写道:"先生之《朱子新学案》,最好在研究所计划中一并提出。来示所论极精辟,以朱子论朱子,而求其真与全,从而下一评价,自然是主要工作。但有一附带题目亦可作(或找研究员、研究生帮作)者,为朱子对后世之影响,后人对朱子见解(包括误解)乃至此种见解与误解在思想界与社会上所发生之影响,亦是一大问题,值得算一总账。先从国内下手,再论日本、韩国、越南等处之影响。以往讨论此类问题者,多就新儒家泛论,恐有不切实处。自然愈到后世,思想上交光互影之处愈多。"

11 月 28 日,钱穆先生信告杨联陞,他已经退休了。所幸研究所把他的研究计划列入了所里的申请补助计划,还是向哈燕社申请,所以他请杨联陞从旁探听一下。接下来他介绍了计划中要撰写的《朱子新学案》的四部分,这里面也能看出杨联陞的关注:"……第四部分则如兄来示,须研寻到朱子学对时下之影响。"他感慨道:"兄博涉广通,恨不能同在一处可以时时请益。惟望浏览所及,涉思所到,其有关穆此一研究者,随时指示则不胜感幸。"最后,他恳请杨联陞细读《论语新解》,"遇有问题,不吝随时示下,以便再作考虑,于下次再版时或可有所改正也"。

杨联陞看过钱穆先生的计划,建议他此编下及后世治朱学者。1965 年 1 月 21 日钱穆先生复函,称这样一来,篇幅更为庞大,断不能加入此三年计划中。他遗憾地表示:"惜在此极少可与谈者。纵笔及之,聊当请教。"谈到申请经费补助,他说:"穆历年来为新亚事遇有乞援机会,总是踊跃为之。今值自身个人问题,却无此勇气,究不知此事希望如何? 穆之私意,既已抽身乞退,不愿再受大学方面之经济补助。"

这一年,钱穆先生为自家撰写的春联是:

晚学得新知汇百川而归海
忘年为述古综六艺以尊朱

杨联陞看准了这项研究的学术价值,他相信钱穆先生必能不负众望,写出一部巨著。他本人也开始对朱子和宋代思想产生兴趣,相继浏览了《朱子语类》、陆九渊的《象山集》、王通的《文中子》等古籍。1965 年 2 月 15 日,钱穆致杨联陞函中道:"吾兄近亦读《语类》,可相讨论,快何如之。"2 月 24 日,杨联陞复函,开篇即道:"先生于友朋之道,感慨万端,晚学尚能心知其意。秀才如何谋生,亦是一大问题。朱夫子云,止经营衣食,亦无甚害。陆家亦作铺买卖。因指其门阈云:但此等事,如在门限里,一动着脚,便在门限外矣。基督教亦有一种思想,鼓励人发财为善,但今日百万富翁肯捐施为公,亦缘,不然则入息税太重。宗教倡导之力量如何,颇难言也。"后面又道"朱子重视明辨是非,极似孟子";"朱子尝见画底诸禅宗,其人物皆雄伟,故杲老谓临济若不为僧,必作一渠魁也,又尝在庐山见归宗像,尤为可畏,若不为僧,必作大贼矣。"他说:"此论甚妙,不意帖括之外,尚有此途可以笼络豪杰。"3月9日,杨联陞再函钱穆:"先生对朱子晚年定论之心得,有暇能否示其大略,晚学再读朱、陆两家书时,有所遵循,庶几不失纲领。上次提及《朱子语类》中之'睹是',大约是一般口语,而非方言,《象山集》亦言'为学只要睹是,不要与人较胜负'。朱好辩,陆亦何尝不好辩,两家皆以孟子自居也。《象山集》'尝闻王顺伯云:本朝百事不及唐,然人物议论远过之,此议论其阔可取'。晚学两月前曾草《朝代间的比赛》一稿,文中论制度较多,思想文艺较少。当时未见此语,否则应补入也。"

3月16日,杨联陞写信告诉余英时:"近数周与宾四先生通信,讨论《朱子新学案》,因此翻阅几种南宋人文集,颇有兴趣。宋代思想与制度可作之问题甚多,可惜无暇深入。"

"无暇深入",确是实话。然杨联陞至少让钱穆先生认为是一个可以讨论的对象,或许,这讨论对钱穆先生还起到了小叩大鸣的作用。那段时间里,钱穆先生与杨联陞的通信,"总是提到近日研究所得",原因是"知我"。有意思的是,2月15日的信寄出后,未等杨联陞回信,钱穆先生又有心得,3月1日这天又提笔写信,先道:"前奉一函,谅可先达。"中间说:"写到此,获2月24日赐书,敬逐一奉答如下。"最后说:"示及禅宗诸祖师一节,大是有味。凡禅宗大祖师气性多暴烈,《指月录》有记载,《语类》一二四页有记'杲老使性'一节,极有趣,注意及之否?"

3月16日,钱穆先生致杨联陞函曰:"来示各节,开益良多。关于《朱子新学案》之申请,多蒙扶掖,更深感谢。"随后他提出禅学研究与中国文化学术史关系"实深实大",他以为有三部分工作可做,一是辨伪,二是用历史演进眼光去研究,三是用近代西方心理学尤其是精神分析一派来推说禅宗转变。他还答复了杨函所询朱子晚年定论之说,并期待尽快看到杨联陞关于人物与议论的一篇新作。最后一段说："来书又提当时人书札往返,不但留稿,亦多传抄广布,此层亦是大有意思。"

哈燕社终于同意给钱穆先生的计划拨款了!据余英时后来回忆:最后还是杨先生的慷慨陈词使这一破天荒的申请案得以顺利通过。

5月10日,杨联陞驰函将此佳音通报钱穆先生:"哈燕社董事会上星期开会,先生之《朱子新学案》研究计划顺利通过,细节由裴约翰社长与唐君毅先生商定,大约可以按月致送研究费六七百元。因在手续上须经过新亚研究所,不久裴社长即将致书唐先生,请唐先生写一正式提案。……可于今年(1965)十一月即行开始致送研究费。……又,哈燕社对于东亚各处研究计划之审查,因需要专门学者之协助,有一顾问委员会,委员皆哈佛本校教授,下年由晚学担任委员会主席。请告知唐先生,如果新亚研究所在研究方面有新计划,或在训练研究人员方面有所改进,在向哈燕社正式提出之前,如果有所咨询,请随时写信,晚学当尽所知以对也。"

7月,钱穆先生目疾手术稍见复原后,即赴马来西亚大学讲学。哈燕社已按他的意思,改由1966年1月开始致送研究费。8月25日这天,他一连给杨联陞写了两函,先谈自己的读书体会,又谈对新亚研究所未来的担忧。从他的信中可以看到,前一年的10月28日和12月13日,杨联陞给他的两函中,均对新亚研究所的发展有些想法。钱穆到吉隆坡来,甚至随身带上了这两封信。他希望杨联陞能于1966年暑假来港,细商研究所的改进方式。若不愿为之多分心力,则研究所的未来"大可悲观也"。最后提道:"先生前曾告以《儿女英雄传》有'吾与点也'一章之讨论,……最近来马始获见之。而尤喜其书前一序,第一节短短数行,却能将经史大义扼要发挥。"9月8日,杨联陞复函,介绍了自己在外参加会议、发言的情况,而后曰:"新亚研究所事,局面既变(难向大基金会请款)。一时难望发展,至于维持一节,自当尽力,敬请勿念。"最后提到台湾棋手林海峰又胜第四局,以三比一领先,大约与精神作用有关。

11月12日,钱函仍以新亚命运为主要内容,再次提出希望杨联陞明年能来港,"先生能留意此事,不仅为此一机构之幸,亦为祖国学术界培植此一新芽以待将来之变化,此意义殊重视也。"

12月30日,钱穆先生收到杨联陞本月15日书,得知哈燕社的补助款可以不经新亚研究所直接支付,免去了新亚"一二妄庸之徒"的纠缠,他复函表示"不胜感幸"。

即将离开吉隆坡之前,钱穆先生收到杨联陞旧历新年发出的信,他于1966年2月4日、14日函告杨联陞:一、归程;二、读书心得。后一点中,提到他最近重读朱子文集一二卷,颇有新得,而后道:"午后在极热中摘写此两卷中重要诗篇,凡得四十八首,而兴有未尽,惜乎空堂寂寂,无人可语。走笔相告,得勿笑其狂愚否!"一副老夫得意之态,跃然纸上!

2月22日,钱穆先生回到香港沙田,杨联陞也于此日发出一信,哈燕社的补助款则于3月2日汇至。3月1日,钱穆先生函概括谈了他读朱诗的体会,并说"先生如有意见,仍望随时见示"。

5月4日,杨联陞函中曰:"尊体返港后转佳,工作效率亦高,闻之快慰无似。旧牙有当拔者,留之反而有害,惟每次不宜拔去过多,此点牙医想已顾及矣,总乞为道珍重!"5月17日,钱穆先生复函杨联陞,此信几乎专谈"静坐",由古人谈到今人。"抑穆久有此心,亦欲足下修习此道。足下博涉,自《道藏》中自加探索,不必多访时下习静坐者之意见。最好能先习太极拳,动中求静,有利无弊。穆对此道自谓有心得,待足下先习其架势,穆当为足下罄竭其说。学太极一两年,再继之以静坐,此最稳妥。此中实有中国传统甚深经验,并可单独一人,在室内在床上随宜练习。于现代社会之生活,并无甚大抵触。……足下体况不甚强,私心甚愿能稍分读书心力在此方面,积之三数年,便知以前所化时间之决不浪费耳。……不妨先习坐功,最先只在椅上(惟须矮脚椅),或床上坐卧,练呼吸,息思虑,每次自一刻钟至一小时,久久亦必有效。然后再正式静坐,总求勿急功近利为佳,甚望能一试。"写到最后,方提及写作进展:已完成"论理气"一题,此下续草"朱子论心性"。而后感慨道:"在此绝无人可讨论,大是闷事。"6月19日,杨联陞复函曰:"太极拳架势,当年在国内做学生时曾练过约一年,今已忘却,惟可就其精神,仿佛为之(多半以云手为主,再转动重心)。患在时为时辍不易成习耳。坐功练习更少(先生所指示之'尸卧'则时时为之,以床上有夹板,较为方便。晚学背部脊椎间有一软骨碟,曾行手术取出,久坐须硬背椅——在国外矮脚之硬椅可遇而不可求——颇疑坐矮脚椅亦为背易正直,未知是否)。先生对晚学健康如此关切,极其感激,自当遵嘱随时请教,并见诸实行也。"

师友之间这番兄弟般的情谊,溢于字里行间!

钱穆先生8月23日的这通略长些,先解释了收到杨联陞6月19日书后迄今未复的原因:天热;中文大学考试委员四方而至,多有熟人来山上;三次大风雨,警备扰乱心情;自定每日千字课程,恐不及,乃搁置其他一切。"尊翰又不愿草率作答"。又谈到写作进度及生发出来的想法,还谈到蒋彝来港,与蒋君聊得兴高采烈。又忆起为此书最先与杨联陞通信,杨联陞曾提起朱子学在此后之影响一节。现在"对此问题,胸中积有不少意见,若有人能相从,指导其各自分头撰写,或专论,或专书,当可得许多题目,惜乎甚少人能摆弃生活负担,在此方面埋头耳。"

杨联陞8月27日即复函,恳请将部分成稿交《清华学报》先行发表。此时杨联陞身兼台湾新竹清华的学报主编,而其主要编辑工作都在美国进行。信中曰:"其中有若干部分或可早日发表,如肯交《清华学报》印布,更所盼祷。"之后又道:"关于朱子对后人影响以及其他类似问题,先生不拟撰文发挥者,最好能写成札记,积得若干条后,分批发表,对后学可以多所启发,学海虽大,多投几片石亦能振起波澜。不必自己处处下海挥手振足,方为成龙。学问不外'承前启后',无大陆所谓'文化革命',似要一口吸尽大海水,再以无盐之水充盈世间,难免心劳日拙也。"9月9日,钱穆先生复函:"……甚惬鄙怀。兹已选定《朱子从游延平始末记》一篇,此乃离吉隆坡前最后所获,亦为返沙田后最先所成,屡曾向足下提及,兹须托人影一副本,既以寄上,惟只能赶十一月集稿之一期排出矣。"说完柳存仁过港,听取了他的意见后,又说到唐人的饮茶和今人的围棋,最后转到太极拳:"太极拳有意再温习否,若能买一矮凳,得闲静坐,可不必在床上,亦不必用垫,亦不必盘腿,较近自然。穆之写《学案》,颇不多用思索,每于静坐后起身,时有新意涌出。苦思不得其解者,一时领会,倍增乐趣也。"

这番往还信函中,二人还说到林海峰的棋与日本茶。杨联陞注意的是林海峰的战绩,钱穆先生却说不甚欣赏林的棋风,还不如由内人摆出吴清源的旧棋谱,在旁细看,更有意思。

10月10日晨,杨联陞收到钱穆先生大作《朱子从游延平始末记》,读过后立即复函,既有充分肯定,又指出一处语病及可删去的一段引文,又道:"原稿有数页或须重抄,晚学与英时可以分任,请勿为念。"然后说:"《清华学报》此期得先生赐稿,篇幅为之增光,极感极感。"

年末(12月19日),钱穆先生函中简约通报了得哈燕社补助近一年来自己"按日千字"的写作进度,说要去台北两周办事,顺便去图书馆查书,抽空一游南部横贯公路,估计归来后会像年初返港时的情形。最后说:"足下前面告以张弛之道,正可借此透一口气。"

台北归来,钱穆先生收到杨联陞12月23日函,得知他近两个月身体不适,《清华学报》校对易人出版迟误,影响了钱文的早日付印。1967年1月26日钱穆先生复函,先有"尊况想当健复如常,不胜悬念"句。他再次向杨联陞推荐了自己静坐的好处,而后建议:"遇天气晴朗和煦之日,能到湖边草地散步、静坐兼而为之,常看湖光水色,必可宁神息虑。从尊寓去湖边,雇一车为时不久,每周能有一次则更佳矣。惟此时适值冬令,恐不易去户外作此等活动耳。"

1967年上半年,杨联陞有很长一段时间因病住院,闻知他出院后,钱穆先生即于7月18日致函,先曰:"自大驾健复出院,穆迄未敢率尔通书,免扰清神,顷惟一切胜常,至为祷祝。"又通报了写作近况(积一年半来五十万字存稿),因港九骚动,恐有散失,拟迁居台北郊区,住在台北故宫博物院附近,可利用其藏书。"纵笔不能自止,纸已尽,"他盼望杨联陞秋后能休假东归,在港或在台晤面,可以畅论数日夜。

杨联陞闻钱穆先生有迁台之念,迅即复函表示"此实上策",想必是对港九骚动已有所闻。他还表示,"迁居费如有所需,自美金数百至千元,晚学皆可随时奉借,万勿见外"。

七八月间,钱穆先生在台逾月,尽日奔跑,虽正值台北地价激涨,还是在外双溪觅得一处可以造屋的地方。8月25日,钱穆先生函告杨联陞,财力不敷,幸得公家相助,台北新居约半年或八个月后可建成。"承许借款应急,雅意至感。……尊况读来示深为欣慰,高血压最宜多求养息,长途出游终觉劳顿,按日能得半小时以上之散步,极为有益。遇风日晴朗能常去湖滨盘桓一两小时,身心两得其益,更为佳事。文章仍以少写为是,最好在闲中多写笔记,俟血压平复再整理成篇,如此可不感负担过重。……明年欧洲之行,盼能少到几处,每一处多逗留几天,既可省精力,亦可增情趣。七八月之间,如可来台,穆之新居已成,当扫榻以待,盼能多留。一面可饱览故宫所藏,一面可瀹茗抵膝多作长谈。……大驾如能多留时日,亦不妨读书写作也。幸熟计之,勿一面即去为望耳。"

"勿一面即去为望",不要见一面就走,这是我的希望!多么恳切的期待和请求啊!

杨联陞9月6日复函:"先生对养生之指示及随时写札记一节,均是经验之谈,自当力行。明年来台虽是以开会为题,只要时间允许,自当遵命下榻至少一夜,以便多聆教益。"他不失时机,提出一个新的请求:"兹有恳者,先生得暇,拟请裁尺许宣纸,为书一联(在一张纸上写,不必分开,更不必裱,寄下到此配一镜框,甚为方便)。'平肩担道义,庸手著文章',此是晚学近日窃改前人之句。晚学蒲柳之质,下驷之材,难作人师,浪拥皋比,姑以此两语自为警勉,意谓平肩亦可分担道义,庸手犹当勉著文章。"

1967年9月,时年七十二岁的钱穆先生从香港迁居台北,暂入住金山街一公寓房。离开香港前,他于9月22日有一函致杨联陞,信中说,他改了对联中的平庸二字。9月29日杨联陞复函:"先生重改两字极为妥善,对仗既工,蕴义尤富。双肩只手人人所有,圣哲凡愚原应平等,自勉勉人亦相通贯,双肩又可解为用全力,只手又可解为独立不倚。至于晚学原拟之平庸二字,先生仍欲求跋语中附着,随而存之,已为大幸。"迁居台北后,钱穆先生急于将积有所得迅速写出,以免久后模糊,故搁置其他。10月16日致杨联陞函中先曰"至于磨墨作字,更须有待,至乞鉴谅。"

钱穆先生没有让杨联陞期待许久,"嘱书之件甚不自惬,曾上下午各书一幅,请陈雪屏兄代择其一,承加奖借,更增愧汗。"1968年3月5日,杨联陞致函钱穆先生:"……先生'双肩担道义,只手著文章'并跋语横幅,法诗疏朗,似有初唐人意味,跋语亦极简洁。"顺告虽在休假中,读书之余,还为学生杜维明校阅了论文。略查史籍时,发现了王阳明年谱等书籍中的一些错误。3月18日,钱穆先生复函曰:"足下为校阅论文,仍加精密探讨,备见平日为学不苟之一斑。……又忆前告《论语》'吾与点也'一章引多九公，最近曾悟到北方大鼓多有'吾与点也'之插入，可见此一故事实颇为流传。殆如佛门禅家说故事，是亦明代理学家讲学影响之犹可考见者。礼失而求之野，足下论学，如此等处，足征通人之雅趣。若博而不淹，徒以见闻之杂自诩，固不足以相拟也。"

此函还提到在港偶得韩国人研治朱子书一种，迁台时亦随身携带，得暇即翻读。后听说韩人治朱子学者在此尚有著述近十种，打算迁入新居后逐一借阅。杨联陞3月27日复函，告韩人著作之一种，即金迈淳之《朱子大全答问标补》。钱穆先生4月27日复函："此间未见其书，待再访之。不知在韩能托人觅得否？……稍缓如无办法，当再恳尊处选寄其部分精要处作参考也。"又曰："大驾七月下旬能来，极盼极盼。穆之新居迁延过久，当可于六月半前迁入，极望足下到能有旬日盘桓。新居遥望群山，近对一溪，较之沙田各有胜处。惟不须多登石级，则于来访者为便。"

落款之后，竟又有一段，可视作三年前二人通信涉及的某一节的续应："足下几年来损书多保留，此次迁居穆仍伏案作《学案》，尊处书札是否全带来，须迁新居后遍检所存故宫博物院书箱始知，不知足下亦有存稿否？如此次两札，论阳明《年谱》涉及刘瑾而牵连到平剧《法门寺》（前函穆实误记，所告乃《刺汤》非《法门寺》也），此札论'与点'而引阳明诗及山东大鼓，如此之类，能随手写札记两三百字一条，积多大是有趣，并使学者多开悟也。倘精力未充旺，仍以少写长篇论文为佳。"

6月25日钱穆先生函，是在写作、迁居两事均不顺的状况下写的，云"世事往往不能如愿"，譬如，一小段文字的细改，至少使他与杨联陞的通函延误了两旬。

此函再次提到林海峰。要看林海峰的比赛，还有人预备了爆竹，待到深夜哑然而止，感叹"爱国家爱民族文化只能在此等处求发泄，而终于临时发泄不出，亦可悲也"。所以，"极望晤面匪遥，得一畅谈为快"。

7月下旬，杨联陞有两周的台北之行，钱、杨在台北终于晤面，杨联陞也应邀在钱穆先生的新居下榻，成为新居下榻"第一人"，他感到"至以为荣"。回到哈佛之后，杨联陞于8月13日致函钱穆先生，提到哈燕社对先生到台后是否需要继续得到研究补助一点略有误解,以为其已有确定教职,现已决定下半年的补助很快就会发出。因哈燕社不愿接受个人申请,所以《学案》之后钱穆先生怎么才能继续申请新的资助,杨联陞也有考虑。"晚学可能在1969年秋或1970年春休假半年,或可想一好题目作为与先生在台合作研究,应亦可请补助。此意是今午回家时想起,暂不拟向社方提出,因董事会开会决定预算得在4月,冬春之际再通讯商定,亦不为迟也。"对钱穆先生来说,有快慰也有不满足。8月25日,钱穆先生致杨联陞函曰:"此次晤面,见足下精神饱满,身体健快,最慰积年之念。本欲略述此两年来草写《学案》之所获,藉聆教益,而匆匆未得开此话匣,则不胜歉然。……自大驾离去,即与内人详商此下家庭生计,……万望足下勿以此萦怀虑问……更不愿为此增添足下之为难。"

落款后又及:"此间门牌已编定为'台北士林外双溪临溪里二邻六号之五'。穆为新居取名'素书楼',墙角悬榜,以便来访者。穆幼年,先慈挈余居无锡老宅素书堂之东边。前在成都,闻先慈噩耗,悬吾室曰'思亲彊学之室',今又逾廿七年矣。思亲之情,先后犹一,然精力已退,不敢再以'彊学'自居,名此楼曰'素书',亦聊志余思亲之意而已。"

11月20日钱穆先生函通报了最新进度后曰:"目下园中已植有花木,虽只是廉价常见之品,然生气满目,大足怡人,不知大驾何时重来,可以多作流连。"

这半年间,杨联陞的身体、精神都尚可,他在11月24日信中告诉钱穆先生,自8月归来,"每天早晨体操约十五至二十分钟,杂糅太极拳、八段锦与西式瑜伽,自名三合操";正准备撰写一文,论中国语文中的否定式;与余英时合授上古史,杨讲上古(由考古资料讲起)至周末,思想家六家九流,作综合比较,英时讲秦汉至三国,主要是方志入门及中国史专题研究。信中还问到《学案》完成后如何印布,以后是否另换一大题,或暂写杂文短篇。

12月14日,钱穆先生复函。因杨联陞所询,答复的竟已是《朱子新学案》完成后的新计划了:拟再写《国史大纲》,可将三十年来新意见增入;还想编一个《文言文自修读本》。他说:这两本书都谈不上学术研究,"然为私人生活计,或可较多售书利润,补助开支,若有意外收获,则可以书养书,解决穆另有之一套印书计划。并此两书,若能重返大陆,亦可收国民再教育之功。书生报国,窃亦有意,非尽为私计也。"

1969年3月3日函曰:"此间园中栽树栽花大体已告一段落,有老树,有新苗,有苍松四枝极可爱,然非到暑间不能知其果活否。有枫树,有樱花等,皆幼苗移来,须到今年冬明年春始可观。不知大驾果能重来台北一赏此小园风物乎?企予待之。"这年春天里的钱穆先生,精神甚佳,安闲的环境,使他恢复到每月三万字的写作进度。而大洋彼岸的杨联陞,此时又处于身体欠佳的状态,他已避免去参加任何会议,哈燕社顾问一事也移交给了余英时,后者还免不了那些所谓的学术会议,但"所见所闻多近于无理取闹"。3月28日,杨联陞以个人名义致函裴约翰社长,再次替钱穆先生申请经费,这次申请的名义是印刷费补助。原信英文,中译如下:

约翰,你好:

这是一份关于钱穆教授朱子思想、学说专题研究的简要报告,同时建议为这一极其重要的研究出版物增加拨款。

在过去的几年里,我一直和钱教授保持着频繁的联系。去年夏天,我拜访了他在台北的新家,他给我看了相当一部分的手稿。我被他的研究规模和大量新的发现所折服。我完全有信心地宣布,这不仅会被当代学者们视为不朽作品,在未来也会是丰碑之作。

据钱教授最近的来信说,虽然因居所搬迁到台北的缘故,在一段时间延缓了研究进度,但现在他已恢复到大约每月30000字的书写速度,因此他预计夏末能够完成这项重大工作。至于发表方面,他更愿意自己直接用打印机整理,而不是通过出版商。这将使他更容易在校对工作期间做出较大改动。

综合以上情况,我建议哈燕社董事会为他在1969—1970年的工作提供一笔大约3000美元的扶助资金,以资助他发表他的朱子理论研究。钱教授一直以来只是在各地做讲座(现在和以后都会是这样),他的大部分时间将致力于这部丰碑式作品的完成工作。同时,他也将会起草著名的《国史大纲》(上下卷)的修订版。

我希望这份简要的报告会在你向董事会资产管理人申请补助资金的时

候起到作用。

你的挚友

杨联陞

4月29日,杨联陞函告钱穆先生:为之向哈燕社申请印刷费补助3000美元,裴约翰社长已批准。

5月8日,钱穆先生复函:"《朱子新学案》印费蒙为洽定,此一问题获得解决,此皆盛意所赐,感激之情难可言宣。……《朱子学案》已于四月廿四日完工……究竟此稿何时能正式出版则须与所择定之印刷所熟商后,再可约略估定。届时大驾若能在台,临时有一商榷,则更所盼也。……足下清恙,穆早有闻知,因恐烦劳清神,故不敢修书问候,顷悉转健,不胜欣慰。惟尚盼加意卫摄,最好能长期休假一学年,在此期间能来台最佳,尤盼能去台南……"

盛暑中,钱穆先生一气将《朱子学提纲》(即序)写完,十万字! 又开始自校手稿,九十万字! 12月19日致函杨联陞时,尚有近五分之二未校。

12月28日复杨联陞12月21日来书:"拙稿已于前日通体校读一遍。"知杨联陞近期血压高达170—180,"务盼注意休息……轻微体操不宜间断。"又劝曰:"著书太辛苦,写长篇论文亦复费心力,以兄博学,多写笔记……此事大可提倡也。"

1970年3月,杨联陞刚刚讲完一轮制度史课程,收清了审阅论文及报告等杂务,为《清华学报》编就的政治学专号已寄往台湾,血压因之复趋平稳,但又觉得乏善可陈。29日,康桥小雪,他作书与钱穆先生,云"聊当侍坐请益"。这封信拉杂写来,从友人李惠林(植物学者)翻译计成的《园冶》,谈到从陵云台的文字中发现陆云乃陵云之误,又说到香港的牟宗三、牟润孙两君在《中国学人》创刊号发表的各写熊十力、陈寅恪的文章,评价分别是"不免令人失望""皆欠清晰"。此信中最有意思的是最后一段,从清末所谓"清流""清议"说到"清",认为其要领是身在局外。此字至少可追到后汉,党锢乃至官分清浊(如教育官清、理财官浊等)。继而展开议论,说到旁观者清、日语中的看棋者可高八目、隐居放言、处士横议、局外局内有时不易分清等。杨联陞曰:"赘瘤之见,亦非尽属无的放矢也。"依笔者所见,这段内容即如钱穆先生建议多写的笔记。惜乎字迹比较潦乱,正反面书写,有残,故只能暂且引其大意。

之后,钱、杨二人约有一年未通音讯,身体状况都不太好,是主要原因,《朱子新学案》的出版也延宕了下来。1971年3月14日,钱穆先生致函杨联陞:"此书非足下相助,恐不得有今日,荏苒岁月,幸溃于成,故尤欲最先奉告也。"3月20日杨联陞复函,惺惺相惜地叮嘱钱穆先生按期检查,还介绍了治愈十二指肠溃疡的一种偏方。得知何佑森君协助钱穆先生作索引,他也写了一些提请注意的问题。

是年夏间,余英时夫妇来台一个多月,经常来外双溪,每次都是畅谈到深夜才离去。几乎每次谈话都会谈及杨联陞。钱穆先生9月8日函曰:"顷于何处见报,大驾须赴东部讲学半年,不知确否? 偶换环境当于尊体有裨,惟深恨大驾未能来台住一年半载,俾获畅叙。"

11月,钱穆先生长达百万字的专著《朱子新学案》由台北三民书局发行。

1972年秋,杨联陞前后住院三月有余,杨夫人忧劳过甚,也伤及身体,至1973年春夏之间才均见恢复。5月18日杨联陞函告钱穆先生近况,特别感激地提到余英时,"渠在最近两年实是晚学大臂助,病能早日恢复,亦因功课有人负责,可以放心也。"6月8日,杨联陞复钱

第七届錢賓四先生學術文化講座

穆先生5月26日函,对先生《双溪独语》的写作体裁表达了自己的建议:两种并用,一种与古人晤对,另一种自为宾主。而后说到自己近来书画之兴大发。这是目前笔者所见杨联陞致钱穆先生书信的最后一通。

1974年初,陈捷先由美国来台湾,带来杨联陞送给钱穆先生的一幅画。3月2日,钱穆先生函谢:"蒙赐画一幅,不胜拜嘉,此画已由捷先携去代为装裱,惜最

近久未晤,不克将尊画悬之堂室为新年增一新景也。今年秋,"中研院"院士会议,不识大驾能来台获一畅晤否。"又提到最近为孔孟学会写孔孟两传时的感叹:"深感学无止境而年力已迈,不能再有多大进步,真是惭愧。亦恨无人讨论,只是埋头苦索,更增其寂寞之感耳。"

此为《素书楼馀渖》一书所收的钱穆先生致杨联陞书信的最后一通。

1982 年 7 月,陈荣捷教授在美国檀香山的鹅湖主持了中西学人三十余位参加的朱子研讨会。到会的冯友兰先生以一绝出示论友,末二句云:"何期檀岛千年月,也照匡庐洞里风。"会后,杨联陞见到此诗,辄和其曰:

> 批孔批朱那可宗,乘桴应喜道来东。
> 当阳重论鹅湖舍,何异平畴交远风。

冯芝生先生与钱宾四先生同庚,去世也是同年,他俩之间二十世纪四十年代即有过与朱子相关的学术讨论。此会亦邀钱穆先生出席,先生恐身体不支,只寄去了书面发言。若出席,会不会与多年未见的老相识再有"论难"呢?一直关注和支持钱穆先生撰写《朱子新学案》的杨联陞,以和诗表明了自己的态度。

1985 年 1 月 19 日杨联陞给妻兄缪钺的信中,通报了他不久前去台湾时到素书楼拜谒钱穆先生的情况:曾谒钱宾四先生于寓所,视力已不佳,目仍能发光,确是异秉。长谈不倦,步履轻便如昔,可喜。宾四先生道及与我兄论学之乐,其怀念也!

钱穆先生在《师友杂忆》中写过,1942 年在浙江大学任教(时在遵义)期间,"新交"者有缪钺。到江南大学任教后,钱先生还曾邀请过缪钺,缪先生时已定居蜀中,顾念家庭,没有应允。此后没有往来,但杨联陞了解他们早年的交往,晚年给缪钺的书信中时有提及钱穆先生。先生去世后,缪钺于 1990 年 9 月 5 日有唁电致其家属曰:"宾四先生不幸逝世,隔海传闻,极为惊恸。眷念旧交,潸然涕下。专此奉唁,并乞节哀。"

1977 年,出任香港中文大学新亚书院院长的金耀基先生,专赴台湾,邀请钱穆先生回港，出任以他的名字命名的学术讲座的第一位讲者。1978年，"钱宾四先生学术文化讲座"推出，每年一人。钱穆先生开讲的第一天，听众逾千，成一文化盛会。金耀基先生在院长任内，逐年亲迎李约瑟、小川环树、狄百瑞、朱光潜等国际著名学者来港担任讲座讲者。卸任后，"还是用了一些笔墨劝动了哈佛大学的杨联陞教授来新亚做1985年讲座的讲者。1985年10月2、4、7日，这位自嘲为'杂家'、被汉学界奉为'宗匠'的史学家，在新亚先后三次演讲中，对中国文化中'报''保''包'三个钥辞做了渊渊入微的精彩阐析。"金耀基说："只有像联陞先生那样具有文字学、史学和社会科学的修养，才能做到触类旁通，揭微抉隐的境地，诚然，这三次演讲，如不是限于时间，一定还可以有更多的发挥。"

杨联陞在应下此讲座时有言："宾四先生素所景仰，承教有年，中文大学又曾颁赠予荣誉学位，亦思报答。"

1985年10月21日，杨联陞给香港中文大学张端友主任的谢函曰：

此次来访，为"钱宾四先生学术文化讲座"试作三讲，聊尽绵薄，用志对宾四先生景仰之忱，兼以答新亚之种种厚遇，深觉荣幸，谨与内子同致谢忱！

他还抄录了自己的两首小诗：

（一）

华堂贤主盛筵开，文史经纶尽美才。

忽忆垂青农圃道，学人特地报恩来。

（二）

瓦砾沙金杂货铺，也谈儒释也谈玄。

三原"关系""人情味"，四第交游结胜缘。

1991 年的台湾《中外杂志》刊有一幅钱穆先生夫妇与杨联陞夫妇的合影，那大约是八十年代在台北素书楼院内拍摄的。持续三十余年、远隔大洋的一段"超越门户"（余英时语）的学人交往的佳话，至此画上了句号。

2014 年 8—9 月于京沪两地

【蒋　力　中央歌剧院创作中心主任】
原文刊于《中国文化》2014 年 02 期

林语堂与吴经熊信仰历程之比较

梁世和

一

 林语堂(1895—1976)是中国现代著名文学家、语言学家、学者。吴经熊(1899—1986)是二十世纪中国享有世界声誉的法学家、人文学者。二人是中国现代史上两个著名的基督徒知识分子,分别著有《从异教徒到基督徒》与《超越东西方》,对自己的信仰历程进行了详细记述和深入剖析。① 林语堂出生在一个两代信仰基督教的家庭,从小就接受了基督教信仰。后来考入由美国基督教圣公会创办的上海圣约翰大学,最初在神学院学习,但很快就对神学极为不满,称:"一切神学的不真,对我的智力都是侮辱。"②因对中国儒道佛哲学的喜爱,对基督教逐渐疏远,开始了他所谓的灵性大旅行,直至晚年才又重新恢复了对基督教的信仰。似乎是绕了一个大圈子又回到信仰的起点,但在林语堂看来这个圈子非绕不可,他认为这样信仰才会更加坚定。他把信仰历程比作旅行,而旅行最快

---

① 《从异教徒到基督徒》,又名《信仰之旅》。
② 林语堂:《从异教徒到基督徒》,湖南文艺出版社,2012年,第16页。

捷的方式是乘飞机,但他认为这对旅行者来说并没有多大益处。他称自己的信仰之旅选择的是一条险路,"是一次性灵上充满震惊与探险的旅程。……常有出现类似哥伦布船上水手们惊恐的风景、海难及罗盘偏差,也常出现疑惑、踌躇、叛变及渴望返航的威胁。我曾航行在恐怖的地狱之火的雪拉恶礁及法利赛党、文士及有组织信仰该亚法派的旋涡"。③他庆幸自己终于到达了彼岸,虽然千折百回,费了不少力气,但他认为这是唯一的路。

与林语堂相同的是,吴经熊的信仰历程同样是一条充满坎坷之路,其信仰的确立也经历了人生历程中诸如喜怒哀乐、爱恨情仇、悲欢离合的过程,正是这样的内心挣扎与艰辛探求使得他们对信仰越发珍惜。与林语堂不同的是,吴经熊出生在一个中国传统文化氛围浓厚的家庭,从小接受了良好的儒家传统教育,打下了扎实的传统文化根底,中国传统文化始终是他生命的重要组成部分。他说:"……中国的宗教。它们构成了我的道德和宗教的背景,从而形成了我灵性生命发展的一个内在部分。"④父母的儒家、道家精神特质也深深地影响了吴经熊。他说:"我母亲的精神有助于我理解道家;我父亲的精神有助于我欣赏儒家。我心中的道者将命运之变迁视如日夜、春秋之自然交替。我心中的儒者敦促我培养惟一持久的仁爱之心。"⑤林语堂自称是在基督教的保护壳中长大,吴经熊则自称中国儒佛道三大教是自己的精神奶妈。18岁的吴经熊考入由美国基督教循道宗(卫理公会)创办的上海东吴大学法学院,其间因受基督徒爱心和牺牲精神感召受洗成为基督徒,但当时信仰并不坚定,受诸多原因影响,信仰逐渐淡化。直至抗战爆发后,他重读但丁的《神曲》,大受感动。《圣经》中圣保禄忏悔自己是罪人中的罪魁的话,引起他身心强烈共鸣,使得他对自己过往的一切彻底忏悔,称过去的所作所为不过是自以为是的小丑行径。忏悔是得救是开始,吴经熊再次回到基督的怀抱,受洗成为天主教徒,从此确立了坚定的信仰。

林语堂这样描述自己的信仰历程:"我曾在甜美、幽静的思想草原上漫游,

---

③ 林语堂:《从异教徒到基督徒》,湖南文艺出版社,2012年,第2页。

④ 吴经熊:《超越东西方》,社科文献出版社,2002年,第168页。

⑤ 同上,第23页。

看见过美丽的山豆;我曾住在孔子人道主义的堂室,曾攀登道山的高峰且看见它的崇伟;我曾瞥见过佛教的迷雾悬挂在可怕的空虚之上。而也只有在经历这些之后,我才降在基督教信仰的瑞士少女峰,到达云上有阳光的世界。"⑥在"孔子的堂室"、"道山的高峰"、"佛教的迷雾"等多种思想中遨游、碰撞后,最终降落在"基督的山峰"。林语堂的信仰经过中国儒释道文化的洗礼,最终回归基督的怀抱。对于林语堂浸润中国儒释道文化达三十多年之久,晚年却重回基督教,很多人表示惊讶,觉得难以置信。至今仍然有学者认为林语堂虽自称基督徒,但其骨子里尊崇的是中国文化,尤其是道家文化,并非真正的基督徒。⑦ 其实林语堂自己表述得非常清楚,称自己的回归是"终于接受基督教作为对人灵性问题的满意答复",并称会"详述中国式的美和缺陷,指出他们在哪里已达到最高峰,在哪里答复不完满,从而将我的演进和转变作清楚的说明。"⑧可见回归基督教是他经过漫长的灵性之旅,深思熟虑之后找到的满意答案。林语堂称自己不是轻易改变所崇信道理的人,因此其转变是艰难的,也是坚定的,是发自内心深处的召唤。

或许可以说,林语堂的内心深处从未离开过基督教,自幼建立起的信仰早已浸入其骨髓之中,成为他生命的一部分。基督教中很多正面的东西他始终是非常认同的,他自己也意识到这一点:"虽然我自称为异教徒,但像罗马酒神节这样的东西,那时仍非我的能力所能理解,现在仍是如此。……在对待女人方面,在清教徒教育中的训练则有某些益处。当礼拜天我的某些同事去嫖妓时,我却在清华大学主持一班主日学。"⑨在《信仰之旅》中文版序中,周联华牧师分析说:"他自称是异教徒,因为他不想做一个挂名的基督徒,……然而他的基本人生观仍是基督徒的,也许他像齐克果(Soren Kierkegaard)一样,是一位'存在的'基督徒。"关于"异教徒",吴经熊借由一位英格兰修女的一段极富洞见的话,表达了他对"异教徒"的认识。修女致信吴经熊说:"直觉告诉我,我们从未曾真是'异教徒'或'异

---

⑥ 林语堂:《从异教徒到基督徒》,湖南文艺出版社,2012年,第44页。

⑦ 参见李小平:《异教徒?基督徒?中国传统文化的守望者!——论林语堂的中西文化选择》,《福建论坛》(社科教育)2009年第2期。

⑧ 林语堂:《从异教徒到基督徒》,湖南文艺出版社,2012年,第43—44页。

⑨ 同上,第24页。

端'。我们灵魂的深处——最宝贵的地方——总是在寻求耶稣的面容,总是在真实地寻求真理,以有幸瞥见它一眼为人生最大价值,不管是有意地还是无意地,是迷迷糊糊地还是清清醒醒地。"⑩在吴经熊看来,对于一个在内心深处寻求真理的皈依者,便从未曾真是异教徒,而恰是周联华所谓的"存在的"基督徒。

林语堂经过中国儒家、道家、佛家的一系列的思想漫游,最终回归基督教。吴经熊也经历了相似的心路历程,他称是中国文化将他带到基督面前:"我感谢这三大教,因为它们把我引向了基督。基督构成了我生活的统一。"⑪"每当我想到孔、孟、佛、老时,便想称他们为'引人向基督的导师'。"⑫"中国的三教成了我的教师,将我带到基督那里。……上主运用了孔夫子、老子、佛的部分教导作为开启我的双眼、使我见到世界之光的工具。"⑬中国的儒、道、佛三教何以会将人引向基督呢?吴经熊解释说,从儒家来看,孔子以"天"来代指"上主"。儒家孝的观念也引导着中国基督徒,将它应用于与上主的关系上去,效仿基督即意味着效仿基督对其天父的至高的孝。从道家来看,"道"是终极实在,是一切事物和一切美德的来源,是至一;它不可见、不可听、不可定义、不可决定、不可领会,既是超越的又是内在的。在吴经熊看来,这"道"与基督宗教上帝的观念非常一致。从佛教来看,吴经熊认为,佛教吸引他的是佛陀的伟大人格。佛陀虽贵为王子,却勇敢地抛弃世俗的荣华,诚心追寻解救世人的真理。这种对真理的渴望精神,促使吴经熊灵性觉悟,使他像浪子回头一样投向上主的怀抱。正是在这个意义上,吴经熊说佛陀是引导他走向基督的教师之一。总之,在吴经熊看来,"孔老佛并不能与基督产生矛盾,因为基督乃是上帝。基督有神人二性,从基督的人性来说,与孔老佛相等;但从基督的神性来说,又高于孔老佛。孔老佛是上帝的代表,无疑也就是基督的代表。因此一个人只要先接触到了孔老佛的教导,就是走上了通往基督的正途。沿着这道路深入走下去,就会碰到基督。就此而论,孔老佛乃是将人引向基督的向导。"⑭

---

⑩ 吴经熊:《超越东西方》,社科文献出版社 2002 年版,第 400 页。

⑪ 同上,第 4 页。

⑫ 同上,第 45 页。

⑬ 同上,第 170 页。

⑭ 周伟驰:《彼此内外——宗教哲学的新齐物论》,宗教文化出版社 2008 年版,第 73 页。

二

　　林语堂幼时所属的教会是加尔文教派，从小接受的是清教徒的教育；吴经熊则是读大学时加入基督教循道宗。加尔文教派的改革宗与循道宗大体上都属于基督教中的基要派，带有原教旨主义倾向，在对待其他宗教和文化问题上，强调自己信仰的唯一真理性，排他性很强。美国学者马斯登这样描述基要派的特点："基要派就是对某些事情怒气冲冲的福音派信徒。……基要派乃是福音派中的好战分子，他们反对教会中的自由主义神学或文化价值观的各种变化或那些与'世俗人本主义'相联系的东西的斗士。无论定义或长或短，基要派都是福音派的一个分支，好战是其观点的关键。基要派不只是宗教保守主义者，他们是愿意坚守和战斗的保守主义者。"[15]马斯登生动地描述了基要派的特点，虽然是针对美国基要派而言，却也非常符合中国基督教的情形。[16] 在中国做一个基督徒意味着什么呢？林语堂表示，意味着接受西方，主张妇女受教育，反对立妾和妇女缠足，反对吸食鸦片，反对嫖娼。同时也意味着与中国传统社会断绝关系，不能祭拜祖先。"废除一切对中国民间传说、文学及戏剧的知识。""不只要和中国的哲学绝缘，同时也要和中国的民间传说绝缘。"[17]"我是不许到中国戏院里边看戏的，不许听书的，是完全和中国的民间故事隔绝的。"[18]由此看来，二十世纪二十年代"非基运动"提出的"多一个基督徒，少一个中国人"的说法，并非没有道理。

---

[15]　乔治·马斯登：《认识美国基要派与福音派》，中央编译出版社，2005年，第1页。

[16]　以大陆基督教现状来看，基本上可分为体制内"三自教会"和体制外的"家庭教会"两大块，其理念有诸多不同之处，但两者在基要主义立场上却是一致的。"三自教会"上层虽有"淡化因信称义"之类的自由神学思想，但对基层教会却并没有造成影响。其主流神学思想依然是基要派的神学思想。在这样基要主义神学的影响下，大部分基督徒对中国传统文化缺乏了解，没有感情，以致肆意诋毁；宣扬基督教至上论，强调只读《圣经》；反对过中国传统节日，尤其反对清明节和端午节等涉及祭祀祖先的一些节日；敌视佛教、道教等其他宗教，认为这些都是魔鬼撒旦所为，是邪教，反对基督徒接受他们的捐赠和资助；甚至反对习练太极拳，认为其源于道家哲学思想；还有极端者反对吃饺子、元宵等包馅食物，认为这些食物包含着异教寓意。

[17]　林语堂：《从异教徒到基督徒》，湖南文艺出版社，2012年，第18页。

[18]　林语堂：《生活的艺术》，群言出版社，2010年，第343页。

从小就接受基督教教育的林语堂,早在童年就知道了《圣经》中约书亚的角声吹倒耶利哥城的故事,当他后来知道孟姜女哭长城的故事后,十分愤怒,感觉被骗去了民族遗产。因此,他决心反抗,沉入民族意识的巨流。他认为,对一个有知识的中国人来说,加入本国思想的传统主流,不做被剥夺国籍的中国人,是一种很自然的期望。他带着愧疚之心,开始浸淫于中国文学与哲学的研究,逐渐摆脱了基督教信仰的限制,成为一个异教徒。

吴经熊自称在接受基督教信仰的头几年曾是一个"狂热的信徒",经常祷告并访贫问苦。但他渐渐地对基要主义的狭隘和不宽容越来越失望,开始反感某些新教徒阴郁沉闷的人生观和清教主义沉重压抑的气氛,反对基要主义者按字面意义理解和相信圣经中的一切。由反对基要主义,吴经熊走向另一个极端,接受了自由主义神学观[19],成为宗教多元论者。不再相信神迹,不再相信道成肉身,不再相信三位一体。虽然仍然读《圣经》,但只是根据需要吸收自己喜欢的内容,拒绝一切反感的东西。信仰已经远去。

对于基督教在华传教中争议极大的祖先崇拜问题,林语堂明确表示:"它是中国人的一种基本习俗,中国基督徒被禁止参加,便等于自逐于中国社会之外。……祖先崇拜是在儒家被视为一种宗教时唯一可见的宗教形式。……但即便如此,中国基督徒没有理由不参加,且无论如何,没有理由自摒于本土文化之外。……祖先崇拜,在中国人看来,是对祖先的崇敬和过去的联系,是源远流长的家族系统的具体表现,因此更是中国人生存的动机。"[20]基督教要求只能敬拜唯一真神,反对偶像崇拜,故而带有宗教色彩的祭祀祖先等活动是基督教最为反对的,但林语堂把祭拜祖先的行为称为是"饮水思源"。他质问:中国基督徒难道只可以从自来水龙头饮水,却不被准许去想水的源头吗?吴经熊解释说,"祖先崇拜"仪式是一个误名,实际上是"纪念"祖先,表达的是中国人的一种感恩之情,而感恩是中国人性格里的一个突出品质。当年利玛窦在"礼仪之争"中也是强调华人尊敬祖先主要是"纪念"而不是"崇拜",吴经熊显然是继承了这一说法。这些问题归根到底还是中国基督徒该如何对待中国文化的问题,林语堂和

---

[19] "自由主义神学"在大陆被基要派基督徒称为"不信派"。

[20] 林语堂:《从异教徒到基督徒》,湖南文艺出版社,2012年,第20页。

吴经熊的态度颇具代表性。[21]

对于"多一个基督徒,少一个中国人"的担心和批评,吴经熊以自身体验作出了回答:"借着拥抱基督的教会,我不仅毫无所失,还获得了一切。"[22]"成为一个天主教徒后,我失去了什么吗?绝对没有。相反,我得了基督,得了基督我就得着了一切。……真理使我得释放,恩宠使我得享新自由。啊,我心多么欢畅!"[23]天主教神学家、作家施恩神父,对吴经熊的心路历程有着敏锐的观察。他说:"尽管他慷慨地准备抛弃他的异教文化遗产,却发现他身为公教徒,它之中好的东西一个也没失去。相反地,它得到了升华与补充。有欠于生活变成了有欠于上主的恩典,孝得到了增强,因为它的源头在对上主和圣母的孝那里。儒家道德主义和道家之玄思得到了巧妙的平衡,他也因为成了一个天主教徒而更加是一名中国人了。"[24]这样一种结果可能是两种文化会通的终极境界。利玛窦曾因致力于中西文化交融而被教宗若望·保禄二世称为"中国人中的中国人",林语堂和吴经熊这两位中国基督徒显然更符合这样的称谓。

三

林语堂把耶稣比作太阳,认为耶稣与其他贤哲相比,仿佛阳光与烛光。他说:"把蜡烛吹熄,太阳升起来。"[25]《庄子·逍遥游》载:"尧让天下于许由,曰:'日月出矣,而爝火不息,其于光也,不亦难乎!'"故事是说,尧要把天下让给许由,就说:"日月都出来了,而烛火还不熄灭,想以烛火之光,比日月之光,不是相形见绌吗?"巧的是,吴经熊也有相同的比喻。在《内心乐园——爱的三部曲》中,他称基督是最伟大的导师,与基督相比,其他的导师最多也不过像蜡烛之于

㉑　近年来基督宗教在中国发展迅速,基督徒数量增长迅猛,使这一问题愈加凸显。天主教自第二次梵蒂冈大公会议之后,对异质文化多倾向开放包容,对传统文化的排斥性不很突出。基督教基要主义立场与中国传统宗教和文化的冲突尤其突出,2010 年底的曲阜建教堂之争说明了这一问题的现实性。

㉒　吴经熊:《超越东西方》,社科文献出版社,2002 年,第 90 页。

㉓　同上,第 416 页。

㉔　同上,第 169 页。

㉕　林语堂:《从异教徒到基督徒》,湖南文艺出版社,2012 年,第 175 页。

太阳。与林语堂不谋而合,二人可谓心有灵犀的知音。林语堂认为,耶稣的教训"是属于一个与以往哲学家的教训完全不同的层次。它不再是孔子的实证主义及常识,不再是他的只对人与人的关系持续的研究,或他的逐渐自我教育的忠言;不再是道家的一个不断变形的世界的幻影,及它的对于无的复归;也不再是佛的强烈理智主义,以及他在逃入无限与绝对之中的英勇努力。"㉖在林语堂看来,耶稣超越了儒佛道文化,是威严的大光。"那种在大马色路上炫花了圣保罗的眼的光,现在仍在世世代代照耀,没有暗晦,而且永不会暗晦。这样,人的灵修借耶稣基督而接近上帝的心灵。人的基本价值被证明。因为这个理由,人类将永远崇拜他。"㉗这威严的大光照亮和吸引着林语堂走完灵性的旅程,投入基督的怀抱。

林语堂回归基督教还在于他认为中国文化存在缺陷,需要基督文化的提升。他说:"我们所需要的是深度,而我们所欠缺的就是深度。"㉘"儒家显然是实际的,不抽象的,容易遵行及了解的,但它妨碍对人生与宇宙的真正性质作进一步的审察。"㉙道家老子和耶稣在精神上是兄弟,但耶稣用为门徒洗脚来示范,老子却没有类似的记录。"在耶稣的世界中包含着力量与某些其他的东西——绝对明朗的光,没有孔子的自制、佛的心智的分析或庄子的神秘主义。在别人推理的地方,耶稣施教;在别人施教的地方,耶稣命令"。㉚同时,林语堂也看到西方文化的不足之处,认为需要中国文化补充。在他看来,美国人通常宽容、单纯,但不够深刻;英国人一般深刻、单纯,却不够宽容;德国人深刻、宽容,但不够单纯。因此,他们都不能了解真正的中国人和中国文化。如果他们能学习中国文化,研究中国的书籍及文字,美国人将获得深度,英国人将获得宽容,德国人将获得单纯,而且他们将得到一种精细的灵性。因此,中西文化彼此的会通就成为必要。"两脚踏中西文化,一心评宇宙文章"成为林语堂毕生的座右铭。

林语堂强调"中国文化"需要"基督文化"提升,"西方文化"也需要"中国文化"补充。他没有将"基督文化"与"西方文化"等同起来,但对二者的区别也缺

㉖ 林语堂:《从异教徒到基督徒》,湖南文艺出版社,2012年,第177—178页。
㉗ 同上,第190页。
㉘ 同上,第179页。
㉙ 同上,第178页。
㉚ 同上,第177页。

乏进一步的阐述。"基督文化"、"西方文化"与"中国文化"之间是什么样的关系,又如何会通呢? 对此,吴经熊给出了自己的解释。首先,他指出基督宗教是"普世的",而不是"西方的"。他说:"西方也许是基督宗教的(我但愿更加是),但基督宗教却不是西方的。它是超越东方和西方的。"[31]吴经熊基本是平等地看待东西方文化的,由东西方文化的会通与综合,最终达到"超越东西方"。基督宗教信仰则是高于和超越东西方文化的,它是沟通东西方文化的桥梁:"我毫无疑问地肯定,东西文化只能在基督内结合。东方文化若不在基督内,就不能与西方文化会合,也不可能爱上西方文化;同样的,西方文化若不在基督内,就不能与东方文化会合,也不可能爱上东方文化。如果东方文化被西化,它始终比不上西方,同样的,如果西方文化被东方化,它始终比不上东方。如果东西文化在基督之外相会合的话,这种结合不会持久,它的基础是短暂的迷惑,而结果则是怪胎一个。它们唯有在基督内彼此结合,才能以基督的爱相爱,也唯有如此的结合,才会孕育出新造的人。"[32]"基督是全世界的光,是东方与西方的光,所以在东方和西方之间的差异只能是偶然的,不是本质上的;我们可以确信,上帝让这些差异与差别存在,是因为它们要尽一切可能的方式来表达上帝的无限光荣。"[33]其次,吴经熊以中国古语"人同此心,心同此理"为出发点,强调"人性本是一致的,是超越了东西方的",[34]各民族在本质上不会有什么重大的差别。因此,不同的文化又是可以综合、会通的。再次,吴经熊指出儒佛道文化与基督宗教有非常一致的地方。如佛教的"诸恶莫作、诸善奉行、自净其意",与基督宗教的"净化、光照、统一",与孔子所言的"兴于诗、立于礼、成于乐"或"知之,好之,乐之",以及《圣经·诗篇二十三首》的良牧诗的修养实践方式或阶段是相通的,东西方智慧是可以合成为一个有机统一体的。他表示深信东西文化将来一定会达到一个活的综合。孔子的学说与基督教义,最后一定要综合起来。但要达到活的综合,两方面都先要复兴起来。在西洋方面,要复兴基督教义,必须尽量吸收东方的长处;要复兴孔子的道理,也必须尽量吸收西方的长处。

③① 吴经熊:《超越东西方》,社科文献出版社,2002 年,第 3 页。
③② 转引自林雪碧博士论文《学官型天主教徒:吴经熊(1899—1986)生平与学术思想之研究》。
③③ 转引自雷立柏《论基督之大与小》,社会科学文献出版社,2000 年,第 232 页。
③④ 吴经熊:《禅学的黄金时代》,海南出版社,2009 年,第 9 页。

吴经熊强调基督宗教是普世的、普遍的，是多元中有统一，统一里有杂多。在公教精神的普遍性中，真正的个体性会得以实现。他认为，在基督的普遍精神光照下，中华文化的个体价值不是被抹杀，而是更加凸显。基督文化不仅不会抹杀中国文化，损害中国文化，反而可以净化和提升中国文化。他说："只要被他（指上帝）的手轻轻一触，它们（指中国文化）中错误的东西马上就得到了净化，而纯正的东西则被转化成了超自然的价值。"㉟反之，"若无启示之光，中国人很可能会成为宿命论者，正如一个西方人若忘记了基督宗教就有变成盲动论者的危险一样。"㊱所以，如果没有上帝启示之光的光照，无论中国文化还是西方文化，都将面临巨大的缺陷，走向两个极端，一个悲观宿命，一个骄傲自大。

四

林语堂与吴经熊在信仰之旅的终点回归基督的怀抱，但两人并不是回到起点。林语堂最初接受的基督教信仰是加尔文教派，但晚年却无论如何也不能原谅加尔文和各种神学。他说："我信耶稣，但反对加尔文。"㊲他痛斥加尔文是"那个曾处塞维塔斯火刑的傲慢人"，"可怕地对上帝及人'不仁慈'。得了加尔文的允许，他的上帝将会乐于多将几个像塞维塔斯这样诚实而倔强的人绑在更大、更好的火柱上烧死"。㊳基要主义的狭隘和不宽容，所教导的结果在教会中往往表现为指责多于宽容，傲慢多于谦卑。林语堂慨叹："在耶稣世界中真正基督的友谊与上帝的爱，竟像温柔的露珠从天而降这般稀奇，人们很少谈到所有人心中的神性，却常常强调惩罚。……教会礼拜式大部分仍然还是由一个愤怒的声音宣讲一个愤怒的上帝的刑罚。"㊴对此，吴经熊提醒人们："在人能模仿基督的义愤

㉟　吴经熊：《超越东西方》，社科文献出版社，2002年，第168页。
㊱　同上，第403页。
㊲　林语堂：《从异教徒到基督徒》，湖南文艺出版社，2012年，第134页。
㊳　同上，第189页。
㊴　同上，第188页。

之前,倒不如先仿效他心中的温柔与谦卑。"⑩

不仅是对加尔文的不满,林语堂对各种神学更是抑制不住的反感和厌恶,他说:"这种经院派方法的傲慢和精神上的独断,伤害我的良心。这些教条产自迂腐的心,……且掩蔽了基督教的真理。"⑪"基督教神学的愚蠢在于不知道何时何地当止,而继续用有限的逻辑去把上帝定义得像一个三角形。"⑫"无论哪一种神学,都常削弱了耶稣教训的力量与平易。"⑬"妨碍了人认识耶稣的刚好就是这些纯理论家的喋喋不休,就是他们信条的混乱使我离开基督教三十年,而他们一角半钱的神学妨碍了我看见耶稣,且不仅我一个人如此。"⑭林语堂称与他同时代的"伟大的基督徒"史怀哲⑮对此也有强烈的感受。他引用史怀哲的话来说明神学纷争对基督教的损害:"宗教在我们这一世代灵性生活中有必要存在吗? 我用你及我的名义来回答:'没有'。……但是许多不再属于教会的人却对宗教有一种渴慕。"⑯林语堂强调,基督徒借着爱的美德能让人看见基督,使人成为基督徒,但基督教神学却不能。中国人从来没有因基督教的教义而信基督教,中国人信教,都是因为受基督徒爱心行为的感召。林语堂对神学家的痛恨,甚至达到深信他们是基督教大敌的地步。他嘲讽说,比较起那些神学家们,耶稣懂得最少。

此外,林语堂还直斥基督教神学"把基督放在'结果'及遵行他的诫命的重点,移到某种容易获得,且近乎法术的得救方法之上。这种方法不需要个人方面的道德努力,因而是悦耳的。……那方法是:因为某人已经为你死,无论如何你会得救的,只要你信他,或借他的名呼吁'主啊,主啊'便成。"⑰他借此批评基督教"因信称义"的说法使得救过于轻易和廉价。林语堂又借史怀哲"宗教与伦理思想联合"的思想,强调"伦理生活与个人努力"的重要,指出如果一个人不遵行

⑩ 吴经熊:《超越东西方》,社科文献出版社,2002 年,第 132 页。
⑪ 林语堂:《从异教徒到基督徒》,湖南文艺出版社,2012 年,第 26 页。
⑫ 同上,第 111 页。
⑬ 同上,第 182 页。
⑭ 同上,第 183 页。
⑮ Albert Schweitzer(1875—1965):史怀哲,又译作史怀泽、施韦泽、施韦策等。
⑯ 林语堂:《从异教徒到基督徒》,湖南文艺出版社,2012 年,第 183 页。
⑰ 同上,第 186 页。

耶稣的爱与宽恕的诫命,而只悔改及信,羔羊的血绝不能洗去他的罪。

由于对各种基督教神学的不信任,林语堂虽然回归基督,但却不加入任何教会和教派。他承认任何宗教都有形式及内容,而宗教常借形式来表现自己。但他认为就基督教来说,内容是由耶稣的一切丰盛所赐,而形式却是人加上去的。耶稣建立的是没有信条,只有他在使徒中所创造的以爱的伟大力量为基础的教会。这种使徒对主不得不爱的爱是教会的开始。耶稣强调人用心灵与诚实自由崇拜,"也不在这山上,也不在耶路撒冷"[48]。因此,林语堂认为崇拜形式并不重要,在形式上的纷争只会导致教会和教派的分裂。人只需用心灵和诚实来敬拜,形式只是一种用来达到同一目的的工具,每人都可以自由选择。形式有无价值,全看它们能否领导我们达成和基督建立友谊的目标。

吴经熊在信仰上始于基督教,终于天主教。与林语堂一样,对基要主义的不满是他离开基督教的重要原因之一。他说:"今天想来,这一切无休止的漂泊都是对某些新教徒阴郁沉闷的人生观、对清教主义沉重压抑的气氛的漫长而无意识的抗议。"[49]吴经熊没有解释为何最终归于天主教而不是重回基督教,他也从不对基督教与天主教比较高低。在《超越东西方》一书中,仅有一句评论基督教的话:"新教在自身怀里便携有分离的种子。它开始于抗议权威;它也注定了要终结于抗议自身。至少在我身上是这样。"[50]虽然只一句话,却断定了新教的走向,也表明了他不可能再回基督教。吴经熊自称:"我心智面貌的主要特征,乃是谐调彼此矛盾的东西的持久倾向。"[51]人们在他所有的作品中也几乎都能发现,"一种不可抗拒地驱迫他在思想的所有领域追寻更为广博而深刻的综合与和谐的倾向"。[52]因此,吴经熊的性格特征与基督教尤其是基要主义的强烈排他特性不相契合也是他不回基督教的重要原因。

吴经熊非常强调基督宗教的大公性、包容性特征。他说:"基督宗教哲学的主要主张不在于它的排他性,而在于它的大公性:在于它在上百个不同的思想体

[48] 《圣经·约翰福音》四:22。

[49] 吴经熊:《超越东西方》,社科文献出版社,2002年,第83页。

[50] 同上,第84页。

[51] 同上,第140页。

[52] 吴树德:《温良书生　人中之龙》,《法律哲学研究》,清华大学出版社,2005年。

系中发现了真理,接受并阐明希腊、犹太、印度的思想,将它们融入一个一致的神学。"[53]而他从天主教中发现了他所要找的这一切。他说:"我一生都在寻找一位母亲,最后在公教会里找到了她。这是在三种意义上说的。上主是我的母亲,教会是我的母亲,圣母是我的母亲;这三位母亲共有一个母性,我在其中得以生活、行走、存在。"[54]吴经熊从上帝、教会和圣母中都发现了母亲的特性。一般人都是从上帝身上看到一个严厉的父亲形象,吴经熊却能从中体会到母亲的特性,正是其心胸博大宽广的表现。他认为母亲的智慧是"和而不同,多而不裂"。这既是他孜孜以求的文化理想,也符合他好综合的性格特质。

吴经熊接受天主教还有一个重要原因是他对天主教礼仪的喜爱。他说:"公教会使我如感在家的另一点是礼仪年。……礼仪年是这般的美妙,充满节庆的——阴历年也只能算是它的预像。它常常令我想起圣若望《启示录》里的'生命树',结着12样果子,每月都结果子,树上的叶子乃为医治万民。"[55]注重礼仪生活是天主教的一个重要特点,甚至天主教神学家认为,礼仪是信仰的主要表达方式,借此可以促进天人感应。《说文解字》解释"礼"为:"礼者,履也。所以事神致福也"。天主教的礼仪可谓是对《说文》中"礼"的诠释内容的忠实践履,体现了与中国文化的内在契合。所以在天主教中,礼仪已经不简单是一种崇拜形式,其形式本身已成为内容。

与天主教对礼仪生活的极端重视不同,基督教各派的礼仪生活却非常简单,这是天主教与基督教相区别的一个重要特点。对礼仪形式的喜爱,可能是吴经熊与林语堂在信仰上的最大区别。林语堂强调以心灵和诚实来敬拜的重要性,比较轻视各种敬拜形式,认为是引起教会分裂的根源。因此,林语堂非常重视个人与上帝的关系,认为"宗教本身是个人自始至终面对那个令人惊悸的天,纯属自身与上帝之间的事",[56]上帝只拯救个体灵魂,而不会救国救民,为此他不加入任何教会和教派。林语堂这种单刀直入、直至核心的信仰理念,确实触及了一些

㊼ 吴经熊:《超越东西方》,第210页。
㊽ 同上,第284页。
㊾ 同上,第410—411页。
㊿ 林语堂:《从异教徒到基督徒》,湖南文艺出版社,2012年,第2页。

宗教形式化的弊端。周联华牧师在《信仰之旅》的序言中深有感触地说:"当我读完本书的时候,也觉得是对我这样一个从事传道的人之宣判。因为我们常常把一些不必要的教条、礼仪加在信仰里面,使人看不见信仰的核心。"他称林语堂对基督教会提出了最有力的警告,同时他也并不完全认同林语堂对礼仪形式的否定,他发问:有没有不加包装的货品? 有没有不穿衣服的人? 答案当然是否定的。所以他也指出:"信仰的外面总有些包装,总套上一件衣服,但是怎样使包装和衣服做到最简单的程度,不伤害信仰的本质,那才是重要的课题。"作为资深的基督教神学家和牧师,周联华的意见是值得重视的。

丰子恺在谈到弘一法师出家时,把人的生活状态分为三种:物质生活、精神生活和灵魂生活。物质生活是衣食,精神生活是学术、文艺,灵魂生活是宗教。他说人生就是这样一个三层楼。第一种人,也是大多数人住在第一层,满足于锦衣玉食、尊荣富贵、孝子慈孙的物质生活。第二种人,是学者、艺术家,他们不满足于物质生活,爬上二层楼,专心于学术、文艺。第三种人做人很认真,既不满足于物质,也不满足于精神,必须探求人生的究竟,便再上一层楼。他们视物质财富为身外之物,视学术、文艺为暂时美景。他们不肯做本能的奴隶,必须追究灵魂的来源,宇宙的根本。丰子恺认为世间不过这三种人。而林语堂与吴经熊还并不满足于到了三层楼,他们还要把这三层楼的每个房间走个遍,寻找认识世界的最佳和最适合自己的居所。林语堂与吴经熊分别以各自的方式回归了基督,虽然信仰方式有很大不同,但二人都是极为真诚的,他们的信仰实践对后人具有无限的启示意义,他们那先知般的呼喊也始终在警示着后人:"我们生活在一个没有信仰的世界中,一个道德犬儒主义,而且正当是人类理想崩溃的世界。我们所有的人都要为人类理想的崩溃付出代价。"[57]

【梁世和 河北省社会科学院哲学研究所研究员】

原文刊于《中国文化》2013 年 01 期

---

[57] 林语堂:《从异教徒到基督徒》,湖南文艺出版社,第 178 页。

早期教会大学的两种授课语言
及其价值归宿

杨慧林

　　"教会大学曾经是中国新式高等教育的先驱"①,这是无可争辩的事实。但是另一方面,基督教会以教会大学"作为传教媒介"的初衷当然也是不言而喻的。② 问题在于:基于对"本源文化"(original culture)和"目的文化"(target culture)的不同理解,以齐鲁大学(山东基督教大学)和圣约翰大学为代表的早期教会大学选择了全然不同的教学模式。这两种教学模式的区别,首先体现于作为不同授课语言的汉语或者英语。

　　齐鲁大学和圣约翰大学分别选择的授课语言,既反映了不同的文化观念和传教观念,也引申出一些悖论式的问题。如果说"我们只能在语言中理解而不是理解语言"③,那么追溯当年的历史至今仍然是有意义的。

一、语言载体的价值寓意

　　在齐鲁大学(山东基督教大学)逐渐形成之前,参与办学的传教士就将汉语

---

　　① 章开沅"中国教会大学史研究"丛书总序,珠海出版社,1999—2005。
　　② 徐以骅:《教育与宗教:作为传教媒介的圣约翰大学》,珠海出版社,1999年。
　　③ Werner G. Jeanrond, *Theological Hermeneutics : Development and Significance*, London : Macmillan, 1991, p.154.

确定为授课语言,而且是白话文与文言文并重。④ 1902 年由"山东的美国长老会和英国浸礼会成员"起草的文件《联合教育工作基础》,一方面明言"联合学院第一位和最重要的目标是推进基督在中国的事业",一方面规定"学院用中文授课"。⑤

不仅如此,山东的教会学校甚至有大约三分之一的课程是讲授中国的儒学典籍。比如作为齐鲁大学前身的登州学院,"在预科时学生就要背诵四卷《诗经》和两卷《书经》。在学院里则要求学生复述两卷多的《书经》、四卷《礼记》、六卷《左传》和全部《易经》。课程中还包括了以前要求学生背诵的《论语》《孟子》《大学》和《中庸》以及有关经典的注疏。"⑥

或许是为了在这种中国化的教育中突出基督教的目的和特色,早期传教士编有《圣教三字经》:"自太初,有上帝,造民物,创天地,无不知,无不在,无不能,真主宰。"⑦但是与欧洲人为自己编辑的启蒙读物完全不同,写给中国人看的《三字经》不再是"亚当啊,堕落了,我们啊,有罪了",却往往是中国式的说教:"有三纲,君与臣,父与子,夫与妇。有四季,有四方。有五行,有五伦。有六谷,有六畜。有七情,有八乐。有九等,有十德。"⑧其中"八乐"出自"登山宝训"的"真福八端","十德"或可解作"十诫",所余各项全部是地道的国货。⑨

齐鲁大学对授课语言的选择,通常会被视为"本地化"的传教策略,但是在更深层的意义上,这其实是同那些传教士对西方现代思潮本身的警觉直接相关。比如狄考文(Calvin W. Mateer)就曾坦率地写道:"年轻人着魔般地学习英语,因为英语里有金钱。随着英语图书报刊越来越多,正在播下不可知论、怀疑主义和

---

④　郭查理著:《齐鲁大学》,陶飞亚等译,珠海出版社,1999 年,第 30 页。

⑤　同上,第 63 页。

⑥　同上,第 29 页。

⑦　王忠欣:《基督教与中国近代教育》,湖北教育出版社,2000 年,第 24 页。

⑧　郭查理著:《齐鲁大学》,陶飞亚等译,第 15 页。

⑨　《三字经》金、木、水、火、土(五行);《孟子·滕文公上》父子有亲、君臣有义、夫妇有别、长幼有序、朋友有信(五伦);《三字经》稻、粱、菽、麦、黍、稷(六谷);《三字经》马、牛、羊、鸡、犬、豕(六畜);《礼记·礼运》:"何谓人情? 喜、怒、哀、惧、爱、恶、欲七者弗学而能"(七情);《三国志·魏志·陈群传》:"文帝……即王位,……制九品官人之法"(九品)。即使"八乐"也可能关联于中国的"三纲五常",故有"忘八"之说;"十德"则在后来附会出仁、义、礼、智、信、忠、孝、节、勇、和等。

理性主义的种子。"⑩总之,"如果……一开始就在课程中设英语,……学校就会迅速地世俗化,就会与学院存在的目的背道而驰。"⑪

"学院存在的目的"当然是"推进基督在中国的事业",而至少在狄考文看来,这并不意味着整体地输入西方文化,却必须有所分辨和取舍。因此他宁可诉诸中国自身的传统资源,或者求同去异,或者改头换面,只要这些古老的说教仍然可能收拾人心、整饬世道。当山东基督教大学校务委员会在1915年正式批准采用"齐鲁大学"的校名时,"附会儒理"的潜台词已经不言而喻,只不过此时的"附会儒理"已经不仅是"本地化"的策略,而可能包含着借助东方思想抵御"世俗化"的内在原因。

圣约翰大学的校名刚好与齐鲁大学针锋相对。无论其创办者对此是否有自觉的意识,这与圣约翰大学最终选择的授课语言确实是名实相符的。就此,不能不提到美国圣公会中国布道区的第一位主教文惠廉(William Jones Boone),以及第三位主教、圣约翰大学的创始人施约瑟(Samual Isaac Joseph Schereschewsky)。

文惠廉于1847年到达上海,施约瑟则是在1859年追随他而来。据说施约瑟于1859年7月13日离美赴华,在轮船上才开始随文惠廉学习汉语,而到同年12月21日抵达上海时,已能用汉语流利地写作,并在第一个星期日就开始用汉语讲道。⑫

施约瑟学习汉语的这段传说当然未必可靠,但它说明前来上海的圣公会传教士同样重视汉语,而且施约瑟后来也告诫他的同事:要做好至少花5年时间苦学汉语的思想准备。⑬ 与齐鲁大学的不同之处在于:当这些通晓汉语的传教士创办学校时,他们毫不犹豫地选择了英语。

圣约翰大学只是在初期将汉语确定为"教学语言"⑭,但是很快便倡导教会教育中的"英语运动"。⑮ 至20世纪初,"全部课程(包括中国历史)已基本用英

⑩　郭查理著:《齐鲁大学》,陶飞亚等译,第81—82页。
⑪　同上,第76页。
⑫　徐以骅:《教育与宗教:作为传教媒介的圣约翰大学》,第6页。
⑬　同上,第35页。
⑭　同上,第26页。
⑮　同上,第28页。

语教授；……学校几乎所有的章程、规则、通告、往来公函、会议记录、年度报告均使用英文"。⑯ 圣约翰大学的国文系及其教员，则在这一体制中受到较多歧视。

也许可以说，圣约翰大学的传教士同样意识到了语言的根本作用；即：语言不仅是思想的载体，其实也是某种观念和价值本身。然而与狄考文认为英语会导致"世俗化"的观念相反，在他们看来："英语是一种道德语言"，"英语知识能使人具有大多数没有英语知识的人们所缺乏的道德品质"；乃至后来长期主持圣约翰大学的卜舫济(F. L. Hawks Pott)在1887年写给圣公会布道部一份报告，其中认为"华人研究英文犹如西人研究希腊拉丁文，可以增进智慧"。⑰

因此无论采用汉语教学还是英语教学，并不会影响到齐鲁大学和圣约翰大学的办学宗旨及其传教动机，而且在两种授课语言的选择中，最基本的依据恰恰是同样的价值目的。其中所暗示的，只是传教士对中西文化本身的不同评价。由此可以说：价值寓意以及关于信仰与文化之关系的不同理解，是齐鲁大学和圣约翰大学采用不同授课语言的根本原因。

二、教会"大学"的价值悖论

齐鲁大学和圣约翰大学选择了不同的授课语言，而有趣的是，这两种授课语言都为学生所不满，并同样引发了学潮。

齐鲁大学1906年的学生罢课，被描述为"关于英语的斗争"。⑱ 其内容无非是要求以英语授课。最终的结果虽然是有学生被开除，但是一名专横迂腐的中国教员也被解聘，同时英语课程在1907年年底获得校董会批准。⑲

与齐鲁大学学生"关于英语的斗争"相反，圣约翰大学的历史上则有一系列"关于汉语的斗争"。比如有外籍教员认为汉语的教学方法陈腐落后，"不足以

---

⑯ 徐以骅：《教育与宗教：作为传教媒介的圣约翰大学》，第29页。
⑰ 同上，第28页。
⑱ 郭查理著：《齐鲁大学》，陶飞亚等译，第72页。
⑲ 郭查理著：《齐鲁大学》，陶飞亚等译，第77页。

表达抽象的思想",甚至会导致"精神上的自杀";而中国学生却用相似的措辞提出反论:"舍弃民族语言,无异于民族自杀。"一位已经毕业的学生也曾反省道:"只要学生仍受纯粹英语教育或他们母语以外的其他语言的教育,连他们的思想也会变得不伦不类。"[20]

后来,这甚至使中文在圣约翰大学"似乎成了'进步'或'革命'的语言"。[21]在1925年的学潮中,中国教员面对外籍教员的英语发言,最有力的反驳也是将语言与语言所要表达的内容直接关联起来:"吾今日可操国语以语中国人之所欲者乎?"[22]在1946年圣约翰大学的第二任华人校长上任以后,终于宣布学校的布告一律改用中文。[23]

值得注意的是:强调以中文授课并且让学生饱读经书的齐鲁大学,结果却发生了"关于英语的斗争";圣约翰大学的传教士认为英语"是道德的语言",培养出的学生却颇为深刻地反省到语言对思想的统治。

从另一方面看,齐鲁大学要"推进基督在中国的事业",圣约翰大学是以大学"作为传教媒介";齐鲁大学似乎相信中文经典有助于抵御西方的"不可知论、怀疑主义和理性主义",圣约翰大学则希望借助英语改变"陈腐落后"的思维方式,进而完善"道德"、"增进智慧"。但是正如同样担任过主教和大学校长的纽曼(John Henry Newman)所说:"大学……乃是传授普遍知识的场所,这意味着它的内容是智性的,而不是德行的。……如果它的内容是宗教培训,我看不出大学如何才有文学和科学的位置。"[24]"大学"之为谓,也许恰好使负载于知识的传教目的成为一个悖论,使"教会大学"本身成为一个悖论,于是才会有齐鲁大学与圣约翰大学的两种相反相成的学潮。

吴小龙《细节的警示》一书引用过一组耐人寻味的数字[25]:在1924年可资查

[20] 徐以骅:《教育与宗教:作为传教媒介的圣约翰大学》,第35、33、34页。

[21] 同上,第34页。

[22] 同上,第122—123页。这位发言者是钱锺书的父亲钱基博。

[23] 同上,第35页。

[24] John Henry Newman, *The Idea of A University*, 9th edition, London: Longmans, Green, and Co., 1889, p.ix.

[25] 吴小龙:《细节的警示》,上海:三联书店,2004年,第114—115页。吴小龙博士是一位未曾爆得大名但是非常出色的学者,可惜已于2006年11月1日凌晨因脑癌去世,年仅51岁。其生前曾就基督教与近代中国的纠葛作过极具启发性的讨论。此文也算是延续他没有讲完的话题,以示纪念。

考的大约 90 篇"非基督教"文章中,批评《圣经》的只有 1 篇,批评耶稣的 3 篇,批评教会的 5 篇,批评基督徒的 11 篇,其他一般性的批评共为 34 篇,而专门针对基督教教育的批评则有 36 篇。为什么教育会在"非基督教运动"中成为众矢之的? 此种情形的直接原因当然在于当时的"收回教育权运动",不过从今天的角度看,这组数字的启示远不止如此。

《中庸》有言:"天命之谓性,率性之谓道,修道之谓教。"因"修道"而生"教化"之需,源于中世纪的西方大学制度和盛于宋代的中国书院制度,大抵如此。然而大学之"教"从来都是一把双刃剑,它可以因任何一种价值的目的而有所承载,不过它的任何承载也都必将接受它的切割和质疑。唯有经历这样的切割和质疑,一种思想、文化抑或信仰,才能激发出真正的生命力。

在这样的意义上说,大学本身就是"大学的理念",就是"在语言中"理解"大学"的"语言";而所谓"教会大学"最终成为"大学",当是历史的必然。

【杨慧林　中国人民大学文学院宗教学基地教授】

原文刊于《中国文化》2007 年 01 期

齐鲁大学国学研究所回忆点滴

胡厚宣

  我于一九二八年考入北京大学预科,后转入史学系,钱穆先生即是我最为钦佩的教师之一。钱先生教课有学问、有感情、有思想、有口才,深受同学们的欢迎。

  一九四〇年我应顾颉刚先生之邀任职于成都齐鲁大学国学研究所,时钱先生亦在齐鲁教书。这段日子,与钱先生朝夕相处,钱先生与我则无所不谈。今以亲身经历记下在四川期间的点滴观感,道出钱先生在为学、做人上,生活情趣上,外人不可得知的一个侧面,以纪念宾四师百年冥诞。

  钱穆先生,字宾四,江苏无锡人,生于清光绪廿一年。少时家贫,其就外傅,仅止于常州、钟英两中学而已。至民国初年,即为乡里小学教师,历十年之久。至一九二二年,始获中学聘,讲授《论语》《孟子》及"国学概论"。那时间,"新文化运动"方兴,报纸杂志,竞谈疑古辨伪,钱先生乃考订孔孟生卒行事并旁论先秦诸子学术流变,草成《先秦诸子系年》一书。后书偶为顾颉刚先生见,遂推荐钱先生至中山、燕京诸大学。钱先生论刘向、刘歆父子及论老子成书年代两文,即刊于顾氏主编之《燕京学报》上。次年,钱先生转北大任教。

  一九二八年,我由保定培德中学毕业,北上故都,考入北京大学预科,两年后升入史学系。那时北大盛行研究古史之风,一些所谓名家教授,几乎均于史学系有课,进入本科后,我就选听了文史各系所有名家的讲课。在北大诸先生中,我最佩服者有三人:胡适之先生,开"中古思想史",接着他的《中国哲学史大纲》上卷讲中古的哲学思想。胡先生长衫西裤,风度潇洒,讲课则抑扬顿挫,庄谐并陈,所印讲义虽仅提纲,但内容丰富,条理清晰,每一章节后附详细参考文献,与讲义配合并可据此深入研究。个人所记笔记亦十分周详,几连先生之音容笑貌均予录出,只惜笔记丢失于战乱迁播途中。陈援庵先生,开"中国史籍名著评论",讲《史记》《汉书》《史通》及《文史通义》。陈先生授课,常含笑巡视于同学间,态度和蔼可亲,迄今印象尤深。再者即钱宾四先生,先生开"中国近三百年学术史"及"汉魏史",汉承秦制,即秦汉史。钱先生讲课特点为有感情、有口才,因其了解学问而有见解,加之口齿清楚,一口无锡官话,满腔热忱,使诸生感奋。那一册汉魏史讲义,我至今收存。上述三位先生,可谓教书教得最好。

大学三年级时,诸同学由钱先生带队赴齐鲁故地,于济南游大明湖,至曲阜走三孔,再登泰山。记得在孔府,由管家领一十来岁少年出与师生见面,即"衍圣公"孔德成。在泰安,耗八小时始登临岱岳,等看日出未成而冻了耳朵。其时亦有燕大同学组团,北大同学长衫布鞋,燕大同学西装革履,兼有挎照相机者,因而遭强人光顾而被打劫。那时在北平,女孩子对大学生的评价有"北大老,师大穷,清华燕京可通融"之语,看来与实际较少出入。

一九三四年,我结束了北大的学业,由董作宾、徐中舒两先生荐入"中央研究院"历史语言研究所,这一年十月,我告别了古都,亦离开了钱先生赴河南安阳参加轰轰烈烈的殷墟发掘,具体负责侯家庄第1004号大墓的工作。一年后回到南京本所,整理殷墟发掘所获甲骨文字,开始了个人学术生涯。

"七七事变",抗战军兴,"八一三"日机轰炸上海,十四日炸杭州,十五日炸南京。十九日即随历史语言研究所迁长沙,而后又经衡阳、桂林、柳州、南宁、龙州绕道越南来昆明,先在城内拓东路,后在青云街靓花巷,再因日机轰炸疏散至乡下龙泉镇龙头村,在响应寺内办公。

正在云南大学任教的顾颉刚先生,时居乡下离我处不远的浪口村,先生时常遣师母于去"街子"(集市)时,带字条予我,命查找资料。而钱穆先生亦随联大来西南,只播迁途中,家人皆留苏州,先生即东归探母。此时顾先生已与哈佛燕京学社商得专款,于迁校成都之齐鲁大学创国学研究所,他邀请教书于西南联大的钱先生和我任研究员。顾先生告,齐鲁大学有明义士所藏甲骨需要整理,故约我同往。这样,在历史语言研究所即由昆明迁往四川时,我于一九四〇年转往成都来到齐鲁大学。而钱穆先生亦于同年在返乡侍亲一年后,经重庆抵蓉。

齐鲁大学乃英美在华教会大学联合托事部所协办之十三所基督教大学之一,原设山东济南,其余尚有在北平之燕京,在沪上之东吴(苏州)、之江(杭州)、圣约翰,在武昌之华中,在南京之金陵及金女大,在福建之福州协和,在广东之岭南以及成都的华西协和。日本侵华,为避战祸,齐鲁同金陵、金陵女子文理学院、燕大等校分别于一九三七和一九四二年举校内迁西南,于成都华西坝假华西大学复校。其中齐鲁规模不大,教职员工两百人左右,学生不过千人。国学研究所一九三九年成立,地址于成都北郊二三十里崇义桥乡下一座地主庄园赖家新院子。研究所所长由齐大校长兼,主任为顾颉刚先生。赖家花园于乡野田畴间,有竹林溪水环绕,乃读书佳境。研究所人数则至多时只二三十人。

在北大之外,又于齐鲁大学国学研究所与钱穆先生相处几年,暇时一道逛小茶馆、么店子,当地习俗有茶馆中吸竹筒烟、洗脚,有大铜茶壶;么店子中吃茶、吃点心及瓜子花生、橘子干、地瓜。其间与钱先生谈天,几无所不谈,非常爽快。于消夏亭、于村中小路,朝夕间,钱先生手牵我的小孩散步,口中以无锡话唱出自编童谣,一老一小的背影,带来无穷回味。

四川人喜摸骨看相,钱先生相信算卦,只要有相面者先生准要去,且端正而坐,极其认真。我曾陪他往商业街一号黄子笏处,黄据说相面灵,最灵为相六亲,号称"万无一失",黄氏看后写一纸上。钱先生许久未接家书,问黄家中老太太还有没有,黄答活着。后接信,太夫人病逝,从此钱先生对黄失去兴趣。事实上,黄某不可能算对。顾先生亦信算卦,一次春节期间,大家闲而无事,一二十人让我据《易经》算卦,其中有一学生孔玉芳为渐卦,渐卦讲婚姻,结果一下轰动,因孔正谈恋爱。事实上我都不相信。顾先生某次算卦称六十得子,结果真对了,那是后话。

钱穆先生记性强,悟性亦好,先生教书,相信学说,认为颠扑不破。时有自武汉大学两研究生,严耕望、钱树棠,带到齐鲁。严氏后由我推荐写信给历史语言研究所,傅斯年答应,严氏著书立说,做了"中研院"院士;钱氏在南方教中学,默默无闻。又有姚汉元,由钱先生介绍并加指导,姚氏原本学自然科学出身,后随钱先生一同去了华西。顾先生有学生刘福同,后借基督教名义转美国。齐鲁学生仍知下落者尚有魏明经,到了科学院历史所,有周春元在贵阳师范学院,有许毓峰在曲阜师范学院。教员则有张维思等。

钱先生曾写有两文,《中国革命与中国军人》《中国革命与中国青年》,刊于重庆《大公报》"星期论文"。文章被蒋介石看中,认为好,乃命翻印出教所有军事院校必读。蒋到成都华西医学院镶牙,特召见钱并吃饭。事后钱先生告,蒋请先生坐上座,并问钱先生对政治有无兴趣。钱答有,念书就为了学以致用。蒋很高兴,称那我想办法。告之与陈立夫,陈到成都来也找钱。到青城山游,请钱陪同,沿途只同钱谈话。陈立夫让钱做教育部编辑馆人文组长,结果未成。事实上读书人也不可能做官。后编辑馆人文组郑鹤声(已故山东大学教授)让钱先生作《清儒学案》,先生改徐世昌《清儒学案》,书成但教育部运回重庆落水,稿费仍给。在此期间,先生还被请去中央训练团演讲。浙江大学张其昀办《思想与时代》约钱先生同编,先生多篇论著刊于此上。

顾先生在齐鲁大学国学研究所只二年时间,钱先生一来受不了。钱先生来齐鲁,顾先生本应高兴,但钱先生又会讲又会说,学生非常拥护,顾先生名义上受不了。钱先生学生都是好学生,顾先生学生却有些没出息的学生,加之顾先生用人不成,无像样的人,固"不可一日留",非到重庆不成。顾先生至渝做事,与朱家骅编《文史杂志》,国学研究所主任所长职不交钱先生。钱先生非常不满,同我抱怨道"一不来又不交"。顾先生曾想让我代理他,我只研究所秘书,我说我虽是研究员,但是给你们当助教,先生是我的老师,钱先生亦是我的老师,有钱先生在,我怎么能代理,这是给我为难。此前,顾先生办通俗读物出版社,于泰华寺有一班人马,顾先生有意让我做总经理,我也辞掉了,我说我不是那个材料。我还是做学问。

我在齐鲁大学六年半,其间由于教会学校校友间的争夺,共换了三位校长。齐鲁校长一职先是刘世传,其次汤吉禾,汤以教务长身份挤走前校长刘氏取而代之,一九四四年前后齐鲁大学一些学生闹风潮,学生称汤作"赖汤圆",又演戏称

《审头刺汤》,最后把校长赶走了,继任校长是吴克明。时钱先生已转至华西大学。汤吉禾被解职后,顾先生又回研究所来,但顾先生始终未辞所长主任职,始终未交权给钱。钱先生《八十忆双亲·师友杂忆》说交钱穆,事实未交,顾钱两先生讲的都不对。我身历其境,在两位老师之间,我绝对诚实,绝对忠实,两位都是我的老师,对我都很好,我绝对不敢说一句假话。

钱穆先生做学问,主张"学以致用",讲"内圣外王"之道。与顾先生相比,钱先生以主立为主,而顾先生以主破为主,顾先生是要弄清事实真伪,钱先生则是讲事实是怎样,同时钱先生讲做人、人生应该怎样。这大概是二人的区别所在。

我在齐鲁大学任教期间,亦在编印《甲骨学商史论丛》一书。国学研究所经费受美国哈佛燕京学社津贴。在华西坝,华西、金陵、金女大、齐鲁、燕京五校由成都一个会计管理,一位老姑娘,总管为在香港的 William 方,会计曾给我一 cash book 说齐大《国学季刊》《齐鲁学报》《责善半月刊》都可以停,《论丛》可以不停,印多少没问题,开多少钱用多少钱。《论丛》四集九本,第一本出版后,还获得了教育部全国学术审议会的科学发明奖,奖金八千元。《论丛》中有"卜辞地名与古人居丘说"一文,后钱先生作"中国古代山居考"(刊香港《新亚书院学术年刊》第五期,一九六三年九月)论及古人居丘之说时称"廿年前,及门郑君逢源作丘虚通征,胡君厚宣作卜辞地名与古人居丘说,先后发挥,遗蕴已鲜"。这已是离别钱先生近二十年了。

一九九〇年八月三十日,钱先生以九六高龄辞世于台北寓所,今值先生百岁冥诞,草成小文,以作为对先生之怀念。

[整理后记] 一九九四年十一月香港中文大学来函,邀父亲参加定于次年五月间召开之"钱宾四先生百龄纪念会",后大会召集人许倬云教授并带话言不要求宣读论文,只需与会使之增添光彩,盛谊可感。不巧父亲因心脏急症住院医疗,但病榻之上,仍口授论文提纲,并期康复前往参加以将积存心中多年之情倾诉出来。怎奈父亲一病不起,令我们万分遗憾。

承《中国文化》刘主编梦溪教授之厚谊,征询父亲手稿,振宇将此未竟之责义不容辞承担起来。其实文中史实父亲已不止一次于平日谈话中流露,而读过钱先生《八十忆双亲·师友杂忆》(岳麓书社,一九八七年出版)及顾潮编《顾颉刚年谱》(中国社会科学出版社,一九九三年出版)后,又多次提及个中事件,并称如不写出真实情况恐后无人知晓。

今振宇整理毕,如其中有与事实出入者,当属振宇记录有失,若能有提供学术史以参者,当不负父亲一番苦心矣。振宇或方得一丝安慰。

胡振宇　丙子立冬于北京干面胡同寓所

【胡厚宣　中国社会科学院历史研究所研究员】

原文刊于《中国文化》1996 年 02 期